Helmuth von Moltke

Gesammelte Schriften und Denkwürdigkeiten des General-Feldmarschalls Grafen Helmuth von Moltke

Helmuth von Moltke

Gesammelte Schriften und Denkwürdigkeiten des General-Feldmarschalls Grafen Helmuth von Moltke

ISBN/EAN: 9783741167034

Hergestellt in Europa, USA, Kanada, Australien, Japan

Cover: Foto ©ninafisch / pixelio.de

Manufactured and distributed by brebook publishing software (www.brebook.com)

Helmuth von Moltke

Gesammelte Schriften und Denkwürdigkeiten des General-Feldmarschalls Grafen Helmuth von Moltke

Gesammelte Schriften

und

Denkwürdigkeiten

des

General-Feldmarschalls
Grafen Helmuth von Moltke.

Sechster Band.

Briefe; dritte Sammlung.

Berlin 1892.
Ernst Siegfried Mittler und Sohn
Königliche Hofbuchhandlung
Kochstraße 68—70.

Briefe

des

General-Feldmarschalls Grafen Helmuth von Moltke

an seine Braut und Frau.

Mit Facsimile eines Briefes
des Hauptmanns von Moltke vom 5. November 1841 an seine Braut
und einem Bildniß der Frau von Moltke aus dem Jahre 1857.

Stuttgart, Leipzig, Berlin, Wien.
Deutsche Verlags-Anstalt.
1892.

Vorwort.

Die „Gesammelten Schriften" des Grafen Moltke und das damit gegebene Bild seiner Wesenheit würden unvollständig sein und einen der merkwürdigsten Beiträge entbehren ohne die Veröffentlichung der in diesem Bande zum Drucke beförderten Briefe des Feldherrn an seine Braut und Frau.

Moltkes Charakterbild schwankte weder bei seinen Lebzeiten, noch nach seinem Hinscheiden im Urtheile des Volkes. Das wußte, wie es seinen Helden aufzufassen hatte! Der Erste wie der Letzte erkannten, was in dieser Natur an eiserner, echt preußischer Pflichterfüllung zu Tage trat, sie verstanden den durchdringenden Blick, die Ruhe und Sicherheit der Auffassung, die sich mit unbrechbarer Energie verband, und lasen in seinem Antlitze auch von Milde und Freundlichkeit.

Und doch war es mehr das kühlere Urtheil des Verstandes und die Bewunderung der Thaten des Mannes, die ihm gerecht zu werden versuchten. Das menschlich Anheimelnde, das die Großen ihren Zeitgenossen nahe bringt, dem Blicke erschlossen zu haben, wird dauernd das Verdienst der nachfolgenden Sammlung sein. Auch in den Briefen an seine Braut und Frau tritt dem Leser das bekannte Bild entgegen, aber mit neuen Farben geschmückt, die es in eine viel wärmere Beleuchtung rücken. Es ist nicht mehr allein der Mann, der mit sicherer Hand die Siege des preußischen und deutschen Heeres organisirt, es ist zugleich der Mensch, dessen Herzensleben die reinste Blüte treibt und der in allen seinen Eigenschaften eine wahrhaft ideale Ergänzung findet durch die von ihm gewählte Gefährtin. Die Reinheit und die Lauterkeit dieser Neigung und Lebensgemeinschaft, deren Geschichte der Inhalt vorliegenden Bandes erzählt, macht diesen selbst zu einem Erbauungsbuche für die Aelteren und zu einem Erziehungsbuche für die Jüngeren.

—

Marie v. Molkte ward geboren am 5. April 1826 in Kiel, sie ist die Tochter der Ernestine v. Elaffeldt und des John Heyliger Burt, Esqu. aus Colton House in der Grafschaft Stafford, der nach dem Tode seiner Gattin die jüngste Schwester Moltkes, Auguste, im Jahr 1834 in zweiter Ehe heimführte. Einen Abriß ihres Lebens enthält der erste Band der „Gesammelten Schriften" auf den Seiten 145 bis 158. Der Bruder Mariens, Major John Henry Burt, der Moltke auch dienstlich viele Jahre nahe stand und mit ihm, wie die im Anhange dieses Bandes beigegebenen Briefe bekunden, herzlich verbunden blieb, ist Eigenthümer des Briefschatzes, dessen Sichtung und Herausgabe er im Sinne des Feldmarschalls besorgte. Eine Auswahl der Briefsammlung erschien zuerst auf Veranlassung des Schreibers dieser Zeilen in der deutschen illustrirten Zeitung „Ueber Land und Meer".

Auf dem Hainstein bei Eisenach,
    Oktober 1892.

                                      J. H.

Inhalts-Verzeichniß.

Briefe, dritte Sammlung.

Seite

Briefe an die Braut 1

1841. Moltkes guter Engel. Das Tagewerk der Braut (S. 5). — Lebensweisheit (S. 7). — Wünsche. In Erwartung von Nachrichten (S. 9). — Moltke als Eisenbahn-Direktionsmitglied (S. 11). — Anteil an den Eisenbahnplänen (S. 13). — Erlebnis in Kleinasien. In Eilenriede (S. 15). — Quälende Gedanken (S. 17). — Reise von Moltkes Vater. Aprilwetter (S. 19). — Rückreise von Helgoland. In Pyrmont (S. 21). — In Pyrmont. Corbey (S. 23). — Im Harz (S. 25). — Fahrt nach Braunschweig (S. 27). — Streifzug am Brocken. Grund seiner Zurückhaltung (S. 29). — Fahrt nach Leipzig und Dresden (S. 31). — In Berlin (S. 33). — Manöver. Angenehme Ueberraschung (S. 35). — „Der Freiroise" (S. 37). — Gefühl der Einsamkeit. Freunde (S. 39). — Das Bild der Braut. Geburtstagsgeschenk (S. 41). — Die Braut in Homburg. Frau von Polow (S. 43). — Im Berliner Opernhaus (S. 45). — Antigone auf dem Theater im neuen Palais (S. 47). — Parforcejagd (S. 49). — Paganinis Geige (S. 51, 53). — 1842. Fahrt nach Schwerin (S. 55). — Die Braut auf dem Ball. Verschiedene Charaktere (S. 57). — Festsetzung des Hochzeittages (S. 59). — Don Juan. Liszt. Rittmeister Oelrichs und Frau (S. 61). — Ueber den Verkehr in der Gesellschaft (S. 63). — Opernhausredoute. Unbehagen (S. 65). — Eigene Beurteilung. Noch in getrennten Sphären (S. 67). — Umzug. Reiseplan. Herrichtung der Wohnung (S. 69).

Briefe an die Frau 71

1843. In Wismar (S. 75). — Im Doberaner Dom (S. 77). — Brand des Opernhauses (S. 79). — Allein in Berlin. Schauspieler Döring (S. 81). — In Frankfurt a. d. Oder (S. 83). — Fahrt nach Köln (S. 85). — Burg Rudelsburg (S. 87). — In und um Erfurt (S. 89). — Einbruch in den Weinkeller. Manöverleben (S. 91). — 1844. Erste Reise der Frau allein. In Muldorf. Burg Falkenstein (S. 93). — Jagdschloß Ettersburg. Wieder in Berlin. Sehnsucht (S. 95). — Ueber Berliner Begebenheiten (S. 97). — Die Frau im Seebad. Was in Berlin vorgeht (S. 99). — Consuelo (S. 101). — In Stopau. Manöver (S. 103). — Verzögerung der Abreise (S. 105). — In Kopenhagen. Stürmische Rückfahrt (S. 107). — 1846. Nachreise von Rom (S. 109). — Rückreise von Rom. Aufnahme am Berliner Hof (S. 111). — In Fiensbach. Kriegsvorschlag (S. 113). — In Berlin. Die „Amazone" (S. 115). — Trennung. An Bord der „Amazone" (S. 117). — Meerfahrt (S. 119, 121). — Auf der Reise. In Gibraltar (S. 123). — In Madrid. Nach Bayonne (S. 125). — Landreise (S. 127). — In Glückstadt (S. 129). — Rathschläge zu Aus-Rügen (S. 131). — In Itzehoe und Glückstadt. Die Reise der „Amazone" (S. 133). — Beisetzung der Leiche des Prinzen Heinrich (S. 135). — Des Bild der Frau. Geburtstagsfrühstück der Prinzeß Louise (137). — Kemische Karte. Kurze Tage (S. 139). — Die Frau auf dem Besuch (S. 141). — Bei alten Bekannten. Aussicht auf baldiges Wiedersehen (S. 143). — 1847. Trier (S. 145). — Brief von der Frau (S. 147). — Eröffnung der Bahnlinie Minden-Deutz (S. 149). — Leben in Trier (S. 151). — In Manderscheid. Auf dem Mosenberg. Geburtstag (S. 153). — Im Heim in Koblenz (S. 155). — Unwohlsein (S. 157). — 1848. In schwerer Zeit (S. 157). — Ungewißheit. Die Möglichkeit eines einigen Deutschlands (S. 159). — Moltke wird Abtheilungschef im Generalstab (S. 161). — Prachtvolle Neubauten. Die Frau in Neumünster (S. 163). — Wohnung im Gasthof (S. 165). — 1849. Auskunft über einen Offizier (S. 167). — 1850. Beim Bruder in Rantzau (S. 169). — Allein in Magdeburg (S. 171). — Jedem seine Meinung (S. 173). — Brand einer Spiritus- und einer Bauchfabrik (S. 175). — In Paris

(S. 177). — In Havre. In Halle (S. 179). — Truppenbesichtigungen (S. 181). — Sorge wegen ausbleibender Nachricht. Hofkonzert (S. 183). — Neujahrsglückwünsche. Umfangreiche Schreiberei (S. 185). — 1851. Orgelspiel des Professors Ritter (S. 187). — Römische Karte. Grippe in Merseburg. Unwohlsein (S. 189). — Das Bild der Frau. Der Prinz von Preußen in Magdeburg (S. 191). — 1852. In Rehme. Auf dem Wittekindsthurm (S. 193). — Thun und Treiben in Rehme (S. 195). — Auf der Sorgstädter Warte. Verlorener Ring (S. 197). — 1854. In Berlin. Das neue Museum (S. 199). — Auf der Generalstabsreise (S. 201). — In Lübbenau. Ueberschwemmung (S. 203). — In Muskau. Moltkes glückliche Ehe (S. 205). — 1855. Audienz beim König (S. 207). — Reise nach Königsberg (S. 209). — Marienburg. Königsberg (S. 211). — Im Harz. Viel Arbeit (S. 213). — Reise des Prinzen Friedrich Wilhelm (S. 215). — Ernennung zum ersten Adjutanten bei Prinz Friedrich Wilhelm (S. 217). — Vor Antritt der neuen Stellung (S. 219). — Koblenz. Erinnerung an den früheren Aufenthalt (S. 221). — Reise nach England (S. 223). Spaziergang durch London (S. 225). — Port. Newcastle (S. 227). — Die Gegend um Balmoral (S. 229). — Schloß Balmoral. Ausflug in die Umgegend (S. 231). — Präsentation. Abreise von Balmoral. Kenilworth (S. 233). — Windsor. Der Tower (S. 235). — Der Krystallpalast von Sydenham. Abfahrt von London (S. 237). — 1856. Dom und Rathhaus in Aachen. Fahrt nach Dover (S. 239). — Neuer Hafen in Dover. Fahrt nach London (S. 241). — Der Hydepark. Die Bevölkerung (S. 243). — Auf der Insel Wight. Osborne (S. 245). — Nach Portsmouth. Truppenbesichtigung. In London. Theater (S. 247). — Ball beim türkischen Botschafter. Nach Epsom (S. 249). — Das Derby-Rennen. Hampton Court (S. 251). — Drawing-Room zu St. James (S. 253). — Besuche. Diner. Konzert. Buckingham-Palast (S. 255). — Regents Park. Zoologischer Garten (S. 257). — Im British Museum. Greenwich (S. 259). — In Oxford. Doktor-Promotion (S. 261). — Fancy-Ball. Schottische Füsiliere. Landpartie (S. 263). — In Windsor Castle (S. 265). — Rennen von Ascot. Ausflüge. Bilderschätze (S. 267). — Militärkolonie Aldershot. Parade

(S. 269). — Großer Hofball. Tagebuch (S. 271). — British Museum. Großes Konzert (S. 273). — Beförderung zum Generalmajor. Schwiegervaters Tod (S. 275). Neuer Umzug. Veränderungen in der Familie (277). — 1857. Festliche Tage in Breslau (S. 279). — Festliche Tage in Breslau. Photographie der Frau (S. 281). — Auf der Jagd (S. 283. 285). — Thätigkeit und Vergnügungen (S. 287). — Pläne. Fischers Tod. (S. 289). — Reise der Frau nach Holstein. Politisches (S. 291). — Ausflüge mit dem Prinzen (S. 293). — Geänderter Reiseplan (S. 295). — In Münster. Interessante Bauten (S. 297). — Sussex und Kent. Ankunft in Windsor (S. 299). — Spaziergang durch die Umgebung von Windsor (S. 301). — Künstlerwerke in Windsor. Schloß. Wunderschöner Spazierritt (S. 303). — Taufe der Prinzeß Beatrice (S. 305). — Unangenehmes Pferd. Monsterkonzert (S. 307). — Lever in St. James. Die Commons. Landwirtschaft (S. 309). — Die englische Hoflichkeit. Sonntag in London (S. 311). — Zwei interessante Schiffe (S. 313). — Das häßliche London. Die englischen Wohnhäuser (S. 315). — Architektur der Wohnhäuser, Monsterball (S. 317). — Zur großen militärischen Schaustellung (S. 319). — Gottesdienst in Westminster Abbey (S. 321). — In Worsley Hall (S. 323). — Manchester. In der Kunstausstellung (S. 325). — Die Kunstausstellung. Abreise an den Prinzen Friedrich Wilhelm (S. 327). — Auf der Hungerfordheide. Panorama von Moskau (S. 329). — In Baden-Baden. Fortwährende Verzögerungen der Heimkehr (S. 331). — Erwarteter Kaiserbesuch in Berlin (S. 333). — Unglücksfälle auf dem Marsche (S. 335). — In Ohlau. Feldienst. Schwindelanfall des Königs (S. 337). — Das Cisterzienser-Kloster Leubus (S. 339). — In Reichenbach (S. 341). — Ausflug ins Gebirge (S. 343). — Die ganze Division im Feuer (S. 345). — Beim Grafen Saurma-Jeltsch. Manöver (S. 347). — Im hübschen Thüringerland (S. 349). — Die Krankheit des Königs (S. 351). — 1858. Ungewißheit über die nächste Zukunft (S. 353). — In London (S. 355). — Vermählung des Prinzen Friedrich Wilhelm (S. 357). — Der Hochzeitszug (S. 359). — In London nach der Vermählungsfeier (S. 361). — Korpsmanöver (S. 363). — Ernennung zum Chef des Generalstabes (S. 365). —

1860. Die Marienburg (S. 367). — Danzig (S. 369). — In Hinterpommern (S. 371). — Begegnung mit Prinz Friedrich Karl (S. 373). — Reichsdisposition (S. 375). — 1861. Königsmanöver am Rhein (S. 377). — In Köln und Düren (S. 379). — 1862. Unwohlsein (S. 381). — In Mannheim, St. Johann und Trier (S. 383). — In Frankfurt, Wiesbaden (S. 385). — 1864. Ein Neffe Henry im Felde. Schlechtes Wetter (S. 387). — Im Felde (S. 389). — Angriff auf Alsen (S. 391). Preußischer Sieg (S. 393). — Bei den Trappen. Tyrsbek (S. 395). — Hartnäckigkeit des Kopenhagener Kabinets (S. 397). — In Louisenlund (S. 399). — Alsen (S. 401). — Der Angriff auf Alsen (S. 403). — Erstürmung von Alsen (S. 405. 407). — Klima. Gegend. Vertheidigungsmittel der Dänen (S. 409). — Fruchtbares Land. Idyllische Zustände (S. 411). — In Erwartung des Friedensabschlusses (S. 413). — Ueberfluß an Musik. Ein Scherz Moltkes (S. 415). —. Die Schleswiger (S. 417). — Verzögerung der Friedensverhandlungen (S. 419). — Kombinationen (S. 421). — Das Stabsquartier in Flensburg. Heftiger Sturm (S. 423). — In Flensburg (S. 425). — Der Tod von Moltkes Schwägerin (S. 427). — Beerdigung von Moltkes Schwägerin (S. 429). — Der Tod John Burts (S. 431). — Nach Altona umquartiert (S. 433). — 1865. In Wien (S. 435). — Besuche, Gastmahle, Theater. In der Reitbahn (S. 437). — Galatafel (S. 439). — Zeughaus und Equitation (S. 441). — Die Schatzkammer, die Keller, das Belvedere (S. 443). — 1866. Der Feldzug (S. 445). — Die Schlacht bei Königgrätz (S. 447). — Auf dem Schlachtfeld von Königgrätz (S. 449). — In Pardubitz. Rückzug der Oesterreicher nach Olmütz (S. 451). — In Brünn (S. 453). — Auf Schloß Nikolsburg (S. 455). — Die Cholera in der Armee. Nach dem Kriege (S. 457). — Reise in die Schweiz. Ueber den Wolken (S. 459). — 1867. In Paris (S. 461). — In Paris. Französische und italienische Dekorationen (S. 463). — 1868. Auf den Schlachtfeldern (S. 465). — Im Thüringer Wald (S. 467).

Anhang. Briefe Moltkes an andere Verwandte und Briefe seiner Schwester Auguste und der Frau v. Burt 469

1868. Die Krankheit der Frau von Moltke (S. 473. 475). — 1869. Krankheit und Tod der Frau von Moltke (S. 477).

— Moltkes Dankbarkeit (S. 479). — Der Schwägerin Jeanette Wirken. Die Grabkapelle (S. 481). — Seine Frau als Wohlthäterin (S. 483). — 1870. Im Felde. Rückblick auf die Zeit der Krankheit seiner Frau (S. 485). — Moltkes Reisen im Krieg (S. 487. 489). — 1871. Die Einzugsfeierlichkeit in Berlin (S. 491). — In Petersburg (S. 493). — Das Georgenfest. Leben in Petersburg (S. 495). — 1872. In Gastein (S. 495). — Beim Großherzog von Baden auf der Mainau (S. 497). — 1873. In Bremenschen (S. 499). — 1874. Zur Kur in Ragaz (S. 499). — 1875. Auf Schloß Dolzig (S. 501). — Mit dem Kaiser in Mailand (S. 503). — Die Scala. Monza. Der Dom in Mailand (S. 505). — Monstreball (S. 507). — 1876. In Rom (S. 509). — Pompeji. Die Campagna (S. 511). — Von Neapel nach Capri. Der Weg nach Sorrent (S. 513). — 1877. Der Kaiser in Straßburg (S. 515). — 1878. Das Socialistengesetz. Nach dem Attentat (S. 517). — 1879. Kaiserparade in Stettin. In den Bogeken (S. 519). — 1880. Fuchsjagd in Creisau (S. 521). — Ueberschwemmung. Nach Gastein (S. 523). — In Gastein (S. 525). — Spaziergänge, Musik, Spiel, Lektüre in Gastein (S. 527). — 1881. Im Tatragebirge. Nach Kopenhagen (S. 529). — 1882. Schöne Tour in der Schweiz (S. 531). — Ueber den Splügen (S. 533). — 1883. In Genua (S. 535). — In San Remo (S. 537). — 1888. Kaiser Friedrich. Trummonds Schrift (S. 539). — Gedicht von Moltkes Frau (S. 541). — Moltkes letzte Ruhestätte (S. 543).

Bild der Frau von Moltke aus dem Jahre 1857.
Facsimile des Briefes an die Braut vom 5. November
1841 44

Briefe an die Braut.
1841—1842.

(Ohne Datum.)

Mein süßes, liebes Mariechen! Schon heute Abend erhältst Du einen Brief von mir, denn die zehn Minuten, die mir bleiben, kann ich nicht besser anwenden, als Dich in Gedanken noch recht herzlich zu grüßen. Ich werde Euch morgen auf Eurer Rückreise mit meinen Wünschen begleiten. Tausend freundliche Grüße an Mama, Jeannette und Papa, und übrigens seien Sie munter, mein Fräulein. Ich freue mich auf Deinen ersten englischen Brief.

Briefe von Mine Brockdorff, Onkel Paschen und dergleichen an mich magst Du immer öffnen und mir den Inhalt auszugsweise mittheilen.

Nun adieu, mein herzensliebes, my only dear Mary, ich drücke Dich tausendmal an mein Herz. Dein für immer

Helmuth.

*

Berlin, den 27. Mai 1841.

Mein theures, liebes Mariechen! Da sitze ich nun schon zwei Tage in Berlin ohne Dich. Die Geschäfte des Tages haben Dein liebes Bild in den Hintergrund meiner Seele gedrängt, „doch, wenn in unsrer engen Zelle das Lämpchen freundlich wieder brennt, dann wird's im eignen Innern helle, im Herzen, das sich selber kennt", dann lebst Du in meinen Gedanken, ich sehe Deine freundliche Erscheinung und glaube zuweilen, daß Deine Seele mir nahe ist.

Während der Reise hierher hab' ich Dich auf allen Schritten begleitet, ich folge Dir an Bord des Dampfschiffes, während der Eilwagen über die preußische Grenze fuhr; als die Sonne unterging, sah ich die schwarze Rauchsäule in den grünen Wiesen bei Itzehoe emporwirbeln. Mama war an der Landestelle Euch entgegengekommen, zu Hause dampfte schon der Thee, mein Platz war leer, aber Ihr gedachtet meiner freundlich und erzähltet, was Ihr in Hamburg gesehen und erlebt.

Als Du noch schliefst, rasselte unser Postwagen die Linden herauf, und ich eilte in meine Wohnung. Da mein Prinz nicht mehr hier war, so hatte er seinen Glückwunsch schriftlich hinterlassen. Einer meiner ersten Gänge war zu John, den ich aber nicht zu Hause traf. Heute früh hat er mich aufgesucht. Ich habe ihm aber noch viel zu erzählen, denn seine Zeit ist durch den Besuch der verschiedenen Lotten Brockdorff in Anspruch genommen, welche vorgestern hier eingetroffen sind. Ich habe die Absicht, sie morgen aufzusuchen. Sie kennen Dich, und wir können von Dir sprechen.

Tausend herzliche Grüße an Papa und Mama, sowie an Jeannette. Ich hoffe, sie wird uns viel besuchen, denn Du würdest sie doch sehr entbehren. Ueberhaupt fürchte ich, daß Du Dich anfangs sehr verlassen fühlen möchtest, wenn Du so ganz aus dem liebevollen Kreise scheiden sollst, in welchem Du aufgewachsen bist, und wo Dich alle so lieb haben. Möchte ich Dich doch für alles entschädigen können, was Du um meinetwillen aufgeben mußt. Ja, liebe Marie, ich bitte Gott aufrichtig, daß wenn ich Dich nicht glücklich machen kann, er mich lieber vorher abrufe. Laß uns von beiden Seiten guten Willen und Vertrauen mitbringen und Gott das Uebrige anheimstellen.

Süße Marie, wenn Du abends nach neun Uhr gegen Süden blickst, so wirst Du einen prachtvollen Stern am Horizont aufsteigen sehen. Es ist derselbe, den meine selige Mutter so oft bewunderte. Ich sah ihn nie, ohne an sie dabei zu denken, und habe den Glauben, daß es mein guter Stern ist. Denke dann an mich.

Du Aermste mußt nun wohl bald mit Mama alle die Visiten machen, die ich schuldig geblieben bin. Es wird noch öfter Dein Schicksal sein, da zu versöhnen, wo ich mit meinem verschlossenen, oft unfreundlichen Wesen die Leute verletzte. Du sollst überhaupt mein guter Engel sein, und ich nehme mir fest vor, mich zu bessern, damit ich Deiner würdiger werde.

Nun gute Nacht, theure Marie, schlafe süß und sanft und wenn Du erwachst, so denke freundlich an Deinen

Helmuth.

*

Berlin, am 2. Pfingstfeiertag 1841 abends.

Liebe Marie! Kaum war mein Schreiben vom 27. an Dich abgegangen (ich denke, gerade heute wirst Du es erhalten haben), so erfreute mich der Briefbote mit Deinem süßen Brief vom 26., den ich alle Tage ein paar Mal durchlese. Herzlichen Dank für die ausführliche Beschreibung Deines Tagewerks; ich kann Dir nun zu jeder Stunde folgen und weiß Dich im Ankleidezimmer oder in der Küche, beim Vorlesen oder auf der Promenade zu finden. Vielleicht sitzest Du eben jetzt auf dem trauten Plätzchen in der Gartenlaube, wo der Mond Dir durch die Jasminzweige leuchtet, vielleicht blickst Du eben in sein blasses Antlitz, welches auch zu mir so freundlich in die offenen Fenster hinein scheint, als ob er mich von Dir grüßen wollte.

Da Du meine kürzlichen Briefe liesest, so schicke ich Dir durch Lawitz und Koch einige Hefte mit Ansichten, die so treu sind, daß ich bei einigen glaube, mitten in der Landschaft zu stehen. Fast alle darin enthaltenen Stellen sind mir wohlbekannt und kommen in dem Buche vor. Aber was fängt denn Papa während der Vorlesung an, die ihn nicht sonderlich interessiren wird. Ist er noch verdrießlich?

Du erhältst ferner mit derselben Gelegenheit ein kleines Andenken aus Neapel. Daß Du den alten schäbigen Hut nicht hast fortgeben wollen, bloß, weil er Dich an das schäbige alte

Gesicht erinnert, was darunter gesteckt hat, das hat mich ordentlich gerührt.

Mama wird Dir wohl ihren Brief mittheilen, und Du wirst daraus ersehen, was für schöne Hoffnung ich habe, Dich wiederzusehen. Noch ist freilich alles ungewiß, doch werde ich wohl bald Näheres melden können. Unterstütze Du nur die Pläne. Wenn Ihr nicht ins Seebad geht, so komme ich nach Itzehoe, oder besser wäre es, wir träfen uns in Cuxhaven. Ganz besonders aber rechne ich, daß Ihr Papa etwas zusetzt, daß er zum Herbst auf möglichst lange Zeit nach Berlin kommt; und da muß Jeannette tapfer mithelfen. Sie weiß trefflich mit Papa umzugehen und setzt mit ihrem nonsense alles durch. — Bitte, gieb ihr einen Kuß von mir, wenn sie es verspricht.

Liebe Marie, schreib mir recht ausführlich, denn alles, auch das Geringste, interessirt mich. Ich bin beim Schreiben viel schlimmer daran, denn meine Welt kennst Du nicht. Wenn Du erst einmal in Berlin gewesen bist, werden wir viel mehr Anknüpfungspunkte für unsere Briefe haben. Aber das freundliche Itzehoe steht so lebhaft vor mir, daß ich Dich dort in jeder Umgebung sehe.

Doch ich will nun für heute meinen dummen Brief schließen; die beiden langen Episteln an Papa und Mama haben mich schon ganz matt gemacht, und es ist wirklich rather hot.

Gute Nacht, mein süßes, liebes, theures Marlechen, schlaf wohl und träume sanft. Gott segne und erhalte Dich. Ich schreibe Dir bald wieder; der Postmeister wird reich an uns werden, wenn Du fleißig antwortest. Gute Nacht und, so Gott will, auf baldiges Wiedersehen.   Dein Helmuth.

*

Berlin, Donnerstag den 3. Juni 1841 abends.

Wie sehr sehne ich mich, liebe Marie, bald wieder von Dir zu hören. Vielleicht ist schon wieder ein Brief von Dir unterwegs, aber ich warte ihn nicht ab, sondern plaudere schon vorher ein bißchen mit Dir. Der Vollmond steht meinen Fenstern strahlend gegenüber, gewiß siehst Du ihn heute auch noch an. Wäre er doch ein Hohlspiegel, und ich erblickte Deine lieben, süßen Züge darin, Deine nußbraunen Augen und sanftlächelnden Mundwinkel. Dicht daneben steht der große Stern, von dem ich Dir schrieb. Oft, wenn ich in fernen asiatischen Steppen den langen, heißen Tag geritten, und die Nacht herabsank, ehe die müden Pferde ihr Nachtquartier erreicht; oder wenn ich auf dem flachen Dach der Wohnung meine Teppiche zum Lager breiten ließ, trat er mit südlicher Klarheit aus dem Abendroth hervor und leuchtete so milde, als wollte er sagen: Reite nur getrost und vergiß alle Sorgen, du wirst doch noch ein Herz finden, welches dich liebt. Und so habe ich Dich gefunden, theure Marie; aber des Schicksals Sterne wohnen in der Menschen eigenem Busen, und Jeder ist so glücklich, als er es verdient. Würde ich es nicht mit Dir, so wäre es nur, weil ich nicht so rein und gut bin und nicht mehr werden kann wie Du. Je länger ich lebe, je mehr erkenne ich an, daß schon in diesem Leben die Vergeltung alles Guten und Bösen, wenigstens zum großen Theil, eintritt. Darum wirst Du, wie sich Dein äußeres Loos auch gestaltet, das Glück des innern Friedens nie entbehren, denn Du bist wie eine Blume, und ich bitte Gott, daß er Dich erhalte so lieblich, rein und hold.

Ich habe heute einen Brief von Onkel Paschen gehabt, in welchem aber nicht sonderlich viel drin steht, außer einem Zopf für Mama. Er hat sie gebeten, ihm meine Adresse zu schicken, und das hat sie, was ganz unnöthig war, vergessen. Nun will er wissen, und das soll ich Mama einschärfen, ihm zu sagen, damit sie es nicht wieder beim Dochschreiben vergißt, wer der Herr Ritter ist, der die Vorrede zu meinem Buch*) geschrieben. Da sie das wahrscheinlich selbst nicht weiß, so bemerke ich, daß Karl Ritter Professor der Erdkunde zu Berlin und einer der bedeutendsten jetzt lebenden Gelehrten in diesem Fache ist.

---

*) Briefe über Zustände und Begebenheiten in der Türkei aus den Jahren 1835 bis 1839. Berlin, Posen und Bromberg. Druck und Verlag von E. S. Mittler 1841.

Den 4. Juni abends spät. — Dear, dear little Mary, God bless you! I kiss your hand and your eyes.

Den 5. Juni. Als ich heute vom Essen nach Hause kam, fand ich einen Brief von Dir, liebe, liebe Marie, und die Züge Deiner Hand versetzten mich sogleich in eine bessere Laune als die, in welche mich die Geschäfte gebracht. Wie freute ich mich, zu lesen, daß Du Dich glücklich fühlst; möge es immer so sein. — Du mußt jetzt schon meinen Brief vom 30. Mai erhalten und daraus ersehen haben, daß ich einige Hoffnung hege, Dich in diesem Sommer noch zu sehen, sei es im Seebad oder in Itzehoe; etwas Bestimmtes ist aber leider noch nicht darüber zu sagen. Daß aber Papa zum Herbst hierher kommt, hoffe ich zuversichtlich.

Hast Du die Stahlstiche schon aus Altona von Lawitz und Koch erhalten. Sie enthalten auch eine kleine Karte vom Bosporus und viele Ansichten, deren in den Briefen erwähnt ist.

Du fragst: whether it be quite the same to me, if you dance. Das ist mir gar nicht gleichgültig, ich wünsche vielmehr dringend, daß Du tanzest (nur nicht gerade mit Leuten, die enge Stiefel tragen) und Dich überhaupt so gut amüsirst wie möglich. Lene schrieb uns, es thue ihr immer leid, wenn sie sähe, wie Jemandem ein Stück aus seinem Leben weggestrichen werde. Gott verhüte, daß ich die Jugend aus Deinem Leben wegstriche. Du wirst noch eine lange Reihe von Jahren eine junge, hübsche Frau sein und sollst, so hoffe ich, alle Freuden genießen, welche die Welt einer solchen bietet. Diese Welt, liebe Marie, hat ihre großen Lockungen und Genüsse, sie hat aber auch bittere Täuschungen und Kränkungen. Möchtest Du aus dem Kerzenschimmer der vergoldeten Säle nur immer gern in die eigene kleine Häuslichkeit zurückkehren, möchtest Du bei so vielen glänzenderen Erscheinungen nur immer das Gefühl bewahren, daß doch Niemand es treuer mit Dir meint, als Dein alter „Bär" daheim, dann ist alles erreicht, was ich wünsche, und Du magst so viel Bälle und Konzerte, Theater und Soiréen besuchen, wie es Dir Vergnügen macht. — Es ist übrigens nothwendig, wenn Du hier auftrittst, daß Du gut tanzest, und das lernt man nicht bei Herrn Rosenhain, sondern auf Bällen. Betrachte sie also als Vorstudien und erlaube mir, im Cotillon in Gedanken eine Extratour mit Dir zu tanzen.

Tausend herzliche Grüße an Jeannette, und sage ihr, daß die eine Scheere immer noch etwas wackelig ist seit der Reise nach Kiel. Uebrigens soll sie ihr freundlichstes P'pa sagen, sobald die Rede von einer Reise nach Berlin ist. Gute Nacht, süße Marie.

Sonntag Abend. In diesem Augenblick mögt Ihr wohl noch um den Theetisch sitzen, oder Mama und Jeanette musiziren, Papa raucht die Cigarre und Du, meine kleine Marie, denkst wohl zuweilen an mich in meiner geräuschvollen Einsamkeit. Schreib mir nur recht fleißig, gute Seele, Deine Briefe machen mir so viel Freude, und die kleinste tägliche Begebenheit Deines Lebens interessirt mich mehr als alle Politika. Nun will ich diesen Brief auch nicht länger zurückhalten, morgen soll er weg. Adieu liebe, gute, theure Marie. Truly yours Helmuth.

Berlin, Dienstag Abend den 8. Juni 1841.

Liebe, gute, süße, hübsche Marie! Gestern erst ist mein letzter Brief an Dich abgegangen, aber ich kann nicht zu Bett gehen, ohne ein paar Worte mit Dir zu plaudern. Ich war heute nach Schönhausen gefahren und habe den Rückweg, genau ein und eine halbe Meile, in vierzig Minuten zurückgelegt, ohne daß Deine kleinen arabischen Hengste ein nasses Haar hatten, woraus Du ersiehst, daß sie gut in Athem sind. — Ich denke, Du schläfst schon, gute Seele, und hast vor dem Einschlafen noch meiner gedacht. So will ich es auch thun.

Mittwoch. Mir ist's, liebe Marie, als ob ich recht lange keinen Brief von Dir gehabt hätte; vielleicht ist aber schon einer unterwegs. Es kommt mir recht einsam hier vor, und ich versetze mich in Gedanken oft in Eure Mitte. Wie schön ist es doch, die Seinigen um sich zu haben.

Wo wird der Ball sein, wo Du tanzen sollst? Habt Ihr

aus Glückstadt keine Nachrichten? Ach, ich könnte noch viel fragen, aber wie lange Zeit vergeht, ehe ich Antwort bekomme. Nimmst Du fleißig Stunden? Ich empfehle Dir das Französische, namentlich ein bißchen das Sprechen. Ach, liebe Marie, wärst Du doch hier!

Sonnabend, den 12.

Wie sehr bin ich durch Deinen lieben, freundlichen Brief vom 6. d. M. erfreut worden, gute Marie. Ich kann ihn auswendig, so oft hab' ich ihn durchgelesen. Daß Du und Jeannette die Sachen aus Neapel hübsch gefunden habt, hat mich recht gefreut, noch mehr aber, daß Du so heiter und so liebenswürdig schreibst. Ich gewinne Dich alle Tage lieber und zähle die Tage, bis ich Dich wiedersehen soll. Aber es sind der Tage doch noch eine ganze Menge, denn vor Ende Juli werde ich kaum abkommen können. Ich werde mir indeß die äußerste Mühe geben, schon Mitte Juli Urlaub zu erhalten.

Daß nun Papa wieder nicht nach Berlin kommen will, wie er mir doch versprochen, ist doch sehr hart. Dann muß er auch erlauben, daß ich zum Winter, sei es auch erst zu Neujahr, Hochzeit mache. Soll ich hier den ganzen Winter allein in meinem Lehnstuhl sitzen, so verkümmere ich ganz, und ob Du drei Monate früher heiratest, kann Dir doch wahrlich nicht nachtheiliger sein als drei Monate später. Ich hoffe aber im Gegenteil, es soll Dir sehr vortheilhaft sein, denn ich will Dich pflegen wie meinen Augapfel, Du zarte kleine Pflanze. Nicht wahr, Marie, Du sagst ja! und hilfst mir zureden, ich werde das auch an Mama schreiben, wir nehmen Jeannette zu Hülfe und lassen Papa keine Ruhe, ehe er einwilligt. Zu Weihnachten komme ich dann nach Itzehoe, und zu Neujahr ist Hochzeit, und wir reisen in Deine neue Heimat. Hier wollen wir uns hübsch, aber klein einrichten, das ist besser als zu groß anfangen. Man kann sich immer noch ausdehnen. Anfangs wird es Dir ein bißchen einsam vorkommen, aber zum Frühjahr lassen wir Jeannette kommen, und wenn wir Papa eine eingerichtete, wenn auch enge Wohnung hier anbieten können, so bekommen wir ihn und Mama auch noch herüber. Auch gebe ich die Hoffnung nicht auf, mit Dir eine hübsche Reise nach der Schweiz, Paris und, wenn die Fonds ausreichen, auch nach England zu machen. Was Dein Papa für Dich thun kann, das soll Dir auch ganz zu gute kommen, ich habe, was ich brauche, und will nichts mehr als Dich (das heißt freilich sehr viel).

Ich hatte gestern einen Brief aus Karlsruhe von Fritz Moltke; alle Verwandten schreiben so freundlich theilnehmend, daß ich mich recht darauf freue, Dich ihnen einmal vorzustellen. Ein anderes Schreiben war von dem Komitee der Berlin-Hamburger Eisenbahn, welches mich auffordert, als Mitglied der Direktion einzutreten. Ein wohllöbliches Komitee mag Ahnung davon haben, daß ein gewisser, allerliebster, kleiner Magnet mich nach dieser Richtung hinzieht, und daß ich ganz besonders bei der Herstellung der schnellsten Verbindung mit Hamburg betheiligt bin. Ich habe die Aufforderung gern angenommen, indem eine so nützliche Thätigkeit viel Reiz für mich hat und Veranlassung zu mancher Reise nach Hamburg werden wird.

Ich danke Dir für die Beantwortung aller meiner Fragen. Wann wird denn der Ball bei Ewalds sein? Damit ich in Gedanken mittanzen kann. Welches Kleid ziehst Du an? Schreib mir auch, mit wem Jeannette den Cotillon tanzte, etwa mit einem gewissen C. B.? Schicke mir ein Blatt aus der jessamin-bower. Es ist halb elf Uhr, und gewiß begegnen sich unsere Gedanken, süße, liebe Marie. Vielleicht finde ich Dich jetzt, wo Papa und Mama schon gute Nacht gesagt, unten in Deiner Stube am Schreibtisch, oder Du liegst schon zu Bett und plauderst noch mit Jeannette some nonsense. Doch ich will meinen eigenen nonsense schließen. Du wirst Mühe haben, es zu lesen, so abscheulich schlecht und eilig hab' ich geschrieben. Adieu, liebe, gute, schöne Marie; ich küsse Dich herzlich. Erfreue mich bald wieder mit einem Brief, sei heiter und froh und gedenke in Liebe Deines Dich so herzlich liebenden

Helmuth.

Sonntag Nachmittag, den 13. Eben erhalte ich Deinen lieben Brief, gute Marie, vom 10. d. M., den Ausdruck Deines lieben, frommen Herzens. Gewiß muß Dir der Tod Deiner würdigen, theuren Großmutter sehr nahe gehen. Laß uns hoffen, daß ihr Segen auf Dir ruht, und uns bestreben, ihres innigen Wunsches, uns einig und glücklich zu wissen, stets eingedenk zu sein. Wie schön ist es, wenn wir den letzten Abend ihres langen, mühevollen Lebens durch eine frohe Hoffnung erheitert haben, möge sie nie getäuscht werden. Adieu, süße Marie, trockne Deine Thränen und laß von der ehrwürdigen Großmutter das freundliche Bild in Deiner Seele zurückbleiben. In herzlicher Liebe der Deinige Helmuth.

Berlin den 16. Juni 1841 (Mittwoch).

Gute, liebe Marie! Gestern Abend spät noch erhielt ich Deinen so herzlichen Brief vom 11. d. M. Jedes Deiner Schreiben macht Dich mir lieber, und wenn ich Dich lese, kommst Du mir vier Jahre älter vor, als wenn ich Dich sehe.

Es wird mir ein Genuß sein, künftig Deine Lektüre zu leiten, und gerne wollen wir immer mit der Bibel anfangen, auch wollen wir gute Predigten hier besuchen, und ich verspreche dann auch, nicht beim Klingbeutel davonzugehen. Aber das muß ich Dir sagen, Du mußt keine allzu gute Meinung von mir haben, damit Du nicht getäuscht werdest, sondern mußt recht viel Geduld und Nachsicht mitbringen. — Dann wird's aber auch, so Gott will, wohl gehen.

Ich kann mit einiger Zuverlässigkeit annehmen, daß ich schon Mitte Juli von hier abreisen und vier Wochen im Bade bleiben kann, was mir und uns allen gewiß sehr heilsam und wohlthätig sein wird. Mama kann hierauf ihren Zuschnitt machen, es müßte schon etwas Ungewöhnliches dazwischen treten, um diesen Plan zu stören. Ich zähle übrigens die Tage, bis ich

Dich wieder sehen werde, mein kleines Kaffeeböhnchen, und werde mich zu mehrerer Sicherheit auch festbinden lassen auf dem Schiffe.

Mein ganzer Tisch liegt jetzt voll von Abhandlungen über Eisenbahnen. Die Sache interessirt mich sehr, und ich würde sehr gern thätigen Antheil an diesem großen und gemeinnützigen Unternehmen nehmen. Künftig können wir morgens um sechs Uhr von Berlin abfahren, um drei Uhr in Hamburg sein, uns auf das Itzehoer Dampfschiff setzen, abends sieben Uhr in the green meadows anlangen und den Thee bei Mama trinken. — Freilich sind bis dahin noch mancherlei Schwierigkeiten zu besorgen, und eine gewisse nordische Staatsregierung ist nicht die kleinste dieser Schwierigkeiten.

John grüßt Euch alle herzlichst. Er war von dem Tod seiner Großmutter sehr ergriffen, aber weil ein wirkliches Aufkommen derselben doch entschieden unmöglich, freut ihn ihr leichter Todeskampf und das tröstliche Gedächtniß an ihr durch nichts gestörtes Wohlwollen. Sie starb gerade am 9., also einen Monat nach unserer Verlobung. Deinen Ring habe ich noch nie abgelegt*), obschon ich ein paar Mal die Buchstaben M. B. darin betrachtet habe. Zuweilen rieche ich auch an Deiner Eau de Cologne, um mich an Dich zu erinnern. Ich mag den Farina schon leiden, bloß weil er Jean und Marie heißt.

Heute muß ich schließen, denn ich soll bei der Prinzeß von Preußen zu Mittag essen; ich äße lieber bei Dir zu Mittag. Abieu, liebe, gute Seele; mit herzlicher Liebe für immer Dein

Helmuth.

Bitte, auf Adresse schreibe nicht „hoher" Orden, ich habe deren nicht.

---

*) Moltke hat den Ring sein ganzes Leben lang nicht abgenommen und dafür Sorge getragen, daß er ihm nach dem Tode auch nicht abgenommen würde.

Berlin, Sonntag den 20. Juni 1841.

Du gute, liebe Marie; ich mag nicht schlafen gehen, ohne Dir vorher einen herzlichen guten Abend zu wünschen. Ich sehne mich so sehr, Dich wiederzusehen und Dich recht in meine Arme zu schließen. Nun, die drei Wochen werden wohl vergehen, aber ob die sieben Monate von August bis April je enden werden, wenn Papa auf seinem Sinn beharrt, das weiß ich nicht. Urlaub kann ich dann unmöglich wieder nehmen, und hier so lange allein zu sitzen — dann komme ich zum Frühjahr mit grauen Haaren an. — Hast Du keine Hoffnung für den Herbst?

Alle diese Tage hab' ich recht an die Zeit zurückdenken müssen vor zwei Jahren, denn heute war die unglückliche Schlacht von Nisib. Die vorige Nacht machten wir den Ueberfall; heute nach dem Treffen waren wir bis Sonnenuntergang geritten bis Aintab, wo ich lobmüde, krank und bekümmert ankam, aber um diese Stunde saßen wir schon wieder im Sattel, ritten die ganze Nacht durchs Gebirge und den ganzen folgenden Tag, ohne Essen als einen halben Zwieback und zwei Zwiebeln und einen Trunk Wasser. Ich ritt heute dasselbe Pferd wie damals und erinnerte mich wohl daran, daß ich nächst Gott seinen Beinen verdanke, wenn ich noch auf diesem Erdenrund herumspaziere. Du kannst the sad account in meinem Briefe nachlesen.

Recht sehr wünschte ich, Mama entschiede sich für Helgoland. Ich habe hier Bekannte gesprochen, die da gebadet haben und mir versichern, es sei gar nicht theuer und ganz wunderschön auf diesem Felsen im Meer. Von Hamburg gehen täglich oder alle zwei Tage Dampfschiffe dahin ab, und man hat kaum einmal Zeit, beim besten Willen seekrank zu werden. Ich glaube, die Reise nach Föhr ist auch nicht wohlfeiler. Bitte, laßt mich wissen, was ihr beschließt, ich reise den 15. Juli von hier ab. Mama muß mir nicht übel nehmen, daß ich ihr nicht schreibe, aber ein gewisses, kleines, niedliches Fräulein nimmt meine ungeschickte Feder so in Anspruch, daß mir keine Zeit mehr bleibt.

Gute Nacht, liebe, süße Marie, der Nachtwächter pfeift zum zweiten Male. Schlaf süß!

Montag Abend. Heute vor zwei Jahren um diese Zeit lag ich auf einer nassen Wiese. Es fiel ein kalter Thau, und, ohne einen Mantel, in leinenen Beinkleidern, erschöpft durch unsägliche Anstrengungen, froren wir so, daß wir trotz der Ermüdung kaum schlafen konnten. Die Pferde standen im Gebüsch versteckt, um nicht den aufgelösten Banden von Flüchtlingen in die Hände zu fallen; doch hatten sie Gras genug zu fressen, wir aber nichts. Noch ehe die Sonne aufging, weckte ich meinen Kameraden Laue. Ich mußte ihn lange rütteln, plötzlich fuhr er auf und griff nach dem Pistol, denn wir glaubten, jeden Augenblick überfallen zu werden. Die armen Pferde mußten wieder heran, und bald stand die glühende Sonne wieder über unseren Köpfen. Wir waren so zerlumpt, daß wir Almosen hätten betteln können. Es war eine schlimme Zeit. Heute kann ich mich bequem zu Bette legen, aber wenn damals der Anstrengungen, so ist jetzt der Ruhe zu viel. Ich wollte, ich wäre bei Dir.

Gute Nacht, theure, liebe Marie, schreib mir auch bald; wenn ich Dich nicht sehen kann, so sind Deine Briefe meine größte Freude. Herzliche Grüße an Jeannette. — Behalte lieb Deinen   Helmuth.

*

Glienicke, den 25. Juni 1841.

Ich wollte, ich könnte Dich hier in dem köstlichen Park herumführen. Der Rasen ist, so weit das Auge reicht, vom frischesten Grün, die Hügel mit schönem Laubholz bekränzt, und der Fluß und die Seen flechten ihr blaues Band durch eine Landschaft, in welcher Schlösser und Villen, Gärten und Weinberge zerstreut liegen. Gewiß ist der Glienicker Park einer der schönsten in Deutschland. Es ist unglaublich, was die Kunst aus diesem dürren Boden zu machen gewußt hat. Eine Dampfmaschine arbeitet vom Morgen bis zum Abend, das Wasser aus der Havel auf die Sandhöhen hinaufzuheben und üppige Wiesen da zu schaffen, wo ohne sie nur Haidekraut fortkommen würde. Eine gewaltige Kaskade brauset über Klippen unter einem anscheinend von ihrem Ungestüm halb weggespülten Brückenbogen hindurch und wühlet jählings fünfzig Fuß hinab in die Havel, auf einem Terrain, wo die besonnene Mutter Natur nicht daran gedacht hätte, einen Eimer Wasser fließen zu lassen, weil der dürre Sand es sogleich durstig verschluckt hätte. Vierzig Fuß hohe Bäume werden gepflanzt, wo sie vierzig Jahre hätten stehen müssen, um diese Mächtigkeit zu erlangen, gewaltige Steinblöcke liegen umher gestreut, welche einst den Geologen zu rathen aufgeben werden, falls ihnen nicht eine Notiz überkommen sollte, daß sie aus Westfalen über Bremen und Hamburg hierher gewandert sind. Die Moose an den Steinen sind aus Norwegen verschrieben, die Schaluppe auf dem Wasser aus England. Schöne Springbrunnen rauschen dreißig Fuß hoch in die Luft, und Marmorbilder stehen und sehen Dich an unter blühenden Zitronenbäumen. — Wunderhübsch ist der Hof, auf welchen meine Fenster gehen. Auf einem Grasteppich wie grüner Sammet steigt eine zierliche Fontäne empor, und rings umher zieht sich eine Veranda, die mit Passionsblumen und Aristolochien dicht bekleidet ist. Ich freue mich schon darauf, Dir einmal alle die schönen Sachen zu zeigen.

Gestern waren wir in Sanssouci beim König, wo die berühmte Pasta in einem Konzert sang, zu welchem alles konkurrirte, was wir an vorzüglichen Talenten besitzen. Abends wurde auf der Terrasse unter gewaltigen Orangenbäumen bei Mondschein soupirt. Es war eine köstlich warme Luft und das Nachhausefahren ein wahres Vergnügen. Die Entfernung beträgt wohl eine Meile, aber ich glaube kaum, daß wir zwanzig Minuten darauf zubringen mit den trefflichen Trakehnerhengsten.

Helmuth.

Sonnabend, den 3. Juli, spät.

My own dear, dear sweet little Mary! Ich habe meinen Brief von der Post zurückgeholt, um Dir zu melden, daß ich Dein Schreiben vom 28. vorigen Monats soeben erhalten und die Einlage an Papa sogleich nach Brandenburg abgeschickt habe. Wie hold ist Deine Freude über unser baldiges Wiedersehen. Ach, liebe Marie, mich quält nur der Gedanke, daß Du mich überschätzest und ich dann hinter Deinen Erwartungen zurückbleibe. Süße Marie, wenn es mir doch gelänge, Dich ein paar Jahre glücklich und zufrieden zu machen, wie gerne will ich dann abscheiden.

> Dann mag die Todtenglocke schallen,
> Dann bist du deines Dienstes frei,
> Die Uhr mag stehn, der Zeiger fallen,
> Die Zeit, sie sei für mich vorbei.

Du siehst, ich bin heute Abend im „Faust" gewesen. Nach dem brillen Acte ging ich nach Hause, um Dir zu schreiben. Ich freue mich darauf, was die schönen Vorstellungen im Berliner Theater Dir für Freude machen werden.

Es ist hübsch von Dir, daß Du fleißig in der Küche bist, Deine Kost soll mir gut behagen. Wir wollen wenig Gerichte, aber gute Speise essen, ohne Gewürz und künstliche Geschichten, nicht wahr? Ich hoffe, Jeannette nimmt unsere Einladung zu Tisch an und bleibt ab und zu ein paar Monate bei Dir, es sei denn, daß sie es vorzieht, ihren eigenen Tisch zu haben. Wie befindet sich C. B.? Ist Jeannette nicht very thoughtful? Ich hoffe, nun bald von Mama zu erfahren, für welches Bad Ihr Euch entscheidet. Ich wünsche zwar, daß es Helgoland sei, bin aber auch bereit, in jedes andere zu gehn. Den Tag meines Eintreffens in Hamburg werde ich zuvor noch bestimmter melden. Ich werde unterwegs zwei oder drei Tage Geschäfte haben wegen der Eisenbahn, hoffe aber doch, zum 17. spätestens in Hamburg anzukommen. Laß mich auch wissen, wann ihr da sein wollt.

Nun gute Nacht, Du liebes, süßes Herz. Wie will ich Dich ans Herz drücken, wenn ich Dich erst wieder habe. Adieu, adieu. Der Deinige für immer

Helmuth.

*

Berlin, Freitag abends, den 0. Juli 1841.

Du gute, liebe, kleine Marie! Dein freundliches Schreiben vom 4. dieses Monats liegt nun schon mehrere Tage zur Beantwortung vor mir, und noch immer kann ich Dir nichts ganz Bestimmtes über mein Eintreffen sagen, ebenso wie ich noch nichts Bestimmtes von Euch über das zu wählende Seebad weiß. Bei mir liegt es daran, daß das Komitee der Eisenbahn wünscht, ich solle mit einem Regierungsbeamten eine Superrevision der Bahnlinie nach Hamburg übernehmen. Ob aber dieser Beamte so bereit sein wird, plötzlich aufzubrechen wie ich, ist noch unentschieden; kann er gar nicht oder doch erst nach Wochen, so reise ich Mittwoch allein und treffe, da ich unterwegs doch einige Geschäfte habe, Freitag den 16. in Hamburg (Streits Hotel) ein. Kann der Beamte aber in vier oder fünf Tagen reisen, so muß ich schon so lange auf ihn warten und würde dann vielleicht erst den 20. oder 22. eintreffen. Dann wäre es besser, Ihr ginget allein nach dem Seebad und ich käme dorthin nach. Ich hoffe jedoch, noch vor Abgang dieses Briefes Näheres zu erfahren.

Hoffentlich hast Du, wie Du erwartetest, vorigen Dienstag mein letztes Schreiben aus Glienicke erhalten. Auch Vater hat Dir geschrieben, und Du wirst den Brief wohl bekommen haben. Er hat mich hier besucht. Am Dienstag holte ich ihn mit meinen Pferden von Spandau ein, gab ihm und allen Ballhorns ein hübsches Diner, Mittwoch speisten wir (Adolf natürlich mit) bei Ballhorns, und gestern habe ich Papa wieder nach Spandau gebracht, von wo er nach Nauen reiste, wo er seinen Wagen und Pferde hatte stehen lassen. Er war sehr wohl und gut aufgelegt, obwohl er Schmerzen im Schienbein hat. Er grüßt Euch alle herzlich. Von hier geht er nach Willstock, wo er sein früheres Gut Liebenthal noch einmal sehen will, und dann nach Stabenhagen in Mecklenburg zu Lowzows, wo er an seinem Geburtstag eintrifft. Am 20. will er in Wandsbeck sein und hofft, ein paar Zeilen (mit Gratulation) von Euch vorzufinden.

Adolf ist Mittwoch Nachmittag um fünf Uhr auf der Eisenbahn nach Jüterbogk abgegangen, um sich nach Kissingen zu begeben. Im Ganzen war er sehr zufrieden hier, glaub' ich.

Ich habe einen Besuch aus Konstantinopel, den Kanzler der Gesandtschaft, mit welchem ich heute früh schon tüchtig geritten, so daß es mir an Bewegung nicht gefehlt hat. — Das Wetter ist wie im April, bald Regen, bald Sonnenschein, wie im Leben überhaupt, doch mehr Sonne, als dort in der Regel spendirt wird, außer wenn man eine liebe, hübsche Braut hat, wie ich. Dann weiß man, daß hinter den Wolken doch die Sonne scheint. Wie freue ich mich, süße Marie, Dir bald wieder in die freundlichen braunen Augen zu sehen. Adolf sagt mir, ich werde Dich nicht wieder kennen, so seiest Du entwickelt, seit ich Dich gesehen. Ich hingegen sehe nur miserabel aus nach meinem Kissinger Brunnen und hoffe, daß das Seebad und Deine Nähe mir sehr wohl thun sollen. Uebrigens bin ich wie ein trainirtes Pferd, nichts als Sehnen und Knochen, und halte tüchtig aus; obwohl anscheinend in schlechtem Futterzustand.

Herzliche Grüße an Mama, Papa und Schwester Jeannette. Und nun gute Nacht, Du liebe, süße Marie, schlummere sanft und erwache froh.

Sonntag, den 11. Juli 1841.

Es pflegten sonst immer Sonntags Briefe aus Hamburg zu kommen, leider aber kommt heute wohl keiner mehr, und ich weiß durchaus nicht, was Ihr über Eure Reise bestimmt habt. Ich will daher diesen Brief nur abschicken.

Ich habe den mecklenburgischen Baurat zum 15. nach

Ludwigslust beschieden und werde die Linie mit ihm bereisen, was wohl vier bis fünf Tage dauern kann. Ich vermuthe, daß ich schon den 18. oder 19. in Hamburg sein kann, wo ich aber nothwendige Geschäfte zu betreiben habe. Ich rathe daher, daß Ihr Eure Badereise unabhängig von mir antretet, wenn Ihr Euren Beschluß gefaßt habt, wenn ich dann auch ein paar Tage später im Bade eintreffe. Es ist mir gewiß leid, gute Marie, wenn ich einige Tage später mit Dir zusammentreffe, aber die Sache ist nicht ohne Wichtigkeit. Später als den 20. solltet Ihr doch auf keinen Fall reisen. Laßt mich in Streits Hotel von Euch Nachricht finden.

Es geht ein Dampfschiff, welches Cuxhaven, Helgoland, Wangeroog und Norderney berührt. Das viele Schreiben und Vorfragen führt zu nichts. Es ist am besten, Ihr setzt Euch auf das Schiff, wohnt zwei oder drei Tage im Wirthshaus, nehmt dann das Quartier, welches Euch convenirt; auf ein paar Thaler kommt es ja dabei nicht so sehr an. Cuxhaven ist theuer und mere brackish water. Norderney kenne ich selbst als sehr gut und billig. Auch Helgoland und Wangeroog werden gerühmt. Entscheidet Euch nun endlich irgendwie, mir ist alles recht; aber das Bad ist mir sehr nöthig, und ich wollte es nicht gern aufgeben. Dienstag reise ich von hier ab. Herzlich auf frohes Wiedersehen. Immer Dein Dich herzlich liebender

Helmuth.

*

Harburg, den 21. August 1841.

Schon gestern auf dem Dampfschiff fing ich einige Zeilen an Dich an, aber das Schaukeln des Fahrzeuges störte mich. Die Reise von Helgoland war sehr glücklich, und ich rathe Euch, doch ja mit dem „Patriot" zu gehen, dessen Bewegungen so sanft sind, daß es gar nicht möglich ist, krank zu werden. Das kleine Felseiland entschwand schnell unseren Blicken, bald sahen wir die rothe Tonne, immer zahlreicher begegneten uns die Schiffe, mit vollen

Segeln an uns vorübergleitend, und zwei große englische Dampfschiffe brausten vorbei. Dann zogen wir an Glückstadt vorüber, und um sechs Uhr waren wir in Hamburg. Nachdem ich trefflich geschlafen, fuhr ich mit dem äußerst schnell gehenden Dampfschiff „Primus" hierher, wo ich bis zwei Uhr nachmittags liegen bleibe, dann aber mit der Schnellpost nach Hannover fahre, wo ich morgen früh sechs Uhr eintreffe. Das Wetter ist auch hier vortrefflich, und ich fange an, die gute Wirkung des Seebades hier auf dem Festlande zu spüren. Ich kann nicht leugnen, daß es mir vorkommt, als ob ich aus dem Gefängniß entschlüpft wäre, und wäre ich nicht mit Dir da eingesperrt gewesen, so hätte ich es auch nicht so lange ausgehalten. Die Vegetation scheint mir selbst in Harburg ganz tropisch, weil die Bäume über sechs Fuß hoch sind, und Pferde und Wagen sind ordentlich eine Neuigkeit geworden.

Herzlich wünsche ich, daß Ihr den Rest Eurer Verbannung auf der Klippe bald hinter Euch haben mögt, Itzehoe wird Euch auch recht angenehm erscheinen und Ihr alle gewiß großen Nutzen von der so vollständigen Badekur haben. — Sei guter Dinge, liebe Marie, die Entfernungen sind das Wenigste, was die Menschen trennt, und wir werden uns bald wieder finden. — Adieu für jetzt, theure, liebe Marie, herzliche Grüße an Mama, Papa und Jeannette. Immer mit treuer Liebe der Deinige.

Helmuth.

*

Pyrmont, Montag den 23. August 1841, abends.

Mehr als einmal ist mir heute eingefallen, wenn Marie doch hier wäre und mit mir diese Berge erklettern und die schönen Aussichten bewundern könnte. Es ist gar sehr hübsch in Pyrmont, und ich halte es doch mit einer weiten Gebirgslandschaft gegen die grandiose Einförmigkeit des Meeres. — Nun wünsche ich nur, daß Ihr von Eurem Eiland ohne Seekrankheit erlöset werdet, und da diese Zeilen Dich kaum mehr auf Helgoland treffen können, so richte ich sie gleich nach dem freundlichen Itzehoe.

Ich freue mich darauf, liebe gute Marie, in Magdeburg Nachricht von Dir zu finden, und hoffe von Dir zu hören, daß das Bad Euch allen recht gut bekommen sei.

Nachdem ich Dir ganz eilig aus Harburg geschrieben, setzte ich mich auf die Post und fuhr die Nacht und den folgenden Tag in einem Strich fort bis hierher. Hannover ist eine elende, traurige Stadt, aber von Hameln, wo man die Weser überschreitet, wird das Land gebirgig, und schon Pyrmont liegt in einem weiten Thal mit schön bewaldeten Bergwänden. Es ist gut gebaut und zeichnet sich durch hohe Bäume und die prachtvollste Lindenallee aus, die ich je gesehen. Der Brunnen schmeckt sehr gut, und das Bad ist, als ob man in moussirendem Champagner badet. Auf der Schnellpost saß neben mir ein Mann, der in Brasilien, Archangel, auf Havanna und dem Nordkap gewesen war, und dessen Unterhaltung mich sehr interessirte. Ich erfuhr hier, daß es der Kommandeur Abendroth aus Cuxhaven, Sohn des Hamburger Bürgermeisters sei. Mit ihm und seiner Familie habe ich eben einen Ritt per Esel auf die Berge gemacht. Es gefällt mir so gut hier, daß ich morgen hier bleiben will.

Nun gute Nacht, süße Marie; Du stehst mir noch immer vor Augen mit den Abschiedsthränen in den lieben braunen Augen. — Schlaf wohl.

Pyrmont, den 24. August 1841.

Heute Mittag saß ich neben einem Herrn Doktor Ebeling aus Hamburg, der mich fragte, ob ich verwandt sei mit dem Herrn von Moltke aus Liebenthal, nämlich Vater. Er erzählte mir hierauf, daß in meinem Geburtsort Parchim seine Eltern neben den meinigen gewohnt hätten. Vater habe damals große Windhunde gehabt, und er als zehnjähriger Knabe sei vor Schrecken über dieselben in die Elde gesprungen, worauf meine Mutter ihm einen Kuchen geschickt habe.

Nachmittags wurde es schön, und ich kletterte einen steilen Berg zur alten Burg Schellpyrmont hinan, von wo ich eine schöne Aussicht bei Sonnenuntergang hatte. Heute abend war ein Konzert, wo der Fürst von Walded, dem Pyrmont gehört, der Kronprinz von Bayern und der Prinz von Württemberg zugegen waren. Letztere sollen auf Freiersfüßen hier sein, und die junge Prinzeß von Walded sieht gut aus. Morgen ist Ball auf dem Schloß, ich will meinen Wanderstab aber weiter setzen. — Hätten wir doch in Helgoland die Gesellschaft von Pyrmont gehabt; es sind hier viel ganz genießbare Leute.

Ich möchte, liebe Marie, daß Du mir auch alle Tage ein paar Worte schriebest, was Du den Tag vorgehabt. Es kommt dann wie hier Manches zu stehen, was dem Schreiber selbst ziemlich indifferent erscheint; ich werde es aber doch mit Interesse lesen. Es sind überhaupt die kleinen täglichen Beziehungen, welche den Reiz des Verkehrs ausmachen, und aus vielen kleinen Tagesgeschichten setzt sich am Ende eine Lebensgeschichte zusammen. Ich umarme Dich, theure Marie, schlaf wohl.

Göttingen, den 27. August, Freitag Abend.

Vorigen Mittwoch, nachdem ich meinen Koffer auf die Post gegeben, schritt ich fröhlich über die bewaldeten Höhen des Gebirges, von welchen im hellen Sonnenschein eine köstliche Aussicht auf das Pyrmonter Thal sich öffnete. Bei den schönen Ruinen der alten Burg Polle kletterte ich wieder an das Ufer der Weser hinab und erreichte durch einen Wald knorriger Eichenstämme abends Corvey. Es war schon dunkel, und die feine Sichel des Mondes erhellte nur schwach die Finsterniß. Ich wanderte um drei Seiten der alten Ablei, welche von hohen, ausgedehnten Mauern und Wassergräben umschlossen ist. Das gewaltige Klostergebäude, die Kirche mit ihren zwei spitzen Thürmen schauten schweigend und finster in die sternhelle Nacht hinaus, und mir fiel die Sage von dem verwünschten Schloß ohne Thor ein, eben als ich todmüde an der vierten Seite stand.

Corvey wurde unter Ludwig dem Frommen schon gegründet, schon der dritte Abt erbaute die zwei Thürme, seine Nachfolger vergrößerten den Bau allgemach, und jetzt zeigt derselbe sechshundert, die Wirthschaftsgebäude ebensoviel Fenster, also ungefähr zusammen so viel Fenster, als die Abtei Jahre alt ist. Von hier ging der heilige Ansgarius aus, welcher den Norden bekehrte und bei Schleswig auf der Danevirke gesteinigt wurde, hier ließ sich der erste christliche König von Dänemark taufen, und der jedesmalige Abt, der aus den zwanzig adeligen Prälaten des Klosters erwählt werden mußte, war Reichsfürst und hatte Sitz und Stimme auf der westfälischen Grafenbank. So bestanden die Dinge fort, bis Napoleon Bonaparte die Karte von Deutschland neu illuminiren ließ. Durch den Reichsdepulationsrezeß von 1803 wurde neben vielen anderen Stiftern auch die Abtei Corvey nach zwölfhundertjähriger Dauer aufgelöst. Gegenwärtig gehört das unermeßliche Gebäude dem Fürsten Hohenlohe-Schillingsfürst.

Meine Wirthin war eine säkularisirte Nonne aus einem Cistercienserkloster aus Halberstadt. Vor dreißig Jahren hatte man sie aus den friedlichen Mauern vertrieben, in welchen sie leben und sterben zu sollen geglaubt hatte. Sie hatte dort zwanzig, wie sie behauptete, glückliche Jahre zugebracht und war als fünfzehnjähriges Mädchen eingetreten. Jetzt trug sie statt des schwarz und weißen Gewandes bürgerliche Kleidung, war aber durch ihr Gelübde ewig gebunden. Jetzt mochte es ihr nicht mehr schwer sein.

Gestern ging ich im dichten Morgennebel durch die schöne Kastanienallee von Corvey nach Höxter, wo eine prächtige Brücke über die Weser führt. Der Anblick von der Bergwand über die Stadt, die Abtei und den Strom ist sehr heiter. Durch lachende Felder, oder am steilen Thalhang schritt ich weiter längs der Weser aufwärts und erreichte mittags bei großer Hitze die alte Burg Herstelle und bald darauf das zwischen hohen Waldbergen schön gelegene Karlshafen, wo ich die Nacht blieb.

Heute, lange vor Sonnenaufgang fuhr ich mit dem Eilwagen nach Kassel und von dort über Hannoversch Münden hierher. Der Anblick von Kassel und Wilhelmshöhe ist prachtvoll, aber die Lage von Münden mit allen Thürmen, Mauern und Klöstern am Zusammenfluß der Werra und Fulda, die jede aus tiefen Waldthälern hier hervortreten, ist noch romantischer. Der ganze Weg bis Göttingen ist höchst unterhaltend.

Ich habe heute den schönsten sonnenklaren Tag und völlige Windstille gehabt, und so hoffe ich, daß es Euch ebenso ergangen ist. Als Ihr Euch einschifftet, erblickte ich den Herkules auf der Wilhelmshöhe, um die Zeit, wo Ihr in Glückstadt landetet, war ich schon hier, und jetzt, wo ich an Dich schreibe und denke, mögt Ihr wohl schon beim Thee in Itzehoe sitzen, denn es ist acht Uhr.

Möchtet Ihr alle wohl und zufrieden zurückgekommen sein. Gute Nacht, Herzens-Marie.

*

Goslar, den 29. August 1841.

Gestern Abend bin ich hier am Nordfuß des Harzes angekommen. Ich fuhr vorgestern früh mit einem Einspänner, den ich gemiethet, von Göttingen aus, bei schönstem Wetter bis Herzberg am Südfuß des Harzgebirges. Unterwegs lud ich noch einen Göttinger Studenten auf und pilgerte mit diesem von Herzberg aus zu Fuß ins Gebirg hinein. Die Hitze war aber furchtbar, und die Mittagssonne prallte von den Felswänden wie von einem glühenden Ofen zurück. Ich bestieg indeß eine sehr schöne Ruine, den Scharzfels, welcher im siebenjährigen Kriege durch die Franzosen genommen und zerstört worden war. Die Natur hat alles gethan, um dies Schloß unnehmbar zu machen, denn auf dem Gipfel des Waldbergs tritt an vierzig Fuß hoch ein senkrechter Sandsteinfelsen hervor, der das Fundament der Burg bildet und nur auf einer Stiege zu ersteigen ist. Da hilft weder Bresche schießen, noch Minen sprengen, nur Verrath oder Hunger könnten dieses Schloß bezwingen. Es erinnerte mich an Said-Bey-Kalessi.

Die Nacht brachte ich in Lauterberg zu, einem Gebirgsstädtchen, in welchem man eine Kaltwasser-Heilanstalt gegründet hat. Ich ging noch abends auf dem wundervollsten Spaziergange unter hohen Buchen nach der drei Viertelstunden entfernten, in einer Waldschlucht gelegenen sogenannten Riesenbouche und nahm ein zweites Bad, bevor ich Lauterberg verließ, um nach Andreasberg zu wandern.

Das Thal dorthin ist sehr schön. Hohe steile Thalufer, mit dichtem Wald bestanden, schließen es ein. Allmälig steigt man so aus der Buchenregion in die der Tannen empor, welche sich anfangs nur auf den Gipfeln zeigt, dann tiefer hinabsteigt und endlich den Weg ringsum einschließt. Erst dicht vor Andreasberg sind die Berge kahl, und abscheuliche Arsenikdämpfe, welche aus den Silberwerken kommen, erfüllen das Thal mit Gestank. Die armen Menschen, welche dort arbeiten, erhalten einen Thaler Tagelohn, — dafür verkaufen sie ihre Gesundheit und ihr Leben.

Noch vor der ärgsten Hitze kam ich im Gasthof zu Andreasberg an, erquickte mich mit Braunschweiger Bier und Forellen, nahm einen Wagen und fuhr nach Clausthal und Altenau. Nachmittags um drei setzte ich meinen Weg zu Fuß fort und pilgerte munter das Oderthal hinab. Je weiter man sich in dieser Felsschlucht hinabsenkt, desto wildromantischer wird die Gegend. Die Straße hat an den schroffen, fast senkrechten Granitwänden eingesprengt werden müssen und zieht oft dreihundert Fuß über dem Spiegel des schäumenden, tosenden Flusses hin.

Die Sonne war schon untergegangen, als ich die vielen Thürme, die hohen Mauern und schönen Lindenbäume der alten Kaiserstadt Goslar erblickte. Sie ist gewiß eine der interessantesten im nördlichen Teutschland, und ich begreife, daß Kaiser Heinrich sie so gern gemocht. Ein Theil der alten Kaiserburg ist noch erhalten, ebenso das schöne Rathhaus mit den Kaiserbildern; von dem berühmten Dom steht aber nur das Atrium. Ueberhaupt ist sehr viel zerfallen, und die Stadt füllt die große Ringmauer nicht mehr aus. Ihr Eisenkleid ist ihr zu weit geworden, so ist sie im Laufe von sieben Jahrhunderten zusammengeschrumpft.

Nach der Hitze des Tages und zwölfstündigem Marsch war mir ein gutes Wirthshaus und ein treffliches Abendbrot sehr erwünscht. Heute bin ich in der Stadt herumgewandert und fahre nachmittags nach Harzburg und von dort heute Abend noch über Wolfenbüttel nach Braunschweig auf der Eisenbahn.

Es sind hier im Harz allein seit sechs oder acht Jahren mehr Chausseen gebaut worden, als das Königreich Dänemark überhaupt, so lange es existirt, zustande gebracht hat. Ich habe daher vollauf zu rekognosziren.

Wir haben heute eine entsetzliche Hitze, und ich bin froh, daß ich nicht viel zu gehen brauche. Deinen Harzreise-Macintosh habe ich als Shawl auf dem Arm übers Gebirg getragen.

Eine arge Geschichte ist mir passirt, ich habe meinen Koffer von Göttingen hierher poste restante geschickt, bin aber zu Fuß schneller als die hannöversche Post hier angekommen, so daß ich ihn nicht hier vorgefunden habe. Es wird mir nichts übrig bleiben, als mir in Braunschweig heute Abend eine Garnitur Wäsche zu kaufen.

Adieu, süße Marie, ich kann diesen Brief noch nicht abschließen, weil der erste im Koffer liegt. Sobald ich wieder im Besitz meiner Effekten bin, soll's aber gleich geschehen.

Braunschweig, Dienstag Mittag.

Gestern in der Abendkühle fuhr ich mit der Diligence den schönen Weg längs des nördlichen Fußes des Harzes nach Harzburg. Der Brocken mit dem Brockenhaus, welches so oft in Wolken eingehüllt ist, lag klar da, und die Trümmer der alten Kaiserburg schauten über die langen wohlgebauten Dörfer, die Obstalleen, Garnbleichen, Hüttenwerke und Schmelzöfen und über die weite, fruchtbare Ebene, welche sich nördlich ausbreitet. Hin und wieder ragt ein einzelner, verfallener Wartthurm hervor, an die alte, unruhige Zeit erinnernd. Die Burgen zerfallen, aber die Hütte des geringen Mannes ist zum stattlichen Wohnhaus geworden.

Um sechs Uhr fuhr der Wagenzug auf der Eisenbahn ab, und zwar weder durch Pferde noch durch Dampf getrieben. Ein paar Arbeiter schoben die mit Menschen und Gütern schwer beladenen Wagen einige Schritte vorwärts und überließen sie dann ihrem Schicksale. Mit immer zunehmender Schnelle rollen diese vorwärts, bald schießen die Bäume, Brücken und Felder am Auge vorüber, und nur ein gutes Pferd könnte in gestreckter Carrière mitkommen. Nach acht Minuten waren wir in Vienenburg auf der ersten Station angekommen und hatten in dieser kurzen Frist 1¹/₄ deutsche Meile durchlaufen. Dies Alles besorgt nur die Naturkraft der Schwere, denn die Bahn ist vom Fuß des Harzes herabgeneigt, und das Gewicht der einmal in Bewegung gesetzten Masse treibt sie vorwärts, so daß sie nur durch Hemmung der Räder zum Stehen gebracht wird. Nun darfst Du keinenfalls glauben, daß die Bahn sehr steil bergab gehe. Die Senkung ist vielmehr so gering, daß Du sie kaum wahrnimmst. Die Glätte der Bahn thut das Uebrige.

Von Vienenburg bis Schladen ist die Bahn noch nicht fertig, und man wird auf Wagen mit Pferden befördert, von dort aber über Wolfenbüttel nach Braunschweig wird ein feuerschnaubendes Roß vorgespannt, welches die vier Meilen in drei Viertelstunden läuft, ohne außer Athem zu kommen. Es war eine lauwarme Nacht, und der Vollmond schien so hell, daß man die Gegend weit herum erkannte und selbst der Brocken vollkommen kenntlich war.

Heute Vormittag habe ich die Stadt mit ihren vielen schönen Kirchen und freundlichen Promenaden besehen und auch das neue prachtvolle Schloß, welches an die Stelle des alten gekommen ist, das die Braunschweiger in Brand steckten.

Gern möchte ich einen Augenblick in Euren Saal hineinschauen. Wenn Du nicht etwa in der Küche bist, sitzest Du gewiß im Lehnstuhl am Fenster und nähst. Jeannette, glaub' ich, musizirt, Mama strickt rothe Strümpfe, Papa liest im Byron. Ich hoffe, daß Ernestine schläft, der Junge sitzt wohl in einer Belleke und kreischt vor Vergnügen.

Schierke, Mittwoch Abend.

Diese Zeilen schreibe ich Dir vom Blocksberge, wenigstens von seinem Fuße. Schierke ist der höchste bewohnte Ort des

Harzes mit alleiniger Ausnahme des Brockenhauses, und da dies ganz in Wolken gehüllt ist, ich auch schon oben gewesen bin, so schenkte ich mir das Klettern da hinauf. Die Aussichten von sehr hohen Bergen sind alle ganz gleich. Die Gegenstände, welche mehr als drei bis vier Meilen entfernt sind, verschwimmen, man sieht eine blaue und graue Masse und kann sich einbilden, vom Aetna oder vom Brocken zu schauen. Die schönen Partien liegen immer am Fuß der Gebirge, und von diesen habe ich einige heute durchstreift. Seit fünf Uhr früh bin ich auf den Beinen und erst um sechs Uhr abends ins Quartier gerückt. Die fürchterliche Hitze hat aufgehört, und wir haben heute mehrere Regenschauer gehabt. Hier nun machte sich Mr. Macintosh sehr angenehm und erwies sich erkenntlich dafür, daß ich ihn acht Tage lang in der Sonne wie ein Kind auf dem Arm herumgetragen habe.

Ich werde nach Magdeburg schreiben und mir die Briefe, welche etwa eingegangen sind, nach Halberstadt kommen lassen, damit ich eher Nachricht von Euch erhalte, denn vielleicht hast Du dorthin' schon geschrieben. Gute Nacht, liebe, süße Marie, ich bin sehr müde und werde ungewiegt schlafen.

Helmuth.

*

Dresden, den 8. September 1841.

Deinen freundlichen, herzlichen Brief, liebe Marie, aus Helgoland, welcher bis zu Eurer bevorstehenden Abreise von jener Insel reicht, habe ich in Magdeburg bei meiner Durchreise empfangen und mit wahrer Freude gelesen. Es ist wahr, gute Marie, daß es Dir schriftlich weit besser gelingt als mündlich, Deine Gedanken mitzuteilen. Den Grund dazu suche ich aber nicht allein in Deiner, sondern auch in meiner Eigentümlichkeit, in der Zurückhaltung, welche bei mir die Frucht einer unter lauter feindseligen Verhältnissen verlebten Jugend ist, und welche notwendig wieder Zurückhaltung bei Anderen erzeugt. Daß aber Reichtum der Gedanken und Tiefe des Gefühls in Dir wohnen, davon zeugen Deine Briefe und besonders dieser.

Du fragst mich, was mir an Dir und Deiner Art, zu sein, nicht gefällt, damit Du es ändern könntest. Nun will ich Dir in aller Wahrheit sagen, daß, wie ich auch hin und her denke, mir alles in Dir gefällt, aber so manches in mir nicht. Du darfst Dich nur in der Art fortentwickeln, wie Du jetzt bist, so mußt Du eine höchst liebenswürdige, treffliche Frau werden; ich kann so manches nicht mehr ändern, und wenn es nicht bloß Deine Nachsicht, wenn es nun wirklich wahr ist, daß Du ganz froh und zufrieden mit mir gewesen bist, so danke ich Gott aufrichtig dafür. Die aus der Verschiedenheit unseres Alters hervorgehende Art, zu empfinden, macht, daß ich, ohne unwahr zu werden, Dir nicht dasselbe lebhafte Gefühl bieten kann, wie sich's in Deinen schönen Augen ausspricht und wie Du es wohl als Erwiderung fordern darfst. Ich kann nur ungefähr wie „der Bär" in dem Roman der Bremer „Die Nachbarn" sein, welchen Du, glaub' ich, kennst. — Indeß ich hoffe, es soll schon gehen. Du bist so gut und liebevoll, Gott erhalte Dich mir so. — Gewöhnlich fehlte es uns, wenn wir zusammen waren, an etwas zu sprechen. Das liegt nun darin eben, daß Du natürlich bis jetzt wenig gesehen, wenig erlebt, wenig gelesen, kurz, daß wir uns eigentlich nur eines sagen konnten, und das wußten wir schon und empfanden es, ohne es zu sagen. Wenn aber die Jugend ein Fehler ist, so besserst Du Dich alle Tage, und wenn wir erst einige Zeit Freud und Leid mit einander getragen haben werden, so werden auch die äußeren Gegenstände der Unterhaltung nicht fehlen. So viel ist gewiß, daß ich sowohl glücklicher sein als auch Dir liebenswürdiger erscheinen werde, wenn ich Dich wirklich in Deiner Zukunft zufrieden sehe. Die Zweifel daran gehen aus meinem Charakter hervor, die gute Hoffnung, die ich hege, aus der Vortrefflichkeit des Deinigen.

Daß Du meinen Brief, den ich ganz eilig am Tage nach meiner Abreise aus Harburg Dir schrieb, nicht schon auf Helgo-

1841. Fahrt nach Leipzig und Dresden.

sand erhalten, begreife ich nicht. Dann hast Du gar lange nichts von mir gehört, obwohl ich fast täglich an Dich geschrieben, denn der zweite Brief ging erst Ende vorigen Monats von Wernigerode ab.

Nachdem ich meine Rekognoszirung im Harz vollendet, fuhr ich nach Magdeburg und von dort auf der Eisenbahn nach Leipzig. Um vier Uhr nachmittags ging der Zug ab und durchflog die Ebene von Magdeburg, die prachtvollen Brücken auf dreißig steinernen Pfeilern über die Saale, brauste an Köthen und Halle vorüber und erreichte abends ein Viertel auf acht Uhr Leipzig. Da diese Entfernung fünfzehn Meilen austrägt, also ungefähr wie von Hamburg nach Edernförde, so legten wir, allen Aufenthalt auf den Stationen eingerechnet, die Meile durchschnittlich in zwölf Minuten zurück. Wenn man unterwegs nicht anhielte, so würde man in zweietnhalb Stunden nach Leipzig fahren und die Meile in acht Minuten machen.

Dein Macintosh, welcher mich so trefflich gegen das Wasser geschützt, schützte mich auf dieser Tour gegen das Feuer. Da das Wetter schön war und mir daran lag, die Bahn kennen zu lernen, so fuhr ich auf einem offenen Wagen, und da fallen viele Funken aus dem Rauchfang der Locomotive nieder, weshalb man auch eigene Brillen von gewöhnlichem Fensterglas trägt.

Nachdem ich in Leipzig geschlafen, fuhr ich ebenfalls auf der Eisenbahn hierher nach Dresden. Die ganze Strecke von Magdeburg hierher beträgt einunddreißig Meilen und wird, den Aufenthalt in Leipzig abgerechnet, in acht und einer Viertelstunde zurückgelegt. Sehr schön sind die langen hohen Brücken, auf welchen die Züge in sausender Schnelle über die Mulde bei Wurzen und über die Elbe bei Riesa dahinbrausen. Letztere allein hat vierundsechzig Pfeiler. Bei Röderau kommt man durch einen Tunnel, der neunhundert Ellen lang durch einen Felsen gesprengt ist.

Heute besuchte ich die schöne Bildergalerie und gestern Abend wohnte ich einer Darstellung der Oper: Der Liebestrank, von Donizetti, in dem neuen Theater hier bei. Dies ist das schönste

Gebäude der Art, welches ich kenne, es ist nicht völlig so groß wie St. Carlo in Neapel oder della Scala in Mailand, aber schöner als beide, und nur das Theater Fenice in Venedig kann mit diesem wetteifern. Die Erleuchtung durch Gas ist prachtvoll und so hell, daß man Jedermann erkennt, er mag so fern sein, wie er will.

Wie viel mehr Freude würde mir das Alles machen, wenn ich es Dir zeigen könnte. Nun, ich hoffe, wir machen bald einmal eine hübsche Reise miteinander. Morgen gehe ich nach Leipzig zurück und von da mit der am Freitag zum ersten Mal eröffneten Eisenbahn nach Berlin, wo ich Nachrichten von Dir zu finden hoffe. Adieu, liebe, süße Marie. Helmuth.

*

Berlin, den 12. September 1841, Sonntag Abend.

Ich kann mir nicht recht erklären, liebe, gute Marie, daß von einer so fleißigen Schreiberin wie Du gar keine Nachricht hier ist. Vielleicht glaubst Du mich noch nicht in Berlin angekommen und erfreust mich bald mit einem lieben Briefe. Ich sehne mich darnach, zu erfahren, daß Ihr alle gut zurückgekehrt seid und wie Ihr jetzt in Itzehoe lebt. — Mir, liebe Marie, kommt es einsam hier vor, und ich bin ganz traurig, wenn ich denke, daß ich noch sieben Monate so hier allein sitzen soll.

Liebe Marie, studire doch etwas Blumenkultur; es ist so hübsch, besonders des Winters ein bißchen Grünes, Blühendes vor den Fenstern zu haben; außer einem Paar miserabler Geranien will unter meiner Hand nichts gedeihen. Schreib mir auch, wie Ihr Mamas Geburtstag gefeiert habt und was sie geschenkt bekommen hat, und schreib mir überhaupt, denn daß heute (den 14.) noch keine Nachricht eingeht, würde mich wirklich nachgerade beunruhigen, wenn ich nicht dächte, daß die vielen Besuche, die Ihr gegenwärtig haben mögt, Euch am Schreiben verhinderten. Damit dieser Brief noch zum 19. antomme, muß ich ihn nun schließen, obgleich eigentlich nichts drin steht. Abieu, liebe, gute, hübsche, theure Marie. Gott erhalte Dich. Dein treuer

Helmuth.

*

Berlin, den 16. September.

Gute, liebe Marie, zu meiner Freude und Beruhigung erhielt ich gestern Nachmittag Deinen lieben Brief vom 13. des Monats. Gottlob, daß Ihr alle so wohl auf seid und in Eurer Häuslichkeit zufrieden. Der Vorwurf, den Du am Eingang Deines Schreibens machst und so liebevoll und freundlich machst, hat mich getroffen, weil er allerdings nicht ungegründet ist. Es ist wahr, daß ich die Trennung nicht so lebhaft empfunden habe wie wahrscheinlich Du. Allein bedenke, daß der Zurückbleibende bei einer Trennung immer schlimmer dran ist als der Abreisende, welchen die Thätigkeit der Reise und seine Pläne für die Zukunft zerstreuen. Jetzt ist es vielleicht umgekehrt, und ich empfinde die Trennung vielleicht mehr als Du, umgeben von lieben Verwandten und Freunden, wie Du bist. Ich freue mich, zu hören, daß Du fleißig an unserer Einrichtung arbeitest. Für mich würde es eine angenehme Zerstreuung sein, unsere Wohnung hier einzurichten, wenn es nur nicht so schrecklich lange noch hin wäre, bis wir sie beziehen. Dazu kommt, daß wir im Generalstab den Versetzungen so sehr unterworfen sind, welche gerade am 31. März verfügt werden. Möglich ist es daher, daß ich gerade um die Zeit unserer Hochzeit plötzlich nach Königsberg, Posen oder Koblenz geschleudert werde. Ich kündige daher zu Michaelis meine jetzige Wohnung, will aber doch die etwa entstehenden Valancen noch etwas abwarten, ehe ich wieder miethe. Wahrscheinlich werde ich jedoch in demselben Hause, wo ich jetzt wohne, in der zweiten Etage ein größeres Quartier miethen. Die Lage ist so sehr angenehm, daß ich nicht gern fortgehe, obgleich die Gegend zu den theuersten gehört. Du hast hier vor dem Hause einen schönen grünen Rasenplatz, das Thor und den Thiergarten in unmittelbarer Nähe. Das

Reiten durch die Stadt ist namentlich für Damen so sehr unangenehm.

Wegen der stets möglichen Versetzung ist es auch gut, nicht zu viel Sachen und Möbel zu haben. Was ich aber anschaffe, soll gut sein. Laß uns überhaupt so klein wie möglich anfangen, man kann sich immer noch ausdehnen.

Ich habe dieser Tage durch den Abgang eines Generals ein Avancement gehabt und bin nun der vierte Kapitän im Generalstabe. Ueberhaupt wird keine Versetzung stattfinden, ohne daß ich eine Verbesserung dadurch hätte, und die Aussichten dazu sind ganz gut. Sollte ich zu einem andern Armeekorps kommen, so wünsche ich wenigstens, daß es am Rhein wäre, von wo wir dann mit Leichtigkeit hübsche Reisen machen können.

Ich hoffe bald noch von Dir zu hören. Wie geht's mit der edlen Kochkunst, liebe Marie? Studire mir nur die Natur der Kartoffel und der Puddinge in ihren verschiedensten Vorkommnissen. Eine gute, kräftige, einfache Hausküche, statt der recherchirten Speisehauskost wird mir sehr wohl thun. Beschreib mir doch ein bißchen Deine Lebensweise, um welche Uhr Du aufstehst, ob Du badest, wann Ihr zu Mittag eßt, und wann Ihr Thee trinkt, damit ich Dich zu jeder Tageszeit aufsuchen kann. Adieu, liebe, gute Marie, herzlich und immer der Deine

Helmuth.

*

Halle, den 20. Septembr 1841.

Ich hatte gehofft, vorgestern, als am Sonntag, in Berlin noch Nachricht von Dir zu erhalten, liebe, gute Marie, aber es kam kein Brief, und ich bin gestern hierher gefahren. Heute traf mein Prinz von Dresden hier ein und heute Nachmittag fahren wir nach Querfurt ab. Dort fangen die Manöver an, und wir bleiben in einem Treiben und Wirthschaften, vorzüglich ich, da ich die Reisekasse des Prinzen führe. Deshalb werde ich Dir wohl nur ganz flüchtig schreiben können, will Dir aber doch heute schon einen herzlichen Gruß bieten.

Querfurt, den 23. September. Ich hätte wohl gewünscht, daß Du und Ihr alle von den hohen Thürmen des alten Schlosses der Grafen von Querfurt herab dem gestrigen Manöver hättet zuschauen können. Es war das prächtigste Herbstwetter, nicht zu warm, aber klarer, blauer Himmel. Die Gegend ist noch eben, geht aber schon in den Gebirgscharakter über, indem die Thäler tief eingeschnitten und felsig sind. Weite Stoppelfelder, grüne Laubwälder und reiche Dörfer mit schönen, massiven Häusern wechseln mit einander ab und machen die Gegend vorzugsweise geeignet für Truppenübungen. Es wurde in zwei Parteien gegen einander und mit Pulver manövrirt. Die Geschütze krachten lustig, Helme und Küraße funkelten in der Sonne, die Gewehre blitzten, und die Erde dröhnte unter den Hufen der Reiterangriffe, kurz, Du hättest ein Bild von der Sonnenseite einer Schlacht.

Heute ist große Parade der ganzen Division. Es hat während der Nacht etwas geregnet, so daß der Staub gedämpft ist, und die Sonne scheint wieder, als ob sie bestellt wäre.

Berlin, den 20. September. Wir haben die Inspektion der andern Division unseres Armeekorps in Hundisburg schnell abgemacht, weil der Prinz unwohl geworden ist. Gestern fuhren wir auf der Eisenbahn von Magdeburg hierher.

Ich hatte aus Sorrento aus dem Hause Torquato Tassones die Schote eines gelbblühenden Baumes mitgebracht. Nachdem sie hier lange gelegen, pflanzte ich die Bohne in einen Blumentopf, und jetzt ist ein fingerhoher Strauch daraus emporgewachsen. Adieu, gute, liebe Marie. Laß bald von Dir hören und bleib mir gut. Mit herzlicher Liebe Dein Helmuth.

*

Berlin, den 30. September 1841.

Gleich beim Eröffnen Deines Briefes, gute, liebe Marie, wurde ich augenehm überrascht durch die Ansicht von Itzehoe.

Wie schön vergoldet auch diese*) von Berlin ist, so wird sie Dich doch kaum ebenso erfreuen, weil Du wenig von hier erinnerst und, als Du Berlin sahst, Dich nicht in derselben Art dafür interessirtest, wie ich mich für Itzehoe. Du mußt schon erst selbst einmal hierher kommen und vom Kreuzberg, auf welchem das Monument im Vordergrunde steht, die weite Sandfläche und die düsteren Fichtenwälder, aber auch die hohen Kuppeln, die großen Paläste und die weiten, unermeßlichen Häusermassen überschauen. Ich denke, es soll Dir doch ganz gut gefallen, besonders wenn es mir gelingt, die schöne Wohnung hier am Leipziger Platz zu bekommen, auf welche ich spekulire.

Du schreibst einen so hübschen englischen Brief, daß ich neugierig wäre, einmal einen deutschen von Dir zu erhalten: „Es trägt Verstand und rechter Sinn mit wenig Kunst sich selber vor."

Den 3., Sonntag. Ich weiß nicht, warum ich mir immer einbilde, daß Sonntags ein Brief von Dir kommen muß. Da nun heute keiner gekommen ist, so hab' ich mich an die alten gehalten und mich über das schöne, treue, reine Herz gefreut, das sich darin ausspricht. Gewiß, liebe Marie, Du verdienst das schönste, reichste Loos; möchtest Du mit dem kleinen, das Du gezogen hast, zufrieden werden.

Ich habe heute schrecklich viel geschrieben. Um neun Uhr ging ich, den Platz zu besichtigen, wo wir unsern Bahnhof anlegen wollen, kehrte aber gleich zu meiner Tintenkleckerei zurück, die bis ein Uhr dauerte. Dann hatten wir eine Konferenz bis drei Uhr. Hierauf ging ich zu einem großen Diner mit Ministern und Geheimen Räthen, mit Austern aus Holstein und Schinken aus Bayonne, mit Fasanen aus Böhmen und Weinen aus allen Himmelsgegenden. Von letzteren kostete ich jedoch nur den Champagner: Ein guter Deutscher mag zwar keinen Franzmann leiden, doch seine Weine trinkt er gern. Nach

---

*) An dem Rande dieses Briefes waren in Golddruck Ansichten von Berlin angebracht.

Tische wieder Briefe citissime in Eisenbahnangelegenheiten, die
bis sieben Uhr auf die Post mußten, dann ging ich eine Stunde
ins Theater, wo eine große, schöne Oper, der Feensee, gegeben
wurde. Ich dachte, wenn ich Dir die Herrlichkeit doch zeigen
könnte. Es kamen ganze Schwärme von Feen in der Luft und
Reiter zu Pferd auf der Erde zum Vorschein. Der Schluß spielt
ganz in den Wolken, wo die verliebte Fee sich von der Frau
Feenkönigin die Gnade erbittet, als Sterbliche zur Erde zu ihrem
trauernden Geliebten hinabsteigen zu dürfen. Sofort öffnen sich
die Wolken, und man folgt der Fee auf ihrem Fluge zur Erde.
Zuerst entdeckt man in Nebelduft die Gipfel der Berge, dann
grüne Auen, durch welche ein Fluß sich windet. Immer deutlicher werden die Gegenstände, je mehr man sich der Erde naht,
endlich entdeckt man die Thürme einer großen Stadt; es ist Köln
mit seinem stolzen Dom, seinen alten Kirchen, der Brücke und
den spitzen Dächern. Zuletzt senkt sich die Fee in eines dieser
Dächer hinab, man erblickt das Innere einer Hütte und den
glücklichen Stubenten, der durch diese Visite aufs Angenehmste
überrascht wird.

Liebe Marie! Nimm es nicht übel, aber ich nehme eben
eine copieuse Prise Tabak, weil ich immer noch Zahnschmerzen
habe, und Jeannette sieht es nicht. Du mußt es mir wirklich
noch einmal streng verbieten. Adieu, süße, liebe, schöne, gute,
theure Marie, ich küsse Dich herzlich.

Helmuth.

*

Berlin, den 6. Oktober 1841.

Wie hübsch magst Du ausgesehen haben in Deinem weißen
Kleid mit Atlasbesatz und pink-roses im Haar. Du schreibst
bloß von Jeannette: that she looked so sweet, aber Dich selbst
hast Du wohl gar nicht im Spiegel gesehen? Aber Du hast mir
noch gar nicht genug von Deinem Ball erzählt.

Uebrigens ist es hübsch von Dir, daß Du nach dem

Taumel eines solchen Abends Dich doch Deines abwesenden alten Freundes erinnert hast. Gewiß, liebe Marie, sehe auch ich mit froher Hoffnung in die Zukunft, denn wenn es ein Glück für mich auf dieser Welt giebt, so ist es mit Dir und für Dich. Erlebe ich, Dich glücklich und zufrieden zu sehen, dann bin ich es gewiß auch. Wenn meine Erwartungen weniger lebhaft sind, so ist es vor Allem die Besorgniß, daß die Deinigen getäuscht werden möchten, und weil, je weiter man in diesem Leben vorschreitet, je weniger man von demselben erwarten lernt. Sehe ich Dich aber zufrieden und wirklich glücklich, trotz meiner Verdrießlichkeit, Laune und Empfindlichkeit, so werde ich von mir selbst eine bessere Meinung annehmen und schon dadurch sehr viel heiterer, klarer und mittheilender werden.

Meine Zahnschmerzen sind glücklich vorüber, und ich befinde mich ganz vortrefflich, nur geistig fühle ich eine große Leere, in welcher nur Deine Briefe die Lichtpunkte ausmachen. Die Zeit, welche nicht durch Geschäfte (und meist sehr trockene) in Anspruch genommen ist, suche ich durch Spazierritte und durchs Theater auszufüllen. Heute regnet es anhaltend, und ich bin den Abend zu Hause geblieben, um eine Arbeit vorzubereiten. Jetzt ist es acht Uhr, ich bin fertig und erheitere mich, indem ich mich mit Dir, süße Marie, beschäftige. Wärest Du nur hier, wie gerne blieb' ich zu Haus, mein langweiliger Kakao sollte mir nochmal so gut schmecken, wenn Du ihn mir reichtest, ich brauchte keine Pfeife und selbst keine pinch of snuff, um mir die Zeit zu verkürzen. Dieser Winter mit allen seinen Bällen und Theatern, Soiréen und Festen ist eine lange, traurige Perspektive für mich. In diesen sechs Monaten werde ich sechs Jahre älter werden.

Sonntag den 10. Heute ging ich bei dichtem Regen in den Thiergarten, als ich dem Briefträger begegnete, welcher seit dem 9. Mai vierteljährlich ein Paar Sohlen mehr braucht. Zu Hause angekommen, schob ich mir einen Lehnstuhl zurecht, nahm eine Prise, um mich in die allerbeste Laune zu versetzen, und las Deinen ersten deutschen Brief. Herzlichen Dank dafür, gute Marie, und für die vielen interessanten Nachrichten von all den Unsern. Adieu, sweet little Mary. Truly yours for ever.

Helmuth.

Berlin, Mittwoch Abend, den 14. Oktober.

Gute liebe Marie! Es ist doch im Grunde recht hart, daß ich hier so allein sitze, wenn ich eine liebe, liebe Marie habe, die auch gerne bei mir wäre. Der Winter wird mir noch sehr lang werden. Zu Weihnachten auf Urlaub zu gehen und dann zum April wieder Urlaub zu fordern, das wird wirklich ein bißchen schwer werden. Wie viel besser wäre es doch, wenn ich Dich zu Neujahr gleich mit nach Berlin nehmen könnte. Wir würden in meiner jetzigen Wohnung etwas eng, aber doch nicht schlecht wohnen. Du könntest dann zu Ostern die neue Wohnung selbst aussuchen, und zum Sommer kämen Papa und Mama bei uns zu Besuch. Ich strecke meine Hände nach Dir aus, gute Marie, aber umsonst.

Den 17. Oktober.

Ich habe heute bei meinem Freunde, dem Geheimrath v. Patow dinirt. Seine Frau freut sich so darauf, Deine Bekanntschaft zu machen. Sie sagt, sie fürchte nur, daß es ihr nicht gelingen werde, Dich für sich zu gewinnen. Sie ist ein lion der hiesigen Gesellschaft, highly fashionable, und wenn Du Dich an sie anschließest, so wirst Du an ihr die beste Stütze für Dein erstes Debüt in der Hofgesellschaft haben. Wenn Du diesen Winter kämest, so könntest Du gleich einige Dutzend Bälle mitmachen.

Mein Freund Binde, welcher den Prinzen von Preußen nach Wien begleitet, ist dort krank zurückgeblieben. Er hat große Güter in Schlesien gekauft, und ich fürchte, er wird bald ganz von hier fortziehen. In einigen Tagen kommt ein anderer Freund von mir, Laue, aus Konstantinopel hier an. Wenn Du die Briefe

aus der Türkei gelesen hast, so wirst Du den Buchstaben L dort
oft erwähnt finden. Wir haben manchen scharfen Ritt zusammen
gemacht und manches Ungemach und Gefahr miteinander getragen. Ich freue mich sehr auf seine Ankunft. Gute Nacht für
heute, mein liebes Mariechen. Schlaf sanft und träume süß.

Montag, den 18. October.

Alle Eure Geheimnisse sind verrathen! John war heute früh
bei mir, er brachte mir einen Brief von Vater, worin dieser mir
sagt, daß ich ihm das „Bild" mit nächster Gelegenheit zurück-
schicken soll, da es für seine Galerie bestimmt sei; und Du schreibst
mir: „aber nun habe ich gestern meine Arbeit fertig gemacht!" Die
Arbeit habe ich freilich noch nicht erwischen können, aber das
Bild, das liebe, schöne, ähnliche Bild habe ich und gebe es nicht
wieder heraus, wenigstens nicht eher, als bis ich das Original
abgeliefert bekomme. Es ist ganz wunderhübsch gezeichnet, und
wunderhübsch, weil es ähnlich ist. Nicht wahr, Du hast das weiße
Kleid an, welches Du, ich glaube zum Empfang des Königs,
bekommen hast. Du trugst es am 6. oder 7. Mai und saßest
damit auf einem Schemel zu Mamas Füßen oben im Saal am
Fenster. — Schade, daß Deine hübschen Arme nicht ganz auf
dem Bilde sind. Die Brosche und die Ohrringe sind auch zu
erkennen. Ich werde Dich nun einrahmen lassen. Du kommst
unter dem Sultan Mahmud, Fürsten Milosch von Serbien und
General v. Krausened, meinen Chef, zu hängen, oder aber auf
meinem Schreibtisch zu stehen. — Mund und Augen sind sprechend,
alles ist ganz ähnlich, und ich danke Dir recht herzlich für dies
schöne, liebe Geschenk. Laß Dich's nicht gereuen, daß ich die
Freude ein paar Tage früher gehabt, als Du wahrscheinlich be-
absichtigtest, ich baue es mir am 26. wieder auf.

Da mein Oberst sich sehr dafür interessirt, daß ich beim
Armeekorps bleibe, so ist es nicht wahrscheinlich, daß ich versetzt
werde. Ich warte noch eine Benachrichtigung ab und werde
dann wegen einer Wohnung abschließen. — Herzlichen Gruß an
Mama und Papa. Meiner transparenten blonden Schwägerin

mit den kleinen Händen, weißen Zähnen und seidenen Haaren
bitte ich von mir einen Kuß zu geben, wenn sie auch noch so
zornig darüber wird. Adieu, adieu! Helmuth.

*

Berlin, den 22. Oktober, Freitag Abend.

Du glaubst nicht, gute, liebe Marie, welche Freude ich an
Deinem Bilde habe. Ich hätte Dich schon darum gebeten, aber
ich habe einen Abscheu vor schlechten Porträts, besonders, wenn
sie dabei ähnlich sind. Es gibt solche unangenehme Aehnlichkeiten.
Dieses ist aber nicht allein sprechend ähnlich, sondern auch an und
für sich ein kleines Kunstwerk, und der Maler, welcher es gezeichnet,
muß ein recht guter gewesen sein. Es hängt jetzt in einem sehr
hübschen goldenen Rokokorahmen über meinem Schreibtisch. Wenn
ich ins Zimmer trete, fällt mein erster Blick darauf. Der Ausdruck Deines Gesichtes ist so gut aufgefaßt, und wenn ich es
lange ansehe, möchte ich manchmal sagen: „Nun, Mariechen,
sprich doch auch ein Wort." Ich werde für Vater eine gute Kopie
anfertigen lassen, denn dieses gebe ich nicht wieder heraus. Ich
muß Dir sagen, daß Du gestern hier schon Deine erste Visite
gemacht hast. Paloms wünschten so sehr, Dich zu sehen, deshalb
setzte ich mich in eine Droschke und fuhr mit Dir hin.

Meine Zahnschmerzen haben aufgehört, seitdem Du wünschtest,
sie mir abnehmen zu können. Ich hoffe indeß, daß ich sie los bin,
Du aber nicht damit behaftet bist.

Ich reite meinen großen Schimmel jetzt auf einen kurzen,
ruhigen Galopp ein. Er ist ein vortreffliches Damenpferd, groß,
elegant, ruhig und sicher, ich hoffe, wir werden einige tüchtige
Ritte durch den Thiergarten zusammen machen.

Dienstag, den 26. Oktober.

Gestern Abend kam John in der Dunkelheit angeschlichen
und war sehr betroffen, daß zufällig ich und nicht mein Kutscher
die Thür öffnete. Er verbarg etwas unter seinem Mantel, was
er mir durchaus nicht zeigen wollte, sondern dem Diener abgab.

Heute früh nun brachte dieser mir zu meinem Kaluo eine wunderschöne Wappentasse, ein Geschenk Deines aufmerksamen Herrn Bruders, und demnächst ein überaus hübsches, zierliches Polsterkissen von lieben, fleißigen Händen. Tausend Dank, gute, liebe Marie, wo nimmst Du nur die Zeit her, solche saubere, mühsame Arbeit neben dem vielen Schreiben und Nähen zur Aussteuer fertig zu bekommen. Das Kissen ist allerliebst und putzt mein Zimmer, welches durch Dein Bild schon sehr gewonnen hat. Nochmals recht herzlichen Dank, gute, liebe Seele.

Donnerstag, den 28. October.

Heute, liebe Marie, erhielt ich Deinen Brief auf dem Helgoländer Bogen. Ich danke Dir herzlich für Deine guten Wünsche und bitte Gott, daß er sie in Erfüllung gehen lassen möge. Uebrigens weiß ich wirklich selbst nicht recht, ob mein Geburtstag am 26. oder 28. ist. Warum schreibst Du denn auf einmal wieder Englisch, da Du ja wirklich ebenso gut Deutsch schreibst? Deine letzten Briefe waren ja so sehr hübsch. Herzliche Grüße an Mama, Papa und Jeannette. Adieu, adieu, gute Marie. Dein treuer Freund für immer. Helmuth.

Berlin, den 1. November. Montag.

Mein treues, liebes Mariechen! Es ist beinahe schon Mitternacht geworden, ehe ich dazu kommen kann, Dir ein paar Worte zu schreiben, und doch muß ich Dir heute noch danken für Deinen lieben Brief aus Hamburg. Dein Brief enthält nichts als gute Nachricht. Es freut mich, daß Ihr den trip to Hamburg gemacht und mit so schönen Einkäufen zurückgekehrt, nur wünsche ich, daß Ihr den alten Papa in Wandsbeck mit einem Besuch erfreut haben möget. Es würde ihn allerdings mit Recht kränken, wäre es nicht geschehen, da man ja mit einer Droschke in einer halben Stunde hinausfährt. Wie hat Dir die Oper gefallen?

Als wir zusammen da waren, sahen wir so ein dummes Glück, und der Abschied verbitterte uns den Genuß. Was würdest Du gesagt haben, wenn ich auf einmal aus einem der preußischen Postwagen herausgeguckt hätte! Unmöglich wär's doch nicht gewesen.

Daß Ihr noch immer an meinem Buche buchstabirt, macht mich lachen. Kinder, quält Euch doch nicht, sondern leset etwas Interessanteres.

Die Eisenbahngeschichte giebt mir wirklich unbillig viel Arbeit dafür, daß alles gratis geschieht.

Einen Brief von mir wirst Du bei Deiner Rückkehr vorgefunden haben. Hast Du denn mein Bild schon erhalten? Oder verrathe ich hier mein Geheimniß, wie Du Deines verrathen hattest?

Dienstag.

Ich komme immer erst abends zum Schreiben, liebe, süße Marie, wenn ich schon von Geschäften ganz halbtodt bin. — Du wirst jetzt ohne Zweifel schon wieder in Deinem warmen Nest zu Itzehoe sitzen.

Du schreibst wegen high fashion der Frau v. Palow, und daß es Dir einerlei, was die Leute von Dir denken. Ja, Mariechen, Du mußt das doch auch lernen; ich möchte so gerne, daß Du allen Leuten recht gefielest. Die Schönheit ist nur eine Herausforderung für die Kritik, und Du mußt durch verbindliches, freundliches und sicheres Benehmen die Leute damit versöhnen. L'homme doit braver l'opinion public, la femme s'y soumettre. Ich fehle gegen die erste Hälfte dieses Satzes, mache Du es mit der zweiten nicht so.

Gestern erhielt ich einen türkischen Brief von Hafiz Pascha, ich weiß aber nicht, was drin steht. Er wird erst übersetzt. Nun aber gute Nacht. Herzlich der Deine Helmuth.

*

Berlin, den 5. November.

Grüß Dich Gott, mein kleines Mariechen; der Briefträger ist heute an meiner Thür vorbeigegangen, ohne mir von Dir

Nachricht zu bringen, aber gewiß ist schon etwas für mich unterwegs. Manchmal ist mir, als ob ich gewiß wüßte, daß Du an mich denkst, zum Beispiel eben jetzt. Es ist zehn Uhr vorbei, Du machst Deine Vorbereitungen zum Schlafengehen, trittst mit dem Nachthäubchen nochmal vor den Spiegel, bläsest das Licht aus, sprichst Dein Abendgebet, plauderst noch ein paar Worte mit Jeannette, und halb träumend schwebt Dir dann noch mein altes Gesicht vor die Seele. Die Erinnerung an die Jasminlaube, den letzten Walzer vom letzten Ball mischt sich mit der Vorstellung von einem hellen Weihnachtsbaum, von Leinwand zur Aussteuer und dem Felsen von Helgoland. Ein Schiff mit bunten Wimpeln trägt Dich übers Meer in ein grünes Land voll Blumen, lachend wie die Hoffnung und ruhig wie der Schlaf, der Dich umfängt.

Wenn Du, eben heut, abends meinen Brief liesest, so stehe ich gerade vor Dir, nur erblickst Du mich nicht, weil Du die schönen Augen auf das Papier und das garstige Geschreibsel gerichtet hast. Höbest Du sie sehr schnell und plötzlich empor, so müßtest Du wenigstens das letzte Ende des Schattens meines lila Schlafrocks noch erblicken, in welchem ich mich eben befinde. Ich glaube ein bißchen an magnetischen Rapport, und ein alter Araber hat mir eine Geschichte erzählt, wie man in einem Kristallspiegel das Bild dessen erblicken kann, der an uns denkt. Aber nur ein reines, treues Herz kann in dem Kristall etwas sehen, die Mehrsten erblicken darin, wie in einem gewöhnlichen Spiegel, nur sich selbst. Nun, gute Nacht.

Den 6. November. Es ist

„Stumme Mitternacht,
Wo nur Gram und Liebe wacht"
Und wer zu morgen noch Vortragssachen macht,
Drum, lieb Mariechen, gute Nacht.

Adieu für heute, süße Marie, herzlich der Deinige

Helmuth.

1841. Im Berliner Opernhaus.

Ohne Datum.

Ich komme eben von der hundertjährigen Geburtstagsfeier des Berliner Opernhauses. Sie wurde begangen durch Aufführung von einzelnen Tonstücken aller der Komponisten, welche in diesem Zeitraum für die hiesige Bühne Ausgezeichnetes geleistet haben. Der ganze Hof war gegenwärtig, und wir waren fünfzig Personen in der großen Königlichen Loge. Eröffnet wurde die Vorstellung durch eine eigene Komposition Friedrichs des Großen, die wirklich, wenn er sie selbst gemacht hat, weit hübscher war als manches, welches nachher kam. Sodann kam ein Duett nebst Chor von Graun aus Kleopatra, ganz im Stil seiner Kirchenmusik gehalten. Man hatte die damalige Instrumentirung beibehalten und hörte nur ein paar Geigen und Bratschen. Kleopatra und ihre karthagischen Damen waren in Reifröcken mit gepuderten Haaren, Cäsar (welcher eine Sopranpartie sang, denn es war ein Frauenzimmer) nebst seinen Römern erschienen mit Haarbeutel und Escarpins zur Toga und nahmen beim Eintreten sehr höflich ihre Helme ab; alle machten drei tiefe Knixe resp. Verbeugungen. Jedes neue Gesangstück näherte sich etwas mehr unserem jetzigen Geschmack, die Instrumentirung wurde reicher, die Melodien ansprechender. Nachdem wir: „Als ich auf meiner Bleiche" glücklich überstanden, klangen die gewaltigen Chöre Glucks schon befreundeter. Winters schöne Komposition: „Das unterbrochene Opferfest", sein „Kind, willst du ruhig schlafen", gefielen auch jetzt noch, endlich bildete Mozart den großen Hauptabschnitt und bahnte den Weg zur neuen Musik. Die Ouverture zu Belmonte und Constanze und eine Scene aus dem Don Juan wurden gegeben. Hierauf erschien Beethoven mit seiner gewaltigen volltönenden Ouverture zu Egmont, welche da capo gespielt werden mußte. Ihm reihte sich Spohr an mit dem unübertrefflichen Duett aus Jessonda: „Theures Mädchen, wirst mich hassen." Von dem Freischütz wurde die Schlußscene des ersten Aktes gegeben und von den ganz neuen Kompositionen eine wunderbar schöne, geisterhafte Ouverture Mendelssohns zum Sommernachtstraum.

Man glaubte den Tanz der Elfen zu belauschen. Den Schluß machte Taisebers Musik zum Ballet: „Die Sylphiden".

Morgen habe ich den Dienst und werde im Neuen Palais bei Potsdam einer Vorstellung beiwohnen, zu welcher nur der Hof und einige klassische Geschmäcke befohlen sind. Die letzte Aufführung des Stückes, welches gegeben werden soll, hatte vor zweitausendfünfhundert Jahren statt. Es ist die Antigone von einem gewissen Sophokles. Es wird schwer sein, die Erben zu ermitteln, welche Anspruch an eine Tantième der Einnahme haben, wahrscheinlich sind es Ruderknechte im Hafen von Konstantinopel.

Wenn Ihr die Allgemeine Zeitung haltet, so habt Ihr heute einen Aufsatz mit meinem Monogramm _|_ gelesen: „Deutschland und seine germanischen Nachbarn". Das bitte ich aber in dänischen Landen Niemand zu sagen, sonst lassen sie mich nicht wieder hinein, sondern ich werde gleich am Langenfelder Zoll konfiszirt.

Berlin, den 9. November.

Gestern Abend kehrte ich aus Potsdam hierher zurück. Am Sonnabend wohnte ich der Aufführung der Antigone bei. Das kleine Theater im Neuen Palais ist ganz besonders geschickt, um ein solches Stück aus dem klassischen Alterthum zu geben, da die Sitze der Zuschauer ganz so geordnet sind, wie man es heute noch in den alten Theatern in Kleinasien, Griechenland und Italien, zum Beispiel in Pompeji, sieht, nämlich kreisförmig und stufenweise aufsteigend. Unten in der Mitte, wo die Archonten und Richter saßen, waren die Sitze für den König und uns Hofschranzen, dahinter die Damen und höher herauf die Herren. Die Bühne selbst war ganz nach alter Art eingerichtet. Der Hintergrund stellte einen Tempel mit drei Thüren dar, und auf der Orchestra, was wir das Proscenium nennen, erhob sich ein Altar, in welchem der Souffleur steckte, den die Alten nicht kannten. Um diesen herum reihten sich die Chöre, welche die Stimmen des Volkes bildeten und fortlaufend die Kritik der Begebenheiten aussprachen.

Es ist merkwürdig genug, daß ein Stück, welches vor Jahrtausenden geschrieben wurde, noch jetzt ein Interesse gewähren kann. Sophokles hat in seiner Tragödie die noch heute geltenden Gegensätze der Familie und des Staates einander gegenüber gestellt. Kreon, König von Theben, hat einen Unterthan besiegt und erschlagen, welcher seine Vaterstadt mit den Waffen bekämpft, und verurtheilt seinen Leichnam, unbestattet ein Raub der Thiere zu bleiben, was nach damaligen Begriffen auch seiner Seele den Uebertritt in die Gefilde der Ruhe verwehrte. Antigone, die Enkelin des Oedipus, ist die Braut seines Sohnes und die Schwester des Erschlagenen. Sie trotzt seinem Gebot. „Hat es doch kein Unsterblicher mir geboten," sagt sie. „Hätte Kreon mir den Sohn oder den Freund erschlagen, so könnte das Schicksal mir einen andern geben, aber die Eltern sind todt, die Götter selbst können mir einen Bruder nicht wiedergeben." Sie bestattet den Todten und ladet den Zorn des Königs auf sich, welcher sie verurtheilt, lebendig in einem Felsengrab zu verschmachten.

> Doch würdig des Ruhms wandelt sie hin,
> Mit Lob geschmückt, in das Gemach der Todten.
> Nicht zehrende Krankheit raffte sie fort,
> Noch traf sie ein Schwert der Rache, gezückt.
> Nach eigener Wahl — lebend — allein
> Geht sie zum Hades.

Das Hübsche dabei ist, daß Kreon von seinem Standpunkte aus ganz recht hat, denn ohne Gehorsam kann keine menschliche Gesellschaft Bestand haben. Aber indem er mit starker Konsequenz diesen Gedanken durchführt, greift er über in das Gefühl der Pietät, welches noch höheren Ursprungs als alle menschlichen Satzungen. Ein Seher verkündet ihm den Zorn der Götter, weil er der Erde vorenthält, was der Erde gehört, und die begraben hat, welche noch Luft und Licht athmet. Jetzt will er sein Unrecht gut machen, aber es ist zu spät. Antigone ist nicht mehr, und sein Sohn hat sich das Leben genommen. „Was hilft dir nun, daß Macht, Reichthum und Gewalt in deinem Hause, wenn nicht auch die Freude darin wohnt," spricht der Chor.

> Viel köstlicher ist, als Glücksgenuß.
> Der bedächtige Sinn. Stets hege
> Für das Göttliche Scheu. Der Vermess'ne büßt
> Das vermess'ne Wort mit schwerem Gericht;
> Denn lernt er wohl,
> Noch weise zu werden im Alter.

Es wäre leicht, ein ganz christliches und modernes Stück von derselben Tendenz wie die Antigone zu schreiben; denn noch heute tritt das geschriebene Gesetz oftmals mit „dem Rechte, das mit uns geboren", in Widerspruch.

Sonntag Mittag war große Tafel beim König in Sanssouci, und abends wohnte der Hof einer Aufführung des Faust im Kasino zu Potsdam bei. Der Text wurde gelesen, die Chöre und so weiter aber nach der wundervollen Komposition des verstorbenen Fürsten Radziwill aufgeführt. Unübertrefflich ist das Osterlied: „Christ ist erstanden", welches mit Gewalt den Giftbecher vom Munde des Verzweifelnden zieht, und man begreift ihn, wenn er ausruft: „Die Thräne fließt — die Erde hat mich wieder." Morgen wird dasselbe Stück im Opernhaus gegeben. Am Montag wurde Parforcejagd geritten. Es fanden sich außer vier Königlichen Prinzen noch etwa fünfzig Gentlemen in scharlachrothen Röcken ein, alle auf wundervollen Pferden. Man sah fast nur englische Pferde, ich ritt meinen kleinen Araber. Um neun Uhr brachen wir von Potsdam auf und ritten in scharfen Gangarten nach dem zwei Meilen entfernten Forst von Kunersdorf. Dort war ein wildes Schwein gespürt, und es dauerte auch nicht lange, so hatten die Treiber es im dichten Unterholz aufgefunden. Jetzt wurde eine Meute von fünfzig Hunden auf dasselbe losgelassen, und bei Hörnerschall setzte sich die ganze Gesellschaft in Karriere. Das Thier war klug genug, nicht ins Freie zu treten, und so ging es train de chasse immer durch den Wald. Mein kleiner Rifib ist sehr hitzig, und es war an kein Verhalten zu denken. Es ist ein Wunder, wie diese Pferde über ein sehr unebenes Terrain, über Gräben und Wege, abgehauene Baum-

stämme und Stubben fortsetzen. Nachdem wir wohl eine halbe
Meile so fortgerast, geriethen wir in eine Fichtenschonung, die so
dicht war, daß es gänzlich unmöglich wurde, hier durchzukommen.
Jeder arbeitete sich heraus, wie er konnte, und man sammelte
sich aufs Neue. Die Hunde waren zerstreut, Niemand wußte,
wo die Meute geblieben, und Alles jagte davon, um sie auf-
zuspüren. So kam die ganze Gesellschaft auseinander, und nach
fast zweistündigem Rennen sammelte sich die Mehrzahl auf der
Chaussee dicht vor dem Städtchen Beliz. Nur drei junge Offiziere
hatte das Glück auf die richtige Spur geführt. Das Schwein,
ein gewaltiger Keiler, war wohl zwei Meilen weit gerannt, dann,
des Laufens müde, hatte es sich gestellt. Zwei Hunde waren
todt, sechs schrecklich verwundet, und das Thier mußte mit der Axt
erschlagen werden, weil keiner der Anwesenden einen Hirschfänger
führte. Von den Piqueurs war keiner zugegen, so daß kein
jagdgerechtes Halali stattfand. — Bei der vor acht Tagen statt-
gefundenen Jagd war das Schwein durch die Havel geschwommen
und die Meute ihm nach. Den Jägern war kein Mittel geblieben, als anderthalb Meilen weit nach Spandau zu jagen,
dort über die Brücke zu gehen und zu folgen, wobei von ein-
hundertundvierundsechzig nur sechzehn zum Halali kamen und zwei
Pferde fielen. Diesmal passirte kein Unglück, und Alle trafen zum
Diner nach Kunersdorf ein. Mein Pferd habe ich noch lieber
gewonnen, nachdem ich gesehen, was es zu leisten vermag. Es
war noch ebenso feurig nach dem Rennen als vorher.

Nach der Tafel fuhr ich mit meinem Prinzen nach Potsdam
und von da auf der Eisenbahn nach Berlin. Wir hatten so über
zwölf Meilen gemacht, gingen ins Theater, dann machte ich noch
einen Besuch bei Patows und habe darnach trefflich geschlafen. —
Mein Freund Laue ist als Major beim Generalstabe angestellt;
obwohl er ein Einschub für mich ist, hat es mich doch sehr
gefreut.

Ich danke Dir für das Kompliment, daß das Bild nicht gut
genug aussieht. — So, nun gute Nacht, Du gute, liebe Seele,

die in einem süßen, lieben Körper steckt. Schlaf wohl und träume mir nicht wieder von Berlin, ohne daß ich erscheine, das sage ich Dir, sonst erscheine ich Dir in Itzehoe, ohne daß Du mich siehst. Herzlich der Deine Helmuth.

*

Berlin, den 18. November.

Den 25. November. Ich sitze hier noch immer in allerlei Berechnungen wegen der Eisenbahn, jetzt aber sehe ich doch schon Land und hoffe bald fertig zu werden. Morgen habe ich die interessante Beschäftigung, fünfzehnhundertmal meinen Namen zu schreiben, nämlich auf ebensoviel Aktien, welche von der Direktion unterzeichnet werden müssen.

Den 1. Dezember. Es ist schon elf Uhr, aber ich will Dir doch noch etwas vorplaudern. Ich komme eben aus einem Konzert im Opernhause und bin noch ganz voll davon. Ein gewisser Sivori, Schüler Paganinis und Erbe seiner — Geige, spielte. So was habe ich nie gehört. Aber mit der Geige hat es auch seine eigene, geheimnißvolle Bewandtniß.

In Italien lebte vor sechzig Jahren ein Mann, der schon als Jüngling von auffallender Häßlichkeit war. Das lange rabenschwarze Haar hing wild und starr um sein gelblich bleiches Gesicht. Sein Antlitz glich dem ausgebrannten Krater eines Vulkans, und die Züge waren regungslos, bis die Leidenschaft sie bewegte. Dann verzerrten sie sich bis zur Wildheit, und das Sprühen der dunklen Augen verrieth die Gluth seines Innern, wie das Feuer des Aetna unter der Decke von Schnee lodert. Ein solches Gemüth war nicht gemacht, um der Welt zu gefallen. Die Männer haßten, die Frauen verschmähten ihn, und er war allein — ganz allein in der Welt.

Wie jeder Mensch irgend eine Fähigkeit besitzt, die ihn für die Abwesenheit der übrigen entschädigt, so hatte Pietro die Gabe der Musik. In seinem Häuschen zu Ravenna wanderte er die Nächte auf und ab und geigte schmerzliche Melodien. Einst öffnete er um Mitternacht die mit Oelpapier verklebten Fenster und schaute hinaus in den klaren Himmel voll Sterne, von denen, so viel ihrer waren, noch nicht einer ihm gelächelt hatte. Da hörte er ganz nahe Beifallslatschen von zarten Händen. Es war die schöne Ancella, seine Nachbarin. Dasselbe wiederholte sich in den folgenden Nächten, und bald entflammte Pietro in heißer Liebe für das junge, reiche, schöne Mädchen, und nicht bloß seine Geige, sondern seine melodische Stimme wurde der Dolmetscher seiner Gefühle. Es entwickelte sich bald ein Verhältniß zwischen Beiden, aber Ancella hatte ihn nur gehört, und er zitterte vor dem Augenblick, wo sie ihn sehen würde.

Jemand hat sehr richtig bemerkt, daß die Männer das Herz durch die Augen, die Frauen durch die Ohren verlieren. Ancella liebte ihn und hätte ihn doch geliebt, wäre er noch zehnmal garstiger gewesen. Aber der Italiener konnte das nicht glauben, und mit einer stürmischen Neigung wuchs eine wüthende Leidenschaft in seinem Herzen auf. Er mißtraute allem, sich selbst und seiner Geliebten und quälte sie in dem Maße, wie er sie vergötterte. Ihre Thränen, ihre Betheuerungen, ihre Klagen und Vorwürfe waren ihm nur Beweise ihrer Schuld, und wenn er ihre Untreue für erwiesen hielt, fühlte er sich so grenzenlos unglücklich, daß er sich zwang, ihren Betheuerungen zu glauben, um nicht zu verzweifeln. Ich weiß nicht, welcher hämische Zufall in einer unglücklichen Stunde den Schein wirklicher Untreue auf sie warf. Nur so viel ist bekannt geworden, daß Ancella, von einem Stilett durchbohrt, gefunden wurde, und Pietro sich den Gerichten übergab, um ein Leben zu enden, das er nicht mehr ertragen konnte.

Aber so gut sollte es ihm nicht werden. Man schickte ihn auf die Galeere, da er aber zu schwach für die schweren Arbeiten war, so sperrte man ihn in einen einsamen Kerker. Die Nacht sank herab, und schreckliche Gestalten senkten sich von dem Gewölbe nieder, sie drängten sich drohend um sein Strohlager, sie streckten blutige Krallen nach ihm aus; er that einen Schrei,

Niemand hörte ihn. Die Gesellschaft des elendesten Verbrechers, die eines Hundes wäre Wohlthat für ihn gewesen, aber er war allein — ganz allein. Doch nein! Seine Geige war ihm geblieben, er ergreift sie krampfhaft, und kaum berührt er mit dem Bogen die Saiten, so erklingen sie wunderbar lieblich, klagend, vorwurfsvoll, begütigend, verzeihend. Es war die Stimme Ancellas, ganz wie sie ihn so oft beruhigt und ermahnt, wie sie ihm geschmeichelt und wie sie geweint hatte. Es war ihm klar, daß Ancellas Seele in seine Geige gefahren war. Es schien ihm, daß ein Theil seiner Schuld schon durch sein maßloses Elend gesühnt sei, daß die Hingeschiedene, welche jetzt bei ihm war, die zu ihm sprach und die er, verkörpert in seinem Instrument, umfaßte, ihm Vergebung verheiße. Da riß eine Saite, eine zweite, eine dritte, ein Jammerton hallte von dem kalten Gewölbe nieder, es war der Todesseufzer der Gemordeten. — Erschöpft sinkt der Unglückliche auf seine Streu zurück, Betäubung, nicht Schlaf, umfängt seine Sinne und hält ihn in Bewußtlosigkeit, dem letzten Trost des tiefsten Leides.

Am folgenden Tag fleht der Gefangene mit seltsamem Ungestüm den Schließer an, ihm drei Violinsaiten zu verschaffen. Sein ganzes Wohl und Wehe hängt an ihrem Besitz, aber er hat kein Geld, um das Mitgefühl des harten Mannes zu erkaufen, keine Worte, um ihn zu gewinnen. Trauernd betrachtet er sein liebes Instrument. Nur die G-Saite ist ihm geblieben. Aber gerade diese zaubert ihm die tiefe Altstimme seiner Geliebten hervor. Die ganzen Tage sitzt er, regungslos vor sich hinstarrend, da, aber wenn die Nacht ihre Schatten herabsenkt, dann greift er zu der einzigen Trösterin seines Elendes und geigt, von Niemand gehört, die wundervollsten Melodien. Damals komponirte er die schauerliche Melodie des Liedes:

> Das Glück, das einst mich hegte,
> Ist meiner Brust ein Dorn,
> Die Liebe, die mich pflegte,
> Ist meinem Schmerz ein Sporn.

O, wende deinen Spiegel,
Erinn'rung jener Zeit,
Und drücke, Nacht, dein Siegel
Auf die Vergangenheit.
Die heiße Thräne zittert
Auf meine Brust herab,
Mein Leben ist verbittert,
Ich wünsche mir das Grab.

So geigte er viele lange Nächte. Durch lange Uebung besiegte er jede Schwierigkeit seines unvollkommenen Instrumentes. Was Andere auf vier Saiten nie geleistet, das brachte er mit Leichtigkeit auf einer hervor. Er geigte zehn Jahre lang, ohne daß ein Mensch ihn gehört, und als vollendeter Meister trat er aus der dumpfen Gefängnißzelle in die weite, sonnige Welt zurück.

Dort nahm er einen fremden Namen an und reiste in ferne Länder; eine tiefe Scheu hielt ihn lange ab, den Menschen seine Gefühle zu offenbaren, denn die Töne seiner Geige sprachen deutlicher als Worte von dem Zustande seiner Seele. Aber die Noth zwang ihn, sein Talent in die Münze zu schlagen. Bald erfüllte der Name Paganini die Welt. Tausende strömten in die goldenen Opernsäle, um den wunderbaren Fremdling zu hören. — Da stand er leichenblaß, abgespannt, bis der erste Bogenstrich ihn und die Menge beseelte. — Ihr stürmischer Beifall ließ ihn kalt. Zerstreut nur blickte er auf die tausendköpfige Hydra des Publikums, seine Seele war anderswo und versenkte sich in ihn selbst, sobald der letzte Klang seiner Saiten verhallt war. Der von Allen gefeiert war, eilte schüchtern und menschenfeindlich in seine Einsamkeit zurück. Dort überzählte er die Goldhaufen, die seine Schatulle füllten, aber sie gewährten ihm keine Genugthuung. — Vielleicht war es ihm noch zu wenig. Er eilt an die Spielbank, setzt alles auf eine Karte und gewinnt und verliert das Zehnfache, ohne daß selbst die Leidenschaft des Spieles die schreckliche Leere seines Gemüthes zu erfüllen vermag. Nur seine Geige bleibt sein Trost.

Jetzt sind seine Melodien verklungen. Seine Brust hat ausgeseufzt, und seine Gebeine ruhen in einem unbekannten Winkel. Denn als der müde Pilger, der die Qual eines hohen Alters erleben mußte, aus den Ländern, deren rauhe Sprache ihm fremd war, zu den Zitronenhainen seines Heimatlandes zurückwanderte, verweigerte man ihm zu Rom die letzte Wohlthat einer geweihten Ruhestätte. Nur seine Geige ist übrig geblieben, und in derselben wohnt noch heute die Seele der armen Ancella gebannt.

Kurz, wenn die Geschichte nicht wahr ist, so könnte sie doch wahr sein, und wenn man die Geige hört, so muß man es glauben, und ich wenigstens denke mir die Geschichte so, wie ich sie Dir erzählt, und weil es jetzt schon weit nach Mitternacht, so will ich Dir nur noch gute Nacht sagen und diese Töne vergessen, von welchen ein nervous gentleman in meiner Nähe ohnmächtig wurde. Aber wenn einer auch Nerven wie Bindfaden hat, so muß ihn doch so was ergreifen.

Den 5. Dezember. Die Geschichte von Paganini bitte ich aber doch nicht als von mir verbürgt mitzutheilen, seine Erben könnten mich wegen Verbalinjurie, wegen angeschuldigten Mordes belangen.

Ich habe gar nicht geglaubt, daß Du für Musik besonderen Sinn hast. Wenn das der Fall ist, so bitte ich Dich, den Unterricht ja wieder aufzunehmen. Du brauchst ja keine Virtuosin zu werden, die Hauptsache ist, daß es Dir Vergnügen macht, und ich höre auch gar zu gern etwas Musik. Adieu für heute, süße Marie, herzlich der Deinige.   Helmuth.

*

Schwerin, den 12. Januar 1842.

Heute erst, liebe Marie, ist es mir möglich, Dir ein paar Worte zu schreiben. Nachdem ich Euch um elf Uhr verlassen, wartete ich in einem kalten Zimmer bis um ein Uhr die Ankunft der Post ab. Es war ein Ball in der Stadt Hamburg und die gewöhnlichen Passagierzimmer dazu in Anspruch genommen; ich wurde daher mit meinem noch unglücklicheren Reisegefährten in einen langen Saal verwiesen, an dessen Ende ein ungeheurer Ofen zwei Stückchen Torf wie eine Cigarre rauchte. Es fror ihn augenscheinlich selbst, und er sah meinen Fußsack mit Neid an, denn er hätte gern selbst einen über seine krummen Beine gezogen. Ich hatte Muße genug, philosophische Betrachtungen über den Wechsel der Dinge anzustellen und die Parallele zwischen dem warmen, wohnlichen Zimmer zu ziehen, in dem ich eben erst an Deiner Seite im behaglichen Lehnstuhl gesessen, und dem finstern Loch, in welchem ich mich befand, mit der Aussicht auf eine Reise durch die Nacht in einem Königlich dänischen Schnellpost-Beichaisewagenungeheuer.

Als die Diligence ankam, hatte sie auf dem abscheulichen Wege ein Bein gebrochen, der Schmied mußte geholt werden, und so wurde es drei Uhr, ehe wir fortkamen. Die Wege waren schrecklich holperig, und an Schlaf war nicht zu denken; auf allen Stationen fanden wir ein kaltes Zimmer zu unserer Erquickung, und erst als wir uns den Grenzmarken Seiner Skandinavischen Majestät näherten, trat eine europäische Zivilisation hinsichtlich der Wege ein. In Pinneberg war schon heller Tag. Als wir nach Hamburg kamen war es elf Uhr, und ich hatte keine Zeit mehr, nach Streit zu fahren, sondern setzte mich in den Wagen und fuhr nach Wandsbeck, wo ich sogleich Postpferde bestellte, um nur noch vor der Nacht nach Boizenburg zu kommen. Vater fand ich äußerst wohl und munter, es fehlte wenig, so hätte ich ihn mit nach Berlin genommen. In Boizenburg langte ich um acht Uhr an, sprach meinen Ingenieur und schlief zwei Stunden. Es war nothwendig geworden, daß ich nach Schwerin ging, und um zwei Uhr nachts fuhr ich mit der Schnellpost hierher ab, wo ich gestern um elf Uhr morgens eintraf.

Ich hatte sogleich eine Audienz bei dem Großherzog, welcher bis um zwei Uhr mit mir herumging, um mir seine Anlagen, Bauten, Ställe und so weiter zu zeigen. Um drei Uhr war ich zur Tafel befohlen, und hungrig und durchfroren, wie ich war, ließ ich mir alles aufs Beste schmecken. Abends war eine kleine Lotterie, in welcher die Großherzogin einige hübsche Glassachen zum Besten gab, von denen ich aber nichts gewann.

Nachdem ich nun heute bis neun Uhr aufs Trefflichste geschlafen, habe ich noch diesen Brief zu beenden, dann Besuche zu machen und fahre mit Extrapost nach Perleberg, wo ich die Nacht bleibe, und bin morgen abend Inschallah in Berlin.

Ich bin recht oft in Gedanken bei Dir gewesen. Abieu für heute, gute, liebe Marie. Mit herzlicher Liebe Dein alter
Helmuth.

*

Berlin, den 18. Januar 1842.

Mein kleines Mariechen! Recht oft habe ich heute an Dich gedacht. Um sieben fingst Du wohl schon an, Dich anzukleiden, Dich frisiren zu lassen, das rothe Ballkleid zurecht zu legen und die Blumen prüfend an das Haar zu halten. Um acht Uhr fuhret Ihr ans Schloß und tratet in die hell erleuchteten Räume. Bald rauschte die Musik durch die weiten Hallen, und der erste Walzer belebte die etwas frostig gewordene Gesellschaft. Jetzt geht es auf elf Uhr und Ihr mögt den Cotillon vor dem Essen tanzen, welchen der Herzog*) mit Dir zu tanzen sich nicht entgehen lassen wird. Kaum wirst Du Zeit gehabt haben, hin und wieder einmal an den Abwesenden zu denken. Gleichviel, möchtest Du recht froh sein, möchtest Du recht gefallen und möchten die Herren Dir recht den Hof machen, wenn Du nur heute Nacht, wenn Du nach Hause kommst und langsam und musternd vor dem Spiegel ein Stück nach dem andern ablegst, einmal hier herüber an Deinen treuesten Freund denkst und Dich erinnerst, daß von so vielen glänzenderen Erscheinungen doch keiner es so gut mit Dir meint wie Dein alter Helmuth.

---
*) von Glücksburg.

Gern möchte ich jetzt ganz unbemerkt einen Augenblick hinter den Musikanten stehen und sehen, ob Du recht fröhlich aussiehst, ob Du sogar sprichst, wenn Du einen Herrn hast, mit dem man sprechen kann, und ob Du recht oft geholt wirst. Ich sage Dir heute nicht gute Nacht, denn Du denkst wohl nicht ans Schlafengehen, und wenn Ihr nach Hause kommt, plaudert Ihr doch noch bis morgen früh, um Euch alle Eure Beobachtungen mitzutheilen. Möchten sie alle erfreulich sein! Du gute, liebe Seele, sei froh und glücklich! God bless you, my heart.

Während Du auf dem Parkett einher gleitest, habe ich hinter dem Schreibtisch gesessen und wohl zwanzig Expeditionen gemacht. Drum bin ich auch schon ganz matt und dumm und lege die Feder nieder.

Donnerstag den 20. Dein lieber Brief vom 16. d. Mts. aus Kiel, gute Marie, hat mir große Freude gemacht, besonders die Versicherung, daß Du in den drei Wochen, die wir zusammen zugebracht, recht froh gewesen bist. Es kommt mir immer vor, als hinkte ich hinter Deinen jugendlich lebhaften Gefühlen nur so nach, und ohne unwahr zu werden und aus meinem Charakter hinauszutreten, kann ich mich nicht anders geben, als Du mich in jener Zeit gesehen hast. Aber wenn Du so dennoch mit mir zufrieden bist, so soll es auch für die Zukunft keine Noth haben. — Wenn Du Dir vornimmst, nachgiebig und, wie Du sagst, nicht strong-headed zu sein, so danke ich Dir dafür, aber ich möchte keineswegs, daß Du Deine Selbstständigkeit und eigene Meinung aufgäbest. Im Gegentheil wirst Du mir gewiß nur immer lieber werden, je mehr Dein Charakter sich selbstständig und frei entwickelt, wie dies in hohem Maß in den drei Monaten der Fall gewesen ist, wo ich Dich nicht gesehen. Du bist in dieser Zeit geistig um ein Jahr gewachsen. Und hübscher bist Du auch geworden, kleines Fräulein. — Ich freue mich, daß Du in Kiel so gut aufgenommen und daß Du recht vergnügt dort bist.

Montag, den 24. Ich habe Dir jetzt eine Wohnung gemiethet, mit der Du hoffentlich zufrieden sein sollst*). Du hast ein allerliebstes, kleines Kabinet mit Aussicht auf den schönen Platz am Potsdamer Thor. Die Bäume des Thiergartens fangen an unserem Hause an, und Du kannst Dich dort gleich zu Pferde setzen, ohne durch die Stadt zu reiten. Einen hübschen Balkon haben wir auch und Logirzimmer für die ganze Familie mit allen Onkeln und Kindern. Wenn sie uns nicht besuchten, wäre es sehr unrecht.

Adieu, gute, liebe Seele! Vergiß mich nicht über Kiel, Liebe und Aussteuer, sondern laß mich bald von Dir hören. Mit herzlicher Liebe der Deinige   Helmuth.

Berlin, den 27. Januar 1842.

Ganz überrascht war ich, liebe Marie, zu hören, daß Du schon wieder in Itzehoe seiest, ich glaubte, Ihr würdet am 25. noch einem Balle beiwohnen. Ich freue mich, Dich wohlbehalten wieder zu Hause zu wissen, und kann Dich nun in Gedanken in der gewohnten, freundlichen Umgebung zu jeder Stunde aufsuchen.

Nun gieb mal guten Rath, Mariechen! Es ist wahrscheinlich, daß zum 30. März die zweite Stabsoffiziersstelle beim Prinzen vakant wird. In diesem Fall wäre es sehr wünschenswerth, daß ich hier wäre, denn les absents ont tort. Es werden zwei oder drei Versetzungen nach der Provinz stattfinden, und der, welcher die Stelle hier bekommt, muß auch sogleich die Geschäfte derselben übernehmen, denn es ist gerade die Stelle, welche beim Armeekorps die mehrsten laufenden Geschäfte hat. Es wäre daher sehr wünschenswerth, wenn ich bis zum 1. oder 2. April schon wieder hier sein könnte. Vor diesem Termin kann ich leicht einen vierwöchentlichen Urlaub bekommen, nachher wird man es nicht so gerne sehen.

---

*) Potsdamerplatz Nr. 1.

Nun fragt sich aber, ob die Hochzeit acht oder zehn Tage früher stattfinden kann, wegen des Herbeikommens der Verwandten (namentlich Fritz und Bettz), wegen der Aussteuer und wegen Deines Papas. Es hat ferner den Uebelstand, daß ich unser Quartier nicht vorher einrichten kann, denn es wird erst am 3. April leer. Indeß sind doch wenigstens ein oder zwei Zimmer mit den Möbeln, die ich jetzt schon habe, in wenig Stunden eingerichtet, und schlimmstenfalls können wir ja einen Tag im Gasthof wohnen. Ich möchte, daß Du mit Mama und Papa einmal darüber Kriegsrath hieltest und mir schriebst, was Eure Meinung ist.

Nun adieu, gute, liebe Seele. Grüße Papa, Mama und Jeannette herzlichst und schreibe mir bald. Yours for ever dearest Mary. Helmuth.

Berlin, den 3. Februar, Donnerstag.

Meine kleine, süße Marie! Du glaubst nicht, wie lange mir die Zeit scheint, wenn ich denke, daß es heute noch nicht vier Wochen sind, seit ich Dich in Itzehoe verließ. Mittlerweile ist freilich der Winter vorüber gegangen. Ich habe mich nicht entschließen können, mich noch einmal anzuziehen und auszugehen, sondern bin zu Hause geblieben und habe gearbeitet. Jetzt sitze ich da und wünsche Dich herbei.

Gut würde es wohl sein, wenn unser Hochzeitstag definitiv festgesetzt würde, schon um der Anverwandten, namentlich um Fritz und Bettys willen, da ersterer doch vorher Urlaub nehmen muß. Obschon ich so gerne schon nächsten Monat hin zu Dir reiste, so scheint mir, alles wohl erwogen, doch das Vernünftigste, wenn ich erst den 30. März hier abwarte und dann meinen vierwöchentlichen Urlaub nach Holstein antrete, um welchen ich bereits beim Könige eingekommen bin (sowie um allerhöchsten Konsens). Ich werde dann freilich selbst bis zu

Deinem Geburtstage*) nicht eintreffen können, sondern erst etwa
den 10. April. Dagegen wird es dann möglich, die nöthigen
Vorbereitungen in unserer neuen Wohnung zu treffen, wo ich
einige Stuben malen, eine Thür durchbrechen und noch allerlei
Vorkehrungen treffen lassen muß. Ich möchte Dich so gerne
gleich in eine ordentlich eingerichtete Wirthschaft führen. Die
Aussteuer wird auch wohl nicht so früh fertig werden, und
ich wünsche nur, daß Ende März die Sachen hier ankommen
möchten. Wenn wir darüber einverstanden sind, daß die Hochzeit
im April sein soll, so überlasse ich Mama, den Tag anzusetzen,
wonach dann die Verwandten zu bescheiden sein werden.

Ich hatte eigentlich gehofft, gestern Briefe von Dir zu erhalten, auch John hatte sicher auf ein Schreiben von Jeannette
gerechnet. Ob er heute eins bekommen, weiß ich nicht; er war
hier, als ich nicht zu Hause war, und hat das lithographirte
Bild Deiner Großmutter hinterlassen, welches sprechend ähnlich
ist. Ich werde es für die neue Wohnung einrahmen lassen.
Was gäbe ich darum, wenn ich solch ein ähnliches Bild von
meiner seligen Mutter hätte!

Ich hoffe, Mama hat meinen Brief erhalten und wird mir
bald einige Mittheilungen machen. Grüße sie herzlichst. Von der
Flasche Madeira, die sie mir mitgab, habe ich alle Tage ein
kleines Glas zum Frühstück getrunken, und dabei hat sie vor-
gehalten bis heute.

Ich werde diesen Sommer wohl ruhig in Berlin aushalten
müssen, und wenn Du erst da bist, wird mir das auch nicht
schwer werden. Ich hoffe aber, daß wir nun auch fleißig Besuch
erhalten. Eine größere Reise, und hoffentlich auch nach England,
liebe Marie, wollen wir aber jedenfalls machen, wenn dies
auch in zwei oder drei Jahren erst möglich sein wird. Ein Jahr
muß ich schon jeden Gedanken an längere Abwesenheit aufgeben,
wenn ich die zweite Stelle beim Generalkommando erhalten sollte.

---

*) Dem 5. April.

Dann aber wird mir der Urlaub nicht verweigert werden. — Nächstens wirst Du einen Aufsatz — — in der Allgemeinen Zeitung finden über Eisenbahnen von einem Dir bekannten, alten, griesgrämlichen Verfasser.

Jetzt habe ich einer wunderschönen Aufführung des Don Juan beigewohnt, auch Liszt habe ich ein paar Mal gehört und gesehen, denn sehen muß man ihn dabei. Er ist unübertrefflich, aber das Fortepiano selbst nur ein schlechtes Instrument im Konzert. Nun will ich nur schließen. Ich hoffe gewiß, recht bald Briefe von Dir zu erhalten. Denn es sind bald vierzehn Tage, daß ich nichts von Dir gehört. Aber ich weiß, daß Du oft an mich denkst und wohl keinen Abend zu Bette gehst, ohne mich in Dein frommes Gebet einzuschließen. Gott segne Dich, süße, gute Seele. Herzlichst und für immer der Deinige

Helmuth.

*

Berlin. Sonntag abends den 13. Februar.

Mein Mariechen! Dein lieber Brief vom 10. kam gestern an und erfreute mich sehr, denn Du scheinst heiter und zufrieden und hast wohl vollauf zu thun mit Deiner Einrichtung. Nun sind es nur noch zehn Wochen, dann bist Du ganz mein eigenes, liebes, kleines Frauchen. — Gestern Abend besuchte ich einen meiner Kameraden, den Rittmeister Oelrichs vom Generalstabe, welcher auch ganz kürzlich geheirathet hat. Er ist nicht jünger als ich und seine Frau nur zwei Jahre älter als Du und auch sehr hübsch. Diese Leute werden Dir gewiß sehr gefallen, sie empfehlen sich Dir unbekannterweise und bieten Rath und Beistand, wenn Du es brauchst. Ich wünsche mir recht die Zeit herbei, wenn wir auch so gemüthlich beisammen wohnen werden. Gott gebe seinen Segen dazu. Laß uns nur immer recht aufrichtig miteinander sein und ja niemals schmollen. Lieber wollen wir uns zanken, und noch lieber ganz einig sein. — Du hast wohl gemerkt, daß ich manchmal launisch bin, dann laß mich nur laufen, ich komme

Dir doch zurück. Ich will aber sehen, daß ich mich beſſere. — Von Dir wünſche ich freundliches und gleichmäßiges, womöglich heiteres Temper. Nachgiebigkeit in Kleinigkeiten, Ordnung in der Haushaltung, Sauberkeit im Anzuge und vor allen Dingen, daß Du mich lieb behaltſt. — Zwar trittſt Du ſehr jung in einen ganz neuen Kreis von Umgebungen, aber Dein guter Verſtand und vorzüglich die Trefflichkeit Deines Gemüths wird Dich ſehr bald den richtigen Takt im Verkehr mit anderen Menſchen lehren. Laß Dir's geſagt ſein, gute Marie, daß Freundlichkeit gegen Jedermann die erſte Lebensregel iſt, die uns manchen Kummer ſparen kann, und daß Du ſelbſt gegen die, welche Dir nicht gefallen, verbindlich ſein kannſt, ohne falſch und unwahr zu werden. Die wahre Höflichkeit und der feinſte Weltton iſt die angeborne Freundlichkeit eines wohlwollenden Herzens. Bei mir hat eine ſchlechte Erziehung und eine Jugend voller Entbehrungen dies Gefühl oft erſtickt, öfter auch die Aeußerung desſelben zurückgedrängt, und ſo ſtehe ich da mit der angelernten, kalten, hochmüthigen Höflichkeit, die ſelten Jemand für ſich gewinnt. Du hingegen biſt jung und hübſch, wirſt, ſo Gott will, keine Entbehrung kennen lernen, Jeder tritt Dir freundlich entgegen, ſo verſäume denn auch nicht, den Menſchen wieder freundlich zu begegnen und ſie zu gewinnen. — Dazu gehört allerdings, daß Du ſprichſt. — Es kommt gar nicht darauf an, etwas Geiſtreiches zu ſagen, ſondern womöglich etwas Verbindliches, und geht das nicht, wenigſtens fühlen zu machen, daß man etwas Verbindliches ſagen möchte. — Das Gezierte und Unwahre liegt Dir fern, es macht augenblicklich langweilig, denn nichts als die Wahrheit kann Theilnahme erwecken. Wirkliche Beſcheidenheit und Anſpruchsloſigkeit ſind der wahre Schutz gegen die Kränkungen und Zurückſetzungen in der großen Welt; ja, ich möchte behaupten, daß bei dieſen Eigenſchaften eine große Blödigkeit und Befangenheit nicht möglich iſt. Wenn wir nicht anders ſcheinen wollen, als wir ſind, keine höhere Stellung uſurpiren wollen, als die uns zuſteht, ſo kann weder Rang noch Geburt, noch Menge und

Glanz uns wesentlich außer Fassung bringen. Wer aber in sich selbst nicht das Gefühl seiner Würde findet, sondern sie in der Meinung Anderer suchen muß, der ließt stets in den Augen Anderer Menschen, wie Jemand, der falsche Haare trägt, in jeden Spiegel sieht, ob sich auch nicht etwas verschoben hat. — Gesteh ich's doch, gute Marie, daß ich diese schönen Lehren von mir selbst abstrahire. Mein ganzes Auftreten ist nur eine mit Zuversichtlichkeit und usage du monde übertünchte Blödigkeit. Die langjährige Unterdrückung, in welcher ich aufgewachsen, hat meinem Charakter unheilbare Wunden geschlagen, mein Gemüth niedergedrückt und den guten, edlen Stolz geknickt. Spät erst habe ich angefangen, aus mir selbst wieder aufzubauen, was umgerissen war, hilf Du mir fortan, mich zu bessern. — Dich selbst aber möchte ich edler und besser, und das ist gleichbedeutend mit glücklicher und zufriedener, sehen, als ich es werden kann. — Sei daher bescheiden und anspruchslos, so wirst Du ruhig und unbefangen sein.

Gerne werde ich es sehen, wenn man Dir recht den Hof macht; ich habe auch nichts gegen ein bißchen Kokettiren. Je mehr Du gegen Alle verbindlich bist, je weniger wird man Dir nachsagen können, daß Du Einzelne auszeichnest. — Dafür mußt Du Dich in Acht nehmen, denn die Männer suchen zu gefallen, erst um zu gefallen, dann um sich dessen rühmen zu können, und Du wirst in der Gesellschaft weit mehr Witz als Güte finden. Es kann gar nicht ausbleiben, daß ich im Vergleich mit anderen Männern, die Du hier sehen wirst, sehr oft zurückstehen werde. Auf jedem Ball findest Du welche, die besser tanzen, die elegantere Toilette machen, in jeder Gesellschaft, die lebhafter sprechen, die besserer Laune sind als ich. Aber daß Du das findest, hindert gar nicht, daß Du mich nicht doch lieber haben könntest als sie alle, sofern Du nur glaubst, daß ich es besser mit Dir meine als alle diese. Nur dann erst, wenn Du etwas hast, was Du mir nicht erzählen könntest, dann sei dadurch vor Dir selbst und durch Dich selbst gewarnt. Und nun gieb mir einen Kuß, so will ich das Schulmeistern sein lassen.

Noch eins, liebe Marie, wenn Du schreibst, so lies doch immer den Brief, den Du beantwortest, noch einmal durch. Es sind nicht bloß die Fragen, die beantwortet sein wollen, sondern es ist gut, alle die Gegenstände zu berühren, welche darin enthalten sind. Sonst wird der Briefwechsel immer magerer, die gegenseitigen Beziehungen schwinden, und man kommt bald dahin, sich nur Wichtiges mittheilen zu wollen. Nun besteht aber das Leben überhaupt nur aus wenig und selten Wichtigem. Die kleinen Beziehungen des Tages hingegen reihen sich zu Stunden, Wochen und Monaten und machen am Ende das Leben mit seinem Glück und Unglück aus. Darum ist die mündliche Unterhaltung so viel besser als die schriftliche, weil man sich das Unbedeutendste sagt und wenig findet, was zu schreiben der Mühe werth wäre.

Nun ist es bald Mitternacht. Du schläfst wohl schon, wenn Du nicht noch mit Jeannette plauderst, die ich herzlich grüße. Gute Nacht, liebe, süße Seele. Herzlich Dein Helmuth.

*

Ohne Datum.

Mein gutes Mariechen. Dein lieber Brief vom 9. d. Mts. kam gestern an. Stelle Dir nur unsere Wohnung nicht gar zu prächtig vor, so hübsch wie Eure in Itzehoe ist sie doch nicht. — Ich denke dann so vierzehn Tage vor dem 27. in Itzehoe einzutreffen und bitte, mir ein Zimmer im Gasthof vorher zu bestellen. Wahrscheinlich werde ich wohl mit meinen eigenen Pferden reisen, für deren Unterkommen im Gasthaus gesorgt werden kann. Bis Hamburg werden wir wohl den Hochzeitstag, in Betracht der Königlich dänischen Wege, nicht kommen, können aber ja auch in Elmshorn oder Pinneberg ein Unterkommen finden. Einen Tag werden wir wohl in Wandsbeck zubringen müssen und gehen dann in vier Tagereisen nach Berlin, wo dann alles eingerichtet sein wird.

Ich schreibe Dir heute nur wenige Zeilen, denn ich bin

sehr müde, weil ich die Nacht erst um zwei Uhr nach Hause
gekommen bin. Es war eine große Redoute im Opernhaus.
Alle Bänke waren aus dem Parkett fortgeschafft, dasselbe in
gleiches Niveau mit der Bühne erhöht und so aus dem ganzen
mächtigen Hause ein ungeheurer Tanzsaal gebildet, welcher aufs
Stattlichste dekorirt und von Tausenden von Lampen und Gasflammen erleuchtet war. Das Orchester schwebte in einem Luft-
ballon, und alle Logen waren mit schön geputzten Damen besetzt.
Was unten tanzte, gehörte rather zu dem, was Montaigne
„la tourbe de la société" nennt; es gab allerlei Aufzüge,
Quadrillen, Gedränge, Hitze und Staub. Aber das Gewühl
von wohl dreitausend Menschen nahm sich, besonders von oben
gesehen, artig genug aus. — Das Beste war ein sehr gutes
Souper, welches zu zwölf Couverts in der vergitterten Königs-
lichen Loge zunächst der Bühne gedeckt war. Da speisten der
Prinz von Preußen, mein Herr, Prinz Albrecht, der Kronprinz
von Württemberg, der von Bayern, Prinz August von Württemberg
und ein paar Adjutanten, und es ging lustig dabei her. Daß
Du mit der Aussteuer so zufrieden bist, freut mich sehr, wir
wollen Papa auch hübsch dafür danken. Versäume über der
Arbeit nur nicht, spazieren zu gehen, und bleib mir gesund. Nun
gute Nacht, gute Seele. Herzlich Dein   Helmuth.

*

Berlin, den 16. Februar 1842.

Mein süßes Mariechen. Hilf mir die Zeit zu Ende bringen,
mir scheint sie jetzt fest und still zu stehen. Das welche Früh-
lingswetter macht mir Spleen und mehr noch der Mangel an
geistiger Anregung und an freundlichem Verkehr mit theilnehmenden
Verwandten und Freunden. Die Oper langweilt mich und wird
mir erst wieder Freude machen, wenn ich sehe, daß Du die Pracht
derselben anstaunst. In der Gesellschaft sehe ich Hunderte von
Menschen, die mich alle nicht näher angehen, und ich sehne

mich so darnach, bald wieder einen kleinen Kreis von Menschen zu sehen, die sich für einander interessiren. Es bleibt mir hier zur Erholung nichts als steife Gesellschaften und zum Geschäft nur trockene Dienstbriefe. Deine Schreiben sind die Lichtpunkte in dieser langweiligen Existenz, und wenn ich die Briefe viermal durchgelesen habe, so weiß ich sie auswendig. — Ich will Dich nicht auch noch ennuyiren. Gute Nacht, süße, liebe Seele, ich drücke Dich ans Herz. Schlafe sanft.

Ich setze mich wieder hin, um zu schreiben, aber ich habe Dir weiter nichts zu erzählen, als daß ich viel an Dich denke und die Tage zähle, bis ich wieder bei Dir sein werde.

Sonntag. Es sind hier in dem schönen Lokal der Singakademie wissenschaftliche Vorlesungen, an welchen der Hof und viele Damen aus der ersten Gesellschaft theilnehmen. Alle Sonnabend liest ein anderer Professor über ein selbst gewähltes Thema. Nachdem wir einen Vortrag über mikroskopische Infusionsthierchen genossen, ging ich ins Opernhaus, wo Liszt ein Konzert gab, dann in eine Versammlung von Generalstabsoffizieren, welche alle Monat einen Abend zusammenkommen. Da wird auch ein Vortrag gehalten, der endet aber mit einem guten Souper. Dann war ich noch zum russischen Gesandten geladen, wo man sich erst gegen zehn versammelt. Ich schenkte mir das aber. Heute Abend soll ich zu Binckes und schließe daher für heute, liebe Marie.

*

Berlin, Donnerstag, 24. Februar.

Erst heute, liebe Marie, kam Dein freundliches Schreiben vom 17. d. Mts. an.

Herzlichen Dank für Deine freundlichen Worte und Deine gute Meinung, aber was Du Bescheidenheit nennst, ist leider nur richtige Würdigung meiner selbst. Nun, ich hoffe, wenn Du erst bei mir bist, soll manches besser werden. Von den Frauen, die Du hier kennen lernen wirst, wird Dir, glaub' ich, Frau

v. Oelrichs am besten zusagen. Um ihres trefflichen Mannes willen möchte ich, daß Dir Frau v. Patow gefiele.

Herzliche Grüße an alle Deine Hausbewohner, und nun für heute gute Nacht, süße Marie. Schreib mir bald und recht ausführlich, denn das Kleinste aus Eurem täglichen Leben interessirt mich mehr als die großen Staatsangelegenheiten. Adieu, liebes Leben, herzlichst Dein Helmuth.

*

Berlin, Sonntag den 18. März 1842.

Meine theure, liebe, kleine Marie. Je näher die Zeit rückt, wo ich Dich wiedersehen werde, je weniger habe ich Lust, Briefe zu schreiben. Ein bißchen bist Du daran schuld, denn Deine Briefe sind in letzter Zeit kürzer und seltener geworden als früher, und Du erwähnst in denselben nicht die Gegenstände, die ich in den meinigen berühre. Allein sie enthalten doch immer, was mich am meisten interessirt, daß Du meiner in Liebe und Güte gedenkst, und das ist die Hauptsache. — Wenn wir erst Freude und Sorge mit einander theilen und mehr gegenseitige Beziehungen angeknüpft sein werden, so wird es uns an Stoff zur Mittheilung nicht fehlen. Noch leben wir in getrennten Sphären und finden uns nur in einem Gefühl herzlicher Zuneigung zusammen. Zwar kenne ich Deine Welt, Du aber noch nicht die meinige. Mich interessirt alles, was Du mir von Deiner Umgebung und Deinem Thun und Lassen sagst, von meinen Bekannten und von meinem hiesigen Leben kann ich Dir wenig mittheilen, weil sie Dir fremd sind. Bald aber wirst Du auch mit den hiesigen Verhältnissen bekannt sein, Dein Geist wird sich in denselben schnell entwickeln, und mein Glück wird darin bestehen, wenn ich sehe, daß Du Dir in Deiner künftigen Lage gefällst. Gebe Gott, daß es so sein möge!

Gute Nacht für heute, süße, liebe Marie, tausend Grüße für alle und für Dich, Du gutes, liebes Kind. Schlafe süß.

*

Berlin, den 26. März 1842.

Liebe Marie. Danke Dir für Deinen freundlichen Brief vom 19. dieses Monats; es trifft sich sehr hübsch, daß wir, ohne es verabredet zu haben, gleichzeitig kommunizirt haben. Ich war Donnerstag zur Vorbereitung und gestern, am Charfreitag früh zur Kommunion. Unsere Gedanken werden sich bei dieser feierlichen Handlung wohl begegnet sein, möchte sie für uns beide einen Lebensabschnitt fortschreitender Besserung und Glückes bilden.

Du schreibst mir, daß Du oft verschlossen und dann wieder ausgelassen bist. Das ist nun, die Wahrheit zu sagen, freilich lange nicht so gut, wie ein gleichmäßig ruhiges, heiteres Gemüth, aber jeder Mensch ist das in seiner frühen Jugend, und ich hoffe Dich auch sweet tempered zu sehen. Heiterer Gleichmuth ist nicht nur ein großes Glück, sondern auch, soweit es von uns abhängt, eine Pflicht und ein Verdienst. Laß uns beiderseits darnach streben; nur keine Launen, Prüderien und Empfindlichkeiten, und kämen sie vor, laß uns sehen, wer zuerst bereit ist, die Hand zur Versöhnung zu bieten. Jemand hat gesagt, es gibt nur zweierlei Ehen: solche, wo der Mann unter dem Pantoffel steht, und unglückliche. Ich verlange nichts Besseres, als unter Deinem kleinen Pantoffel zu stehen, und es wird Deine Aufgabe sein, mich durch Sanftmuth, Nachgiebigkeit und Güte auch dahin zu bringen.

Herzliche Grüße an Mama, Papa, John, Jeannette, die Kleinen und alle Bekannten. Gute Nacht, liebe Marie, auf baldiges, frohes Wiedersehen und auf immer Dein treuer Freund
Helmuth.

*

Berlin, den 31. März 1842.

Liebe Marie. Ich bin gerade im Begriff, meine Sachen für den Umzug zu ordnen, daher kann ich nur ganz flüchtig auf Deinen lieben Brief antworten. — Daß Du mich schon unterwegs glaubst, ängstigt mich. Erwarte mich nicht vor dem 10. Gern

käme ich zu Deinem Geburtstag, aber das ist ganz und gar
unmöglich, da ich den Parolebefehl wegen der Versetzungen in
der Armee hier abwarten muß und dieser frühestens Sonntag,
den 3., befohlen werden wird. Gern will ich suchen, bis zum
8. April in Glückstadt zu sein, was eher möglich wäre, aber ich
glaube nicht, daß es mir gelingen wird. Es kann leicht sein,
daß ich bis zum 8. oder 9. hier aushalten muß, wenn die Vorschläge des Chefs des Generalstabes nicht gleich aus dem Kabinet
zurückkommen.

Heute Nachmittag wird unsere Wohnung leer, aber ich kann
nichts einrichten, weil noch wegen der Versetzungen nichts
entschieden ist. Doch werde ich Maurer und Maler anstellen; die
Möbel müssen wir dann gemeinsam aussuchen. Im Ganzen
genommen fürchte ich, daß unsere Einrichtung zu groß wird.
Wir können unsere Verwandten und Freunde sehen, aber ein
Haus können wir nicht ausmachen, auch wäre Equipage ein nicht
zu rechtfertigender Luxus, wenn meine Verhältnisse es nicht mit
sich brächten, daß ich doch drei Pferde halten muß.

Was Du von dem Helgoländer Aufenthalt sagst, ist richtig,
aber die Schuld war nicht Deine, sondern meine. Die Kur
hatte mich nervös gemacht, und ich war sehr angegriffen und
herabgestimmt. Gerade so in low spirits bin ich dies Frühjahr
wieder gewesen; aber jetzt hoffe ich, bin ich durch. Die Winter-
kälte thut mir stets so wohl; wenn das Wetter aber aufgeht, so
kommt meine schlimme Zeit, mein spleen, bis das Wetter wieder
schön wird. — Wenn Du bei mir bist, wirst Du die böse Laune
wohl bannen. Adieu, auf baldiges Wiedersehen.

Helmuth.

Berlin, den 2. April 1842, Sonntag.

Liebe, gute Marie. Tausend Glückwünsche zu Deinem Geburtstag. Herzlich leid thut es mir, sie Dir nicht mündlich bestellen zu können, aber es war ganz unmöglich. Hier bei mir

sieht es schrecklich aus. Maurer, Tischler, Zimmermann, Maler, Schlosser hämmern und kratzen um mich her, dichter Staub liegt auf allen Möbeln, und kaum finde ich ein Eckchen, um mich hinzusetzen. So geht es mir schon drei Tage. Ich bin nun aber so weit, daß ich morgen oder spätestens übermorgen abreisen kann. Das Quartier wird dann, wenn wir hier ankommen, gemalt und gebohnt, die Gardinen aufgesteckt sein, und wir haben nur zu möbliren, was in zwei Stunden abgemacht ist.

Ich muß schließen, da ich unsere Pferde noch einfahren muß, von denen der Hengst sich etwas schlimm geberdet. Entschuldige die Hast dieses Briefes, gute Marie; wenn Du sähest, was mir alles vor der Abreise noch obliegt, würdest Du Erbarmen mit mir haben. Herzlich auf Wiedersehen und nochmals tausend aufrichtige Glückwünsche. Mit treuer Liebe Dein

Helmuth.

Briefe an die Frau.
1843—1868.

Doberan, den 8. August 1843.

Mein Herzens-Mariechen! Unsere Abreise verzögerte sich bis ein Viertel auf ein Uhr, weil wir einen neuen Wagen hatten, an welchem erst tausend Dinge ausprobirt werden sollten. Nachdem ich mit Seiner Königlichen Hoheit Coteletles und Steinpilze gefrühstückt, setzten wir bei schönem Wetter unsere Tour ohne andere Unterbrechung als den Pferdewechsel bis Neu-Strelitz fort. Dort sollten wir den Thee bei dem Großherzog einnehmen, es kam uns aber ein reitender Bote entgegen, welcher meldete, daß die Herrschaften in Neu-Brandenburg, vier Meilen weiter, wären, wo die Stadt die jungen Herrschaften feierlich empfangen wollte. Mit hungrigem Magen trafen wir dort um neun ein viertel Uhr ein, nachdem wir in acht Stunden achtzehn Meilen zurückgelegt. Die Stadt mit allen prachtvollen Thürmen und einer schönen Domkirche war mit Laubgewinde bedeckt. Wir fuhren vor dem Schloßportal vor, wo der Großherzog selbst seinen Gast empfing, und nahmen ein sehr erwünschtes Abendbrot ein. Nachdem dasselbe beendet, erschien ein Fackelzug, Musik, Gesang, bengalische Beleuchtung, Begrüßung, Abschied folgten sich, und wir setzten oder vielmehr legten uns um Mitternacht wieder in unsern Wagen. Dieser ist nämlich ein Ausbund von Bequemlichkeit; die Sitze werden so auseinandergeschlagen, daß man sich der Länge nach hinlegt, und so schlief ich bis Sonnenaufgang ganz vortrefflich.

Die Gegend, durch welche wir heute fuhren, ist sehr fruchtbar, und recht schöne, üppige Weizenfelder wechseln mit Buchenwald und kleinen Seen. Sehr hübsch ist Rostock mit seinem

Prinz an die Frau.

...auern, Thurmen und allen Giebelhäusern
... dem Ort die alte Hansastadt an. Reizend
... mit einem alten Kloster mitten in
... Von hier fuhren wir gleich weiter nach
... Seebad, wo die verwittwete Groß-
... unmittelbar am Meeresufer und
... Buchenwaldes bewohnt. Der schönste
... streckt sich bis hart an den Strand,
... mit gewohnter Güte und Freund-
... wir en petit comité, die Groß-
... Prinzeß Luise, eine Hofdame, General
... und Fräulein Rouge, der Prinz
... Nach Tafel Promenade in dem
... schönen Aussichten aufs Meer.
... Prinzen nach Doberan, hatte mich
... Ruhigkeit obige Zeilen geschrieben,
... nach dem Seebad. Dort Thee im
... Mann), dann Ball. Ich tanzte
... und ließ mich ein paar Mal holen.
... zu fünf Personen. Darauf bei
... raschem Trab nach Haus, wo ich
...

... ich mich heute wirklich besinnen,
... magnifique Wohnung von drei
... hatte ich meinen Kaffee ge-
... schnell ankleiden und wieder zur
... zweites Bad und fuhr dann
... und Prinzeß nach dem großen
... Strand schwer, welcher eine und eine
... Schiffsplatz fortgeschafft werden soll.
... von Balken und spaziert alle
... auf einer Art Eisenbahn, die hinter ihm
... wieder abgebaut wird. Es braucht
... eine Promenade zu vollenden.

alten Dom, schönen Mauern, Thürmen und allen Giebelhäusern wie Lübeck. Man sieht dem Ort die alte Hansastadt an. Reizend ist die Lage von Doberan mit einem alten Kloster mitten in dunkelgrünen Buchen. Von hier fuhren wir gleich weiter nach dem eine Stunde entfernten Seebad, wo die verwittwete Großherzogin eine reizende Cottage unmittelbar am Meeresufer und am Saume eines dichten Buchenwaldes bewohnt. Der schönste Rasen, wie der in Glienicke, erstreckt sich bis hart an den Strand. Die Großherzogin empfing mich mit gewohnter Güte und Freundlichkeit. Um zwei Uhr dinirten wir en petit comité, die Großherzogin, der Großherzog, Prinzeß Luise, eine Hofdame, General Rauch nebst Fräulein Blanche und Fräulein Rouge, der Prinz und ich in der Cottage. — Nach Tafel Promenade in dem angrenzenden Buchenwald mit schönen Aussichten aufs Meer. Um fünf fuhr ich mit dem Prinzen nach Doberan, hatte mich eben hergesetzt und trotz großer Müdigkeit obige Zeilen geschrieben, als es schon wieder fortging nach dem Seebad. Dort Thee im Freien bei schöner Musik (vierzig Mann), dann Ball. Ich tanzte Contredanse mit Prinzeß Luise und ließ mich ein paar Mal holen. Endlich Souper in der Cottage zu fünf Personen. Darauf bei köstlich lauem Mondschein in raschem Trab nach Haus, wo ich bis um sieben Uhr fest schlief.

Als ich aufwachte, mußte ich mich heute wirklich besinnen, wo ich war. Ich habe eine magnifique Wohnung von drei großen Piecen im Palais. Kaum hatte ich meinen Kaffee genommen, so mußte ich mich schnell ankleiden und wieder zur Cottage fahren. Ich nahm mein zweites Bad und fuhr dann mit dem Prinzen, Großherzoge und Prinzeß nach dem großen Stein, fünfmalhunderttausend Pfund schwer, welcher eine und eine viertel Meile weit nach dem Badeplatz fortgeschafft werden soll. Das Unthier liegt auf einem Gerüst von Balken und spaziert alle Tage tausend Fuß weit auf einer Art Eisenbahn, die hinter ihm abgebrochen, immer vor ihm wieder angestückt wird. Es braucht noch zwei Monate, um seine Promenade zu vollenden.

1843. In Mecklenburg.

Der Baumeister, der den Transport leitet, hat sich ein kleines Bretterhaus auf dem Stein gebaut; es wiegt nicht mehr, als im Vergleich eine Fliege, die sich auf einen Apfel setzt. So kommt er gratis mit nach dem Seebad.

Heute Mittag dinirten sämmtliche Herrschaften an der Table d'hôte in Doberan. Nach Tische wurde der Kaffee im Freien eingenommen und dann shopping gegangen. Sodann machte ich meine sämmtlichen Visiten ab. Um drei Viertel auf sechs wird Thee im Freien getrunken, dann geht es ins Theater, wo „Lucretia Borgia" gegeben wird.

So viel von mir, im Ganzen ist es wundervoll hier. Ich wollte, Du wärest auch da. Großherzogin, Prinzeß und Fräulein Rauchs haben sich angelegentlich nach Dir erkundigt. Ich denke, Du sitzest mit Papa wohl auf dem Balkon. Grüß ihn schönstens. Ich bin neugierig, ob ich Dich Dienstag noch in Berlin treffe; richte es ganz so ein, wie es Dir am liebsten ist. Dein Ruf ist durch das Land Mecklenburg gedrungen, und Alle sagen, daß ich die niedlichste Frau in Berlin habe. Uebrigens bin ich hier im dritten und vierten Grad mit allen Menschen verwandt.

Den 10. Heute ist der Teufel ganz los. Seit sechs Uhr krachen die Kanonen und schallt Musik. Ich habe eben gefrühstückt und muß an den Strand, um zu baden. Dann große Feierlichkeit, zu welcher jedoch der Hauptgast ausgeblieben ist. Es wird nämlich der Grundstein zu dem großen Stein gelegt, welcher selbst noch eine Meile entfernt ist. Wegen beträchtlicher Korpulenz ist von ihm nicht zu verlangen, daß er eintreffe. Dann um zwei Uhr großes Diner, Kaffee auf dem Kamp und abends Ball in Doberan, so daß wir eine Menge Vergnügungen auszustehen haben. Ich wollte, Du wärest heute Abend hier.

Die Oper war sehr schön gestern. Nach dem Souper promenirte ich mit dem Großherzog und Prinzen noch bei Mondschein bis elf Uhr.

Adieu, mein liebes Herz, ich muß schließen, damit dieser Brief noch heute wegkommt. Mit herzlicher Liebe Dein alter

Helmuth.

Doberan, den 11. August. Freitag Abend.

Dear Mary. Nachdem mein Brief fort war, fuhr ich mit dem Prinzen nach dem Strand und badete. Die See war spiegelglatt, die Schiffe mit zahllosen Wimpeln geschmückt. Zur Feier der Grundsteinlegung wurde eine kleine Rede gehalten, dann verschiedene Sachen in einer Flasche eingemauert, und der darauf gelegte (kleine) Stein bei Kanonendonner durch Hammerschläge der Herrschaften geweiht. Dann schlenderte ich in den Wald und fuhr im Omnibus mit dem übrigen Hofgesinde nach der Rennbahn. Dies ist ein langweiliges Vergnügen, welches überall gleich bleibt. Der Prinz war Schiedsrichter. Nachdem die Geschichte um 1½ Uhr zu Ende, fuhren wir wieder hierher und gingen zur Tafel, wo 400 Gäste Table d'hôte speisten. Die Hitze war entsetzlich, die Sitzung sehr lang. Gesundheiten, Reden, Kanonenschüsse, Champagner und Eis, alles nach bekannter Art. Die gute Großherzogin war sehr ergriffen, es war das erste Mal seit dem Tode ihres Gemahls, wo sie in Doberan wieder erschien. Nach Tische zog sie sich zurück und erschien nicht mehr zum Kaffee. Abends Ball in einem schönen, gut erleuchteten Saal, das Parkett aber nicht gebohnt, sondern rauh und eine fürchterliche Essenatmosphäre bei großer Hitze. Ein Tanz mit der Prinzeß und ein paar Touren mit den Damen, Konversation, Präsentationen und etwas Langeweile war mein Loos.

Ich wollte, Du wärest da gewesen. Eine Diligence voll Offiziere aus Schwerin war verschrieben, recht gute Tänzer.

Heute früh fuhr ich mit dem Großherzog im Gig nach dem Strand und badete. Dann Rennbahn bis um zwei Uhr. Diner an der Table d'hôte, wo der Hof beisammen sitzt, im Ganzen über 300 Couverts von Badegästen. Jetzt geht es zum Thee.

Den 12. Gestern Abend fuhren die Herrschaften en famille nach der Cottage am heiligen Damm, ich trank Thee im Garten mit den Damen. Wir amüsirten uns prächtig, denn sie lachen sehr gern und schraubten mich wegen meiner Zerstreutheit. Dabei beschuldigten sie mich der unglaublichsten Konfusion, und ich bleibe ihnen nichts schuldig. Wir sahen im Theater „Nacht und Morgen", es wurde ziemlich gut gespielt, aber wir trieben lauter Unsinn und lachten, statt zu weinen. Die Hitze war abscheulich. Abends ging ich nicht mit zur Tafel, um einmal recht auszuschlafen. Ich dachte, ob Du wohl jetzt auf dem Dampfschiff bist.

Heute früh fuhr ich zum Baden, dann zur Rennbahn, ging aber früher herein, als die Steeplechase entschieden, weil ich auf der Post wegen der Rückreise zu thun hatte, die auf Montag festgesetzt ist. Mittags aßen wir Table d'hôte und tranken Kaffee im Freien auf dem Kamp. Die Herrschaften sind immer sehr freundlich gegen mich. Jetzt habe ich meine Cigarre geraucht, einige Strafen in die Karte eingezeichnet, und was nun zunächst werden wird, weiß ich noch nicht. Abends wird leider wieder getanzt.

Den 13. Ich habe ein schönes Bad genommen, bin dann im Walde spazieren gegangen und fuhr allein hierher zurück. Das Fahren ist hier ein wahrer Spaß. Im leichten Jagdwagen mit prächtigen Pferden, Kutscher und Lakai in Carmoisin mit Blau und Gold, alles aufs Eleganteste. Gestern gegen Abend ging ich nach dem schönen Toberaner Dom. Er ist hoch, hell und mit schlanken Säulen, voll Erinnerungen an die katholische Zeit, da wohl zwanzig Altäre noch erhalten, wenngleich nur einer bekleidet ist. Hier liegen die alten Herzoge von Medlenburg, die Bischöfe von Toberan und viele Edelleute aus bekannten Familien. Einer von ihnen hat sich mit großen, leserlichen Buchstaben folgende erbauliche Inschrift setzen lassen:

    Wiel Düwel, wille wil von mi,
    Id scheer mi nich en Quark üm di.
    Id bin en medlenborgschen Eddelmann.
    Wat geit bi, Düwel, min Supen an.
    Id sup Kallschal mit Jesus Christ,
    Wenn du, Düwel, ewig dörsten mußt. —

Gestern Abend war wieder thé dansant. Es war nicht so heiß und voll und viel hübscher als das letzte Mal. Ich tanzte natürlich nicht, außer den Contretanz mit Prinzeß, welche mich auch im

Cotillon holte. Sonst nur ein paar Touren mit den nettsten Damen. Mit dem Minister Lützow hatte ich eine lange und interessante Unterhaltung über Eisenbahnen und so weiter. Nach dem Souper ging ich noch eine Stunde allein spazieren; es war göttliches Wetter, lauwarm, heller Mondschein, und das Städtchen mit seinen Buchenwäldern nahm sich herrlich aus. Heute Abend sperren sie uns wieder ins Theater.

Den 14. Gleich fahren wir fort von hier, um noch am Strand zu baden. Gestern wurden die Hugenotten gegeben, aber nur schlecht, dann soupirt, hierauf Feuerwerk. So, nun weißt Du, wie ich in Doberan gelebt. Möchtest Du nun auch recht froh sein. Mache Dir keinen unnöthigen Kummer, sondern pflege Deine Gesundheit. Gott schütze und behüte Dich. Mit herzlicher Liebe Dein Helmuth.

*

Berlin, den 15. August 1843.

Da sitze ich nun in unserer Wohnung, liebes Herz, und sie kommt mir ohne Dich recht unheimlich und verlassen vor.

Gestern früh fuhren wir nach dem heiligen Damm und nahmen ein Seebad; dann sagten wir den guten freundlichen Herrschaften Lebewohl, frühstückten noch in Doberan und fuhren um elf Uhr ab und ohne Aufenthalt weiter. Als die Sonne heute aufging, erwachte ich bei dem Chausseehause auf der Straße nach Tegel, wohin wir das vorletzte Mal geritten sind, um halb sechs Uhr war ich hier. Berlin kommt mir jetzt recht abscheulich vor. Die Dürre der letzten zehn Tage hat alles ausgetrocknet, es ist windig, heiß und staubig, und ich bedaure, die schöne, kühle Seeluft und die grünen Buchenwälder und Wiesen nicht mehr vor mir zu haben. Mein Prinz ist gleich heute mit dem König nach Stettin, weil heute die Eisenbahn dorthin feierlich eröffnet wird. Um acht Uhr kommt er zurück, und werde ich wohl gleich mit nach Glienicke gehen, was mir sehr lieb ist, da es hier zu Hause so unerfreulich ist. Hoffentlich erfreust Du mich bald mit ausführlicher Nachricht von der Reise.

Gute Nacht, liebes, gutes Herz. Gott segne und behüte Dich. Tausend herzliche Grüße an alle Ihehoer verstehen sich von selbst. Dein ' Helmuth.

Berlin, den 18. August 1843.

Mein kleines Weibchen! Es ist mir schrecklich leer hier, da Du nicht da bist. Gottlob, daß ich keine drei Wochen noch hier auszuhalten habe. Prinzeß hat Dich kurz vor Deiner Abreise fahren sehen und behauptet, Du habest deliciös ausgesehen.

Den 19. Nachdem ich Dir gestern geschrieben, legte ich mich schlafen, denn ich war sehr müde. Ich schlief auch so fest, daß M. mit beiden Fäusten an die Thür ballern mußte, um mich eine halbe Stunde später wach zu kriegen. Es sei ein schreckliches Feuer, meinte sie. Anfangs wollte ich gar nicht aufstehen, aber ich erblickte bald das Walderseeische Haus im Purpurschein und taghell gelichtet. Das Feuer sollte auf dem Wilhelmsplatze sein, aber bald erfuhr man, das Opernhaus brenne. Ich zog mich rasch an und ging hin. In dem Augenblick, wo ich durch das Brandenburger Thor trat, erblickte ich die prachtvollste Illumination. Der Apoll, welcher auf dem vortretenden Peristyl des Opernhauses steht, war magisch hell erleuchtet, die Säulen der Treppe deutlich zu erkennen. Dahinter aber wirbelte die rothe Gluth empor. Schon diesseits der Friedrichstraße regneten dichte Funken, und man verspürte die Hitze. Am Ende der Linden war die Straße durch ein Piket Ulanen versperrt, und nur Militär und Spritzenleute erhielten Eingang. So waren der ganze schöne Platz vor der Universität, der Opernplatz und die Straße bei der katholischen Kirche frei gehalten, und die prachtvollen umgebenden Gebäude, das Palais des Prinzen von Preußen, Bibliothek, katholische Kirche, Schloß, Dom, Zeughaus, Universität und die Bäume in unbeschreiblicher Pracht erleuchtet. Inmitten loderte wie ein Vulkan das Opernhaus. Ich war bei Anfang des Balletts fortgegangen, irgend ein Funke mochte gezündet haben, und eine Stunde später war die Flamme ausgebrochen.

Dort, wo alles brennbar, war an ein Löschen gar nicht zu denken; man ließ ruhig fortbrennen und beschränkte die ganze Thätigkeit auf die Rettung der Umgebung. Namentlich sehr exponirt waren die Bibliothek und das Palais des Prinzen von Preußen. Die Prinzeß ist unwohl, und der Prinz saß an ihrem Bett, als das Feuer entdeckt wurde. Der Wind, welcher glücklicherweise nur schwach war, trug gerade dahin. Die Dächer wurden sogleich mit Militär und Spritzenleuten besetzt, welche es aber kaum vor Hitze aushalten konnten. Die genannten Gebäude wurden fortwährend bespritzt, und die große Dampfspritze schüttete Ströme von Wasser aus. Mit furchtbarem Getrach stürzte endlich der Dachstuhl des Opernhauses ein, und eine unendliche Flammensäule wirbelte empor. Darauf Nothgeschrei von allen Dächern, aber nirgends zündete es, und die Gefahr war vorüber. Durch die großen Fenster des Opernhauses sah man unterdeß ganz deutlich in das hell erleuchtete Innere des Gebäudes. Der große Saal hinter der Königlichen Loge war noch nicht eingestürzt. Vor zwei Stunden war ich dort noch auf und ab gegangen, weil er so kühl war. Jetzt war alles Gluth und Flammen. Ich blieb bis ein Uhr, aber die Flammen sind wohl heute noch nicht gelöscht.

Morgen bekomme ich doch gewiß einen Brief von Dir, ich sehne mich so darnach, mein liebes, liebes Mariechen. Ich habe doch nicht geglaubt, daß die Trennung von Dir mir so schwer werden würde.

Sonntag Mittag. Zu meiner Freude erhielt ich eben Dein Schreiben vom 17. d. Mts. Du hast wirklich eine rechte Geduldsprobe ausgehalten, bis Du die Deinigen wiedergesehen. Daß Du aber auf dem Dampfschiff kaltes, regnerisches Wetter hattest, setzt mich in Verwunderung, in Doberan war es köstlich an demselben Tage. Wohl wünsche ich mich um die Theestunde zu Euch hinüber, hier ist sie einsam genug. Zum Unglück muß mir nun noch das Opernhaus abbrennen, wo ich heute Abend die Hugenotten sehen wollte. Die Pferde bleiben meine einzige Ressource.

1843. Allein in Berlin. Schauspieler Döring.

Daß Du in Itzehoe reiten willst, ist mir ganz lieb, da ich weiß, wie viel Freude es Dir macht. Aber nicht jedes Pferd geht wie Dein Schimmel, bitte, nimm Dich ja in Acht. Was hast Du denn für ein Pferd und wo bekommst Du den Sattel her? Du darfst nie die Zügel so aus der Hand legen, wie bei dem Schimmel, das vergiß nicht. Uebrigens muß es ein Vergnügen sein, bei Itzehoe zu reiten. Herzliche Grüße an Alle.

Nun will ich nur schließen, damit dieser Brief heute noch fort geht. Adieu, liebes, gutes Weibchen. Pflege und erhole Dich und freue Dich der Deinigen.

Mit herzlicher Liebe Dein Helmuth.

Berlin, den 22. August 1843, Donnerstag Abend.

Lieb Weibchen! Ich gewöhne mich schon allmälig an meine Strohwittwerschaft und habe mich mit Macht zur Arbeit an den Feldzug von 1828 gesetzt. Heute saß ich acht Stunden ununterbrochen von sieben bis drei Uhr und habe einen ganzen Bog voll geschrieben.

Ich werde genöthigt sein, die Pferde schon am 1. oder 2. September vorauszuschicken. Der Schimmel wird dieser Tage Schuhe anziehen. Ich selbst fahre auf der Eisenbahn am 5. oder 6. nach Halle, wo ich die Pferde einhole und gleich nach Kösen gehe, dort die Nacht zu bleiben gedenke, um am Abend und Morgen noch ein lösliches Wellen- und Sturzbad zu nehmen. Tags darauf wollte ich in Erfurt eintreffen.

Wir haben hier einen fremden Schauspieler Döring, der ganz vortrefflich ist. Gestern sah ich den letzten Alt vom Kaufmann von Venedig, wo er den Shylock ganz meisterhaft gab. Uebermorgen spielt er Nathan den Weisen. Er ist besser noch, als Seidelmann war.

Donnerstag Mittag, den 24. Herzlichen Dank, mein liebes Herzchen, für Dein fleißiges Schreiben. Du hast mich freudig überrascht, ich erwartete kaum schon wieder einen Brief von Dir.

Doppelt froh war ich über den Inhalt, und daß Ihr alle so froh und heiter seid. Auch des alten Papas Zeilen scheinen mit fester Hand und guter Laune geschrieben.

Unsere Gedanken mögen sich manchmal begegnen, liebe Marie. Gott segne Dich, Du liebes, treffliches Herz. Morgen soll dieser Brief fort.   Truly yours Helmuth.

Berlin, Sonntag Abend, den 27. August 1843.

Heute Mittag, lieb Weibchen, nachdem ich den ganzen Morgen geschrieben, erhielt ich Deinen lieben Brief. Ich streckte mich gleich gemächlich auf die Chaiselongue und zündete eine Cigarre an, um so recht mit Genuß ihn zu lesen. Wie gerne wäre ich einmal einen Tag bei Dir in Itzehoe, aber so bald wird daraus nichts. Bis zum 27. September bin ich in Erfurt, dann gehe ich nicht erst nach Berlin zurück, sondern mit Wagen und Pferden nach Lüneburg zu den dortigen Manövern. In der ersten Woche des Oktober sind die zu Ende, und dann gehe ich nach Holstein, am liebsten nach Itzehoe, aber ich muß wirklich sehen, daß ich ein paar Bäder nehme, ich bin meinen Rheumatismus im Kreuz noch immer nicht los. Da Du kein Pferd in Itzehoe bekommen kannst, so muß ich wohl am Ende den Schimmel mitbringen. Am verständigsten wäre wohl, ich ginge drei Wochen nach Helgoland und käme dann gegen Ende Oktober zu Euch, aber ich habe Ludwig schon versprochen, dorthin*) zu kommen. Von der Rekognoszirung habe ich jetzt, wie ich mit dem Prinzen nach Doberan reiste, schon einen Theil gemacht, den Rest wollen wir auf der Rückreise über Schwerin zusammen fertig machen. — Ich versichere Dich, daß es mir gar nicht an Arbeit fehlt; jetzt, wo Weibchen nicht alle Nasen lang in mein Zimmer kommt, sitze ich sechs bis acht Stunden hinter einander weg und schreibe. Es schafft aber auch, und ich werde mit dem ersten Theil meines Buches fertig, ehe ich nach Erfurt reise.

---

*) nach Oehmarn.

Donnerstag Abend. Sei nicht böse, liebe Marie, daß ich Dir eigentlich recht lange nicht geschrieben habe. Aber jetzt, wo die Abreise vor der Thür ist, drängen sich die Geschäfte und Besorgungen. Zwar bleibe ich noch bis Mittwoch den 6. Aber die Pferde gehen Montag Mittag ab (ich muß früh noch zu den großen Cavallerie-Uebungen), da ist dann alles zu bedenken, was mit soll. Ich bin den ganzen Tag herumgetrabt und will heute Abend noch packen.

Ich will so gerne, ehe ich abreise, noch mit dem Feldzug fertig werden, arbeite jede Stunde, die ich frei habe, daran, auch hoffe ich, daß es gelingen wird.

Berlin, den 4. September, Montag abends. Endlich, Du liebes, gutes Herz, nachdem die dringendsten Geschäfte beseitigt, komme ich dazu, mich einmal wieder mit Dir zu unterhalten.

Ich war vorgestern beim König zur Tafel. Beim Nachhausefahren befahl mir der Prinz, sogleich mit ihm nach Frankfurt a. d. Oder zu reisen. Es war ein Viertel sechs, und um sechs Uhr ging der Extrazug des Königs ab, daher kaum so viel Zeit, ein paar Kleidungsstücke einzupacken und sich in die Droschke zu werfen. Unterwegs war mir Wilhelm begegnet, welcher harmlos umher schlenderte. Der Prinz ließ gleich halten, ihn aufpacken und uns nach Hause fahren. Auch kam ich eben noch im letzten Augenblick auf dem Bahnhof an. Ich stürzte auf Buddenbrock zu und fragte: „Ist's noch Zeit?" „Ja, es ist noch Zeit!" antwortete der König, welchen ich in der Hast gar nicht bemerkt hatte. In zwei Stunden fünf Minuten fuhren wir die elf und dreiviertel Meilen nach Frankfurt.*) Dort war alles illuminirt, und die Stadt seit fünf Jahren so verändert und verschönert, daß ich mich zuerst gar nicht zurecht finden konnte. Schöler und ich waren mit dem Prinzen in einem schönen Gasthof einquartiert. Durch dichte Menschenmassen und Truppenspaliere gingen wir zum König, wo die Feierlichkeit der Fahnen-Annagelung stattfand.

---

*) Moltkes frühere Garnison.

Vier Landwehrbataillone erhielten nämlich Fahnen. Der König, die Prinzen und die hohen Anwesenden schlugen jeder einen Nagel in den Schaft. Dann wurde soupirt, und darauf zog man sich zurück. Am folgenden Morgen ganz früh machte ich einen Spaziergang in die Umgegend, an welcher so manche Erinnerung eines langen früheren Aufenthaltes dort klebte. Um elf Uhr fuhr ich nach dem eine Meile entfernten Exerzirplatz, woselbst das ganze dritte Corps, fünfzehntausend Mann, im Carré stand. Dort wurde die Liturgie von Militärsängern abgesungen, dann Gottesdienst gehalten und zum Schluß die Fahnen den Truppen feierlichst übergeben. Hierauf Vorbeimarsch. Es staubte aber so fürchterlich, daß man fast nichts von den schönen Truppen sah. Einige Bataillone waren um drei Uhr morgens aus ihren Kantonnements aufgebrochen, sie kamen erst sieben Uhr abends nach Haus, waren also sechzehn Stunden unterm Gewehr. Wir Hofschranzen saßen hingegen um drei Uhr schon an reich besetzter Tafel. Ich fand eine Menge alter Regimentskameraden und Freunde, die aber meistens noch Lieutenants oder Kapitäns waren. Nachmittags gab die Stadt ein Fest in der Buschmühle, eine Meile von der Stadt, wo man eine schöne Aussicht hat über die Eichenwälder und Oberwiesen. Mit anbrechender Dunkelheit fuhren wir nach Hause. Musikkorps waren im Walde aufgestellt und Freudenfeuer in den Weinbergen angezündet. Darauf ging es in das neue, schön gebaute Theater, wo „das Gut Sternberg" recht gut gegeben wurde. Um neun Uhr war Zapfenstreich von zehn vereinigten Musikkorps mit Begleitung von dreihundert Trommeln. Dann Souper und endlich Ruhe. Heute früh schlenderte ich wieder auf bekannten Pfaden herum und fuhr um acht Uhr nach dem Schlachtfelde von Kunersdorf, wo Manöver war. Das dauerte bis eineinviertel Uhr; dann ging's, was die Pferde laufen konnten, nach Haus. Es wurde beim Könige bejenirt, dann zurückgefahren. Hier habe ich eine Menge Gänge und Briefe abgemacht. Jetzt bin ich herzlich müde und habe nur noch Lust,

Dir für Deinen lieben Brief vom 2. d. Mts. zu danken. Du gute Seele denkst treu an mich, und ich freue mich schon jetzt des Wiedersehens im Herbst. Daß Du so herumtollst, freut mich sehr. Die Zwangsjacke der Konvenienz wirst Du doch wieder bald anziehen müssen ... Ich denke, wir lassen's beim Alten, und glaube auch, daß es wohl, so Gott will, immer ganz gut bleiben wird. Die Flitterwochen und Monate sind vorüber, und ich habe mein kleines Weibchen viel lieber noch als vor der Hochzeit. Jetzt fallen mir die Augen zu. Uebermorgen früh reise ich ab. Du wirst den nächsten Brief aus Erfurt erhalten. Abieu, liebe, gute Seele. Dein alter Helmuth.

Kösen, den 7. September, Donnerstag Abend.

Du gutes, liebes, kleines Frauchen. Da sitz' ich nun im „muthigen Ritter", wo wir vor fünfviertel Jahren gerade auch waren, diesmal aber allein, und zwar gerade über dem Thorweg, wo der besagte Ritter auf einem wilden Roß oder tollen Hund einherrettet.

So eine Abreise ist ein abscheuliches Geschäft, das wirst Du letzthin auch empfunden haben. Es ist, als ob man an seinem gewohnten Aufenthalt mit tausend Fäden festgewachsen wäre, von denen nothwendig einige gelöst, die andern zerrissen werden müßten. Wie man auch alles vorbereitet, wenn es so weit ist, so finden sich noch tausend Dinge, welche zu besorgen, und, wenn man abgereist ist, ebenso viele, die vergessen sind. Doch auf dem Bahnhofe wird zum dritten Male geläutet, und nun ist's glücklicherweise zu allem zu spät. Wenn man nicht etwas übers Knie bricht, so kommt man in diesem Leben zu nichts. Die Tour von Berlin nach Halle kennst Du.

Ich fuhr, herzlich müde nach allem Besorgen und Rennen, um Mittag von Berlin fort. In meinem Coupé saßen nur ein Jude nebst Frau Jüdin; ich beobachtete daher ein geistreiches Stillschweigen bis Halle, auch passirte mir unterwegs nichts Merkwürdiges, außer daß mir, als ich vor Wittenberg zum ersten

Male den Kopf zum Wagen hinausstedte, meine Mütze hinweg flog. Meine Höflichkeit, stets Chapeau bas zu sein, kann auch in Köthen, wo man eine halbe Stunde auf dem Bahnhof warten muß, nicht unbemerkt geblieben sein. — In Halle, wo wir bald nach sieben Uhr eintrafen, fand ich Friedrich, dessen Hut ich aufsetzte, und ging nach dem Gasthof, wo ich ziemlich schlecht wohnte, aber fest schlief. Heute früh wartete ich bis neun Uhr, um zu sehen, ob die verwünschte Mütze nicht mit dem nächsten Zuge nachkäme, was ihr aber nicht eingefallen war. Ich machte einen Spaziergang nach dem Giebichenstein und dem prachtvollen, neuen Zuchthause. Dann fuhr ich ab. Dann ging es durch das schöne Thal mit hohen, bewaldeten Wänden über Schulpforta hieher nach Kösen, wo ich um drei Uhr eintraf. Das Wetter war köstlich, nicht zu warm und nicht zu kalt, wie denn überhaupt der September der schönste Monat von allen zwölf Geschwistern ist. Gleich nach der Ankunft nahm ich ein köstliches Wellenbad. Erst ließ ich mich mit Soole tüchtig beregnen, dann ging ich in den Strudel, welcher so stark ist, daß man sich mit beiden Händen kaum halten kann. Ich konnte mich gar nicht davon trennen und blieb sehr lange im Wasser. Dann aß ich mein Mittagbrot und ging gleich wieder hinaus. Ich weiß nicht, warum ich Dich das vorige Jahr auf das untere Gradirhaus geführt. Das obere liegt sehr viel höher, und man hat von dort eine prachtvolle Aussicht. Es ist an fünfhundert Schritte lang und siebenzig bis achtzig Fuß hoch. Dieselben Räder, welche die Wellenbäder in Bewegung setzen, heben die Salzsoole durch ein System von Pumpen sechshundert Fuß tief aus dem Schoß der Erde empor und treiben sie noch etwa zweihundert Fuß auf den obern Girst des Gradirhauses hinauf. Von hier träufelt sie tropfenweise von Zweig zu Zweig wieder herab. Die Soole zeigt an dem eingetauchten Meßinstrument, sowie sie oben ankommt, sechs Grad. Während des langsamen Falles entführt der Wind eine Menge Wassertheilchen, während das Salz von der Luft nicht absorbirt wird, und nachdem die Soole abermals hinaufgepumpt und so vier Mal bei ziemlich scharfem, trockenem Winde die Dornenbüsche passirt hat, zeigt das Instrument nur noch zweieinhalb Grad. Der Rest des Wassers wird dann bekanntlich durch Sieben entfernt, und das Salz bleibt kristallisirt im Kessel zurück.

Jährlich gewinnt man in Kösen allein 14 000 Last, jede Last zu zehn Tonnen à 204 Pfund, was nahe bei dreißig Millionen Pfund Salz ausmacht. Nun kann man, wie Du am besten weißt, mit einem Pfund manche Suppe salzen (zuweilen auch versalzen). Die Tonne kostet sieben Thaler, und ich wollte nur, da der Bruttoertrag 100 000 Pfund ist, wir hätten dies Bißchen Salz nur ein Jahr lang.

Ich habe einen Dornzweig abgepflückt, welcher fast fingerdick mit Salz inkrustirt ist. Dies ist aber schlechtes Salz, und die Dornbüsche müssen dann bald erneuert werden. Merkwürdig ist, daß die Lagen von Dornbüschen auf der Westseite nur sechs, auf der Ostseite zehn Jahre aushalten. Der Grund ist, weil immer nur auf der Windseite Soole herabgelassen wird und hier die Westwinde die vorherrschenden sind. Die Westseite wird daher so viel früher mit Kruste bedeckt und unbrauchbar.

Von dem Gradirhause schlenderte ich durch schönen Wald den Ruinen der alten Burg Rudelsburg zu. Diese alten Burgtrümmer haben einen eigenthümlichen Reiz, indem sie uns eine völlig vergangene Zeit und Zustände vors Auge führen, welche mit den unsrigen gar nicht mehr zu vergleichen sind:

Uhland sagt:

Wand'rer, wohl ziemt es Dir, zu schlafen unter Ruinen,
Schöner baust Du sie wohl träumend Dir auf.

Gewiß ist, daß unsere erlauchten Vorfahren in ihren Schlössern weit weniger comfortabel logirten als wir auf dem Potsdamer Platz Nr. 1. Mit einem großen Aufwand von Mauern, Thürmen, Zinnen und Brücken schützten sie einige enge, finstere Gemächer, und nur die Aussichten waren viel schöner als die unserer Häuser. Sollten nicht vielleicht nach tausend Jahren unsere Urenkel ebenso erstaunt auf unsere großen Festungen blicken und nicht begreifen können, wie man die Bewohner einer ganzen Stadt so eng und unheimlich einpferchen konnte, bloß um sie gegen die rohe Gewalt von außen her zu schirmen, die dann vielleicht ebenso gebrochen sein wird, wie jetzt die Lanze des Raubritters?

In solchen Gedanken schlenderte ich umher, bis die Sonne unter- und der Vollmond aufging. Es ist ein köstlicher, warmer Abend. Die vielen kleinen Winzerhäuser schimmern mit weißen Mauern von der gegenüberliegenden Bergwand klar herüber. Die endlose Ballenreihe des Saugewerkes ächzt einförmig unter den Fenstern, und die Saale braust über das Wehr. Ich will nun noch einen kurzen Gang ins Freie machen und dann die müden Glieder ruhn. Gute Nacht, Du liebes Herz, mit dem Gedanken an Dich werde ich einschlafen.

Erfurt, den 10. September. Vorgestern früh um halb sieben Uhr ließ ich Friedrich mit dem Wagen die steile Straße vom Thalrand von Kösen vorausfahren, ritt den Schimmel noch erst nach der Schmiede, weil er ein Eisen verloren hatte, und holte den Wagen dann bei Edartsberga ein. Es ist eine schlimme Straße, und das ewige Bergklettern und steile Herabfahren hatte den Schimmel so müde gemacht, daß ich in Weimar im russischen Hofe zu Mittag blieb. Die Sonne brannte, und erst gegen Abend wurde es kühler. Ich erreichte Erfurt um fünf Uhr und stieg in einem Gasthof auf dem Anger dicht bei der Post ab. Erfurt ist unglaublich weitläufig; das macht, es war früher eine freie Reichsstadt von 70 000 Einwohnern und hat jetzt nur 27 000. Es liegen große, ausgedehnte Gärten innerhalb der Mauern, wo man nicht ahnt, daß man sich in einer Festung befindet, in welcher gewöhnlich der Raum so überaus beengt ist.

Du glaubst gar nicht, was für hübsche Partien hier um Erfurt sind. Gestern nachmittag ging ich mit Major Reuß und Frau nach dem Steiger zum Kaffee. Wir wanderten zwischen lauter Gärten innerhalb der Stadt auf dem Dalbergs-Wege hin. Die Dalbergs sind ein berühmtes deutsches Geschlecht und

1843. In und um Erfurt.

hatten bei der Kaiserkrönung in Frankfurt, ich weiß nicht mehr, welche Funktion. Es wurde von dem Herold jedes Mal laut gerufen: „Ist kein Dalberg da?" Denn so lange einer war, durfte kein Anderer diese Auszeichnung genießen. Jetzt ist kein Dalberg, aber freilich auch kein römischer König und Kaiser mehr. Der letzte Dalberg war Koadjutor und Erzbischof von Mainz, und Erfurt gehörte zum Erzstift. Von diesem Dalberg rührt der hübsche Weg her. Durch eine kleine Ausfallspforte gelangt man ins Freie, oder vielmehr ins gelobte Land Gosen, nämlich ein Thal, welches in vielen Silberfäden durch das rauschende Wasser des treuen Brunnen durchzogen und befruchtet wird. Auf den hohen Beeten gedeihen die köstlichsten Küchengewächse, welche von hier bis Berlin und Frankfurt a. M. gehen, in den Furchen wuchert die berühmte Brunnenkresse, und über der Ernte, welche zweimal des Jahres gedeiht, reift eine neue von Obst aller Art. Ueberall rauscht das Wasser, und dies Thal des treuen Brunnens erinnerte mich lebhaft an die Lombardei und an einzelne Gegenden Kleinasiens. Dahinter erhebt sich die bewaldete Bergwand des Steigers mit hübschen Anlagen, welche sich bis zu dem schön gelegenen Dorfe Hochheim hinziehen.

Montag Abend. Gestern Nachmittag besah ich die Festung und verschiedene Merkwürdigkeiten dieser alten Stadt. Zunächst den Dom. Du erinnerst Dich gewiß der beiden schönen Kirchen an dem freien Platze, die eine die St. Severuskirche mit drei spitzen Thürmen neben einander, und dicht daran den alten Dom, welcher auf sehr gewölbtem Unterbau steht. Der Thurm ist uralt und noch in byzantinischem Stil erbaut, das Schiff aus neuerer Zeit, minder schön; aber ganz prachtvoll, namentlich im Innern, ist das hohe Chor mit den hohen Glasfenstern mit alten, gemalten Scheiben. Dort findet sich auch das Denkmal des Grafen von Gleichen. Die beiden Gleichen, zwei Burgen auf zwei ganz ähnlichen Spitzbergen, liegen eine Meile von hier, und die Grafen waren die mächtigsten Ritter in der Umgegend. Sie hatten ein besonderes Thor für sich, durch welches nur sie in die Stadt

ebntreiten burften. Einer der Grafen war mit Friedrich, dem
Rothbart, ins heilige Land gezogen, gerieth in die Gefangenschaft
eines türkischen Emirs und mußte in dessen Gärten schwere
Arbeit thun. Die schöne Tochter des Emirs verhalf ihm zur
Flucht, wogegen er sein Wort verpfändete, sie als seine Frau
mitzunehmen. Unglücklicherweise hatte er aber daheim auf dem
Gleichen schon eine Frau Gemahlin, die das sehr übel vermerken
konnte. Er kam indeß noch ziemlich gut davon, ging nach Rom,
wo der Papst (ausnahmsweise) ihm gestattete, in Anbetracht des
gegebenen Wortes und weil er seine Frau todt geglaubt, nun
beide zu behalten. Bis vor wenig Jahren zeigte man auf den
Gleichen eine dreischläfrige Bettstelle, und im Dom steht der Ritter
zwischen den beiden Frauen, die sich indeß etwas verdrießlich
anzusehen scheinen.

Außerhalb der gemauerten Terrasse, auf welcher der Dom
ruht, erblickt man noch einige Stufen einer Freitreppe, welche zu
einer Kanzel unter offenem Himmel führte. Dort hatte Tezel
den Ablaß gepredigt. Unter seinen Zuhörern nahte sich ein
Ritter, welcher Ablaß für schweres Geld für eine noch zu be-
gehende Todsünde kaufte. Als der würdige Pater gen Arnstadt
zieht, wird er von gewappneten Reisigen überfallen, welche ihm
seine ganze, wohlgefüllte Reiseschatulle abnehmen. Der Mönch
verflucht den Räuber in die allerunterste Hölle, dieser aber überreicht ihm den Ablaß, welchen er unlängst von ihm selber er-
handelt hat. — Aber sein Ablaßkram sollte eine ganz andere
Feuersbrunst anzünden. Vom Dom aus erblickt man den schönen
Thurm des Augustinerklosters, in welchem Doktor Martin, ein
unbekannter Mönch, bisher zurückgezogen gelebt. Von dessen
enger Zelle ging das Licht einer neuen Glaubenslehre aus, welche
der menschlichen Vernunft eine Stimme neben der Ueberlieferung
einräumte, aber freilich auch Deutschland, Frankreich, England
und Niederland in Flammen auflodern ließ, welche die Macht
des Kaisers brach, Flandern von Spanien trennte, ein englisches
Königsgeschlecht vertrieb, die Bartholomäusnacht hervorrief und

endlich durch den Westfälischen Frieden die Gestaltung von ganz Europa umwandelte. — Wir besahen den Petersberg und die Chrialsburg (ebenfalls ein altes Kloster, jetzt eine formidable Festung).

Ich wünsche Dich recht oft herbei, Du süßes Herz, um Dir die schöne Aussicht zu zeigen. Aber Du bist doch besser da in Itzehoe. Herzliche Grüße an Alle, und nun gute Nacht, gute Seele. Mit treuer, herzlicher Liebe der Deinige

Helmuth.

Erfurt, den 24. September 1843.

Du gute, liebe, kleine Frau. Gestern hatte ich die Freude, Deinen prächtigen Brief vom 18. September zu erhalten, ich sage Dir tausend Dank dafür. Heute Abend kommt der Prinz, und ich hoffe dann, wegen der Lüneburger Reise etwas Näheres zu erfahren.

Schlimme Nachrichten habe ich Dir aus Berlin zu schreiben. Friedrich hat einen Brief von seiner Frau Gemahlin, in welchem sie damit schließt, zu sagen: „Neues habe ich Dir, mein theurer Fritz, sonst nicht zu melden, außer daß gleich nach Eurer Abreise fünf Kerls in Majors Weinkeller eingebrochen sind. D.'s haben gleich zu Oelrichs geschickt, damit noch ein Unteroffizier dort (?) schlafen soll." Das ist alles, was ich bis jetzt weiß. Da man weiß, daß es fünf Kerls gewesen sind, so vermuthe ich fast, daß man sie ertappt und gestört hat. Vielleicht wird Schöler, welcher heute Abend mit dem Prinzen kommt, etwas von der Sache wissen.

Mir geht es sonst sehr gut. Wir manövriren tüchtig und haben in der Nacht vom 21. auf den 22. ein Biwak gehabt, wo die Truppen im Freien lagern. Als das vorhergehende Manöver zu Ende war, wurde abgekocht, und die Offiziere nahmen ein fröhliches Mahl in einem großen Zelte ein, wo tüchtig gezecht wurde. Nachdem es dunkel geworden, ließ der General eine Husarenschwadron aufsitzen, um die Feldwachen der Gegenpartei zu alarmiren. Da ihm mehrere Pferde lahm geworden

waren, so ritt er meinen Fuchs bei dieser Gelegenheit, ich den
zweiten Schimmel, da der erste furchtbar den Tag über hatte
laufen müssen. Wir kamen in einem tiefen Hohlwege einem
Wagen entgegen, der Fuchs scheut und führt den steilen, wohl
20 Fuß hohen Rand hinauf, das Erdreich weich, aber mit ein
paar kräftigen Sätzen ist er oben. Es sah halsbrechend aus,
und hätte das Thier nicht ein so ausgezeichnetes Hintertheil, oder
riß der Reiter es im Zügel, so mußte es überschlagen. Bald
darauf stieß man auf feindliche Kavallerieposten, sie rufen an,
die Feldwache feuert, wird aber übergeritten und zurückgesprengt,
und nun ging es in vollem Rennen auf die lodernden Wacht-
feuer zu, um welche gekocht, musizirt und getanzt wurde. Das
war nun ein heilloser Ritt, denn der Boden ist sehr steinig und
von tiefen Wasserrissen durchschnitten. An ein Anhalten war
nicht zu denken, denn die Husaren rasselten dicht hinterdrein.
Wir trafen glücklich die passirbarste Stelle des kleinen Gebirgs-
baches, welcher die Stellung des Gegners deckte; Schimmel
stolperte glücklich durch, und plötzlich standen wir mitten im
feindlichen Lager. Da entstand nun ein unbeschreibliches Getümmel, alle Trompeter bliesen zum Aufsitzen, die Trommeln
wirbelten, die Offiziere stürzten herbei, ohne zu wissen, was denn
eigentlich los wäre, und Alles griff zu den Waffen. Es setzte natürlich einige scharfe Rügen wegen der mangelhaften Aufstellung der
Vorposten, welche durch Infanterie nicht genug unterstützt gewesen
wären, und das Ganze gab ein hübsches Bild aus dem Kriegsleben.

Den 27. Auch Schöler wußte nichts Näheres über den
Einbruch, und da Niemand etwas geschrieben, so mag es wohl
nicht so viel geworden sein. Dagegen ist Dein schöner Schimmel
lahm. Er hat sich in dem steinigen Boden ein Stück oben aus
dem Huf gerissen. Der Kurschmied hält die Sache nicht für
gefährlich, auch soll bloß mit kaltem Wasser gekühlt werden.
Aber jedenfalls muß das Pferd acht bis zehn Tage stehen, und
so kann ich ihn doch nicht, wie ich wollte, Dir nach Itzehoe mitbringen. Ein Glück ist es noch, daß die Sache erst zum Schluß

der Manöver und hier passirte, wo Reuß das Pferd in seinen Stall nehmen und es verpflegen wird. Ich muß es dann später nach Berlin holen lassen.

Der Prinz ist gestern schon wieder zurück nach Berlin und reist erst den dritten k. Mts. auf dem „Prinzen Karl" zu Wasser nach Lüneburg. Abieu nun, liebes Herz, oder nun vielmehr bald auf Wiedersehen. Da ich hier keinen Brief mehr von Dir erhalten kann, so hoffe ich in Lüneburg Nachricht zu finden. Herzlich der Deinige   *   Helmuth.

Weimar, Belvedere, den 2. Juni 1844.

Liebe Marie. Wüßte ich Dich nur erst glücklich angekommen und sicher aufgehoben in Glückstadt oder Itzehoe. Du hast wohl schlimmes Wetter auf Deiner ersten allein ausgeführten Reise gehabt; in Magdeburg regnete es entsetzlich, aber schon am folgenden Tage klärte es sich auf, und der Brocken glänzte mit einer silbernen Schneedecke im Sonnenschein. Du wirst wohl fast die ganze Tour in der Kajüte haben aushalten müssen. War es sehr voll und wer empfing Dich in Hamburg? Hoffentlich bist Du am Donnerstag noch nach Glückstadt gekommen, wo Jeanette Dich erwartet haben wird.

Vor meiner Rückkehr nach Berlin werde ich keine Antwort auf meine Fragen erhalten können, ich will Dir daher einstweilen einige Nachricht von mir zugehen lassen.

Um halb zwölf hatte der Prinz noch die Vortragssachen zu unterschreiben, dann frühstückten wir ein Cotelett, fuhren noch zum Prinzen Albrecht heran und kamen dann rechtzeitig auf dem Bahnhof an. Mit Ausnahme eines Regentages haben wir das köstlichste Wetter gehabt, besonders reizend war der Tag, den wir nach beendetem Exerziten in Maisdorf am Fuße des Harzes beim Grafen Asseburg zubrachten. Die Lage dieser Herrschaft ist unbeschreiblich schön. Nach einem guten Diner ritten wir die grünen Wiesen des Selke-Thales hinauf ins Gebirge zur alten Burg Falkenstein, welche der Graf hat restauriren lassen, und in welcher er voriges Jahr drei Könige, die von Preußen, Sachsen und Hannover, beherbergt hat. Der Blick von der hohen Thurmwarte ist entzückend. Die steilen Bergwände sind mit dem prachtvollsten Buchenwald bestanden, tief im Thal braust die Selle unter den Rädern einer Papiermühle, und am Horizonte dehnt sich die reiche, fruchtbare Ebene wie ein blaues Meer aus. Die Thürme von Quedlinburg, zahllose Dorfschaften tauchen aus der weiten Fläche auf, und selbst der gewaltige Dom von Magdeburg ist bei einer Entfernung von sieben Meilen noch sichtbar. Hier erwachte in mir recht lebhaft der Wunsch, wer doch auch eine Scholle Land sein nennen könnte! Ganz zufrieden werde ich nicht eher sein. Dicht bei Maisdorf und nahe an der schönen Roßtrappe ist jetzt ein kleiner Besitz für nur 30 000 Thlr. zu erwerben unter ungemein guten Bedingungen. Die Lage kann nicht schöner gedacht werden. Hier würde ich mich ansiedeln, wenn ich so glücklich wäre, 15—20 000 Thaler disponibel zu haben. Ich würde darum den Abschied nicht nehmen, sondern noch einige Jahre fortdienen, da ich mit der Eisenbahn in einem Tage nach Berlin hinkommen kann.

Gestern Abend kamen wir hier an. Es war gegen neun Uhr, und wir mußten in unseren Ueberröcken zum Souper bleiben. Ich saß neben Ihrer Kaiserlichen Hoheit der Frau Großherzogin, welche die frappanteste Aehnlichkeit mit der Prinzeß von Preußen hat. Es ist aber hier im Gebirge noch so frisch, daß ein großes Feuer im Kamin lodert. Die jungen Herrschaften haben wir noch nicht gesehen. Sie residiren auf der Ellersburg, eineinhalb Stunden von hier. Jetzt ist der Morgen so einladend, daß ich einen Ausflug in die Parks machen will, zu welchem Zweck eine Droschke mit zwei großherzoglichen Hengsten schon vor der Thür steht.

Artern, den 6. Mein freundliches, kleines Weibchen! Das kleine Städtchen, von welchem ich Dir heute schreibe, wirst Du wohl kaum kennen. Es liegt mit seinen Salzwerken an der Unstrut, mitten in der „goldnen Aue". Auf der einen Seite ragt der alte Kyffhäuser, auf der andern die Sachsenburg empor, und die höchst fruchtbaren Auen sind von waldigem Gebirge umschlossen. Da wir heute Morgen erst um zehn Uhr ausfahren, so kann ich ein paar Zeilen an Dich schreiben.

Nach einem solennen Diner auf Belvedere fuhr ich mit dem Großherzog nach Ettersburg, wo der Thee und selbst saure Milch im Freien eingenommen wurden. Das vom Erbgroßherzog neu, aber ganz rokoko eingerichtete Jagdschloß liegt am Saume eines prächtigen Buchenwaldes sehr hoch, und wir sehen bei untergehender Sonne den Brocken und eine sehr weite Landschaft. Es fehlte nichts als zehn Grad Wärme mehr. — Erst in der Nacht um zwölf Uhr kamen wir nach Erfurt.

Am folgenden Tage exerzirten die Truppen. Dann gab der Prinz ein großes Diner, bei welchem das Merkwürdigste ein Fritassee von jungen Pfauen war. Forellen bekommen wir alle Tage. Abends war große Soirée bei General Hedemann. Gestern früh ging es nach Langensalza, wo die Kürassiere exerzirten, und nach dem Diner bei wunderschönem Wetter durch eine prachtvolle Gegend hierher.

Berlin, den 7. Wir kamen gestern von Halle auf der Eisenbahn nach Wittenberg, besichtigten dort die Truppen, fuhren bei großer Hitze und Staub per Extrapost nach Potsdam und von da per Dampf hierher, wo ich viertel sechs Uhr anlangte.

Hast Du denn die wunderschöne Mondfinsterniß am vorigen Freitag gesehen? Wir haben sie vom hohen Schlosse zu Merseburg beobachtet. — Ich fange schon an, mich recht nach Dir zu sehnen. Könnte ich doch auch in der schönen Ostsee baden, ich schmachte recht darnach. Helmuth.

*

Berlin, Sonntag Abend, den 9. Juni 1844.

Du liebe, gute, freundliche, kleine Frau. Heute, als ich im kühlen Halbdunkel der Zimmer auf und ab ging, war mir's immer, als müßtest Du aus einer der Thüren hervortreten oder

wärest hinter den Vorhängen versteckt. Mach, daß die sechs
Wochen alle werden, ich habe große Sehnsucht nach Dir.
Helmuth.

*

Berlin, den 15. Juni, Sonnabend, 1844.

Eben heute Morgen hatte ich meinen letzten Brief an Dich
abgeschickt, gute, liebe Marie, als ich den Deinigen aus Itzehoe erhielt.
Er hat mich wahrhaft gerührt. Wirklichen Grund zur Unruhe
giebt mir das heillose Wetter von gestern, wo Du gerade auf
der See gewesen bist, und herzlich wünsche ich, bald zu hören,
daß Ihr glücklich in den Apenrader Hafen eingelaufen seid.
Etwas Seekrankheit soll eine vortreffliche Vorkur zum Seebad
sein, und prächtigen Wellenschlag müßt Ihr heute haben. Hier
stürmt es furchtbar, den ganzen Tag mit abwechselnden Regen-
schauern, welche dennoch den entsetzlichen Staub nicht niederzu-
schlagen vermögen, der in dichten Wolken durch die Straßen
wirbelt. Selbst der Teich im Thiergarten wogt brandend wie ein
empörter Ocean, alle Goldfische sind seekrank geworden und die
nebenstehende Figur hat ihr diffiziles Gewand vollends ab-
schlüpfen lassen. Heute Nacht ist Neumond und zugleich eine
Sonnenfinsterniß für unsere Gegenfüßler in Neu-Seeland. Bei
uns ist sie wegen Dunkelheit der Nacht nicht sichtbar. Das mag
nun wohl der Grund sein, weshalb das Wetter sich so unsinnig
anstellt, und hoffentlich wird es morgen wieder schön.

Beinahe ist schon die halbe Trennung verflossen und das
Wiedersehen rückt immer näher. Ich hoffe, daß Du Dich recht
stärken sollst. Gute Nacht. Der Deinige   Helmuth.

*

Berlin, Mittwoch den 19. Juni 1844.

Mein liebes Herz. Zum Baden habt Ihr freilich schlechtes
Wetter. Nachdem der Sturm hier fast fünf Tage gewühlt, haben
wir heute endlich milden Regen, der sehr noth that. Das hat

sehr erfrischt und der Thiergarten ist in seiner ganzen Schönheit. — Wäre ich doch bei Euch, was wollte ich platschen. Wellenschlag muß wenig sein. — Bitte, bringe mir doch eine Handvoll recht hübscher Muscheln und Steine aus Apenrade mit. Vergiß es auch nicht. Du wirst sie hier zu etwas sehr hübsch brauchen können.

Der Prinz ist wieder gesund und hat heute den Vortrag hier angenommen. Der Chef ist noch nicht wieder zurück, und Sonnabend gehe ich zum Vortrag nach Glienicke. Heute haben die Pferderennen begonnen. Heute früh stürzte ein Husarenoffizier, Lieutenant Ribbeck, vor unserm Hause, er setzte sich wieder auf, fiel aber gleich darauf besinnungslos aufs Pflaster. Ich ließ ihn hier heraustragen. Die Stiefel mußten ihm aufgeschnitten werden, so war der Fuß gleich angeschwollen; dann fuhr er in einer Droschke nach Haus.

Es ist recht gut, daß Du jetzt nicht hier bist, Du hättest doch nichts von mir, ich sitze den ganzen Tag und schreibe. Wäre doch unter all den verwünschten Briefen, die ich heute erbrochen habe, einer von Dir gewesen. Da liegen wieder einige zwanzig neben mir, welche bis morgen expedirt sein wollen. Zum Lesen komme ich gar nicht.

Freitag den 21. — Ich bin auf dem Wege, Dir einen ebenso lamentablen Brief zu schreiben, wie Dein letzter an mich war. Weder gestern noch heute ist Nachricht von Dir eingegangen und doch mußtest Du nun schon acht Tage in Apenrade sein. Nun werde ich wohl noch bis Sonntag, dazu die beiden längsten Tage im Jahr, warten müssen. Hier will man eine Nachricht haben, daß ein großes englisches Dampfboot bei Helgoland gescheitert ist. Das ist nicht sehr beruhigend. Nun gehe ich traurig zu Bett und denke an Dich.

Sonntag den 23. — Tausend Dank, mein liebes Herz, für Deinen freundlichen Brief vom 17. und 19. des Monats. Deine schöne Schilderung von Apenrade macht mir das Herz recht schwer. Wie gern wäre ich da, badete in der schönen See und streifte in dem grünen Buchenwald umher. Aber es geht nicht. Schöler hat königlichen Urlaub, Fleiß ist krank, so bleiben nur Borcke und ich zur Arbeit. Der Chef ist heute gekommen, geht aber in einigen Tagen wieder fort. Der Prinz reiset an eben diesem Tage nach Italien ab, so daß ich auch nicht einmal nach Glienicke gehe. Ich muß schon hier aushalten und tröste mich damit, daß, ehe der Mond, der jetzt freundlich ins Zimmer scheint, wieder Neumond wird, Du mit Mama hier eintriffst. — Uebermorgen bist Du nun schon vier Wochen weg, kleine Frau, und bleibst wohl noch drei Wochen fort. Ich zähle die Tage, denn nachgerade wird mir diese Einsamkeit sehr lästig. Mein Hauptvergnügen, in der Abendkühle mit Dir spazieren zu reiten, fehlt mir sehr. Wo ich meine Seebäder herkriegen soll, weiß ich nicht, am Ende werde ich wohl noch nach Helgoland müssen. Wie schön wäre es, wenn ich jetzt die Kur in Apenrade abmachen könnte. Hätte ich doch eine Scholle Land und wäre mein eigener Herr! Tausend herzliche Grüße an Fritz, Betty und Guste. Adieu, liebes Herz, immer Dein treuer Helmuth.

Berlin, den 25. Juni 1844.

Du liebe, kleine Frau, mir ist heute Abend immer, als ob Du an mich dächtest. Heute bist Du nun vier Wochen fort von hier. Die 21 Bäder müßt Ihr in Apenrade nehmen, und da Ihr die ersten beiden Tage ausgesetzt, so werdet Ihr wohl bis Sonntag über acht Tage bleiben, dann rechne ich zwei Tage zur Rückreise, zwei (höchstens) in Itzehoe und zwei bis drei Tage hieher, so daß nach meiner Rechnung Ihr Sonntag den 14. spätestens in Berlin eintrefft. Bis dahin habe ich dann noch achtzehn Tage zu warten.

Heute lief Benutz*) mit, als ich ausritt. Er hat mich schon mehrmals begleitet. Ich begegnete aber Hohenlohe, und es mochte ihm zu scharf gehen. Er fand sich daher veranlaßt, umzubrehen,

---
*) Ein Hund.

und jetzt ist er fort und noch nicht wieder gekommen; es ist recht verdrießlich.

Donnerstag den 27. — Herzlichen Dank für Deine Blättchen vom 20. und 22.; sie zeigen mir, daß Du durch grüne Eichenwälder und wogende Kornfelder spazierst. Es muß gar hübsch sein in Apenrade. Schreib mir auch recht, was Ihr alle Tage macht, das interessirt mich sehr.

Aber wie könnt Ihr es verantworten, den Jungen nicht mit in die See zu nehmen? Seid Ihr bange, daß er gar zu gesund wird? Gerade in dem Alter stärkt das Seebad gewiß fürs ganze Leben. Aber Ihr habt wohl an dem einen Schreihals genug. Dein Hausmittel, Ernestine am Schreien zu hindern, indem Du sie unter Wasser hältst, ist bis zu einer gewissen Grenze in der Zeitausdehnung gewiß probat, bei konsequenter Durchführung wird sie vielleicht gänzlich verstummen. Wenn Dein Egerbrunnen nur die gute Badekur nicht verdirbt. Du mußt ja nicht kalt ins Seebad gehn, sondern möglichst warm, selbst transpirirend, wenn nur die Lunge nicht erhitzt ist. Deshalb kann man sich gar nicht schnell genug auskleiden. Daß Du so guten Appetit bekommst, ist das sicherste Zeichen, wie gut Dir das Bad bekommt. Ihr werdet den armen Fritz wohl ganz ausfouragiren. In Kopenhagen, als die „tydske Marie" noch bei ihm war, führte er eine vortreffliche Küche, und ich schmecke noch die kräftige Bouillon und die großen Kalbsbraten. Nach dem Baden kannst Du gern schlafen, aber womöglich vor Tische.

Die Herrschaften reisen nun Montag ab. Sonnabend gehen wir alle nach Glienicke heraus, es ist der erlauchte Geburtstag monseigneurs. Ich sollte dann eigentlich dort bis zur Abreise bleiben, aber da der Chef wieder fort geht, so bleibt Schöler die paar Tage noch zum Dienst draußen. Borde ist wieder hier, aber Kleist kann immer noch nicht wieder Dienst thun.

Benny paradirt heute in der Zeitung. Da er kein Eigentum, weder fahrendes noch liegendes (glücklicherweise), hinterläßt, welches nach der gesetzlichen Bestimmung wegen erster Desertion eingezogen werden soll, so wird er, falls er zur Haft gebracht werden sollte, nur mit einer entsprechenden körperlichen Züchtigung zu belegen sein.

Wem hast Du denn Deine Porzellansache geschenkt? Sind die Leute nicht außer sich über Deinen Kunstfleiß? Sophie nimmt jetzt Stunde mit Marie*) zusammen. Wenn Du zurückkommst, kannst Du verschiedene nützliche Vasen bemalen, welche Sprünge und Risse bekommen haben.

Nun will ich Dir auch noch einen sehr schwierigen, diplomatischen Auftrag übergeben. Sieh doch 'mal zu, ob es gar nicht möglich sein sollte, Fritz und Betty zu bewegen, daß sie auf längere Zeit einmal, aber im Herbst, oder wenn sie am besten können, zu uns nach Berlin kämen. Das wird freilich hard work sein, aber wenn Du Mama zur Hülfe nimmst, so zweifle ich nicht, daß Du eine Schnecke aus ihrem Haus und eine Auster überreden kannst, über die Linden spazieren zu gehen. Setze Betty 'mal recht scharf zu, Du kannst das vielleicht auch durch anhaltendes Untertauchen im Wasser bewirken. — Daß mir Mama nicht mit einer Visite von 14 Tagen ankommt! Vor allen Dingen nuschelt mir nicht lange in Itzehoe. Wißt Ihr denn gar nichts von Adolf?

O Himmel, ich kann nicht mehr. Adieu, Marie, damit Du nicht wieder an zu weinen fängst, schicke ich diesen Brief ab, obschon der Bogen erst halb voll ist. Dein für immer.

Helmuth.

*

Berlin, Sonnabend den 20. Juni 1844.

Meine liebe, süße Marie. Was für abscheuliches Wetter hast Du heute zum Baden und noch mehr zum Brunnentrinken. Wir haben hier nur neun Grad Wärme gehabt, und Du wirst wohl heute ausgesetzt haben. — Werde mir nur nicht krank.

Wir waren heute nach Glienicke zum Geburtstag des Prinzen. Der König, die Königin, kurz, die ganze Familie, groß und klein,

---

*) Tochter von Eduard Ballhorn.

kam zum déjeuner dînatoire. Prinz von Preußen erkundigte sich angelegentlich nach „der Türkin".

Prinz Friedrich wird eine Reise nach Kopenhagen machen, aber in wirklichem Inkognito. Er geht per Dampfschiff über Swinemünde. Prinz Adalbert macht eine große Reise über Griechenland, Aegypten nach Ostindien, vielleicht nach China. Criolla und Gröben werden ihn begleiten.

Ich lese jetzt mit größtem Interesse Consuelo und kann dabei nicht umhin, bei gänzlicher Verschiedenheit der äußeren Verhältnisse, was die Charaktere anbelangt, die größte Aehnlichkeit der Consuelo mit Dir zu finden; leider auch zwischen Anzeleto und mir. Ich bin neugierig, wie Du die Sache ansehen wirst, wenn Du das Buch lesen wirst. Ich bin zwar erst im ersten Band, aber diese gänzliche Erhabenheit über Eitelkeit, diese treue Anhänglichkeit, die feste Seelenstärke bei weicher Nachgiebigkeit ist ganz Dein Bild, und so glaube ich auch, daß Du, wirklich tief gekränkt und verletzt, gar nicht in Deiner Macht haben würdest, ein entschiedenes Unrecht zu verzeihen. Consuelo geht so schön den gerraden Weg, während Anzeleto nur zu sehr den Männern gleicht, welche das Leben in der Welt heran erzieht. — Fräulein Helwig zog heute eine Parallele zwischen Dir und — —, welche so recht meine Meinung war, ich war ganz stolz auf Dich. Gott schütze Dich, mein theures Herz, vor den Stürmen des Lebens; aber ich bin fest überzeugt, daß Du im Mißgeschick eine Größe des Charakters entwickeln würdest, die Du selbst nicht ahnst.

Dienstag den 2. Juli. — Sonntag war kein Brief angekommen, und ich hoffe nun auf morgen. Es ist hier immer noch kühl und regnig, und ich hoffe, daß der Thiergarten zu Deiner Ankunft noch grün statt grau sein wird. Nur für das Baden ist die Witternng schlimm. — Benny ist fort.

Consuelo sollte mit dem ersten Bande endigen und auch da das letzte Kapitel fortfallen. Nachher wird es ein gewöhnlicher Roman, in welchem nicht mehr die Charaktere, sondern wunderbare Begebenheiten das Interesse ausmachen.

Jetzt nachgerade kommt mir's vor, als ob Du eine Ewigkeit schon fort wärest. Nun wird es aber doch noch vielleicht viel länger als 14 Tage dauern. Am 13., nach Vaters Geburtstag hoffe ich, daß Ihr abreiset. Nur haltet Euch nicht länger in Itzehoe auf.

Berlin, Sonntag den 7. Juli 1844. — Gestern, mein liebes Frauchen, erhielt ich Deinen Brief Nr. 6 vom 2. des Monats, und Tags zuvor war meine Epistel hier abgegangen. Du wirst sie wohl am Montag oder Dienstag erhalten, und ich erwarte ungeduldig, was Ihr beschließen werdet. Ich muß Dir nur gleich sagen, daß zufolge eines Beschlusses der Hamburger die Plenarversammlung in Ludwigslust nun wohl schon auf morgen ausgeschrieben ist. Da heute auch Borde verreiset, so bin ich ganz allein hier und kann nicht daran denken, fortzureisen. Später aber die Reise nach Holstein auf drei oder vier Tage auf meine Kosten zu machen, das geht nicht, so daß ich nun jedenfalls schon hier ausdauern muß. Es wäre mir daher sehr lieb, wenn Ihr kämet, aber wie gesagt, auf 14 Tage oder drei Wochen lohnt es der beträchtlichen Kosten wegen nicht. Da Ihr die Kinder mit habt, zu was wollt Ihr denn in Itzehoe noch warten? Am besten ist's aber wohl, daß Du dann mit Mama wieder zurückgehst, sollte es denn auch 14 Tage früher sein, denn wenn Du vier Wochen hier in Berlin allein sitzen solltest, so glaube ich, würdest Du krank.

Das Schreiben gleich nach Tisch ist aber nicht gesund. Bekommt Dir denn das Brunnentrinken und bist Du noch bei gutem Appetit? Hier ist es fortwährend regnig und kalt. Des Morgens zu Deiner Badestunde haben wir selten mehr als zwölf Grad. Wie viel Bäder hast Du denn genommen? Ich hoffe, daß klein Ernestine die Feier ihres Geburtstages glücklich überstanden hat. Grüße Vater schön und sag ihm, ich ließe ihm auch für seinen freundlichen Brief danken.

Ueber Henry muß ich lachen, wenn ich ihn beim Baden in der See denke; er schnupft gewiß ganz verdrießlich. Ernestine höre ich bis hieher kehlen. Sag ihr nur, daß hier keine See ist, und daß wir alle Tage Schokolade trinken.

Da kommt die Briefmappe. Abieu, mein liebes Herz, leb recht wohl, und möchte das Briefschreiben bald ein Ende kriegen. Tausend herzliche Grüße an alle in Apenrade versammelten lieben Verwandten. Dein Helmuth.

*

Querfurt, Mittwoch den 11. September 1844.

Ich hoffe, liebe Marie, daß Du in diesem Augenblick recht ausgeruht von Deiner Reise Dich in Glückstadt erhebst und mit Jeanette Dein Frühstück einnimmst. Heute kommt gewiß auch Dein Papa mit den Kindern herüber, um Mama abzuholen. In einigen Tagen werde ich wohl Nachricht von Dir erhalten und hoffentlich lauter gute.

Heute haben die Truppen Ruhe, und ich kann Dir schreiben, wie es mir bisher ergangen. Nachdem wir am Sonntag sechs Uhr Abends in Halle auf dem Bahnhof angelangt, fuhren wir auf dem bereitstehenden prinzlichen Wagen nach Stopau, fanden dort das Offiziercorps der siebenten Division versammelt und ein vortreffliches Souper bereit. Das Quartier beim Bauern war freilich sehr schlecht, besonders kann ich mich noch nicht recht an die Betten gewöhnen, die aus zahllosen, centnerschweren Kissen von Hühnerfedern bestehen. Ich bin froh, daß ich meine Bettkücher mit habe, und schlafe unter der Pferdedecke.

Am Montag war Manöver. Das Rendezvous war eine und eine halbe Meile entfernt. Wir fuhren mit dem Prinzen in vierspännigem Omnibus mit Vorreitern. Die Pferde waren vorher hinausgeschickt. Schimmel ging vortrefflich. Es wurden Attacken durch ein Feld mit riesenhaften Weißkohlköpfen gemacht, aber er machte keinen falschen Tritt. Gestern Mittag war Diner beim Prinzen, wo jedoch nur die Generalität und die weimarischen Offiziere zugezogen waren. Diese sind sehr betreten über ein stattgehabtes Unglück. Einer unserer Leute ist nämlich durch eine weimarische Schützenabtheilung beim Tiraillieren erschossen worden. Gestern ist der arme Kerl gestorben und bei der Obduktion hat man einen Rehposten gefunden, der ihm durch die Lunge gegangen ist. Es war der Sohn eines reichen Branntweinhändlers aus Nordhausen; er fand sich in sein Schicksal, forderte seine Pfeife Tabak und bedauerte nur, daß er das Manöver nicht mehr werde mitmachen können. Ob nun diese Kugel absichtlich eingeladen, ist schwer zu ermitteln und kaum denkbar. Andernfalls ist es eine sträfliche Nachlässigkeit bei Anfertigung der Munition. — Nach dem Diner schoben Schöler, Borde, Hohenlohe und ich Kegel im Garten und begleiteten dann den Prinzen, welcher das alte Schloß und die Kapelle besah, die aus sehr alter Zeit stammen. Abends großes Ständchen bei Fackelschein von vier Musikkorps, dann Thee beim Prinzen. Hier ist mein Quartier sehr gut, reinlich und geräumig; nur die heillosen Federkissen und Deckbetten, zwischen welchen man liegt wie eine Sardelle zwischen zwei Butterschnitten.

Etopau, den 14. — Ich finde wenig Zeit zum Schreiben, liebe Marie. Alle Morgen Manöver, zu welchen wir im Omnibus mit dem Prinzen herausfahren, auf dem Rendezvous zu Pferde steigen und viel Staub schlucken.

Am Montag dem 23. ist große Parade, dann Déjeuner auf dem Bahnhof zu Halle; ist es möglich, so gehe ich dann denselben Abend noch mit der Bahn nach Magdeburg, am 24. mit dem Dampfschiff nach Hamburg und am 25. nach Glückstadt. Es ist aber leicht möglich, daß es sich bis zum 26. verzögert. Dann wollen wir zusammen nach Föhr. Dein Brief hat mich wahrhaft erfreut. Er ist eine Blume in dem wilden Gewühl.

Hier im Hauptquartier, welches zugleich das Hoflager des Königs ist, geht es ziemlich toll her. Heute trifft noch der König von Sachsen, übermorgen der König von Hannover ein. Unter den kleinen Fürsten ist auch der Herzog von Glücksburg. Eben haben wir ein großes Diner beim König in der Schärpe überstanden. Am 22. ist das große Fest, welches die Stände dem König im Schloß zu Merseburg geben. Adieu, liebes, süßes Herz, ich muß gleich wieder fort. Auf Wiedersehen. Herzlichst Dein

Helmuth.

1844. Verzögerung der Abreise.

Stopau, den 23. September 1844.

Liebe Marie, man sollte bei allen Vorsätzen wie die Türken inschallah! so Gott will, sagen. Reinstedt ist nicht verkauft. Asseburg versichert, daß ein vortrefflicher Handel zu machen sei, und daß er, wenn ich es nicht nehme, selbst kauft, und daß er mir das Gut, wenn es mir nicht gefällt, wieder abnimmt. Demnach will ich es wenigstens sehen und die Bedingungen des Eigenthümers hören, ohne mich an irgend etwas zu binden.

Unter diesen Umständen wird nun mein Eintreffen in Holstein um ein paar Tage verzögert werden. Nun wünsche ich nur, daß dieser Brief Dir bald zugehe, damit Du mich nicht vergeblich erwartest. Erst heute Nacht beim Ständefest in Merseburg, wo Graf Stolberg und Asseburg zugegen waren, habe ich die Nachricht über Reinstedt erhalten. Adieu, liebes, gutes Herz, ich muß gleich reiten, da heute große Parade ist. Der König von Hannover ist gestern Abend noch gekommen. Heute schließt das ganze Manöver. Bald mündlich mehr und für immer Dein

Helmuth.

(Habe den rothen Adler bekommen.)

*

Kiel, Sonnabend, den 5. Oktober 1844.

Es ist jetzt sechs ein viertel Uhr, mein süßes, liebes Herz, und ich hoffe, daß Ihr nun schon in dem gemüthlichen Saal bei einer Tasse Thee versammelt seid. Die Kinder werden noch nicht zu Bette sein und jubeln wohl noch herum. Nach meiner Rechnung seid Ihr vor vier Uhr in Wrist gewesen und auch vor sechs schon in Itzehoe.

Es wurde mir ordentlich leid, Dich wieder verlassen zu haben, mein liebes Herz, und ich hatte nicht hier im Gasthof aushalten können. Nachdem die weiße Dampfwolke hinter dem Viehburger Holz verschwunden, schlenderte ich über den langen Steg nach

Dorf Garden und so herum bis zum Sandkrug. Ich blieb auf der Wilhelminenhöhe und am Strand bis vier Uhr, wo Ihr in Eurem Wagen sitzen mußtet. Es fing an zu regnen, aber doch nur einzelne Schauer. Ich fuhr im Segelboot über und schlenderte dann bis jetzt die Wasserallee auf und ab. Als es sechs schlug, dachte ich mir, daß Ihr in Itzehoe wäret, und ging nach dem Gasthof, wo ich oben ein Zimmer in dem alten Haus bezogen habe, in welchem, wie der Kellner sagt, mein Papa gewohnt hat, als er das letzte Mal in Kiel war. Obwohl ich nun den ganzen Tag fast unaufhörlich herum gegangen bin und nicht zu Mittag gegessen habe, bin ich nicht im geringsten fatiguirt; ich glaube, es muß das köstliche Bad sein, was so kräftigt. Morgen hoffe ich noch eines zu nehmen.

Sonntag. — Guten Morgen, liebes, gutes Herz. Hast Du gut geschlafen? Möchtest Du wieder ganz wohl auf sein. Ich besuchte gestern Abend Hedemann und fand dort seinen Bruder, welcher eben aus Berlin kam.

Es heißt, der König und Prinz Karl kommen am 8. nach Kopenhagen. Wäre ich nicht auf Urlaub, so würde ich wahrscheinlich die Reise mit letzterem mitgemacht haben. Ich muß mich jetzt ganz intognito halten. Ich habe eben gebadet, ging dann nach dem schönen Fleck hinter der Baumschule jenseits Düsternbrook, wo wir vor drei Jahren als Brautleute waren. Ludwig war noch mit dort.

Ich versichere Dich, daß ich großes Heimweh jetzt schon nach Dir habe, schämte ich mich nicht, ich glaube, ich brächte diesen Brief selbst. Adieu, süßer Engel. Dein Helmuth.

*

Apenrade, den 12. Oktober 1844.

Liebe, gute Marie! Heute, an Bettys Geburtstage, traf ich hier ein und fand zugleich Dein freundliches Schreiben vor. Gottlob, daß Du ganz wieder wohl auf bist. Meine Reise hat

1814. In Kopenhagen. Stürmische Rückfahrt. 107

sich etwas verlängert. Die Ueberfahrt nach Kopenhagen war sehr gut. Am Montag um neun Uhr waren wir da. Wolf überraschte ich am Arbeitstisch. Er befindet sich wohl und ist denn nun Deputirter in der Kanzlei geworden. Seine Frau wird daher jetzt wohl schon in Glückstadt sein, um den Umzug zu besorgen. Bei Hegermann fand ich die alte, freundliche Aufnahme. Der alte 80jährige Mann fuhr sogleich mit mir nach Jägersborg zu seinem Sohn Cal. Den Tag der Ankunft mitgerechnet, bin ich acht Tage in Kopenhagen geblieben; alle Tage habe ich gebadet, obgleich das Wasser nur sechs, die Luft fünf Grad Wärme hatte. Das bekommt mir vortrefflich. Am Donnerstag gingen wir schon um fünf Uhr bei dichter Finsterniß und heftigem Wind an Bord der Karoline Amalie. Gleich beim Abfahren passirte ein Unglück. Der Wind warf das Schiff, ehe die Maschine recht anzog, an einen Pfahl. Die Treppe und das Langboot wurden zertrümmert, das eiserne Schiff aber hielt den Puff aus. Als wir über Dragoe hinaus waren, ging das Schaukeln an, und in der Kjögebucht und vor Möens Klint war die See so aufgeregt, daß wir nur mit Mühe und nach langsamer Fahrt durchkamen. Alle Passagiere, die nicht Seeleute, waren krank. Schon um drei Uhr mußten wir bei Laaland vor Anker gehen und den Morgen abwarten. Am Freitag hatte sich der Wind gelegt. Die Fahrt zwischen den Inseln hindurch ist sehr unterhaltend, und man hat immer Schutz; aber erst Abends sechs Uhr kamen wir nach Flensburg, und hier ließ ich mir Ruhe und fuhr heute Morgen erst per Extrapost nach Apenrade, eine abscheulich lange Tour. Ich habe versprechen müssen, bis Mittwoch zu bleiben. Donnerstag früh geht das Dampfschiff von Flensburg nach Kiel, und ich hoffe, mit dem Eisenbahnzug nach Wrist zu gehen und noch am selben Abend in Itzehoe zu sein. Bis dahin, liebes Herz, müssen wir uns gedulden. Ich sehne mich auch recht danach, wieder bei Dir und in Ruhe zu sein. Grüße Mama, Papa und die Kinder herzlich und behalte lieb Deinen Helmuth.

Erfurt, den 5. April 1845.

Liebe Marie! Ich kann den heutigen Tag nicht vorübergehen lassen, ohne Dir meinen herzlichen Glückwunsch zu schreiben. Möchtest Du ihn froh und zufrieden zubringen, und gebe Gott, daß Du ihn noch oft und glücklich verlebst. Gott erhalte Dich, mein treues, liebes Herz.

Ich habe treffliches Wetter zu meiner Reise gehabt. Das Wasser in der Elbe hatte eine Brücke bei Roßlau so untergraben, daß man es nicht wagte, mit Lokomotiven darüber zu fahren. Wir wurden daher nur herangeschoben, etwa 500 Passagiere stiegen aus und fanden jenseits einen Zug, der uns weiter beförderte, nachdem wir hinüber gegangen waren. Die Nacht blieben wir in Naumburg. Am folgenden Tage trafen wir schon um ein Uhr in Erfurt ein, wo die Lokalitäten, bis es dunkel wurde, in Augenschein genommen wurden. Heute um sechs Uhr ging ich in der Festung umher, um neun Uhr war Konferenz, in welcher wir freilich nicht weit gediehen, weil einige nöthige Vorlagen fehlten, und erst neue Ermittlungen vorgenommen werden mußten. Dann ging ich mit dem General Hedemann zur Parade und machte Besuche. Mittags war großes Diner bei Graf Keller, welches bis sechs Uhr dauerte. Ich ging dann nach dem Kasino, von wo ich jetzt neun Uhr zurückkam. — Unsere Anwesenheit hier wird sich bis wenigstens übermorgen, Montag, verlängern. Dienstag reise ich nach Halle. Wenn das Wasser fällt, so werde ich nach Riesa und Torgau gehen und wohl erst Mittwoch oder Donnerstag in Berlin eintreffen. — Adieu, mein liebes Herz. Ich bin so müde, daß ich kaum die Feder halten kann. Schlaf recht wohl. Herzlichst der Deine.

Helmuth.

Bozen, Mittwoch, den 15. Juli 1846, Nachmittags fünf Uhr.

Meine Briefe,*) die sich immer 24 Stunden nacheinander folgen, werden Dir, liebes Herz, freilich in sehr viel späteren Zwischenräumen zugehen. — Bis jetzt ist Alles ohne Unfall und sehr gut gegangen — unberufen. Um Mitternacht kam ich durch Verona an dem Due Torri vorbei. Die Thür war geschlossen, ich hätte gern 'mal nach dem Fuchs gesehen. Neptun nämlich steht gewiß noch da im Stall. In einem Café trank ich Eis-limonade. An der Veroneser Klause fing es an zu tagen, und nachdem ich mich mit einer Tasse Kaffee erquickt, fuhr sich's ganz rasch und angenehm das prächtige Thal hinauf. Durch Trient ging es um zehn Uhr Vormittags ohne Aufenthalt fort. Alle Wasserfälle sind vertrocknet, aber auf den höchsten Spitzen lag noch etwas Schnee. Hitze und Staub waren furchtbar. In Neumarkt trat der Postillon, ein stämmiger, hübscher Bursche, mit abgezogenem Hut an den Wagen und bedankte sich für sein Trinkgeld. Ich war in Deutschland, und ich kann sagen, daß mir das eine wahre Freude machte. Man wird ein besserer Mensch und traut auch Anderen wieder. Hier kam ich um halb fünf Uhr an und gönne mir die längste Rast auf dieser Reise, nämlich zwei Stunden. — Wie hat das geschmeckt: Forellen, Kotelette, Backhähnerl, Mehlspeise und ein moussirender Landwein. Ach, Du liebes Deutschland! Ich bin halb schlaftrunken, halb tipsy. — Die große Wohlthat: Waschen und Wechseln der Wäsche habe ich genossen. Adieu, gute Marie, Gott beschütze Dich, Dein armer Helmuth.

*

Sanssouci, den 20. Juli 1846.

All's well! Du siehst schon aus dem Datum, lieber Engel, daß ich meine Reise zurückgelegt habe, und zwar habe ich zu

---

*) Moltke reiste nach Berlin, um dem Könige die Nachricht von dem Ableben des Prinzen Heinrich zu überbringen.

derselben nur sieben Tage und sieben Stunden gebraucht. Mein Itineraire ist folgendes:

Sonntag, den 12. Juli 10 Uhr Vormittags Rom.
Montag, „ 13. „ 10 „ Siena.
„ „ 13. „ 6 „ Abends Florenz (Diner).
Dienstag, „ 14. „ 8 „ Morgens Bologna.
„ „ 14. „ 8 „ Abends Mantua.
Mittwoch, „ 15. „ 3 „ Morgens Verona
„ „ 15. „ 10 „ Morgens Trient.
„ „ 15. „ 4 „ Nachmittags Bozen (Diner).
„ „ 15. „ 9 „ Abends Meran 6stündige

Nachtruhe, fort um 3 Uhr Morgens.
Donnerstag, den 16. Juli 10 Uhr Vormittags Mel (Alpenübergang, Finstermünz, Diner eine Forelle).
Donnerstag, den 16. Juli 6 Uhr Abends Landeck.
Freitag, den 17. Juli 4 Uhr Morgens Füssen (Hohenschwangau)
„ „ 17. „ 4 „ Nachmittags Augsburg (per Eisenbahn nach Donauwörth).
Sonnabend, den 18. Juli 6 Uhr Morgens Nürnberg (Eisenbahn nach Lichtenfels. Mittag in Coburg).
Sonntag, den 19. Juli 9 Uhr Vormittags Weißenfels (Eisenbahn nach Berlin).
Sonntag, den 19. Juli 8 Uhr Abends Pfingstberg bei Potsdam, wo die königliche Familie unter sich den Abend, als am Sterbelage der hochseligen Königin, zubrachte und ich meine traurige Post bestellte.

Was nun die Reise betrifft, so ist es wirklich kein Spaß, sechs Nächte durchzufahren. Dabei habe ich weit mehr an der Kälte als an der Hitze gelitten. Bis Bozen war es warm, und bei dem Südwinde ein Staub, von dem Du Dir keinen Begriff machen kannst. Die Richtung des Windes trieb ihn immer mit dem Wagen. Bei Bozen stand ein Gewitter über dem Gebirge, welches sich denn auch, als ich nach Meran kam, mit Sturm, Hagel und Donner entlud. Man erklärte es für sehr bedenklich, in dieser Nacht den Alpenpaß zu überschreiten, und das bestimmte mich dann auch zu der Nachtruhe, welche ich mir gegönnt. Am folgenden Tag war die Scene verändert. Die verdorrten, glühenden Felsen mit frischer, feuchter Luft, rauschenden Bächen, unbeschreiblich grünen Wiesen mit dunkelgrünen Kastanien und Nußbäumen vertauscht. Auf den Gipfeln glänzte der Schnee, und prächtig erhob sich die Oertelsspitze. Meran vereint Alles, was man Schönes wünschen kann. Dort fällt kein Schnee mehr, und der Sommer dörrt nicht mehr aus. Weite Ebenen und hohe Berge, köstliches Grün, frische Wasser, alte Burgen und fröhliche Menschen. Dort möchte ich wohnen. Doch schnell genug ging es davon. Kurz vor Landeck, bis wo wir spazierten, fand ich die Straße von einer Steinschutte verschüttet. Indeß wurden die Pferde ausgespannt und der Wagen von Menschen herüber getragen. In dieser und der folgenden Nacht war es so kalt, daß ich gar nicht schlafen konnte. Mit den Eisenbahnen hatte ich Glück, so daß ich immer kurz vor ihrem Abgang ankam. Oft war die Reise sehr schön, oft auch sehr beschwerlich. — Der König, die Königin, Prinz Karl und alle übrigen Herrschaften nahmen mich sehr gnädig auf. Es ist mir ein Zimmer in Sanssouci angewiesen, und ich habe auf köstlicher, weicher Matratze und feinen Laken nach sieben Nächten zum ersten Mal recht köstlich ausgeschlafen. Um fünf Uhr war ich jedoch schon auf und fuhr nach Berlin, wo ich Oelrichs und Eduards besuchte. Alle fielen wie aus den Wolken, als sie mich sahen. Nun denke Dir, daß Deine Mama acht Tage bei Eduard gewohnt hat, Adolf abgewartet hat, der vier Tage später aus Kopenhagen eintraf und nur mit großer Mühe Urlaub erhalten hat. Sie sind am Freitag mit der Eisenbahn nach Altenburg abgereist, und wir sind am Sonnabend wahrscheinlich zwischen Lichtenfels und Bamberg aneinander vorüber gefahren. Welch Begegnen wäre es gewesen, hätten wir uns in den Dampfwagen erkannt und im nächsten Moment schon wieder aus dem Gesicht verloren.

Dienstag, den 22. — Der König ist heute früh nach Ischl mit Ihrer Majestät der Königin abgereist und hat mir befohlen, ihn hier zu erwarten. Seine Rückkehr ist auf den 1. August festgesetzt; ich werde aber in der Zwischenzeit wahrscheinlich nach Schlesien zum Prinzen Wilhelm in Erdmannsdorf gehen. Was sich bis jetzt übersehen läßt, ist folgendes. Die Leiche des Prinzen Heinrich wird nach Berlin gebracht und zwar auf dem Seewege um halb Europa herum. Der Adjutant wird sie begleiten. Wahrscheinlich wird die preußische Kriegskorvette Amazone beordert, den Sarg abzuholen. Es scheint mir weder zulässig noch wünschenswerth für Dich, diese Tour in der schlechten Jahreszeit mitzumachen; wie Deine Rückreise nun bewerkstelligt werden soll, übersehe ich noch nicht. Verliere aber den Muth nicht, liebe Marie. Die Hauptsache ist, daß alle Herrschaften sehr gnädig gegen mich sind, und meine Reise hierher kann nur von guten Folgen für uns sein. Alles wird sich machen. Wüßte ich Dich nur in Castell a mare, bei der Cousine Brockdorff. Spare keine Kosten, wenn Du auch zur Begleitung Jemand die Hin- und Rückreise vergüten mußt; nur sitz mir nicht alleine in dem traurigen Rom. — Ich wünschte wohl, ich bekäme hier noch einen Brief von Dir, da mein Aufenthalt sich nun doch bis in die ersten Tage des August verlängert. Im Uebrigen bin ich guten Muthes und glaube, daß sich Alles günstig für uns gestalten werd

Ich habe mich hier in Sanssouci gut ausgeruht.

Gestern Mittag bat sich der Prinz Karl vom König ausdrücklich aus, daß ich bei ihm speisen dürfe.

Ich denke, so den 10. oder 14. in Rom anzulangen, wenn der König mich nur bald entläßt. Bist Du dann in Castell a mare, so hole ich Dich dort ab. Vielleicht bleibt auch noch Zeit, einen kurzen Ausflug nach Sizilien zu machen, ehe die Amazone ankommt. Herzlich lebe wohl und auf Wiedersehen. Dein

Helmuth.

Fischbach, den 26. Juli 1846.

Du liebes, treues, gutes Herz. Wüßte ich Dich doch in Castell a mare, bei Lottchen Brockdorff in schöner Umgebung, guter Gesellschaft und fleißig die herrlichen Seebäder benützend. Es ängstigt mich, daß Du möglicherweise noch einsam in dem traurigen, glühenden Rom sein könntest. Meine Rathschläge kommen zu spät, sonst würde ich sagen, laß Dich nach Civita vecchia begleiten und geh von dort zur See. Aber ich hoffe, Du hast mit Deiner gewohnten Tüchtigkeit auch dies Mal alleine zu helfen gewußt.

Seit zwei Tagen bin ich hier beim Prinzen Wilhelm, welcher traurig und einsam mit Prinz Waldemar in dem sonst so fröhlichen, schönen Fischbach hauset. Nur der Hofmarschall Rochow ist noch hier. Ich habe aus meinem Fenster einen schönen Blick auf das Gebirge, die Schneekoppe mit der Annenkapelle. Einzelne Schneeflächen liegen noch an den Höhen. Uebrigens ist es hier ziemlich ebenso heiß wie in Italien, nur daß es Abends viel schneller abkühlt. Aber Alles ist grün und frisch, und der Sommer ist doch viel schöner hier als in Italien; der Winter freilich, da ist es anders. Heute waren wir in der Kirche und sind bei tüchtigem Regen zurückgekehrt. Morgen gehe ich nach Berlin zurück, um den König dort zu erwarten. Ich habe an Adolf und Guste nach Kissingen geschrieben und ihnen vorgeschlagen, daß ich sie dort mit meinem Wagen abholen und bis Genua bringen will. Dort lasse ich den Wagen und reise mit ihnen per Dampfschiff nach Rom, wo sie so lange bleiben (oder in Castell a mare), wie Adolfs Urlaub es gestattet, dann reisen sie mit Dir nach Genua und auf einem anderen Wege zurück nach Holstein. Ob sie darauf eingehen werden, weiß ich noch nicht. Freilich wird ihre Badekur dadurch auf drei Wochen beschränkt, denn in den ersten Tagen des August werde ich doch wohl expedirt werden. Mir würde das ungefähr 700 Thaler kosten, aber Du kämst dann auf die angenehmste Art zurück. Sonst wüßte ich auch gar nicht, wie ich es machen soll, denn die Reise zur See in der Aequinoktialzeit möchte ich nicht, daß Du machtest. Dann bliebe gar nichts übrig, als daß Du Dich der Cousine Brockdorff anschlössest.

Ich hoffe, daß Du meinen letzten Brief aus Berlin durch die Gesandtschaft erhalten hast.

Berlin, den 29. Juli 1846. — Dieser Monat Juli kommt mir vor wie ein Jahr, so viel ist in demselben passirt. Ich kann mir gar nicht denken, daß ich nur ungefähr 14 Tage von Rom fort bin. Gestern Abend bin ich von Schlesien hier wieder eingetroffen und bei Meinhardt abgestiegen; ich ging zu Eduard, wo ich auch Wilhelm traf und mit Allen zusammen nach Sommers Garten ging, und mich recht an Gungls Konzert erfreute. Wärst Du doch bei uns gewesen! Aber ich freue mich schon darauf, wie Du Dich freuen wirst, wieder hier zu sein. Es ist doch ein anderes Leben. Sehr erfreut war ich, bei Eduards Deinen Brief vom 15. zu finden, und noch bei Sommer wurde mir Dein zweites Schreiben vom 17. zugestellt. Meine Briefe von hier werden Dir durch die Güte der königlichen Gesandtschaft zugehen.

Sehr froh bin ich, Dich in Frascati bei der guten Mollère zu wissen, denen ich recht dankbar dafür bin. Du bist wirklich eine rechte Soldatenfrau. In jener Unglücksnacht hast Du doch Alles so gut gepackt, daß nicht das Kleinste vergessen worden ist.

Auch von Adolf und Mama habe ich gestern Briefe gehabt, aber noch nicht als Antwort auf meinen Vorschlag. Ich bezweifle aber sehr, daß sie ihn annehmen, denn erst am 23. d. Mts. haben sie ihre Kur angefangen, und Mitte September wollen sie zurück. Falls die Bollardsche Familie nach Deutschland reist, könntest Du Dich ihnen vielleicht anschließen. Indeß, das muß sich Alles finden, und es soll auf das Beste für Dich gesorgt werden.

Du hast aber Unrecht, mein liebes, gutes Herz, Dich über eine kurze Trennung so zu betrüben. Mir geht es sehr gut.

und die Aussichten auf die Zukunft sind die besten. Unsere pekuniären Verhältnisse machen mir keine Sorgen, und eine Reise nach Rom ist ein Vergnügen für mich. Jetzt, da ich Dich in Frascati weiß, bin ich ganz außer Sorge, außer daß ich weiß, daß Du Dir unnöthige Sorgen machst. Genieße doch den schönen Aufenthalt dort, bald genug wirst Du grauen Himmel und Sandfläche haben.

Der König kommt Sonnabend Abend, den 1. l. Mts. Es ist also möglich, daß ich schon in den ersten Tagen expedirt werde. Sehr wohl aber kann es sein, daß ich noch acht oder zehn Tage zurückgehalten werde. Jedenfalls brauche ich nicht wieder so zu jagen, sondern kann dann mit etwas Komfort und Genuß reisen. Sobald ich ankomme, fahre ich nach Frascati hinaus, und wir bleiben dann, sei es dort oder wo es uns gefällt, bis zur Ankunft der Amazone. Wie wir uns dann einrichten, läßt sich noch nicht übersehen, sei aber außer Sorge, es wird sich Alles gut gestalten.

Adieu, gute, liebe Seele.

*

Berlin, den 30. Juli, Donnerstag früh.

Guten Morgen, liebes, gutes Weibchen! Wie hast Du geschlafen oder wie schläfst Du wohl noch? Seit ich Dich in Frascati weiß, ist mir ein Stein vom Herzen. Schade nur, daß Du da nicht baden kannst.

Heute Vormittag will ich unter vielen Gängen mich auch etwas nach dem Fräulein Amazone erkundigen. Dem ministeriellen Erlaß zufolge soll sie am 1. August abgehen und am 10. Oktober schon zurück in Cuxhaven sein, was ich aber schier für unmöglich halte. Ginge dies an, so würde die Seereise noch ganz in der guten Jahreszeit abgemacht. In Cuxhaven soll der Sarg in ein Dampfschiff der Seehandlung überladen und dann mit Eskorte und Pomp die Elbe und Havel hinauf nach Berlin geführt werden.

Daß wir vorerst in Berlin bleiben, scheint mir wahrscheinlich, doch ist noch nichts darüber verfügt. Du sollst dann die ganze Einrichtung nach Deinem Geschmack machen. Oelrichs habe ich noch nicht wieder gesehen, will aber heute Abend zu ihm gehen. Er wird die Reise mit seiner Frau ausführen, uns aber wohl nicht mehr in Rom treffen. Ob noch Zeit sein wird, vor Ankunft der Amazone eine Reise zu machen, läßt sich noch nicht übersehen.

Adieu, gutes, liebes, treues Herz. Dein alter

Helmuth.

*

Civita vecchia, Sonnabend, 2½ Uhr.

Teure, liebe Marie! An wen könnte ich heute wohl denken als an Dich. Traurig, krank und allein mußt Du fort. Gott helfe Dir und Deiner eigenen Tüchtigkeit!

Als ich Dich verlassen, fand ich die anderen Herren noch vor dem Gasthof. Ich ging bei dem Gefängnißkastell vorbei bis ans Ende des Molo, stieg dort auf den runden, dicken Thurm und auf die oberste Zinne, so daß ich sehr sichtbar war. Du hattest Deinen Mantel umgehangen und das Schnupftuch vor den Augen und bemerktest mich wohl nicht, obschon Ihr einen Augenblick ziemlich dicht vorüberfuhrt. Leider schaukelte das Schiff doch recht, und noch immer sehe ich es am Horizont dampfen. Der Wind scheint es aufzuhalten. — Nun, gebe Gott, daß ich Dich glücklich an Land und bei Deiner Cousine geborgen wüßte. — Ich hoffe aber das Beste, denn Du wirst Dich selbst aufrichten, und hoffentlich soll der schöne Aufenthalt in Neapel Dich für die Trennung, die ja unvermeidlich war, entschädigen. Freuen wir uns darauf, wenn wir zusammen fröhlich, mit gut gefüllter Kasse die Rückreise antreten werden. So leicht soll uns nichts mehr scheiden.

Ich habe mir mein Essen bestellt und werde gegen Dunkelwerden an Bord gehen, um Besitz von meiner neuen Behausung zu ergreifen. Ich werde auch wohl etwas auszustehen haben, aber es wird schon gehen. Nur traurig, daß ich Dir keine Nachricht von mir geben und noch weniger welche von Dir erhalten kann. Gott schütze Dich, Du liebes, liebes Herz, und lohne Dir all das Glück, das ich Dir verdanke.

Mein guter Engel, benütze auch Deinen Aufenthalt, sowohl um zu lernen, als Dich zu erheitern. Nimm Stunden, mache Partien, und vor Allem mache Dir keine unnöthige Sorge um mich.

Nachmittag. — Weg ist mein süßes Weibchen! Und die Breite von ganz Europa muß uns trennen, bis ich Dich wieder aufsuchen kann. — Mein gutes Herzchen, es hat mir gar nicht so gut geschmeckt wie gestern, und Dir wird es noch weniger schmecken. Aber: „Es ist bestimmt in Gottes Rath", das Lied fiel mir ein, und ich tröste mich damit, es zu summen. Und ist es nicht ein Glück, wenn man sich betrübt, weil man sich trennt? Wäre es wohl nicht schlimmer, wenn man sich freute? Nein, freuen wollen wir uns beim Wiedersehen, und mache, daß ich Dich recht gesund und froh wieder finde.

Ein Gedanke läuft durch den ganzen dummen Brief, ich kann ihn in einem Worte wiedergeben. — Leb wohl, Du Herzensweib! Leb wohl und Gott segne Dich. Dein

Helmuth.

An Bord der Korvette Amazone, im Hafen von Civita vecchia.
Sonntag, den 20. September 1846.

Gestern Abend um sechs Uhr verließ ich nach einem Gang um die Festung den Gasthof Orlandi und ging an Bord. Das Wenige, was ich bedarf, war bald in meiner kleinen Kabine untergebracht; bis in die Dunkelheit ging ich auf dem Deck auf und ab, mit den Offizieren plaudernd. Abends trank ich meinen Thee mit dem Kapitän, welcher ihn trefflich bereitete, einen großen Danziger Käse vor uns stellte und mit der Kalkpfeife ein gemüthliches Gespräch einleitete. — Nach trefflicher Ruhe in dem etwas engen Bett stand ich schon um fünf Uhr auf, fand aber die Mannschaft mit dem Waschen des Decks beschäftigt, welches reinlicher ist als ein italienischer Speisetisch. Der Wind wehte stark, und der Lotse erklärte, daß, obwohl hier im Hafen SO., er draußen nicht allein heftig, sondern SW., also ganz ungünstig sei. So beschloß der Kapitän, die Abfahrt zu verschieben. Um acht Dejeuner: Thee, Eier, Spickgans, Butter, Zwieback. Besuch des Konsul Philippi. Ich zeichnete an meiner Karte bis Mittag. Parade der Mannschaft.

Sonntag Abend. — Liebe, gute Marie, der Wind war heute so stark und dabei ungünstig, daß wir nicht fortgekommen, sondern im Hafen geblieben sind. Eben proponirt mir der Kapitän einen Spaziergang ans Land, und ich eile, Dir diese Zeilen zu schreiben, damit Du Dich wegen des heftigen Sturmes nicht ängstigst. Meinen Brief von gestern, hoffe ich, hast Du erhalten. — Gebe Gott, daß Du über Nacht nicht zu viel ausgestanden, und daß Du jetzt wohlbehalten bei Cousine Brockdorff sitzest. Ich grüße Dich tausend Mal. Heute Nacht geht es wohl hinaus. Glück auf. Gott segne Dich. Helmuth.

N. S. Hier an Bord stellt sich Alles sehr gut. Ich lebe und esse mit dem Kapitän und finde gute Gesellschaft an den Offizieren.

*

In der Bucht von Cagliari auf Sardinien, Donnerstag, 24.

Wir hatten am Montag, den 21., um siebenviertel Uhr die Anker gelichtet und gingen bei scharfem SSO. in See, welcher jedoch gestattete, in dem Kurs auf die Südspitze von Sardinien zu steuern. Gegen Abend aber ging der Wind westlicher und wurde noch stärker, die See ging ziemlich hoch, die Lichter wurden auf dem Tisch festgebunden. Der Wind riß das Klüversegel mitten durch. Ich stand etwas aus, hielt mich aber doch und verschlief das Unwetter während der Nacht. Am Dienstag Morgen befanden wir uns unweit der Straße von St. Bonifacio zwischen Korsika und Sardinien. Da jedoch diese schwer zu passiren wegen des Westwindes, so steuerten wir bei scharfer Brise südlich und kamen gegen Abend bis nahe an die Südostspitze der letzteren Insel, Kap Bonifaclus. Ich verschlief ruhig die stürmische Nacht.

Am Mittwoch wenig Wind und unbeständig. Ich fühlte große Erleichterung und aß mit Appetit. Wir kamen aber nicht um Kap Carbonara herum. Schönes Meerleuchten. Heute Donnerstag wenig Wind und See. Das Befinden leidlich, doch nicht sehr angenehm. Wir kreuzten in der Bucht von Cagliari. Gestern las ich den Roland von Berlin, heute kann ich zur Noth schreiben, will aber doch lieber bald schließen. Die Witterung ist sehr mild, der Himmel bedeckt, der Wind östlich, das Meer tiefblau. Unbequem ist, daß man auf dem Lager immer hin und her gewälzt wird durch die Seitenschwankung des Schiffes.

Auf der Höhe von Algier, Sonntag, den 27. — Nun sind wir eine Woche unterwegs und haben doch nur erst ungefähr den halben Weg bis Gibraltar zurückgelegt. Das Wetter ist schön, des Morgens die Luft 17, das Wasser 18 Grad Réaumur, der Wind günstig, aber schwach. Dies war gestern sehr unangenehm, wo noch die Dünung von Norden kam, und das Schiff, welches gegen Westen liegt, in die heftigste Schwankung versetzte. Heute ist das Meer fast ganz eben, und ein schwacher OSO. treibt uns langsam vorwärts. Alle Segel sind bei, zehn auf dem großen Mast, nämlich Oberbram, Brams, Mar und große Segel, dabei die Leesegel zu beiden Seiten. Heute bin ich zwar ganz frei von Seekrankheit, aber sehr flau und matt, wie nach großer Fatigue.

Das Reisen zur See ist doch entweder langweilig oder scheußlich, je nachdem das Wetter schön oder schlecht ist. Ich kann noch zu keinem Entschluß kommen, ob ich von Gibraltar zu Land gehe, oder mit der Amazone fortfahre. Die Entfernung ist beinahe 400 Meilen zu Land, die Reise wird daher sehr eilig und theuer, und ich laufe doch Gefahr, später als das Schiff nach Cuxhaven zu kommen, was mir doch sehr unangenehm wäre. Andrerseits ist es eine traurige Perspektive, noch mehrere Wochen auf wahrscheinlich stürmischer See zuzubringen.

Liebe, gute Marie! Ich habe in den anliegenden Blättchen, so oft das Wetter es mir erlaubte, aufgezeichnet, was Interessantes mir unter Weges passirt. Aber es passirt eben nichts, als daß man sich in der Regel sehr unbehaglich fühlt. Im Ganzen aber haben wir gut Wetter, und ich kann dann wenigstens auf dem Verdeck liegen und lesen. Recht oft sind meine Gedanken übers Meer zu Dir geflogen. Wüßte ich nur, daß Du wohlbehalten in Neapel bist. Daß Du so allein dorthin gehen mußtest, macht mir doch recht viel Sorge, und dabei habe ich so gar keine Hoffnung, fürs erste Nachricht von Dir zu erhalten. Wenn wir nicht gerade scharfen Ostwind haben sollten, so denke ich, werden wir wohl in Gibraltar anlaufen, und ich will dann sehen, diesen Brief an Dich nach Neapel abzuschicken, da von Gibraltar zuweilen englische Dampfschiffe nach Italien abgehen. Hoffentlich hast Du Deine Adresse auf der Post abgegeben, da ich nur nach Villa Pausfaul in Capo di Monte adressiren kann. Zwei frühere Briefe aus Civita vecchia hast Du dann wohl auch erhalten.

Bis jetzt ist Alles leidlich gegangen, aber das Schlimmste steht bevor, und ich wünsche herzlich, ich wäre irgendwie in Curhaven angekommen. Dort rechne ich Briefe und, so Gott will, gute Nachricht von Dir vorzufinden. Recht unangenehm ist, daß ich gar nicht gewußt habe, daß die Offiziere sich an Bord selbst zu beköstigen haben, und daß ich auf diese Weise der Gast des Kapitäns bin. Von Gibraltar ab werde ich daher, wenn ich bleibe, entweder selbst Einkäufe machen oder mich in Pension geben. Der Kapitän gefällt mir sehr gut. Er ist ein gerader, tüchtiger Mann.

Zum Glück kann ich prächtig schlafen und verschlafe manches Schaukeln des Schiffes. Es segelt prächtig, und alle anderen Schiffe, die wir sehen, lassen wir bald hinter uns zurück. Wenn es aber stürmisch ist, so schlägt das Wasser auch vom Vorderende bis an den großen Mast.

Ich hoffe, daß Du recht schönes Wetter in Neapel hast und Ausflüge in die prächtige Umgegend machst. Genieße die Zeit, mein gutes, liebes Herz, und mache Dir keine unnöthige Sorge. Sehr begierig bin ich, von Dir zu erfahren, wie Du Dich eingerichtet haft. Das Schreiben wird mir doch sehr sauer, bis Gibraltar muß ein Entschluß gefaßt werden, und dann setze ich fort. God bless you.

Montag, den 28. — Gestern Abend kam eine frische Südostbrise herauf. Die See war fast ganz ruhig, und das Schiff lief 10 See- oder 2½ geographische Meilen die Stunde. Schöner Mondschein. Gestern spielte ich Schach mit dem Kapitän, welcher gut spielt. Zu Mittag tranken wir eine Flasche Champagner auf die Gesundheit unserer Strohwittwen. Heute Wind- und Meeresstille, wir laufen nur 3 Knoten, aber doch im Kurs. Ich hatte gehofft, heute schon die Ufer von Afrika und Spanien zu sehen. Das Wetter ist wundervoll.

Eine merkwürdige Equipage, unsre! Die Matrosen, welche mit dem Sextanten die Sonnenhöhen messen und mit Logarithmen rechnen. Alles geht ruhig ab, ohne Strafen, selten nur ein Verweis. Wir haben zwei Offiziere (Lieutenants), zwei Lehrer, den Verwalter, den Doktor, einen Bootsmann, zwei Quartiermeister und sechsundneunzig Matrosen, davon fünfzig Schüler. Nur zwei Kranke.

Mit dem Befinden geht es mir jetzt gut, obwohl schlechter Appetit und die Aussicht auf neue Leiden. So recht wohl ist mir doch nie auf der See.

Dienstag, den 6. Oktober, Rhede von Gibraltar. — Wir haben einige harte Stürme aus SW. gehabt. Die Amazone tanzte gewaltig, Flaschen und Gläser zerbrachen klirrend, die Suppenteller gingen auf der Diele spazieren. Ich mußte die Arme zu Hülfe nehmen, um nicht aus dem Lager zu fallen.

Auf einmal stürzte ein mehr als armdicker Wasserstrahl von oben in mein Bett. So strömte es wohl zwei bis drei Minuten fort, so daß ich gewiß dachte, das Schiff sei im Sinken. Die übrigen stürzten auf den gewaltigen Lärm herbei und suchten zu stopfen. Es fand sich, daß der Schiffsjunge das runde Glas,

welches als Fenster dient, ausgeschraubt hatte, und da die Sturzwellen über das ganze Deck gingen, so war diese Ueberfluthung
eingetreten. Das Wasser wurde einerweise aus meiner Kabine
geschöpft.

Am unleidlichsten war die Windstille, welche nach dem Sturme
folgte. Die See war gewaltig bewegt, und da das Schiff keine
Stütze mehr in den Segeln fand, so schwankte es so, daß man
glaubte, alle Masten würden brechen.

Der schönste Tag war gestern. Scharfer Wind und doch
ebenes Meer, da wir dicht unter den hohen Bergen von Granada
hinsegelten. Es war ein prächtiger Anblick, Malaga und andere
Städtchen und Dörfer passirten wir so nahe, daß man mit dem
Fernglas die Menschen sah.

Heute war beinahe Windstille. Dennoch erreichten wir den
Felsen von Gibraltar und kamen glücklich um denselben herum.
Aber seit Sonnenuntergang kreuzen wir, um die Rhede zu ge-
winnen.

Zehn Uhr Abends. — Noch kreuzen wir zwischen Algesiras
und Gibraltar hin und her, um die Rhede zu gewinnen. Ich
habe mich entschlossen, dort auszusteigen, denn ich stehe gar zu
sehr aus. Es ist mir schwer geworden, und wird mich vielleicht noch gereuen; aber ich bin so herabgekommen, als hätte ich
eine große Krankheit gehabt. Die See widersteht meiner Natur.
16 Tage bin ich nun an Bord, und sowie die See hoch geht,
bin ich eben so schwindlig wie am ersten Tage. Gott weiß,
ob in Spanien nun Diligencen und Posten sind; noch habe ich
nichts erfahren. Ich werde die Reise aufs Aeußerste beschleunigen
müssen, um noch zu rechter Zeit in Cuxhaven anzukommen. Sie
wird dennoch manches Interessante, aber auch manche Sorge bieten.

Du liebes, gutes Herz, Du bist mein Stern, an dem ich
mich aufrichte. Wie ungern ich auch Deine Thränen beim Abschied sah, so lieb sind sie mir in der Erinnerung. Manchmal,
wenn ich so recht hundeelend war, tröstete mich der Gedanke an
Dich und die Hoffnung, Dich froh wieder zu sehen, und die

Gewißheit, daß Du meiner in Liebe gedenkst. Gott erhalte Dich und schenke mir gute Nachricht von Dir.

Ich hoffe diese Zeilen per Dampfschiff an Dich zu befördern. Morgen werde ich hoffentlich an Land gehen können, das soll eine Wonne für mich sein.

Sollte ich nicht mehr Zeit finden, etwas hier zuzusetzen, so tausend herzlich Adieu, liebe, gute Engels-Marie. Dein treuer
Helmuth.

Gibraltar, den 7. Oktober, Mittwoch Vormittag. Es ist — doch merkwürdig, daß man die verwünschte See gar nicht vermeiden kann. Soeben bin ich debarkirt. Nun ist aber gar keine Landverbindung, und ich muß heut Abend wieder an Bord eines Dampfschiffs nach Cadix; von da geht es auf dem Guadalquivir nach Sevilla und Cordova, dann hoffentlich per Schnellpost nach Madrid. Arg wäre es, wenn dort eine Revolution ausgebrochen wäre; man fürchtet etwas wegen der am 4. stattgehabten Vermählung der Königin. Es wird aber wohl so schlimm nicht sein. — Gott sei Dank, daß ich am Lande bin. Gibraltar ist höchst interessant, und ich will mich jetzt in Bewegung setzen.

Cadix, den 8. Oktober. — Ich wollte dies Schreiben in Gibraltar abschicken, aber das Dampfschiff, welches nach Italien geht, ist leider schon fort, und da nun zu Lande die Briefe über Paris müssen, so kann ich es nur selbst mitnehmen. Du armes Herz wirst recht lange ohne Nachricht sein, ich freilich noch länger. Die Hoffnung muß uns Beide trösten.

Prächtig ist Gibraltar. Ein gewaltiger Felsen, 1400 Fuß hoch, erhebt sich einzeln aus dem Meere und hängt nur durch eine niedrige Landenge mit Europa zusammen. Von dem Telegraphen sieht man die Stadt und den Hafen tief unter sich; gegenüber, nur zwei Meilen entfernt, erhebt sich auf der afrikanischen Seite bei Ceuta ein ähnliches Gebirg. Man sieht weit in das atlantische und mittelländische Meer. Der Gouverneur, Sir Robert Wilson, begrüßte uns mit einem Royal salute von der hohen Batterie und gab mir Erlaubniß, alle Festungswerke zu sehen. Abends sechs Uhr ging ich mit dem prachtvollen Dampfer „The Queen" ab, sehr theuer, aber sehr gut, wie alles Englische. Es war ein herrlicher Abend, milde wie im schönsten Sommer. Der Mond ging hinter dem Leuchtthurm auf, und man fuhr wie auf einem breiten Fluß zwischen Europa und Afrika hin. Selbst das atlantische Meer war vollkommen ruhig. Vor Sonnenaufgang schon waren wir im Hafen von Cadix. Ich durchstreifte die Stadt; sie ist sehr hübsch und sauber. Die Straßen eng, aber reinlich, sonst aber ohne besondere Merkwürdigkeiten. Hübsch ist die Almada oder der öffentliche Spaziergang auf der Mauer am Meere, mit einigen dürftigen Bäumen besetzt. Von Vegetation sieht man hier fast ebenso wenig wie in Venedig. In Gibraltar war sie ganz afrikanisch, und alle Gärten voll Aloe, mit 20 Fuß hohen Blumenstengeln und Kaktus eingefriedigt, die voller Feigen saßen. Jetzt zehn Uhr Morgens bin ich an Bord des spanischen Dampfschiffes, welches den Guadalquivir befährt. Die Korvette wollte auch gestern Abend fort, aber es war ganz windstill, und heute Westwind, so daß sie kaum gegen den heftigen Strom ankommen kann. Ich kann nicht leugnen, ich wünsche ihr etwas Gegenwind, um Vorsprung zu gewinnen, denn sehr ungerne käme ich später als sie nach Cuxhaven. Bis jetzt geht Alles gut, mein liebes Weibchen. — God bless you.

Madrid, den 14. Oktober. — Gutes, liebes Herz, wie soll ich Dir Alles beschreiben, was ich gesehen habe. Ich war glücklich genug, gleich einen Platz auf der Diligence in Sevilla zu finden, während meine Mitreisenden acht Tage hatten warten müssen. Sevilla ist höchst interessant, die Bauart ist ganz maurisch. Man wohnt in den Höfen, in welchen aus Marmor-Fußböden Springbrunnen, mit Orangen und Palmen bedeckt, sprudeln. Ueber diesem Hofe befindet sich ein Dach von Weinlaub; unter den von schlanken Säulen getragenen Bogen befinden sich Sofas, Stühle, Spiegel und Gemälde. Es ist allerliebst. Auch in Cordova ist es noch ganz arabisch, besonders die Kathedrale, eine vormalige Moschee. Wir fuhren drei Nächte und vier Tage bis Madrid.

Hier kamen wir am Tage nach der Vermählung der Königin an. Von den gefürchteten Unruhen ist nichts zu sehen; doch waren die Straßen sehr mit Gendarmen besetzt. Madrid ist sehr schön, besonders das Schloß. Sehr angenehm und nützlich ist mir die Bekanntschaft eines Franzosen, der Spanisch spricht, und mit dem ich bis Paris reise. Ohne ihn wäre ich schlecht daran, denn Niemand versteht hier Französisch oder eine andere Sprache. Im Wirthshaus war kein Quartier mehr frei, und nur in einem Privathause fanden wir gestern Abend Unterkunft. Heute haben wir die ganze Stadt durchstreift, und ich komme eben aus einem Stiergefecht, wo wir die Königin und ihren Gemahl, die Infantin und die Herzoge von Montpensier und Aumale sahen. Wie Frauen diese Schlächterei mit ansehen mögen, weiß ich nicht. 20 Pferde blieben todt auf dem Platze und neun Stiere. Menschen wurden diesmal nicht getödtet, obschon sie oft unter dem Pferde und dem rasenden Stier lagen. Morgen um vier Uhr geht es weiter nach Bajonne. Gute Nacht, Du liebes Herz. Ich denke öfter an Dich, als ich schreiben kann.

Bajonne, den 18. Oktober. — Nachdem ich drei Nächte durchgefahren, kam ich heute Mittag hier an, muß aber gegen meinen Willen bis morgen hier bleiben. Die Reise war Anfangs sehr unangenehm, die Gegend öde und die Kälte bitterlich. Es ist doch ein unglaublich ödes Land. Je näher nach den Pyrenäen, desto interessanter wird es aber. Es gibt dort merkwürdige Gebirgsgegenden und eine schöne Aussicht aufs Meer. Heute schien die Sonne, und im Ganzen ist die Reise sehr glücklich gegangen. Wenn die verwünschte Amazone nur nicht schneller segelt als ich; das ängstigt mich zuweilen. Ich glaube zwar nicht. Es ist dieser Tage sehr stürmisch gewesen, und ich bin froh, auf festem Lande zu sein, obschon die Gefahr in einer spanischen Diligence größer ist als auf einer preußischen Korvette. Gestern bogen die vordersten Maulthiere, deren wir zehn vorspannten, aus und zogen die schwere

Diligence mit 21 Personen in einen Einspänner. Sie konnten uns ebenso leicht in einen Abgrund ziehen. Es war große Noth, den Riesenwagen wieder auf die Straße zu bringen, doch ging Alles gut ab.

Paris, den 21., Mittwoch. — Da bin ich nun in Paris, wir kamen gestern spät um elf Uhr an, fuhren an Notre Dame vorüber. Noch hab' ich weiter nichts gesehen, und vor Allem will ich jetzt diesen Brief auf die Post bringen. Heute Abend oder morgen früh geht's nach Köln, denn bei dem beständigen Westwind fürchte ich, daß die Amazone mich überholt. Bis jetzt ist Alles gut gegangen. Von Hamburg schreibe ich Dir sogleich, oder von Cuxhaven, wo, so Gott will, gute Nachrichten von Dir meiner warten. Von dreizehn habe ich jetzt acht Nächte durchgefahren, aber ich befinde mich sehr wohl. Gott segne Dich tausend Mal. Dein Helmuth.

*

Hamburg, Streits Hotel, den 27. Oktober.

Du liebes, gutes, süßes Herz! Hast Du mich auch noch lieb? Aus dem Datum ersiehst Du, daß ich meine Landreise von fast 400 Meilen in 18 Tagen zurückgelegt habe. Und nicht allein gesund und wohl bin ich hier gestern Morgen eingetroffen, sondern auch, was mir ein Stein vom Herzen ist, früher als die Amazone, von welcher noch gar keine Nachrichten sind. Ich fürchtete schon bei dem beständigen Süd- und Westwind, sie würde mich überholen, und bin zwölf Nächte durchgefahren. Selbst in Paris blieb ich nur einen Tag. Mit großer Spannung ging ich zu unserm Gesandten hier, denn es wäre mir sehr unlieb gewesen, wenn die Leiche des Prinzen schon nach Berlin abgeführt gewesen. Jetzt kann ich die Sache hier abwarten, habe aber dem Minister des Hauses gemeldet, daß ich in Gibraltar ausschiffte.

Leider habe ich nun noch keine Nachricht von Dir, liebe

Marie, habe aber nach Cuxhaven geschrieben, daß man mir Briefe, die für mich eingegangen, sofort hieher schickt.

Im Ganzen ist die Reise über alles Verhoffen schnell, glücklich und wohlfeil gewesen. In Paris, wo ich leider einen abscheulichen Regentag hatte, ging ich zu Herrn von Arnim, der unlängst seine Frau verloren hatte. Ich lief dann umher, sah die Tuileries, das Louvre, die Champs Elysées, Notre Dame, St. Madeleine, die Bazars, kurz, die Außenseite der gewaltigen Stadt. Es ist wahr, sie ist prachtvoll. Wie hätte ich gewünscht, Du könntest die Läden im Palais Royal mit mir sehen. Da ist Alles, was man nur nennen und wünschen kann. — Am 21., Abends, setzte ich mich in einen bequemen Eisenbahnwagen, war am folgenden Morgen in Brüssel und fuhr bei schönem Sonnenuntergang durch das herrliche Lüttich, das Thal von Chaude Fontaine durch 16 Tunnels, die wir vor vier Jahren im Bau begriffen sahen, über den 100 Fuß hohen Viadukt nach Aachen und war Abends um elf Uhr in Köln, so daß in wenig mehr als 24 Stunden weit über 100 Meilen für 3 Napoleons zurückgelegt wurden.

Von Köln an stockte die Beförderung. Die Posten nach Hamburg greifen nicht ineinander, und man fährt weit schlechter als in Frankreich. Den Vormittag, welchen ich in Köln bleiben mußte, wandte ich ganz dazu an, den Dom zu besehen. Es ist wirklich recht viel geschehen. Als wir diese Kirche zusammen besahen, konnte man sich gar kein Bild davon machen, wie die Sache eigentlich gemeint sei. Jetzt erheben sich schon die Seitenwände des Hauptschiffes und das durch eine Mauer vorläufig abgeschlossene Chor ist fertig und zum Gottesdienst eingeweiht. In weniger als drei Monaten habe ich jetzt den Stephan in Wien, den Dom zu Florenz, St. Peter in Rom, die Kathedrale von Sevilla, Notre Dame de Paris und den Kölner Dom gesehen, aber ich kann versichern, daß dies bloße Chor einen größeren Eindruck hervorbringt als eine der anderen Kirchen, welche doch die prachtvollsten der Welt sind. In zehn Jahren steht zu erwarten, daß das ganze Schiff der Kirche vollendet ist. Dann bleiben noch die beiden 535 Fuß hohen Thürme, 100 Fuß höher als irgend ein bis jetzt ausgeführtes Bauwerk, die ich wenigstens nicht mehr fertig sehen werde.

Von Köln ging's über Hagen und Soest, wo das gute Wirthshaus ist und Pumpernickel zum Kaffee gegeben wird, nach Minden und Hannover, dann per Eisenbahn nach Celle. Auch von Paris aus hatte ich das Glück, angenehme Gesellschaft zu finden, nämlich einen deutschen Kaufmann aus Petersburg. Mit diesen nahm ich Extrapost nach Harburg, konnte aber am Abend nicht mehr über die Elbe kommen.

Heute beim wunderschönsten Wetter ging ich nach Wandsbeck. Auf dem Kirchhof fand ich sogleich ein eisernes Kreuz mit der Inschrift: „Friedrich Philipp Victor von Moltke, königlich dänischer Generallieutenant, geboren den 12. Juli 1776, gestorben den 19. Ctober 1845. Ich habe Glauben gehalten." Ich bestellte beim Küster, daß eine Trauerweide und einige Blumen auf das Grab gepflanzt werden sollen. Es ist mit sechs Granitsteinen und einer Kette eingefaßt. — Das Haus ist jetzt eine Fruchthandlung. Ich ging hinten durch den Schloßgarten in das kleine Gärtchen, wo noch alle die kleinen Beete, die der alte Herr selbst gegraben, und die Bäume, die er gepflanzt, standen. Gott schenke ihm Frieden!

Morgen früh um acht Uhr will ich, wenn nicht heute spät noch Nachrichten aus Cuxhaven eingehen, mit der Eisenbahn nach Glückstadt und um vier Uhr zurück, so daß ich um sechs Uhr Abends wieder hier bin. Ich habe heute früh an Guste geschrieben und sie gebeten, mit Burt ebenfalls morgen Mittag zu Jeanette zu kommen. Es wäre hübsch, wenn ich meinen Geburtstag mit den lieben Verwandten zubringen könnte. Möchte ich dann doch auch gute Nachricht von Dir erfahren, liebes Herz. Deine verlassene Lage beim Ankommen in Neapel hat mir oft rechte Sorge gemacht. Aber ich denke, Du wirst Dich auch in einer etwas schwierigen Lage zu helfen gewußt haben. — Ich schließe nun für heute. Gott segne Dich, Du treue, liebe Seele.

Mittwoch, den 28. October, Hamburg. — Heute um zehn Uhr kam ich in Glückstadt an. Es war schöner Sonnenschein, und das Brockdorffsche Häuschen mit seiner Rebenbekleidung sah gar freundlich aus. Durch offene Thüren trat ich gerade ein. Jeanette saß in Cais Zimmer und arbeitete an einer hübschen Stickerei auf schwarzem Sammet, die kleine Ernestine stand daneben und besah Bilder. Cai war auf Jagd. Meine nächste Frage war nach Nachricht von Dir, sie hatte aber so wenig davon, daß sie vielmehr glaubte, ich brächte welche mit. Das macht mir nun allerdings Sorge. Denn wir hatten ja verabredet, daß Du gleich von Neapel aus nach Holstein schreiben sollest, weil man dort Dich auf der See glauben konnte, und bei den schrecklichen Stürmen dieses Herbstes mit Grund in großer Besorgniß um Dich war. Unsere Hoffnung, daß Mama Briefe von Dir haben könne, wurde ebenfalls getäuscht. Gebe Gott, daß ich nun von Curhaven Briefe von Dir bekomme. Die Briefe gehen 16 Tage.

Um ein Uhr kamen Burt, Mama und die Kinder. Jeanette fand ich blühend und gesund. Ihr Ernestinchen ist ein bißchen kümmerlich, dagegen die Jüngste, Sophie, bildhübsch und ebenso groß wie ihre ältere Schwester. Sie hat ganz Jeanettes schöne blaue Augen. Die Kinder sind in Apenrade herrlich gediehen. Ernestine ist allerliebst, hat einen ganzen Schopf Haare und eine zierliche Figur. Der Junge ist fast um einen Kopf gewachsen, sehr stark und fett und wirklich liebenswürdig, wenn er seiner kleinen Nichte Bilder erklärte und mit den dicken Fingerchen Klavier spielte. Die beiden Kinder trugen ein Quatre mains vor, ganz allerliebst.

Gleich nach dem Mittagessen um halb vier mußte ich fort. Brockdorff, Mama und Jeanette begleiteten mich bis Elmshorn, wo der Zug eine halbe Stunde anhält. Papa ging mit hierher, will aber morgen zurück. — Die Amazone ist nicht angekommen.

Hamburg, den 31. October 1846. — Tausend, tausend Dank, mein Herzensweibchen, für Deinen lieben, langen, ausführlichen Brief (beschlossen am 6. dieses Monats, also eben als wir nach

Gibraltar kamen). Jetzt ist mir eine große Sorge vom Herzen, und ich werde die guten Nachrichten nach Glückstadt und Itzehoe mittheilen. Es war doch sehr hübsch vom Kapitän, daß er Dich selbst hinbrachte. Comtesse Lottchen hatte Dich wohl nicht so bald erwartet. — Warst Du denn nicht recht elend seekrank an Bord? Es war doch tüchtig stürmisch. Ich wundere mich nur, daß Du dabei die Schönheit der Reise von Kap Misene an hast genießen können. Daß Du drauf ein tüchtiges Schläfchen machen würdest, dachte ich mir wohl, und die Seekrankheit mag zu Deiner Genesung auch wohl nützlicher als das homöopathische Kügelchen gewesen sein. Daß Du eine so schöne Wohnung auf Capo di Monte bis heute gehabt hast, freut mich recht. Mein liebes, gutes Herz, genieße das Gute, was Dir geboten wird, und freue Dich der schönen Natur und des schönen Himmels.

Hier ist es naß, trübe, kalt und stürmisch, die Sonne kann gar nicht mehr durch, nirgends so ein blaues Stückchen Himmel, und die Mücken, die Dich plagen, stechen uns nicht. Nimm Du nur recht oft einen Wagen und fahre nach Herzenslust umher nach dem Posilipp, der Margellina, dem schönen Campo santo, vergiß auch nicht nach Camaldoli zu reiten. Der Eintritt ist Euch zwar verwehrt, weil Ihr den frommen Vätern zu große Distraktions geben würdet, aber daneben soll ein Plätzchen eingerichtet sein für Damen, wo Ihr beinahe dieselbe wundervolle Aussicht habt. Das Kloster San Martino bleibt Euch leider verschlossen. Ich hoffe, daß Ihr das Projekt nach Sorrent ausführt. Steigt nur in der Cocumella, aber in der links, ab, wo der Balkon ist, und dann vergiß nicht, unten im Garten Orangen zu essen, die zwei Jahre am Stamm saßen. Es ist der Mühe werth, eigens um dieser Orangen willen hin zu reisen. — Dann aber, sofern die See ruhig ist, müßt Ihr auch nach Capri. Die blaue Grotte ist sehr merkwürdig, aber schön vor Allem ist der Palazzo Tiberio, wo man den 1000 Fuß hohen Absturz unter sich hat. Auch der Monte Solaro auf Capri ist sehr schön, und ich rathe, wenigstens die Treppenstufe bis zum Palast Barbarossa hinauf zu steigen. Dort pflücke ich im Dezember Narzissen. Ich freue mich übrigens, daß Dir Neapel so gefällt. Ja, es ist freilich etwas heiterer als Rom. Ich versichere Dich, ich möchte nicht wieder dahin. Noch leichter könnt Ihr die Tour nach Bajä und Kap Misene zu Lande ausführen, und das ist wunderschön. Zur Solfatara und dem Avernersee rathe ich weniger. Schade, daß Ihr nicht die so überaus hübsche und wohlfeile Wohnung in der Lucia nahmt. Im Winter ist die Gegend durchaus gesund, und man ist nahe bei Allem. Liegt nicht das Castell Uovo sehr merkwürdig? Ganz prächtig soll la Cava sein, unweit der Eisenbahn zwischen Castell a mare und Salerno. Ich kenne es nicht. Kannst Du nach Amalfi kommen, so versäume es ja nicht. Man verläßt die Eisenbahn, etwas ehe man nach Salerno kommt, und reitet dann auf einem paradiesischen Wege in etwa zwei Stunden dahin. Es ist mit das Schönste, was Du sehen kannst. Du schreibst nichts davon, daß der Vesuv Feuer und Lava auswirft, die Zeitungen sagen es. Ich hoffe, daß Ihr ihn besteigt, die Anstrengung ist gar so groß nicht, aber sie muß vorsichtig geschehen. Die Tour soll manchmal etwas unsicher sein.

Ich freue mich, daß Du das Zeichnen so eifrig fortsetzest. Das kleine Blättchen mit der Engelsburg und St. Peter fiel mir gleich in die Hände, es ist allerliebst und macht mir Freude als Erinnerung und weil es von Dir ist. Laß auch ja das Italienische nicht liegen, und wenn es möglich ist, so profitire etwas von der edlen Kochkunst.

Wundere Dich nicht, lieber Engel, über das Durcheinander dieses Briefes. Ich habe den Deinen durchgelesen, und so immer angeknüpft, wie es eben kam. Ich bitte Dich, auch fortzufahren, recht oft, was Dir begegnet, niederzuschreiben. Da ich mich Neapels lebhaft erinnere, so folge ich Dir in Gedanken leicht überall. — Gern hätte ich Dir bald meine Aufnahme in Berlin gemeldet, und ob man mir meine etwas eigenmächtige Landreise höchsten Ortes nicht übel vermerkt hat. Doch die schlimmste Befürchtung ist beseitigt, seit ich Dein Schreiben erhalten habe. Das Uebrige

wird sich auch schon machen. Von der Amazone ist nichts zu
hören und zu sehen. Bei dem Nebel und Ostwind kann sie auch
gar nicht kommen. Sie hat arge Stürme gehabt, und ich wünsche,
daß sie keine Havarie erlitten haben mag.

Wie lange ich in Berlin auf eine Entscheidung warten muß,
läßt sich gar nicht übersehen. Jammerschade ist, daß wir die
Rückreise in der schlechten Jahreszeit machen müssen; sie könnte
so schön sein. Es ist recht schlimm, daß ich, obwohl die Amazone
noch gar nicht signalisirt ist, mit Sicherheit keinen Tag abwesend
sein kann, sonst ginge ich so gerne nach Itzehoe. Das Dampfschiff der Seehandlung liegt schon seit 14 Tagen hier. Die
Korvette soll bis Blankenese heraufkommen, und dort die Um-
ladung in aller Stille geschehen. Dann bringe ich den Sarg
bis Bellevue, von wo er in feierlichem Zuge nach dem Dom
gebracht wird.

Doch nun will ich auch schließen. Adieu, Du gutes, liebes
Herz, bleib gesund, mach Dir keine Sorgen. Lebe nicht bloß
in der Zukunft, sondern genieße die Gegenwart, denn es ist wohl
werth, sich in Neapel zu freuen. Adieu, guter, lieber, süßer Engel.

Helmuth.

*

Berlin, Meinhardts Hotel, den 8. November 1846.

Liebe, gute Marie, noch weiß ich nicht, ob mein langer
Reisebrief, den ich von Paris unter dem 20. vorigen Monats
an Dich abschickte, in Deine lieben kleinen Hände gelangt ist.
Sodann sandte ich Dir einen ausführlichen Brief von Hamburg
aus unter dem 31. vorigen Monats ab, welcher hoffentlich um
die Mitte dieses Monats bei Dir eintreffen wird. In demselben
meldete ich Dir den richtigen Empfang Deines ersten Schreibens
aus Neapel. Uebrigens hatte ich mich in dem Datum meines
Geburtstages geirrt, und Du wußtest ihn besser als ich. Ich
glaubte ihn in Glückstadt verlebt zu haben, statt dessen war ich
an dem Geburtstage gerade in Hamburg eingetroffen.

Gleich nach Empfang Deines Briefes vom 6. fuhr ich per Eisenbahn nach Horst und mit einem Gutsbesitzer in einem vierspännigen Wagen sehr angenehm nach Kelmisch bis dicht vor Legersdorf. Es war der schönste Sonnenschein, den man hier im trüben Norden haben kann, und mit großem Vergnügen wanderte ich durch den schönen Tannenwald über Breitenburg durch das Holz nach Itzehoe, wo ich um zwölf Uhr ankam. Der alte Squire*) saß alleine an seinem Lieblingsplatz hinter dem Frühstückstisch, die Cigarre im Munde, die Augen an die Decke geheftet. — Mama war oben mit Eleonore Brockdorff,**) sie hatte eben einen Brief von Dir erhalten, und wir tauschten unsere Nachrichten gegenseitig aus. Ich erfuhr Eure Besteigung des Vesuvs und freute mich recht, daß Du den schönen Aufenthalt in Neapel benutzest und genießest. Die Kinder sind noch viel allerliebster geworden als früher, besonders der Junge, ich kann Dir nicht helfen, ist unvergleichlich. Kräftig, groß, artig und lustig. Nach Tische fuhr ich über Krempe nach Glückstadt. Mit einer Portion Kremper Kringel für die kleine Ernestine kam ich Abends an und blieb die Nacht in Glückstadt bei Cais. Jeanette ist allerliebst und blüht wie eine Rose. Als ich aber am folgenden Morgen nach Hamburg zurückkehrte, fand ich die Nachricht vor, daß die Amazone endlich in Cuxhaven eingetroffen war. Den 4. früh sechs Uhr fuhr ich nach dem Grasbrook, wo der Dampfer „Prinz Karl" helle Dampfwolken in die kalte Luft wirbelte, dort war auch der Vizekonsul Stegmann. Wir fuhren ab, mußten wegen dichten Nebels eine Viertelstunde bei Flottbeck vor Anker gehen, fuhren dann an Glückstadt vorüber bis Brockdorf, wo wir die Korvette vor Anker fanden. Nachdem wir uns Bord an Bord gelegt, sprang ich hinüber und wurde von der ganzen Besatzung freundlichst begrüßt. — Die Korvette hatte eine abscheuliche Reise gehabt. Sie war über 100 Meilen westlich von Gibraltar ins atlantische

---

*) Der Vater von Frau v. Moltke.
**) Die Schwester der in Neapel anwesenden Comtesse Brockdorff.

Meer hinausgefahren, ehe sie Westwind fand; dann hatte sie auf der Höhe von Kap Finisterre einen furchtbaren Sturm zu bestehen. Während vier Tagen mußten alle Luken geschlossen bleiben, wo es dann unten stockfinster ist, aber oben kann man nicht sein, weil die Wellen über das ganze Deck fortgehen. Kaum hatte man Feuer zum Kochen anlegen können. Oefen aber giebt es gar nicht an Bord. Die Offiziere versicherten mir, daß sie selbst tüchtig ausgestanden. Während zwei Tagen waren sie dann zurückgetrieben. Im Kanal ging das Schiff wegen schlimmen Wetters eine Nacht auf der Außenrhede von Dover vor Anker, was auch bei hoher See ein schlechtes Vergnügen, bei welcher Gelegenheit ein Bett in Streits Hotel bei weitem vorzuziehen ist. Ein Mann war unterwegs gestorben und versenkt worden.

Der Sarg wurde in kurzer Frist übergeladen, wir tranken in Champagner auf glückliche Fahrt und dampften ab, während die Korvette den Prinzen mit 21 Minutschüssen salutirte. Dann entfaltete sie ihre Segel und eilte, den Ostwind zu benutzen, da ihr noch eine schlimme Reise bevorsteht. Wir waren hingegen um vier Uhr schon wieder am Grasbrook und eilten bei Vollmondschein den Strom aufwärts. Schon am folgenden Morgen trafen wir bei Wittenberge ein. Dort nahm ich den Lieutenant v. Plöß mit 20 Mann des ersten Garderegiments an Bord, welche seit acht Tagen und auf meine erste Anzeige von Hamburg aus dorthin geschickt worden waren. Die Leute hatten am Tage vorher umquartiert werden müssen, weil die Bewohner, welche keine Einquartierung bekommen hatten, sich deshalb beschwerten. Es wurden nun zwei Posten im Paradeanzug neben den Sarg gestellt, welcher auf dem Verdeck stand und mit einer Flagge eingedeckt war. Am folgenden Tage bei Sonnenaufgang passirten wir durch die Potsdamer Brücke, dann durch Spandau, Charlottenburg, Moabit nach Bellevue. Ich begab mich sogleich zu Fürst Wittgenstein und Hofmarschall Graf Keller, dann nach Sanssouci zum König, wo ich dinirte. Mein Empfang war überall gut. Abends in der Dunkelheit wurde nun der bleierne in einen Paradesarg von

Mahagoni mit großem Johanniterkreuz gesenkt und auf einen schwarz ausgeschlagenen, sechsspännigen Wagen gestellt. Um elf Uhr setzte sich der Zug in Bewegung. Voraus ein Zug Garde du Corps und der Kommandant mit seinem Stabe, dann ich in einem vierspännigen Trauerwagen, hierauf der Stallmeister, dann der Leichenwagen. Die Dienerschaft folgte zu Fuß. Erst gegen Mitternacht langten wir in dem schwarz ausgeschlagenen Dom an, wo der Sarg dem Domvorstande feierlich übergeben wurde. Gestern am Sonnabend fand die feierliche Beisetzung statt. Neben dem Sarg auf einer Estrade standen sechs große Kandelaber mit Wachslichtern und sechs Tabourets, auf welchen die Orden und Insignien lagen. Ich stand hinter der Reihe des Schwarzen Adlerordens, Graf Knyphausen von den Husaren, Graf Bredow und Major von Derenthal von der Garde du Corps, Graf Schlippenbach von den Ulanen hinter den übrigen. Sämmtliche in Berlin anwesenden Johanniter-Ritter standen zu beiden Seiten am Fuß der Estrade, hinter dem Sarge eine Deputation des dritten Regiments (Prinz Heinrich). Es dauerte fast eine Stunde, bis der Hof von der Eisenbahn kam, und mir wurde so flau, daß ich in der Stille ein Glas Wasser trinken mußte und Gott dankte, daß während der Feier Alles gut abging. Ich weiß nicht, war es die Anstrengung der Reise, der ungewohnte Anzug, der starke Kaffee oder was, aber ich hatte solches Herzklopfen, daß ich glaubte, ich müßte umfallen. Indeß ging Alles gut. Es wurde eine Liturgie wundervoll gesungen, dann das Gebet und der Segen gesprochen, wobei neun Infanteriesalven und 27 Kanonenschüsse erdröhnten. Dann verließen die Anwesenden den Dom. Der Sarg wurde nun auf eine Versenkung auf dem Fußboden des Domes geschafft und in die Gruft herabgelassen. Es ist Sitte, daß der Adjutant dabei die rechte Hand auf den Sarg legt und mit hinabsteigt. Dies ging auch ohne alle Störung von statten und bald darauf gelangten wir wieder ans Tageslicht. Zu Mittag mußte ich zur Tafel nach Sanssouci.

So weit bin ich nun gekommen, was aber weiter wird, weiß ich nicht. Der König reist heute (bei trübem Regenwetter) auf die Jagd nach Quedlinburg (dicht bei Reinstedt am Harz) und nach Letzlingen und bleibt acht Tage weg. General Krausened empfing mich sehr gut. Besonders freundlich war General Dieß, der mich dem Grafen Stolberg zur Protektion empfahl. Wir müssen nun Geduld haben, es ist jetzt nicht der Augenblick, um Berlin zu verlassen, denn les absents ont tort. Von meiner Landreise hat mir Niemand gesprochen. Dieß will, daß ich Flügeladjutant werde, General Krausened mich im Generalstabe behalten. Ich habe ihn noch nicht gesprochen, überhaupt noch fast Niemand, da ich beständig im Dienste war. Daß ich zum Könige komme, glaube ich nicht recht, weil er es mir dann wohl gestern gesagt hätte.

*

Dienstag, den 10. November.

Guten Morgen, Mein Weibchen. Ich will nun vor Allem Deinen lieben Brief vom 9. vorigen Monats beantworten. Die kleine Krokusblume hat zwar keinen Geruch, aber doch ihre freundlichen Farben bewahrt und lächelt mir den südlichen Frühling hier in unsere kalten Nebel herein. Es ist mir ein angenehmer Gedanke, daß die warme Sonne Dich bescheint, und daß es hier vom Himmel rieselt. Zwar wirst Du auch zuweilen in Neapel recht arges Wetter haben, aber es dauert immer nicht lange, dann lächeln Land und Meer wieder in gewohnter Klarheit. Ein solches Klima ist viel werth, sonst, möchte ich sagen, ist Alles hier besser.

Ich hoffe nur, daß Ihr eine freundliche Wohnung gefunden haben möget, denn in den engen Straßen merkt man nicht, daß man in Italien ist. Die Toledo ist noch am besten. — Du schreibst nicht, ob Du schon in San Carlo warest. Gegenüber ißt man sehr gutes Granito, eine Art Thauwetterlimonade.

Daß ich erst Montag früh von Civita vecchia abging, mußt Du aus meinem zweiten Brief vom Sonntag ersehen; die See ging allerdings ziemlich hoch, aber wir kamen auch ein tüchtiges Stück fort, bis nahe vor Sardinien. Ich war viel zu krank, um die homöopathischen Kügelchen zu nehmen, später habe ich zwar vier verschluckt, aber gar keinen Effekt verspürt. Der Glaube ist dabei wohl das Beste.

Ich erhielt Deinen lieben Brief vom 9. in dem Augenblick, wo ich zur Eisenbahn nach Potsdam eilte. Im Coupé angelangt, öffnete ich das Siegel; ich wußte schon durch Mama, daß Dein Bild darrin sei. Erst betrachtete ich es durch die leichte Hülle von Seidenpapier, und es nahm sich allerliebst aus. Der erste Eindruck war dann die große und hübsche Aehnlichkeit, der zweite die Kritik, welche den Mund nicht ganz passiren will. Es sah aber doch so freundlich aus, daß ich im Voraus wußte, daß im Briefe nur Gutes stehen werde. Und, Gott sei Dank, so ist es gewesen. Jetzt ist das Bild zum Einrahmen, aber ich bekomme es erst in acht Tagen, weil der Rahmen besonders gemacht wird.

Von Lene und Bröler erhielt ich einen Brief, in dem sie anzeigen, daß sie Dich nnd mich zu Gevatter bei ihrem Töchterchen Marie Helmine genommen, in der Voraussetzung, daß wir diese Stelle freundlich übernehmen wollen. Ich darf ihr wohl schreiben, daß wir das thun. Vielleicht wird das kleine Wesen unser einmal bedürfen.

Prinzeß Louise ist nach den letzten Nachrichten noch nicht aus dem Bett und hat alles Haar verloren. Prinz Karl hat sich hübsch bei der Pflege benommen, wochenlang ist er nicht von ihrem Bette gewichen, und sie hat von Niemand einnehmen wollen als von ihm. Kalkreuth ist zurück, Hohenlohe hier.

Gestern war ich auf der Gemäldeausstellung, wo ich viele bekannte Bilder aus Rom fand. — Eben erhalte ich ein Exemplar unserer asiatischen Karte. Sie ist wirklich ein großes Unternehmen, und ich bin ganz stolz darauf. Endlich fertig, aber es fehlt noch das gedruckte Programm; in diesem Jahre aber wird Alles noch erscheinen.

Abends sah ich das Trauerspiel Struensee; aber der Roman, den wir mit Ludwig lasen, ist viel, viel hübscher. Ich saß zwischen Madame de Luck mit ihrer Tochter und den Fräuleins von Medem, also in schöner Umgebung, im ersten Ballon. Zwar könnte ich, bis ich eine neue Stellung erhalte, die große Loge benutzen, es scheint mir aber passender so.

Ich wohne hier im zweiten Stock nach der Charlottenstraße nicht weit von dem Zimmer, aus welchem wir abreiseten.

Bis ich Deine Adresse in der Stadt habe, adressire ich nur Jaußand, die es wohl besorgen werden. Wenn wir nur erst beiderseits wissen, daß unsere Briefe anlangen. — Ich stelle mir vor, wie Du mit dem Verdauungsbutterbrot auf dem Ballon stehst. Die Aussicht von dort muß ich mir recht ansehen, wenn ich hinkomme. Recht freue ich mich, daß Ihr singt und guter Dinge seid, auch daß Du Dir italienische Lektüre verschafft. Beschäftigung ist so nothwendig, um zufrieden zu sein.

Als Antwort auf Dein Bild werde ich suchen, das meinige wieder aufzutreiben, welches ich nach Itzehoe schicke, denn mich noch einmal malen zu lassen, lohnt nicht. Dagegen will ich jedenfalls ein wirkliches Oelbild von Dir haben. Daß man doch auch hier schöne Sachen malt, zeigt die Ausstellung. Wunderhübsche Bilder sind von Beuth, Humboldt, Gemälde von Rauch, Fräulein Bülow, aber freilich auch eine Masse Porträts gemeiner Gesichter, die ähnlich, aber scheußlich sind.

Oelrichs grüßt bestens. Er wünscht, daß wir im Februar zusammen nach Neapel reisen. Sie habe ich noch nicht gesehen. Alle Besuche habe ich noch verschieben müssen. Bald will ich denn auch meine römische Aufnahme hervorsuchen. Heute bringe ich dem Fürsten einen Bericht über die Mitwirkung verschiedener Personen beim Transport des Sarges, denen ich eine Anerkennung oder Remuneration zu bewirken hoffe. Adieu für heute, Herz, ich muß mich ankleiden, habe noch Meldungen.

Den 12. November. — Gutes, liebes, treues Herz! Ich habe diesen Brief noch ein paar Tage liegen lassen, weil ich so gerne gewußt hätte, daß wenigstens mein erster Brief aus Paris bei Dir eingegangen ist, und daß Du über meine Seefahrt beruhigt seiest. Doch auf so weite Entfernung läßt sich nichts recht benehmen, und damit Du nicht lange ohne Nachricht bleibst, will ich nun nur morgen abschicken. Die letzten Nachrichten vom 2. des Monats besagen, daß Prinzeß Louise noch immer das Bett hüten muß. Schlimm für meine Angelegenheit ist, daß Prinz Karl nicht hier ist. Er wird nun wahrscheinlich den Winter in der Villa Lomellino bei Genua bleiben, wo Oefen gesetzt werden.

Meine römische Aufnahme habe ich jetzt vor, aber die Tage sind so kurz und ich habe noch immer so viel zu laufen. Wie die Sonne aussieht, weiß ich gar nicht mehr. Alle Tage gehe ich von zwei bis drei Uhr nach der Ausstellung, da sie nur noch bis Sonntag offen ist. Jetzt will ich zu Oelrichs. Nun adieu, Du gutes, liebes Herzblatt. Alle zehn Tage sollst Du von mir hören. Gott segne Dich, liebes, treues Herz. Immer Dein Dich herzlich liebender Mann.   Helmuth.

*

Meinhardts Hotel, Berlin, den 13. November, abends.

Mein süßes, liebes Herz! Gestern Abend ging ich noch selbst nach der Post mit meinem Brief, damit er ja richtig bestellt werde.

Die Kürze der Tage hier ist meine Verzweiflung. Um acht Uhr wird es erst so hell, daß man zeichnen kann, um drei Uhr wird gegessen und allerlei Gänge sind auch noch zu thun. Ich möge so gerne die Karte fertig machen, doch werde ich meine Abreise danach nicht verschieben, denn ich weiß, daß Du ungeduldig wartest. Entschieden ist noch nichts. Heute war ich bei Willgenstein. Er sagte mir, er sei ein alter Mann, gehöre in die Rumpelkammer, man sage ihm nichts, was er vorschlüge, helfe nichts und so weiter. Der alte Fürst verspricht wenig, thut viel und nimmt niemals einen Dank an. Er will mir wohl. Der Generalin Krausened machte ich heute meinen Besuch, sie grüßt Dich bestens. Alle Mittag gehe ich eine Stunde in die Ausstellung. Heute war der Prinz von Preußen da und erkundigte sich sehr nach Dir. Des Abends fehlt mir mein kleines, liebes, freundliches Weibchen so. Ins Opernhaus bin ich noch nicht gegangen. Sie geben gar zu dumme Stücke, auch verspare ich es mir, bis wir zusammen hingehen können. Schreib mir auch ja Deine genaue Adresse in Neapel. — Auch möchte ich wissen, ob Du lieber auf der Rückreise Venedig und Wien, oder Genua und Paris sehen willst. — Schaffe Dir nur ein gutes, warmes Reisekleid an. Pelzstiefel bringe ich mit; es wird bitterlich kalt sein. Aber ich denke, wir wollen recht gemüthlich reisen. Zwei Monate Urlaub denke ich wohl zu erhalten. — Nun gute Nacht, Du Engel; Gott schenke Dir süßen Schlaf und fröhliches Erwachen.

Mittwoch den 18. November, Abends. — Tausend Dank, Du liebe, treue Seele, für Deinen langen prächtigen Brief, angefangen den 14. Oktober, geschlossen den 3. dieses Monats. Gott sei gedankt, daß Du doch endlich den Pariser Brief erhalten hattest. Du armes Herz. Er ist langsam genug gegangen, nämlich 14 Tage, und Du bist volle sechs Wochen ohne Nachricht geblieben. Aber jetzt ist die Korrespondenz im Gange, ich hoffe jedoch, auch bald zu Ende. Wenn im Laufe dieses Monats keine Entscheidung für mich erfolgt, so werde ich um Urlaub einkommen. Mögen sie dann nachher berathen, was sie mit mir anfangen wollen.

Nun zur Beantwortung Deines Briefes. Oelrichs war gestern früh bei mir, als Eduard ihn mir brachte. Wenige Worte, die ich las, zeigten mir sogleich, daß Alles gut stehe. Nachdem die Herren fort waren, legte ich mir die Blätter zurecht, wischte meine Brille ab, nahm eine Prise und streckte mich behaglich auf das Sofa, um den Brief so recht mit Genuß durchzulesen. An einigen der schwierigsten Stellen wurde noch die Lupe zu Hülfe genommen.

Eben jetzt bin ich mit großem Vergnügen noch einmal mit Dir den Vesuv hinauf geritten. Wie freue ich mich, daß Du so viel Schönes zu sehen bekommst, wovon die Erinnerung fürs Leben bleibt. Ich hoffe, daß wir zusammen diesen Winter noch einige Touren machen werden. Ihr seid um dieselbe Stunde zu Eurer Expedition ausgerückt, wo ich mich nach dem Stiergefecht in Madrid begab. Dort war es das schönste Wetter. Aber warum in aller Welt habt Ihr die Eisenbahn nicht bis Resina benutzt? Ich bin des Vormittags von Neapel fortgefahren und war Abends zum Diner schon wieder da. Die Sonne muß schon herab gewesen sein, ehe Ihr den Eremiten erreichtet, und Mondschein war auch nicht. Zwar das Feuer aus dem Krater mag prachtvoll in der Dunkelheit ausgesehen haben. Das Ersteigen des Kegels ist allerdings sehr mühselig, und die Schwefeldünste machen das Athmen noch schwerer. Ich erinnere, daß wir einen Stock in eine vor zwei Jahren ausgeflossene Lavaspalte steckten und unsere Cigarre daran anzünbeten. Herab sind wir in vollem Rennen gekommen. Man würde den Hals brechen, wenn man nicht bis über die Waden in Asche steckte. Gottlob, daß Ihr gut davon gekommen seid und Euch bei der nächtlichen Fahrt nicht schrecklich erkältet habt. Nun müßt Ihr aber auch noch nach Pompeji, wohin man mit der Eisenbahn so leicht gelangt. Es ist zwar nicht das Schönste, aber das Merkwürdigste in ganz Italien. Wie sehr wünschte ich, daß das Wetter sich aufklärte, und daß Ihr die Tour nach Sorrent und auch nach Camaldoli noch gemacht habt.

Nicht wahr, San Carlo ist ein ungeheures Gebäude, aber so schön wie unser Opernhaus ist es doch nicht. Ich war vorgestern da, — so ein dummes Ballet. Gestern aß ich bei Palow. Er hat seine Frau treu gepflegt und arbeitete zuletzt nur in ihrem Zimmer. Am Tage ihres Todes war er bis um fünf Uhr in der Sitzung. Als er nach Haus kam, sagte sie: Palow, ich glaubte schon, ich würde Dich gar nicht mehr sehen, leg mich doch auf die andere Seite, und sobald er das gethan, entschlief sie ruhig in seinem Arm. Es ist traurig, den armen Patow allein in den prachtvollen, großen Zimmern zu sehen.

Wenn ich nach Neapel komme, und Du auch nicht mehr auf Capo di Monte wohnst, so muß ich mir Deine Aussicht doch ansehen. Die aus Palazzo? sehe ich so lebhaft vor mir, es ist wahr, sie war sehr schön. Ueberhaupt möchte ich wohl, daß wir die ganze Wohnung hier in Berlin hätten.

Aus meinem Briefe hast Du ersehen, daß ich an meinem Geburtstag nach Hamburg kam, und so die Landreise beendigte. Ich bildete mir ein, es sei erst den 28. Aber gedacht habe ich doch an Dich, Du gute Seele, denn das thue ich alle Tage. Auf die schöne blaue Börse freue ich mich recht. Seitdem Du mir welche schenkst, sind sie auch immer voll Geld. Wir wollen nun auch eine recht schöne Reise zusammen machen.

Ich will versuchen, ob ich drei Monate Urlaub bekomme, was freilich etwas viel gefordert ist. Dann bleiben wir noch etwas in Neapel und sehen, was Dir noch zu sehen übrig bleibt. Hast Du Lust, und ist das Wetter schön, so machen wir vielleicht noch den Ausflug nach Sizilien, den wir diesen Sommer beabsichtigten, als Girardos*) Donnerwort: „E morte il principe!" uns diesen schönen Traum verscheuchte. Wenigstens wollen wir Palermo sehen. Dann, denke ich, fahren wir per Dampfboot nach Livorno, von dort aber per Vilturno, La Spezzia, Portovenere nach Genua, wo wir Prinz Karl in der Villa Lomellino besuchen und dann den Corniche entlang nach Nizza, Avignon, Lyon und nach Umständen über Genf oder Paris nach Berlin.

Der guten Comtesse Lottchen danke ich recht herzlich für ihren Glückwunsch und für alle die Güte und Freundlichkeit, die sie für Dich hat. Wenn Du doch einmal in Italien zurückbleiben mußtest, so konnte es unter keinen günstigeren Umständen geschehen, in keiner angenehmeren Gesellschaft und an keinem schöneren Ort, nicht wahr?

---

*) Der Koch.

Die Sonne des 28. schien mir, wie Du wünschtest, warm und schön, aber nicht in Meinhardts, sondern in Buris Hotel, welches sich sehr verschönert hat, besonders durch das große Bild Deiner Großmutter. Auch meine Teppiche sind dort angelangt, und die Blumen, besonders die Kamelien, standen in voller Pracht vor den sonnigen Fenstern. Selbst der sogenannte Garten hat sich bedeutend verschönert und der Thurm der Klosterkirche bekommt eine neue Spitze. Aber der arme Pastor Pesh*) liegt sehr danieder und man zweifelt an seinem Aufkommen.

Gestern Abend war ich bei Oelrichs, wo auch Reisewitz mit seiner Frau war. Es sind immer die guten, freundlichen Leute wie früher, und namentlich sie nimmt recht Theil an Dir und wünscht Dich zurück. Du bist doch mein kleines, gutes, liebes, artiges Weibchen! Es ist hübsch, daß Du mir so alle Details mittheilst. Ich verlebe so alle Deine kleinen Begebenheiten mit. Meinen Pariser Brief eigentlich zu beantworten, hast Du keine Zeit gehabt. Seitdem sind Dir nun eine Menge kleiner Nachrichten aus dem lieben Berlin schon zugegangen, und bald bringe ich Dir deren mündlich. Viel mehr, wie einen oder höchstens zwei Briefe, außer diesem, wirst Du hoffentlich nicht mehr erhalten, dann komme ich, inschallah, selbst. Uebrigens glaube ich, ich könnte hier so ein Jährchen wegprivatisiren, ohne daß sich Jemand um mich bekümmert, denn als aggregirt gehöre ich nicht dem Generalstab, und als verwittweter persönlicher nicht der Adjutantur an. Ich weiß selbst nicht, ob ich Fisch oder Vogel bin, und lebe meinen Strich hier bei Meinhardt.

Meine Karte habe ich in zehn Tagen wohl fertig. Raumer hat sie sich gestern angesehen; ich habe aber noch keinen Bescheid, ob und unter welchen Bedingungen er sie etwa übernehmen möchte. Jedenfalls werde ich sie wohl durch Humboldt zum Stich befördern, wenn Raumer nicht will, was ich aber doch glaube. Sie wird auch wirklich recht schön werden.

---

*) Der Geistliche, welcher Moltke traute.

Seit dem Eliergefecht denke ich wirklich mit Schrecken an den letzten Tag, wo Girardo und ich von der Ochsenheerde umschwärmt wurden. Es war wirklich kein Spaß.

Was macht das edle Whist? Spielt Ihr auch Grandissimo? Könnt Ihr denn gar nicht heizen, und habt ihr keine Teppiche? Dann zieh Dich nur recht warm an, daß Du mir nicht etwa krank bist, wenn ich komme, das sage ich Dir! Am Dienstag, wo Du meinen Brief endlich erhieltest, war ich bei schönem, kaltem, klarem Wetter mit dem „Prinzen Karl" hin, um die Amazone von ihrer Last zu befreien. Sie ist dann endlich am 12. dieses Monats in Danzig eingelaufen und ist 51 Tage, von Civita vecchia aus gerechnet, in See gewesen.

Nun will ich diesen Brief nur enden und gleich morgen selbst nach der Post tragen. Es ist zwar erst sechs Tage, seit der letzte abging, auch kann ich Dir noch nichts Entscheidendes melden, aber es wird Dir doch Freude machen, ihn zu bekommen, das weiß ich, und so mag er ziehen, mit meinen herzlichsten Grüßen und Wünschen für Dich, Du theures, liebes Leben. Gott wird uns ferner gnädig sein. Länger als Ende dieses Monats halte ich es hier nicht aus. Dann denke ich in 18 Tagen bei Dir zu sein und die Weihnachtszeit bei Dir zu feiern. Adieu, Du lieber, guter Engel. Dein für immer Helmuth.

*

Trier, den 2. Juli 1847.

Mein liebes, gutes Herz; fast wären wir morgen nach Koblenz zurückgekehrt.

Trier ist wunderhübsch, Du mußt einmal mit mir her. Die alten Römerbauten sind überraschend gut erhalten. Die Porta nigra erinnert sehr an das Kolosseum, aber ist keineswegs so groß. Ein prächtiges Amphitheater ist ausgegraben, alte Bäder und der Palast des Konstantin wird jetzt zu einer Kirche hergestellt. Es ist merkwürdig, wie diese Mauern aus flachen Ziegeln (gerade wie bei den Aquabutten in der Campagna) sich gut erhalten haben, da sie doch einundeinhalbtausend Jahre alt sind. Eine Meile von hier, im Dorfe Igel, steht ein Grabmonument mit Figuren und Inschriften, so schön, wie ich keines in Rom erhalten gefunden habe.' In Deutschland giebt es keinen zweiten Ort, wo so viel römische Reste wären, wie Trier. Die prächtige Vegetation hier, Weinreben, Walnußbäume und echte Kastanien versetzen einen nach Italien zurück.

Sehr überraschend ist auch die Lage von Luxemburg, die schroffen Felswände und die seltsame Festung mit riesenhaften Mauern. Aber ich möchte nicht dort leben und freue mich, daß das Generalkommando weder in Köln noch in Lützelburg ist. Trier freilich streitet um den Vorzug mit Koblenz, aber ich glaube, auf die Dauer ist Koblenz doch schöner.

Adieu, gutes, liebes Herz. Gott schütze Dich. Dein
Helmuth.

Trier, den 8. Oktober 1847.

Schnell muß ich noch ein paar Worte an gutes, liebes Herzensweibchen schreiben. Bisher bin ich wirklich nicht dazu gekommen. Denn Abends war ich so müde, daß ich mich nicht entschließen konnte. Aber gefolgt bin ich Dir auf Deiner Reise. Nach meiner Rechnung seid Ihr den 1. nach Hamm, den 2. nach Minden, den 3. nach Harburg, den 4. Vormittags nach Glückstadt gekommen. Nun sitzest Du wohl nach dem Thee noch mit Jeanette und plauderst. Nach der gewaltsamen Entführung meines Ihl ging ich nach Haus und schüttete den Pferden Futter, er kam jedoch schon um eineinhalb zurück. Ich ging dann nach dem Riesen, wo ich lustige Gesellschaft bei einer Pfirsich-Bowle fand. Um dreieinhalb fuhr ich beim Riesen ab, machte denselben Abend noch sechs Meilen bis Kaiseresch. Den Pferden wurde aber das Bergklettern sehr schwer. Am 9. war es wunderschönes

Wetter. Es war eine wahre Freude, an den hohen Bergen an
der Mosel und in der Eifel umherzustreifen. Ich habe in Kreuz-
und Querzügen bis Trier sechs Tage zugebracht, theils zu Fuß,
theils mit Extrapost, Dampfschiff und eigenen Pferden. Da giebt
es herrliche Gegenden. Ich bin so ins Marschiren gekommen,
daß ich gar nicht mehr müde werde. Oft wünschte ich Euch
herbei. Die prachtvollen Buchen- und Eichenwälder waren vom
Herbst in alle Farben gemalt, gelb, roth und braun. Die Mosel
windet sich in tiefen Bergschluchten, alte Burgen ragen auf den
Gipfeln und malerische Ortschaften mit Klöstern und schlanken
Kirchthürmen in Nußbaumwäldchen liegen tief in Klüften ein-
gezweigt. Es ist ein prächtiges Land, dabei die schönen Weinberge und die schönen Weinschöppchen, leidlich gute Wirthshäuser
und leidliches Wetter. Ich hoffe, daß die Sonne auch am Rhein wie
am Rhein geschienen hat. Morgen wird sie sich verdunkeln.
Hier in Trier klettere ich ebenfalls in den Bergen umher und
mache starke Touren. Mittags esse ich mit den Kameraden, und
Abends trifft man sich im Kasino.

So geht es mir denn bis jetzt sehr gut, aber ich freue
mich doch auf die Winterquartiere; möchtest Du Dich auch darauf
freuen. Ich hoffe in einigen Tagen Nachricht von Dir zu erhalten. Ich wohne im Trierschen Hof, werde aber nach der
Post schicken und anfragen, ob etwas für mich da ist. Ich bin
begierig zu erfahren, wie die Reise abgelaufen, und wie Du
Alles gefunden hast. Grüße an Jeanette und Cai und alle Bekannte. Für heute gute Nacht, liebes, süßes Herz.

Sonntag Abends. — Guten Abend, Du liebes, liebes Herz.
Wie geht es Dir denn in Glückstadt. Ist John etwa angekommen?
Wo haben sie Dich denn einlogirt? Papa und Mama sind wohl
nach Itzehoe.

Heute hatten wir wundervolles Wetter. Ich war mit dem
Rappen fort, er ist aber sehr müde. Die Berge richten die
Pferde zu Grunde. Morgen will ich nur zu Fuß steigen, ich
halte doch noch mehr aus als die Pferde. — Höpfner wollte

herkommen, aber bis jetzt ist er nicht erschienen. Ich kann noch nicht übersehen, wie lange ich hier bleibe, glaube aber etwa den 22. in Koblenz wieder einzutreffen.

Adieu, liebes, gutes Herz, die Augen fallen mir zu. Herzlichst der Deinige   Helmuth.

Montag früh. — Dies ist ein stupider Brief, aber wir wollen ihn fortschicken. Adieu, Du Herz, bleib mir gut. — Auf frohes Wiedersehen.

                                           Trier, den 13. Oktober 1847.

Liebe gute Marie. Als ich gestern Mittag von einem scharfen Ritt heimgekehrt, erfreute mich Jhl, indem er mir den Braunen abnahm, mit der Nachricht, es sei ein Brief da. Es war gerade noch eine Viertelstunde, bis zu Tisch geläutet wurde, und so legte ich mich gemächlich auf mein Sofa und besah mir erst das Schreiben von außen. Die Poststempel waren Glückstadt den 7., Hamburg den 8., Trier den 12., Du hast also die fünftägige Dauer der Reise richtig berechnet.

Aus meinem Briefe, den ich den 10. b. M. abschickte, wirst Du ersehen haben, daß ich noch einen Tag später hier ankam als Du in Glückstadt. Es ging also die Eisenbahn noch nicht von Minden nach Hannover? Das ist doch sonderbar, da sie ja lange schon fertig ist. Bis zu Deiner Rückkehr wird doch hoffentlich Alles fertig, ich möchte Dir so wünschen, daß Du wenigstens in zwei Tagen von Hamburg nach Köln kämest. Deine Reisebeschreibung hat mich sehr amüsirt. Das war doch gewiß Deine eigene Idee, Abends um zehn Uhr noch Kaffee und Pumpernickel zu genießen. Hoffentlich hast Du die Kinder nicht damit traktirt, die Anderen werden wohl mit einem soliden Alpdruck davongekommen sein. Jhr seid doch überhaupt sehr spät in die Quartiere gekommen. Aber freilich, wenn man in der Morgendämmerung um zehn Uhr schon abfährt, wie in Minden. Es muß Dir ordentlich eine Freude gewesen sein, die allen guten

Streits und ihr Kinderspiel wieder zu sehen. Hatte denn Jeanette irgend einen Begriff davon, daß Du kämest? Wir sollen ihr zuweilen so ins Haus wie die Mondsteine, ich aus Gibraltar, Du aus Koblenz kommend. Da fällt mir ebenso à propos ein, hast Du denn die Sonnenfinsterniß vorgestern gesehen? Es war ein schauerliches Licht, als ich die Berge hinaufritt, und nur noch eine schmale Sichel von der Sonnenscheibe übrig. Wie es scheint, hat sie aber der Mond abgewischt, denn seitdem scheint sie prächtig, klar und warm.*) Habt Ihr denn in Eurer Nebelstadt auch solch wundervolles Wetter? Es ist eine Wonne, dabei in dieser köstlichen Landschaft umherzustreifen. Unglücklicherweise bin ich seit ein paar Tagen etwas miserabel. Ich habe immer des Abends das häßliche Fieberfrieren, und da fehlt mir die Wärmflasche der Mrs. Bardell aus dem Pickwick. Ich habe mich wohl etwas übernommen, die Pferde waren so müde, daß ich starke Touren zu Fuß machte und mich in meiner Stube, wo keine Sonne scheint, erkältet habe. Heute habe ich daher den ersten Ruhetag gemacht und bin nur Nachmittags in der warmen Sonne mit dem Rappen durch die Trümmer der alten Römerstadt geritten. Nächst Rom kenne ich wirklich keine Stadt, die so bedeutende Ueberreste hat. Ein Zirkus, ein Bad, die Porta nigra, welche letztere vollständig erhalten, die Basilika des Konstantin, die Römerbrücke und unter Anderem ein ganz erhaltenes römisches Privathaus.

Aus Koblenz habe ich keine Nachricht. Ich hoffe, daß die weibliche Garnison unser Haus tapfer vertheidigt. Uebermorgen feiern wir Königs Geburtstag. Ich bin zum Diner eingeladen, und morgen Abend ist großer Ball im Kasino.

Grüß den Squire, Mama und die prächtigen Kinder und bringe sie womöglich Alle für den Winter wieder nach Koblenz. Daß Du meine Schwester Helene besuchtest, ist wohl freilich sehr

---

*) Vielleicht haben Ew. pp. diese himmlische Begebenheit sanft verschlafen.

umständlich, sonst wünschte ich es sehr. Wenn der alte gute Fritz wüßte, daß Du da bist, so käme er vielleicht an. Könntest Du ihn nicht überreden, Dich nach Koblenz zu bringen?

Da Du mir so bald schon wieder einen Brief verheißen hast, so will ich diesen so lange zurückbehalten. Ich denke, Montag den 19. abzureisen und etwa den 23. oder 24. in Koblenz einzutreffen, da ich unterwegs noch einige alte Krater und Basalttegel besehen will. Die herzlichsten Grüße an Jeanette, sie wird Dich wohl recht verziehen. Adieu, Du liebes, gutes Herz. Ich habe tüchtig einheizen lassen, warmen Thee bestellt und will mich nun bald mit der Kölnerin zu Bette legen.

Trier, den 16. Oktober 1847. — Du hast mir feurige Kohlen aufs Haupt gesammelt, liebe Marie, durch Deinen Brief vom 10. d. Mts. Aber Du mußt meinen Tags darauf erhalten haben. Da ich erst den 6. hier an und erst einen Tag später zur Besinnung kam, so hat es so lange gedauert. Du hast ganz Recht, wenn man keinen Brief zu beantworten hat, so ist es schlecht schreiben. Durch Deinen letzten Brief sind die meisten meiner Fragen schon beantwortet. Ich zeige Dir an, daß die Eisenbahn denn nun wirklich eröffnet ist. Es geht täglich ein Zug von Minden um dreiviertel zwölf Uhr ab und trifft denselben Abend in Deutz ein. Ohne Zweifel geht also ein korrespondirender Zug von Hannover Morgens, etwa um sieben oder acht Uhr, so daß man an einem Tage von Hannover nach Deutz fährt. Das ist eine große Erleichterung für Dich.

Ich freue mich gar sehr auf die Winterquartiere in Koblenz. Wir wollen die Kohlen nicht sparen und uns recht snug einrichten. Aber Du bist jetzt so verwöhnt mit all den Kindern, daß ich fürchte, es wird Dir einsam vorkommen. — Sehr lieb ist mir, daß Du mit Mama nach Uelersen gehst. Kannst Du nicht auf meine Rechnung ein kleines Pathengeschenk kaufen? Ich möchte wohl die Briefe Deiner seligen Mutter lesen. Es mag Dir ein wehmütiges Gefühl gewesen sein. Bei Briefen fällt mir ein, ich möchte so gern eine Kopie meines eigenen über die spanische Reise haben; es ist doch ein angenehmes Andenken für die Zukunft.

Heute habe ich, da die Pferde zwei Tage gestanden, zum ersten Male wieder einspannen lassen. Mein Freund Frobel ist hier, und den holte ich ab zu einem hübsch gelegenen Kaffeehaus.

Trotz eines Balles, Gottesdienst und Diner bin ich wieder ganz wohl auf. Den ganzen Morgen war ich auf den Bergen mit einem Meßtisch bei schöner, warmer Sonne, wie in Rom. Einen Girardo habe ich mit kommandiren lassen. Ich werde nun aber doch wohl länger hier bleiben, denn die Arbeit ist größer, als ich dachte. Ich weiß gar nicht, wo ich Dich im Hause suchen soll. Schreib mir doch, wo Du wohnst, und wo Ihr Euch gewöhnlich aufhaltet, wohl in der Kinderstube? Einheizen thut Ihr wohl gewiß schon.

Nun Adieu, gutes Herz. Ich schreibe bald wieder. Tausend Grüße an Alle und herzlichst der Deinige

Helmuth.

*

Trier, den 20. October 1847.

Es ist mir doch ganz traurig, gute Herzens-Marie, daß ich hier in Trier nun gar keine Nachricht mehr von Dir zu erwarten habe. Der Aufenthalt hat sich mehr verlängert, als ich erst dachte. Heute ist Oberstlieutenant Höpfner angekommen. Morgen und übermorgen reiten wir zusammen auf den Bergen herum, dann möchte ich noch den Pferden einen Ruhetag gönnen und am 24. abreisen. Ich werde dann wohl so den 28. in Koblenz eintreffen. Wenn wir nur noch ein bißchen gutes Wetter bekommen, aber heute und gestern regnet es fürchterlich und ist dabei ganz schwül.

Oberstlieutenant von Haake, unser vis-à-vis aus Koblenz, sagt mir, daß unser Haus noch steht, und daß neulich die Fenster gewaschen sind. Du sollst es hoffentlich ganz snuggish wiederfinden, wenn Du ankommst. Morgen mußt Du meinen langen Brief vom 16. d. Mts. erhalten; dieser ist nun der letzte, den ich schreibe, denn später ist es wohl ungewiß, ob Dich Nachrichten noch in Holstein treffen.

Heute habe ich zehn Ansichten von Trier gekauft, welche ich Dir mitbringe, aber im nächsten Sommer mußt Du wirklich die Moselreise machen, ich ziehe sie dem Rhein noch vor, und Trier ist gar zu interessant, auch für Dich, wenn gleich Du in Rom nicht für alte Säulenschafte und Mauerreste schwärmtest.

Da mir kein Brief zum Beantworten vorliegt, so fehlt mir etwas der Stoff zum Schreiben. Auch über mein Leben hier ist wenig zu sagen. Um sieben Uhr klingle ich nach meinem Kaffee, und um acht kommt eine Ordonnanz, die mir den Meßtisch trägt. Da ist es denn in aller Eile zwei Uhr, die Mittagsstunde. Es wird sehr gut gegessen und dabei die verschiedensten Moselsorten durchprobirt. Nachmittags reite ich dann noch aus, und Abends trinke ich meinen Thee und arbeite den schriftlichen Theil meiner Aufgabe. Einige Einladungen ausgenommen, geht es ganz gleichförmig so fort. Ich freue mich aber recht auf Koblenz, um mein kleines, liebes Weibchen dort zu erwarten. Dir muß der kurze Besuch in Holstein doch recht interessant sein und Du sollst mir recht viel erzählen. Wer wird Dich nun zurückbringen? Ich würde mich ungeheuer freuen, wenn es Fritz wäre, der dann die Weinlese am Rhein mitmachen könnte. Jetzt bist Du wohl in Itzehoe in Mamas freundlichem Hause. Grüße sie Alle. Hat es ihnen denn in Koblenz einigermaßen gefallen? Nun will ich nur schließen, denn ich habe den Schnupfen, und da bin ich ganz stupid.

Donnerstag, den 21. — Heute sind wir tüchtig herumgeritten, es war aber nebelig und kalt. Ich reise nun übermorgen ab, muß aber noch allerlei Umwege machen und werde nicht vor dem 28. in Koblenz sein.

Du liebes, liebes Herz, ich freue mich, daß Du dann auch bald kommst. Hätte ich doch nur Deine beiden letzten Briefe aus Rom hier, wie oft wollte ich sie durchlesen. Wenn ich nach Koblenz komme, werde ich auch noch überall nachsuchen, ich muß sie doch noch haben.

General Krauseneck ist der Abschied verweigert. Es ist mir sehr lieb, wenn er noch bleibt, aber lange wird es wohl nicht mehr dauern.

Adieu, Du liebes, gutes Herz, tausend Grüße an Papa, Mama und alle die lieben Freunde; auf baldiges Wiedersehen Dein Helmuth.

*

Koblenz, den 28. October 1847.

Mein klein liebes Weibchen. Schon haben die Glocken unserer lieben Frauen die zehnte Stunde geläutet, aber ein paar Worte muß ich doch noch schreiben. Da sitze ich wieder hinter meinem hübschen Arbeitstisch auf dem prächtig bequemen Stuhl von Papa im Eckzimmer. Die Gardinen sind herunter, und es sieht aus wie ein Zelt. Alle Fensterritzen sind mit Papier verklebt, die Balkonthür mit Stroh und Tischplatten kunstreich versetzt, der Blumentisch davor gerückt. Es ist aufs Schönste gebohnert, auch der kleine cache désordre Tisch im Fenster ganz nach meinem Wunsche angefertigt. So ist es denn äußerst heimlich und snug, und ich habe eben die Aktenstücke beiseite geschoben und sehe mich um, ob kein kleines Weibchen kommt, um mich bei der Arbeit zu stören. Ich habe daher volle Ruhe und muß Dir nun vor Allem melden, daß ich gestern hier eingetroffen bin und Alles in guter Ordnung vorgefunden habe.

Ich war am 24. von Trier abgefahren, ließ die Pferde nach einer starken Tour auf der Höhe und ging noch eineinhalb Meilen nach Kyllberg im tiefen Thal der Kyll hinab. Nichtsdestoweniger machte ich im schönen Abendschimmer noch einen Spaziergang und stand plötzlich vor einem prächtigen alten Gebäude, halb Burg, halb Schloß mit hoch aufgemauerter Terrasse.

Ich träumte lebhaft, daß es mein sei, und daß ich Dich eben herführte, um zu erfahren, ob es Dir wohl gefiele. Unglücklicherweise begegnete ich im Burghof dem Eigentümer, der mich sehr artig herumführte, aber die Illusion gänzlich störte.

Auf dem Rückwege im Vollmondschein schrieb ich meinen Bericht über den Auftrag in Trier — nämlich in Gedanken — fix und fertig, so daß ich ihn jetzt wörtlich zu Papier bringen kann.

Am folgenden Morgen suchte ich die Pferde auf und fuhr nach Manderscheid, wo tief im Thal zwei prachtvolle Burgruinen auf hohen Klippen liegen. Sie gehörten einst der ausgestorbenen Dynastenfamilie gleichen Namens. Kürzlich sind sie verkauft an eine alte Frau für 36 Thaler, welche etwas Kohl und Rüben im Burghof erntet. Ein tüchtiges Klettern führte mich von da auf den 1000 Fuß hohen Mosenberg, welcher aus drei allen Kratern besteht. Einer ist durch ein Torfmoor angefüllt. Wie viel 1000 Jahre müssen verflossen sein, damit auf dem feurigen Schlund solche Wälder vermodern konnten. Aus einem Krater zieht ein Lavastrom hinab ins Thal. Abends fuhr ich noch nach Daun, wo ich ein gutes Nachtlager fand.

Der folgende Tag war mein ganz ergebenster Geburtstag. Eine schöne Feier, nur schade, je öfter man dies Fest feiert, desto weniger erfreulich ist es. Uebrigens war schöner Sonnenschein, und ich spazierte wieder auf vulkanischem Boden zu den Kratern von Schaltenmehre, drei naheliegenden kleinen runden Seen von ungeheurer Tiefe. Der Spiegel des einen liegt wohl 200 Fuß tiefer als der des andern, von welchem er nur durch einen schmalen Damm getrennt ist. Der stahlblaue, regungslose Wasserspiegel erinnert an Castel Gandolfo im Kleinen. Abends fuhr ich auf sehr schlimmem Wege nach Kelburg.

Gestern früh fuhr ich von dort an einem schönen Wintertag fort. Alle Wasser waren gefroren, die Halme und Blätter weiß kandirt, aber die Sonne schien hell und schön. Ich machte siebeneinhalb Meilen, und die Pferde waren von der vorigen Bergpartie sehr müde, aber als sie bei Bassenheim den Berg heraufkamen, waren sie gar nicht zu halten. Im schärfsten Trab ging es bis Rubenach herunter, als ich plötzlich statt Koblenz einen großen See erblickte mit hohen, bewaldeten Ufern. Es war der Nebel, welcher über dem Rhein lag, und den ganzen, oben so sonnigen Tag nicht gewichen war. Unten war es warm, aber feucht und dunkel.

Die Mädchen waren beide zu Haus in ihren Zimmern, wo gewiß 30° Wärme war. Alle Thüren waren gut verschlossen. Hier nun fand ich Briefe von Eduard, von Adolf, von Tir, Bettelbriefe und Dienstbriefe. Adolf schreibt ganz munter und giebt Hoffnung, daß er uns nächstes Jahr besucht. Nachdem ich zu allerletzt Deinen Brief gelesen, und dazu zur Erinnerung eine Prise Blackward genommen, ging ich in den Riesen und aß ein lüchtiges Abendbrot. Als ich wieder nach Haus kam, fand ich das Zimmer geheizt, den Thee auf dem Tisch. Dann hämmerte ich noch einige Nägel ein, hing die Bilder um, wofür Du meine Leidenschaft kennst, und streckte mich in mein vortreffliches Bett.

Heute früh Meldungen, Vortrag, Mittag im Riesen — und einen Gang auf die Brücke. Der Nebel hatte sich eben getheilt und die Sonne schien prächtig, obwohl etwas frisch. Das stolze Ehrenbreitenstein blickte goldroth durch den feinen, blauen Nebelhauch herab, und die fernen Berge bildeten violette Schattenrisse, die kein Detail erkennen lassen und so äußerst malerisch sind. Es ist doch sehr schön hier, ich verstehe mich ein bißchen darauf, die Gegend hält jeden Vergleich aus.

So, Herzchen, nun hast Du mein Bulletin. Deine Nachrichten habe ich mit herzlicher Freude gelesen. Dein Plan, daß ich selbst Dich abhole, hat mich wirklich in Versuchung geführt, ich hätte die größte Lust dazu gehabt, aber Höpfner kam erst den 22. nach Trier. So muß ich mich denn begeben. Aber jetzt, wo Eisenbahn vom Rhein bis an den Rhein geht, kommen wir einmal zusammen nach Holstein und Kopenhagen.

Gute Nacht, Du liebes Herz, und Gott segne Dich! Dein
Helmuth.

Koblenz, den 2. November 1847.

Ich fürchtete wohl, daß Du nicht so guten Kaufs davonkommen würdest mit Deiner Migräne. Nun mußt Du, armes Herz, Dich mit den verwünschten Magenschmerzen quälen. Möchtest Du doch jetzt nur ganz wieder hergestellt sein.

Deinen Brief vom 28. erhielt ich gestern. Wir haben zur selben Stunde aneinander gedacht, denn mein Brief war am selben Abend geschrieben. So haben wir auch wohl zur selben Zeit Nachricht voneinander bekommen.

Ich habe mich in mein Haus und Geschäft wieder hineingelebt. Abends, wenn in meiner engen Zelle das Lämpchen freundlich niederbrennt, werden die Vorhänge hinabgelassen, daß es wie ein Zelt aussieht. Da hab' ich dann jetzt eine Menge Sachen abgemacht, welche sich während der Abwesenheit aufgehäuft hatten. Um halb acht Uhr bringt Malchen die Theemaschine, die reglementsmäßigen drei Brötchen, danach wird die Cigarre angebrannt, und so sitz' ich denn recht ungestört bis halb elf Uhr und schreibe. Gestern Abend war ich ein Stündchen ausgegangen, nämlich nach dem Militärkasino, wo ich mich zum außerordentlichen, schweigsamen Mitglied des Gesangvereins habe aufnehmen lassen. Es werden hübsche Sachen vorgetragen. — Jetzt, wo die meisten Sachen aufgearbeitet sind, sehne ich mich recht nach Deiner Rückkehr.

Wenn Du am 12. eintriffst, kannst Du am 13. einen Ball im neuen Kasinosaal mitmachen zur Feier des Geburtstages der Königin. Aber daß Papa Dich nicht herbringt, damit kann ich mich nicht befreunden. Wenn Du Deine Ankunft in Köln bestimmt angeben kannst und es wünschest, so will ich Dir dort entgegen kommen.

Daß es Dir in Itzehoe so gut gefallen, kann ich mir wohl denken, es ist wirklich einzig gemütlich bei Mama. Aber sie hätte doch den Winter ruhig hier bei uns bleiben sollen. Das frohe Getümmel der Kinder fehlt mir recht. Hast Du Lene besucht?

Ich muß Dir doch sagen, daß der Squire hier große Eroberungen gemacht hat, namentlich ist die Excellenz Thiele voll von ihm und rühmt seine freundliche Gemüthlichkeit. — Bei Woodsworths*) bin ich gleich gewesen, sie grüßen Dich und Mama freundlichst.

Das Neueste von hier ist, daß Oberstlieutenant Massenbach heute auf Parade einen Zufall gehabt hat. Einige sagen, der Schlag habe ihn gerührt, Andere behaupten, es sei nur eine Ohnmacht gewesen. Er liegt aber noch im Hause bei Oberst Spillner. Die Frau war nach Hochheim zur Generalin Müffling, welche sterbend ist.

Nun verabrede nur fest mit Cai und Jeanette, daß sie uns besuchen. Adolf verspricht, nächsten Sommer zu erscheinen. Hast Du Ludwig nicht ein Lebenszeichen gegeben? Dies wird nun wohl mein letzter Brief sein, denn drei Tage nach seiner Ankunft reisest Du ab.

Unsere Hyazinthenzwiebeln habe ich in Töpfe gesetzt, sie werden zu Deiner Rückkehr bereits sein, wenigstens schon Spitzen zu treiben. Papas Lehnstuhl hat mich noch mehr casanier gemacht, als ich schon war. Es sitzt sich so vortrefflich darin, daß ich selbst beim Lesen nicht immer mehr liege, sondern sitze. Nun muß ich aber wohl schließen. Adieu, liebes, gutes Herz. Ich freue mich schrecklich auf Deine Rückkehr. Tausend Grüße an Alle. Herzlichst der Deinige   Helmuth.

*

Koblenz, den 10. November 1847.

Liebe Marie, soeben erhalte ich, Mittags elf Uhr, Deinen Brief vom „Sonntag im Bett". Ich hatte mir gleich gedacht, daß es nur ein Versehen mit Deiner Ankunft in Deuz am 11. sein

---

*) Eine englische Familie, welche mit Moltkes in Koblenz in einem Hause wohnte.

würde. Wenn ich Dir nun aber dennoch nicht dorthin entgegen komme, so ist das, weil ich mich noch immer mit meinem Katarrh plage. Es war recht schlimm geworden, so daß mir die Brust weh that. Moritz füttert mich mit Mixtur, wobei ich mich schlecht befinde. Jetzt geht es sehr viel besser, ich fürchte aber, durch die Reise es wieder zu verderben, und will Dich daher lieber hier erwarten. Du wirst das Nähere wegen der Dampfschiffe dort erfahren. Ich glaube, um neun Uhr geht es erst ab und kommt dann gegen sechs Uhr hier an. Wenn der Squire Dich begleitet, so brauchst Du erst um Mittag mit der Eisenbahn nach Bonn abzureisen, bei deren Ankunft ein Schiff abgeht. Allein aber geht das nicht gut an. Jedenfalls werde ich um drei Uhr und gegen sechs Uhr am Landeplatz in Koblenz sein. Ich wünsche nun nur, daß Du diese Zeilen heute Abend noch erhältst, denn wenn Du, um mich zu erwarten, den 11. in Deutz liegen bleibst, so wäre die Konfusion vollständig. Grüße Papa und John. Da ich die Aussicht habe, sie hier zu sehen, so tröste ich mich, sonst wäre ich trotz alledem heute Nachmittag nach Deutz gefahren. Adieu, Du liebes Herz, ich freue mich ungeheuer, daß Du kommst. Dein Helmuth.

*

Brief an seine Schwägerin Jeanette.

1848 (ohne Datum).

Was uns hier in Koblenz betrifft, so sitzen wir recht eigentlich auf einer Pulvertonne. Ich kann mich über die hiesigen Verhältnisse nicht näher auslassen. Im Allgemeinen ist es natürlich, daß ein Volk, welches seine geistlichen Fürsten alle zehn Jahre ein paar Mal wechselte, keine große Liebe für eine Dynastie fassen konnte. Die Religionsverschiedenheit schuf große Antipathien, republikanische Gelüste traten hinzu, und das Alles beutet das Proletariat aus. Kurz, ein gewaltsamer Zusammenstoß kann hier täglich erwartet werden. Noch haben wir die Macht in Händen, aber der Gebrauch der Macht kann, wie in Berlin, unberechenbare

Folgen nach sich ziehen. Alles kommt jetzt darauf an, hinzuhalten, bis die tief erschütterte Autorität des Staates sich wieder herstellt.

Wenn hier irgend ein Tumult stattfindet, so muß ich auf den Alarmplatz. Dann ist Marie ohne Hülfe und Beistand. Ich habe ihr, da sie bisher sehr leidend war (man hatte ihr nebst einem Zahn ein Stück Kinnbaden ausgebrochen) die Lage der Dinge nicht gesagt. Heute um zwei Uhr erklärte ich ihr, daß sie abreisen müßte, um vier Uhr war gepackt, und jetzt ist sie in Ems mit der Herzogin von Orléans und dem Grafen von Paris. Sie wohnt mit Bekannten, mit der Gräfin Gneisenau und dem Fräulein Scharnhorst in einer freundlichen Wohnung und voller Sicherheit und Ruhe, und in einundeinhalb Stunden kann ich da sein. Sie hat das Werthvollste unseres Eigenthums mit, namentlich alle Dokumente, auch die der Geschwister. Nächstens wird sie Dir schreiben.

Vor einigen Tagen bat ich Deinen Papa, sie hier abzuholen. Seitdem haben sich die Ereignisse in Holstein zugetragen, und es dürfte dort leicht nicht ruhiger sein als in Ems. Ich bitte daher, Burt so bald als möglich von den eingetretenen Veränderungen in Kenntniß zu setzen. Ich halte sie in Ems so lange für ganz sicher, bis wir Krieg mit Frankreich kriegen, der nicht ausbleibt, dann muß sie fort. Aber das dauert noch Monate. Ich wollte, Du entschlössest Dich, nach Ems zu gehen. Welche Freude wäre das für Marie!

Ueber Euch Schleswig-Holsteiner kann ich mich nur freuen. Die Dänen werden Euch wohl nicht unterkriegen. Europa rekonstruirt sich nach Nationalitäten, alles Fremde wird abfallen, möchten wir nur alles Deutsche wieder bekommen, so wären wir reichlich entschädigt. Aber dazu gehört Einheit und Kraft, und wir sind in der Richtung, Beides zu verlieren. Doch gebe ich die Hoffnung nicht auf, daß gesunder Sinn wieder obenauf kommt. Es ist jetzt eine Verblendung, die wie eine moralische Cholera durch Europa zieht.

Was wird aber mit Adolf*) werden! Selbst wenn sie dem Sturm der blinden Volkswuth entgehen, welche Zukunft werden sie haben? Wird er es nicht mit beiden Parteien verdorben haben? — Und Ludwig, wird er der provisorischen Regierung huldigen? Was sagen die Herren Obergerichtsräthe? — Hat das Militär nirgends Widerstand geleistet?

Doch ich muß schließen. Herzliche Grüße an Cai und alle die lieben Verwandten und Freunde. — Schließlich bitte ich Dich, meinen Brief zwar den Verwandten, aber mit Vorsicht, mitzutheilen (wegen der Raisonnements). Adieu, liebe Jeanette. Gott erhalte Euch und gebe uns ein frohes Wiedersehen. Herzlich der Deinige
Helmuth.

*

An dieselbe.

Koblenz, den 29. März 1848, früh.**)

Liebe Jeanette! Dieser Brief erhält seinen Schluß unerwartet von meiner Hand. Es thut mir leid, in Deine schöne patriotische Begeisterung manchen Tropfen der Bitterkeit gießen zu müssen. Ich kann mich über das, was in Deutschland vorgeht, freuen, sofern ich in den jetzigen Verhältnissen die einzige Möglichkeit sehe, ein einiges Deutschland erstehen zu machen — aber es kann doch nur dann etwas aus der Sache werden, wenn Ordnung und Gesetz fort bestehen und wenn sich irgend eine centrale Gewalt erhält. Wir sind aber auf dem besten Wege, dies Alles über Bord zu werfen. Ich hoffe, daß in der Versammlung morgen zu Frankfurt die Republik durchfällt, wie in Heidelberg, aber selbst dann, wo ist noch eine Regierung übrig, die Kraft hätte? Die Vorgänge in Berlin haben dort nicht allein, sondern

---

*) Moltkes Bruder Adolf war bei der holsteinischen Kanzlei in Kopenhagen, sein Bruder Ludwig als dänischer Beamter auf Femarn angestellt.

**) Unter dem Datum hatte Frau von Moltke ihrer Schwester geschrieben. Da sie nach einer schmerzhaften Zahnoperation den Brief nicht beenden konnte, fügte Moltke selbst die folgenden Zeilen hinzu.

im ganzen Lande jede Autorität tief erschüttert. Nur große Klugheit und Mäßigung können sie langsam wieder herstellen. Ein Angriff von außen in diesem Augenblick wäre ein großes Glück, aber unsere Nachbarn im Osten und Westen werden warten, bis wir uns selbst in Parteien zersplittert und verzehrt haben werden. Alle Bande drohen sich zu lösen. Es handelt sich nicht mehr um Monarchie oder Republik, sondern um Gesetz oder Anarchie. Nicht von außen kommen unsere Feinde, wir haben sie im Innern — die Proletarier sind der Zauberbesen, den der Liberalismus herauf beschworen und den er nicht mehr bannen kann. Bald wird der liberalste Deputirte ein Stockaristokrat sein, und schwer werden sie ihr Kokettiren mit Freisinnigkeit und Volksbeglückung büßen. Welche Zukunft verscherzt Deutschland!! Welche Verantwortlichkeit für die, welche diese Zustände veranlaßten! Wo war der Druck der Verhältnisse so groß, wer war so in seinem Recht gekränkt, wer so in seiner Freiheit bedrückt, daß es gerechtfertigt schien, ein im schönsten Aufblühen begriffenes Staatsleben zu zertrümmern, eine neue Bahn einzuschlagen, von der Niemand weiß, wohin sie führt.

Doch diese Klagen sind vergebens, man muß jetzt die Zukunft ins Auge fassen, aber sie zeigt lange und blutige Kämpfe.

✻

(Ohne Datum.)

Mein liebes, treues Herz! Dein Exil soll nicht lange dauern. Die Dinge scheinen sich hier zu bessern. Die Leute kommen zur Besinnung und merzen die schlechten Subjekte aus. Wir wollen nun abwarten, was heute in Frankfurt a. M. über deutsche Republik beschlossen wird. Fällt sie durch, wie wahrscheinlich, dann hole ich Dich wieder ab oder schicke Dir wenigstens den Wagen. Morgen muß man Nachricht haben, Du ängstigst Dich doch nur in Ems.

Heute war Krohn bei mir zu Mittag. Er hat die Geschichte in Berlin mitgemacht und geht zu seinem Regiment, welches bei Mayen kantonnirt.

Adieu, Du liebes Herz, hoffentlich bist Du übermorgen oder vielleicht morgen schon wieder hier. Daher packe nicht erst viel aus. Dein treuer Helmuth.

*

Moltke wurde am 16. Mai 1848 interimistisch als Abtheilungsvorsteher zum großen Generalstab in Berlin kommandirt und den 22. Juli zum Abtheilungsvorsteher ernannt. Die Benennung „Abtheilungsvorsteher" wurde später in „Abtheilungschef" umgeändert.

*

Berlin, den 2. Juli 1848.

Liebe Marie. Du bist hoffentlich früher in Neumünster als ich in Berlin eingetroffen. Erst gegen elf Uhr langte ich hier an und begab mich zu Meinhardt. Berlin bietet einen traurigen Anblick. Die Schloßwache und das Brandenburger Thor sind mit Bürgern besetzt. Militär sieht man nur sehr wenig. Einzelne starke Ulanenpatrouillen durchziehen die Straßen. Die meisten Offiziere gehen in Zivil, eine Errungenschaft der neuen Zeit. Fast alle unsere Bekannten sind fort. Der ganze Hof ist in Potsdam. Gestern Abend war ich bei Beuths, die alten, freundlichen Leute. Er hat im vorigen Jahr seine italienische Reise gemacht, und es gab viel zu erzählen über die bekannten schönen Punkte Amalfi, Palermo, Riviera del ponente und so weiter. Der alte Graf B., sein Freund, hat sich erschossen, weil — er nicht mehr ungestört die alten Gänge im Thiergarten machen konnte.

Ich wäre so gerne heute nach Potsdam gefahren, aber mein Helm ist nicht fertig. Ich bin sehr begierig, die hohen Herrschaften nach Allem, was vorgefallen, wiederzusehen. Der General von Reyher*) wird mir in den nächsten Tagen meine Abtheilung übergeben. Uebrigens bin ich eingerichtet. An Wohnungen fehlt es nicht, von drei Häusern sind immer zwei mit Miethszetteln behangen. Ich werde nun in den nächsten Tagen einige vor dem Thore ansehen und suchen, auf kurze Kündigung eine zu miethen.

Gestern wohnte ich zum ersten Male der Sitzung der Nationalversammlung in der Singakademie bei. Das ist eine traurige Gesellschaft. Es wird gepredigt, nicht gesprochen; viel Worte und wenig Inhalt. Einer kam und beschwerte sich, daß er bei der Wahl Prügel bekommen, und blieb dann stecken. Eine Stunde ging darauf hin, um zu bestimmen, ob acht oder sechzehn Mitglieder zu einer Kommission gewählt werden sollen. Bei den Abstimmungen ist ein guter Theil der Abgeordneten noch vollkommen unschlüssig, ob sie Ja oder Nein votiren; sie stehen auf, sehen sich um, setzen sich nieder, kurz, es ist klar, daß die Leute gar nicht wissen, warum es sich handelt. Und das sind unsere Gesetzgeber! Nach siebenwöchentlicher Berathung sind sie noch nicht mit der Adresse zu Stande gekommen. Ja, es wurde nochmals in Frage gestellt, ob man überhaupt die Adresse berathen wolle.

Indeß blickt hier Alles mit Vertrauen auf Schreckenstein. Auch der Minister Kühlewetter ist wegen der verhafteten Freischärler kräftig aufgetreten. Der Minister Rodbertus wurde interpellirt wegen der Arbeiter, die eben in Massen vor die Singakademie rückten, zu deren Schutz die Bürger durch Hornsignale zusammengerufen wurden. Er erklärte bündig, daß er die Verpflichtung des Staates nicht anerkenne, den Arbeitern Arbeit zu geben. Gottlob, daß die Schwindelei Blanquis ein Ende erreicht, die so viel Unheil angestiftet hat. Im Ganzen scheint die Regierungsgewalt doch zu Kräften zu kommen, aber ein ernster Zusammenstoß mit den losgewordenen, anarchischen Elementen scheint mir doch unvermeidlich. Das ist, was ich Dir für jetzt von hier aus mittheilen kann. Wie geht es nun in Holstein?

---
*) Der Chef des Generalstabes der Armee.

Möchten Dänen, Schweden und Gothen nur mal herauskommen, damit die unglückliche Schleswigsche Geschichte ein Ende kriegte; wir haben jetzt wahrlich Wichtigeres auf der Hand. In Frankreich nimmt die Revolution den alten Verlauf, von der Monarchie zur Republik, von der Republik zur Diktatur, die sich nicht ohne auswärtigen Krieg behaupten kann, also von der Diktatur zur Eroberung oder Restauration, je nachdem wir uns unserer Haut wehren. Daher begrüße ich die Wahl des Erzherzogs mit Freuden. Nur erst eine Autorität, welche es immer sei, nur nicht länger die Herrschaft der Advokaten, Litteraten und weggejagten Lieutenants, die Deutschland einer Theilung, wie die von Polen, entgegenführten.

Was für prachtvolle Bauten sind hier ausgeführt, seit wir fort sind! Der Exerzierplatz ist in Gartenanlagen umgewandelt, die Ulanenkaserne ein wahrer Palast; eine gewaltige Kuppel erhebt sich über dem Schlosse — jetzt freilich liegt Alles danieder. Adieu, liebes Herz. Ich hoffe, daß Du bald kommst, denn ich sehne mich sehr nach Dir. Herzlichst Dein Helmuth.

*

Berlin, den 8. Juli 1848.

Es war gut, liebe Marie, daß Dein Brief am 2. dieses Monats ankam. Denn ich fing doch an, ein bißchen besorgt zu werden, ob Du Dich glücklich bis zum Neumünsterschen*) Amthaus würdest durchgeschlagen haben. Ich sehe noch den kleinen Kopf zum Wagenfenster hinausschauen, erst auf der einen, dann auf der andern Seite, bis endlich die weiße Dampfwolke auf der Haide verschwand. Wie überraschend Dein Erscheinen in Holstein gewesen ist, kann ich mir denken. Neumünster stelle ich mir recht angenehm ländlich vor, nämlich das Amthaus, welches ich nicht kenne. Pflege Dich nur recht, Du liebes Herz, und laß

---

*) Brockdorff war von Glückstadt als Amtmann nach Neumünster versetzt worden.

Dir von Schwester Jeanette die schönsten Kalbsbraten, Kieler Sprotten und Dorsche vorsetzen.

Gebe Gott, daß die Nachricht vom Waffenstillstand und Frieden in Schleswig sich bestätige. Die Holsteiner sollen nur keine unbilligen Forderungen erheben und bedenken, daß beim ersten Ausbruch eines Krieges gegen Rußland oder Frankreich Preußen für seine Existenz zu kämpfen haben wird. Schwerlich kann man dann ein Truppenkorps in Schleswig lassen, und die Herzogthümer müßten, wenn nicht zuvor eine Einigung erzielt ist, ihre Sache allein ausfechten. Die Organisation ihres Heeres ist daher allerdings eine wichtige Angelegenheit, und wäre es auch nur, um die Ordnung im Innern zu handhaben, welche wohl auch in Holstein durch Entfesselung der untersten Volksschichten ernstlich bedroht ist. Hier sind gestern zwei Bataillone des zwölften Regiments eingerückt. Der Krawall war gleich fertig, indeß ist nicht viel daraus geworden. Heute sollen die Thorflügel im Schloß eingehängt werden; wieder eine schöne Gelegenheit für den süßen Pöbel. Gegen den Schreckenstein ist die Erbitterung groß, alle Augenblicke das Gerücht seiner Abdankung, aber er bleibt, ihnen Allen zum Trotz. Zwei Bataillone des zweiten Garderegiments sind in Spandau und Charlottenburg eingerückt. Daß ich in Potsdam war, habe ich Dir, glaube ich, geschrieben. Ich finde den König ganz unverändert und blinirte beim Prinzen Karl. Berlin ist sehr langweilig, aber der liebe Thiergarten wunderschön. Die neuen Anlagen bis zum zoologischen Garten und gegen Charlottenburg sind sehr hübsch, und die damit in Verbindung stehende Kanalisirung des Schafgrabens ist fast vollendet. Nach Tische streife ich dort stundenlang als „Bummler" herum. Gestern Abend ging ich noch nach Sommers Lokal, wo Gungl wunderhübsch spielte. Im Ganzen freue ich mich, daß ich wohl nicht lange hier bleiben werde. Die erste Division ist vakant, und wenn sie durch einen Kavalleristen besetzt wird, so komme ich nach Magdeburg.

Es ist daher nicht räthlich, erst wieder eine Wohnung zu

miethen, sondern ich bleibe im Gasthof, selbst wenn die Pferde kommen. Auch wenn Du herkommst, wird es hier nicht viel theurer als in einer Privatwohnung, wo wir ohnehin keine Möbel haben. Am 15. fährt ein Möbelwagen von hier nach dem Rhein, welcher ungefähr Anfang nächsten Monats unsere Sachen aufladen und Mitte August in Magdeburg oder hier eintreffen kann. Ich wünsche sehr, Dich in Neumünster abzuholen; wenn ich überhaupt abkommen kann, würde ich jedoch höchstens einen Tag dort bleiben können. Adieu, Gott erhalte Dich. Dein
Helmuth.

*

Berlin, den 12. Juli 1848.

Du armes, liebes Herz, hast nun noch zwei Tage warten müssen auf den Brief, dem Du schon am 8. entgegensahest.

Was Deinen ferneren Aufenthalt betrifft, so habe ich Dir schon im letzten Brief geschrieben, daß ich es fürs Beste halte, wir bleiben im Gasthof, bis sich etwas über uns entscheidet. Noch immer sind zwei Divisionen zu vergeben. Erfolgt die Besetzung durch Offiziere der Kavallerie, so kann ich binnen ganz kurzer Zeit nach Magdeburg abgehen müssen. — Wenn Du kommst, so wirst Du Alles zu Deiner Aufnahme vorbereitet finden, so weit es geht. Angenehm ist es freilich nicht für Dich, im Gasthof ohne eigene Wirtschaft zu wohnen, aber es geht nicht anders zu machen, und wird hoffentlich nicht lange dauern. Ich werde froh sein, wenn ich aus Berlin fortkommen kann.

Ich habe eigentlich die größte Lust, Dich selbst zu holen, und auf einen Augenblick nach Holstein zu kommen, aber gerade was Du mir von Samwer schreibst, ist ein Grund dagegen, weil es wie eine Bewerbung aussehen könnte, die ich lieber vermeide. Der Vorschlag, von dem Du schreibst, würde, wenn er gemacht wird, sehr ehrenvoll sein. Allein es kommt dabei Alles darauf an, was man fordert, und welche Mittel gewährt werden können, um den Zweck zu erreichen. Ich wundere mich aber, daß man nicht lieber einen der Offiziere wählen sollte, welche den Feldzug mitgemacht haben und dadurch in dem unschätzbaren Vorzug sind, sich schon das Vertrauen erworben zu haben, auch das Terrain und die Personen zu kennen, mit denen sie es zu thun haben werden. Meinerseits kann ich die Sache natürlich weder von der Hand weisen, noch irgend darauf eingehen, ehe nicht die Angelegenheit offiziell angeregt und dabei bestimmter umgrenzt wird.

Ich hoffe sehr, daß Du Adolfs bei ihrer Durchreise durch Neumünster noch sehen wirst. Sein Urtheil über die dortigen Verhältnisse wird von großem Werthe für mich sein.

Ich erwarte bald Nachricht, wann Du kommen wirst. Kannst Du den Tag angeben, so erwarte ich Dich auf dem Bahnhof. Herzlichst der Deine   Helmuth.

Nachschrift. Sollten mir wirklich Eröffnungen gemacht werden, so würde ich inkognito nach Holstein kommen, um von Krohn, Adolf und Cai vorläufig über die Sachlage Aufschluß zu erhalten, wonach ich erst beurtheilen kann, ob ich überhaupt einem so gewichtigen Auftrag gewachsen bin.

*

Am 22. August 1848 wurde Moltke als Chef des Generalstabes des IV. Armeekorps nach Magdeburg versetzt. Kommandeur des Korps war Generallieutenant von Hedemann, vom Jahre 1851 an Fürst Wilhelm Radziwill.

Brief an seine Schwägerin Jeanette.

Magdeburg, den 23. September 1849.

Liebe Jeanette. Die große Aehnlichkeit in der Handschrift ließ mich heute glauben, daß ich einen Brief von Marie erhielte, welche eben jetzt nach Berlin geflitzt ist, um in allen Erinnerungen zu schwelgen. Erst nachdem ich den Eingang gelesen, wendete ich das Blatt um und fand, daß Schwester Jeanette die seltene Schriftstellerin war.

Indem ich nun die Anlage ergebenst remittire, säume ich nicht, den Hauptpunkt des Schreibens sogleich zu erledigen. Ich muß vor allen Dingen bemerken, daß der Premierlieutenant v. St. vom 22. Infanterieregiment mir persönlich vollkommen unbekannt ist. Ein glücklicher Zufall fügt aber, daß der Generallieutenant von Werder, Kommandeur der zwölften Division, heute hier in Magdeburg anwesend ist, wo ich mit ihm und seinen Adjutanten dinirt habe. Aus vollkommen unbetheiligten, unbefangenen Quellen kann ich daher folgende Auskunft geben. — Der v. S. hat in seinem Regiment, Kameraden und Vorgesetzten gegenüber, eine sehr gute Stellung gehabt, bei mehreren Gelegenheiten und namentlich bei der bekannten Schweidnitzer Geschichte viel Umsicht und Energie bewiesen und ist daher (nicht wie mancher Andere) lediglich aus militärischer Thatenlust nach Holstein gegangen. Hieraus geht schon im Allgemeinen ein ehrenhafter Charakter hervor. Vermögen soll er nicht haben, doch ist auch nicht bekannt, daß er Schulden habe. Ob möglicherweise einige unquittirte Rechnungen da sind, dafür läßt sich nicht einstehen. Vom Onkel T. habe ich nichts erfahren, ebensowenig, ob er schon jemals früher eine Dame schön und liebenswürdig gefunden hat, doch habe ich dafür auch nicht die geringste Vermuthung. Die Damen fragen danach sehr viel, unsereins gar nicht, da wir annehmen, daß eine ehrenwerthe Gesinnung für die Zukunft bürgt, und daß man nach der Vergangenheit nicht zu viel fragen muß; doch noch einmal, darüber weiß ich gar nichts. Du siehst, daß ich also überhaupt nicht viel, vom Guten etwas, vom Schlechten gar nichts, zu sagen weiß. Die Hauptsache wird also sein, was der schönen Brautjungfer ihr eigenes Herz sagt. Jedenfalls ist meine Quelle gut und unparteiisch, und ich überlasse Dir, den Gebrauch von meiner Mittheilung zu machen, welchen Du für gut findest, und im Uebrigen auf meine unbedingte Diskretion zu rechnen.

Liebe Jeanette, Du hast doch auch immer Abhaltung, wenn es gilt, Deine Schwester und mich zu besuchen. Aber auch allein nur Cai wird herzlich in diesem elenden Aufenthalt willkommen sein. Aber er kann nicht bescheiden genug in seinen Erwartungen von Magdeburg sein. Die scheußliche Cholera wühlet noch immer fort, wir hoffen auf die kalte Witterung. Den alten Squire hier erwarten zu dürfen, ist mir eine wahre Freude.

Marie hat unbestimmten Urlaub mit der einzigen Bedingung, sich gut zu amüsiren und nicht allzu viel unreifes Obst zu essen. Sie wird bei Eduard Ballhorn wohnen.

Wie gern hätten wir uns ein paar Wochen in Holstein herausgefüttert, aber ich kann gar zu schwer hier abkommen. — Ich schließe nun diese eiligen Zeilen, damit sie um so eher in Deine Hände kommen, und bitte, Dich auch ferner mit freundlicher Liebe zu erinnern Deines treu ergebenen Schwagers

Helmuth Moltke.

*

Rantzau, den 2. Januar 1850.

Liebe Marie. Nachdem Papa und Mama in Horst ausgestiegen, fuhr ich noch bis Elmshorn, gab dort Ueberrock und Fußsack in Pension und eilte sogleich zu Fuß weiter. Zu meinem Unglück gesellte sich zu mir ein Junge aus Barmstedt. Ich dachte, der müsse den Weg dorthin wissen, er führte aber irre, und so gingen wir fast eine Stunde durch tiefen Schnee, bis ich mich durch einen Boten auf den rechten Weg bringen ließ. So ging's denn wieder gut vorwärts durch einen schönen Wald. Als ich aus demselben hervortrat, ging gerade der Mond auf und die Thurmglocke auf Rantzau*) schlug acht Uhr. Als ich die Zugbrücke passirt hatte, traten mir zwei schreckliche Gestalten entgegen, welche die Kinder aus Schnee erbaut hatten. Etwas beklommen trat ich in den Hausflur, erfuhr jedoch bald, daß Alles gut stand,**) Adolf und Guste saßen beim Thee. Ich fand ihn wenig verändert und

---

*) Moltkes Bruder Adolf war als Amtmann der Grafschaft Rantzau in Holstein versetzt. Seine Frau hieß Auguste, wie Moltkes Schwester Burt.
**) Es wurde ein Zuwachs der Familie erwartet.

1850. Beim Bruder in Ranzau.

recht munter. Die Kinder waren zu Bette. Das Haus finde ich doch recht nett, auch sind einige Zimmer recht hübsch eingerichtet, besonders Adolfs Arbeitszimmer. Ich schlief ganz vortrefflich in einem gehörig langen Bette.

Heute früh haben wir das ganze Haus, Ställe und Scheunen besichtigt, ein Wagen, zwei Ackerpferde, acht schöne Kühe mit einem fetten Kalb, welches Dir zu Ehren geschlachtet werden wird. Der Garten ist groß und gut, und rings umher wundervolle Baumgruppen von Eichen und Buchen, dicht dabei der hübsche Flecken Barmstedt voll Soldaten. Heute Mittag machten wir ein sehr gutes Diner. — Wilhelm*) ist ganz munter und aufgeweckt, aber ein Prachtstück ist Helmuth.**) Von Viktor sind hier keine Nachrichten. Fritz und Betty haben geschrieben, aber nichts Neues. Seine Erklärung in der Zeitung ist sehr gut. Grüße Cai und Jeanelle freundlichst. Morgen will ich womöglich zu Lene und nach Hamburg. Adieu, Du liebes, gutes Herz. Ich wollte, Du wärest heute bei dem schönen Wetter hier gewesen. Adieu, behalte lieb Deinen   Helmuth.

*

Magdeburg, den 4. Januar 1850, Abends.

Da sitz' ich auf der alten Stelle, im Lehnstuhl hinter dem Schreibtisch. Mir gegenüber steht der kleine Stuhl, aber leer, und die Tapisserie und Wolle sind fort. Nun nur schnell meinen Reisebericht.. Gestern Mittag gegen zwölf Uhr holperte Adolfs Kalesche mit vier Pferden bespannt über die alte Zugbrücke von Ranzau, auf tiefbeschneiten Wegen nach Uetersen zu. In Elmshorn nahm ich Fußsack und Ueberrock ein. Es war darauf gerechnet, daß Lene mit dem Wagen nach Ranzau zurückkehren sollte. Aber im Pastorat war ein Schwein geschlachtet, es wurde

---
*) Der jetzige Majoratsbesitzer von Creisau.
**) Der jetzige Major und Flügeladjutant Sr. Maj. des Kaisers und Königs.

Wurst gestopft, und so war kaum so viel Zeit, als mein Aufenthalt bis fünf Uhr in Anspruch nahm. Lene fand ich recht sehr wohl, ebenso Bröler und die Kinder. — Kurze Besuche haben für mich etwas Unerquickliches. Der Abschied steht schon als kalter Schneemann vor Augen. Indeß schien doch der Besuch gern gesehen und freundlich aufgenommen. Schlimm war, daß wir ein talles Zimmer hatten. Bröler brachte mich zu Wagen nach Tornesch. Ich hatte zu früh gefrühstückt, um Appetit zu haben, in Uetersen nur Kaffee getrunken und kam innerlich durchfroren bei Streit an. Ich ging sogleich zu Wille und aß eine Schildkrötensuppe, die aber nicht halb so gut war wie bei Buris, dann ein Hirschsteak mit Hindernissen, das heißt mit Austern, aber mir schmeckte nichts. Ich schlief aber trefflich und stand recht gestärkt auf. Heute schneite es unaufhörlich. Ich las die Zeitungen und die Beschreibung der Schlacht von Fridericia, die Tai mir gegeben, auf einem Male waren wir in Wittenberge. Nach einem Beefsteak und einer halben Rothen ging's in kleinen Kähnen über die Elbe, recht gut, und um fünf Uhr stürzte ich Baumann*) in die Arme, welcher schon seit gestern auf dem Bahnhof stand. Betty*) hatte Deinen Brief erst heute erhalten. Die Zimmer waren daher nicht so recht durchwärmt, was sich aber durch fürsorgliches Nachheizen schon gar sehr gebessert hat. Zur Feier Deiner vermeintlichen Ankunst hatte Betty eine riesenhafte Feldhuhnpastete erbaut, au détriment meines Magens, der sie bewältigen soll. Gliszinsky kam gleich herüber, und dann ging ich zu Excellenz, welcher an Flechten sehr gelitten, eine Fontanelle gesetzt hat und nun nicht nach Berlin geht. Er empfing mich aufs Freundlichste und entließ mich nicht allzu spät. Hier erwartete mich nun Thee und die unvermeidliche Pastete, über welche ich hergefallen bin, da ich nun zwei Tage nicht eigentlich zu Mittag gegessen habe. Briefe langen, gottlob, nicht an. Die Pferde sind wohl und bellagen, daß es so glatt ist, daß sie nicht

---

*) Zwei Dienstboten.

heraus können. Ich selbst schwelge im Besitz neuer Pantoffeln und in der Aussicht auf ein bequemes Bett.

Meinen Brief aus Ranzau wirst Du erhalten haben, liebes Herz, ich denke, dieser wird Dich noch in Neumünster treffen. Tausend Grüße von Cai, Jeanette und den Kindern. Genieße Deines Aufenthaltes bei den lieben Verwandten und gedenke des Abwesenden. Herzlichst der Deine   Helmuth.

*

Magdeburg, den 6. Januar 1850, Abends.

Gestern Abend erhielt ich Dein Schreiben vom 3., liebe Marie, und danke Dir, daß Du Zeit gefunden hast, an mich zu schreiben. Ja, wohl fehlst Du mir hier, aber es ist mir, als ob ich Dich nur herbeizurufen hätte, und ich freue mich doch, Dich bei den Deinen zu wissen. Nun wird aber Dein Aufenthalt in Neumünster ziemlich lang. Um Adolf bin ich keineswegs außer Sorge.*) — Freilich hatte ich im Thauschnee ganz nasse Füße bekommen, aber ich zog Strümpfe, Pantoffeln und Schlafrock von Adolf an und befand mich darin ganz vortrefflich.

Briefe habe ich glücklicherweise nicht vorgefunden, aber deren schon mehrere geschrieben, namentlich gestern bis spät in die Nacht habe ich die Zinsen und Vermögensverhältnisse der Geschwister gründlich nachgesehen und Jedem das Seine nachgerechnet. — Heute Mittag war ich zu Hedemanns geladen, mußte aber absagen, weil ich selbst ein Diner gab. Es gab Suppe, trefflichen Kaviar (Portwein), Grünkohl mit Gänsebrust, Feldhuhnpastete, Hasenbraten und Mehlspeise (feinen Rothwein). Eigentlich hoffte ich, daß die verwünschte Pastete vertilgt werde, und obwohl das nicht vollständig gelang, so zweifle ich doch nicht, daß das ganze Generalkommando, welches ich eingeladen hatte, morgen eine Indigestion haben wird.

---

*) Derselbe war sein Leben lang brustkrank.

Wir hatten heute wunderschönes Wetter. Vormittags ging ich mit ihren Excellenzen, Herrn und Frau von Hedemann, spazieren. Morgen dinire ich dort. Heute Abend habe ich mit Glizinsky Domino auf dem Verein gespielt und will früh zu Bett, da ich die vorige Nacht fast gar nicht geschlafen habe.

Hast Du nicht Sehnsucht nach den prächtigen Kindern in Itzehoe? Ich wollte, Du könntest sie alle mitbringen; wir können sie so gut haben. Aber das ist wohl nicht zu hoffen.

Bei Wittenberge hat sich das Eis auf eine so furchtbare Art gestaut, daß man das größte Unglück befürchtet. Das Eis liegt 20 Fuß hoch und bis auf den Grund. Ein Sachverständiger wird nach dem andern hingeschickt, alle sehen das Eis an, aber keiner kann es wegschaffen. Auf der Rückreise laß Dich nur bis Wittenberge einschreiben. Dort erfährst Du, ob man herüber kommt, und hast Zeit genug, Dich entweder nach Magdeburg oder Berlin weiter einschreiben zu lassen.

An Eduard Ballhorn will ich heute noch schreiben, es interessirt mich sehr, ob die Hamburger Aktien Dividende gezahlt haben oder nicht.

Macht Ihr Abends nicht eine Partie, oder was treibt Ihr in Neumünster? Fahr doch einmal nach Kiel, die Züge liegen so bequem, und es ist wirklich allerliebst da.

Mit Oelrichs ging ich heute Nachmittag spazieren.

Nun Adieu, liebes, gutes Herz; gehab Dich wohl und behalte lieb Deinen Helmuth.

*

Magdeburg, den 11. Januar, Freitag Abend.

Danke Dir, mein Herz, für Deinen Brief vom 7. und 8. aus Neumünster.

Ich bedaure, Dir über die Scene zwischen Manteuffel, Brandenburg und dem König durchaus nichts mittheilen zu können; hier weiß kein Mensch etwas davon. Da die wichtige Botschaft des Königs an die Kammer vorgestern von allen Ministern gegen-

gezeichnet, so ist wohl anzunehmen, daß Gott uns unser treffliches Ministerium auch ferner noch erhalten wird. Die Reform habe ich nicht wieder verschrieben, sie hat sehr verloren. Einstweilen begnüge ich mich mit dem Magdeburger Korrespondenten. Uebrigens, liebes Herz, gehe nicht darauf aus, die politischen Ansichten Anderer zu belehren, laß Jedem seine Meinung. Es ist sonderbar, daß über Politik Jeder sich berufen fühlt, mitzusprechen, während in der ganzen Welt gerade darüber vielleicht nur ein paar Dutzend Menschen etwas wissen. Vollends Frauen sollten das nicht thun, deren Politik die Wirthschaft und deren Vaterland das Haus ist. Wenn ich so die Gefühlspolitik der Damen höre, die von den Thatsachen, von Verträgen, Finanzen und derlei Kleinigkeiten absehend, nur ihre Wünsche vor Augen haben, so möchte ich immer fragen, was das Pfund Butter kostet. Du bist nun mal schwarzweißer Reaktionär, und das ist m i r schon ganz recht, laß aber die „freie Presse" dem, der sie liebt. Jedenfalls stehen interessante Sachen darin, die „Scene" zum Beispiel, die wir Anderen wahrscheinlich nie erfahren werden.
Helmuth.

*

Magdeburg, den 23. Januar 1850, Mittwoch.

Bald nachdem Du Deinen Brief vom 10. abgeschickt, liebe Marie, mußt Du meinen erhalten haben. Ich denke mir lebhaft, wie die prächtigen Kinder in die Gaststube zu Horst hineinstürzten und, ohne viel von den versammelten Gästen Kenntniß zu nehmen, mit lautem Freudengeschrei auf Schwester Marie losrannten. Ich sehe das behaglich warme, helle Zimmer, den wohlbesetzten großen Theetisch und die freudestrahlenden Gesichter von Papa und Mama bei Eurem Eintreffen nach der kalten, nächtlichen Fahrt. Es war hübsch, daß Constance*) Dich abholte. Ich begreife, daß Ihr froh seid, wenn in Itzehoe keine Einladungen Euch stören, es ist am besten zu Hause.

---

*) Die Gouvernante der jüngeren Geschwister der Frau von Moltke.

Heute war Kuzlowsky bei mir. Er geht wieder nach Konstantinopel. Ich habe ihn mit der Karte ausgerüstet. Die Türken erinnern sich unser noch mit Anerkennung.

Gott erhalte Dich. Ich grüße Alle so viele, viele Mal. Herzlichst der Deine
Helmuth.

*

Magdeburg, Donnerstag 24./1. 50.

Liebe Marie. Gestern Abend um diese Zeit schrieb ich Dir zum Schluß, daß ich nur noch den Korrespondenten lesen und dann zeitig schlafen gehen wollte. Kaum aber hatte ich das Blatt zur Hand genommen, als Feueralarm geblasen wurde. Eine große Zuckerfabrik in der Neustadt stand in Flammen und ist auch völlig niedergebrannt. Als ich aber zu Bette gehen wollte, wurde zum zweiten Male alarmirt. Der Dom, welcher eben im bleichen Schein des umschleierten Mondes weiß wie Alabaster dagestanden, leuchtete jetzt purpurroth, was auf ein nahes oder, wenn ferne, sehr bedeutendes Feuer schließen ließ. Das letztere war der Fall. Wieder eine Spiritusfabrik hatte Feuer gefangen, ganz unten am „Breiten Weg", links jenseits des Theaters. Es war ein furchtbarer Sturm, und die ganze Luft war mit Millionen Funken gefüllt, die aber beim Herabfallen sich als große glühende Kohlen erwiesen. Glücklicherweise waren noch alle Dächer mit Schnee bedeckt, aber in der Nähe ergoß sich dieser bald als Wasser von den Dächern. Die Spritzen waren theils nach der Neustadt heraus, theils fehlte es an Wasser, und die Leute sprachen den großen Branntweinfässern zu, die geflüchtet wurden. Plötzlich ergriffen die Flammen ein großes Reservoir mit Spiritus. Eine furchtbare Lohe schlug empor, eine glühende Hitze durchflog die Straßen, und die ganze Scene erinnerte mich an den Vesuv. Alles retirirte unwillkürlich einige Schritte. An Löschen war nicht zu denken; es mußten die Pioniere heran, und das war nun eine Freude, zu sehen, in diesem Bilde der Rathlosigkeit und der Unordnung die militärische Zucht und Tüchtigkeit. Zwanzig Mann gingen in das Nachbarhaus, über welches die helle Flamme schon hinwehte. Eine Minute tiefen Schweigens, dann flogen erst die Ziegel, dann Latten und Sparren, dann Balken, Fenster, Laden und Möbel herab, und in zehn Minuten war der ganze Dachstuhl demolirt. Danach kehrten die Leute mit ihren Offizieren zurück und traten ruhig auf ihrem Posten wieder an. Die Feuersocietät hatte sich nicht zu weiteren Demolirungen verstanden, und um zwölf Uhr stürzte der brennende Vulkan in sich zusammen. Das Feuer schien beendet, und ich wollte gehen. Nur an dem Gesims eines dicht dahinter liegenden, großen Fabrikgebäudes züngelten ein paar Flämmchen. Es bedurfte nur einer einzigen Spritze, sie zu löschen. Drei standen da, aber keine arbeitete, aus Mangel an Wasser. Die Schläuche reichten nicht bis oben, und als man nach zehn Minuten eine in Gang brachte, schlug plötzlich die helle Flamme auf einmal aus dem ganzen Dachstuhl heraus. Nun war das Feuer ärger als zuvor. Diese Bandfabrik soll 300 000 Thaler werth gewesen sein, wegen der kostbaren Maschinen. An Löschen war nicht mehr zu denken; es kam darauf an, daß das Gebäude sich verzehrte, ohne das Theater und die Katharinenkirche zu erfassen. Um ein Uhr ging ich nach Hause. Heute Mittag ein Uhr waren nun schon sechs Häuser am Breiten Wege niedergebrannt und fast alle Häuser im Carré. Indeß hatte sich der Wind gelegt, und heute Abend hoffte man des Feuers Herr zu sein.

Was mit der Königlichen Botschaft wird, müssen wir erst abwarten; auch damit wird wohl ein Mittelweg eingeschlagen werden. Ich glaube nicht an den Rücktritt der Minister, nicht an die Unwandelbarkeit der Beschlüsse. Der König wird die Verfassung als unfertig nicht beschwören, aber sie wird bestehen.

Magdeburg ist unglaublich stille, keine einzige Gesellschaft mehr, Du mußt wieder etwas Leben hineinbringen.

So, wenn nun nicht wieder Lärm geblasen wird, so werde ich nicht lange mehr auf sein. Tausend freundliche Grüße und herzlich gute Nacht, mein liebes, gutes Herz. H.

Magdeburg, den 28., Montag Mittag 2 Uhr.

Liebe Marie. Dein Schreiben vom vorgestrigen Tage habe ich soeben erhalten und dieser Brief muß morgen Abend in Wrist ankommen. Du wirst ihn daher wohl Mittwoch früh, also jedenfalls vor Deiner Abreise erhalten.

Heute ist eine Kälte, wo mir die Seele im Leibe friert, wenig Grad unter Null, aber Wind und Schneetreiben; es hilft nichts, als hinauszugehen. Ich wärme mich an dem Gedanken, daß, wollte man sonst, man in zwei Tagen die Alpen im Rücken haben könnte. Denke Dir jetzt den Col di Tenda in umgekehrter Richtung, wie vor drei Jahren, hinabzuschlibbern an das brandende Meeresufer von Nizza unter Palmen und Rosenblüten.

Daß sämmtliche 15 Propositionen des Königs von den Kammern angenommen sind, wirst Du jetzt schon wissen. Das Ministerium bleibt also.

Adieu, liebes, gutes Herz, auf recht fröhliches Wiedersehen.
Dein   Helmuth.

*

An seine Schwester Auguste Burt.

Trouville sur mer, Dept. Calvados, 30./9. 50.

Damit Ihr uns nicht für ganz verschollen erklärt, liebe Guste, will ich Dir nun von hier aus melden, daß es uns gut geht, und daß wir schon ein halb Dutzend Seebäder mit gutem Erfolg genommen haben.

Die letzten Nachrichten hat Marie Dir von Rehne aus gegeben. Es war dort schon recht winterlich geworden, als wir am 7. des Monats abreisten. Wir blieben ein paar Tage in dem lieben Koblenz, wo wir so viele gute Freunde fanden, und empfanden recht den Unterschied zwischen diesem Aufenthalt und Magdeburg. Die schöne Rheinfahrt brachte uns nach Frankfurt am Main, von wo wir auf der landschaftlich sehr schönen Eisenbahn durch die Pfalz nach Metz gingen, einer wundervollen, allen deutschen Stadt mit einem prachtvollen gothischen Dom und französischen Festungswerken. Von hier fängt das einförmige, französische Kalkplateau an mit der langweiligen Champagne. Erst in Soissons wird die Gegend angenehm, und man fährt auf der Eisenbahn immer längs der Marne in wenig Stunden nach Paris.

Wir blieben dort, fortwährend vom schönsten Wetter begünstigt, acht Tage, um diese gewaltige Hauptstadt nur einigermaßen besichtigen zu können. Unser Hotel lag am Boulevard, in der interessantesten Gegend der Stadt. Nach eingenommenem Kaffee ging es fort, und erst Abends spät kam man müde vom Vergnügen nach Haus. Der Vormittag war der Besichtigung der Stadt gewidmet, die Tuilerien, Champs Elysées, Notre Dame, der Jardin des Plantes, die Museen und Paläste, vor Allem die Boutiquen, welche, eine prachtvoller als die andere, durch alle Straßen das Erdgeschoß einnehmen. Man muß wirklich erstaunen, was hier Alles ausgeboten wird, und wie geschmackvoll nicht nur Seidenstoffe und Hauben und Hüte, sondern auch Eßwaren, Fische, Wild, Käse und Obst aufgestellt werden. Man wundert sich nur, wo die Käufer für alle diese Herrlichkeiten herkommen, um so mehr, da Alles recht sehr theuer ist.

Bei den großen Entfernungen kann man sich nicht darauf einlassen, zu Hause zu essen. Aber der Tisch ist überall gedeckt. Man speiset fast nur à la carte und ganz vortrefflich, aber die Preise sind auch danach.

Nachmittags ging es meist bei schönstem Wetter in die Umgegend per Eisenbahn nach Versailles, St. Cloud, Meudon, St. Dénis und so weiter. Abends sechs Uhr wird dinirt, und um acht Uhr geht man ins Theater. Wir besuchten die Variétés, wo man fünf Stücke nacheinander gab, Théâtre Français und die große Oper.

Bei der vorgerückten Jahreszeit war es nun nöthig, ernstlich an die Seebäder zu denken. Von Paris führt eine ganz prachtvolle Eisenbahn immer das schöne Seinethal entlang über Rouen nach Havre. Die großen Krümmen des Flusses werden auf vielen Brücken überschritten, die Thäler auf Viadukten von 100 Fuß

Höhe übersetzt. Gleich hinter einem solchen Riesenwerk stürzt der Zug mit Pfeilesschnelle gerade auf eine steile Kalkgebirgswand los. Man denkt, Alles muß zerschellen, aber ein oft 2000 Schritte langer Tunnel durchsetzt den Berg, und wenn das Tageslicht wieder dämmert, so sieht man sich plötzlich in eine ganz neue Gegend versetzt.

Eine der schönsten Städte, die man sehen kann, ist Rouen, die alte Hauptstadt der Normannen, dieser kühnen norwegischen Seeräuber, welche von hier aus England, Sizilien und Neapel eroberten und ihre Banner bis vor Jerusalem trugen. Die Kathedrale, die Abtei St. Ouen und der Justizpalast sind die schönsten Bauwerke, welche man sich denken kann, und lassen Notre Dame und St. Dénis weit hinter sich.

Im Havre fanden wir die Seebäder sehr wenig einladend und fuhren per Dampfschiff über die etwa zwei Meilen breite Seinemündung hierher nach Trouville, einem kleinen, allerliebsten Städtchen, wo ein trefflicher Badestrand ist. Zu beiden Seiten erheben sich die Kalkufer, welche überall die Küste der Normandie bilden, von schönen Waldungen bedeckt und mit herrlichen Schlössern gekrönt. Ein kleiner Fluß mit breiten grünen Wiesen bildet den Hafen, aus welchem täglich die Austernfischer auslaufen und die trefflichsten Schollen, Steinbutten, große Plattfische mit langen Schwänzen und allerlei treffliche Seeungeheuer heimbringen, deren deutsche Namen ich nicht weiß. Unser Zimmer gewährt den Anblick des unbegrenzten Meeres, nur rechts erhebt sich das Vorgebirge von Havre mit seinen Leuchtthürmen. Große Dampfschiffe ziehen am Horizont entlang, und die Fischerkähne durchschneiden in allen Richtungen die Fluth, welche eben jetzt mit gewaltigem Brausen ihre Wogen, die ein frischer Nordwestwind vor sich her treibt, an das Ufer rollt. Schnellziehende Wolken entladen sich dann und wann in heftigen Güssen, und es gehört ein kleiner Entschluß dazu, sein Bad zu nehmen, besonders nach den warmen Wannen von Rehme. Aber man fühlt sich auch ganz anders gestärkt. Solange die Fluth es erlaubt, wird um zehn Uhr gebadet. Um halb elf Uhr wird bejeunirt, das heißt, eine komplette und ganz vortreffliche Mahlzeit, der nur die Suppe fehlt, eingenommen. Wir haben Pferde gefunden, um Ausflüge ins Land zu machen. Um halb sechs Uhr ist die Stunde des Diners, eine ganze Reihe von Schüsseln in verschiedenen Gängen, einer schöner wie der andere, und dazu ein musterhafter Appetit, um sie zu würdigen. Dabei ist das Leben hier durchaus nicht theuer. Unter diesen Umständen haben wir beschlossen, solange die Witterung es irgend erlaubt, die Seebäder hier abzumachen, und dann über Dieppe, Boulogne, wo man immer noch badet, einen kurzen Ausflug nach England zu machen.

Ich räume nun Marie das Feld, welche die Details nachholen wird, und bitte, den übrigen Geschwistern Nachricht von uns zu geben. Lenes Gesundheit haben wir gestern in treflichem Frontignac getrunken. Möge es Euch Allen gut gehen.

Helmuth.

*

Halle, den 2. Dezember 1850.

Mein liebes, gutes Herz. Der erste Tag der Trennung*) ist vorüber. Einsam, wie Du zurückgeblieben, mag er Dir schwer genug geworden sein. Die Zeit wird lindern. Ich hoffe, daß Du heute Abend bei Schellers**) bist und Dich ein wenig zerstreust, Du liebes, gutes Herz.

Morgen, wenn ich irgendwie kann, reite ich mit, um das hier versammelte Landwehr-Kavallerieregiment zu sehen. Ich hoffe überhaupt, daß wir Abends Vortrag haben und den Vormittag frei bekommen, um zu reiten und Truppen zu sehen. Wir werden wahrscheinlich den 6. nach Dessau gehen, ich schreib' Dir noch.

---

*) Am 6. November 1850 war die ganze Armee mobil gemacht worden.
**) Der spätere Geheime Oberfinanzrath Scheller von der Seehandlung, ein treuer Freund und Rathgeber von Moltke.

Gott segne Dich, Du treues, liebes Weibchen. Herzlichst der Deinige Helmuth.

*

Halle, den 3. Dezember 50.

Mein gutes, liebes Weibchen. Heute wirst Du meinen Brief von gestern erhalten haben.

Um neun Uhr ritten wir eine Meile von hier, das 27. Landwehr-Kavallerieregiment zu sehen. Es hatte geglatteiset und war hart. Das Regiment war sehr gut. Excellenz hielt eine sehr gute Anrede. Donnerndes Hoch auf den König. Ich ritt zurück scharf vorauf. Die Schreiberei war nicht mehr so arg. Wenn der Prinz von Preußen nicht noch anders befiehlt, geht's am 6. nach Dessau, und hoffe ich Dich dann wiederzusehen. Nur möchte ich erst das Quartier dort ansehen, ob ich Dich gut unterbringe, woran jedoch kaum zu zweifeln.

Adieu, herzlichst Dein Helmuth. — 9 Uhr Abends.

*

Halle, den 4. Dezember 1850.

Lieb' Weib. Tausend Dank für Dein Schreiben vom 3. des Monats. Wenn ich mir den Blumentisch vor dem rechten Fenster, den Schreibtisch an der Spiegelwand und den langen Tisch vor dem Sofa denke, so sehe ich Dein ganzes Stübchen vor mir.

Ob wir nach Dessau gehen, ist noch nicht so gewiß. Der General hat erst angefragt, und wer viel fragt, kriegt viel geantwortet. Es ist auch hier recht gut, und ich kann Dich auch sehr wohl beherbergen. Die Gegend ist sehr hübsch, und die Nebel hatten sich so weit verzogen, daß ein bißchen blauer Himmel sichtbar war, was mir immer wohl thut. Morgen rückt das Landwehrbataillon Sangershausen hier in Garnison; das 31. Landwehrregiment und das 8. Husarenregiment (vom 7. Armeekorps) passiren durch, werden besehen. Also was zu reiten.

Jetzt kommt noch die Kreuzzeitung und dann gute Nacht, Du liebes, gutes Herz. Dein Helmuth.

*

Halle, den 6./12. 50.

Liebe Marie! Ich habe Dir gestern nicht geschrieben, weil ich Abends noch zu thun bekam. Gestern Vormittag sahen wir das Sangerhausener Landwehrbataillon, welches so schön ist wie irgend ein Linienbataillon, dann das zweiunddreißigste Landwehr-Kavallerieregiment und endlich das achte Husarenregiment, welches in Hamburg gestanden, dann von Mecklenburg nach Düben ging und jetzt zum siebenten Armeekorps marschirt. Mit den großen Pferden fuhr ich heute mit Bose nach Kröllwitz, ließ mich dem schönen Gliebichenstein gegenüber über die Saale setzen und so zurück. Die Pferde gehen schon eine sehr hübsche pace und sehen gut aus.

Ich bin sehr begierig, wie wir in dem vorgeschrittenen Ländchen unterkommen werden, und werde das Nähere von dort berichten. Wenn nun nichts Außergewöhnliches passirt, mein liebes gutes Herz, so hoffe ich, daß Du mich in Dessau besuchst, wohin Frau von Hedemann morgen abgeht. Adieu, Du liebes Herz. Dein Helmuth.

*

Dessau, den 7./12. 50.

Liebe Marie! Heute ist das Hauptquartier en petit comité mit 189 Personen und 201 Pferden hierher übergesiedelt. Das Offizierpersonal ist im Palais des Erbprinzen untergebracht, wo ich zwei große Zimmer mit zwei Betten habe. Hier trafen wir um dreieinhalb Uhr ein, wurden durch Hofequipagen und gleich zu Hofmarschall von Loën zum Diner abgeholt. Billigerweise hätten wir ganz ohne Appetit sein müssen, aber es war so vortrefflich, daß ich wenigstens consciencieusement gespeist habe. Ein gutes Theater verspricht gute Abendunterhaltung. Ich kann Dich gut unterbringen. Komme daher Montag mit dem durchgehenden Zuge, der von Magdeburg um elf Uhr abgeht. Adieu, liebes Herz, auf Wiedersehen. Dein

Helmuth.

*

Dessau, den 21./12.

Gutes, liebes Weibchen! Es war mir recht unheimlich, als ich auf den langen Vortrag halb acht Uhr ins Zimmer trat und Dein liebes Gesicht nicht mehr sah; ich fand aber Arbeit genug, und jetzt ist es zehn Uhr durch. Vielleicht trifft dieser Brief Dich noch in Magdeburg. Nur herzliche Grüße und gute Reise und fröhliches Fest. Gute Nacht. Herzlichst Dein Helmuth.

*

Hauptquartier, Dessau, 25./12. 50.

Liebes, gutes Weibchen! Am Weihnachtsabend traf der Holzkorb mit schönen Sloffen und Deinem Begleitschreiben hier ein. Ich packte Alles wohlgefällig aus: Strümpfe, Wein, Spickgans und Thee. Heute ging auch Dein Brief aus Wittenberge ein. Ich danke Dir herzlich für Alles und daß Du mir trotz der Müdigkeit von dort noch geschrieben hast. Du hast wohl trotz doppelter Pelzverhüllung etwas gefroren, bist aber hoffentlich noch vor Anzünden des Baumes bei Jeanette gewesen.

Den Weihnachtsabend wollte ich die Herren einladen, aber Bose kam mir mit einer sehr menschenfreundlichen Bowle zuvor. Wir saßen da bis Mitternacht, obwohl ich die Nacht zuvor bis zwei Uhr expedirt hatte.

Am 3. Januar gehen wir nach Merseburg, immer ein guter Aufenthalt, aber Dessau werden wir sehr vermissen. Uebermorgen wird die Kavallerie zwei Meilen von hier besichtigt.

Ganz Dessau legt sich übrigens Dir zu Füßen und klagt mich an, daß Du fort bist. Ich denke mir, daß Du hinten an dem hübschen Garten des Neumünsterschen Amthauses bist, und hoffe bald von Dir zu hören, wie dort Weihnachten ausgefallen ist. Laß Adolf doch nach Neumünster entbieten. Gute Nacht, liebes, süßes Herz, ich bin recht müde, Du weißt, das passirt mir zuweilen des Abends. Herzlichst Dein   Helmuth.

*

Dessau, den 28./12. 50.

Liebe, gute, Marie! Daß ich noch gar keine Nachricht von Dir aus Holstein habe, macht mich diesmal doch etwas besorgt, daß Du Dir auf der Reise etwas Erkältung geholt hast. Dein letzter Brief war aus Wittenberge. Doch ich hoffe, Du wirst Dich bald erholt haben, vielleicht hat dort Weihnachten Dir auch nicht viel Zeit zum Schreiben gelassen.

Hier geht Alles beim Alten, und nur ungern verlassen wir den gastlichen Ort, die schönen warmen Zimmer und das nette Theater. Die Truppen sind meist heute schon abgerückt. In Raguhn (Dessau) ist die ganze Bevölkerung mitgelaufen, und die Demokraten selbst sind entzückt über die preußische Einquartierung. Gestern inspizirte der General das sechsundzwanzigste Landwehr-kavallerie- und das sechste Ulanenregiment zwei Meilen von hier. Vorgestern war ich mit Baumann nach Wörlitz geritten.

Heute gingen wir ins Hofkonzert. Es wurde die Ouverture zu Oberon ganz wundervoll ausgeführt, sie stimmte mich komplett um, denn ich war so verdrießlich wie möglich durch allerlei Scheeereien. In Merseburg wird es nicht so hübsch sein wie hier, und ohnehin werden wir wohl bald in die Festung gesperrt.

Nun, gutes, liebes Weibchen, laß mich bald von Dir hören; dauert es noch lange so, fange ich an, mich um Dich zu beunruhigen. Gute Nacht, Du liebes Herz. Gott schütze Dich.

Herzlichst Dein   Helmuth.

Hauptquartier Dessau, 30./12. 50.

> Sie hatte nicht geschrieben,
> Ob sie gesund geblieben
> Und was sie sonst getrieben,
> But when thy letter trembling I unclose,
> Thy wellknown writing slackened all my woes.

Ganz Dessau will von mir wissen, was Frau von Moltke macht, und ich muß immer noch sagen, daß meine Nachrichten nicht über die Wittenberger Brücke hinausgehen. — Ich fing wirklich an, Anstalt zu machen, um besorgt zu sein, Gottlob, daß Du mit etwas Migräne und Schnupfen durchkamst, aber nimm Dich doch ein bißchen in Acht damit, Herzchen! Wie hast Du Dich nur trotz doppelter Pelzeinhüllung erkälten können?

Wie furchtbar sich Alle gefreut haben mögen, da Du ganz unerwartet kamst, kann ich mir denken.

Was sprichst Du vom Lager bei Rendsburg? Die Leute können doch jetzt nicht im Freien liegen? Oder haben sie Erdhütten gebaut? Sieh doch das Ding mal an. Willisen ist richtig, wie ich vermuthete, abgegangen, weil er einen neuen Angriff nicht hat unternehmen wollen. Er macht geltend, daß die Dänen 10 000 Mann stärker seien; hauptsächlich aber hielt er die innere Güte der holsteinschen Truppen nicht für ausreichend, um eine Bürgschaft für den Sieg zu geben. Die Schlacht bei Idstedt scheint das (abgesehen von einer unstreitig ursprünglich fehlerhaften Disposition) allerdings zu bestätigen, und seitdem ist noch mancher gute Offizier ausgeschieden, mancher mittelmäßige geblieben. Daß sein Nachfolger seit vier Wochen doch auch nichts unternommen, scheint seine Ansicht von der Sache wohl zu bestätigen.

Von Politik wissen wir hier nichts. Mögen sie in Dresden frei konferiren! Es ist die Reaktion tout court. Meinetwegen!

Am 3. Januar geht's nach Merseburg, und wir werden das freundliche Dessau sehr vermissen. Es bleibt indessen von unseren Truppen befehl. Wenn wir doch wieder in das alte Magdeburg einrücken, so wollen wir im Sommer einmal mit den Pferden auf acht Tage hierher gehen. Nun gute Nacht, liebes gutes Weibchen, gottlob, daß ich Nachricht habe. Herzlichst Dein Helmuth.

Dessau, den 31. Dezember 50, Abends.

Liebe Marie! Das Jahr hat nur noch drei Stunden zu laufen, dann reiht es sich den verflossenen Tausenden an. Ich benutze seine letzten Züge, Dir zu schreiben. Wenn ich so zurück denke, so fällt mir vor Allem auf, wie viel unnöthige Sorgen man sich doch macht. Ich wenigstens kann mich davon nicht frei sprechen, und doch hat uns Gott vor jedem großen Unglück gnädig bewahrt. Möge das nächste Jahr nicht bloß uns, sondern auch im weiteren Kreise ein glückliches werden. Meine herzlichsten Glückwünsche für Dich und alle die Unsrigen zu morgen.

Die Schreiberei nimmt immer zu und wird wahrhaft erdrückend. Es sind in den vier Wochen, seit wir Magdeburg verließen, an 1000 Briefe eingegangen, welche wohl 3000 Erwiderungen nöthig machten, die man alle im Gedächtniß behalten muß. Ihr mögt wohl heute Abend fröhlich beisammen sein und eine Bowle leeren. Es ist eine Vereinigung hier „Im goldenen Beutel", aber ich zweifle, ob ich noch hingehe; um zehn Uhr kommt wieder ein Stoß Briefe, und die Verbindlichkeit, bis zwölf Uhr aufzubleiben, ist mir stets fatal.

Uebermorgen giebt uns der Herzog ein Abschiedsdiner, und dann geht es nach Merseburg. Von dort werde ich Dir berichten, und wenn es längere Zeit dauert, so mußt Du, wie der General vorschlug, den Salon halten.

Mein liebes, gutes Herz, dispensire mich heute, ich bin ganz matt. Die herzlichsten Grüße und Glückwünsche, aufrichtig gemeint. Dein Helmuth.

Merseburg, den 8. Januar 1851.

— So nun schnell noch ein paar Worte an gutes, liebes Weibchen.

Mit der Exekution ist es Ernst. Was werden die armen Holsteiner thun? Ich verdenke es Keinem von ihnen, wenn sie anders urtheilen, aber will man gerecht sein, so muß man einräumen, daß die Sache irgendwie zu Ende gebracht werden muß. Preußen hatte in seiner Politik seit dem unseligen März gewiß eine falsche Richtung eingeschlagen. Die Umkehr geschieht nicht ohne große Opfer und schmerzliche Kränkungen, die wir hier Alle recht sehr lebhaft empfinden. Daß die Holsteiner die Waffen niederlegen, ist unabweislich, daß aber dann Preußen und Oesterreich auch für sie die Waffen nöthigenfalls gebrauchen, um ihr wirkliches Recht zu wahren, muß man annehmen. Die Bedingungen vom September 1846, welche durchgesetzt werden sollen, wahren, soweit ich sie kenne, dem Herzog von Augustenburg seine Successionsrechte, und mehr hat das berüchtigte Schreiben des Königs auch wohl nicht verheißen. Die administrative Union der Herzogthümer soll aufrecht erhalten werden; sind sie aber erst unter einem Fürsten vereint, so hindert ja nichts, daß sie dann auch die politische Union ins Werk richten. Jetzt, wo der Mannesstamm der älteren Linie noch nicht erloschen, geht das natürlich noch nicht an.

General von Wussow wird die Exekution der preußischen Truppen kommandiren.

Mein Zimmer ist nun endlich durchgeheizt. Heute in der Stille des Abends ertönten wunderbare Klänge durch den weiten Raum, so leise, daß ich lange zweifelte, ob ich Musik hörte, oder mir es nur einbildete, und doch so tief, daß das Gewölbe zu erzittern schien. Aus meiner Schlafstube konnte ich freilich deutlich vernehmen, daß es die Orgel war, welche mit feierlichen Tönen die Kirche durchbrauste. Aber alle Fenster waren dunkel. Gewiß war es der Bischof Trotha, welcher dem armen Edelknaben sein

Unrecht abbat, dessen Bild, unter meinem Fenster in Stein gehauen, ohne Haupt die Hände gen Himmel erhebt, als ob er noch im Sterben seine Unschuld betheuerte. Gute Nacht, liebes gutes Herz. Grüß mir Alle, Papa, Mama und die Kinder. Herzlichst der Deinige. Helmuth.

12. Sonntag Abend. — Es muß Dir gut gehen in Holstein, lieb' Herz, denn Du bist ziemlich schreibfaul. Es war heute wundervoller Sonnenschein, und ich machte Nachmittags noch einen Ritt längs der Saale. Abends hörte ich den Ritter Trotha Orgel spielen; es war nämlich unser Hausgenosse, der Herr Professor Ritter, Wohlgeboren, welcher letzt den Spul gemacht hat. Als ich in die alterthümliche Kirche trat, glomm das Abendroth mit verlöschendem Strahl durch die runden Glasscheibchen, und bald senkte sich ein Dämmerlicht herab, welches die einzelnen Personen unkenntlich machte und Jedem das Gefühl der Einsamkeit gab. Denn nichts zerstreut mehr, als wenn man sich beobachtet glaubt. Ich setzte mich in einen alten Chorstuhl, wickelte mich behaglich in meinen Pelz und blickte auf das versammelte Publikum, welches ebenso regungslos dasaß wie die Heiligenbilder, Wappenschilder, Apostelstatuen an den Wänden und Pfeilern. Ein Ton, so tief, wie ihn das menschliche Ohr eben noch erkennen kann, summte leise, aber gewaltig durch die Stille. Ihm schloß sich ein zweiter, ein dritter an, und bald brauste es durch die hohen Gewölbe, als wenn eine Schaar wilder Geister in den mächtigen Pfeifen der viertgrößten Orgel der Welt gebannt gewesen wären, die, einmal befreit, unaufhaltsam dahinzubrausen schienen. Aber ein Fingerdruck des Zauber-Ritters bannte sie in ihre langen Zinkfutterale und gab den leisen, aus Rom wohlbekannten Tönen: „O sanctissima, mater amata, ora pro nobis, freien Raum. Es waren nicht Variationen, die mir verhaßt sind, dieses schönen Themas, aber es wiederholte sich bald in leisem Piano, bald mit der donnernden Volltönigkeit dieses Rieseninstrumentes in den wunderbarsten kontra-

punktischen Wendungen und Verschlingungen und machte in der feierlichen Umgebung und der Stille des Abends einen wirklich ergreifenden Eindruck. Ich habe noch im Mondschein einen einsamen Gang rings um die Stadt gemacht.

Den 13./1. 51. — Eben kommt Dein Brief vom 11. d. Mts., liebe Marie. Der General wünscht sehr, in Merseburg zu bleiben, und ist im Stande, Schritte dafür zu thun, aber ich glaube nicht, daß man darauf eingeht. Ich bin sehr ermüdet von einem Diner und langweiligen Klavierkonzert. Gute Nacht, liebes, gutes Herz. Dein Helmuth.

Merseburg, den 23. Januar 1851.

Liebes, gutes Weibchen. Dein letzter Brief vom 17., unmittelbar vor Deiner Abreise nach Neumünster, ist eingegangen und seitdem auch ein sehr hübsches Schreiben von Mama, in welchem sie mir ein Bild Deines Bildes giebt, schwarzes Atlaskleid, Lehnstuhl, Pelzpelerine, Alles! Ich hoffe, daß es recht hübsch wird. Aber täglich mehrstündige Sitzungen, das ist schrecklich langweilig. Ich hoffe, daß die Kinder Dich dabei erheitern und Deinen Zügen Lebhaftigkeit verleihen. Henry müßte im Hintergrund angebracht sein. Aber was soll der arme Junge in Eppendorf? Wie hast Du nur widerstehen können, wenn er Dich bat, nach Magdeburg zu kommen. Ich finde, er hat ganz Recht. Schulen sind dort für jedes Alter, wilde Jungens genug, und das ist gut, aber ein Zu-Hause bei Verwandten gewiß besser als die Pension, wo doch nie die Aufsicht und Pflege so ist und die Kinder immer schlechtes Zeug lernen. Die Komödie unseres Feldzuges geht bald zu Ende, und zum Frühjahr sind wir in Magdeburg, oder es müßte ganz was Besonderes noch in der Politik passiren.

Der 18. Januar hat für die Armee nur eine Oberstleutnantsbeförderung gebracht. Man spart wohl Alles auf, um der Armee die Demobilmachung zu versüßen. — Ich freue mich, daß Adolph doch auch der gemäßigten Ansicht ist und auch eine endliche Erledigung der holsteinschen Wirren hofft. Ich kann von unserer Politik so schlecht nicht denken, daß man die Holsteiner jetzt im Stich lassen solle, und werde in meiner guten Meinung von Manteuffel nicht irre, wie sehr auch die Kölnerin gegen ihn wüthet.

In der Zeitung lese ich heute, daß der Zug, mit welchem Prinz Friedrich Wilhelm nach dem Rhein fuhr, ein Unglück gehabt, das mehrere Menschen das Leben gekostet hat; der Prinz und sein Gefolge sind unversehrt.

Heute schreibt mir Brose aus Berlin, ich möchte ihm doch endlich das Korrekturblatt der römischen Karte wieder schicken, sonst müßte er andere Arbeit anfangen. Ich habe gar keine Korrekturblätter gekriegt und vermuthe, daß es am Ende bei Seiner Majestät liegt. Humboldt schrieb mir einmal in der Zeit der schlimmsten Kriegsaussichten, der König habe beim Empfang des Prinzen von Preußen emsig an dem wunderschönen, römischen Plan studirt. Die Sache wird sich wohl aufklären, und ich bin begierig, den Stich zu sehen. Grüße an Cai und Jeanette. Gute Nacht, Du gutes, liebes Herz. Gott segne Dich. Dein
Helmuth.

*

Merseburg, den 29. Januar 1851.

Liebe, gute Marie! Ich trage Deinen letzten Brief aus Neumünster schon mehrere Tage in der Tasche herum, ohne ihn zu beantworten, weil ich von der hier epidemisch grassirenden Grippe eine kleine Anwandlung gehabt habe. Voigts, Drygalski und Graevenitz haben sich gelegt, Excellenz reiten mit Bose spazieren, und ich stand nur auf, um die Geschäfte abzumachen, spazieren zu gehen und mich dann wieder zu legen. Ich bekam das gewisse Frostschütteln beim Zubettegehen und habe nur drei Tage lang gefroren, bin aber heute schon spazieren geritten, habe den Rest des trefflichen Punschextrakts heute Abend zu mir genommen und werde morgen wohl wieder ganz zu Gange sein. Baumann tritt soeben mit sehr niedergeschlagenem Gesicht herein und präsentirt die letzten Bestände. Für den diesjährigen Feldzug wird es gerade ausreichen. Man schickt uns nun wieder auf die Festung Magdeburg und Mitte nächsten Monats ziehen wir glorreich wieder heim, vielleicht gar früher.

Daß unsere ganze Politik eine so verkehrte gewesen ist, daß wir jetzt manche Demüthigung hinnehmen müssen, daß wir alles seit drei Jahren Beanspruchte und Versuchte aufgeben, das begreife ich; daß wir aber 500 000 Mann aufstellen, um in allen Dingen nachzugeben, um die Oesterreicher am Geburtstage Friedrichs des Großen über die Elbe zu helfen, das ist schwer zu begreifen. Und brächen wir nun auch wirklich mit der Revolution und gäben allen Firlefanz auf! Aber da ist der Eid! Welch Unheil hat ein einziger Tag über uns gebracht!

Die Oesterreicher werden die Holsteiner fürs Erste nicht wieder los. Dennoch halte ich die Wendung der Dinge dort für kein Unglück. Was zu erreichen ist, wird vielleicht auf diese Art am besten erreicht. Aber unser armes Preußen mag seiner Diplomatie ein Denkmal setzen.

Dem General habe ich nach Magdeburg geschrieben, daß das Kriegsministerium uns einladet, hübsch wieder nach Haus zu gehen. Brose hat mir seitdem noch nicht geschrieben und den Abdruck nicht geschickt.

Das Oberkommando ist aufgelöst worden; Prinz von Preußen wurde Gouverneur von Westfalen und Rheinland. Ich kann nicht mehr. Gute Nacht, liebes Herz. Dein Helmuth.

*

Magdeburg, den 4. Februar, Abends.

Seit gestern, liebes Herz, biwakire ich in meiner eigenen Behausung. Ich kam halb neun Uhr an, fand die Wohnstube erträglich geheizt und die gute Stadträthin schickte mir Thee, vortreffliche Butter und eine Elle Wurst. Ich fand einen enormen

Sloß Briefe, darunter die vollständige Demobilmachung der Armee mit Ausnahme der eventuell gegen Dänemark bestimmten vierten und fünften Division unter General von Grabow. In vierzehn Tagen werden 400 000 Mann verschwunden sein. Nachdem ich gut geschlafen und es mit der Grippe heute besser geht, habe ich meine Meldungen heute abgemacht und die Geschäfte begonnen. Der General kommt heute Abend und wird mich wohl noch citiren lassen.

Ich bin sehr begierig auf Dein Bild, fällt es gut aus, so soll es auch den schönsten Rahmen erhalten und mag gern nach Berlin zur Ausstellung gehen. Wenn meine neue Karte fertig ist, so wollen wir auch einmal auf acht Tage nach Berlin gehen. Bis jetzt habe ich von dem Korrekturblatt nichts erfahren.

So, liebe, gute Herzens-Marie, ich bin ganz knocked up. Schreib mir bald. Herzlich Dein Helmuth.

Magdeburg, 22./2. 51.

Ich freue mich sehr darauf, daß Du nun endlich kommst, es ist auch gar zu langweilig, hier so allein zu sein. Ich bin jetzt nirgends hingegangen, da ich immer Deine Ankunft nahe glaubte. Der General war am siebzehnten nach Braunschweig und zwar ganz allein. Er hat den Braunschweigschen Hausorden und eine tüchtige Grippe mitgebracht, an welcher letzteren er bis heute zu Bette gelegen hat. Während er zu Bette lag, wurde der Prinz von Preußen angekündigt, welcher die Nacht im Generalkommando zubringen wollte. Ich empfing ihn daher am Bahnhof achteinviertel Uhr Abends und brachte ihn in seine Wohnung. Im großen Saal war das Offizierkorps versammelt, und der Prinz wahrhaft erfreut, seine Badener wiederzusehen. Die Musikkorps beider Regimenter machten großen Zapfenstreich. Der Prinz besuchte den General an seinem Bette; dann wurde soupirt, wobei Ihre Excellenz erschien. Am folgenden Tage dreiviertel elf versammelten die Stabsoffiziere sich

auf der Eisenbahn, und dann fuhr der Prinz, sichtlich zufrieden
mit der Art seines Empfanges, nach Braunschweig. Gegen mich
war er sehr freundlich. Die Reise nach Olmütz hat er durch
den Herzog von Coburg, die Demobilmachung durch Prinz Carl
erfahren. Es ist noch ein Trost, daß man ihn bei allen diesen
Dingen so wenig fragt. Von Politik schreibe ich nichts, wir
spielen eine zu scheußliche Figur in der Welt. Uebrigens glaube
ich, daß die Welt untergeht, denn es sind heute Nachmittag keine
Briefe eingegangen. Richtig, da sind sie! Ich bin nur neugierig, wie Du Deine Wirthschaft einrichten wirst, ob Du eine
Köchin mitbringst oder ob wir von Manna leben werden. Das
Wirthshausessen habe ich recht satt, es bekommt mir nicht. Adieu,
liebes, gutes Weib. Herzlich Dein   Helmuth.

*

Rehme, den 3. Juni 1852.

Elf Uhr Vormittags und schon zwei Bäder genommen. Ich
kam um halb vier Uhr in Minden an, wo man meinen Paß
forderte, den ich nicht hatte. Da ich unterwegs nichts genossen,
so schmeckte mir ein junges Huhn in dem hübschen Bahnhofssaal
sehr gut. Ich war übrigens in very low spirits. Ich nahm
mir einen Einspänner nach Rehme. Als mein Koffer auf
dem Rücksitz vor mir stand, duftete es äußerst lieblich nach
Fusel. Ich schloß auf und, indem ich meinem Riechorganen
folgte, fand ich die Champagnerflasche in hundert Stücke zertrümmert. Die vielen Zeitungsblätter hatten den größten Theil
des Fluidums aufgesogen, so daß der Schaden an Wäsche ꝛc.
nicht sehr groß ist. — Ich fuhr durch die schöne Porta und kam
um sieben Uhr hier an, stieg im Gasthof ab und ins Bad hinein.
Nachdem ich bis neun Uhr noch in der schönen Luft und Vollmondschein promenirt, ließ ich mir Spargel und westfälischen
Schinken reichen, die ganz gebliebene Flasche entstöpseln, schenkte
ein und stürzte rasch ein Glas — Spiritus — glücklicherweise
nicht hinunter. Frage: Was war in der Champagnerflasche?

doch wohl Wein gewesen; dann muß der starke Geruch aus dem Untersatz der Maschine gekommen sein. Nachdem ich trefflich geschlafen, ging ich durch den Park. Das neue Kurgebäude ist recht hübsch im Schweizerstil erbaut und hat einen prächtigen Saal, hoch, hübsch gemalt, ohne Pracht wie Ems und Wiesbaden, aber sehr geschmackvoll. Der Garten ist ein wenig erweitert. Um sieben nahm ich das zweite Bad, zwanzig Minuten lang. Ich bummelte dann den hübschen, schattigen Weg nach dem Siehl und stellte mich um elf auf den Bahnhof. Ich schreibe Dir jetzt aus meiner Wohnung im „Haus Westfalen", das beste Haus im ganzen Ort. Ich wohne allerdings im Giebelzimmer, zwei Treppen hoch, habe aber eine prachtvolle Aussicht, nicht gerade nach der Porta, aber nach Süd-West von Bergkirchen nach Herford das Weserthal und die Berge dahinter. Das Zimmer ist äußerst nett, mit gutem Sofa und Bette, kühl und luftig. Das schöne Westfalenland mit seinen hellgrünen Flächen und dunkelgrünen Bergen, Baumgruppen und Gehölzen liegt vor mir ausgebreitet, die Luft ist prächtig kühl und belebend. Für jetzt wünsche ich nur zwei Sachen, erstens daß mein liebes Weibchen auch hier wäre, zweitens noch einige Flaschen Wein.

Was macht unser fröhlicher Junge?[*]

Für heute Abieu, liebes Herz. Dein　　　Helmuth.

＊

Rehme, den 4. Juni.

Senke freundlich, o Baum, die schattigen Zweige zur Erde.
Jedem, der sich dir naht, säus'le Kühlung herab;
Gieb dem Zweifelnden Muth, dem Müden ruhige Stille,
Und dem Liebenden gieb, daß ihm begegne sein Glück.

Gestern Nachmittag um vier Uhr fuhr ich zur Porta. Ich ließ mich übersetzen und stieg langsam nach dem Wittekindsthurm.

---

[*] Sie hatten den Bruder der Frau von Moltke, welcher zugleich der Neffe Moltkes war, als elfjährigen Knaben zu sich genommen.

Ich saß wohl eine halbe Stunde auf der Warte, das schöne Land überschauend, was sich über die Buchenwipfel hinaus gegen Süden durch das Bielefelder Gebirge begrenzt, im Norden unabsehbar sich zur Ebene verflacht. Wie eine gewaltige Schlange, durch die Porta festgehalten, windet sich die Weser durch die grünen Saaten und an den schönen Dörfern vorüber. Von der Wittekindskapelle stieg ich den kleinen, steilen Fußpfad nach Wedbigenstein hinab, ging dann längs des Flusses einen Fußweg, der 1300 Schritt kürzer ist als die Chaussee, und war Abends halb neun Uhr zurück. Nach dem Bade ging ich heute nach dem Siehl. Jetzt werde ich, „da es sehr warm ist", den grau leinenen Anzug anlegen, diesen Brief nach der Post tragen und dann sachte herumbummern. Morgen ist eine Partie nach der Porta. Adieu, liebes, gutes Weibchen, grüße den Jungen.

Helmuth.

Rehme, den 5. Juni.

Heute Nachmittag, liebes gutes Herz, erfreute mich Dein Brief vom gestrigen Tage. Manchmal denke ich, ob wohl die hazel eyes meines freundlichen, kleinen Weibes auch aus dem Coupé scheinen werden. Aber ich weiß auch nicht, wo Du den Jungen unterbringen sollst. Rehme ist allerdings jetzt wunderschön und die Jahreszeit so viel angenehmer, als da wir das vorige Jahr hier waren. Der Blick aus meinem netten Stübchen ist allerliebst. Ueber der schwarzen Silhouette der Buchen heben sich die Berge und zeichnen sich scharf auf dem goldenen Himmel ab.

Nachmittag vier Uhr. — Ich komme eben aus Bielefeld, von wo ich Dir den beifolgenden Westfälischen mitbringe. Ich fuhr um acht Uhr früh hin, stieg auf den Sparenberg und blieb da sitzen bis Mittag. Die Gegend ist herrlich, und ich fand einen bequemen, schattigen Sitz, auf dem ich selbst einen Augenblick einschlief. Dann dinirte ich bei Boucher. Für heute Adieu, liebes Herz. Helmuth.

Rehme, den 9. Juni.

Liebe Marie! Deinen Brief vom 6. und 7. d. Mts. erhielt ich durch Frau von Witzleben*) schon in Minden. Dort ist man jetzt sehr strenge mit Pässen, und ich setzte richtig voraus, daß die Damen ohne dergleichen eintreffen würden. Ich brachte sie dann ohne Schwierigkeit durch, setzte sie in ihren Wagen und ging zu Fuß nach der Porta, wohin an diesem Tage eine Partie per Extrazug war, mit welchem ich nach Rehme zurückkehrte. Der jetzige Kursaal, welcher sehr hübsch ist, bleibt als Restauration, der neue soll dahin, wo jetzt die Buden stehen. Ich fürchte aber, daß Rehme den erwarteten Aufschwung gar nicht nehmen wird. Es ist lange nicht so voll jetzt als in der vorgerückten Jahreszeit, wo wir es besuchten. Ich lasse mich auf weite Fußtouren nicht ein, sondern dämmere fortwährend herum. Zu Hause lese ich den Macaulay, den ich bald durch habe. Ein Reitpferd hier zu haben, wäre ganz hübsch, aber möge doch die Umstände und Kosten nicht auf für kurze Zeit.

Für heute gute Nacht. Gott erhalte Dich, Du liebes gutes Herz. Grüße den Turner Henry. Dein Helmuth.

*

Magdeburg, den 9. Juli 52.

Liebe Marie! Trotz der 24° Hitze muß ich nun doch wohl Deine beiden Briefe vom Montag aus Hamburg und Mittwoch aus Itzehoe beantworten.

Vielleicht findet Seine Dänische Majestät jetzt Muße, über seine deutschen Beamten etwas zu bestimmen. Diese Schwebe ist doch unerträglich und fast peinigender als die schlimmste Gewißheit. Ich wünsche Cai und Jeanette herzlich eine günstige Entscheidung. Fritz schreibt mir, daß er zum Postmeister in Flensburg ernannt ist. — Die fürstliche Bowle war ganz gut. Noch

---

*) Die Gemahlin des damaligen Oberpräsidenten der Provinz Sachsen.

munterer ging es am folgenden Tage her, wo die Dessauer Offiziere unsere Gäste waren. Nachmittags gingen wir schießen mit dem leichten Percussionsgewehr im Garten vor dem Sudenburger Thore. Die Musik spielte, und eine erneute Erdbeerbowle erschien. Ich schoß einmal Zentrum und beim Schießen nach Flatterscheiben gleich die erste herunter (300 Schritt, 9 Zoll Durchmesser mit Kommißgewehr, gut genug). Es wird jetzt alle Woche ein solches Offiziersschießen stattfinden, was sehr amüsant ist. Adieu, liebes gutes Weibchen. Dein Helmuth.

*Magdeburg, den 16. Juli 1852.

Liebe Marie! Ich freue mich, daß Du Adolf so wohlauf gefunden hast, und denke mir, wie schön es bei der furchtbaren Hitze in den schönen Laubhallen in Rantzau gewesen ist. Gott gebe doch, daß eine günstige Entscheidung für Adolf eintrifft.

Nachdem die Kreuzzeitung drei Tage konfiszirt, erklärt sie jetzt, vorläufig bis zur gerichtlichen Entscheidung gar nicht mehr zu erscheinen. Ich habe nun gar keine Zeitung, was reiner Profit ist. So letzt faßte ich den kurzen Entschluß, fuhr nach Halberstadt und wanderte gleich nach dem Huiwalde. In Röderhof wollte ich Fräulein C. aufsuchen; sie ist aber in Interlaken, und ich ließ meine Karte in dem baroden Schloß zurück. Der Gasthof war scheußlich und ganz voll, so daß kein Unterkommen. Es war zehn Uhr geworden, aber die Nacht so warm und ruhig, daß ich den stellen, mit mächtigen Buchen dicht bestandenen Berg nach der alten Huiseburg langsam noch hinaufstieg. Bald leuchteten die weißen Thürme der Benediktinerabtei aus den bunkten Zweigen. Ich hob den schweren Klopfer am Thor und der Schlag hallte weit hin von den Mauern des großen Klosterhofes wider. Bald rasselten die Schlösser und statt des ehrwürdigen Pater Pförtners trat ein ganz allerliebstes Mädchen hervor, welcher ich erklärte, daß sie mich zu behausen habe, da sie nicht mitleidslos mich unter einem Baum biwakiren lassen würde. Sie traf ein terme moyen, beschaffte zahllose Federkissen in einem Zimmer mit weiter Aussicht, zwischen denen ich dann die heiße Nacht über freilich wie eine Sardelle zwischen zwei Butterschnitten lag. Ganz früh in der Kühle wanderte ich auf dem Gebirgskamme bis zur Sorgstädter Warte, wo man einen prächtigen Blick nördlich über Wald und Ebene, südlich über den Harz hat. Um neun war ich wieder in Halberstadt, 1½ Meile, und um elf per Schnellzug hier. Ich habe große Lust, einen ähnlichen kurzen Ausflug zwischen zwei Posten nach der Blechhütte bei Thale zu machen.

Adieu, liebes, gutes Weibchen. Herzlichst Dein

Helmuth.

*

Magdeburg, den 22./9. 52.

Liebes, gutes Herz, ich freue mich, daß Du so wohl und schnell in Itzehoe angekommen bist, und hoffe, daß der Kopfschmerz vorüber ist. Es ist mir nicht möglich gewesen, früher zu schreiben. Seine Durchlaucht haben mir eine Arbeit gegeben, die mich zwei Tage an den Schreibtisch fesselt. Ich sitze bis elf auf dem Sprunge, da hier für die wahrscheinliche Ankunft des Königs allerlei anzuordnen ist. — Tags nach Deiner Abreise hatte ich Deinen schönen Siegelring verloren. Ich merkte es Mittags, wie ich zum Essen ging. Da ich bei den Pionierarbeiten die Handschuhe ausgezogen, so wanderte ich trotz Regen und Dunkelheit hinaus, fand aber den Ring Abends beim Ausklopfen im Stiefel. Er muß beim Anziehen vom Finger geglitten sein und hat sich glücklich innerhalb der Stiefelschäfte hinabgesenkt. — Vorgestern war ich mit dem Fürsten bei Renz. Er produzirte wunderschöne Pferde, und gelacht habe ich, daß ich mich schämte, über die Quadrille mit den Pappppferden. Der Clown machte, wie ein Pferd vor einem Hut scheut, ganz vortrefflich.

Nur um Dich nicht ganz ohne Nachricht zu lassen, schicke ich diesen dummen Brief ab. Herzliche Grüße an Alle. Gute

Nacht, liebes Herz, es ist elf Uhr, und nun gehe ich zu Bette.
Dein Helmuth.

*

Magdeburg, den 27. September.

Statt hier allein zu sitzen, spräche ich gern ein Stündchen bei Euch ein, liebe Marie, und sähe, wie Ihr am Theetisch versammelt seid, die Lichter schon auf dem Klavier angezündet, die Kinder zu Bett geschickt sind, so daß nun Ruhe ist, und Gespräch und Musik beginnen. Wie schade, daß Ludwig nicht mit den beiden ältesten Elfen gekommen ist. Sähest Du sie nur, so würdest Du Dich nicht von ihnen trennen können, so lieblich sind sie. Ich möchte sie so gerne hier einmal haben. Der König, welcher heut Mittag durchpassirte, fragte wieder nach meiner Karte, von der ich noch immer nichts hörte. Ich hoffe, daß Alles im Oktober fertig wird.

Am vierundzwanzigsten war der König hier und wohnte dem Schluß der Belagerungsübung bei. Es wurde ein Bastion erstürmt, was ein schönes Schauspiel gewährte. Herzlichst der Deinige. Helmuth.

*

Berlin, den 7.

Nur mit genauer Noth bin ich heute fortgekommen, aber doch nun wirklich hier. Und Berlin interessirt mich sehr. Zwanzig Jahre meines Lebens habe ich hier zugebracht, aber seit zehn Jahren ist es so verändert, daß ich überall Neues sehe. Die Fahrt hierher ging sehr schnell, um zehn Uhr fort, um einundvierteel Uhr hier. Ich wohne in Meinhards Hotel, parterre nach der Charlottenstraße heraus. Das Haus soll voll Fremder sein. Nachdem ich mich umgekleidet, ging ich zum alten Fritz, dann zu der vom Kladderadatsch illustrirten Schloßbrücke und in das alte Museum. Es ist doch ein prachtvoller Platz, und die stolze Kuppel auf dem Schloß eine große Zierde. Um drei trefflisches

Diner. Aber kein einziger Offizier am Tisch, viel Polen und Franzosen. Um fünf Uhr dämmerte ich sacht die Linden hinab und begaffte die Schaufenster, dann in den Thiergarten. In der Stadt war es heute sehr schwül und drückend; sowie man aus dem Brandenburger Thor trat, köstliche Kühle und Baumluft. Ich ging zu Kroll, wo im Königssaal Theater war. Man gab ein französisches, übersetztes Stück: „Sein Herr Schwiegersohn", sehr unterhaltend. Dann war Konzert im Freien. Ich fand aber keinen einzigen Bekannten und mir fehlte mein liebes, gutes Weibchen. Jetzt will ich zu Bett und morgen meine Meldungen machen. Ich hoffe, daß Du meinen Brief erhalten hast. Gute Nacht, Du liebes, liebes Herz.

Wie schön ist doch der Thiergarten und ganz besonders die prächtige Promenade längs des Schiffahrtkanals. Liebe, gute Marie, gute Nacht, ich kann nicht mehr vor Müdigkeit.

Den 9. — Heute Vormittag studirte ich die Akten der letzten Uebungsreise, was mich sehr interessirte. Prinz Friedrich Wilhelm und Friedrich Karl gehen dies Jahr mit. Von letzterem habe ich ganz gute Arbeiten gesehen. Er hat eine wahre Passion für die Sache und hat Reyher gesagt, daß er, ungeachtet er General sei, sich gern unter mein Kommando stellen wolle. Ich soll die Reise leiten. Reyher macht die Kritik des Ganzen. Vorläufig hat er mich morgen zu Mittag gebeten.

Um elf Uhr ging ich aufs Bureau des Generalkommandos des Gardekorps, fand Gliczinski aber nicht, dann blieb ich zwei Stunden im neuen Museum. Es ist wirklich prachtvoll. Mich interessiren vorzüglich die Kartons von Kaulbach, die mit ebenso viel Geist als Humor behandelt sind. Die ganze geschichtliche Entwicklung des Menschengeschlechts ist durch eine Reihe von Arabesken von Kindern dargestellt. Ein Knabe mit der Bischofsmütze balgt sich mit einem andern mit der Kaiserkrone. Einer mit der Tonsur studirt Naturwissenschaft und einer mit der Perücke und Kants unverkennbarem Gesicht beleuchtet die Heilige Schrift mit der Kritik der reinen Vernunft. Dann sind wunderhübsche Fresfogemälde, welche alle die Tempel darstellen, wie sie einst gewesen sind, von denen die Säulen und Bildwerke vor Dir stehen, unter anderen das Forum romanum, das Grab der Claudier, von denen Du die Trümmer kennst. Es macht aber schrecklich müde. Abends mit Wilhelm und Eduard in das Friedrich-Wilhelmstädtische Sommertheater. Eine sehr hübsche Bühne im Freien, mit Springbrunnen à la Kroll. Schrecklich dummes Stück. Kranzler, dann nach Haus. Die großen Manöver des fünften und sechsten Korps sind abbestellt. Mit dem König geht es besser. Bis Sonnabend bleibe ich noch hier und werde Dir von Mittenwalde aus schreiben, wo ein Brief von Dir aus Holstein mich gewiß treffen kann. Adieu, Du liebes, trautes Herzblatt. Halte Dich gesund, genieße den Aufenthalt und behalte mich lieb. Helmuth.

*

Mittenwalde, den 16. August 1854.

Du gute, liebe, prächtige kleine Frau. Heute triffst Du nach meiner Rechnung in Rautzau ein und übermorgen, am Tauftage, wirst Du diese Zeilen haben. Bitte, sage Adolf meinen aufrichtigen Glückwunsch und bitte ihn, zu entschuldigen, wenn ich sein letztes Schreiben mit der freundlichen Einladung noch nicht beantwortet habe. Es giebt aber auch hier entsetzlich viel zu schreiben. Ich habe die Arbeiten von siebzehn Offizieren durchzusehen und zu beurtheilen, und dabei werden täglich mehrere Meilen geritten. Morgen früh reiten wir nach Baruth ab. Der Graf Solms hat von Teplitz aus für unsern Empfang gesorgt. Hier waren ganz leidliche Quartiere. Am zwanzigsten und einundzwanzigsten sind wir in Lübbenau am Spreewald und am dreißigsten in Muskau. Mittags und Abends essen sämmtliche Offiziere zusammen, die beiden Königlichen Prinzen mit. Im Ganzen ist es recht hübsch, ich bin aber mit meinem Magen nicht so recht in Ordnung. Nun erzähle mir auch, wie es Euch denn noch in Rehme ergangen ist, ob Ernestine gute Wirtung verspürt und wie Ihr die Reise zurückgelegt habt. Grüße auch alle die lieben Geschwister und Verwandten, die in Ranzau zusammenkommen, aufs Herzlichste von mir.

Jetzt muß gepackt werden, damit wir die Morgenkühle benutzen. Abieu, Du liebes Herz, ich denke schon mit Freuden daran, Dich wieder zu sehen. Mit tausend Grüßen Dein alter

Helmuth.

Golßen, den 19. August.

Liebes, gutes Weibchen! Heute Morgen, als ich eben aufsitzen wollte, um von Baruth hierher zu reiten, kam der Briefträger und erfreute mich mit Deinem Brief aus Rehme, welcher mir von Millenwalde aus nachgeschickt worden ist. Ich freue mich, daß es Euch so gut gegangen ist, daß Ihr den freundlichen Ort mit Bedauern verlaßt.

Ja, zu thun giebt es tüchtig bei so einer Reise, und die Arbeit will immer in kürzester Frist gemacht sein, denn ehe ich nicht fertig bin, können die anderen Offiziere nicht anfangen. Alles wartet also, die Pferde stehen gesattelt und sowie der Befehl erlassen, jagt Alles fort. Dann kommen die Berichte, die sämmtlich genau durchzusehen und zu kritisiren sind. Zur Hülfe kann ich da Niemand heranziehen, außerdem muß ich das Terrain selbst sehen. Dann kommen lange Besprechungen beim Chef und in neuester Zeit lange Diners und Thees, so daß die Nacht zu Hülfe genommen werden muß. Ich bin daher auch etwas abgespannt, aber die Sache ist sehr interessant, selbst sehr aufregend. Das Zusammenleben mit den Kameraden erfrischt. — Gerwin ist ein sehr verständiger Mann, er kommandirt unter mir das eine, Prinz Friedrich Karl das andere Korps. Letzterer hat eine wahre Passion für die Sache, was seiner Einsicht alle Ehre macht. Seine Arbeiten sind sehr gut. Ich glaube, er ist der

Mann, der einmal den alten Waffenruhm von Preußens Heer wieder herstellen wird. Im Verkehr mit den Generalstabsoffizieren ist er in hohem Grade kameradschaftlich, so wenig er sonst bei den Offizieren beliebt ist, welche er durch seine strenge Moralität und ein etwas schroffes Wesen abstößt. Prinz Friedrich Wilhelm ist ein wahrhaft liebenswürdiger Mensch.

Natürlich finden wir, wo wir hinkommen, Ehrenpforten, Laubgewinde, Illumination und sonstige Zeichen offizieller Begeisterung. Der König hat auch einen seiner Flügeladjutanten, den Major von Schlegell, geschickt, welcher an der Reise Theil nimmt. — In Baruth lagen wir zwei Tage vortrefflich auf dem Schloß. Der junge Graf kam von Golßen, um die Honneurs für seinen Vater zu machen. Für heute herzlichst gute Nacht, liebe, gute Marie.

Luckau, den 22., Abends. — Die vielen Diners hatten mich so angegriffen, daß ich gestern ganz melancholisch war. Von dem trefflichen Quartier in Golßen kam ich hier in ein recht dürftiges. Ich hatte den Tag gar nichts zu thun und gegen Abend sehnte ich mich ganz schrecklich nach Dir. Heute habe ich wieder so viel auf einmal bekommen, daß ich kaum fertig werden konnte. Herzlichst auf immer der Deinige. Helmuth.

*

Muskau, den 31. August 1854.

Liebe, gute Marie, zu meiner großen Freude erhielt ich heute Deinen lieben Brief vom 26. d. Mts. Zunächst will ich Dir Nachricht von dem Verlauf meiner Reise geben.

In Lübbenau wurden wir vom Grafen Lynar vortrefflich aufgenommen. Ich wohnte im Schloß in einem reizenden Thurmzimmer sehr behaglich. Das Gebäude ist prachtvoll und groß, aber nicht schön. Man hat aber das alte Schloß abgetragen, weil zu schreckliche Erinnerungen aus der Familiengeschichte daran hafteten. Die Diners waren vortrefflich, und Abends unterhielt man sich sehr gut. Prinz Friedrich Karl ging von Lübbenau zurück nach Potsdam. Er hatte Fieber, und ich rieth ihm auch sehr ab, die beabsichtigte Partie nach dem Spreewald zu machen. Alles steht dort unter Wasser, und ich begreife nicht, wo die Pferde diesen Winter Heu her bekommen sollen, da selbst die Nachmahd überall verloren ist. Es herrschen in dortiger Gegend viel gastrische und nervöse Fieber, und da ich seit Ludau etwas unpäßlich war, so wollte ich Anfangs auch nicht mit. Ein vortreffliches déjeuner dinatoire ist aber eine prophylaktische Kur. Wir fuhren auf Kähnen etwa zwei Meilen in das eigenthümliche Land hinein, wenn man es ein Land nennen kann. Denn selbst in den wenigen Dörfern kann man ohne Kahn kaum von einem Haus zum andern kommen. Die vielen Arme der Spree ziehen unter hohen Erlen und Eichen hin, und nur ortskundige Führer können, ohne sich zu verirren, durchfinden. In einer Mühle mitten im Walde wurde Kaffee eingenommen. Die Einwohner sprechen wendisch und nur durch Schulen und die allgemeine Wehrpflicht hat die deutsche Sprache jetzt so weit Eingang gefunden, daß Alle sie wenigstens verstehen. Wie bei uns die Schuljungen jeder eine Riesentafel mitnehmen, so kommt dort jeder mit einem Kahn zur Schule. Prinz Friedrich Wilhelm hat eine sehr hübsche Art, die versammelten Bewohner anzusprechen.

Von Lübbenau ging es nach Vetschau. Ich machte einen Umweg von ein paar Meilen und ritt über Zinnitz zu Palow. Ich traf dort eine Gräfin Rostitz-Jänkendorf, verwittwete Professor Helfert, geborene des Granges, welche den Beinamen „die Königin von Saba" hat. Du erinnerst Dich ihrer vielleicht aus der Hofgesellschaft, eine sehr schöne, aber etwas auffallende Erscheinung. Helfert war von der englischen Regierung zur Erforschung des Birmanen-Reiches abgesticht, wurde ermordet und hinterließ ihr 200 000 Acres wüsten Landes. Sie pflanzte eine halbe Million Kaffeebohnen, steckte 180 000 Franken hinein und war dann fertig, ging nach Europa, bot ihr Königreich Louis Philipp, der

englischen Regierung und unserm Könige an, der auch richtig
darauf einging. Die Sache zerschlug sich aber an Minister
Rother, der solche phantastische Pläne nicht liebte. Jetzt hat sie
eine Herrschaft in Ungarn. Da sie den Euphrat mit der Ches-
noyschen Expedition herabgefahren war, so fanden wir interessante
Berührungspunkte zum Gespräch. Nach dem Diner mußte ich
aber fort. In Cottbus hatte ich ein vortreffliches Quartier bei
einem Kommerzienrath Krüger. Die Stadt war sehr hübsch illuminirt. Ich ging in eine Kirche, wo wendisch gepredigt wurde
und die ganz voll hübscher Mädchen mit sehr kleidsamer Nationaltracht war. Natürlich blieb ich nur kurz. Gestern ging es nach
Forst, wohin ich mit der Post fuhr, und heute zu Wagen hierher,
wo die Reise endet.

Dies ist nun ein schöner Endpunkt. Fürst Pückler hat
Wunder geleistet. Er fand zwar als Material ein schönes altes
Schloß mit Thürmen, einen 80 Schritt breiten Strom, die Neiße,
ein stark hügeliges Terrain und wundervolle alte Eichen vor.
Er fügte einen sammetartigen Rasen hinzu, grub Teiche und
Flüsse, verpflanzte fünfzig Jahr alte Bäume. Das Ganze sieht
nicht aus wie ein Park, sondern wie eine wunderschöne Gegend,
von wenig Wegen und schönen Bächen durchzogen; nirgends
diese ohne Grund geschlängelten Wege. Alles wie es die Natur
und das Bedürfniß erheischen.

Prinz Friedrich der Niederlande ist gestern eingetroffen. Er
war immer besonders freundlich zu mir. Ich wohne in seinem
Logirhause. Beim Eintreffen wurde mir ein vortreffliches Dejeuner servirt. Dann machte ich eine Promenade durch den
Park. Um vier Uhr war Vorstellung und Diner für das
ganze Offizierkorps. Um sieben machte ich einen Gang durch
den Park. Ein feiner Nebel bedeckte die Wiesen und gab
der Landschaft den bläulichen Anstrich, der in Italien so schön
ist. Das erste Viertel des Mondes schien durch die dunklen
Blätterkronen der Eichen. Die Neiße brauste über die hinein-
geworfenen Granitblöcke, und ich bin ganz entzückt über diese

Anlage. Der Fürst hat, seit er Muskau verkauft, keinen Fuß in seine Schöpfung gesetzt. Er war nicht reich genug für solch einen Park. Derselbe hat die Ausdehnung eines Ritterguts und trägt nur einige Fuhren Heu ein. Der Prinz Friedrich kann das eher ertragen. — Wir werden bis zum dritten hier bleiben. Dann will ich über Görlitz nach Dresden gehen, dort und in der sächsischen Schweiz drei oder vier Tage verweilen und mich dann zu den versammelten Truppen und dem Fürsten nach Eisleben und Sangershausen begeben. Der Prinz hat den Fürsten in Magdeburg gesehen. Ich fürchte sehr, liebe Marie, daß von einer Reise nach Holstein nicht die Rede sein wird, wie gerne ich es auch thäte. Den siebzehnten werden wir wohl in Magdeburg eintreffen, und ich freue mich unbeschreiblich, Dich dort wiederzusehen. Du gutes, liebes Herz, es rührt mich, Dich so dankbar äußern zu hören, da Dir doch der größte Segen des Himmels, die Kinder, fehlen, Dir so viel mehr fehlen als mir. Wir müssen uns darein finden und dankbar anerkennen, daß wir doch sonst so gut zu einander passen, was selbst bei vortrefflichen Menschen so selten der Fall ist. Und das ist Dein Verdienst. Bei meinem empfindlichen und verdrießlichen Charakter wäre ich mit tausend Frauen sehr übel daran gewesen. Aber glaube mir, daß ich es auch wohl zu schätzen weiß.

Den 3. September, Abends. — Wir haben drei Tage sehr angenehm in Muskau verlebt. Wie oft man auch den Park durchstreift, und er hat wohl zwei Meilen im Umfang, immer entdeckt man neue Schönheiten. Morgen halb sechs fahre ich mit der Post nach Hansdorf und von dort nach Görlitz. Ich will mich drei oder vier Tage herumtreiben und denke, nach Zittau zu gehen, den Oybin zu besteigen, von da nach der sächsischen Schweiz und über Dresden und Leipzig zurück. Deinen Brief habe ich in der Tasche, um ihn mit Muße nochmal durchzulesen. Immer der 'Deinige Helmuth.

Berlin, den 3. Juni 1855.

Liebe Marie! Ich will Dir vom gestrigen Tage gleich berichten: In Potsdam ging ich um zehn Uhr nach Sanssouci, wo Major von Loön den Dienst hatte. Ich sagte ihm, ich wisse, daß der König Sonntags keine Meldung annehme, daß ich aber keinen andern Tag disponibel hätte, um noch vor Antritt der Reise Seiner Majestät zu danken. Hierauf ging ich in den Garten, wo ich Friedrich mit der Mütze nach der großen Fontaine bestellt hatte, und wanderte in den Anlagen herum. Es ist wieder sehr viel Neues und Schönes geschaffen, namentlich die Friedenskirche in Verbindung mit Häusern gesetzt, die wie ein großes Kloster angelegt sind, ein hoher Campanile, ein Campo santo mit Säulengängen, ein kolossaler Erzabguß des Thorwaldsenschen Christus in der Frauenkirche, prächtige Freslogemälde. Alles mit vielem Geschmack. In dem Hauptgebäude wohnen, statt der Mönche, die Kinder des Prinzen Albrecht. Auch die Stadt Potsdam hat vor dem Brandenburger Thore eine prächtige Vase mit Bronzefiguren aufstellen lassen, aus welcher das Wasser durch die Rinnsteine der Stadt fließt. Der schöne blaue Himmel belebte mich recht, da ich eigentlich unpäßlich abgereist war. Die Bäume sind prächtig und ein unbeschreiblicher Reichthum an Flieder steht in Blüthe. Ich hätte recht gewünscht, daß Du mit gewesen wärest. Um zwölf stiegen die großen Fontainen eine nach der andern und warfen mächtige Brillanten in die blaue Luft. Als ich bei dem Obelisk aus dem Garten trat, begegnete ich dem Hoffourier, welcher aus dem Einsiedler zurückkam, um zu bestellen, daß der König mich sogleich sprechen wolle. Er war so freundlich, zu Fuß zurückzugehen und mir den Wagen zu überlassen. Ich fuhr nun rasch nach dem Gasthof und ließ den Wagen halten, um mich schnell wieder in Staat zu werfen. Da war aber weder Friedrich noch Schlüssel, noch Helm, noch Schärpe. Ich schickte Lohnbediente nach allen Richtungen ab, und Du kannst denken, daß ich in keiner pfirsichblüthenen Laune war. Glücklicherweise sah ich den

Lieutenant von Brauchitsch vom ersten Garderegiment vorübergehen, der mir dann bald seinen Helm und Schärpe schickte, ersteren zwar mit gelben Schuppen. — Der König empfing mich im Schlafgemach Friedrichs II. Ein Alkoven mit rothen Damastgardinen enthält das Bette; die Uhr, welche beim Sterben des großen Königs stehen blieb, stand auf einem Konsol an der Wand. Der König saß vor dem Arbeitstisch am Fenster, ziemlich zusammengebückt in einem niedrigen Lehnstuhl. Er ließ mich neben sich niedersitzen, er wolle ganz offen mit mir über die gegenwärtigen Verhältnisse sprechen. Er sagte mir Sachen, die mich ebenso mit Dankbarkeit als mit Beschämung erfüllten. Er wünsche dringend, daß ich die erste Adjutantenstelle bei seinem Neffen annehmen möge, er sehe wohl ein, daß ich eine gute und wirksame Stellung deshalb aufgeben müsse, daß hierdurch Alles für mich etwas wankend werde, auch könne er noch nichts bestimmt zusagen. So sprach der König eine volle Viertelstunde mit großer Lebendigkeit, Manches mit großer Offenheit berührend, bis ich erwidern konnte, daß ich mich bestens bemühen werde, dem jungen Prinzen nützlich und bequem zu werden. Ich solle dem König nach Beendigung der Reise persönlich Bericht abstatten. Dann ging Seine Majestät auf die Reise selbst ein, die Eigenthümlichkeit von Königsberg und Danzig führte auf Baulichkeiten in Rom und so weiter, auch Stolzenfels und Erdmannsdorf, wohin der König, um sein Fieber los zu werden, gehen will, aber noch nicht entschieden ist, ob nach dem einen oder dem andern Orte. Es war gerade die Stunde, wo er den Anfall erwartete, der sich aber nicht einstellte. So saß ich über eine halbe Stunde, als der Herr mich entließ und mir die Hand reichte. Ich hatte den linken Handschuh ab, in der rechten den Helm. „Nein, die rechte", sagte der König freundlich, „und gehen Sie auch zu Elise; sie wird sich freuen, Sie zu sehen."

Die Königin, bei welcher eben der Prinz von Baden war, empfing mich gnädig wie immer. Sie trat auf die Terrasse hinaus, von wo man einen prächtigen Blick auf die sonnige

Landschaft und die rauschenden Wasserkünste hat. Mein Rückweg führte mich bei Tümpling vorbei, der mich sehr herzlich aufnahm und bei dem ich zu Mittag essen mußte. Sie bedauerten so, daß Du nicht mit seiest, und baten sehr, sie zu besuchen. Ueber alles dies war die Zeit verlaufen, in einer wahren Backofengluth stürzte ich nach dem Bahnhof um fünf Uhr und traf richtig um eine Minute zu spät ein. Ich mußte nun bis sieben Uhr warten. Ein gewaltiges Gewitter zog herauf, aber auf dem schönen, bedeckten Perron läßt es sich bei strömendem Regen ganz angenehm umherschlendern. Halb Berlin kam mit einem Extrazug aus dem Wildpark. Ich hatte mich vorsichtig in die erste Klasse retirirt, und bei untergehender Sonne breitete sich Berlin, das alte, gute Berlin, mit seinen Kuppeln und Thürmen vor uns aus. An Droschke war nicht zu denken. Ich wanderte daher langsam zu Fuß und bestellte bei Herrn Franzen einen Ueberrock bis heute Abend. In Begleitung des Prinzen kann ich denselben nicht entbehren. Ueberraschend schön war der Leipziger Platz, die Frische des Rasens, die Ueppigkeit der Baum- und Fliedergruppen. Der Apfelbaum unter unserm Fenster war sehr gewachsen, aber abgeblüht.

Das Resultat des gestrigen Tages ist im Ganzen ein sehr gutes. Es mag aus der Sache überhaupt etwas werden oder nicht, so habe ich den Beweis so gnädiger Gesinnung des Königs über mich, daß ich davon wahrhaft erfreut bin; wir werden nun sehen, was der heutige Tag bringt. — Sieben Uhr früh.

Den 4. — Der Prinz hat mich freundlich empfangen. Mit Graf Dohna habe ich eine lange Unterredung gehabt. Er war sehr freundlich und bat mich, nachdem wir lange gesprochen, um Mittheilung meiner politischen Ansichten. Ich erwiderte nun, wie ich es für meine Schuldigkeit hielt, ihm auszusprechen, daß ich nicht auf dem Standpunkt der Kreuzzeitung stehe, daß ich Bündniß aller deutschen Mächte, Neutralität für wünschenswerth halte, um die Front sowohl gegen Osten als Westen machen zu können. Er schien damit zufrieden. Adieu, liebes, gutes Herz. Dein

Helmuth.

1855. Reise nach Königsberg. 209

Königsberg, den 7. Juni 1855.

Du wirst hoffentlich meinen Brief aus Berlin, den ich am 4. Abends abschickte, richtig erhalten haben, liebe Marie. Ich will versuchen, einige Reiseerinnerungen in den wenigen Augenblicken für Dich zu Papier zu bringen, welche mir dazu bleiben. Der Prinz ist nur von mir, Heinz und unseren drei Dienern begleitet. Er hat ein Coupé für uns bei der Eisenbahnfahrt, einen Wagen und ein Fourgon für die Landfahrt. Beim ersten Morgengrauen passirten wir Stettin. Ich erinnere davon nur die hohen Masten der Seeschiffe, welche sich vom blaßrothen Horizonte abhoben. Bei Tagesanbruch passirten wir die weite Netzeniederung und langten um zehn Uhr in Derschau an, wo der Brückenbau über die Weichsel besichtigt wurde. Der Oberbaurath Lenze führte uns herum, auch der Präsident von Blumenthal aus Danzig und mehrere Räthe hatten sich eingestellt. Die Brücke wird außer den Uferpfeilern aus fünf Strompfeilern bestehen, die wohl 40 Fuß hoch und 75 Fuß lang sind, jeder also von der Größe einer Dorfkirche. Es entstehen so fünf Zwischenräume von mehr als 400 Fuß Weite, welche durch ein 40 Fuß hohes, riesenhaftes Gitterwerk überspannt werden. Die ganze Länge des Baues beträgt sonach eine halbe Viertelmeile mit nur fünf Unterstützungspunkten. Das Gitter und die eiserne Fahrbahn wurden gerade über den beiden Mittelöffnungen aufgestellt. Die Pfeiler sind, soweit der Eisgang sie berührt, aus dem unverwüstlichen Cementstein, übrigens aus Bornholmer Granit erbaut und im Innern mit dem Stein der Porta Westfalica ausgefüllt. Das aufgestellte Gitter mit dem Gerüst sah aus wie ein in die Luft gehobenes Salinen-Dornhaus. Eine große, durch Dampf getriebene Maschinenfabrik war am Ufer errichtet, in der das zolldicke Schmiedeeisen gebohrt, geschnitten, gehobelt wurde, wie weiches Holz. In zwei Jahren soll das ganze Werk vollendet sein. Die Brücke ist bedeutend länger als die Wittenberger. Die weiteste Spannung zwischen zwei Unterstützungen hat indeß die Freiburger in der Schweiz.

Nach eingenommenem Diner ging es über die Fähre per Extrapost weiter. Schon von Terschau aus erblickt man am Horizont die hohe Ordensburg, von einem schlanken Thurm überragt; das weite, fruchtbare Delta zwischen Weichsel und Nogat ist leider infolge der Durchbrüche an der Montauer Spitze, wo beide Flüsse sich trennen, noch heute, nach zwei Monaten, größtentheils unter Wasser. Wir schifften uns daher auf Segelbooten ein, als ob wir nach Venedig führen. Die ganze Niederung war, bis der Herrenmeister Meinhardt von Querfurt sie 1300 eindeichte, eine von der Weichsel jährlich überströmte Wiese mit den prachtvollsten Eichenwaldungen. Dieser Wald ist bis auf einige Reste an der Spitze verschwunden und Alles mit fruchtbaren Ackerfeldern, schönen Dörfern und einzelnen Gehöften bedeckt. Die Ritter wollten mehr Wasser zur Bewässerung ihrer Gräben haben, machten an der Montauer Spitze einen Durchstich, welcher die Weichsel theilweise in das damals ganz unbedeutende Flüßchen Nogat leitete. Bald bahnte sich eine gewaltige Wassermasse den Weg bis in das frische Haff, und die erschrockenen Ritter suchten vergebens, den Zauberbesen, der ihnen allzu viel Wasser zuführte, wieder zu bannen. Die damalige Wasserbaukunst vermochte dies nicht zu bewerkstelligen, und erst jetzt ist eine kostbare Coupirung zu diesem Zweck an der Spitze erbaut, welche die Hauptwassermasse wieder in die Weichsel nach Danzig leiten soll. Der Strom hat sich aber in diesem Jahr nicht so fügsam gezeigt, freilich bei einer Höhe von 5 Fuß über dem höchsten seit Jahrhunderten stattgehabten Wasserstand.

*

Steinort, den 14. Juni 1855.

Liebe, gute Marie. Ich hatte die Absicht, Dir unterwegs meinen Reisebericht aufzusetzen, und fing wirklich in Königsberg damit an. Aber das ist rein unmöglich, und ich muß alle Reisebeschreibung bis zu unserm Wiedersehen verschieben. Damit Du nicht ohne alle Nachrichten bleibest, benutze ich einen Augenblick vor dem Frühstück, um schnell ein paar Worte zu schreiben, die ich aber freilich erst auf die Post geben kann, wenn wir wieder aus dieser masurischen Wildniß heraus sind.

Wenn ich nun aus der bisherigen Reise Einzelnes herausgreifen soll, so will ich besonders die Marienburg als zu dem Interessanten gehörend nennen. Theils die vorhandenen Bilder, theils die Sternbergsche Erzählung machten, daß ich mir das Schloß ziemlich genau so vorgestellt habe, wie es wirklich ist. Königsberg habe ich nicht so häßlich gefunden. Wir wohnten im Schloß, und ich hatte eine weite Aussicht den Pregel hinauf aus meinen Fenstern. Wir gingen per Dampfschiff nach Pillau, begleitet vom Oberpräsidenten Eichmann. Gut hat mir Memel gefallen, welches zwar noch seit dem großen Brande in Schutt liegt. Den Besuch in Tralehnen, Remontedepot Neuhof und Turgaischen muß ich Dir mündlich beschreiben. In Insterburg sahen wir das dort versammelte erste Dragoner-Regiment.

Bis dahin haben wir das wundervollste Wetter gehabt, zwar etwas Hitze und Staub, im Ganzen aber prächtig. Das Land ist grün, oft mit schönem Wald, macht einen freundlichen Eindruck. Der Empfang ist wirklich ein herzlicher von beiden Seiten. Die Tour ist etwas angreifend, aber da ich endlich meine Erkältung los bin, so hab' ich nicht zu klagen und halte die Menge von Dejeuners, Diners, Goulers und Soupers leidlich aus.

*

Schlobien, den 15. Juni.

Liebes, süßes Herz, ich komme doch nicht zum Schreiben, daher will ich dies nur abschicken. Ich freue mich herzlich auf das Wiedersehen und schlage Dir vor, daß wir uns Dienstag den 26. d. Mts. in Berlin treffen.

*

Bromberg, den 21. Juni.

Am 25. früh fahren wir nach Berlin, wo wir spät eintreffen. Ich werde am 26. gleich nach Potsdam müssen, um mich beim König zu melden. Wahrscheinlich bin ich zur Tafel befohlen, von fünf Uhr Nachmittags aber frei, und wir werden dann wohl einen Tag noch nach Berlin gehen können. Alles daher mündlich. Schreiben kann man bei diesem Treiben doch nicht. Gleich fahren wir hinaus, um das 21. Regiment zu sehen. Adieu, liebes, gutes Weibchen, auf frohes Wiedersehen. Herzlichst der Deine   Helmuth.

*

Nordhausen, den 10. August.

Liebe, gute Marie. Zu meiner großen Freude erhielt ich heute Deinen Brief vom 8. d. Mts. Gottlob, daß Du wohl bist, und daß ich dasselbe sagen kann. Mir war recht elend zu Muthe, am Montag legte ich mich in Halberstadt zu Bette. Dienstag ritt ich bei wunderschönem Wetter in den Harz hinein. Der blaue Himmel, die dunklen Tannen und hellen Wiesen, sowie der Trab der Stute thaten mir wohl, aber noch Mittags schlich ich sehr hypochonder umher. Ich machte eine Tour nach dem schönen Thal von Rübeland. Seit Mittwoch wurde es besser. Es regnete zwar etwas, aber ich kam nach einem starken Marsch richtig um elf Uhr nach Ellrich, wo ich meine Offiziere vorfand. Gestern nach einem vier Meilen langen Ritt durchs Gebirge kamen wir hier an. Das Essen schmeckte schon wieder. Zu thun giebt es zwar viel, aber es ist interessant.

Heute haben wir Ruhetag, wenigstens die Pferde, ich nicht, denn ich habe keine Zeit, Dir diese Zeilen zu schicken. Doch will ich Dich nicht warten lassen, da Du mich ziemlich miserabel hast abreisen sehen. Ich adressire also nach Ratzeburg und bitte, die guten Ludwigs recht herzlich zu grüßen. Aus Magdeburg habe ich noch nichts gehört. Auch ich freue mich aufs Wiedersehen und denke mit treuer Liebe und Anhänglichkeit an Dich. Dein Helmuth.

*

Im Waldkater an der Roßtrappe, den 14. August.

Herzliebe, gute Marie. Ich grüße Dich viel tausendmal aus dem schönen Harz, den wir jetzt durchzogen haben. Das

1855. Im Harz. Viel Arbeit.

Wetter ist im Allgemeinen sehr günstig, und es ist oft ein Vergnügen, unter den dunklen Tannen herumzureiten, oder über die weichen, hellen Wiesen und zwischen Buchenwäldern hinzutraben. An Hitze leiden wir gar nicht, eher ist es schon etwas frisch. Die Pferde halten es ganz gut aus. Mir hat die Bergluft außerordentlich wohl gethan, und ich glaube, daß die Reise allen meinen Offizieren Vergnügen macht. Wir blieben beisammen, einen Tag in Ellrich und zwei Tage in Nordhausen am Südfuß des Harzes, zwei Tage in Stolberg, recht mitten drin, dann jetzt drei Tage an der Roßtrappe, wo wir die beiden Waldthäler und das Hubertusbad in Beschlag genommen haben. Ich beabsichtige nun, womöglich längs des Nordfußes des Harzes nach Ilsenburg hin zu manövriren. Daß ich hier auch des Teufels Tanzplatz erkletteri, kannst Du Dir denken; 1100 Granitstufen führen hinauf.

*

Blankenburg, den 18. August.

Es giebt so viel zu thun bei der Reise, daß ich nur diese Zeilen bis hierher mitgenommen habe. Ich schicke sie jetzt nach Itzehoe und bitte Dich, mir direkt nach Magdeburg zu schreiben, wo ich den 23. d. Mts. eintreffe. Ich werde die Pferde auch erst dorthin marschiren lassen, da es ungewiß ist, ob überhaupt Manöver stattfinden. Man kann die Verantwortung nicht recht übernehmen, die Cholera durch die Magdeburger Garnison vielleicht über die ganze Provinz zu verbreiten. Am 27. muß darüber Beschluß genommen werden. Gestern sahen wir das Schloß hier und gingen dann auf den Ziegenkopf, wo man eine prachtvolle Aussicht in das Waldgebirge und nach der andern Seite über das flache Land hat. Heute früh um acht Uhr geht's nach Wernigerode, und in Ilseburg denke ich zu schließen. Das Wetter ist immer sehr schön, obgleich es dann und wann etwas regnet. Unten im Lande muß gutes Erntewetter sein. Adieu, Du liebes, gutes Weibchen. Herzlichst und mit treuer Anhänglichkeit Dein Helmuth.

Magdeburg, den 24. August 1835.

Heute Vormittag erhielt ich Deine beiden Briefe, liebe, gute Marie, vom 16. und 21. d. Mts. Der erstere war mir von Nordhausen aus nachgeeilt, ohne mich zu treffen. Die Cholera ist entschieden im Abnehmen, und die Manöver werden stattfinden, trotz Protest der Civilbehörde. Heute Abend passirte der Fürst, aus Frankreich kommend, nach Berlin durch. Sonntag Nachmittag kommt er hierher zurück und geht wahrscheinlich schon zum 1. l. Mts. zur Besichtigung der Kavallerie ab. Ob wir dann Alle von hier aufbrechen, weiß ich noch nicht, wir hoffen es aber. Für die Truppen ist es ein Glück, wenn sie herauskommen. Auch in Berlin hat die Cholera jetzt angefangen.

Meine Reise war sehr interessant und hat mich recht gekräftigt. Die letzten drei Tage habe ich ohne Geschäfte in dem schönen Harzburg verlebt, wo ich täglich weite Ritte per Maulthier in die Berge machte. Das Wetter scheint schöner im Harz gewesen zu sein als im Lande. Wir sind nicht ein einziges Mal naß geworden. Wir müssen abwarten, was der prinzliche Hof in Berlin beschließen wird. Haben wir nicht St. Roche zusammen einmal angefangen? Unterwegs hatte ich Nigels Schicksale von Walter Scott mit, den Herodot und Müller und Schulze in Paris.

Von hier habe ich nichts weiter zu schreiben, da ich noch wenige Menschen gesprochen habe. Es geht auf zehn und ich schließe mit tausend herzlichen Grüßen. Herzlichst Dein

Helmuth.

Sonnabend, den 25. August.

Soeben geht ein Brief ein von Heinz, in welchem er mich unter dem Siegel des Beichtgeheimnisses benachrichtigt, daß der Prinz Friedrich Wilhelm, unter dem Vorwande einer Badereise nach Ostende, sich auf einige Wochen nach England begiebt, und daß in der Absicht liegt, mich zu dieser Reise zu kommandiren. Abreise in den ersten Tagen des September. Hiernach ist unser Wiedersehen auf einige Wochen hinaus gerückt, mein gutes Weibchen, aber Du freust Dich wohl für mich auf die schöne Reise. England so zu sehen, ist beneidenswerth. Ich brauche Dir nicht das strengste Geheimniß anzuempfehlen und hoffe, daß wir die Reise auch noch einmal zusammen machen. Ich werde wohl auf einen Tag nach Berlin müssen, da mir kompletter Zivilanzug, pantalon collant mit Schuh und Strümpfen nöthig ist. Adieu, Du Herzblatt. Dein Helmuth.

Magdeburg, den 1. September 1855.

Gute, liebe Marie. Ich hoffte immer, ich würde Dir bald etwas Bestimmtes über die nächste Zukunft schreiben können, aber bis jetzt ist nichts da. Der König hat dem Fürsten gesagt, zum 1. Oktober wünsche er, daß ich zum Prinzen käme, und gefragt, ob ich wohl schon zum 14. September abkömmlich wäre. Der Fürst hat natürlich erwidert, daß dies zu jeder Stunde der Fall sei. Daß die Reise nach England sich so lange verzögern sollte, glaube ich nicht, denn gewiß wird der Prinz zu dem Fest am 30. September wieder zurück sein wollen, und vierzehn Tage sind doch eine zu kurze Frist; ich erwarte daher eigentlich stündlich den blauen Brief. Der Fürst hat allen Adjutanten erzählt, daß vor dem Manöver anderweit über mich disponirt werde, was mir gar nicht lieb ist. Das Ziel der Reise soll natürlich durchaus geheim bleiben. Aus den Zeitungen sehe ich, daß die Königin von England am 8. nach Schottland geht.

Da es sich um eine vollständige Zivilgarderobe für mich handelt, so bin ich auf einen Tag nach Berlin gewesen. Leider traf ich Heinz nicht; er war mit dem Prinzen zum Manöver der Garde. Ich ermittelte aber seinen Schneider und bestellte bei dem dasselbe wie er, wodurch ich ziemlich sicher bin, zur rechten Zeit alles Nöthige zu haben. Die Garden kehren heute zurück, und so wird sich Alles hoffentlich bald entscheiden.

Gestern ist nun die Garnison zum Manöver abgerückt. Gebe Gott, daß die Truppen gesund bleiben. In Erfurt sind nun auch beim Militär drei Erkrankungen vorgekommen, und beim

Wittenberger Bataillon, sobald sie in die Atmosphäre gekommen sind, obwohl sie nur Calbe, nicht Magdeburg berührt haben. Hier nimmt die Seuche ab, aber es kommen doch täglich noch sechs bis sieben Fälle und oft sehr bösartige vor. In Berlin scheint sie zuzunehmen. Der König hatte die Absicht, am 3. d. Mts. die Parade der 7. Division bei Halberstadt zu sehen. Heute kam eine schleunige Anfrage des Generalarztes Grimm, ob dort Cholera oder Fieber. Beides ist vorhanden, und so wird aus diesem Besuch wohl nichts werden.

Die Pferde sind ganz munter, und ich reite viel, schon weil ich nichts zu thun habe. Magdeburg ohne Garnison c'est l'Égypte moins le Nile. und es ist schrecklich langweilig hier.

Den 3. — Gestern las ich in der Zeitung die Beförderung des Prinzen Friedrich Wilhelm zum Obersten. Noch immer ist nichts Näheres über die Reise eingegangen, und ich habe eben an Heinz geschrieben und ihn um einige Mittheilung gebeten. Diese Ungewißheit ist recht lästig, zumal ich hier gar nichts zu thun habe. Der Fürst ist bereits zu den Truppen; ich werde eventuell erst zum 14. nach Nordhausen gehen, müßte aber die Pferde sechs Tage früher abschicken, wenn sich bis dahin nichts entscheidet.

Abends. — Eben erfahre ich, daß der Prinz Friedrich Wilhelm gestern Abend acht Uhr durch Magdeburg nach dem Rhein passirt ist und zwar nach Ostende. — Ich will Dich nun nicht länger ohne Nachricht lassen. — Ich habe das Alleinsitzen hier in Magdeburg herzlich satt. Allein solange Alles so ungewiß ist, kannst Du unmöglich kommen. Ohnehin dauert die leidige Seuche hier noch fort. Also abermals Geduld und Abwarten. Herzlich gute Nacht. Dein Helmuth.

*

Ohne Datum.

Den 7. — „Ich habe den Oberst Freiherrn von Moltke, Chef des Generalstabes IV. Armeekorps, unter Aggregirung bei dem Generalstabe der Armee zum ersten Adjutanten bei dem Prinzen

Friedrich Wilhelm von Preußen, K. H., ernannt und mache ihm dies in der zur Aushändigung beifolgenden Ordre bekannt.

Sanssouci, den 2. September 1855.

gez. Friedrich Wilhelm.

„Ich ernenne Sie hierdurch, unter Aggregirung bei dem Generalstabe der Armee, zum ersten Adjutanten bei dem Prinzen Friedrich Wilhelm von Preußen, K. H.

Sanssouci, den 1. September 1855.

gez. Friedrich Wilhelm.

„Des Königs Majestät haben pp. Mit Bezug hierauf theile ich dem Königlichen Generalkommando ferner mit, wie es der Wille Seiner Majestät ist, daß p. v. Moltke den Uebungen des IV. Armeekorps bis zu Ende beiwohnen, demnächst aber sich zu des Prinzen von Preußen Königlicher Hoheit begeben soll, um Höchstdemselben sich vorzustellen. Hierauf erst würde v. Moltke die Funktionen seiner neuen Stellung anzutreten haben. Der Prinz Friedrich Wilhelm ist von dieser Allerhöchsten Intention in Kenntniß gesetzt worden, und stelle ich gehorsamst anheim, auch dem p. v. Moltke betreffende Mittheilung machen zu wollen.

Berlin, den 5. September 1855.

gez. v. Schöler.

„Ich brauche nicht viele Worte zu machen, um Sie dessen zu versichern, wie sehr ich mich der Ihnen definitiv zu theil gewordenen Auszeichnung freue, wie sehr ich aber die Auflösung unsres dienstlichen Verhältnisses entbehren werde, in dem Sie mein ganzes Vertrauen, meine aufrichtigste Hochachtung und Freundschaft erworben haben, indem ich hoffe, einen gleichen Vorzug bei Ihnen gewonnen zu haben. Machen Sie mir die Freude, sobald wie möglich nach Mühlhausen zu kommen, damit ich Sie noch sehen und sprechen kann. pp.

gez. Radziwil."

Dies, liebe Marie, die Schreiben, welche mir soeben, 7. September früh, zugehen. Mit der schönen Reise nach England ist es nun zwar nichts, aber die Hauptsache ist dankbar[st] anzuerkennen. — Morgen schicke ich die Pferde zum Manöver und gehe selbst nach Mühlhausen, dann nach Nordhausen vom 15. bis 19. d. Mts., und läßt Du mir dorthin wohl einige Nachricht zukommen. Nach dem Manöver habe ich mich zum Prinzen und auch wohl zur Prinzeß von Preußen zu begeben, wahrscheinlich nach Koblenz. Voraussichtlich werde ich wohl noch vor dem 1. Oktober zurück sein, und können wir uns dann wohl in Berlin treffen, um vor Allem eine Wohnung zu suchen und dann unsern Umzug zu bewerkstelligen. Ich habe mich nun entschlossen, heute Abend noch nach Potsdam zu fahren, mich morgen auf Sanssouci beim König zu bedanken, den Feldmarschall zu sprechen und womöglich noch nach Berlin zu gehen, um meine Zivilgarderobe anzupassen und mitzunehmen. Möglich, obwohl nicht wahrscheinlich, daß die englische Reise verschoben ist, und ich die Sachen noch brauche. Ich will Eduard bitten, nach einem Quartier zu vigiliren. Sollte ich wider Erwarten zum 1. Oktober nicht nach Magdeburg zurück können, dann wird es doch nöthig sein, daß Du herkommst, um den Umzug und das Einpacken zu leiten. Ich theile Dir aber jedenfalls noch Nachricht mit.

Adieu, liebe, gute Marie, tausend Grüße. Dein

Helmuth.

Berlin, den 9. September 1855.

Liebe, gute Marie. Vorgestern Abend fuhr ich nach Potsdam und meldete mich gestern bei Seiner Majestät und beim Grafen Dohna. Ich wurde zur Tafel befohlen und fuhr Abends hierher, Hotel de France.

So viel habe ich nun mit Sicherheit erfahren, daß der Prinz, auf ausdrückliche Veranlassung des Königs, den Winter in Berlin zubringt, um sich wissenschaftlich auszubilden. Zum Sommer soll er dann Bataillon, Regiment und Brigade führen, letzteres vielleicht in der Provinz. Von der Reise nach England wußte Graf Dohna nichts, Schöler zweifelte daran, und doch bin ich überzeugt, daß der Prinz jetzt drüben ist. Da dies nicht ohne Vorwissen des Königs möglich, so folgt daraus, daß Seine Majestät dem Hausminister, dem Militärkabinet und dem ersten Adjutanten ein Geheimniß daraus macht.

Morgen gehe ich in einem Zug bis Gotha und vielleicht gleich bis Mühlhausen, wenn eine Post noch Abends geht. Der König wird am 18. und 19. den Manövern in der Gegend von Nordhausen beiwohnen und trifft dann mit der Königin in Eisenach zusammen. Von dort gehen sie nach Speyer, Trier, Saarlouis, Köln und vom 30. bis 5. bleiben die Majestäten in Stolzenfels. Der Prinz von Preußen wird daher wohl seinen Aufenthalt in Ostende am 20. d. Mts. beenden. Wo ich ihn aufzusuchen habe, weiß ich noch nicht. Jedenfalls gehe ich am 30. d. Mts. nach Koblenz zur Prinzeß von Preußen, wo ich dann meinen Herrn treffe.

Es wird sich wohl noch Alles zum Guten entwickeln, wenn ich nur erst näher mit meinem jungen Prinzen bekannt werde. Sobald ich Näheres erfahre, schreibe ich Dir wieder. Bleibe mir gut, liebes Weibchen, und laß uns froh wieder zusammentreffen und nicht öfter uns trennen, als durchaus nothwendig ist.

Gutes, liebes Herz, gute Nacht. Dein für immer

Helmuth.

*

Nordhausen, den 16. September 1855.

Liebe Marie. Es ist sehr angenehm, daß Du Dich gleich selbst muthig und umsichtig in Thätigkeit setzen willst. Der Prinz von Preußen wird übermorgen hier bei uns erwartet, er ist indeß vor einiger Zeit unpäßlich gewesen; auch werde ich wohl jedenfalls nach Koblenz zur Prinzeß müssen. Sobald ich diese Herrschaft und Prinz Friedrich Wilhelm selbst gesehen, gebe ich Dir sogleich Nachricht. In den Zeitungen habe ich bis jetzt nicht gelesen, daß er wirklich schon nach England gereist wäre; so ist es möglich, daß es erst nach dem 30. d. Mts. geschieht.

Die Truppen sind, gottlob, durch den Ausmarsch von der Seuche befreit, nur in den ersten Tagen kamen noch einige Fälle vor. Der Gesundheitszustand ist vortrefflich. Der Herzog von Koburg führte einen Tag die 8. Division bei Mühlhausen, heute trifft er hier ein, und der Fürst giebt heute Abend sechs Uhr ein Diner zu 40 Couverts. Uebermorgen trifft Majestät in Wülfingerode ein; er wohnt mitten unter den Biwaks. Dorthin kommt eventuell auch der Prinz von Preußen. Am 10. geht es an den Rhein.

Den 17. früh. — Gestern ging ein Schreiben des Feldmarschalls Grafen Dohna an mich ein:

„Seine Majestät wünschen, daß Euer pp. sobald als irgend thunlich dem Prinzen Friedrich Wilhelm nach England folgen, zuvor aber sich bei Prinz und Prinzeß von Preußen melden. Zu dem Ende wollen Seine Majestät, daß Ew. pp. am 19. sich nach beendigtem Manöver dem Gefolge Seiner Majestät anschließen und mit demselben an diesem Tage bis Eisenach und am 20. bis Mainz oder Speyer reisen, um sich beim Prinzen von Preußen zu melden, welcher an einem dieser beiden Punkte mit Seiner Majestät zusammentreffen wird. Gleich nach dieser Meldung werden Sie nach dem Wunsche Seiner Majestät sogleich nach Koblenz reisen, um sich der Frau Prinzeß vorzustellen, und sodann ohne Aufenthalt dem Prinzen Friedrich Wilhelm nach England (eigentlich Schottland) folgen. Vom Manöverterrain bis Eisenach würden Sie mit dem Generalarzt Dr. Grimm fahren, dann per Eisenbahn. In Eisenach und Speyer ist ein Nachtquartier für Sie besorgt. General v. Schöler wird Ihnen einen Reisepaß mitbringen. Die vorstehenden Bestimmungen Seiner Majestät habe ich soeben erst erhalten, sonst würde ich sie Ihnen früher mitgetheilt haben."

Es freut mich, daß der König doch Werth darauf legt, daß ich

den Prinzen begleite und daß ich a glimpse of England catche. Am 30. wird der Prinz jedenfalls nach Koblenz zurück sein wollen. Es scheint, daß die Verlobung der Prinzeß vor sich gehen wird, wo dann auch der König zugegen sein würde. Ich werde wohl Zeit haben, von Köln ein paar Zeilen zu schreiben, gutes Herz. Die nächsten Anordnungen muß ich nun Deiner verständigen Thätigkeit überlassen. Abieu, mit herzlicher Liebe,
Dein   Helmuth.

*

Koblenz, im Riesen, den 22. September.

Hier kann ich nicht sein, ohne wenigstens einige Worte an Dich zu richten, liebes, gutes Herz, wenn es zwar heute nicht viel werden wird. Ich sitze mit der Aussicht nach dem schönen Ehrenbreitenstein über dem grünen Rhein mit seinem regen Leben und Treiben, und Alles erinnert mich an die schöne Zeit, die ich mit Dir hier zugebracht. Mit Wehmuth schaute ich heute von außen in die schönen, hohen Zimmer unsrer alten Wohnung, die jetzt ein Engländer inne hat. — Doch ich habe Dir von den letzten Tagen zu berichten. Die Manöver gingen bei gutem Wetter zur vollen Zufriedenheit vor sich. Am Schluß des letzten fuhr ich mit Schöler ab. In Wülfingerode wohnte ich parterre in einem Zimmer, welches im Frühjahr unter Wasser gestanden hat. Als wir Abends um acht Uhr in Eisenach ankamen, war ich recht unwohl. Wie gerne hätte ich mich gelegt, aber die Königin wurde erwartet. Ein langes Souper, welches ich nicht anrührte, dann noch das Eintreffen des Großherzogs. Tags darauf ging es nach Mainz, wo der Prinz von Preußen eintraf. Dann nach Speyer, um den wundervollen Dom zu sehen. Der Prinz sprach mit mir eine halbe Stunde lang sehr offen, und ich bin völlig befriedigt von ihm geschieden und fuhr Abends, aber recht unwohl, nach Mainz. Heute in Koblenz. Es war ein wundervoller Tag, und die herrliche Gegend erfreute mich, obwohl ich mich krank fühle. Es ist aber auch theils Erschöpfung; heute ist die Fatigue gering, und heute Nachmittag geht es besser. Ich machte meine Besuche am Hofe. Die Prinzeß erzählte mir ungefähr dasselbe wie der Prinz. Ich dinirte dort um vier Uhr und soll heute Abend zum Thee bei ihr sein. Morgen gehe ich hoffentlich nach Köln, wo ich mit einiger Spannung erwarte, ob meine Zivilgarderobe eingetroffen sein wird. Der Prinz wird, wie es scheint, zum 30. doch noch nicht zurückkehren, sondern erst zum Geburtstag des Königs, wo die Armee ihm einen Degen überreicht zu seinem 50jährigen Eintritt in die Armee.

Sonntag. — Ich habe mich ganz zurecht geschlafen, und es geht mir wieder wohl; der Thee bei der Prinzeß dauerte zwar bis nach elf Uhr. Der Herzog Bernhard von Weimar war da. Ich gehe heute Nachmittag nach Köln. Morgen Mittag von da nach Gent, wo ich Abends neun Uhr eintreffe. Dienstag um neun Uhr weiter und bin Abends um fünf Uhr in Dover. So viel habe ich schon bemerkt, daß das Terrain, auf dem ich künftig mich zu bewegen habe, ein sehr schwieriges ist. Die beste Politik wird sein, ganz gerade und offen zu verfahren, und wenn das nicht ausreicht, zurückzutreten. Die junge Prinzeß ist ein Engel.

Köln, Montag früh. — Die Sachen sind glücklich eingegangen, liebe Marie, der Reisekoffer ist gepackt. Alles, was ich nicht mehr brauche, schicke ich in dem alten Koffer anbei zurück. Tausend herzliche Grüße und Gottes Segen. Dein H.

*

Edinburgh, den 28. September 1855.

Gute, liebe Marie. Wie oft habe ich alle diese Tage gedacht, wenn Du doch mit wärest, um alles das auch zu sehen. Ich habe mich wie ein Schwamm vollgesogen, und muß nun nothwendig wieder etwas von mir geben. Meinen Brief aus dem Koblenzer Riesen und den Koffer wirst Du erhalten haben. Bei wundervollem, warmem Sonnenschein glitten wir auf der Concordia an Andernach, Nonnenwerth und allen den schönen, Dir bekannten Orten hinab nach Köln. Ich stieg im Mainzer Hof ueben der Post, mitten in der garstigen Stadt ab und war sehr erfreut, meine Zivilgarderobe glücklich beisammen zu haben. Alles und ein kompletter Militäranzug ging in den neuen Koffer. Helmschachtel und ein Mantelsack für Friedrich bilden das ganze Handgepäck. Da ich Montag erst um elf Uhr fort konnte, so mußte ich die Nacht in Gent bleiben, da man sonst um sieben Uhr früh abfährt und in 24 Stunden London erreicht. Eine andere Noth war immer, die rechten Wagen zu finden. In Mecheln saß Friedrich schon im unrechten und wäre ruhig nach Paris gefahren. Der arme Kerl kann mit Niemand sprechen. Montag Mittag um drei Uhr kamen wir nach Calais. Ich dachte, der Ort wäre so hübsch wie Boulogne, es ist aber die garstigste Stadt, die ich je gesehen habe. Wegen niedrigen Wassers konnte der Dampfer „Prinzeß Maud" nicht über die Barre und mußte die Fluth bis Abends neun Uhr abwarten. Ich ging auf dem fast eine Viertelmeile langen Molo auf und ab. Man sah sehr deutlich die sieben Meilen entfernte englische Küste und erkannte die Hügel mit dem Kastell von Dover mit bloßem Auge. Den Tag über hatte ein scharfer Ostwind geweht, und das Meer war ziemlich bewegt. Das Schiff war nicht groß, aber mit enorm hohen Rädern, zur Eilfahrt eingerichtet. Kein Rheindampfer läuft stromabwärts so schnell. Es war eine milde Vollmondnacht, und prächtig sah es aus, wie die hohen Wellen schäumend durchschnitten wurden. Vorsorglich legte ich mich bald platt auf das sauber gewaschene Verdeck, denn alle Plätze waren besetzt. Ein Matrose deckte mich freundlich mit seiner Theerjacke zu. Das Schiff hatte eine starke Seitenbewegung, da die Wellen von der Seite kamen. Ich merkte aber bald, daß es keine Noth hatte, und stand wieder auf. Die hohen Kreidefelsen, vom hellsten Mondlicht beschienen, sahen so nahe aus, daß man hätte wetten mögen, wir wären nur eine Viertelmeile entfernt, und doch fuhren wir noch eine halbe Stunde, also wohl zwei Meilen. Friedrich war regulär seekrank und ist wohl geheilt von der Vorliebe für Nautik, die ihn auf der Gefion anwandelte, welche freilich still auf der Rhede lag. Nach anderthalb Stunden Ueberfahrt brauste der Dampfer in die Molen von Dover hinein. Nun ging's in das custom-house, was über eine Stunde dauerte, da man mit der größten Strenge alle Koffer untersucht. Prinzeß hatte mir nicht nur Briefe, sondern auch versiegelte Packete mitgegeben, was mich recht in Verlegenheit setzen konnte. Die Uniformsachen, die obenauf lagen, schützten mich aber, und man ließ meinen Koffer undurchsucht. Das beste Wirthshaus, welches ich je gefunden, ist Lord Wardens Hotel in Dover, ein wirklicher Palast aus Sandstein mit Säulen, Ballon, Spiegelscheiben, Teppichen, Himmelbetten, Damastgardinen ꝛc., unmittelbar am Meer. In dem fürstlich schönen, blendend hellen parlour mit einem cheerful coal-fire stand der Thee servirt, den ich mir gut schmecken ließ. Lange ging ich noch in meinem Zimmer umher, hörte das Meer brausen und schaute in die warme Mondnacht hinaus. Die Seeluft hatte meine Nerven gestärkt, und ich befand mich endlich wieder wohl.

Gern wäre ich am Mittwoch früh auf das Kastell gestiegen, aber nun acht Uhr ging der Zug ab. Es war wieder der schönste, milde Sonnenschein. Rechts ragten die Shakespeareklippen (König Lear), links brandete das Meer. Dann ging's durch lange Tunnel nach Follstone, und nun wendete die Eisenbahn sich landeinwärts durch Kent, den Garten Englands. Das Land erhält einen eigenthümlichen Charakter dadurch, daß die größte Hälfte nicht beackert ist, sondern für Viehzucht benutzt wird. Die Koppeln erinnern sehr an den östlichen, hügeligen Teil von Holstein. Alles ist grün und mit Laubwald abwechselnd. Die Häuser sind mehr wie in Ostfriesland gebaut, die Feueressen an der Giebelseite, so daß der Kamin zwischen den Fenstern liegt. Hin und wieder treten die Felsen zu Tage. In Sydenham staunte ich im Vorbeifahren den Glaspalast an. Das übersteigt alle Begriffe. Jetzt erblickten wir Greenwich und Woolwich, aber nun war es vorbei mit der Schönheit der Gegend. Alles war trotz des heiteren Tages in einen dichten Nebel und Kohlen-

dunst gehüllt, über welchem nur die ungeheure Kuppel von
St. Paul hervorragte. Die Eisenbahn führt über die Dächer
der Häuser durch ganz Southwark bis an Londonbridge, der
letzten, untersten Themsebrücke, von wo man den Tower erblickt.
Ich nahm Mittags halb zwölf Uhr gleich ein Cab und fuhr quer
durch die ganze Stadt nach Kings Croß, von wo der nächste
Zug um fünf Uhr Nachmittags abging, und deponirte zunächst
Friedrich in einem Speisehaus, wo ich sein Diner für ihn be-
stellte und mit a pint of porter würzte. Dann überließ ich ihn
seinem Schicksal und irrte nun umher durch Temple Bar nach
St. James Park in die Westminsterabtei, eine prächtige, alte,
gothische Kirche. Von den vielen Denkmälern zog mich eigentlich nur William Shakespeare an. Dann sah ich den neuen
Parlamentspalast; das ist wirklich eine Pracht. Solche altgothische
Hallen und Gänge habe ich bis jetzt nur in Zeichnungen gesehen.
Bei den ungeheuren Dimensionen überraschte mich schließlich die
Kleinheit des eigentlichen Sitzungssaales des House of Commons. Ein boisirtes Gemach, sehr einfach, in welchem 600 Mitglieder sitzen. Aber um die Redner zu verstehen, ist es eben
wünschenswerth, daß es nicht zu groß sei. Der Speaker, der
nie spricht, aber an den alle Reden mit der Anrede Sir gehalten
werden, sitzt auf einer Art Thron. Die Pairskammer oder vielmehr House of Lords mit dem königlichen Thron, dem Woll-
sack, in reicher Vergoldung war leider nicht geöffnet. Ueber
Westminster, Waterloobridge und Strand nach St. Pauls. Hübsch
ist, wie die kleinen Dampfschiffe, eine Art Wasseromnibus, auf
und ab eilen. Die Straßen sind voll cabs, flys und Omnibus.
Die Pracht der Läden ist sehr groß. St. Pauls erinnert lebhaft
an die Peterskirche. Die Kuppel ist ziemlich ebenso hoch, 400',
und nächst der Pyramide des Cheops eines der höchsten Bauwerke
der Welt. Die Spannung des Gewölbes 100', also 30' weniger
als St. Peter. Die Höhe bis an die Kuppel ist enorm. Die
ganze Anordnung, die Laterne in der Kuppel, die viereckigen
Pfeiler, die Länge des Schiffes sind gerade wie in St. Peter.

Nur ist die Kuppel sehr häßlich gemalt. Aber es fehlt durchaus das Leben, welches zu allen Zeiten die römische Basilika erfüllt, die Kapellen, die Altäre, die Beichtstühle, welche die Gläubigen in allen Theilen des großen Baues versammeln. Die Wände sind in St. Paul kahl, die Heiligen verbannt, und die Bildnerei beschränkt sich auf die Apostel, welche sich in befremdlicher Gemeinschaft mit einigen Staatsmännern und Kriegshelden der englischen Nation befinden. Es war gerade Gottesdienst und zu meiner Ueberraschung hörte ich einen ergreifend schönen Chorgesang von Männern und Knaben in schwarzem Talar mit weißen Chorhemden, eine Fuge mit Orgelbegleitung, vortrefflich ausgeführt. Alles war indeß im hohen Chor versammelt, und der ganze weite Raum der Kirche bildete eine trostlose Leere. Protestantische Kirchen sollten nie groß sein. Gepredigt kann nur für Hunderte, die Messe kann für Tausende gelesen werden. Quite knocked up kam ich nach Kings Croß zurück. Ich hatte in einem Oyster-shop gefrühstückt. Solange ich in England bin, habe ich noch keinen Wein getrunken. Der Sherry kostet 6 Sh. oder 2 Thlr. die Flasche, Moselwein 11 Sh. = 3 Thlr. 20, Rheinwein 14—21, also über eine Guinee die Flasche. Das Bier ist so vortrefflich, daß ich mir diese Ausgabe nicht machen mag. Für Friedrichs Kaffee zahlte ich des Morgens 1½ Sh. oder 15 Sgr. Da ich die Expreßtrains benutzen muß, so kann nur die zweite Klasse für ihn gelöst werden. Die erste, in welcher ich fahre, ist übrigens nicht so gut wie bei uns die zweite. Da der arme Kerl, wie Papageno, seit dem Rhein ein Schloß vor dem Munde hat, so habe ich nur Kosten und Mühe von seiner Begleitung, da ich überall Noth habe, daß er mir nicht rettungslos abhanden kommt. Die Mitnahme war aber unterläßlich. Die englischen Züge fahren kaum viel schneller als bei uns, aber die Expreßtrains halten nur sehr selten und dann nur eine bis drei Minuten an. Dadurch wird außerordentlich an Zeit gewonnen. Nach York sind über 200 miles und vor elf Uhr Abends waren wir da.

In York hatte ich Donnerstag früh nur so viel Zeit, daß ich die berühmte Kathedrale sah. Sie hat eine ganz überraschende Aehnlichkeit mit dem Kölner Dom, nur nicht dessen ungeheure Dimensionen, namentlich der Höhe. Ich bin erstaunt gewesen, was in Köln wieder fertig geworden ist. Das ganze Südportal steht in voller Pracht fertig. Die Rippen der Gewölbe unter dem Nothdach sind auch schon fertig. Sobald der nördliche Thurm so hoch ist, daß er die nöthige Widerlage bildet, kann das ganze Mittelschiff überwölbt werden, und dann fällt die Mauer im Innern, welche bis jetzt das hohe Chor abschließt, das Nothdach wird abgenommen, und erst dann bekommt man einen richtigen Begriff von dieser unbedingt schönsten aller Kirchen der Christenheit. Die Kathedrale von York, obwohl in diesem Jahrhundert zweimal abgebrannt, hat indeß vor ihrer rheinischen Schwester den Vorzug, daß sie fertig ist.

Von York ging es um neun Uhr ab, durch eine ziemlich uninteressante Gegend nach Newcastle upon Tyne, der Metropole aller Kohlenschachte. Dieser Ort liegt sehr schön. Wir hielten neben der wunderlichen, alten, hohen Burg des Robert Courthose, eines älteren Sohnes des Eroberers, an. Sein älterer Bruder hieß William Longmantle. Ein hoher Viaduct führt über den schiffbaren Fluß, und das Meer tritt nahe heran. Aber ganz Northumberland und Durham sind in einen Rauch gehüllt, der alle Gegend verdirbt. Das Meer sieht aus wie ein grauer Brei. Dennoch bilden die hohen Felsenklippen am Gestade, durch welches von jetzt an die Eisenbahn zieht, viele überraschende Ansichten. Das Land ist ziemlich flach, und sehr auffällig erscheinen die hohen Basaltkegel, sobald man bei Berwick auf schottisches Gebiet tritt. Um halb vier Uhr hatten wir 250 miles oder 50 deutsche Meilen zurückgelegt und fuhren durch lange Tunnel in Edinburgh ein.

Das Hotel Royal, in welchem ich hier wohne, ist lange nicht so schön und komfortabel wie die englischen Gasthöfe, aber doch recht gut. Es war dichter Nebel, und ich sah die gewaltigen Häusermassen nur als Silhouette auf dem grauen Himmel.

Abends ging ich auf der prachtvollen Princes street umher und sah mir die glänzend erleuchteten Läden an. Ich kaufte vor Allem einen Hut und bestellte Visitenkarten.

Heute, Freitag, bin ich von acht bis vier Uhr ununterbrochen herumgegangen, um Edinburgh anzusehen. Ich nahm Friedrich mit. Es ist wahr, daß die schottische Hauptstadt unbedingt an Schönheit mit Neapel wetteifern kann; eine solche Mannigfaltigkeit von Meer und Land, Bergen und Thälern bietet die Umgegend dar. Aber wie schön auch die Erde, es fehlt der Himmel des Südens, die klare, durchsichtige Luft, die warme Beleuchtung und mit ihr die Poesie der Landschaft. Es war Sonnenschein und doch Alles grau. Ich breche hier meinen Bericht ab, denn soeben, halb elf Uhr Abends, geht ein immediate telegraphic despatch ein, mit Bleistift geschrieben: „The queen and prince wish you to come on to Balmoral immediately. Colonel Phepps." Morgen früh acht Uhr reise ich ab, 150 miles to Aberdeen, dann posthorses 28 miles to Balmoral. Gute Nacht, Du liebes, gutes Herz.

*

Balmoral, den 30.

Sonntag. — Beim schönsten Sonnenschein und durch die herrliche Gegend fuhr ich gestern mit der Eisenbahn weiter. Ganz besonders schön wird das Land bei Stirling, bis wohin der Firth of Forth einschneidet. Hinter demselben erheben sich hoch die Berge des Grampian, und der Allanfluß bildet mit seinen waldigen Ufern einen Abschnitt, der in den Kriegen der Grenze eine wichtige Rolle spielte. Das wohl erhaltene, wunderschöne Kastell von Stirling, in welchem die unglückliche Königin Marie so lange gefangen saß, liegt überaus malerisch. Die Eisenbahn steigt nun recht steil durch das prächtige Thal des Allan auf die Höhe hinauf, wo sich die Scene gänzlich ändert. Die Vegetation wird immer dürftiger, und der Wald hört auf. Es wächst nur noch Roggen, dann Hafer, Gerste und turnips. Der Hafer steht zum Theil noch auf dem Halm. Weite Haidestrecken mit zahllosen Granittrümmern und hin und wieder eine Hütte mit Strohdach und engen Fenstern erinnern an die Walter Scott'schen Beschreibungen. Doch kommen oftmals auch wieder schöne Schlösser und Waldpartien vor. Schließlich tritt die Eisenbahn bei Aberdeen wieder an das Meeresufer heran, wo sich höchst malerische Klippen und tiefe Felseinschnitte zeigen, in welche die Wogen hineinschäumen, und in die man ein Schmugglerschiff sich hineindenken kann. Von Aberdeen, 100 deutsche Meilen nördlich London, lenkt die Bahn wieder ganz westlich landeinwärts, immer dem Laufe des schönen Dee river folgend. Es war schon sieben Uhr Abends, als ich mit Extrapost von Aboyne abfuhr, und bei hellem Mondschein, aber bitterlicher Kälte traf ich Abends elf Uhr hier ein.

Es ist sehr überraschend, daß die königliche Gewalt von England sich in diesem menschenleeren, kahlen, kalten Gebirgsrücken befinden soll, und fast unglaublich, daß die mächtigste Monarchie allen Hofstaat so abstreifen kann. Es ist ein reines Familienleben hier, zwei Kavaliere, zwei Damen und freilich nur sechs Kinder, die ältesten. Nur ein Minister ist stets anwesend, jetzt der Herzog von Argyle, ein ganz junger Mann, ein echter Schotte mit rothen Haaren. Kein Portier, kein Heer von Lakaien, nicht ein Mann Wache war zu sehen. Ich fuhr unmittelbar vor der Thür Ihrer Majestät vor, und als ich in die mit Hirschgeweihen geschmückte Halle trat, schallten mir die Töne eines Dudelsacks entgegen. Man tanzte in einem anderen Saal nach den nationalen Klängen der bag-pipe.

Das Schloß von Balmoral, in welchem die Königin wohnt, ist neu und nicht einmal fertig, ganz aus schönem Granit erbaut. Für mich sind Zimmer in dem dicht daneben liegenden, alten Schloß eingerichtet. Der gute Roth, Garderobier des Prinzen, installirte mich, ein cheerful fire wurde bald im Kamin angezündet, eine turtle Suppe, Coteletts ꝛc. und a pint of cherry wuchsen an, und bald erschien Heinz mit der Aufforderung, mich vorerst auszuruhen. Heute halb neun Uhr habe ich mich dann endlich beim Prinzen gemeldet, welcher mich sehr freundlich und herzlich empfing. Dann ging es zum Frühstück, die königlichen Herrschaften unter sich, das ganze Gefolge für sich. Dabei herrschte die völligste Zwanglosigkeit; ich bin im braunen Reiserock und schwarzer Binde, auch bleibt man so zum luncheon zwei Uhr, und erst Abends acht Uhr zum Diner wird der schwarze Frack, pantalon collant, Schuhe und Strümpfe angelegt. Ob für mich früher schon eine Präsentation stattfinden wird, weiß ich nicht. Um zwölf Uhr ist Kirche und zwar eine Meile von hier, nach dem strengsten John Knox'schen Ritus, sehr lang. Ich werde mich davon dispensiren und mit Heinz etwas in der Gegend umherstreifen. Nach dem Frühstück fahre ich mit dem Prinzen zur Herzogin von Kent, für die ich ein Packet habe. Ich kann mir denken, daß das Leben, ein rechtes Familienleben, hier höchst angenehm sein muß, und bedaure, daß wir morgen Vormittag schon wieder abreisen. Doch ist es mir lieb, auch nur einen Blick hineinzuthun. Sehr gespannt bin ich auf die Bekanntschaft der Allerhöchsten Persönlichkeiten.

Die Gegend ist rauh, aber sehr romantisch. Zunächst um das im Stil der Elisabethzeit erbaute Schloß etwas Wald und grüner Rasen, dahinter aber gleich kahle Hügel, welche in ihrer Form und mit Steintrümmern bedeckt an den oberen Brocken erinnern. Der Tee in einem steinigen, breiten Bette bildet das Thal und rauscht unter einer schönen Drahtbrücke fort. Charakteristisch ist aber, wie gesagt, die tiefe Ruhe. Kein Getümmel von Dienerschaft oder Fremden, keine Equipagen, und Niemand kann ahnen, daß hier der Hof eines der mächtigsten Staaten residirt, und daß aus diesen Bergen die Weltschicksale wesentlich mitbestimmt werden. Am Anberge nahe hinter dem Schloß stehen mitten im Haidekraut solche Hütten, wie Sir Walter sie beschreibt. Ich wurde beim Frühstück einer Dame vorgestellt von großer Schönheit, aber nicht mehr jung. Wegen ihres einfachen, bescheidenen Wesens hielt ich sie für eine Erzieherin der königlichen Kinder. Nachher erfuhr ich, daß es die Herzogin von Wellington sei. Mir fiel ein, wie viel exklusiver in der Regel unsre Damen auftreten, die doch keine peeresses, also wirkliche Reichsfürstinnen, sind. Die andere Dame ist Miß Byng; der equerry in waiting ist General Gray, der master of the house des Prinzen Albert Colonel Phepps.

Die Kirchfahrt geschah in zwei zweispännigen Wagen mit einem outrider, alle Livreen schwarz, bloß mit Kokarde am Hut. Die Pferde derbe Grauschimmel. Die Lakaien im Schloß in Scharlach.

Abends. — Ich fange schon jetzt an, zu bedauern, daß es morgen fortgeht. Was sind das für prächtige Menschen. Nach dem luncheon wurde ein walk beschlossen. An der Teerbrücke war das Rendezvous mit den Damen der Herzogin von Kent, deren Palais eine Viertelmeile entfernt liegt. Denke Dir die jungen Damen mit dicken Nägelschuhen, braunen Strümpfen, hochaufgeschürztem Bauernrock und runden Hüten, einen derben Stock in der Hand. So ging es über Hecken und Mauern mit kräftiger Unterstützung der Herren, die vor und hinterher blieben, dann einen steilen Berg hinauf mit großen Steinblöcken. Lady Bruce, die etwas stark ist, konnte nicht folgen; ich brachte sie unten um den Berg und stieß erst nach einer halben Stunde wieder zur übrigen Gesellschaft. Mit Lady Seymour kroch ich in eine Erdhütte, aus der Rauch durchs Dach drang. Sie wollte nicht glauben, daß Menschen drin wären. Da war kein Tisch, kein Stuhl, kein Fenster, kein Rauchfang, wohl aber drei Weiber, eins blind, eins krank. Ich gab einen Sh., und als wir ein Stück fort waren, sagte meine schöne Begleiterin: „I should like, to have a shilling from you", und ging zurück, um ihn zu geben. Dann wateten wir durch einen Bach, kletterten über eine Mauer und holten die Anderen ein. An der Brücke trennte man sich mit einem shake-hands, der von den Damen ausging. Ziererei ist hier nicht Mode. Sie lachen über ihr schauderhaftes Französisch. „Ce serait une impertinance de vous parler Anglais." „Do, never mind!" „You know nobody?" „No, but I do not feel a stranger here."

Montag früh. — Meine Vorstellung gestern ging sehr einfach von statten. Der Hof war im Drawing-room versammelt, und um halb neun Uhr erschien die königliche Familie. Prinz Friedrich Wilhelm führte die Königin, welche ein weißes Spitzenkleid und Brillanten trug, dann folgte Prinz Albert mit der Herzogin von Kent und die Prinzeß Royal. Der Royal husband war in hochschottischer Tracht, einer schwarzen Jade, den Cordon des Schwarzen Adlerordens über die weiße Weste, den Kilt und die Gamaschen, die Beine nicht etwa in Tricot, sondern ganz korrekt bloß. Die Präsentation erfolgte durch den Prinzen im Vorübergehen. Ich war angewiesen, die Herzogin von Wellington in den Speisesaal zu führen, sie dort ihrem Schicksale zu überlassen und mich neben der Herzogin von Kent zu setzen, gegenüber der Königin. Die Konversation mit den königlichen Herrschaften erfolgte auf deutsch, was Alle fließend sprechen. Nur die Herzogin von Kent sprach mit ihrer Tochter englisch. Mit den Uebrigen half man sich mit englisch und französisch. Das Diner war sehr gut, die Speisen wurden ebenso angekündigt, wie bei uns die feinen Weine. Von letzteren gab es erst Sherry und Madeira, dann gleich Champagne (doux ou froid (non mousseux), zum Dessert Claret und Bordeaux. Dann erhob sich die Königin und zog sich mit den Damen ins Drawing-room zurück. Die Herren setzten sich wieder, aber eigentlich nur der Sitte wegen und auf kurze Zeit, es wurde aller Sherry gereicht, aber sehr bald aufgestanden. Dann gingen die Prinzen zu den Damen, während der Hof den Kaffee im Speisezimmer nahm, und schließlich ebenfalls sich im Drawing-room etablirte. Eine andere Etikette ist, daß man ohne Hut und Handschuh erscheint. Man spielte Domino, sah Bilder; Thee wurde gar nicht servirt, und um elf Uhr zogen die Herrschaften sich zurück.

Die Prinzeß Royal ist etwas klein, hat ein rundes, freundliches Gesicht, sehr schöne, kluge Augen und einen gutmüthig freundlichen Ausdruck. Sie spricht fließend deutsch und soll ihren Pony mit großer Keckheit reiten. Den Prinzen von Wales, der

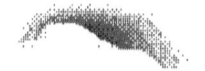

noch nicht bei Tafel erscheint, hoffe ich heute zu sehen. Wir fuhren um zehn Uhr auf einem Gebirgswege nach Perth und werden die Nacht in Edinburgh bleiben.

Edinburgh, Abends. — Wir haben einen schönen Weg durchs Gebirge bis Perth gemacht, von da per Eisenbahn und trafen halb zehn Uhr hier ein. Dann wurde dinirt, und ich will nun noch diesen Brief abschließen und morgen früh absenden. Morgen wollen wir Warwick Castle sehen.

Der Prinz will einen Tag in London und zwei Tage in Brüssel bleiben, dann nach Koblenz gehen und zu Königs Geburtstag in Berlin sein. Ich bitte Dich, liebes, gutes Weibchen, mir daher etwa zum 8. n. Mts. poste restante nach Koblenz schreiben zu wollen, und hoffe zu Gott, gute Nachricht von Dir zu erhalten. Möchtest Du nur gesund geblieben sein. Wir wollen uns freuen, wenn wir wieder beisammen sind. Mit herzlicher Liebe Dein Helmuth.

London, den 4. Oktober 1855, Abends.

Liebe, gute, kleine Frau. Du wirst hoffentlich heute schon meinen drei Bogen langen Brief aus Balmoral erhalten haben, den ich vorgestern früh aus Edinburgh abschickte. Ich habe seitdem die drei schönsten Schlösser in England gesehen, Kenilworth, eine Ruine, Warwick, den Sitz der Earls, und Windsor, die Residenz der britischen Majestät. Alle drei waren schon zur sächsischen Herrschaft feste Plätze, aber die Bauten, die man jetzt sieht, stammen aus der Eroberung durch Wilhelm, wo es darauf ankam, die häßlich mißvergnügte Bevölkerung des Landes im Zaum zu halten. Obwohl daher diese Bauten 800 Jahre allem Wetter getrotzt haben, sind sie doch über alle Erwartung wohl erhalten, so sorgfältig wurden sie aus dem besten Material aufgeführt.

Kenilworth ist ganz unbewohnt, und doch sind selbst die äußerst schönen Verzierungen der hohen Bogenfenster des Bankettsaals noch erhalten. Da ich gerade Walter Scotts Roman kürzlich gelesen, so konnte ich mich leicht orientiren und mir den Einzug der Maiden Queen vorstellen. Nichts Romantischeres giebt es als das Schloß Warwick. Durch einen Felseinschnitt von einigen 100 Schritt Länge und dicht überwölbt von hohen Bäumen gelangt man an den prächtigen Thorzwinger mit zwei hohen Thürmen, einer hinter dem andern. Ueber das Fallgitter fort tritt man in den Schloßhof, rechts der gewaltige Caesarsthurm, links der Thurm des Riesen Guy. An diesen stößt das zweistöckige Schloß. Der übrige Theil des Hofes ist mit hohen Mauern umgeben, die von den prachtvollsten Bäumen im Innern überragt sind. Eine fürstliche Pracht empfängt den Eintretenden in der Bankethalle, an welche eine Reihe von Prachtgemächern stößt. Der Blick aus den Fenstern ist unbeschreiblich schön. Der Avon fließt 100 Fuß tief unter den Mauern, und auf dem schmalen Raum zwischen dem Strom und Schloß stehen zwei oder drei Gruppen von Cedern, die jede ebenso groß sind als die im Jardin des plantes in Paris, die uns Beiden so sehr imponirte. Jenseits dehnt sich der Park mit grünem Rasen und prächtigen Bäumen aus. — Vom größten Interesse waren mir die geschichtlichen Bilder, welche das Schloß enthält. Da waren der stolze Dudley, Graf von Leicester, der um die kalte, harte Elisabeth freite und seine arme Amy Robsart umkommen ließ. Er muß wohl in späterer Zeit gemalt worden sein. Er sieht sehr finster aus und nicht wie der galante Kavalier, welcher der Tochter Heinrichs VIII. gefährlich werden konnte. Von diesem Tyrannen hing ebenfalls ein Bild da, und nicht weit das der Anna Boleyn. An einer Wand befanden sich Elisabeth und Maria Stuart. Die Elisabeth ist doch sehr schön gewesen. Die Maria scheint kurz vor ihrem Tode gemalt zu sein. Das feine Gesicht ist blaß und abgemagert, aber von tadelloser Schönheit; es brückt die edle Seele aus, die sich nach den Verirrungen der Jugend selbst wiedergefunden hat. Ein schönes Bild Karls I. und viele andere berühmte Männer fesseln die Aufmerksamkeit, aber man müßte Zeit haben, sie zu studiren und ihre Geschichte nachzuschlagen.

1855. Windsor. Der Tower.

Windsor ist viel weniger romantisch, aber weit größer und prachtvoller. Es ist die eigentliche, offizielle Residenz, denn St. James und Buckingham Palace verdienen kaum den Namen von königlichen Schlössern. Hier finden sich noch viel mehr und schönere Porträts vom höchsten Interesse. Ueber alle Beschreibung prachtvoll ist die St. Georgcapelle. Im hohen Chor hängen die Wappen und Fahnen aller Ritter des Hosenbands, also auch unseres Königs. Der Blick von der Terrasse nach dem Park und auf Eaton college ist unvergleichlich.

Endlich haben wir heute noch ein Schloß gesehen, welches älter und geschichtlich merkwürdiger ist als alle übrigen, nämlich den Tower, dessen Keep wirklich von den Römern herrührt, der lange die Residenz der englischen Könige war, und wo unter Andern der unglückliche Heinrich VI. im Kerker schmachtete, während Eduard IV. über ihm banketirte, bis Warwick, der king-maker, ihn absetzte. Man zeigte uns den blutigen Thurm, wo Richard III. die Kinder Eduards ermorden ließ, und den Kerker, in welchem die Inschriften der Gefangenen noch an den Wänden zu lesen sind. Wir besichtigten die Krone und Kronjuwelen, unter andern den Kohi-noor oder Lichtberg, den größten existirenden Diamanten. Dann führte man uns in eine Halle, wo sämmtliche englischen Könige zu Pferde in ihren wirklichen Rüstungen hatten. Auch Elisabeth sitzt auf ihrem Schimmel, von einem Pagen geführt. Ich habe also viel, aber freilich nur im Fluge gesehen.

Wir trafen gestern Abend acht Uhr ein und wurden, da Graf Bernstorff in Ems, durch Graf Brandenburg empfangen. Wir fuhren durch die ungeheure Stadt von zweieinhalb Millionen Einwohnern nach Howards Hotel, wo das Diner eingenommen wurde. Heute früh ging's nach Windsor. Abends liefen wir in den Läden umher. Ich besichtigte eine Abbildung in relief von der Belagerung von Sewastopol und einen Erdglobus von 100 Fuß im Durchmesser, den man vom Mittelpunkt aus betrachtet. Eben komme ich vom Thee herauf und will morgen früh nach

Sydenham in den Krystallpalast. Um vier Uhr Nachmittags wird der luncheon in Richmond bei unserm Konsul eingenommen, und Abends geht's über Dover nach Brüssel, wo der Prinz am 6. bleibt. Am 7. oder 8. will er nach Koblenz. Dort hoffe ich Nachricht von Dir zu finden. Ich werde Dir viel zu erzählen haben. Mein Prinz ist äußerst liebenswürdig und freundlich, und das ist die Hauptsache.

Schloß Brühl. — Gestern Nachmittag trafen wir hier ein, und der Prinz wurde von König und Königin sowie seinen Eltern freundlichst empfangen. Ich erhielt Deinen lieben Brief vom 30. v. Mts., geschlossen am 4. d. Mts. durch Graf Pückler. Du bist wirklich eine Soldatenfrau und weißt Dir zu helfen. Wie verständig Du Alles angestellt hast. Es ist wahrlich eine große Annehmlichkeit für mich, wenn ich nach Berlin komme, gleich eine vollständig eingerichtete Wirthschaft zu finden. Ich freue mich herzlich auf das Wiedersehen. Und lauter gute Nachrichten, die Du bringst. Du mußt aber schrecklich viel Mühe und Arbeit gehabt haben. Die Lage unsrer Wohnung*) kenne ich genau; ich mochte nicht hineingehen, weil die Familie Bernuth noch darin war. Den ganzen Freitag brachte ich im Krystallpalast von Sydenham zu. Der Hauptsaal ist über 1000 Fuß lang und 100 Fuß hoch, ganz aus Eisen und Glas erbaut. Er enthält im Allgemeinen Sehenswürdigkeiten. Um zum Beispiel einen Begriff von der Entwicklung der Baukunst zu geben, hat man in ihren wirklichen Dimensionen aufgestellt: einen ägyptischen Tempel, ein pompejanisches Haus, einen griechischen Hof, eine byzantinische Halle, gothische Säulenhalle, die Alhambra, einen Saal im Renaissancestil und so weiter. Alles aufs Treueste nachgebildet und in wirklicher Größe. Zwei sitzende Bildsäulen des Ramses, die in Aethiopien aufgefunden sind, 65 Fuß hoch. Außerdem sind wohl 1000 berühmte Statuen, antike und moderne, darunter Reiterstatuen von 40 Fuß Höhe, aufgestellt. Ein

---

*) Schönebergerstraße Nr. 9.

Teich in der Mitte ist bedeckt mit Lotos und Viktoria regia in Blüthe, längs allen Wänden stehen seltene Bäume von der Zeder und Orange bis zur Fichte. Unter ihrem Laube schreien und singen die Papageien und Nachtigallen. Ausgestopfte Kameele, Löwen und Giraffen werden von Indern und Mohren gezeigt, Alle in ihrer wirklichen Tracht. Vor dem Palast sind die Wasserkünste von Versailles im Bau begriffen. Ein prachtvolles Orchester füllt die ungeheuren Räume mit der schönsten Musik. Ein köstlicher Park umgiebt das Ganze. Aus einem Teich kriechen die 40 Fuß langen Ichthyosauren, die Mammuth und die riesenhaften Fledermäuse der vorsintfluthlichen Welt, in Zink gegossen und so weiter.

Der schönste Punkt bei London ist Richmond. Von der Terrasse hat man wirklich eine entzückende Aussicht.

Abends neun Uhr fuhren wir aus London ab. Um halb zwölf schoß der Dampfer aus dem Hafen. Der Hafenkapitän hatte schon gemeint, daß es ein schweres Wetter sei. Ich kroch unter das Langboot, welches auf dem Verdecke stand, aber ein paar Sturzwellen überschwemmten das ganze Deck und ich flüchtete in das Boot. Die Fahrt dauerte über sechs Stunden. Abgesehen von dem Unbehagen und dem Frost, blieb ich gesund. Aber schlafen konnte ich nicht. Sehr unerfreulich waren die ersten Morgenstunden im Hotel d'Allemagne nächst der Eisenbahn. Es war heller Tag, und um halb acht ging es nach Brüssel, Hotel de Flandres. König Leopold kam aus Laeken sogleich zur Stadt, wir kamen ihm am Schloß zuvor. Dann unmittelbar erwiderte Seine Majestät den Besuch in Gala mit zwei rothen Vorreitern und sechs Pferden. Hierauf Besuch bei den Prinzen in Laeken, die unterdeß zum Prinzen gefahren waren. Abends großes Diner in Laeken. Die Erzherzogin, Herzogin von Brabant, ist sehr schön. Der Herzog und sein Bruder schrecklich lang aufgeschossen, aber Beide sehr freundliche, aufgeweckte Herren mit klugen Gesichtern. Der Hof unbeschreiblich steif und traurig, aber von größter Zuvorkommenheit.

Heute geht nun der König nach Berlin, wir mit der ganzen Familie nach Mainz, wo der Prinz von Preußen das Gouvernement übernimmt. Ich vermuthe, daß wir sehr bald nach Berlin kommen, jedenfalls bis zum 14. d. Mts. Bis dahin also abieu, liebes Herz. Dein H.

*

Aachen, Dienstag Morgens den 20. Mai 1856.

Liebe Marie. Diese Nacht schrieb ich Dir in aller Hast, welche unangenehme Verwirrung die wiederholte und doch verkehrte Bestellung des Kammerdieners Maas angerichtet hat. Der Prinz hat nun bestellen lassen, daß er seinen Uniformsrock mitnimmt. Nun, Du wirst Alles mit gewohnter Umsicht besorgen. Der Prinz nimmt nur einen Adjutanten nach Osbornhouse, der ganze Schwarm geht nach London, wo ebenfalls ein Theil nur in Hampton Court, der Rest in Carltonhouse untergebracht wird. Ich werde daher das schöne Wight nicht, sondern nur London zu sehen bekommen. Die Rückkehr wird sich bis zum 25. l. Mts. verzögern, ein Tag wird in Brüssel, einer in Hannover zugebracht. Liebes Herz, ich hoffe, daß Dein Unwohlsein vorüber ist, und würde mich freuen, gute Nachricht von Dir zu erhalten. Bis jetzt kann ich Dir von der Reise wenig Interessantes melden. Die Tour nach Köln war hübsch, Alles schon grün, das Wetter frisch und windig. Die Vegetation war gegen Berlin eher zurück. General Schreckenstein war im Holländischen Hof bereits angekommen. Wir fuhren gestern mit dem liebenswürdigen alten Herrn hierher und stiegen in dem Dir bekannten Grand Monarque bei Dremmel ab, wo wir an der Table d'hôte ein vortreffliches Diner einnahmen. Abends acht Uhr kamen Prinzeß von Preußen, Prinzeß Luise, Prinz Friedrich Wilhelm, Heinz und Bose. Die junge Prinzeß logirt für die Zeit ihrer Kur beim Regierungspräsidenten Kühlwetter. Dort war Vorstellung der Sommitäten von Aachen, dann Thee bei Prinzeß.

Ich besah den Dom, das wunderbarste Bauwerk, bestehend

aus einer Rotunde aus dem neunten, einem Chor aus dem vierzehnten Jahrhundert und verschiedenen Thürmen, aber gar keinem Langschiff. In dem Bau Karls des Großen, zu welchem er die Säulen aus Ravenna hergeschafft, war er selbst beigesetzt. Kaiser Otto III. ließ das Gewölbe öffnen und fand den ersten Deutschen Kaiser auf einem steinernen Stuhl sitzend, die Krone auf dem Haupt, den Reichsapfel in der Hand. Er ließ ihn dem Volke zeigen, bei der Berührung mit der Luft zerfiel der Leichnam in Staub. Die Gebeine wurden in einen silbernen Schrein gethan, der noch vorgezeigt wird, der Stuhl auf den ersten Umgang der Rotunde gestellt und auf demselben nachmals sechzehn Kaiser gekrönt. Da steht er noch heute. Das Chor ist ganz neu konstruirt und mit außerordentlich schöner, neuer Glasmalerei geschmückt.

Prächtig wiederhergestellt wird auch jetzt der Bankettsaal Karls des Großen im Rathhaus. Große Freskogemälde an den Wänden zeigen die Taufe Wittekinds, des Sachsenherzogs, die Zerstörung der Irmensäule im Teutoburger Walde, die Schlacht gegen die Araber in Spanien, endlich wie Otto III. den Kaiser im Grabgewölbe gesehen. Die ganze Halle ist gewölbt, ganz kleine Kapelle am Ende. In einigen Tagen, liebe Marie, hoffe ich Dir aus old England gute Nachricht geben zu können. Leb wohl. Gott behüte Euch. Dein   Helmuth.

*

Dienstag, den 20. Mai 1856.

Mittags verließen wir Aachen mit dem Kurierzuge. Es mußten sämmtliche sieben Diener erster Klasse fahren, da keine Wagen zweiter Klasse gegeben werden. Es kann sich daher wohl fügen, daß man in einem Kurierzuge in Belgien für höhere Bezahlung mit lauter Domestiken zu sitzen kommt. Ich fuhr mit Prinz Friedrich Wilhelm, General Schreckenstein und Fürst Löwenstein-Wertheim, der auch nach England, aber über Calais geht. Die Gegend im frischesten Grün, die zierlichen, reinlichen Wohnungen, das Vieh auf den Weiden nahmen sich hübsch aus. Um sechs Uhr Abends langten wir in Ostende an und schifften uns auf einem Kahn zum Dampfschiff ein, welches wegen der Ebbe in ziemlich weiter Entfernung vor Anker schaukelte. Ich hatte absichtlich, und weil mir nicht recht wohl war, den ganzen Tag nur den Kaffee und ein paar Schnitten Butterbrot zu mir genommen, an Bord nur eine Tasse Thee. Da es sehr kalt war, legte ich mich in der dumpfigen Kajüte schlafen. Die Bewegung des Fahrzeuges war sehr gering. Gegen elf Uhr wachte ich auf und ging aufs Deck, wo die Übrigen bivouakirten. Es war sehr milde geworden, die See ruhig. Das Schiff lief zwölf englische Meilen in der Stunde. Links sah man die Leuchtfeuer von Calais und Grisney, rechts die der englischen Küste. Bald erkannte man die steilen weißen Kalkfelsen im Vollmondschein. Nach kaum fünfstündiger Fahrt liefen wir in den engen Hafen von Dover ein. Colonel Seymour, in der Krim verwundet, war abgeschickt, den Prinzen zu empfangen. Ein mächtiges Souper stand in Ship Hôtel servirt, aber ich mogte doch meinem Magen nach Mitternacht keine Hummer, Wildpasteten und dergleichen bieten, um so mehr, als er doch über die eben bestandene Seereise etwas bestürzt schien. So war dies ein rechter Fasttag für mich geworden.

Schon um sieben Uhr früh einundzwanzig Kanonenschüsse aus ungewöhnlicher Nähe, dann Ehrenwache mit schlechter Hornmusik unter den Fenstern. Seltsam genug, daß gerade der Prinz hier die englische Fremdenlegion sehen mußte, in der gar mancher Ausreißer des siebenten und achten Armeekorps stecken mochte. Sie wurden indeß censirt, Schweizer zu sein. Der Prinz begnügte sich, einmal die Reihen entlang zu gehen. Der Prinz allein mit Schreckenstein nach Osborne. Wir machten in zwei Wagen, vom Sattel durch Kutscher in rothen Jacken gefahren, eine hübsche Ausfahrt nach den neuen Befestigungen. Dover liegt zwischen zwei Kalkstein-Höhenrücken, die Beide senkrecht etwa zwei- bis dreihundert Fuß zum Meer abstürzen. Auf dem östlichen liegt die mittelalterliche Burg, ein schönes, altes Schloß.

1856. Neuer Hafen in Dover. Fahrt nach London.

Schon die Römer fingen an, daran zu bauen und die sächsischen Könige, sowie die normannischen setzten den Bau fort. Nach der Seeseite hat man Galerien mit Schießscharten hinter der senkrechten Felswand fortgeführt wie bei Gibraltar. Aus der Höhe von etwa hundert Fuß kann man natürlich mit schwerem Kaliber heranmahende Schiffe in sehr großer Entfernung schon erreichen. Der westliche Höhenzug ist durch zwei Werke gekrönt, die durch ein Glacis verbunden sind. Das Hauptwerk liegt nächst der Küste, hat schönen Hohlbau, bombensichere Kaserne, gemauerte Traversen. Einige Terrainfallen mangelhaft oder gar nicht eingesehen. Diese Höhe würde sehr schwer zu ersteigen sein, ist aber nicht sturmfrei.

Ich ging dann mit Heinz und Schreckenstein, dem Sohn, nach dem prächtigen Lord Wardens Hotel am Meere. Es war eine köstliche, frische Seeluft dort, die wir in London entbehren werden. Wir besuchten den Bau der neuen Jettee (Damm). Er erstreckt sich bereits über zweihundert Schritt ins Meer und soll nun links weiter geführt werden, um einen neuen geräumigen Hafen zu bilden. Dieser Damm wird aufgeführt durch lauter ganz gleich große Quadern, etwa sechs Fuß lang, vier Fuß breit, drei Fuß hoch; nach der Seeseite Granit, nach der Hafenseite Kalkstein, im Innern ein künstlicher Stein aus Cement und Kies, der vollkommen steinhart ist. Die Meerestiefe an der Stelle, wo jetzt gebaut wird, beträgt etwa sechsunddreißig Fuß. Um das Fundament zu legen, arbeiten zehn Mann, je zwei in einer Taucherglocke, am Meeresboden. Diese Glocken sind von Eisen, sehr schwer, damit die Strömung sie nicht fortreißt, oben mit Klumpglas versehen, um sehen zu können. Eine Dampfmaschine treibt durch Spritzenschläuche frische Luft hinein. Die Leute bleiben sechs Stunden unter dem Wasser und werden dann abgelöst.

Um zwölf Uhr fuhren wir mit Graf Bernstorff nach London. Ein langer Tunnel führt unter der berühmten Shakespeareklippe hindurch, dem steil zum Meer abfallenden Felsen, von welchem der blinde König Lear ins Meer hinabzuspringen glaubt und beläubt zu Boden fällt. Noch ein zweiter Tunnel, und man ist in Follestone, dem hübschen Ueberfahrtsort nach Boulogne. Dann geht es durch die freundliche Grafschaft Kent und die englischen Weinberge, nämlich Felder mit zahllosen Pfählen, an welchen der Hopfen gezogen wird. Alle Häuser haben spitze, kleine Thürmchen, in welchen die Hopfenstangen des Winters aufbewahrt werden. Das Wetter muß in England das Jahr sehr schlecht gewesen sein, denn die Vegetation ist außerordentlich weit zurück. Die Eichen haben eben erst die ersten Blätter, die Apfelbäume stehen noch in Blüthe.

Beim Herabfahren von Croydon sieht man die dicke Rauch- und Dampfwolke über der Themse lagern und nimmt Abschied von der Sonne. Nachdem man links den ungeheuren Krystallpalast passirt, zeigt sich rechts Greenwich, dann der Tower mit seinen vier Eckthürmen, die hohe Säule, welche an den großen Brand von London erinnert, ein Wald von Masten und ganz dunkel im Nebel die gewaltige Kuppel von St. Pauls. Die Eisenbahn führt nun in gewölbten Bogen über die ganze Vorstadt Southwark fort. Man fährt über die Dächer der freilich meist niedrigen und unansehnlichen Häuser mit ihren zahllosen Rauchfängen fort bis nahe an London Bridge.

In Dover waren wir die Gäste der Königin (doch gab der Prinz für die eine Nacht 10 Liv. Trinkgeld). Equipagen wurden gestellt, das Coupé auf der Eisenbahn war genommen. Auf dem Bahnhof erwarteten uns zwei königliche Equipagen (schwarze Livree) und zwei Fourgons, welche uns nach Buckingham Palace fuhren. Dort war nichts von unserer Ankunft bekannt. Ich ließ nach Howards Hotel fahren, fand es besetzt, von da nach Regents-Street Nr. 1, wo wir drei bedrooms und einen saloon erhielten. (Der Doktor wohnt beim Gesandten.) Bald darauf kam ein dicker Gentleman vom Hofmarschallamt, er hatte eine telegraphische Depesche aus Osborne, sollte für Alles sorgen und so weiter. Wir sind also ausgemiethet.

Das Wetter war für London schön, wir machten einen

Gang durch die fashionable Regents-Street, Pallmall und so weiter. Man wird ganz schwindelig von diesem Gedränge. Nach Tische um sieben Uhr fuhren wir nach Hyde Park, um die Menge der zu Pferde und zu Wagen passirenden Spazierenden zu mustern. Sehr viel Damen ritten ganz unabhängig, nur von einem Groom gefolgt. Man sah gute Pferde, doch nichts Außerordentliches. Die Pferde werden ganz anders wie bei uns geritten, lang weg, auf den Blättern, bohren gegen die Zügel. Keiner wäre im Stande gewesen, eine kurze Volte zu machen. Hyde Park ist eigentlich eine große grüne Hutung mit einzeln stehenden, zum Teil sehr schönen Eichen, rings umgeben von hohen Häusern, darunter mehrere schöne, wie man sie sonst in London sehr selten findet. Mitten unter den eleganten Equipagen und Reitern, die sich jedoch wie auf eingezäunten Wegen bewegen, grasen friedlich die Kühe und Schafe. Da es anfing, zu regnen, so fuhren wir heim, ließen ein cheerful fire im Kamin anzünden und tranken unsern Thee. In meinem acht Fuß breiten Bette habe ich vortrefflich geschlafen. Heute, den zweiundzwanzigsten, ist es so trübe, daß man Licht anstecken möchte, es regnet, und nachdem der Kaffee mit Eiern, Toasts und Muffins verzehrt, rauche ich bei verriegelter Thür und zwischen offenem Fenster und Kamin im bed-room die verpönte Cigarre, ungewiß, was man an einem solchen Tage in London anfängt.

Als die Normannen England eroberten, fanden sie etwa eine Million Einwohner. Jetzt enthält London 2 200 000 Menschen, weit mehr als die Königreiche Sachsen, Hannover oder Dänemark. Alle Woche sterben hier mehr als 1000 Menschen. In der großen Feuersbrunst 1666 (Karl II.) brannten 13 000 Lehmhäuser ab. Man baute dann erst aus Ziegel. Die letzte Pest, ein Jahr früher, 1665, hatte 68 000 Menschen weggerafft. — Oxford-Street ist über eine halbe Meile lang. — Zur Zeit Jakobs I. hatte London 150 000 Einwohner, jetzt stehen ungefähr so viel Menschen unter polizeilicher Aufsicht.

Bei dichtem Regen nach Budingham Palace, nicht groß,

aber sehr schön, dann nach St. James, dem einzigen Schlosse der Königin in London von Wilhelm III. (wo Whitehall abbrannte) bis in neuester Zeit, wo Buckingham House für Königin Victoria eingerichtet wurde.

St. James ist wohl das unansehnlichste Schloß in der Welt, eine langes, unregelmäßiges, zweistöckiges Haus, ungefähr wie Monbijou, aber aus roten Ziegeln, mit Zinnen und einigen Thürmen und Höfen.

Colonel Seymour aus Osborne bringt die Einladung, dorthin zu kommen.

23. Mai. — The South Eastern Railroad führt von Waterloo Bridge eine Station weit über die Dächer der Häuser fort, und noch innerhalb der Stadt liegt der zweite Halteplatz Vauxhall. Wir hielten aber nur an zwei Orten bis Southampton an. Die Sonne schien, aber die Gegend ist nicht sehr interessant; es kommen Haidestrecken vor, dann aber auch sehr hübsche Punkte, namentlich Claremont, der Sitz der vertriebenen Orléans. Höchst unansehnlich ist Southampton, aber die gewaltigen Dampfer, die nach Westindien laufen, geben dem Hafen ein Ansehen. Wir wurden um halb drei Uhr durch ein äußerst kleines und leichtes Dampfschiff der Königin abgeholt. Es war stürmisch, aber das Wasser doch in der Bucht wenig bewegt. Bei starkem Regen näherten wir uns Osborne. Neben diesem Besitzthum liegt Norris Castle, ein prachtvolles Schloß, ganz und gar von Epheu überkleidet, prächtige Bäume, grüne Grashänge bis zur Mauer am See. Die Hofequipagen führten uns nach Osborne. Das Schloß besteht aus einem Pavillon, den die Herrschaften bewohnen, und aus einem Gebäude für den Hof. Alles im Renaissancestil, der für die freundliche Gegend gut paßt, wie der Baustil der Elisabeth für die ernste Umgebung von Balmoral. Durch ein Wiesenthal auf beiden Seiten von Bäumen eingefaßt, hat man den Blick aufs Meer, und im Hintergrund erkennt man Portsmouth und die Hügel von Portsdown. Ein Theil der Flotte liegt im Angesicht von Osborne vor Anker. Leider haben wir noch keinen klaren

Himmel gehabt, um die Schönheit dieses Bildes zu würdigen. Meine Fenster gehen nach der Südseite auf den Park, eine weite grüne Fläche mit einzeln stehenden schönen Eichen und seltenen Bäumen, unter anderen einem Paar schöner Zedern. Hinter dem Park erheben sich in der Entfernung von etwa einer Meile die kahlen, langgestreckten Hügel, welche diese Insel in zwei Hälften theilen. Ich schlenderte allein nach Cowes, dem eine Viertelmeile entfernten Hafenplatz, und auf einem sehr hübschen Wege über Elm-Cottage zurück.

Die Königin, lila Kleid mit gelbem Besatz ohne Brillanten. Prinz Albert, schwarzer Frack, Cordon des schwarzen Adler-Ordens unter der Weste, goldene Vlies um den Hals, den garter ums Knie. Prinz von Leiningen links der Königin. Prinzeß Royal erschien heute nicht. Nach dem Diner ladies retire. Bald darauf folgten die Prinzen, nach dem Kaffee der Hof. Jetzt erst macht die Königin Konversation. Thee. Die kleinen Prinzen haben ein Feuerwerk, welches draußen abgebrannt wird. Um elf Uhr Alles zur Ruhe.

Den 24. Regenwetter, nach dem Frühstück wurde es schön. Ich traf mit dem Doktor und Schreckenstein am Strande zusammen, wo wir uns außerhalb der precincts of the park auf einen Baumstamm setzten und eine Cigarre rauchten. Die Herrschaften kamen desselben Weges und wir geriethen zwischen die Fluth und das hohe, felsige Ufer. Zum luncheon nahm ich nur köstliche Trauben und Ananas. Dann mit Captain du Plat an Bord der prachtvollen Dampf-Jacht Victoria and Albert. Das Schiff ist 297 Fuß lang, also noch länger als das größte Linienschiff. Die Räume unter dem Deck sind so hoch und hell, daß man gar nicht glaubt, auf einem Schiff zu sein. Die Königin hat außer Schlafzimmer und Kabinet einen großen Salon mit Spiegelfenstern auf dem Deck und einen unter demselben. Captain Duman und Captain Christby waren in fünf Tagen nach Madeira gedampft. Wir wurden herüber gerufen, die Geschenke zu sehen. Ein Diadem und Schmuck in Gold und Perlen von

Prinz Albert, eine Brosche vom Prinzen, ein Fächer, den die Prinzeß Royal gemalt, Zeichnungen von den Kindern und so weiter. Gratulation eine bloße Verbeugung. Promenade nach West-Cowes.

Zum Diner saß ich zwischen Prinzeß Royal und Miß Seymour. Das wäre bei uns unmöglich, wo die königlichen Prinzessinnen stets durch Hofdamen eingefaßt werden. Die Prinzeß ist höchst liebenswürdig. Sie spricht deutsch ohne allen Accent, ist schlicht, freundlich und sehr gescheit. Mit der Prinzeß Luise schreibt sie sich fast täglich.

Nach dem Diner Ball, das heißt mit Aushülfe einiger Damen und Kavaliere, die Familie unter sich. Die Königin tanzte alle Tänze mit, ebenso Prinz Albert. Zu Tische waren schon Prinz Arthur und Leopold, die jüngsten, ausnahmsweise, aber nur als Zuschauer zugelassen. Sie liefen zwischen den Lakaien herum und amüsirten sich köstlich. Dann wurden sie zu Bette gebracht. Die übrigen Kinder tanzten mit. Der Prinz von Wales ist ein lebhafter und hübscher Knabe, aber wie mir scheint, dem kleinen Malrosenbilde gar nicht mehr ähnlich. Prächtig sind Prinz Alfred und Prinz Arthur, Beide in schottischer Tracht. Prinzeß Royal in Weiß mit rosa Bändern. Reizend ist die kleine Prinzeß Luise; sie nahm das Tanzen au serieux, begleitete die Musik mit kleinen Taktbewegungen, paßte genau auf und half nach, wo Einer vergaß. Um zwölf Uhr zu Ende.

Den 25., Sonntag. — Um elf Uhr nach Cowes mit Doktor Beder. Wagen genommen nach Newport und von da nach dem alten Schloß Carisbrooke, in welchem Karl I. gefangen gehalten wurde und seine Tochter, Lady Elisabeth Stuart, starb. Sehr malerische Ruine einer Burg, umgeben von neueren, aber ebenfalls verfallenen Befestigungsanlagen. Schönes Thorhaus mit flankirenden Thürmen und Machicoulis. Bei prächtigem Sonnenschein und auf guten Straßen nach den Undercliffs und in Sandrod-Cottage gefrühstückt, mutton and lobsters. Sehr schöne Vegetation, aber außerordentlich zurück. An vielen Stellen sind die Bäume fast noch ganz kahl. Der Sandstein weicht und stürzt ins Meer hinab. An mehreren Stellen neue Bergschlüpfe. Der schöne Teich von Bonchurch, Schlucht in Shanklay. Zum Diner zurück nach Osborne. Die Uniformsachen glücklich angekommen.

Den 26. — Nach dem luncheon Abreise auf dem Schraubendampfer Fairy nach Portsmouth. Prinz Alfred erklärte mir den Mechanismus sehr verständig. Die Flotte salutirte, die Mannschaft auf den Raaen. Besichtigung von zwei Kavallerieregimentern ohne Pferde. Sie sind eben aus der Krim angekommen. Die Königin geht die Front entlang durch beide Glieder. Zum Theil sehr schöne Leute, aber auch viele Rekruten, sehr wenig militärische Haltung, abgerissen, meist ohne Halsbinde, zum Theil ohne Säbel. Um sechs Uhr Vauxhall, Station in London, wo acht königliche Equipagen uns nach Buckingham Palace bringen. Acht light dragoons vor und ebenso viel hinter dem königlichen Wagen, im scharfen Trab, mit aufgenommenem Karabiner. Eine ziemlich große Menschenmenge empfängt die Königin auf dem weiten Wege mit cheers.

Ich habe ein ziemlich kleines, aber gutes Zimmer im ersten Stock, der Diener abzuklingeln. Marschallstafel für Gentlemen und Hofdamen. Miß Carr, Lord Summer; Abends mit der Königin ins Olympia-Theater, welches kaum größer als bei uns das Königsstädtische in der Blumenstraße. Seitenloge für acht Personen. Zwei französische Lustspiele, sehr gut gegeben. Um zwölf Uhr nach Haus.

Den 27. — Nach dem Kaffee ging ich durch St. James Park, Pallmall, Strand, Haymarket, Piccadilly. Um zwölf Uhr hatte der türkische Botschafter Muffuris seine Audienz und wurde durch Graf Bernstorff eingeführt. Der Prinzregent von Baden, und Baron Gemmingen angekommen. Nach dem Frühstück Visiten gefahren, bei den Herzogen von Kent, Gloucester, Cambridge, Westmoreland, Prinz von Weimar und so weiter. Um fünf Uhr a ride nach Hydepark: Prinz Albert, Prinz Friedrich Wilhelm und der Regent, du Mal, Gemmingen und ich. Die Königin mit der Prinzeß Royal und ihren Damen im vierspännigen Wagen und zwei outriders. Es waren allein an Damen wohl über tausend, einige mit, andere ohne Herren, niedriger, breitkrämpiger Hut mit herabhängender Feder und schwarzem Schleier, schwarze Pantalons, ohne alle Unterkleider, kurze Stiefel, Alles nicht sichtbar, but n notice about it. Sehr schöne Equipagen. Herzog von Wellington. Schönes, warmes Wetter, aber zum Schluß, halb sieben Uhr, doch etwas Regen. Die Pferde alle schlecht geritten, kaum daß sie im Galopp anspringen, von Versammeln, Kopfstellung, kurz, Reiterei keine Rede, aber lang weg im Trabe hat man das Gefühl, daß man wohl zehn Meilen so fortreiten würde. Auch die Pferde des Prinzen Albert sind sehr groß, kräftig, aber schwer. Ein alter Trakehner Schimmel war noch das eleganteste Thier.

Nach dem Diner (household dinner, das heißt Marschallstafel) war großer Ball beim türkischen Botschafter. Eine Menge Menschen empfing die Königin mit cheers beim Wegfahren und Aussteigen. Sehr enge Treppe und sehr beschränkter Raum, obwohl zwei neue Salons angebaut waren. Bald wurde es eine furchtbare Hitze; wenn ein Feuer ausbrach, konnte royalty, peerage und gentry von England geröstet werden. Sehr viel schöne Damen, viel Brillanten, sonst aber in den Stoffen viel Einfachheit, weil weniger Luxus als in Berlin. Die Königin, weißes Atlaskleid mit Scharlachüberkleid und prachtvollem Brillantdiadem, Brosche und dem blauen Band, tanzte den ersten Contretanz mit dem Botschafter, der gewiß nicht ganz in seinem Element war, Prinz Albert in der sehr kleidsamen, schwarzen Uniform seines Kavallerieregimentes mit der kleinen, dicken Botschafterin (geborene Bogorides, Fürstin von Samos), Prinz Friedrich Wilhelm mit Madame de Persigny, besonders einfach und geschmackvoll angezogen, weißes Kleid mit gelben Bändern und schwarzen Verzierungen, gelbe Rosen mit schwarzen Blättern im Haar, Diamantencollier. Prinz von Baden mit Prinzeß

Mary von Cambridge, die sehr stark, aber außerordentlich schön ist. Die Herzogin von Wellington ist immer noch eine der schönsten Erscheinungen. Die Königin tanzte drei oder vier Tänze, dann machte sie einen Durchzug durch die übrigen Zimmer unter „God save the Queen", endlich in den reich und geschmackvoll arrangirten Saal, wo ein Souper aufgestellt war, welches ich jedoch nur aus der Ferne ansah. Als der Hof fortging, stand ich ganz hinten, hoffnungslos, durchzukommen, denn Korridor, Treppe, Flur, Alles stand Kopf an Kopf. Ich faßte mir ein Herz: „Beg a thousand pardons!" „Oh, this gentleman wants to part with Her majesty!" „Lady Elizabeth, give way!" — so wurde ich von einer Dame der andern überwiesen und unter tausend excuses handed down the stairs, bis ein Dutzend Kardinäle mich aufnahm. Nämlich da es regnete, hatten alle footmen scharlachrothe, bis an die Knöchel reichende Ueberzieher an, so daß nur der rothe Hut noch fehlte. Es war ein Uhr, der Rest der Gesellschaft ging dann erst in das banquetting room und wird wohl gegen Morgen nach Haus gekommen sein. Unter den Diplomaten nahm sich ein Schwarzer seltsam aus, im gestickten Rock, die Waden unter den Knieen. Es war der Gesandte von Hayti; ich glaubte erst, es wäre Kaiser Faustin oder Soulouque selber. Die Herren, welche keine Uniform trugen, erschienen in habit habillé, seidegesticktem Rock, Haarbeutel und Stahldegen. Alle Dienerschaft der Königin ist gepudert.

Den 28. — Um halb zwölf Uhr in drei vierspännigen Landaulets, zwei Fahrer vom Sattel, zwei Diener hinten auf, nach Epsom, drei Meilen von London.

Die Rennen von Epsom finden auf einer Haide statt, und an der Bahn sind mehrere Gerüste für Zuschauer errichtet, davon eins ein großes, gemauertes, hohes Gebäude. Entrée eine Guinea à Person. Die Bahn ist geschickt so an dem Rand einer sanften Thalsenkung herumgeführt, daß man die Pferde vom Abrennen bis zur Ankunft beständig im Auge behält. Man hat dabei einen weiten Blick über die grüne, baumreiche Gegend und das schöne Thal der Themse. Alle zehn Minuten gehen Züge auf der Eisenbahn nach Epsom, dennoch bedeckten die Straße zahlreiche Flys, Hansoms, Cabs und Curricles, namentlich aber Omnibus, welche innen und außen mit Passagieren bedeckt waren. Etwa 50 000 Menschen mochten auf der Haide versammelt sein und überschwemmten die ganze Rennbahn. Als aber um zwei Uhr das Signal zum ersten Rennen gegeben war, ordnete sich Alles von selbst und mit völliger Ruhe, ohne Schutzmänner und Gendarmen. Es ging um das Epsom town plate, 50 sovereigns Einsatz, und nur acht Pferde liefen.

Um drei Uhr aber folgte das berühmte Derby-Rennen, das größte in ganz England. Wir stärkten uns dazu durch ein vortreffliches Gabelfrühstück im Salon der Schaubühne und traten dann wieder auf unsern Balcon. Neben demselben befanden sich Lord Palmerston, Cardignan, Westmoreland und so weiter. Prinz Albert bezeichnete mir eine Dame, wenn ich nicht irre, Lady Chesterfield; der größte Theil ihres Vermögens stand bei dem Rennen auf dem Spiel. Der Einsatz beträgt 50 Guineas. Der Sieger erhält 5975 Guineas, also über 40 000 Thaler. Er zahlt der Bahn 100, dem judge 50. Aber dies ist eine Kleinigkeit gegen die Wetten, die lange vorher schon, noch beim Abreiten und selbst während des Rennens gemacht werden. Diese Wetten gehen in die Hunderttausende und wohl Millionen.

Das Signal mit der Glocke wurde gegeben, das Abreiten war aber unregelmäßig und mußte wiederholt werden. Die allgemeine Meinung war für Nr. 1, Lord Derbys braunen Hengst Fazzoletto von Orlando. Wirklich nahm auch Mister Platman, schwarz mit weißer Kappe, die Spitze. Die meisten Wetten waren für ihn; es erregte daher die unbeschreiblichste Aufregung, als bei der ersten Wendung der Bahn ein ganz dunkelbrauner Hengst, Nr. 12, Ellington vom Flying Dutchman, Admiral Harcourt gehörig, geritten von Albercroft, grau mit rother Kappe, vorn erschien. Nicht bloß die zahllosen Zuschauer auf beiden Seiten, sondern Gentlemen und Ladies auf der Tribüne ließen

1856. Das Derby-Rennen. Hampton Court.

die lebhaftesten Ausrufungen vernehmen. Zwei oder drei Pferde waren ganz ausdistanzirt, alle übrigen ritten geschlossen, wie eine Schwadron, nur der Ellington immer eine halbe Pferdelänge voraus im riesigen, langen Sprung, während nun alle übrigen die schärfsten Hülfen gaben. Es waren sechzehn gegen eins gegen ihn gewettet, er siegte unbestritten. Natürlich war eine Telegraphenstation angebracht, aber diese konnte nur nach den Hauptorten Englands und etwa Paris und Neapel melden. In raschem Fluge stieg sehr bald eine Taube, dann eine zweite, und so wohl neun oder zehn auf, welche die wichtige Kunde, für die nobility und gentry meist eine Niederlage, nach den verschiedenen manors und parks in England, Schottland und Irland trugen:

Latest betting 2 to 1 against Wintworth.
    „   „   5 „ 1 „   Cameotil.
    „   „   16 „ 1 „   Ellington.
    „   „   30 „ 1 „   Prince.
    „   „   50 „ 1 „   Astrologue etc.

Wenn also einer 100 Liv. gegen Ellington gesetzt hatte, so hat er über 100 000 Thaler verspielt.

Wir fuhren nun nach Hampton Court. Es regnete stark, und wir sahen weder den schönen Garten, noch das stolze Schloß des gewaltigen Kardinals Wolsey, sondern nur die Fohlen des Prinzen Albert. Er hat keine eigenen Hengste, sondern miethet für den Preis von 350 Liv. pro Stück und Jahr diejenigen, deren offspring in den Rennen gesiegt haben. Allerdings zwei prachtvolle Hengste, aber nicht schöner als die Hauptbeschäler in Trakehnen.

Den 29. — Um zehn Uhr Parade vor der Kaserne der horseguard, dem alten Palast Whitehall, von welchem jedoch nur das banquetting house noch steht, aus dessen Fenster Karl I. aufs Schafott schritt. Je weiter wir ritten, je mehr Menschen und je lauter die cheers. Diese wurden meinem Gaul sehr unheimlich, er stellte sich in die Quere, wollte umdrehen — glücklicherweise war er bei den Truppen ruhiger. Es war nur eine Wachtparade: ein Zug horseguards und sechs Kompagnien footguards. Erstere sind prächtig, alle auf Rappen, die Infanterie mit Bärenmützen und rothen Waffenröcken. Große Ruhe, sehr viel Zeremonien, Vorbeimarsch im allerlangsamsten Schritt, was aber gut aussieht. Die Musik von drei Regimentern voraus, die Regimentstambours, mit ihren langen Stäben sich stützend, schwarze Kappen, lange, ganz mit Gold überdeckte Heroldsmäntel und Stulpstiefel. Dahinter die bagpipers des schottischen Bataillons in rothen, gewürfelten Mänteln, kilts, den Dudelsack unter dem Arm (auch bei Tafel gestern ging der Dudelsack um den Tisch); die ganze Parade sprach für die Vorliebe der Engländer für pageantry und hatte etwas Mittelalterliches. Sie dauerte trotz der kleinen Truppenzahl über eine Stunde. Beim Inhausereiten großer Zudrang von Menschen, cheers, aber Alles in guter Ordnung. Ich lavirte mit dem fremden Gaul glücklich durch.

Um zwei Uhr drawing-room at St. James in größter Gala. Rothe Livreen mit Gold bedeckt. Spalier der horseguards von Budingham bis St. James. Die Königin im zweispännigen Wagen mit zwei isabellefarbenen Pferden, deren Mähnen mit Kornblumen eingeflochten waren. Wir fanden im Thronsaale schon die spiritual peers, sämmtliche Bischöfe, versammelt, welche der Königin in ihren privy rooms zum Geburtstage Glück wünschen und dann verschwinden. An ihrer Spitze der Erzbischof von Canterbury, nächst den Herzogen von königlichem Geblüt der vornehmste Pair des Reiches und der Feind der Musik am Sonntag in den Parks. Dann waren außer den Hochargen die sämmtlichen Minister versammelt, Lord Clarendon, ein besonders fein und klug aussehender alter Herr. Merkwürdig sieht der Lord Chancellor aus, in einer großen Perücke, schwarzem, goldgesticktem Mantel und mit einem großen, gestickten bag in der Hand, wie mein Reisesack, mit dem Siegel des Reichs darin, ähnlich der Lord Speaker, dann der Alderman von London, ein Jude, in rothem Mantel mit Zobel besetzt, ein schöner Mann.

Die sämmtlichen Hofdamen stellten sich vor den Thron, dann die Königin mit Prinz Albert vor ihnen, links die Herzogin von Kent, Gloucester, Prinz-Regent von Baden, Prinz Friedrich Wilhelm, Herzog von Cambridge. Ich hatte einen vortrefflichen Platz zwischen einem ostindischen Halbsouverain, einem schönen Mann, klein, sehr braun, ganz mit Perlen und Juwelen bedeckt, namentlich sehr große Smaragd-Ohrringe, und auf der andern Seite Mr. Persigny. Alles mußte dicht an mir vorüber.

Die Levers sind mehr für die Herren, die drawing-rooms für die Damen, doch kamen heute auch viele Herren vorbei. Zuerst die Herzoginnen, dann die übrigen peeresses und die Damen, welche der Königin vorgestellt sind oder werden. Jede giebt bei Eintritt in den Thronsaal ihre Karte ab, welche der Zeremonienmeister, Major-General Sir Edward Cust, der Königin vorliest, wenn sie herankommt. Die Damen in großer Toilette mit Roben treten vor die Königin, machen ihre Verneigung, dann dieselbe wiederholend seitwärts, endlich ein Stück rückwärts, und damit sind sie fertig. Die Königin giebt einigen die Hand, andere grüßt sie nur, ebenso Prinz Albert und so weiter. Es ist diese Zeremonie gar nicht leicht für die Damen. Die Kammerherren, der Königin gegenüber, reichen sich einer dem andern die Schleppe der eben defilirenden Dame und händigen sie ihr am Ende jedes Manövers wieder aus. Es kamen sehr schöne, sehr graziöse Erscheinungen vor (keine übertraf Lady Somers), aber auch unglaubliche Ungeschicklichkeit und Geschmacklosigkeit im Anzuge. Violettes Kleid mit grüner Robe und rothem Kopfputz. Die Lady Westminster hatte Diamanten, wie man sie von Krystall an Kronleuchtern sieht. Es waren viele, sehr schöne Gesichter und meist sehr reiche Anzüge. Im Ganzen sind gewiß zwei- bis dreitausend Personen auf diese Art vorbei gekommen, was ungefähr zwei Stunden dauerte.

Ich ging noch nach Westminster, Waterloo Bridge und Suspension Bridge, den Strand und zurück durch St. James Park. Dort standen viele tausend Menschen, die auf das Feuerwerk warteten, welches um halb zehn Uhr hier in Hyde Park und Victoria Park abgebrannt werden soll. Der Mob vertrieb sich die Zeit damit, einzelne, ungewöhnlich große Hüte aufs Korn zu nehmen. Erst traf ein Rasenstück den Verfolgten, dann zehn, zwanzig, und bald war der Hut vom Kopf, der Mann in voller Flucht verfolgt — bis ein Anderer die Aufmerksamkeit auf sich zog und gleiches Schicksal theilte. Ich zog es doch vor, nach Buckingham Palace zurückzugehen. Um halb acht Uhr household dinner, also in langen Pantalons, doch aber stets im Frack mit weißer Binde.

Das Feuerwerk auf vier verschiedenen Plätzen von London, um die Menge von mehreren 100 000 zu theilen, war großartig; 10 000 Liv. sind dazu bewilligt, aber es war auf die Dauer von zwei Stunden berechnet. Nur die Giranbole von 10 000 Raketen machte Eindruck. Die von der Engelsburg, welche man freilich aus der Nähe sieht, schien mir gewaltiger. Zum Schluß noch Thee bei Ihrer Majestät Vorstellung. Bekanntschaft mit dem Maharadja Djulebsingh. Helmuth.

*

Buckingham Palace, Mai 20. 1856.

Liebe, gute Marie! Ich schicke Dir beifolgend die ersten Blätter meines Tagebuches, welches ich fortzuführen gedenke, um die ganze interessante Reise besser im Gedächtniß zu behalten. Du siehst daraus, daß ich noch nach Wight gewesen bin und die ganze Insel gesehen habe. Sie ist ungemein lieblich, aber wenn man schon viel Schönes gesehen hat, so macht sie doch keinen überraschenden Eindruck. Allerdings ist die Vegetation wie in ganz England, so auch dort ungemein verspätet. Eine eigentliche Reise, bloß um Wight zu sehen, würde ich Niemand vorschlagen. Osborne allerdings ist sehr merkwürdig, der Gegend entsprechend in einem heiteren Renaissancestil erbaut, wie Alles, was Prinz Albert unternimmt, sehr zweckmäßig und komfortabel, ohne raffinirte Pracht und Schaustellung, aber reich, wohlhäbig und bequem, ein solider Luxus. Das Leben in der Familie ist fast ebenso ungezwungen wie auf Balmoral, aber doch schon ein größerer Hof.

Hier in London natürlich ist Alles im großen Maßstabe. Buckingham Palast, oft getadelt, scheint mir doch ein sehr prachtvolles Schloß. Die marblehall mit den weiten, von oben erleuchteten Vestibüls und Korridors ist wahrhaft königlich. Zwar ist Alles nur Stucktatur, aber so vortrefflich ausgeführt, daß man kaum glauben kann, etwas Anderes zu sehen als den schönsten Marmor. Ein großer Luxus mit Spiegeln, alle Thüren sind damit bekleidet. Zahlreiche Porträts aus der königlichen Familie in allen Zimmern. Doch das kannst Du Dir denken.

Vor Allem herzlichen Dank für die vortreffliche Besorgung aller Militärsachen. Dein Brief traf schon am 24. und die Sachen Tags darauf in Osborne ein. Gestern zum Ball bei dem türkischen Botschafter habe ich Militärsachen angehabt und alles Nöthige gefunden. Auch die Visitenkarten sind nicht vergessen, in Osborne mußte ich mich mit geschriebenen behelfen.

Da dieser Brief sehr dick wird, so schicke ich ihn mit dem nächsten Kurier, der, glaube ich, dieser Tage abgeht. — Vergiß mich nicht und behalte mich lieb. Dein   Helmuth.

Den 30. — Um ein Uhr Tournée in königlichen Wagen, sämmtliche Visiten abgemacht. Um drei Uhr in Carltonhouse sämmtliche Diplomaten einzeln dem Prinzen durch Graf Bernstorff vorgestellt, was drei Stunden dauerte. Household dinner, dann halb zehn Uhr Konzert in dem runden Saal, der Bildergalerie und den angrenzenden Gemächern. Nur eben 600 Personen von der höchsten Gesellschaft. Herzog von Wellington, Lady Somers, Miß Barrington, Graf Bernstoff, Mussurus, Großvezier Ali Pascha, Lord Aberdeen, Feldmarschall Viscount Hardinge, Prinz von Weimar, M. Persigny ꝛc. — Der Gesang zum Piano Jenny Lind, Viardot, Novello, Gardoni, Formes ꝛc. Unter Anderem auch das Ständchen und die Forelle von Schubert. Prachtvolles Buffet. Mir nicht möglich, etwas zu genießen. Ende ein Uhr.

Den 31. — Regen. Um zwölf Uhr in drei vierspännigen Wagen auf dem Landwege nach Sydenham. Der Prinz bleibt zurück, um wo möglich seine Braut zu sehen. — Wenn man erst aus der endlosen Stadt heraus ist, so ist die Gegend doch außerordentlich schön. Man sieht gar keine Kornfelder, sondern nur grüne, eingekoppelte Wiesen, sanfte, grüne Hügel, Alles mit prächtigen, einzeln stehenden Bäumen, meist Ulmen, bedeckt, zierliche Landhäuser mit Rosenspalier, Zedern 2c.

Von dem hochgelegenen Glaspalast, der selbst 174 Fuß hoch ist, hat man einen weiten Blick über Kent, Surrey und das Themsethal. Man konnte aber leider nur ein paar hundert Schritt weit sehen wegen des Nebels. Am Sonnabend beträgt das Entree statt einen Sch. fünf; dennoch waren wohl an 2000 Menschen dort. Doppelkonzert. Die Wasser sprangen um zwei Uhr in den drei nächsten Bassins vor dem Palast, nicht in einem Strahl wie bei Sanssouci, sondern in vielen von verschiedener Höhe, was sehr gut aussieht. Um das eine Bassin war eine förmliche Hecke von niedrigen Wassersprüngen und in der Mitte ein großes Bostet. Die mittlere Halle ist 1600 Fuß lang und durchschnittlich 300 Fuß breit, in der Mitte Bassins mit Wasserkünsten. Victoria regia und Lotos blühen auf der Oberfläche. Unter den aufgestellten Maschinen arbeitete eine Zuckerrohr-Presse. Das Rohr kam trocken wie Stroh heraus. Sie kostet 350 Liv. Auf dem Rückweg besuchten wir Dullwich College, ein reizendes Gebäude im Elisabethstil unter mächtigen Bäumen. Es enthält eine Galerie der werthvollsten Bilder, einen prächtigen Betteljungen von Murillo, ein Porträt Philipps von Spanien von Velasquez, mehrere van Dycks 2c.

Nach dem Diner ins Lyceum-Theater, italienische Oper: Rigoletto von Verdi. Hübsches kleines Haus und sehr gut gesungen.

Den 1. Juni. — Regen und Kälte, Kaminfeuer. Um elf Uhr Gottesdienst in Ihrer Majestät Hauskapelle. Die Kavaliere versammeln sich in der Bildergalerie (Frack, schwarze Binde) und schreiten der Königin voran, die Prinzen und die Hofdamen folgen. Die Kapelle ist sehr einfach. Der Geistliche, Mr. Wellesley, in schwarzem Gewand, weißem Ueberwurf, schwarzen Handschuhen. Zwei Chorknaben in Weiß. Die Gebete machen einen Haupttheil des Gottesdienstes aus. Sie dauern über eine Stunde, die Gemeinde dabei meist auf den Knieen; die zehn Gebote hergesagt, Vorlesung aus dem alten Testament. Dann kurzer Gesang, der sehr hübsch war. Die Predigt vom Geistlichen in schwarzem Talar abgelesen. Alles recht schwer zu verstehen, weil die Engländer wohl von allen Nationen am undeutlichsten artikuliren. Außer dem Hof in der geräumigen mit rothem Sammet gepolsterten Loge unten nur Hofgesinde. Die ganze Gemeinde spricht die Responsen. — Nun bin ich neugierig, was man am Sonntag außer Essen und Trinken vornimmt. Daß es sehr schlechtes Wetter, ist ein Glück für die policemen: man erwartet in den Parks Demonstrationen wegen der aufgehobenen Erlaubniß, die Musikbanden dort spielen zu lassen. Nachmittag wurde es schönes Wetter und Sonnenschein. General Schreckenstein, Heinz und ich fuhren nach Regents Park, um den zoologischen Garten zu sehen. Der Garten ist überaus schön, und die Thiere, über 1000 an der Zahl, sind im besten Zustand. Die Löwen, Tiger und Eisbären wurden gefüttert; am merkwürdigsten war der Hippopotam, riesige Geschöpfe, die in großen Wasserbecken herumtauchten. 6 schöne Giraffen, deren 2 in England geboren.

Abends Diner bei der Königin. Lord und Lady Granville. Ersterer geht zur Krönung nach Moskau.

2. Juni. — Sonnenschein, aber doch immer trübe Luft. Um zwölf Uhr in 9 Hofequipagen, Begleitung von light dragoons nach Vauxhall Station. Dann 30 miles nach Sandhurst, wo der Grundstein zu dem neuen Wellington-College gelegt werden soll. Tribünen für Zuschauer à 1 guinea die Person. Lord Derby las eine sehr hübsche Anrede an die Königin ab, welche ebenso die Antwort deutlich und fest ablas. Der Erzbischof von Canterbury hielt eine kurze, aber unverständliche Rede. Es wur-

ben einige Schriftstücke und Münzen in eine Flasche gethan, und diese in den bereitstehenden, ausgehöhlten Grundstein von polirtem Granit niedergelegt. Hierauf ergriff Ihre Majestät die Kelle, und arbeitete etwas in dem bereits aufgetragenen Mörtel herum, worauf der schon schwebende Stein, ebenfalls polirter Granit, langsam herabgelassen wurde. Großes luncheon in einem Zelt. Ich saß zunächst Prinz Alfred. Die drei Knaben, in schottischer Tracht, sahen reizend aus. Auch die kleinen Prinzessinnen waren anwesend, eine Menge Lords und Pairs. Nach dem Frühstück Parade. Es waren 12 000 Mann in Linie aufgestellt, 5000 Garde und Linie, der Rest Militia, der dann morgen entlassen wird. Die Riflemen in schwarzer Uniform kamen im Trabe vorbei, hatten gleich 1 Todten und 2 Kranke, die auf dem Platze liegen blieben. Der Vorbeimarsch der übrigen Truppen war nach unserem Maßstabe sehr mangelhaft, bei weitem das beste das deutsche Bataillon. Vor dem Militia Bataillon aus Wales marschirte mit dem Tambour eine weiße Ziege. Dieselbe ist national. Schließlich Aufmarsch in Linie und Chargirung. Das Ganze war mehr ein Feuerwerk als ein Manöver.

Rückfahrt, Promenade zu Fuß nach Hyde Park. Großes Diner bei der Königin, Ali Pascha, der Großvezier, Muffurus, Lord Landsdowne, Sir Edmund Lyon. Nach der Tafel Konzert in der Galerie. Sehr gut amüsirt.

*

London, den 2. Juni 1856.

Liebe, gute Marie. Es sind jetzt schon 14 Tage, seit ich Dich verließ, und obgleich es mir sehr gut geht, so denke ich oft an Dich und freue mich schon jetzt auf unser Wiedersehen.

Ueber unsre Rückkehr steht noch nichts fest; der Prinzregent bleibt nur noch 8 Tage, dann gehen wir nach Windsor, um den Rennen von Ascot beizuwohnen. Einen Tag will der Prinz in Brüssel, einen in Hannover zubringen.

Wenn Dich mein Tagebuch interessirt, so schicke ich Dir die

nächsten Blätter. Mit meinem Befinden geht es gut, nur ißt und trinkt man zu viel; obgleich nicht den zehnten Theil von dem, was angeboten wird. Die größte Entbehrung ist, daß man schon um neun Uhr zum Kaffee zusammenkommt und diesen nicht auf seinem Zimmer erhält. Rauchen ist streng verpönt, ich habe in London noch keine Zigarre geraucht und gewöhne es mir vielleicht ab. Eine wohlthätige Einrichtung ist dagegen, daß am Schlusse des Diners ladies having retired, eine große von Royal George aus Holz geschnitzte Dose herum präsentirt wird. Adieu, liebe, gute Marie. Herzlichst der Deinige
Helmuth.

Den 3. — Mit dem Prinzen nach British Museum: Elgin marbles. Vor Allem interessant die assyrischen Denkmäler, sie sind aus dem Jahre 650 v. Chr., also älter als alle griechische Kunst. — Löwenjagd. Euphrat-Uebergang auf Schläuchen. Darstellung eines Tempels mit Pilastern und ionischen Säulen.

Nach dem Frühstück allein nach Hungerford Bridge, mit dem Dampfschiff für 6 Sh. nach Greenwich. Kolossales Dampfschiff auf der Werft, das größte in der Welt. Greenwich, wo Königin Elisabeth residirte, ist ein prachtvolles Gebäude von weißem Portlandstein, eigentlich zwei schöne Flügel eines nicht vorhandenen Schlosses. Ueber 2000 invalide Seeleute aufs Beste untergebracht. Schöner Park, prächtige Ulmen, echte Kastanien, Fichten, Feigenbäume, zwischen den Schafen weideten Rehe. Vom Observatorium schöne, weite Aussicht, aber es war so trübe, daß man selbst St. Pauls nur als schwachen Schatten erkannte. Zurück mit der Eisenbahn nach Londonbridge und oben auf dem Dache eines Omnibus durch die city, maskirt durch eine blaue Brille, um die Stadt besser zu sehen. St. Pauls in einer Art Renaissancestil und in ungeheuren Dimensionen erbaut, 400 Fuß hoch. Die Kuppel mit 32 Säulen, die Laterne viereckig. Der Stein ist oben weiß, unten vollständig kohlschwarz vom Rauch. Die Läden sehr brillant. Das Erdgeschoß aller Häuser ist durch Läden angefüllt und zeigt fast nur große Spiegelscheiben. Eisen, die oberen Stockwerke Ziegel, glatt und ohne Verzierung, holländische Schiebefenster, sehr viele kleine Schornsteine. Die neuern Theile der Stadt haben gerade Straßen, und bessere Bauart, aber ohne Geschmack. Oft sieht man 20 Ballons dicht nebeneinander, ganz nach derselben Schablone, es sind aber 20 Häuser mit 2 oder 3 Fenster Front. Die Squares sind mit schönen Bäumen bepflanzt. Abends Adelphi-Theater. Strand, ein Fenster Front. Gute Komiker. „Guten Morgen, Herr Fischer."

4. Juni. — Das war ein sehr interessanter Tag. Um halb neun Uhr nach Oxford, prachtvolle Station der Great Western-Eisenbahn, Alles mit Glas überdeckt. Hotel einer der schönsten Paläste mit großen Spiegelscheiben. Breite Geleise, daher sehr geräumige Wagen. Es war köstliches Wetter und leiblich klar, wie bei uns, wenn Höhenrauch ist. Die Gegend ganz wundervoll, die prachtvollsten Bäume, zierliche Häuser und cottages, Alles im frischesten Grün. Hier fangen jetzt erst die Kastanienbäume an zu blühen. Besonders schön hinter Reading, wo man längs der Themse fährt und das üppige Thal durch Buchen und Zedern erblickt. Dann tritt man auf ein freieres Plateau, bis die vielen schönen Thürme von Oxford aus den mächtigen Baumgipfeln hervortreten.

Oxford, 24 000 Einwohner, ist eine der schönsten Städte, die ich je gesehen habe, durch ihre allerthümlichen Bauten. Sie hat 20 verschiedene Colleges, jedes in altenglischem Stil, jedes mit seiner chapel und einer gewaltigen Halle. Wir fanden Hofequipagen auf dem Bahnhof und fuhren zum Vicechancellor. Reizender Hof mit Wohnungen der Studenten.

Prinz Friedrich Wilhelm, Prinz von Baden, Mussurus, der türkische Botschafter, Graf Bernstorff, Sir Edw. Lyons, Lord Clarendon und Lord Abercourt waren zu Doktoren vorgeschlagen; sie wurden mit rothen Mänteln bekleidet, und nun fuhr man zum sogenannten Theater, einer großen Aula im Senatsgebäude.

Auf der Galerie befanden sich an 2000 Studenten, unten war eine Tribüne für die ladies. Der übrige Raum für Zuschauer. Die Prinzen, durch Acclamation gewählt, nehmen ihre Plätze hinter dem Chancellor, Lord Derby (Führer der Tory-Partei), ein, der im schwarzen, goldgestickten Talar in schwarzer, viereckiger Mütze mit Goldquast auf dem Präsidentenstuhl saß. Dann wurden die übrigen Doktoren einzeln aufgeführt und in lateinischer Rede mit englischer Aussprache ihre Verdienste erwähnt. Die Studenten hatten volle Freiheit zu cheers, groans, lauten, lustigen Bemerkungen, Gelächter und Lärm. Natürlich wurden schließlich Alle erwählt. Der Chancellor erhob sich, entblößte das Haupt und erklärte, kraft seines Amtes, die Bezeichneten zu Doktoren honores juris civilis, worauf der Gewählte seinen Stuhl einnimmt. Die noblemen, welche die Schule besucht, sind doctors by birth und saßen neben den Prinzen. Ich stand hinter Prinz Albert, der den ersten Platz ebenfalls in Doktortracht einnahm. Jetzt folgten einige englische und lateinische Reden von der Rednerbühne zu beiden Seiten durch die jungen Leute, welche die Preisaufgaben gewonnen. Einer wurde schrecklich mitgenommen. Genug, rief man ihm zu, go and be hanged. Sein Pathos wurde nachgemacht, getrommelt und gepfiffen, andere wurden applaudirt. — Nach dem luncheon wurden die einzelnen Colleges besucht, wobei die doctors trotz der großen Hitze in rothen Mänteln blieben. Viele Zuschauer und hübsche Damen. Am schönsten ist Christ College, durch Kardinal Wolsey gegründet, mit einer wahrhaft prachtvollen Halle. Die Decke aus Stein mit herabgesenkten Verzierungen, wundervoll mit Wappenschildern gearbeitet. Die Bilder aller derer, welche, im College erzogen, später große Männer geworden sind, hängen an den Wänden. Sehr viel älter ist die Kathedrale aus Edward III. Zeit, im ältesten Rundbogenstil. Der Hof durch üppigen Rasen ausgefüllt, wunderschöner Park, Alleen von riesenhaften Ulmen. — Museum mit Handzeichnungen von Raphael, Michel Angelo, Statuen. Jedes College ist ein Prachtstück alten Baues.

Um sechs Uhr zurück, 15 deutsche Meilen, ohne anzuhalten, in einer Stunde und fünf Minuten, also fast eine englische Meile in der Minute. Großes Diner bei der Königin, Lady Clarendon und Lady Woodhouse vorgestellt. Lord Woodhouse geht nach Moskau. Den Ball bei der Marchioneß Breadalbane schenkte ich mir.

Den 5. — Um zehn Uhr die Königin, Prinz Albert, Prinzeß royal, Prinz von Wales, Prinz Friedrich Wilhelm, Miß Bullteel, de Roß, Stallmeister Meyer und ich Ritt durch Kensington Garden über den prächtigen Rasen und unter gewaltigen Ulmen. Das Schloß, wo die Königin erzogen, sehr garstig. Mein Schimmel ging nie Galopp, und so hart im Maul, daß ich ganz müde bin. Mittags drei Uhr empfing die Königin eine Adresse der Universität. Man konnte glauben, im Mittelalter zu leben. Die Halle war angefüllt mit Hellebardieren, auf der Treppe die gentlemen at arms. Ueber den Hof ging ein Zug von mehreren hundert Mann in langen, schwarzen, rothen und weißen Mänteln. — United service club, Waterloo Place, Admiral Courtenay. Ich fand bei Murray die Uebersetzung meines Feldzuges von 1838—39. In der Vorrede war gesagt, daß diese Darstellung von Major Moille sei, who now is dead. Nach Hydepark, Kensington Garden; nach dem Essen in das Theater von Haymarket. Loge dicht an der Bühne. Spanische Tänzer. Sehr guter Komiker, Buckstone.

Den 6. — Wanderung auf eigene Hand. Um halb zwölf Uhr mit der Eisenbahn nach Hampton Court, vom mächtigen Kardinal Wolsey zu Heinrichs VIII. Zeiten erbaut, liegt sehr schön an der Themse unter prächtigen Bäumen. Besonders die Vorhöfe schön. Das Gebäude aus rothen Ziegeln und weißem Sandstein. Da es Freitag, konnten die Bilder nicht besehen werden. Ich schlenderte durch Bushy Park, Twidenham nach Richmond, eine reizende Tour. Die Zedern staunte ich an. Richmond Terrace mit köstlicher Aussicht. Ueber Kew zurück, um halb sieben Uhr Abends zu Haus.

Um ein viertel elf Uhr Fancy-Ball in einem Saal in Hannover Square. Der Hof sah sich die Sache aus einer Loge an und ging nur eine Zeit lang in das furchtbare Gedränge hinunter. Viel Diamanten und Puder und schöne Gesichter. Um ein Uhr nach Haus.

Den 7. — Mit dem Prinzen die Kaserne des 2. Bataillons Scottish Fuseliers besehen. Der Mann hat wöchentlich 8 Sh. 2 P., also monatlich etwa 13 Thlr., statt daß unsere Leute 3 Thlr. erhalten. Abzug für Menage täglich circa 5 Sgr. Dafür früh Kaffee, Mmittags dreiviertel Pfund Fleisch, Nachmittags fünf Uhr Thee, eineinhalb Pfund Brot. — Mit General Schreckenstein nach united service club. Bekanntschaft des Lord Lucans. Die Uebersetzung des Feldzuges ist vom Gouvernement allen Generalen zugeschickt worden. Spazierfahrt auf der Themse. Abends Haymarket, the evil spirit. Mr. Backstone.

Den 8. — Zweistündiger Gottesdienst in der Schloßkapelle. Die common prayers dauern über eine Stunde, meist auf den Knieen, die Gemeinde immer abwechselnd mit dem Geistlichen.

Nach dem Frühstück mit Dr. Becker und Schreckenstein, dem Sohn, Landpartie nach Hampstead. Man fährt volle 5 miles durch die Stadt, die dann in nördlicher Richtung wirklich ein Ende hat, während sie östlich und westlich nirgends abschließt. Die Gegend ist dann gleich ganz wunderschön. Kornfelder sieht man nirgends, aber lauter grüne Koppeln, Wald, Cottages und prachtvolle Bäume. Von Parliaments Hill prächtige Aussicht auf London, Sydenham und die Bergzüge von Kent und Surrey. Highgate ebenfalls wunderschön. Abends Diner bei der Königin, aber, weil Sonntag, ohne Musik. Lady Macdonald. General Gray.

Den 9. — Um neun Uhr mit Prinz Albert, Friedrich Wilhelm, General Schreckenstein nach Woolwich. Vier Stunden lang die Artilleriedepots und Werkstätten besehen. Alles durch Dampf besorgt, das Holz und die Metalle zerschnitten, zersägt und gebohrt, die fertigen Stücke durch Dampfkraft weiter befördert, mit

Dampfkrahnen in Dampfschiffe geladen. Maschine, welche Naben, Felgen und Speichen zusammenfaßt und ein Rad daraus macht, durch hydraulische Presse. Dampfmaschine, welche ihre Schienen selbst legt und wieder mitnimmt. Nachmittags Promenade nach St. James Park, in den wunderhübschen botanischen Garten. Unter großen Zelldächern war eine Ausstellung von Rhododendron in allen möglichen Farben, eine unbeschreibliche Pracht. Das Auge wird förmlich geblendet von diesem Anblick, es giebt 8—10 Fuß hohe Stämme ganz mit Blüthen überdeckt, so daß man kein Blatt sieht. Abends nach Princess theatre: A winter's tale von Shakespeare mit großer Pracht in Scene gesetzt.

*

Windsor Castle, den 11. Juni 1856.

Liebe, gute Marie! Wie oft habe ich heute schon an Dich gedacht und gewünscht, daß Du alle diese schönen Gegenden sehen könntest. Leider ist noch immer keine Nachricht von Dir eingegangen. Gewiß hat die Dienerschaft eine Konfusion gemacht. Der Koffer war so schnell und pünktlich gekommen und seitdem gar kein Brief mehr. Ich hoffe indeß, daß Ihr Alle wohlauf seid, und daß doch nun bald eine Nachricht eingehen muß.

Windsor ist das schönste Stück Englands, welches ich kenne. Seit acht Jahrhunderten ist nicht London, sondern Windsor der eigentliche Sitz der royalty in England. Schon Wilhelm der Eroberer gründete hier seine Burg, die Tudors bauten sie um, und seitdem haben fast alle Herrscher dieser schönen Insel etwas hinzugefügt. Ein isolirter Kalkfelsen erhebt sich am rechten Themseufer, fünf Meilen oberhalb London aus der sanft gewölbten Fläche, er ist von der Umwallung des Schlosses gekrönt. In der Mitte auf einem Hügel überragt der gewaltige Keep den ganzen Bau. Die Mauern dieses ungeheuren, runden Thurmes mögen unten wohl zwanzig Fuß dick sein. Er trennt den äußeren von dem inneren Hof, the quadrangle, welcher auf drei Seiten von dem eigentlichen Schlosse umgeben ist. Am Ende des unteren Hofes steht die prachtvolle St. Georges Chapel.

Man kann sich nichts Reizenderes denken als mein Zimmer hier. Es hat eine ganz unregelmäßige Form und zerfällt in zwei Hälften. Das bedroom mit einem vortrefflichen Himmelbett, Toilette, Waschtisch und so weiter und das sitting-room, ein paar Stufen höher in einen Edthurm hinein gebaut, mit Schreibtisch, Marmorkamin, Fauteuil und so weiter. Der Fußboden mit schönem Parket belegt. Es ist nach Norden gewendet, tief unter mir liegt die Terrasse, von da fällt es senkrecht zur Themse ab. Die Felswand ist mit blühendem Weiß- und Rothdorn, mit echten Kastanien und Buchen bedeckt. Jenseits des Flusses liegt das Städtchen und das prachtvolle Eaton college, rechts der Park mit riesenhaften Ulmen und Eichen, dahinter sanfte Hügel mit Wald und Weide. Ein Ackerfeld ist auf meilenweite Entfernung nicht zu entdecken. Dabei ist das Wetter prachtvoll und die Luft, wenn auch nicht klar, so doch auf weite Entfernung durchsichtig.

Wir langten gestern mit der Great Western um zwei Uhr an. Ueberall Menschen, um die Königin zu sehen. She looks well, God save her! Ehrenwache mit God save the queen. Auffahrt zum Schloß vom nahen Bahnhof. Luncheon. Gang durch die Halle, Säle. Abends ein dreistündiger Ritt durch den unbeschreiblich schönen Park: die Königin, Prinz Albert, Prinz Friedrich Wilhelm, Prinz von Wales, Prinz Alfred, General Schreckenstein, Lady Macdonald, Miß Bullteel, Lord Fitzroy, de Roß und ich. Nach Lord Lionards, Cumberlandhouse und Queen's Lodge. Hunderte von Hirschen und Rehen lagen im Schatten der gewaltigen Bäume oder liefen um uns herum. Es ging meist über weichen Rasen. Eine große Allee war aus zwanzig Fuß hohen Rhododendron (vom Himalaya) in vollster Blüthe. Da mein Pferd ziemlich schwierig war, kam ich ganz müde nach Haus. Allein und auf weiten Touren muß mein Pferd prächtig gehen. Im Gefolge arbeitet man sich die Arme ab. Abends halb neun Uhr Diner im kleinen Banketsaal bei der Königin. Duke Wellington, Lady Southerland, Earl Breadalbane, Lord Spencer, Waterpark, Abercorn und Andere mehr. Schöne Tafelmusik. Abends nach Tische Konzert der königlichen Kapelle und einiger Sänger, auch Gebrüder Gans. sehr angenehm.

Heute nach dem Frühstück Promenade nach Frogmore, dem Sitz der Herzogin von Kent, mit prächtigen Bäumen, Rasen und Blumen, dann nach der Farm, dem kennel oder Hundezwinger und dem pleasant ground. — Heute Abend wird Bankt in der großen St. George Halle sein. Abends Spaziergang allein nach Ealon College. — Große Gala-Tafel von achtzig Couverts in St. Georges Hall. Die Wappen aller Hosenband-Ritter an den Wänden. Louis Philipp vis-à-vis Napoleon III. Prachtvolle cup-boards. Das Pathengeschenk des Königs an Prinz of Wales, ein prächtiges Schild mit der Geschichte Christi. In der Mitte ein großer Tempel von Silber und Gold mit Pferden. Ich führte Miß Grey. Der Engländer wird mit seinem künftigen Rang, oder doch dem Anspruch darauf, gleich geboren. Der Staatsdienst, Aemter und so weiter können nichts hinzuthun. Der Premier Palmerston sitzt als Viscount unter irgend einem ganz jungen Earl of Abercorn oder Duke of Buccleagh. Die Gemahlin des Gen.-Lieut. Grey ist Mistreß.

Nach der Tafel Ball im Waterloo-Saal, der nicht mehr so genannt werden darf. Ich mußte mit der Gräfin Bernstorff Contredanse tanzen; gegenüber Gr. Persigny und Herzogin von Montrose. Die Königin tanzt alle Tänze, auch Scottish reel nach einem einzigen Dudelsack. Earl of Breadalbane, Mistreß Cleeve, Lady de Roß, Countess Clarendon, dem Kenilworth gehört. Das Fest dauerte bis ein Uhr, dann reiches Buffet.

Den 12. — Um zwölf Uhr zu dem Rennen von Ascot, einundeinhalb Meile von Windsor. In zwölf vierspännigen Wagen, jeder mit seinem Outrider, rothe Livree. Der lange Zug sah prächtig aus, wie er unter den hohen Ulmen und über grüne

Rasen fortging. Eine große Menge Menschen, um die Königin zu sehen. Das Wetter war trübe, toll und etwas regnerisch, nicht so viele Menschen wie bei Epsom, aber mehr gentry und mehr Pferde. Um fünf Uhr nach Hause. Abends großes Bankett in St. Georges Hall, achtzig Gedecke. Die nobility und gentry aus der Umgegend. Dann Ball, 250 Personen. Contretanse mit Lady Mac Donald, gegenüber der Herzogin von Wellington.

Adieu, liebe Marie, herzliche Grüße. Gott beschütze Euch.
Dein   Helmuth.

*

Budingham Palace, den 15. Juni 1856.

Ich eile, Dir zu schreiben, liebe, gute Marie, daß ich Deinen Brief vom vierten dieses Monats gestern Abend erhalten habe; er war also zehn Tage alt. Gottlob, daß Alles gut steht, ich fing an, recht beunruhigt zu werden. — Ich leide infolge des Nachtlebens und der vielen Mahlzeiten, trotz aller Enthaltsamkeit, an Appetitlosigkeit, sonst geht es recht gut. Ich bin an so einfache Lebensweise gewöhnt, daß dies Treiben auf die Dauer mir nicht wohl thut. Vor dem sechsundzwanzigsten dieses Monats werden wir von hier nicht abreisen. Dann sind wir aber auch bald in Berlin, und ich werde wenigstens den Juli dort oder in Potsdam mit Dir zubringen. Ich fuhr mit General Schreckenstein nach der Kaserne der Life horse guards und nach Eaton College, brachte dann eine ganze Stunde allein und ungestört in den Prachtsälen des Schlosses zu, wo ich mir mit Muße die schönen geschichtlichen Porträts von van Dyk, Rubens und so weiter besah. Abends klärte es sich etwas auf, und wir machten mit der Königin einen hübschen Ritt von zwei Stunden durch den Park. Rehe und Rothwild standen zu Hunderten auf den Grasfeldern. Nach der Tafel war Vorstellung im Zimmer durch Herrn Levassor. Gestern ging's nach London zurück. Ich ging durch die große Hauptstraße Oxfordstreet, dreiviertel Meilen lang, High Holborn nach St. Pauls in der City und dann auf dem Themse-Dampfer über Westminster zurück. Nach dem Diner in die Oper, wo Mario im Troubadour sang. Um halb zwölf Uhr ging's noch in eine rout zu Bernstorffs, von wo wir nach ein Uhr zurück kamen. Heute Sonntag ist Ruhe, und ich muß gleich in die Schloßkapelle. Der Stallmeister des Prinzen Albert will durchaus meinen Rappen für die Königin kaufen. Rappen sind sehr schwer in England zu schaffen. Der Preis kann beliebig gestellt werden, darauf kommt es gar nicht an. Ich habe gesagt, daß er jedenfalls das Pferd erst selbst reiten muß, er kommt wahrscheinlich nach Berlin.

Der Prinz von Baden wird nach dem großen Fest bei der Königin am achtzehnten dieses Monats abreisen, aber noch eine Tour durchs Land machen. Er hat Major Reubronn dazu nachkommen lassen, der aber nicht bei Hof erscheint.

Prinz Friedrich Wilhelm ist sehr wohl und scheint sehr glücklich. Er hat sich heute nach Dir erkundigt. Die junge Braut ist wirklich ganz allerliebst, so einfach, freundlich und verständig.

Adieu, liebes Herz, ich freue mich herzlich auf das Wiedersehen. Bleib gesund und guten Muthes. Gott erhalte und beschütze Dich. Dein Helmuth.

*

Buckingham Palace, den 18. Juni 1856.

Mein liebes, gutes Herz! Soeben erhalte ich Deinen Brief vom dreizehnten dieses Monats mit lauter guten Nachrichten von Dir und den Unsrigen. Gottlob, daß es Euch wohl geht. Prinz und Prinzeß von Preußen werden wir nicht abwarten, aber freilich bis zum achtundzwanzigsten dieses Monats hier bleiben, und sonach wohl erst mit Ablauf des Monats zurückkommen.

Heute kamen wir aus Aldershot zurück, wohin wir gestern früh abgingen. Es ist dies ein neu entstehendes Militär-Etablissement für 20 000 Mann auf einer Haide von 1000 Acres, die à 10 Liv. pro Morgen erstanden sind. Einstweilen hat man dort hölzerne Baraden erbaut, es werden aber gewaltige, steinerne Gebäude errichtet, unter anderen Stallungen für 2000 Pferde. Jede Baracke für sechzehn Mann kostet 800 Thaler. Wir fuhren mit der Eisenbahn hinaus und fliegen zu Pferde, um alle Einrichtungen genau zu besehen. Da man in England nicht ohne Weiteres Soldaten beim Bürger ins Quartier legen kann, andererseits doch der letzte Krieg und die neuen Verwicklungen mit Amerika die Ueberzeugung begründet haben, daß das Land nicht ganz ohne eine gewisse Militärmacht sein kann, so ist das eine Art Militärkolonie, die ganz zweckmäßig eingerichtet wird. Das Terrain ist gut gewählt, es gestattet größere Uebungen, die sonst wegen des großen Anbaues fast ganz unmöglich sind. Eisenbahn und Kanal führen bis zur Stelle. Nachdem die militia eben entlassen ist, waren für den Augenblick nur wenig Truppen anwesend. Wir besuchten die Baracken, die Speisestube der Leute, der Korporale, die Offiziers wohnungen, die Küche, Vorrathsspeicher und das Theater. Dann ritten wir nach the Queen's pavillion, welcher für 12 000 Liv. nebenher auf einer Anhöhe erbaut ist. Nach dem Luncheon ritten wir zum Scheibenschießen. Es wurde mit Miniégewehren auf 500 und 700 Schritt geschossen, und mehr als die Hälfte der Kugeln traf die sechs Fuß hohe und ebenso breite Scheibe. Dann ritten wir auf einen Berg, the Roman camp, von wo wir bei dem ungewöhnlich klaren Tage eine weite Aussicht hatten. Um fünf Uhr Nachmittags setzte Ihre Majestät sich zu Pferde. Sie trug eine rothe Uniform, goldene Schärpe, blaues Band und einen Hut mit rothen und weißen Federn. Die Parade bestand aus etwa 6000 Mann und 1200 Pferden. Es war ein Regiment Garde-dragoons (roth mit Helmen, sehr schöne, bärtige Leute, alle Pferde in der Krim gewesen, 250 auf einem Dampfschiff in 13 Tagen transportirt), zwei Regimenter Husaren mit 400 Pferden (blau), die Mannschaft alle Deutsche. Von der Infanterie war ein Bataillon militia, ein Schweizer, zwei englische und fünf deutsche Regimenter. Die deutsche Legion ist 5000 Mann stark und steht unter Befehl eines Generals Stutterheim, eines sehr artigen und gebildeten Offiziers, den Guste aus Itzehoe kennt. Er hat die Feldzüge in Holstein mitgemacht. Die Königin ritt mit glänzendem Gefolge die Front entlang. Lady Mac Donald adjutantirte und kam ganz braun von der Sonne zurück. Die Prinzeß Royal war ebenfalls zu Pferde, die jüngeren Prinzessinnen im Wagen folgten mit Miß Bultheel und Miß Hilgard. Das dann folgende Manöver war allerdings höchst wunderbar, es ließ sich gar kein militärischer Gedanke hinein bringen. Ich ritt drei verschiedene Pferde, die Alle sehr gut gingen. So ein englisches Pferd ist prächtig, wenn man es über die unebene Haide in langen Sprüngen laufen lassen kann. Um acht Uhr Diner im Pavillon. Wir logirten in einer Baracke dicht bei. Es war ein etwas ermüdender, aber sehr interessanter Tag gewesen.

Den 18. — Früh um halb neun Uhr ging es schon wieder zum Manöver. Die Königin kam etwas später im Wagen nach. General Knowles kommandirte. Das Manöver war jedenfalls besser als gestern, aber darin sind sie weit zurück. Vortrefflich bespannt waren zwei Batterien à sechs Geschütze und hundertundzwanzig Pferde.

Um zehn Uhr mit der Eisenbahn nach London. Ich schlug das Luncheon über, schlief erst aus und machte dann eine Tour nach der City und dem Temple Yard. Abends großer Ball mit zweitausend Einladungen. Ehrenwache im Hof, die Yeomen of the Guard in der Treppenhalle. Die schöne Treppe mit Blumen besetzt. Die Galerie, mit Glas überdacht, war von außen her durch Gas erleuchtet, ähnlich die großen Säle zu beiden Seiten. Der eigentliche, erst neu erbaute Bankettsaal ist von ungeheurer Größe und sehr hoch. Seltsam ist eine mächtige Orgel mit vergoldeten Pfeifen am Ende. Zwei Spiegel, vierzehn Fuß breit und vierundzwanzig Fuß hoch aus einem Stück. Es brannten über tausend Kerzen und zwanzig Krystallkronleuchter. Außerdem waren die Fenster von außen her mit Gas erhellt, überhaupt brennt im Innern des Palastes nirgends Gas. Um zehn Uhr traten wir mit der Königin den Zug an durch die prachtvollen Galerien und Säle und stellten uns hinter ihr auf einer erhöhten Estrade auf, von wo wir Alles gemächlich übersahen. Die Königin trug ein weißes Kleid von indischem Musselin mit Gold durchwirkt, große Bouquets von Kaktusblüthen, die Blätter mit Diamanten besetzt, der Kopfputz ebenso, reichen Brillantschmuck und das blaue Band; Prinzeß Royal weißes Kleid über hellblau glacé, sehr einfach. Alles war in Uniform. Kontretänze und Walzer folgten, auch der reel nach einem einzigen Dudelsack wurde zweimal getanzt. Doch nahm die Königin nicht Theil. Prinzeß Royal tanzte den reel mit dem Herzog von Buccleugh sehr hübsch. Lady Mac Donald ist durch Lady Codrington abgelöst. Prachtvolles Buffet. Ende halb drei Uhr.

19. Juni. — Heute Morgen erhielt ich Dein Schreiben vom sechzehnten. Jetzt ist die Korrespondenz also in Ordnung. Zu dem Tagebuch werden die mündlichen Mittheilungen die Ergänzung bilden müssen, es fällt sehr mager aus.

Den 19. — Vormittags mit dem Prinzen in die Gemäldeausstellung. Eine Anzahl Besitzer haben höchst werthvolle, alte Bilder dazu hergegeben. Dann in die Ausstellung von Aquarellen, in welcher Kunst die Engländer sehr Ausgezeichnetes leisten. Abends in die Sitzung des Unterhauses. Diner bei der Königin. Lady Abercorn zu Tisch. Konzert.

Den 20. — In die Bibliothek des Prinzen. Sehr schöne Sammlung von Photographien. Diner bei der Königin.

Den 21. — Sonniger Morgen. Spaziergang schon um halb acht Uhr durch St. James Park, Green Park, Kensington Garden. Nach dem Frühstück Ritt mit der Königin. Dann mit dem Prinzen nach der Kaserne der Horseguards in Knights Bridge. Nach dem Luncheon Investitur von vierzehn Bath-Rittern, darunter General Williams, Ehrenwache mit Musik im Schloßhof, gentlemen at arms auf den Treppen. Die Königin im Thronsaal auf einem Sessel vor dem Thron, trug den karmoisinrothen Mantel von Atlas, weiß gefüttert, und einen tellergroßen Stern.

Alle Bath-Ritter in demselben Kostüme zu beiden Seiten. Der Hof hinter der Königin. Die zu ernennenden Ritter werden von zwei Herolden einzeln vorgeführt und der Königin genannt. Sie lassen sich auf einem Sammetkissen vor der Königin aufs Knie. Die, welche das Großkreuz erhalten, werden, wenn sie noch nicht knight waren, vorher zum Ritter geschlagen. Unter Beistand des Prinzen Albert hängt ihnen die Königin das Band um und reicht ihnen die Hand zum Kuß. Dann rückwärts zum Thronsaal hinaus, was bei den langen Mänteln seine Schwierigkeit hat. Captain Gordon R. N. mit einem Bein konnte nicht knieen. Die Königin erhob sich, um das Band umzuhängen, und befahl ihm, sich umzudrehen und so hinauszusetzen. Anreden sind keine. Nach Beendigung der Feier werden die Ritter, welche als Zeugen anwesend, einzeln verlesen und treten vor, um dann rückwärts abzugehen. Das ganze Kapitel dauerte eine halbe Stunde. — Um vier Uhr mit Schreckenstein Spazierritt von drei Meilen durch Regents Park nach Hampstead und Highgate, wo die Gegend ganz wunderschön ist. Es fing aber wieder an zu regnen. Scharfer Trab durch die ganze Stadt. Abends household dinner, dann nach Lyceum Theater. Der Troubadour von Mario und der Grisi trefflich gesungen. Die Königin unterhielt sich freundlich mit mir.

Den 22. Sonntag. — In die Kirche. Bibliothek. Es regnete den ganzen Tag. Visiten gefahren. Bei Gräfin Pauline Neal, Lady Mac Donald. Abends der hellste Tag, den wir noch gehabt. Mit Schreckenstein die Themse bis Black Friars und zurück. Diner bei der Königin. Prinz Oskar von Schweden mit fünf Adjutanten zur Tafel. Seine Erscheinung ist sehr vornehm, groß, schwarzes Haar, schönen Anstand, etwas verlegen und sehr mager, besonders im Vergleich mit Prinzeß Mary von Cumberland. Lord und Lady Clarendon. Graf Hochschild und Gemahlin, Lady Dowsen und Miß Mac Donald meine Nachbarn bei Tisch.

Den 23. — Um zehn Uhr Ritt mit der Königin, Prinzeß

Royal, dem Prinzen, Fitzroy im High Park, Kensington nach Pabbington, Queenstreet, dem neuen Museum, Belgrave Square. Mitten durch alle Wagen und Omnibus durch die Straßen der Stadt. Dieser neue Theil derselben ist sehr schön gebaut. Die Häuser stehen einzeln, von Gärten umgeben, schöne Architektur, Alles mit großen Krystallscheiben. Nach dem zweiten Frühstück in das British Museum am Waterloo-Platz. Nicht sehr viele, aber zum Theil sehr werthvolle Sachen. Die beiden schönsten Canalettos, die ich bis jetzt gesehen, spanische Bauernknaben von Murillo, jugendliche Christus und Johannes von Guido, treffliche Porträts von Rembrandt, van Dyk, Seestücke von van der Velde; Abends um sechs Uhr mit den beiden Prinzen noch einen Ritt. Wir kamen zur Stadt hinaus, wo es wunderschön ist, nun aber wurde es zu spät, und wir kehrten in einem fortgesetzten Trab, also gewiß drei bis vier miles, nach Budingham zurück. Alle Straßen sind chaussirt. Nach dem Diner großes Konzert in Hannover House. Paradies und die Peri von Robert Schumann. Jenny Lind mit ganz verblichener Stimme singt mit peinlicher Anstrengung. Furchtbarer Zugwind. Prinz Oskar. Buffet in Budingham. Die Leute waren nach Vauxhall geschickt.

Den 24. — Liebe Marie. Gestern erhielt ich Dein Schreiben vom zwanzigsten dieses Monats mit guten Nachrichten. Soweit bis jetzt festgestellt, reisen wir Freitag Abend ab, bleiben wahrscheinlich Sonnabend in Aachen, wo Prinzeß Luise noch badet, und gehen in der Nacht weiter. Ich vermuthe, daß wir Sonntag früh in Potsdam eintreffen und daß ich noch an diesem Tage nach Berlin kommen kann.

Die Damen in Berlin werden Reitstunde nehmen müssen, wenn die künftige Königin kommt. Sie reitet mit Passion, sehr dreist und gut. Man trägt hier allgemein einen niedrigen Stroh- oder Filzhut mit einer Straußenfeder und breitem Schirm.

Ich schließe für heute, liebe Marie, und freue mich wahrhaft, Dich endlich wieder zu sehen. Mein mageres Tagebuch werde ich mündlich ergänzen. Von Herzen der Deinige Helmuth.

Den 24. — Visite bei Colonel Seymour St. James, Gräfin Bernstorff. Besuch der Nationalgalerie. Trafalgar Square. Nachmittags Ritt mit General Schreckenstein nach Dulwich College, Sydenham, und durch Norwood zurück. Abends Lyceumtheater, sehr mittelmäßige Vorstellung von Like and Unlike. — Prinzeß Royal hat sich beim Siegeln eines Briefes den Aermel in Brand gesteckt und erheblich verletzt. Der Prinz und General Schreckenstein waren nach Claremont.

Den 25. — Vormittags Spaziergang nach Drury Lane und Covent Garden. Lever der Königin, zu welchem nur Herren erscheinen. Die, welche noch nicht vorgestellt oder seitdem eine Gnade empfangen haben, knieen, um der Königin die Hand zu küssen. Vorne lauter Krüppel aus der Krim. Der amerikanische Gesandte Dallas in schwarzer Binde und Stiefeln abgewiesen. Abends Spazierritt im Schritt durch Hydepark mit dem Prinzen. Großes Diner bei der Königin, Prinz von Schweden, Herzoge von Kent und Cambridge mit Prinzeß Mary. Herzog und Herzogin Somerset. Nach der Tafel, bei welcher der Dudelsack wieder herumging, Konzert, Frl. Wagner und Ney sangen unter Anderem das Duett von Mendelssohn: „Ich woll', meine Lieb'.

Den 26. — Nach dem Tower mit General Schreckenstein und Sohn, wo wir den Prinzen von Schweden fanden und vier Stunden zubrachten. Lord de Roß hatte die Garnison ausrücken lassen und gab ein luncheon mit Damen. Höchst interessante Waffensammlung, die ganze Rüstung historischer Personen. Der blutige Thurm, the traitors gate, der Thurm, in welchem Clarence in Malvoisirwein ertränkt wurde, das Gefängniß Anna Boleyns, Jane Grays, welche auf Tower Hill hingerichtet wurden, Maulbeerbaum, unter welchem Richard III. die Kinder Edwards verscharren ließ, Gefängniß Henry VI., schreckliche Zelle Walter Raleighs, in den Stein der Spruch eingeritzt: „Sei getreu bis in den Tod", der Block und das Richtbeil, die Folter ꝛc. Höchst interessante Manuskripte. Der Prinz von Schweden ist sehr liebenswürdig und unterrichtet. Abends Ball bei dem Herzoge von Westminster.

Liebe Marie, ich eile, Dir zu schreiben, daß nun doch wieder eine Aenderung eingetreten ist. Wir reisen nicht morgen, sondern übermorgen, Sonnabend Abend, den 28., und treffen muthmaßlich erst am 1. Juli früh in Potsdam ein. Aber ob sich das nicht nochmals ändert, ist nicht mit Sicherheit zu wissen, und etwas Bestimmtes kann ich Dir nicht schreiben. Behalte recht lieb Deinen
Helmuth.

*

Potsdam, den 9. August 1850.

Liebe Marie. Ich bin außer stande, zu übersehen, ob ich morgen nach Berlin kommen kann, da Heinz heute noch nicht zurückgekehrt ist. Jedenfalls muß ich General Schredenstein hier abwarten, um zu erfahren, wann wir definitiv abreisen.

Die Kaiserin geht nicht zu Lande, sondern Dienstag früh über Stettin zur See. Der Prinz wird von Heinz begleitet, und ich gehe zu Lande.

Soeben trifft der blaue Brief ein:

„Ich befördere Sie hierdurch zum Generalmajor, vorläufig ohne Patent, mit der Bestimmung, daß Sie in Ihrem Verhältniß als erster Adjutant Seiner Königlichen Hoheit des Prinzen Friedrich Wilhelm verbleiben.

Sanssouci, den 9. August 1850.

gez. Friedrich Wilhelm."

Gute Nacht, liebes, gutes Herz, tausend Grüße. Dein
Helmuth.

*

Peterhof, Montag, den 18. August 1850, Abends.

Soeben, liebe, gute Marie, erhalte ich Deinen Brief mit der traurigen Nachricht von dem Tode Deines guten, alten Papa.*) Wie hart, daß er so kurz vor dem Wiedersehen, auf

---

*) Nachdem Burt seine Angelegenheiten in Westindien geordnet und die Rückreise angetreten hatte, starb er unterwegs auf dem Schiffe, und seine Leiche wurde ins Meer versenkt. Statt seiner langte die Nachricht seines Todes in Berlin bei seiner dort versammelten Familie an.

welches er sich gewiß so sehr gefreut hatte, dahinscheiden mußte! Ich hätte ihn auch so gerne wiedergesehen. Denn trotz so mancher Fehler, für die ihm Gott ein milder Richter sein möge, hatte er so viel herzliche Gemüthlichkeit, daß man ihn doch lieb haben mußte. Friede seinem Andenken. Bei uns soll er in guter Erinnerung bleiben. Sage der armen Mama, wie herzlichen Antheil ich an ihrem Unglück nehme. Gut, daß sie jetzt bei Dir ist und wenigstens theilnehmende Herzen findet. — Ich bedaure, daß ich nicht zur Stelle bin, Du wirst Mama daher alle unangenehmen Verhandlungen einstweilen abnehmen müssen.

Wenn Guste das Quartier in Altona noch nicht hat, so ist es recht gut, sie kann ruhig bei uns bleiben, bis sie ihre Lage erst übersieht. Gewiß soll sie eine Stütze an uns finden — Gott erhalte Euch nur gesund. Thue, was Du kannst, um alle die Deinigen zu erheitern, und halte Dich nur selbst aufrecht. Gott weiß am besten, warum es so und nicht anders hat kommen müssen.

Der arme Papa! Er wäre gewiß gleich nach Berlin gekommen, und wie hätten wir uns darüber gefreut. Wie traurig, so allein zu enden, da er hoffen konnte, in wenig Tagen alle die Seinigen wiederzusehen. Wahrscheinlich ist es aber eine hitzige Krankheit gewesen, die ihn wenig zur Besinnung hat kommen lassen.

Adieu, liebes, gutes Herz, mit herzlichster Liebe und tausend Grüßen Dein   Helmuth.

*

Mittwoch, den 27. August 1856.

Liebe, gute Marie. Heute kamen Briefe aus Berlin vom 21. d. Mts., aber keiner von Dir. Sie sind vorigen Donnerstag aus dem Palais des Prinzen abgefertigt. Du mußt nach meiner Rechnung Mittwoch den 20. meinen ersten Brief aus Peterhof und heute zwei andere aus Petersburg erhalten haben. Morgen, glaube ich, geht ein Kurier, mit welchem ich diese

Sendung abschide. Du kannst Dir denken, daß ich sehnsüchtig auf Nachricht warte, wie es Euch geht nach dem traurigen Verlust, der Euch betroffen hat, ob nähere Nachricht über den armen Papa eingelaufen ist, ob Cai Brockdorff gekommen und Henry abgereist ist. Ich hoffe dann auf das nächste Dampfschiff. Gebe Gott, daß Du wohl bist und die arme Mama und Ernestine trösten kannst. Heute bin ich nun schon über vierzehn Tage fort und fange schon an, mich auf die Rückkehr zu freuen. Schenke uns Gott ein frohes Wiedersehen. Sorge nur recht für Deine Gesundheit, Du warst gar nicht so recht, wie ich Dich verließ. Du armes, kleines Weibchen wirst wieder die ganze Last des neuen Umzuges*) haben.

Donnerstag Abend, den 27. August 1856.

Heute Nachmittag, als ich von der Revue zurückkam, erhielt ich Deinen lieben Brief vom 21. d. Mts., gute Marie, und danke Dir herzlich dafür. Gottlob, daß Ihr körperlich wenigstens wohl seid. Gott tröste Euren Schmerz. Daß Jeanette da war, freut mich sehr. Von den Vergnügungen Berlins wird sie diesmal nichts gehabt haben, aber der Austausch der Gefühle wird gegenseitig wohlgethan haben. Buris Tod scheint doch sehr sanft gewesen zu sein. Gewiß wollen wir dafür sorgen, daß Mama in keiner Weise in Verlegenheit kommt. Vielleicht wählt sie jetzt einen ganz anderen Aufenthalt als Altona. Den nächsten Winter kann sie ja gern bei uns zubringen und sich später erst definitiv entscheiden. Henry ist also fort, was Mama auch schwer geworden sein wird. Im Ganzen ist der schwere Verlust doch weniger empfindlich für die Kinder, nachdem der Papa volle zwei Jahre abwesend ist. Gott weiß am besten, wie es sein muß. Auf glückliches Wiedersehen. Dein   Helmuth.

---

*) Sie zogen nach der Linkstraße 44.

Koblenz, den 26. Dezember 1856.

Gute, liebe Marie, Du haſt mich ſehr erfreut durch Dein Schreiben vom 20. d. Mts. und deſſen Anlagen, welche ich bei meinem Eintreffen hier vorfand. Wir begleiten Prinz und Prinzeß Montag nach Köln, wo die Herrſchaften einem Ball bei Präſident Möller beiwohnen, und fahren Dienstag, den 30. d. Mts. früh nach Berlin, wo wir um zehneinviertel Abends eintreffen. Die Herrſchaften beabſichtigen einen längeren Aufenthalt in Berlin. Der Prinz Friedrich Wilhelm denkt den 5. nach Breslau zu gehen, wird aber zum Ordensfeſt wieder nach Berlin kommen. Bei allem Herumreiſen erkenne ich immer mehr: „Où est-on mieux, qu'au sein de sa famille?"

Wir fuhren am 23. früh fünf Uhr vierzig von Karlsruhe ab. Die junge Großherzogin war allerliebſt und ſehr herzlich. Wir putzten einen großen Chriſtbaum mit Aepfeln, Nüſſen und Zigarren für die Wachtmannſchaft auf. Da der Eiſenbahnzug ſich in Frankfurt verſpätete, ſo erreichten wir nur zur Noth das Dampfſchiff nach Mainz. Es ſchneite und regnete, doch hielt ich mich meiſt auf dem Verdeck auf. Um fünf Uhr trafen wir hier ein und ſetzten uns gleich im Reiſekleid zu Tiſche. Um neun Uhr war die Chriſtbeſcheerung. Ich erhielt vom Prinzen eine Bronze- oder Zinkfigur, welche einen Zuaven vorſtellt, und von den Eltern eine Schreibmappe und einen Glaspapierpreſſer. Dann wurde auch hier der Baum für die Wachtmannſchaft aufgeputzt. Heute iſt das Wetter ſchön. Der Ehrenbreitſtein und der glatte, grüne Rheinſtrom vor meinen Fenſtern im Schloß ſind von einem matten Sonnenſchein beleuchtet, Schnee nirgends zu ſehen.

Für den Fall einer Mobilmachung werde ich Koch ſowohl als Karl als Trainſoldaten einſtellen können. Die Sachen ſind arg verfahren, und kein Menſch kann wiſſen, was daraus werden wird. Die Pferde darf ich jetzt auf keinen Fall verlaufen; es wird viel Geld koſten, ein drittes zu beſchaffen.

Adieu, liebe, gute Marie, behalte lieb Deinen Helmuth.

Breslau, den 21. Januar 1857.

Liebe Marie. Heute ritt ich den Rappen in der großen, prachtvollen Reitbahn. Das Musikkorps des ersten Kürassierregiments spielte von zwölf bis zwei Uhr. Er ging vortrefflich und machte viel Glück. Es waren wohl vierzig Pferde zu Gange. Der Prinz ritt den Darling und den Nordstedter Fuchs. Ich glaube, daß es für den Rappen eine sehr gute Schule sein wird, namentlich im Trab. Er hält genau Takt und ist dadurch genöthigt, in langsamer, aber ausgreifender Aktion zu gehen, gerade das, was ich hineinzubringen wünsche, er bubbelt sonst leicht. Seine Gewandtheit wurde anerkannt. Da viele Damen reiten, so wurde fast nur Galopp und ausschließlich auf der rechten Hand geritten. Ich konnte aber im Kontregalopp und namentlich im Trab zwischen Allen hindurch. Das Theater, welches wirklich sehr gut ist, besuchen wir eigentlich alle Abend. Morgen ist großer Ball bei Graf Burghaus, den 24. im Theatersaal, 27. auf der Börse, 31. wieder Ball. Breslau ist in einer großen Bewunderung für den Prinzen. — Mein Zimmer ist warm und behaglich. Morgens arbeite ich an dem Vortrag, den ich dem Prinzen zu halten haben werde über Kriegsgeschichte. Ich bin daher sehr zufrieden hier. Wenn ich nur ein besseres Gedächtniß für Personen hätte. Es kommen gar zuviel auf einmal. Ich habe jetzt zweiundvierzig Visiten persönlich gemacht. Adieu, lieb Weibchen, herzliche Grüße an die Unsrigen. Dein Helmuth.

*

Breslau, den 31. Januar 1857.

Liebe Marie. Hier drängen sich die Feste und Lustbarkeiten, alle Tage ist etwas los. Vorigen Montag war große Treibjagd bei Major Mutius am Fuße des Zobtenberges, dreieinhalb Meilen von hier. Wir fuhren bei Schneetreiben ab, hatten ein Relais von eigenen

Pferden, um neun Uhr Jagdfrühstück und dann Jagd bis fünf Uhr Abends; ich schoß zwei Hasen. Abends Jagddiner in der Stadt beim Jagdgeber. Dienstag Diner beim Prinzen, Abends großes Fest, welches die Stadt im Theater gab. Du wirst davon in der Zeitung gelesen haben, es war sehr gelungen. Das Haus ist an sich sehr hübsch, war prachtvoll decorirt und mit Gas strahlend erleuchtet, die Damentoiletten höchst elegant, das Buffet unübertrefflich. Als Decoration war aufgestellt Osbornehouse und das Palais unter den Linden, wie es werden soll. Die Gesellschaft aus allen Ständen in bester Haltung. — Mittwoch Reiterei in der Bahn, vierzig Pferde nach der Musik des ersten Kürassierregiments. Diner beim Prinzen, Abends Theater, dann Soirée bei Lindheims, Donnerstag großer Ball bei Graf Hendel in dessen prachtvollem Palais bei strahlender Erleuchtung. Gestern schon um fünf Uhr heraus, also sehr wenig Nachtruhe. Per Eisenbahn nach Laasan zur Jagd auf Rehe, Fasanen, Hasen. Die Gegend ist sehr hübsch. Die Sonne kam durch. Ich schoß drei Hasen. Abends Jagddiner bei Graf Burghaus. Heute Diner beim Prinzen, morgen Lesethee bei Lindheims, die keine große Assemblée geben wegen Trauer. Montag Diner beim Fürstbischof und Abends hoffentlich Abreise nach Berlin. Die Gesellschaft ist hier immer sehr angenehm und macht mir Vergnügen. Adieu, liebe Marie, auf Wiedersehen und herzlichst Dein Helmuth.

*

Breslau, den 31. Januar 1857.

Wir kommen soeben von einem Fest, welches die Kaufmannschaft in dem prachtvollen Lokal der Börse gegeben hat. Es war entsetzlich heiß, und der sehr große Saal durch sechshundert Gäste doch sehr voll. Das Buffet war vortrefflich, aber für mich ungenießbar wegen vorher eingenommenen Diners. Schildkröte mit Trüffeln, angeblich in Aspik von Vogelnestern und dergleichen, konnte mich nicht in Versuchung führen. Es ist Mitternacht, und Du liegst hoffentlich in gesundem Schlaf. So will ich Dich nicht wecken und auch zu Bette gehen. Herzlichst abieu. Helmuth.

*

Breslau, den 15. Februar 1857.

Gutes, liebes Weibchen. Ich habe hier letzt Schlittschuh gelaufen, aber jetzt ist es damit vorbei, da sehr starkes Thauwetter eingetreten ist. Hier geht es in lauter Festen fort. Dienstag gehen wir auf drei Tage nach Pleß zur Jagd auf Hoch- und Schwarzwild. Dann ist bis Aschermittwoch jeder Tag besetzt. Am 22. Maskenball. Am 20. findet hier ein Maskenball bei Herrn von Tschirski statt. Der Prinz hat ein sehr schönes spanisches Kostüm, welches er in Rom hatte machen lassen. Ich werde wohl auch maskirt erscheinen müssen, möchte mich aber auf den Domino beschränken.

Im März glaube ich wohl, daß ich abkommen werde. Im April tritt der Prinz eine interessante Rundreise durch die Provinz an, die ich gerne mitmachen möchte. Herzliche Grüße an Guste und Ernestine. Geht mir fleißig an die frische Luft und laßt es Euch wohl ergehen. Herzlichst der Deinige.

Helmuth.

*

Breslau, den 16. Februar 1857.

Liebe, gute Marie, welche große Freude hast Du mir durch Deine Photographie gemacht. Sie ist unübertrefflich gelungen; so ein ganz ähnliches Bild ist doch ein rechter Schatz. Gewöhnlich stellt man sich zum Porträtiren mit einiger Befangenheit, man weiß sich beobachtet und will eine bestimmte Miene annehmen, dadurch geht der eigentliche Ausdruck verloren. Dies Bild blickt so keck und mit gutem Gewissen in die Welt, als ob ich

Dich vor mir sehe. Mit der Lupe angesehen, gewinnt es noch mehr. Auch der Prinz findet es ganz deliciös. Ich war kürzlich mit ihm bei einem hiesigen Photographen, mit dessen Leistungen er nicht zufrieden war. Er nimmt aber eine Repräsentationsmiene an, und alle seine Photographien haben einen Ernst und eine Strenge, die er im gewöhnlichen Leben gar nicht hat. Karl war wohl im Geheimniß, er brachte die Kiste gleich mit strahlendem Gesicht. Was ist das für ein hübsches Kleid, was Du anhast, ich erinnere es gar nicht. Sonderbar, daß alle blauen Farben völlig weiß werden, so Dein emaillirtes Armband.

Den 20. Februar. — Ich wurde unterbrochen, ehe ich mein Schreiben beenden konnte, und es war mir unmöglich, es noch vor der Jagdreise zur Post zu bekommen, wie ich wünschte. Du wirst mich daher für sehr undankbar halten, daß ich auf Dein schönes Geschenk gar nicht antworte. Jetzt will ich rasch noch über unseren letzten Ausflug berichten.

Wir fuhren Dienstag Mittag zwei Uhr mit der Eisenbahn nach Gleiwitz, zwanzig Meilen. Es war prächtiges Wetter. Die warme Sonne hatte schon allen Schnee weggeschmolzen, zur Rechten ragte der Zobtenberg und die Kette der Sudeten. Um sieben Uhr Abends fanden wir in Gleiwitz den vierspännigen offenen Wagen des Fürsten Pleß, der uns im schärfsten Trab ohne Relais die sechseinhalb Meilen nach Pleß brachte, wo um elf Uhr Abends dinirt wurde.

Oberschlesien ist kein Gebirgs-, sondern ein 800 Fuß hohes Tafelland. Diese Erhebung macht im Klima schon einen so großen Unterschied, daß Pleß die Isotherme von Stockholm hat. Es war eine frische, belebende Kälte und alles Land mit hohem Schnee bedeckt. Das Fürstenthum war illuminirt. Auf der Grenzmark brannten mächtige Scheiterhaufen, die Städtchen, Dörfer und Schlagbäume prangten mit bunten Lampen und der Himmel darüber mit funkelnden Sternen. Jupiter und Venus waren für diesen Zweck in ein enges Komitee zusammengetreten, am hellsten aber leuchteten die hohen Fenster des alten Schlosses mit fabelhaft dicken Mauern und schönen flachen Gewölben durch alle Stockwerke. Der junge Fürst ist seit einigen Wochen mit seiner sehr schönen Cousine, einer v. Kleist, vermählt. Er hat ein Besitzthum von mehreren Quadratmeilen und 96000 Morgen eingehegten Forst, daher einen prachtvollen Wildstand, außerdem 200000 Thlr. jährlich. Die Jagdgesellschaft bestand nur aus dem Prinzen, des Fürsten Schwager, Baron v. d. Decken, dem jüngsten Prinzen Reuß, dem Oberamtmann v. Rother, Oberst Winzigerrod und mir. Der Fürst schoß aus Artigkeit nicht mit. Schon bei guter Zeit Morgens schallten die Hörner, die Schlitten fuhren vor, und die prächtigen Pferde mit silbernem Geläute jagten über weite Schneeflächen und durch dunkle Tannenwälder wohl drei Meilen nach dem großen Wildpark. Dort paradirte das ganze Jagdpersonal, wohl an vierzig Förster. Die Treiben waren zum Theil eingestellt, das heißt, eine große Waldfläche von mehreren hundert Morgen wird von zwei Seiten durch Leinen eingefaßt, von welchen Lappen herabhängen, an der dritten Seite stehen die Schützen, hinter Ständen von Tannenzweigen möglichst verdeckt aufgestellt; von der vierten Seite setzen sich die Treiber, wohl hundert an Zahl, in Bewegung auf die Schützen zu. Das Wild geht eher durch die Kette der Treiber als durch die Lappen. Es durfte nur Roth- und Schwarzwild geschossen werden, aber davon weder ein Altthier noch eine Bache. Ich wäre damit nie fertig geworden, hätte ich nicht einen Förster mit zwei Doppelbüchsen hinter mir gehabt, welcher mir soufflirte. In den vier ersten Treiben fiel kein Schuß, und doch war man in beständiger Spannung. Da kamen ganze Rudel von Rehen; sowie sie die Witterung der Schützen bekamen, stutzten sie, sahen sich zweifelhaft um, kehrten zurück in den Wald oder setzten in vier bis fünf Fuß hohen Sprüngen über den Graben, zwischen den Schützen durch, was wunderhübsch aussieht. Sie waren sicher, daß ihnen Niemand etwas zu Leide that. Zuweilen zeigte sich ein Hase, machte Männerchen, oder der Fuchs schlich herbei, dem

auch hier kein Pardon gegeben wird; aber die kleinste Bewegung
schreckte ihn sogleich zurück. Dann kam ein Trupp Hirschkälber
und Hirschkühe, zwei oder drei hochgeweihte Hirsche voraus.
Zwei blieben auf hundert Schritt vor mir stehen, aber an einer
Stelle, wo der Stangenwald so dicht war, daß mein Mentor
mir nicht erlaubte, zu schießen. Sie kehrten dann um. Endlich
kam ein ganzes Rudel Hirsche, denen sich wohl zwanzig Sauen
angeschlossen. Aber der Wind stand auf sie zu, und sobald sie
Witterung bekamen, jagte die ganze gemischte Gesellschaft mitten
durch die Treiber. Ich schoß nach einem Rehbock und fehlte.
Die nächsten Treiben waren glücklicher, es wurden mehrere Stücke
erlegt. Gegen Abend brachte man den Prinzen auf die Körnung,
das heißt, einen Ort, wo die Sauen gefüttert werden. Dort
mußte er zu Schusse kommen. Wir kehrten zu einem letzten
Treiben zurück. Unterwegs sahen wir eine Bache mit zwei Frisch-
lingen. Der Schlitten flößte ihnen keine Besorgniß ein; ich
sprang hinunter, sie standen unbeweglich, ich feuerte mit beiden
Läufen und beide versagten. Da fand sich denn, daß im über-
großen Eifer die Sicherung nicht entfernt war. Noch hielten die
Schweine, und ich schoß, etwas unruhig geworden, doch so, daß
ich gewiß glaubte, richtig abgekommen zu sein. Auch der Förster
war der Meinung, daß ich getroffen, aber das Schwein war
davon. Es war der einzige Schuß auf Schwarzwild, der an
diesem Tage gefallen war, und da man am folgenden Morgen
ein angeschossenes Schwein fand, so wurde mir dieses angerechnet.
Erst bei Dunkelheit kehrten wir zu unserem Diner zurück. Der
Prinz hatte einen Keiler erlegt.

So elf Stunden im Freien, bei sechs bis sieben Grad Kälte
zugebracht, machen müde. Doch wurde es Mitternacht, ehe man
zu Bette kam. Mit Tagesanbruch ging es in einen anderen
Forst. In einem der letzten Treiben kam eine Bache mit fünf
oder sechs Jungen und ging zwischen mir und meinem Nachbar
durch; ich lag schon rückwärts im Anschlage, als mein Förster
mich festhielt und rief: „Die Hirsche kommen!" Wirklich, ein

ganzes Rudel, einer Fußle vor mir. Ich konnte zwischen zwei dichtstehenden Baumstämmen gerade Kopf nnd Brust sehen. „Haben's die Gnade, gerade darauf zu halten." Paff! da lag der Hirsch. Mein Mentor war ganz außer sich vor Freude. „Jesus, Jesus, er liegt!" rief er einmal über das andere und schlug mich dabei, aller Etikette vergessend, mit der Hand auf den Rücken. Der Hirsch lag wirklich über zwei Minuten; aber als die Treiber herankamen, raffte er sich auf und schleppte sich in den Wald. Er hatte Hante gelassen, stark geschweißt und war so krank, daß er nochmals stürzte. Die Entfernung war zweiundsiebenzig Schritt. Die Stelle wurde gebrucht, das heißt, mit Tannenzweigen bedeckt, um sie wieder zu finden. Wenn man nun den Schweißhund auf diese Spur bringt, so folgt er dem Wild und findet es auf. Geschieht das gleich, so kann der krank geschossene Hirsch oft noch Meilen weit gehen. Man läßt ihm daher Zeit, zu verenden, und spürt erst am folgenden Morgen. Wenn es nicht unglücklicherweise stark schneit, so findet der Schweißhund die Spur auch dann noch. So ist denn auch mein Hirsch gefunden worden, und ich kann mit meiner Jagd sehr zufrieden sein. Im Ganzen sind, ich glaube, sechsundzwanzig Stück geschossen, davon hat der Prinz, dem man natürlich den besten Anlauf gab, zwölf getödtet, und davon einige so, daß sie gleich liegen blieben, was nicht leicht ist.

Heute, schon um drei Uhr früh, traten wir die Rückreise an, und heute Abend ist die Maskerade. Ich bin neugierig, wie der Prinz sein Inkognito dabei bewahren wird. Er fährt allein in der Droschke zu Ball. Ich werde Dir morgen berichten.

Den 21. — Ich war einer der ersten auf dem Ball; der Wirth und Anwesende zerbrachen sich die Köpfe, wer ich sei, bis die Gräfin Schweinitz mich an den Steinen erkannte und herausplatzte. Ich sagte, daß der Prinz nicht vor zehn Uhr kommen könnte, so daß er, als er bald nachher im schwarzen Domino und Kapuze eintrat, ziemlich lange unerkannt blieb. Man erkannte ihn aber dann doch bald an seinen Armbewegungen, und er legte den Domino ab. Darunter trug er den Anzug des Raoul aus den Hugenotten, ganz violett in Seide und Sammet mit einer schönen goldenen Kette und Dolch. Er sah sehr gut aus. Es waren viel hübsche Masken, besonders eine Quadrille, die Damen rokoko und gepudert, die Herren als erste Kürassiere vor hundert Jahren. Die Schotten fielen dagegen durch. Ich war doch recht müde, auch drückte mich der verwünschte lackirte Schuh. Der Ball dauerte bis zwei Uhr. (Heute Mittag Diner bei Graf Howerden, Abends Ball bei Herrn v. Löbbele.) Hübsch war die Ueberraschung der jungen Gräfin Styrum, eine der schönsten Damen. Ihr Vater war, ohne daß sie es wußte, aus Berlin gekommen. Eine sehr elegante Maske in rother Uniform der Mousquetaires redet sie an, sagt ihr die interessantesten Dinge, wird aber bald so angelegentlich, daß sie nach und nach auf die Mutter retirirt, zum Erstaunen Aller aber dem Fremden um den Hals fällt, als dieser die Larve lüftet.

Immer der Deinige Helmuth.

*

Breslau, Dienstag, den 24. Februar 1857.

Du bist doch ein gutes, liebes Weibchen, daß Du gar nicht böse geworden bist, weil ich Dir bis Sonnabend noch nicht auf die Sendung der Photographie geantwortet hatte. Ich schicke Dir nun beifolgend auch meine Photographie, so gut sie hier herzustellen ist. So sehr ich es habe vermeiden wollen, liegt, wie mir scheint, doch etwas Manierirtes in dem Bilde. Vielleicht kann ich einmal in Berlin ein besseres machen lassen, einstweilen mag es Dir als Andenken dienen.

Den 24. Gestern Abend am Schluß eines Balles bei Graf Burghaus wurde beliebt, daß heute Korso sein solle. Das Longchamp von Breslau ist eine trost- und baumlose Chaussee in flacher Ebene. Die Sonne, welche uns so lange freundlich geschienen, war hinter dichten, eisig kalten Nebeln versteckt, und das ferne Gebirg gar nicht zu sehen. Es erschien eine Menge

sehr eleganter Equipagen, zum Theil vierspännig, und eine große
Anzahl Reiter. Man warf sich mit Blumen, Bouquets und
Bonbons. Der Prinz feuerte aus seiner russischen Droschke sogar
mit confetti. Einmal und bei gutem Wetter wäre das recht
gut gewesen, aber die Witterung war zu ungünstig. Ich ritt
den Rappen, der die freie, ungewohnte Luft mit allerlei Bock-
sprüngen begrüßte. Heute Abend schließt nun der Karneval mit
einem letzten Balle. Ich mache in der Regel eine Partie.

In den nächsten Tagen fangen wir des Morgens die kriegs-
geschichtlichen Vorträge an, und ich hoffe, in der zweiten Hälfte
des März fertig zu werden. Das freut mich ja sehr, daß Du
Fortschritte im Schlittschuhlaufen machst. Es wird Dir gewiß
recht gesund sein. Ernestine läuft wohl schon ganz vortrefflich?

Obwohl alle Abend um zwölf Uhr ein großes, prächtiges
Souper genommen, selten vor ein oder zwei Uhr zur Ruhe gegangen wird, halte ich mich doch gut. Ich bin nun hinein trainirt,
doch ist es mir lieb, daß die ununterbrochenen Feste jetzt mit
den Fasten aufhören.

Nach Ostern, wenn es grün wird, will der Prinz eine
Reise durch die Provinz von etwa vierzehn Tagen machen. Ich
habe ihm heute den Entwurf zu einer solchen gemacht, auf der
er viel Interessantes und Schönes sehen wird. Im Juni ist
hier Wollmarkt und Pferderennen. Der ganze Adel der Provinz
kommt dann hier zusammen, und der Prinz muß dann ein großes
Fest geben.

Aschermittwoch. — Heute wurde nach Musik in der Bahn
geritten. Der Rappe ging wundervoll. Ich muß schließen, da
heute Nachmittag schon meine Vorträge anfangen. Abends gehen
wir in die Waise von Lowood und dann in eine kleine Soirée.

Adieu, liebes, gutes Herz. Herzlichst Dein

Helmuth.

Breslau, Sonnabend, den 28. Februar 1857.

Guten Morgen, lieb Weibchen — wie hast Du geschlafen? Dein letzter Brief hat mich sehr erfreut und enthält nur gute Nachrichten.

Ich fand meine Photographie auch ziemlich scheußlich. Vielleicht nehme ich in Berlin bei Deinem Photographen ein anderes, welches Dich ansieht. Man ist dort auch in dieser Kunst weiter. Dein Bild ist ganz unübertrefflich. Der Prinz findet es auch viel besser als die seiner Braut. Dann will ich das Haar auch sorgsamer kämmen. Der Rock ist ein sehr gut und knapp sitzender Waffenrock, aber der Hohlspiegel vergrößert die mittleren Gegenstände des Bildes, daher immer plumpe Hände und dicke Taillen.

Die Vorträge nehmen das bißchen Zeit, was der beständige Trubel übrig läßt, in Anspruch. Ich werde, da sie täglich stattfinden, sehr bald damit fertig sein, und vielleicht zu früh alle Patronen verschossen haben. Ob ich zum Sommer mit nach London komme, weiß ich noch nicht, möchte es aber wohl glauben. Adieu, liebes Herz. Dein Helmuth.

Ohne Datum.

Guten Tag, lieb Weibchen, ich hoffe, daß Du alle meine Sendungen erhalten hast. Am 18. l. Mts. geht der Prinz nach Koblenz, und es ist darauf zu rechnen, daß er Heinz dahin mitnimmt. Der Prinz bleibt bis Ende März am Rhein und will zu Ostern in Berlin kommunisiren, was wir zusammen dann auch wohl thun können. Meine Vorträge haben angefangen, und ich werde bis zum 18. fertig, so daß ich die Aussicht habe, einige Wochen ruhig in Berlin zu bleiben. Wohl erst zur schlesischen Rundreise gehe ich hierher zurück, also Ende April oder im Mai. Zu Deinem Geburtstage bin ich also in Berlin, wo wir mit Mama, Ernestine und Louis recht vergnügt sein wollen. Adieu, Du liebes Herz, auf frohes Wiedersehen.

Dein Helmuth.

1857. Pläne. Bilsers Tod.

Ohne Datum.

Liebe Marie. Immer noch kann ich Dir über meine Ankunft in Berlin nichts mittheilen. Du weißt, man erfährt das des Abends vorher. Der Prinz ist Sonntag zur Taufe bei seinem Vetter Friedrich Karl geladen, aber er ist noch nicht entschieden, ob er selbst erscheinen wird. Bisher wollte er den 18. reisen. Seine Hochzeit ist nun definitiv auf den 18. Januar 1858 angesetzt, der Aufenthalt in Breslau aber endet mit dem Oktober d. Js. Nach England wird er wohl erst im Juli gehen, und dann erst wieder zur Hochzeit. Ich hoffe, daß ich bis nach Ostern in Berlin bleibe. Dann kommen einige Reisen in der Provinz Schlesien. Im Juni ist hier Wollmarkt, Pferderennen 1c., wozu der ganze Adel sich versammelt. Der Prinz wird dann hier im Schloß ein großes Fest geben. Während des Winters war das unmöglich, weil die großen, sehr schönen Räume nicht zu erheizen und zu erleuchten sind. Zu der Zeit mußt Du herkommen. Frau von Winde rechnet darauf, daß Du sie in Oldendorf in der schönen Grottkauer Gegend besuchst. Das wäre wirklich ein köstlicher Einfall gewesen, wenn Du zur Maskerade gekommen wärest; da mir der Gedanke gar nicht eingefallen war, so hätte ich Dich nimmer erkannt, wenn Du gepudert im Rokokoanzug erschienen wärest.

Fischers Tod hat mir und auch dem Prinzen sehr leid gethan. Er war Tags vorher bei dem Abschiedsdiner, welches man Schwarz gab. Als er Tags darauf um sieben von einem Ritt zurückkehrte, fröstelte ihn und fühlte er sich unwohl. Der Arzt wurde gerufen und ließ ihm zur Ader. Nichtsdestoweniger trat der Schlagfluß ein, der ihn sogleich tödtete. Prinzeß von Preußen hat die Leiche noch denselben Abend gesehen, sie soll ganz unentstellt gewesen sein. Seltsam genug, daß jetzt die beiden Direktoren des Allgemeinen Kriegsdepartements und des Militärökonomiedepartements vom Jahre 1848, Griesheim und Fischer, auf dem schönen Koblenzer Kirchhof ruhen. Die Feste gehen hier noch immer fort.

Neueste Nachricht, daß der Prinz Freitag, übermorgen Nacht, nach Berlin will. Ob es aber dabei bleibt, ist noch nicht ganz sicher. Wahrscheinlich treffe ich also Sonnabend früh bei Dir ein. Laß mir den Kaffee zurecht stellen. Adieu, liebes, gutes Weibchen, auf Wiedersehen. Dein Helmuth.

*

Sonnabend, den 25. April.

Guten Abend, lieb Weibchen, und vielen Dank für Dein Schreiben von Mittwoch. Der Prinz wird im nächsten Monat keine größere Reise, sondern mehrere kurze Ausflüge in der Provinz machen. Auf die englische Reise hat das keinen Einfluß. Er ist übrigens sehr freundlich gegen mich. Sobald erst feststeht, wer mitgeht, werde ich Dir schreiben und das Nähere verabreden.

Montag Mittag. -- Heute erhielt ich Deinen Brief. Also Adolf ist nach Kopenhagen berufen; ohne Zweifel soll er an Scheels Stelle Minister für Holstein werden. Eine schwere Aufgabe. Gott gebe nur, daß seine Gesundheit herhält. Es ist schon recht schlimm, daß er, augenblicklich unpäßlich, in der scharfen Kälte und bei Nordostwind hat reisen müssen. Sein Eintritt ist nur durch einen völligen Systemwechsel möglich, sonst kann er die Stelle gar nicht annehmen. Jedenfalls wird er sich seine Ranzauer Stelle für den Fall des Rücktritts reserviren; es ist immer sehr ehrenvoll für ihn. Aber mit der dänischen und demokratischen Partei wird es harte Kämpfe setzen.

Wir fuhren halb drei Uhr nach Sybillenort, drei Meilen von hier, um diesen Armidenpalast des Herzogs von Braunschweig zu sehen.

Adieu, gutes, liebes Herz. Dein Bild steht immer auf meinem Schreibtisch vor mir, und ich freue mich täglich daran. Mit herzlichster Liebe Dein Helmuth.

*

Breslau, Freitag, den 1. Mai 1857.

Liebe Marie. Was Deine Reise nach Holstein betrifft, so kannst Du das ganz nach Deinem Ermessen machen. Ich glaube eigentlich, daß es Dir recht gut sein wird, einmal herauszukommen, um so mehr, als Du alleine bleiben würdest, wenn Mama jetzt nach Altona ziehen will.

Gebe Gott, daß Adolf gesund in Kopenhagen angekommen ist. Das Ministerium für Holstein kann er wohl nur annehmen, wenn man dort zu einem förmlichen Systemwechsel entschlossen ist, und das scheint nicht wahrscheinlich. Jedenfalls muß er seine Stelle in Ranzau reserviren. Der Herzog Karl von Glücksburg, der gestern hier war, sagte mir, daß Karl Plessen das Portefeuille abgelehnt habe; es ist sehr zu wünschen, daß Adolf dasselbe thue, wenn man in der alten Weise fortwirthschaften will. Seine Gesundheit wird ihm ohnehin nicht lange eine so aufregende Thätigkeit erlauben.

Solltet Ihr doch schon Dienstag abreisen, so erhalte ich wohl noch ein paar Zeilen von Dir vorher. Herzlichst abieu. Dein   Helmuth.

*

Breslau, Mittwoch, den 6. Mai 1857.

Dein Schreiben vom Sonntag und Montag ist mir erst heute eingegangen, liebe Marie. Ich ersehe daraus, daß es bei der Reise nach Holstein bleibt, aber Du schreibst mir nicht, an welchem Tage Ihr wirklich abgeht. Ich denke, es würde Dir doch eine Aufheiterung sein, die Geschwister alle wieder zu sehen. Auf Nachrichten von Adolf bin ich sehr gespannt. Die Zeitungen sagen, daß er Bülow (?) Bedingungen gestellt habe, auf die man kaum eingehen werde. Eine andere Zeitung glaubt, daß Reventlow Farve Minister wird, noch andere sprechen von der Abdankung des Königs.

Es scheint, daß der Prinz Napoleon wirklich nach Berlin kommt, und der Prinz ist nicht ohne Besorgniß, daß er zum

Empfang dieses Gastes nach Berlin berufen wird. Ich wünschte nur, daß es Dir in Holstein so lange gefallen möge.

Ich glaube, daß der Prinz von Preußen uns hier nächstens überraschen wird. Am 28. kommt Vater Wrangel, die Küraßiere zu inspiziren. Er hat uns zu einem „einfachen Reitermahle" eingeladen.

Gut, daß ich Deine vortreffliche Photographie hier habe, lieb' Weibchen. Wenn Du herkommst, möchte ich Dich wohl malen lassen. Der Maler Hammacher macht Damenporträts ganz ausgezeichnet.

Für heute schließe ich, liebe, gute, kleine Marie. Ich hoffe, recht bald von Dir zu hören, wo Du eigentlich bist. Herzlichst der Deine.
Helmuth.

*

Breslau, Sonntag, den 10. Mai 1857.

Liebe Marie. Dein Schreiben vom Donnerstag den 7. aus Itzehoe ist mir gestern Abend zugegangen. Zum 16. geht der Prinz nicht nach Berlin, da sein Papa im vierten Korpsbezirk inspizirt. Ich kann mir denken, daß Ihr recht ermüdet angekommen seid. Wenn Adolf weiß, daß Du in Itzehoe bist, so kommt er gewiß bald einmal hin.

Den 10. — Die Verhandlungen mit den Männern, in welche das Land (Schleswig-Holstein) Vertrauen setzt, haben sich ja zerschlagen. Irgend ein Unbekannter, der unter jeder Bedingung Minister werden will, wird sich wohl finden; aber den deutschen Großmächten gegenüber wird man doch sehr in Verlegenheit kommen und schließlich eben wieder auf jene Männer returiren müssen. — Man spricht von der Abdankung des Königs von Dänemark. Jedenfalls ist das Kopenhagener Kabinet in einer argen Klemme zwischen den deutschen Forderungen und der herrschenden eider-dänischen, skandinavischen Partei.

Adieu, liebes, gutes Herzensweibchen. Amüsire Dich gut und laß Dir nichts abgehen. Herzlichst Dein *Helmuth.*

*

1857. Ausflüge mit dem Prinzen.

Berlin, den 21. Mai 1857.

Liebe Marie. Dein letztes Schreiben aus Itzehoe erhielt ich gestern Abend. Vorgestern, Dienstag, machten wir eine sehr gelungene Partie nach einem prachtvollen Buchenwald bei Trebnitz im sogenannten Katzengebirge, drei Meilen von Breslau. Das Wetter war herrlich und der köstliche Wald prangte im frischesten Grün. Es war ein Picknick, und ich kontribuirte eine Flasche Anisette. Die Bevölkerung von Trebnitz folgte uns in unglaubliche Ferne. Von einem Hügel wurden Orangen unter die Jugend hinabgerollt. Bei der Rückkehr, schon im Halbdunkel, fuhr ich noch mit dem Prinzen nach dem prachtvollen, alten Ursuliner-Kloster in der Stadt; wir besuchten die schöne Kirche, in welcher die heilige Hedwig (Herzogin von Liegnitz) begraben liegt und Nachts einen Schein von sich giebt. Es war eben eine kirchliche Feier, und der Gesang in der dunklen Kirche gar feierlich. Gestern früh machte ich mit dem Prinzen einen scharfen Ritt nach Ohlau, dreieinviertel Meilen. Der Rappe ging vortrefflich und fiel nicht einmal in Galopp. Als er die Husaren aufmarschirt sah, wurde er zwar wieder etwas lebhaft, machte sich aber prächtig. Wir fuhren zurück, der Reitknecht nahm die Pferde an die Hand, und vor ein Uhr waren sie wieder im Stall. Die Nacht fuhren wir dann hierher. Da es milde, schöne Luft war, schlief ich ununterbrochen bis Köpenick. Hier im Hause fand ich Alles in guter Ordnung. — Heinz geht, soweit ich weiß, nicht mit nach England. Die Rückkehr von dort wird wohl erst gegen Mitte Juli stattfinden. Aus den Zeitungen erfahre ich, daß die Königin den 10. Juli nach Windsor geht; das ist mir viel lieber als der Kerker von Buckingham.

Viele Grüße an Mama und Ernestine. Herzlichst Dein
Helmuth.

*

Breslau, den 3. Juni 1857.

Liebe Marie, Dein Schreiben aus Flensburg vom 28. v. Mts. erhielt ich in Ottmachau (Otto mach' auf), als ich in dieser allen, bischöflichen Burg mit dem Prinzen, den Humboldts ꝛc. beim Kaffee saß. Leider war das Wetter zu dieser schönen Tour nicht recht günstig, doch hatten wir dann und wann einen Blick auf das prächtige Gebirge und das üppige Reißethal, welches ganz an die Gegend von Windsor erinnert, weite, breite Wiesen mit mächtigen Eichen. Eine große Heerde ungarischer Ochsen, grau, mit gewaltigen Hörnern, beinahe wie die römischen. Auf dem ganzen Wege Ehrenpforten, die Bevölkerung auf den Beinen. Ich habe überschlagen, daß der Prinz an einem Tage mit mehr als fünfhundert Personen gesprochen hat. Große, beiderseitige Freude, wie ein Mann vom ersten Garderegiment da war; einer von der sechsten Kompagnie (des Prinzen). Er ließ ihn zu sich kommen, plauderte wohl ein Viertelstündchen und schenkte ihm zwei Friedrichsd'or. In Reichenstein wurde während unserer Anwesenheit eine Goldspange gegossen. Sehr hübsch ist, wenn das weißglühende Metall in wenig Augenblicken in die goldgelbe Farbe übergeht. Es ist hier das einzige preußische Gold (aus Arsenik gewonnen). Die Trauringe sollen daraus gefertigt werden. — Auf dem schönen Schloß Pischkowitz in der Grafschaft Glatz waren die Zedlitze versammelt.

Auch die oberschlesische Reise war sehr interessant. Wir stiegen in einen 600 Fuß tiefen Kohlenschacht, sahen die Galmeigruben, aus denen das Zink geschmolzen wird, die riesenhaften Maschinen, Gebläse und Hochöfen. Gewaltige Stücke wurden im Dunkel der Nacht gegossen, Eisenbahnschienen gewalzt und so weiter. Von den vielen Dejeuners, Diners und Festen schweige ich. Das glänzendste hatten die Stände in Neiße gegeben, wo das Schauspielhaus sehr geschmackvoll hergerichtet war. Sehr interessant war hier die Eröffnung der Industrieausstellung durch den Prinzen. Es ist unter Anderem ein in Schmiedeberg gefertigter Teppich ausgestellt, der von den besten Smyrnaer oder Brüsseler Teppichen nicht zu unterscheiden ist.

Morgen früh trifft der Prinz von Preußen hier zum Besuche ein. Er bleibt den 4. und 5. Am 5. geben wir einen Ball im Schloß von fünfhundert Personen. Wie schade, daß Du nicht hier bist. Am 6. Abends nach Berlin, den 7. Sterbetag des Königs. Abends über Frankfurt, Koblenz und Calais.

Herzlichst der Deine   Helmuth.

*

Berlin, den 7. Juni 1857, Morgens.

Lieb' Weibchen. Gestern Nachmittag schon trafen wir hier ein, da plötzlich beschlossen war, mit dem Prinzen von Preußen zusammen bei Tage zu reisen. Ich fand hier Alles in guter Ordnung.

Unser Reiseplan ist auch geändert. Weimar und Gotha sind leer. Prinzeß von Preußen hält einige Tage in Münster Hof, wohin der Prinz von Preußen morgen auch geht. Wir reisen daher heute Nacht nach Münster, bleiben morgen da und gehen dann über Köln nach Calais und sind den 10. früh in Windsor. Mitte Juli, wo auch die Kaiserin nach Sanssouci kommt, treffen wir jedenfalls hier ein, und dann hoffe ich, Dich hier zu sehen.

In Breslau besuchte der Prinz von Preußen die Industriehalle, welche wirklich recht prachtvoll ist. Der Ball war brillant. Die Empfangsräume des Schlosses sind sehr vornehm und waren mit Zuhülfenahme von Kandelabern gut erleuchtet. Es waren wohl fünfhundert Personen aus allen Theilen der Provinz, welche der Wollmarkt zusammengeführt, zwei Buffets, an welchen der Champagner floß. Erst um halb vier kam ich zu Bette, um sieben Uhr ging's schon wieder fort.

Herzlichst Dein   Helmuth.

*

Windsor Castle, den 10. Juni 1857, Donnerstag.

Meinen Brief aus Berlin, liebe Marie, hast Du hoffentlich vor Deiner Abreise noch erhalten. Abends sieben Uhr reiseten wir mit dem Prinzen von Preußen und Boyen ab. Es war eine schöne Vollmondnacht, aber heiß und staubig; erst als wir uns dem Gebirge bei Minden näherten, fühlte man, daß die

Luft feucht und warm war. Montag früh begleiteten wir den Prinzen von Preußen bei der Besichtigung des ersten und zweiten Bataillons fünfzehnten Regiments in Minden, des Füsilierbataillons in Bielefeld und dinirten dort. Ich ging mit dem Prinzen Friedrich Wilhelm noch einen Augenblick auf den Sparenberg und erfreute mich an der weiten Aussicht, die Du gewiß auch erinnerst. Die hellrothen Dächer und die großen Leinwandsbleichen auf den grünen Wiesen, die vielen mit dunklen Eichen umgebenen Bauernhöfe, das Ganze eingefaßt von den wallartigen Höhen des Teutoburger Waldes. Es ist doch ein sehr eigenthümliches Land. Der Landrath von Ditfurth erzählte mir, die höchste Steuer in seinem Kreise, 10 000 Thlr., zahlt ein Bauer, dann folgt der Graf Fürstenberg-Stammheim, dann vierzehn Bauern, und dann erst die größeren Rittergutsbesitzer. Solchen Bauernstand kann man sich gefallen lassen.

In Hamm erwarteten wir die Prinzeß von Preußen und trafen in der Dunkelheit in Münster ein, welches festlich erleuchtet war. Es ging durch die ganze Stadt nach dem Schloß, in welchem nicht nur der kommandirende General und der Oberpräsident wohnen, sondern auch noch die Prachtzimmer für königliche Herrschaften reservirt sind. Es ist auffallend, daß die geistlichen Fürsten ihre Prachtbauten zu einer Zeit ausführten, wo ihre weltliche Macht schon im Zusammenbrechen begriffen war. Clemens Wenzeslaus (von Bayern) hat seinen Palast in Koblenz, Clemens August (von Sachsen) den in Münster kaum bezogen, als die französische Revolution ausbrach, in deren Folge ihre Fürstenthümer mediatisirt und säkularisirt wurden. Seltsam, daß die klugen, geistlichen Herren ihre Zeit nicht erkannten. Das Schloß in Münster erinnert sehr an das neue Palais in Potsdam, doch fehlt die Kuppel. Es ist aus rothen Ziegeln und gelbem Sandstein erbaut, was sehr gut aussieht, sonst etwas im Zopfstil jener Zeit.

Ich wünsche, daß der Bischof von Münster in seinem Palais je so vortrefflich geschlafen haben mag, wie ich in der Nacht zum

Dienstag. Morgens fuhren wir nach Lobbener Haide und stiegen dort auf Kürassierpferde, um die zwei Bataillone dreizehnten Regimentes zu inspiziren. Prachtvolle, große, schöne Leute. Das vierte schwere Reiterregiment war erst seit zwei Tagen zur Uebung versammelt; mir fiel der französische General ein, welcher sagte: „Je ne m'étonne pas que Vos gens fassent tout cela, mais je m'étonne de l'esprit militaire encore de Vos chevaux." Um ein Uhr war große Cour im Schloß angesagt. Ich benutzte den Augenblick vorher noch, die Stadt anzusehen. Der Dom ist eine ganze Geschichte der Architektur. Das Mittelschiff mit Rundbögen und glatten Mauern ohne Strebepfeiler ist aus dem zehnten Jahrhundert. Die seltsamen Radfenster saracenischen Ursprungs kommen erst im elften vor. Thürme und Transept zeigen den Uebergang der Rund- in die Spitzbogen, und die Seitenportale erinnern ganz an den Kölner Prachtbau. Sie sind aus der vollen Kunstblüthe des vierzehnten Jahrhunderts. Ein schöner Klosterhof mit Säulengängen stößt an den schönen, ehrwürdigen Dom, der rings umher von hohen Buchen umstanden ist. Interessant ist das Rathhaus, der Balkon, von welchem Johann von Leyden das Volk als Prophet anredete, der freilich dem Einsturz nahe Lambertusthurm mit den an seiner Spitze hängenden Käfigen, in welchen die gerichteten Wiedertäufer eingesperrt wurden. Auch giebt es reizende, alte Privatwohnungen, die so selten geworden sind. Nicht bloß die Höfe des Adels entre cour et jardin, sondern auch Bürgerhäuser. Eins war ganz einzig, im Renaissancestil mit einzeln stehenden Säulen und Figuren aus Sandstein, 1650 renovirt, also wohl 300 Jahre alt. Ich hätte es gerne gezeichnet, aber schon hielten die Galen, Westphalen, Schmiesing, Fürstenberg, Korff, Landsberg, Bentheim, kurz, alle Häupter dieses so abgeschlossenen, erzkatholischen und reichen münsterländischen Adels ihre Auffahrt, welcher durch so viele Jahrhunderte die Mitra und den Krummstab in diesem Lande getragen hat. Um vier Uhr war Galatafel von vierzig bis fünfzig Gedecken und um fünf Uhr reiste ich mit Prinz Friedrich Wilhelm ab.

Wir kamen Abends zehn Uhr nach Köln, verschliefen Aachen und Lüttich und wachten in Mecheln auf. Frühstückten auf französischem Grund und Boden in Lille und trafen, da der Pariser Zug sich verspätete, erst um halb fünf Uhr in Calais ein. Dort ging es gleich an Bord des Postdampfschiffes Prinzeß Maud. Es hatte Tags zuvor und auch heute stark geweht, und wir machten uns auf alle Leiden gefaßt. Ich nahm mit dem Prinzen Posto auf einer Bank am Feuerheerd und erwartete mit Neugier, wie das Schiff tanzen werde, sobald wir die wohl 1500 Schritt lange Mole verlassen haben würden, es ging aber sehr an, und war es nicht einmal nöthig, sich zu legen. Wir blieben ruhig sitzen. Wenn die See nicht bewegter ist, so ist die Ueberfahrt ein wahres Vergnügen. Erst verweilte das Auge gern auf der Dir bekannten hohen Kreideküste Frankreichs, dann tritt das Cap Grisnez hervor. Rasch brausete die Maud vorwärts und überholte alle die vielen Makrelenfischer, die mit vollen Segeln einher zogen. Immer deutlicher hebt sich dann die hohe, senkrechte Klippe, ich glaube South-Foreland, und das uralte Schloß von Dover aus der blauen Fluth empor. Diese Citadelle oder etwas Aehnliches hat man wohl auf allen Tapeten oder Bildern gesehen, aber ihr in Wirklichkeit zu begegnen, hat mich jedesmal überrascht.

In Dover empfing uns General Wylde im Auftrage der Königin. Diner in dem prächtigen Hotel Lord Warden. Doch eilten wir, um mit dem bereitstehenden Spezialtrain weiter zu können. Diese Fahrt war ganz reizend, es war einmal in England wirklich schönes Wetter. Nur am Horizont des atlantischen Meeres waren prachtvolle Wolken aufgethürmt. Dabei senkte sich die Sonne zum Untergehen, was immer eine besonders schöne Beleuchtung giebt. Köstliches Land das Sussex und Kent. Alles grün und frisch, das Vieh auf der Weide, große, zottige Schafe und Kühe von eigenthümlicher, leuchtender, rothbrauner Farbe. Getreidefelder sieht man selten und nirgends die sieben Fuß hohen, wogenden Halme des Münsterlandes, dagegen viel sentische Weinberge, nämlich Hopfenfelder, prachtvolle, dunkle Eichen, einzeln und in Wäldchen vereint, sehr kleine, aber zierliche Wohnhäuser. Sobald man über Sydenham hinaus ins Thal der Themse hinabsteigt, bedecken kalte, finstere Nebel die ganze Gegend. Am Bahnhof in London Bridge warteten königliche Equipagen, die uns schnell durch Southwark nach dem Bahnhof der Windsorbahn führten, und um zehneinviertel erblickten wir diesen stolzen Sitz des britischen Königthums. Ein Meer von Licht brach durch alle Fenster. Die Königin saß noch in St. George Hall beim Bankel. Jetzt galt es, rasch von Kopf zu Fuß sich umkleiden, Schuhe, Strümpfe, enge Beinkleider, weiße Binde, Ordensband über der Weste und schwarzen Frack. Konzert und Thee waren um elf Uhr beendet, und nach einer Tour von über hundert Meilen in vierundzwanzig Stunden that die Nachtruhe gut.

Heute Mittag ging es in elf vierspännigen Equipagen durch den Park zu den Ascot Runs. Es ist immer dieselbe langweilige Geschichte. Ich habe Dir früher davon geschrieben und bin froh, daß es zu Ende ist. Das Beste war die Hin- und Herfahrt über grüne Rasen und unter Eichen, die schon William den Eroberer unter ihrem Schatten aufgenommen haben. Rudel von mehreren hundert Rehen und Rothwild standen und trabten umher. Ausnahmsweise regnete es nicht, aber es war trotz Sonnenschein kalt und windig, so daß der Paletot sehr nöthig war.

In Windsor übt die Königin immer eine großartige Gastfreiheit, die Eingeladenen wohnen dann im Schlosse. Meine prächtige kleine Wohnung vom vorigen Jahre war besetzt, und man hat mich in den keep gesteckt, den angeblich vom Eroberer erbauten, ältesten Riesenthurm auf einem künstlichen Erdauswurf. Mit unsäglicher Mühe hat man Fenster in seine dicken Mauern gebrochen. Mein Zimmer ist ein unregelmäßiges Vieleck, nur etwa acht Schritt weit. Die Fensternische bildet ein Viertel des ganzen Raumes, und dort habe ich mich mit meinem Schreibtisch etablirt. Das Zimmer bildet eine Art engen Gefängnisses, fitted up mit dem Mobiliar eines Salons: Marmorkamin, Boulschrank, Himmelbette, Trumeau, Stehspiegel, Waschtisch, Lehnstühle und so weiter, so daß man sich kaum rühren kann. Prachtvoll aber ist die Aussicht, links der Park mit dem great walk, gerade unter mir die Stadt Windsor, rechts Eton College, dahinter das Themsethal und ein mit Waldgruppen bedeckter Höhenzug.

Als Gäste haben wir: Herzogin von Cambridge mit Prinzeß Marie, Herzog von Cambridge, Prinz Eduard von Sachsen-Weimar, Erbprinz von Meiningen, der Wittwer Fürst Leiningen, Lord Palmerston, der die heutige Partie trotz seiner siebzig Jahre zu Pferde machte, Lord Clarendon, M. Persigny, Gould, Graf Bernstorff und Frau, Lord Granville und andere Sommitäten.

Tausend freundliche Grüße und von ganzem Herzen, Du liebes, gutes Weib. Dein   Helmuth.

*

London, den 14. Juni 1857.

Ein Sonntag in London ist keine sehr heitere Aussicht, indeß da die Welt nicht zur rechten Zeit untergegangen, so muß er durchgemacht werden.

Ich denke, daß Du jetzt wohl schon wieder nach Itzehoe zurück bist, liebe Marie, und daß Du heute meinen Brief erhältst, in welchem ich Dir unser Eintreffen in Windsor meldete.

Die vielen Gäste der Königin reisten alle am Freitag ab, und wir blieben allein zurück. Ich machte Vormittags einen einsamen Spaziergang durch die schönen Umgebungen von Windsor. Der längs der ganzen Südküste von England vorherrschende Kalk- und Kreidefels verschwindet im Innern und ist von späteren Gebirgsformationen überlagert. Irgend eine vulkanische Erschütterung hat indeß am rechten Ufer der Themse, vier Meilen oberhalb London, einen vereinzelten Kalkfelsen durch die Erddecke emporgehoben. Auf und aus diesem Felsen ist das gewaltige Schloß erbaut, welches denn auch seine ganze Ausdehnung bedeckt. Er mag in seiner größten Länge wohl gegen 1000 Schritt, in der Breite 2—300 Schritt haben, wird durch den riesenhaften keep auf künstlichem Erdaufwurf in zwei große Höfe getheilt und erhebt sich etwa 100 Fuß über die Felder und Wälder der Umgegend. Nach drei Seiten fällt der Berg steil ab, besonders gegen Osten zur Themse. Man darf sich Windsor nicht als ein einziges, großes Gebäude vorstellen, es sind eine ganze Menge einzelner, meist thurmartiger Bauten, rings umschlossen von hohen, krenelirten Mauern. Nur nach der von Süden her vollkommen zugänglichen Seite, einer prächtigen, grünen Rasenfläche mit einzelnen, riesigen Eichen, sind diese Thürme durch symmetrische Zwischenbauten zu einer eigentlichen Palastfront verbunden. Vor denselben liegt die sogenannte große Terrasse von Windsor. Die Verschiedenheit der einzelnen Theile erklärt sich schon aus den Zeiträumen von Jahrhunderten, die zwischen ihrer Erbauung liegen. An den überaus zierlichen, aber nicht sehr großen Bau Edward III. von 1356 lehnt sich der Georges III., der fast 500 Jahre später das Ganze vollendete. Glücklicherweise hat man aber durch alle Zeitalter denselben ursprünglichen Stil beibehalten und so ein harmonisches Ganzes geschaffen. Selbst die sehr rohe Außenseite ist geblieben. Das nur grob behauene Gestein ist von grauer Farbe und nirgends übertüncht. Die Fugen sind durch einen Kalk verbunden, dem man durch eine Beimischung von Kohle eine schwarze Farbe gegeben, und in welchen durchwegs schwarze Feuersteine eingeklebt sind. Es ist nicht zu leugnen, daß zum Beispiel die Hauptfront durch Abputz ein außerordentlich viel reicheres und prachtvolleres Aussehen gewinnen würde. Das Ganze blickt ungemein finster in unser zierliches Zeitalter. Die Fenster nach außen sind klein und schartenartig; nur wo es darauf ankam, ein entsprechendes Licht in die Prachträume zu bringen, traten dann jene großen ballonartigen Fenster hervor, zwischen deren schöngeschnitzten, steinernen Pfosten große Krystallscheiben angebracht sind. Um das burgartige

Ansehen zu bewahren, müßten zum Beispiel die zwölf großen und weiten Spitzfenster von St. Georges Hall sich nach dem inneren Schloßhof öffnen.

In dem unteren Schloßhof wird die ganze Ostseite eingenommen durch die prächtige St. George-Kapelle, in welcher seit Edward III. die Banner aller Ritter des Hosenbandordens aufgehangen sind. Die Gemächer der königlichen Herrschaften liegen sämmtlich im oberen Theil nach der Parkseite und gewähren einen prachtvollen Blick über die weite, grüne Gegend. Nach dem Hof zu läuft fortgesetzt ein Korridor, in welchem die Marmorbüsten bedeutender Männer aller Nationen aufgestellt sind. Englische Staatsmänner und Redner, Canning und Pitt neben Ludwig XIV. und Papst Pius, Newton und Gonsalvi, Prinz Albert und Sheridan. Andere bedeutende Männer sind in ihren Porträts vertreten, auch viele geschichtliche Momente sind dargestellt, besonders aus dem Leben der Königin Victoria, ihre Krönung, Vermählung, Taufe (doch nur die des Prinzen von Wales, es wäre sonst zu viel Raum nöthig), ein Besuch Ludwig Philipps und dergleichen, dann kunstvolle alte Schränke, Bronzen, Vasen 2c. So oft man durch diesen Korridor geht, hat man Gelegenheit, noch wieder etwas Interessantes zu bewundern. Noch anziehender war es für mich, die köstlichen Porträts van Dycks zu studiren. Da alle Prachtzimmer offen stehen, so kann man sich dort stundenlang ganz allein hinsetzen und völlig ungestört beschauen. Man findet nach und nach alle Könige von den Stuarts an beisammen. Der Sohn der Marie Stuart, James I., sieht in seinem schwarzseidenen spanischen Wamms doch besser aus, als man nach der Schilderung Walter Scotts glauben sollte. Ueberaus zahlreich sind die Abbildungen seines Sohnes und Nachfolgers, Karl I., von van Dycks Meisterhand, ein edles, schwermüthiges Gesicht, in welchem man die grundsätzliche Treulosigkeit nicht lesen kann, die es unmöglich machte, mit ihm zu verhandeln, und so dahin führte, daß die Parteien nur in seinem Tode die eigene Sicherheit zu finden wußten. Behufs Anfertigung einer Büste hat van Dyck ihn in demselben Rahmen dreimal gemalt: en face, demi face und profil. Mehrfach vorhanden ist auch die unglückliche Henriette de France, seine Gemahlin, ein feines, gutes, echt bourbonisches Gesicht. Ein sehr interessantes Bild stellt die drei Kinder dar, den Prinzen von Wales, nachmaligen Karl II., seinen Bruder, den Herzog von York, nachmaligen Jakob II., und Mary von Oranien. Ein anderes Bild zeigt die beiden Brüder als Knaben, und man kann hier die Entwickelung der Züge verfolgen, wie sie sich zu dem heranbilden, was die Porträts der beiden, sehr verschiedenen Könige zeigen. Karl, der leichtsinnige, liebenswürdige Wellmann, ist nichts weniger als schön gewesen. Eine sehr starke Nase, breiter Mund, große Augen und dunkles Haar; Jakob, der Bigotte, Rachsüchtige, Halsstarrige, Unliebenswürdige, sieht weit besser aus, er ist blond, hat ein feines Profil und vornehme Haltung.

Am Nachmittag machte ich einen wunderschönen Ritt; das Pferd, der Sherif, ist aus Berlin angelauft und eins der besten im Stall. Ein schöneres Terrain zum Reiten kann es nicht geben als hier auf den sanften Rasenhügeln. Unter den Schatten der Baumgruppen lagen oft Rudel von fünfzig, sechzig Hirschen oder Hunderte von Rehen, welche sich kaum nur die Mühe gaben, aufzustehen und dem Reiter ein paar Schritte aus dem Wege zu traben. Fasanen, Hasen und Kaninchen trifft man überall. Mein groom führte die Schlüssel zu allen fences, so daß ich in jeder Richtung fort konnte. Der Ritt ging drei Stunden lang durch lauter reizende Gegenden, erst nach den Virginia waters, einem hübschen, recht bedeutenden Seespiegel, der sich zwischen Waldhügeln hinzieht und schließlich einen artigen Wasserfall bildet, dann nach Cumberland Lodge, wo ich einen Baum sah, der seine Zweige 136 Fuß weit ausbreitet. Es ist nämlich eine einzige Weinrebe, die, unter dem Glasdach gezogen, ein ganzes Treibhaus in der genannten Ausdehnung überzogen hat und Tausende von Trauben trägt. In anderen Treibhäusern hängen die köstlichsten Muskateller und blaue ungarische Trauben zu Hunderten und vollkommen reif, an den Geländern darunter reife Erdbeeren, Bohnen, Erbsen und Ananas; in anderen Glashäusern reife Pflaumen, Kirschen, Pfirsiche. Ueber Queen Anne's ride und den great walk ging es dann nach Windsor zurück. Abends bei Tafel kam ich zwischen der Herzogin von Athol und der Königin zu sitzen, mit welcher ich mich viel und angenehm unterhalten habe. Es ist so angenehm, daß sie deutsch spricht. Am Sonnabend fuhren wir Alle nach London. Die Königin wurde hier wie immer durch eine Ehrenwache empfangen, welche God save the Queen spielt, und eine Abtheilung light dragoons begleitet den Wagen. Eine Menge Leute drängt sich stets heran, um Her Majesty zu sehen. Die Königin fährt nicht eher ab, als bis ihr ganzes Gefolge eingestiegen ist. Da das oft sechs bis acht Wagen sind, so hält sie mehrere Minuten, dann bleibt aber auch Alles ordentlich beisammen.

Abends wurde in Prinzeß Theatre Richard II. von Shakespeare gegeben. Interessant waren die Rüstungen und Kostüme, welche durchaus historisch treu und nach alten Bildern entnommen sein sollen.

Der Gottesdienst am heutigen Sonntag hat mich sehr wenig erquickt. Ueber eine Stunde dauern die prayers, bei welchen stets abwechselnd der Geistliche und die Gemeinde sprechen. Davon bringt man mindestens die halbe Zeit auf den Knieen zu, was sich mit einem guten Sammetkissen und einem Fauteuil im Rücken wohl leisten läßt, aber sonst eine wirkliche Kasteiung ist. Dann wurde ein Kapitel aus dem alten Testament vorgelesen, wie Gideon die fünf amoritischen Könige schlägt, in eine Höhle sperrt, an Bäumen aufhängt, wie viel Städte er zerstört, alle Bewohner bis auf die letzte Seele vertilgt und dergleichen wirklich nicht sehr erbauliche Sachen. Die Predigt ist schließlich ganz Nebensache, eine rhetorische Uebung.

London, den 16., Dienstag, Abend.

Lieber als noch einmal zu Mittag essen, setze ich mich an mein gutes Kaminfeuer. Es ist household dinner, und da kann ich fortbleiben. Mir bekommt das fortwährende Essen und Trinken

1857. Taufe der Prinzeß Beatrice.

ganz schlecht, und ich will fasten, bis ich wieder in Ordnung bin. Wir haben heute um ein Uhr die kleine Prinzeß Beatrice Victoria Maria Herzogin von Sachsen getauft. Eine Ehrenwache war im Schloßhof aufgestellt, die Bande spielte auf. Die Yeomen of the Guard standen in der großen Vorhalle, die Gentlemen at arms lined the approaches to the chapel. Die Gesandten, Minister und Großwürdenträger hatten dort ihre Plätze bereits eingenommen, als der Hof sich in feierlichem Zug in Bewegung setzte unter Vortritt der kings of arms, welche ein für alle Male Clarenceur und Norroy heißen, obwohl die beiden, ganz von dem Reichswappen bedeckten Gentlemen sich Mr. Pulman und Laurice schreiben. Dann folgten die beiden Equerries in waiting und der clerk Marshal, der keeper of the privy-purse, der gentlemen-usher, die grooms of the bed-chamber, lord in waiting, lord steward, lord chamberlain. Hierauf erschien die Königin mit Prinz Arthur an der Hand und der Erzherzog Maximilian, Prinz Albert leeding, Prinz Leopold und die Herzogin von Cambridge, dann die Prinzen von Wales und Alfred, Prinzeß Alice, Helene und Louisa, Herzog von Cambridge, Prinzeß Marie von Cambridge, Erbprinz von Sachsen-Meiningen und Prinz Eduard von Sachsen-Weimar. Es schlossen der master of the horses und Mistress of the robes (Herzogin von Southerland), die maids of honour, der goldstick in waiting (General Viscount Gough) und der master of the buck hounds (Oberjägermeister Earl of Besborough). Das Gefolge des Erzherzogs besteht aus dem grand maître de la cour, Graf Zichy, Graf Harbed und noch vier Herren, das des Erbprinzen von Meiningen aus Rochus Liliencrohn, der einmal sein geheimer Kabinetsrath werden wird. Vor dieser ganzen Prozession gingen aber unter Vortritt der Heralds of Lancaster und Chester die sponsors, nämlich die Prinzeß Royal, die Duchess of Kent und Prinz Friedrich Wilhelm mit ihren Gefolgen, Viscounteß Chewton, Lady Augusta Bruce, Colonel Cowper, Bar und ich. Alles war in full dress, meist rother Uniform, mit Gold bedeckt, die

Minister blau mit sehr reicher Goldstickerei, der Lord High Chancellor (Cranworth) mit der Allongeperücke, einem schwarzen, goldgestickten Talar und das große Portefeuille mit dem Reichswappen wie einen Strickbeutel vor sich tragend, der Lord High Almoner in violettem Frack mit schwarzseidener Schärpe, die Usher mit der Wakrod, die Bischöfe schwarz mit weißen Chorhemden. Die Damen hatten die Trauer für heute abgelegt und trugen Weiß, die Königin ein weißes Spitzenkleid und einen sehr reichen Diamantschmuck. Die kleinen Prinzessinnen weiß mit grünen Blättern, Prinzeß Royal, die sehr gut aussah, einen Haarschmuck von Diamanten und grünen und silbernen Grashalmen, Prinz von Wales, Alfred und Arthur die schottische Tracht, schwarze Jade mit silbernen Passepoils und den kilt in den Royal Stuarts Farben. Nur der kleine Leopold hatte einen weißen Kasimir-Polrod mit Diamantknöpfen und silberner Schärpe.

Nachdem ein sehr schöner Chor gesungen und einige Male niedergekniet war (was bei den weiten Krinolinen und dem engen Raum nicht leicht), the infant princess was ushered in, carried by the head-nurse und durch Lady Caroline Barrington dem Erzbischof von Canterbury übergeben, welcher die Taufe vollzog. The baby behaved admirably und geruhte nur, gegen das Ende der Handlung etwas zu schreien, was eine gute Vorbedeutung ist. Nach der Segenertheilung wurde in derselben Ordnung der Rückweg nach dem Thronsaal angetreten, und bald darauf in dem großen Ballsaal (welcher übrigens mit einer Orgel versehen ist) eine collation with Her Majesty and the Royal family eingenommen. Ich war angenehm zwischen Lord Folley und Graf Zichy placirt.

Heute Abend wurde ein Ritt durch Hyde Park, Kensington Garden und einen Theil der neuen Stadt gemacht: Prinz Albert, Erzherzog, der Prinz und der Erbprinz von Meiningen, Zichy, Colonel Seymour und ich.

Den Herzog von Wellington hat der Herr in seinem Zorn zum master of the horses gemacht, er versteht von the horses nichts. Da hat er eine Bestie angeschafft, die bei den letzten

Rennen gesiegt hat, ich habe nie ein unangenehmeres geritten; wahrscheinlich haben bis jetzt nur Jockeys darauf gesessen, denn mein leichter kurzer Ueberrock kitzelte ihn so auf dem Rücken, daß er fortwährend bockte, dabei in die Zügel bohrte, den Kopf bis auf die Erde, so daß man alle Aussicht hatte, entweder abgeworfen zu werden oder zu stürzen. Außerdem war er bodenscheu, und so ging es cantering durch das dichte Gewühl der Promenaden und der Straßen. Zum Ueberfluß riß mir eine Hosenstrippe. Ich mußte mit der äußersten Vorsicht manövriren und bin froh, leidlich davongekommen zu sein. Ich bin neugierig, wie sich die Andern aus der Affaire ziehen werden, die diesen Racker reiten.

Der Erzherzog gefällt sehr. Er ist durchaus nicht von vortheilhaftem Aeußern. Die habsburgische Lippe bei gänzlichem Mangel an Kinn, aber gescheit, höflich und bescheiden.

Gegen zehn Uhr sind wir nach Haymarket gefahren, wozu ich wieder große Toilette machen mußte. Die Italiener gaben Don Giovanni und zwar ganz vortrefflich. Die Piccolomini als Zerline war reizend. Das Haus ist schön und groß, aber im alten Stil. Sechs Reihen Logen übereinander. Jetzt ist es fast zwölf Uhr, und ich eile, zu Bett zu kommen. Morgen ist Monstrekonzert von 1500 Stimmen und Instrumenten im Glaspalast von Sydenham.

Mittwoch. — Das Konzert ist gewesen. Der Hof fuhr um zwölf Uhr in neun vierspännigen Wagen mit Kavallerie-Eskorte hinaus, und zwar auf dem schönen Landwege etwa zwei Meilen weit. Das Entrée kostete auf dem ersten Platz bloß zwei Guineas. Ich zählte die Zahl der Leute auf einer Bank und die Zahl der Bänke und fand, daß in dem über 200 Fuß langen, 100 Fuß breiten und 150 Fuß hohen, mittleren Transept circa 6000 Personen saßen, macht allein 12000 Liv. Sterling. Im Ganzen mögen 15—16000 Menschen da gewesen sein, die das Gebäude aber nur zu einem Drittel ausfüllten. Das Orchester bestand aus 150 ersten Violinen, 50 Kontrabässen, einer gewaltigen Orgel und 2000 Sängern und Sängerinnen, welche in 80 Reihen aufsteigend placirt waren. Als die Königin eintrat, erhob sich

Alles, und das God save the Queen wurde angestimmt, der erste Vers von einer einzigen Stimme und der Riesenorgel. Clara Novello sang und füllte den ganzen ungeheuren Raum dergestalt, daß man jedes Wort verstand, dann wurde der zweite Vers durch drei Männerstimmen mit Instrumentalbegleitung gesungen (darunter Formes), endlich der dritte vom ganzen Chor. Endlose tausendstimmige Cheers. Die Königin verneigte sich wiederholt und lief, dann erst traten der Prinz Albert, Erzherzog und Prinz Friedrich Wilhelm heran. Jetzt ging der, aufrichtig gesagt, recht langweilige Matthäus los. Die Lichtpunkte waren das sehr gute luncheon nach dem ersten und der prachtvolle Marsch im dritten Akte: „See, there comes the conquering hero." Die Melodie ist fast so national wie das God save the Queen und wurde gespielt, so oft der Iron Duke in einen Ballsaal trat. Das Oratorium dauerte bis fünf Uhr, dann sprangen die Wasser im Garten, welche die von Versailles an Reichthum noch übertreffen. Das Wetter war schön und klar, der Garten ist reizend und die weite Aussicht prachtvoll. Die Prinzen und ihr Gefolge im schwarzen Frack, aber den Cordon über der Weste und daher kenntlich, gingen durch die dichte Menschenmenge und wurden überall mit Cheers begrüßt. Auch unsere Leute waren dort.

Tausend Grüße. Herzlichst der Deinige. Helmuth.

London, den 22. Juni 1857.

Am Donnerstag den 18. war Lever in St. James. Es passirten über 2000 Personen an der Königin im Thronsaal vorüber, was zweieinhalb Stunden dauerte; 600 davon, welche durch den Lord Chamberlain erst vorgestellt wurden, ließen sich auf ein Knie nieder, um Ihrer Majestät die Hand zu küssen, zwei davon wurden knighted, wobei die Königin das Reichsschwert handhabte. Mit Ausnahme einiger habits habillés war Alles in Uniform. Da die Leute aber hier die Uniform alle Jahr nur ein paar Male anziehen, so sind diese bei allem Reichthum an Gold und Stickereien oft sehr schäbig und garstig. Dabei herrscht die größte Willkürlichkeit. Nicht zwei Uniformen sind gleich, man sieht sie in allen Schattirungen und nach dem verschiedensten Zuschnitt. Der Eine trägt die dunkelrothe Schärpe (die ohnehin auf dem Scharlachrock sehr schlecht aussieht) eine Handbreit unter den Taillenknöpfen, der Andere hat ein Bouquet im Knopfloch, der Dritte ein Schnupftuch heraushängen. Alle aber fühlen sich unbehaglich, und man kann nichts Ungraziöseres sehen als die Komplimente, welche freilich im Seitwärtsgehen gemacht und im Rückwärtsgehen beschlossen werden sollen. Entschieden ein Vortheil, wenn man seine Nationaltracht beibehalten konnte, so die Schotten und die Hindus.

Abends wohnten wir einer Sitzung der Lords bei, dann war Tafel bei der Königin und um elf Uhr noch Ball, auf welchem Ihre Majestät, ungeachtet Alles, was vorangegangen, ununterbrochen tanzte.

Freitag, den 19., fuhren wir zu Lande nach Claremont. Der Weg ist sehr schön, nur staubte es bei der anhaltenden Dürre sehr, welche anfängt, selbst dem englischen Rasen nachtheilig zu werden. Allerliebst sind die kleinen, aber zierlichen lodges mit Rosenspalieren, Blumengärten und kleinen Grasplätzen. Auf den großen Grundstücken stehen dann prächtige Bäume und besonders prachtvolle Zedern. Sehr merkwürdig erscheint mir, daß man hier in England, wo jedes Besitzthum so hohen Werth hat, dennoch selbst in der Nähe von London sehr ausgedehnte Strecken Landes findet, die nur mit Haidekraut und Gestrüpp bedeckt sind und nie kultivirt werden. Dies sind die sogenannten Commons. Sie sind selbst zur Hutung für Schafe kaum brauchbar, aber es ist ein freier Raum, und die Gemeinden haben ein Recht, diesen Raum frei zu erhalten. Wären nicht die großen Grundbesitzer, so würde bald Alles bebaut und eingefriedigt sein, nur die Landstraße bleibt noch frei. Aber die Entwickelung nimmt die entgegengesetzte Richtung in England. Die Zahl der free-holders oder kleinen Besitzer nimmt fortwährend ab, und bald wird der ganze Grund und Boden dieses Insellandes im Besitze einiger Hundert großer Eigenthümer sein, welche die Landwirthschaft fabrikmäßig betreiben. Die Engländer halten unsere massiven Wirthschaftsgebäude, Scheunen, Schafpaläste für eine Thorheit, die Zinsen des Anlagekapitals verzehren die Revenuen des Gutes. Das Getreide wird in Mielhen auf dem Felde aufbewahrt und mit Strohdächern geschützt. Auf feine Schafzucht giebt man gar nichts, besonders jetzt, wo man aus grober Wolle feines Tuch zu machen versteht oder doch Stoffe wie die modernen gewürfelten und andere, die einmal Mode geworden sind. Das grobwollige Schaf, welches übrigens vom Kohlendampf fast ganz schwarz gefärbt ist, kann den ganzen Winter im Freien bleiben, liefert mehr Wolle und besseres Fleisch als das veredelte, kostet weniger und ist den Seuchen nicht so leicht unterworfen. Dagegen erfordern die Anlagen zur Erzielung des möglichst hohen Ertrages, die Trainirungen, ein sehr großer Viehstand, hohe Tagelöhne ꝛc. so bedeutende Betriebskapitalien, daß der kleine Besitzer nicht darin konkurriren kann.

Claremont ist ein schöner Park mit prachtvollen Bäumen und einem hübschen Schloß und gehört König Leopold. Hier lebt ein Theil der unglücklichen, vertriebenen Königsfamilie von Frankreich. Madame la Comtesse de Neuilly, die Königin Adelaide, ist eine ehrwürdige, sehr vornehm aussehende alte Dame, sehr verbindlich und von angenehmen Formen. Bei ihr befindet sich der Herzog von Nemours und seine Gemahlin (Koburg-Cohary) und deren halberwachsene Kinder, ferner der Prinz Joinville, welcher aber am Fuße leidet und nicht erschien. Der Herzog von Aumale lebt nicht weit von hier in Twickenham. Die Konversation mit diesen Herrschaften mag recht schwierig sein, man muß in allen Richtungen fürchten, irgend einen wunden Fleck zu berühren. Abends nach dem Diner war Konzert bei der Königin, leider in einem so kleinen Saal, daß nur die Hälfte der Zuhörer hinein konnte. Ich habe nicht viel gehört. Um ein Uhr nach Mitternacht, in dem Augenblick, wo die zahlreichen Karossen vorfahren sollten, brach ein furchtbares Gewitter aus, und der lang ersehnte Regen floß im reichlichsten Maße auf die Staatslivreen herab. Ich öffnete mein Fenster nach dem privy garden, wo die Baumgruppen wie durch bengalische Flammen erleuchtet standen. Unter diesen ganz besonderen Ausnahmeverhältnissen gestattete ich mir, zwar mit schlechtem Gewissen, den Genuß einer Cigarre.

Sonnabend, den 20. fuhr ich Mittags mit der Eisenbahn nach Twickenham und loitered von da nach Richmond. Ich war allein. Das englische Klima trägt nicht dazu bei, verstimmte Nerven aufzuheitern, und ich zählte die Tage, die wir hier zugebracht und wohl noch hier zubringen möchten. Wären wir nur an der See, daß man Bäder nehmen könnte. — Abends der gewöhnliche Ritt im Hyde Park. Nach dem Diner fuhr der Hof nach Kensington, um die dort eingerichtete Künstlerschule in Augenschein zu nehmen. Was würde man bei uns denken, wenn die Schüler und Schülerinnen der Bauakademie Abends um elf Uhr bestellt würden, um ihre Arbeiten vorzuzeigen.

Sonntag, den 21. Gottesdienst in der Schloßkapelle. Das nächste Mal will ich doch nach Westminster Abbey gehen, wo wenigstens die Liturgie gesungen wird. Das Kapitel aus dem alten Testament, welches man uns vorlas, handelte von einer abscheulichen Person, ich habe ihren Namen vergessen, in deren Zelt ein ammonitischer König auf der Flucht Gastfreundschaft sucht, sie überreicht ihm Milch zu trinken, übernimmt es, am Eingang des Zeltes Wache zu stehen, und klopft ihrem Gast, als derselbe schläft, einen Nagel in den Kopf. Das versauerte Gemüth der Puritaner fand in dem alten Testament die Rechtfertigung jeder Feindseligkeit und Grausamkeit gegen die, welche ihre Unduldsamkeit Feinde Gottes nannte. Die jetzige Hochkirche Englands ist ein Kompromiß aller Religionsparteien, daher die an die römisch-katholische Kirche erinnernden Formen, Trachten, Kniebeugungen neben der Nüchternheit und der Vorliebe für das alte Testament, die Heiligen im Lande. Die commonprayers sind die Haupt-, die Predigt reine Nebensache. — Nach dem luncheon fuhr ich mit unserem gefälligen Doktor Beder die Themse hinab nach Greenwich. London ist am Sonntag so dull a place, daß Alles daraus entflieht. Eine ununterbrochene Folge von Dampfbooten vermittelt den kleinen Verkehr auf dem Strom aufwärts nach Kew, Hampton Court und Richmond, abwärts nach Woolwich, Chatham und Gravesend. Man geht an irgend eine Landebrücke und ist sicher, nicht länger als fünf bis zehn Minuten zu warten, bis eines der Hunderte von Dampfschiffen in der gewünschten Richtung anläuft. Alle waren so besetzt, daß auf dem Deck Mann an Mann stand. Und wie viele Tausende schaffen nun außerdem die Eisenbahnen, Omnibus und Flies fort. Zum ersten Male besuchte ich den Tunnel, ein prachtvolles, gänzlich verfehltes Bauwerk, abwärts von Londonbridge und Tower gelegen, wo die Schifffahrt die Anlage einer Brücke nicht mehr gestattet. Die Passage kostet nur einen Penny, sie ist aber zu umständlich. Auf einer nicht allzu bequemen Treppe steigt man in einem in die Erde gesenkten runden Thurm etwa fünfzig Fuß tief hinab und tritt dann in den etwa sechshundert Schritte langen, mit Gas erleuchteten Tunnel selbst. Es liegen zwei solcher vermauerten Röhren nebeneinander, aber da schon eine derselben mehr als ausreicht, um den schwachen Verkehr zu vermitteln, so ist die andere in Läden verwandelt. Man sagt, daß in den chinesischen Städten die Menschen auf den Flüssen wohnen, hier wohnen wenigstens siebzig shop-keepers unter dem Fluß. Die Kälte des Winters und die Hitze des Sommers reichen nicht bis in diese Räume, man kennt nicht Donner, Blitz oder Regen. Dampfschiffe und Dreimaster ziehen über den Häuptern dieser Troglodyten hin, welche den Wechsel der Tageszeit nur an der Uhr erkennen und deren Sonne eine Gasflamme ist.

Von dem berühmten Observatorium in Greenwich im schönen Park hat man eine weite Aussicht auf London. Wirklich sah man St. Pauls und Westminster, aber doch Alles nur Grau in Grau, was mehr als ein paar hundert Schritte entfernt ist. Es mußte uns dabei zur Genugthuung dienen, daß unsere geographische Position aufs Allergenaueste bestimmt war.

Nicht weit von Greenwich liegt am Ufer der Themse und

parallel mit ihrem Lauf das größte Schiff der Welt, der mit Masten, Rädern und Schrauben ausgerüstete Great Eastern. Er ist fast doppelt so lang wie das größte Linienschiff und ragt vom Stapel hoch über die umgebenden Gebäude empor. Dies eiserne Schiff soll zweitausend Passagiere und den Kohlenvorrath für die ganze Reise nach Australien fassen. Für eine kürzere Tour kann er zehntausend Mann Militär aufnehmen. Ganz leer geht er siebenundzwanzig Fuß tief. Eine merkwürdige Operation wird es noch sein, ihn ins Wasser zu bringen, was nur durch die unwiderstehliche Kraft der hydraulischen Presse bewirkt werden kann. Hätte man das Ungeheuer wie andere Schiffe auf einem Stapel senkrecht auf das Flußufer gestellt, so würde man es zwar leicht herablassen. Da es aber beinahe so lang, wie die Themse hier breit ist, so würde es am jenseitigen Ufer hinauflaufen und Greenwich aufspießen. Es muß also ganz leise seitwärts herabkomplimentirt werden.

Ein nicht minder interessantes Schiff ist in diesem Augenblick der Agamemnon, früher das Flaggenschiff Sir Charles Napiers, jetzt bestimmt, den Telegraphendraht aufzunehmen, welcher die beiden Hemisphären unserer Erde, die alte und die neue Welt, verbinden wird. Der Metalldraht ist nicht viel stärker als ein dicker Bindfaden, eingewickelt in eine Guttaperchahülle. Damit diese Isolirung des Drahts nicht von Seethieren angenagt wird, ist die Guttapercha mit Werg umsponnen und dieses wieder mit Eisendraht dicht umwickelt, und endlich, um die Orydation des Eisendrahts zu verhindern, das Ganze übertheert. So bildet dieses ein Thau von etwa dreiviertel Zoll Stärke. Der Agamemnon, welcher seine Kanonen zu Hause läßt, ist seit Wochen beschäftigt, diesen Strick zu verspeisen. Er hat ein hübsches Endchen bereits aufgenommen, welches seinen unteren Raum ausfüllt und mit großer Sorgfalt so gelegt wird, daß es später ohne Störung sich selbst abwickeln kann. Der Rest liegt noch in der Fabrik. Diese ist vom Schiffe nur wenige Hundert Schritte entfernt. Der größeren Schnelligkeit wegen korrespondirt man aber aus beiden

Punkten auf dem Umweg von 2300 Meilen, nämlich die Länge der ganzen Tour. Sobald der Agamemnon ganz gesättigt sein wird, geht er nach Irland und von dort in möglichst gerader Richtung nach Neufundland. Der Strick senkt sich dann von selbst auf den Meeresgrund hinab. Bei plötzlichen Abgründen in der Tiefe schießt er mit furchtbarer Schnelligkeit nieder. Da man durch Strömung und Sturm von der geraden Richtung abgedrängt werden kann, auch auf sehr bedeutende Meerestiefen rechnen muß, so führt man ein paar Hundert miles mehr mit sich, als die eigentliche Entfernung beträgt. Während der ganzen Operation wird man in London in jeder Sekunde wissen können, was auf dem Agamemnon vorgeht. Auf die Frage, was aber geschieht, wenn trotz aller Vorsicht das Tau doch reißt, antwortet man: Dann legen wir ein neues und benutzen die gemachten Erfahrungen. Das Auffischen des alten würde mehr kosten, und das Unternehmen wird auch die Zinsen von mehr als einem Tau abwerfen, wenngleich so ein Strick wohl ein paar Millionen kosten mag. — Zwischen Korsika und Bona liegt bekanntlich schon ein Telegraphendraht verloren. Durch Stürme verschlagen und bei unerwarteten Meerestiefen hatte sich gezeigt, daß man nicht genug Reservedraht mitgenommen habe. Schon war man der afrikanischen Küste nahe, aber auch der Vorrath zu Ende. Dies Ende anzuknüpfen, fehlte es an einer hinlänglich starken und tragfähigen Ankerboje. Auf ergangene Mittheilung erfolgte binnen wenigen Minuten die Antwort der Admiralität in London, daß binnen drei Tagen die Boje zur Stelle sein würde. Man konnte sie per Bahn nach Marseille schicken und von da per Dampfschiff. Das Fahrzeug lag mittlerweile in heftigem Sturm vor Anker an seinem Telegraphendraht, und ehe die Hülfe kam, gab's einen gewaltigen Ruck, und das Tau entschlüpfte für immer.

Um nach London zurückzukehren, fuhren wir die Themse noch weiter abwärts nach Blackwall am linken Ufer, wo die gewaltigen India docks die größten Fahrzeuge aufnehmen. Von hier führt eine Eisenbahn dreiviertel deutsche Meile weit mitten in die city hinein; nahe bei der Brücke von London Bridge steigt man aus. Die größere Hälfte dieser Strecke fährt man auf gemauerten Bogen durchschnittlich in der Höhe des dritten Stockwerks, vielfach aber auch über die Dächer der Häuser fort. Nicht daß dies besonders hoch wäre, denn die Häuser selbst sind nur niedrig, aber das Terrain, durch welches diese und noch zwei andere Eisenbahnen geführt werden mußten, ist nicht Feld oder Garten, sondern dichte Stadt und Straße. Man blickt fortwährend in die inneren Höfe, in die oberen Stockwerke, in die Schornsteine der Häuser hinein, welche dicht gedrängt nebeneinander stehen. Viele Hundert von diesen kleinen Wohnungen haben theilweise oder ganz weggerissen werden müssen, um den Pfeilern Raum zu schaffen, auf welche die Bogen gewölbt sind. Welche Summen mag es gekostet haben, ehe die Verhandlungen mit mehreren Hundert von Hausbesitzern nur aus den Händen englischer Juristen heraus zu bekommen waren, welche Summe dann für Grundentschädigung und endlich für den Bau selbst! Und doch hat die Größe des Verkehrs bereits genöthigt, ein zweites Geleise zu legen, was nicht anders möglich war, als durch Erweiterung des Planums, für welche der Raum abermals auf demselben Wege gewonnen werden mußte.

Uebrigens sieht man von dieser Eisenbahn aus erst recht, wie häßlich London ist. Nur die Association ist reich genug, um auf einen Grund und Boden zu bauen, der nach neunundneunzig Jahren mit Allem, was darauf steht, dem Grundherrn ohne alle Entschädigung wieder anfällt. Die schönsten Gebäude selbst im fashionable Westend sind die Bahnhöfe und die Klubs. Der conservative united Service Reform und andere Klubs sind ohne Vergleich prachtvoller als St. Jamespalast. Sie zeigen breite Fronten, Granitsäulen, Fenster aus einer Krystallscheibe, schöne Treppen und eine Enfilade von Zimmern. Unstreitig giebt es auch außerdem einige Paläste der Großen in ähnlichem Stil, so die der Lords Ellesmere, Southerland, Wellington, Grosvenor 2c. Aber in der Regel wohnt die nobility und gentry auf dem Lande. Dort hat sie ihre manors und lodges, in London aber nur Absteigequartiere für die season. Nun kann sich der Engländer durchaus nicht damit befreunden, mit einer andern Familie unter demselben Dach zu wohnen. An Englishman's house is his castle, zwei unabhängige Garnisonen in derselben Festung geht nicht. Eigentlich ist das wohl rein imaginär. Denn ob meine Hausthür auf die Straße oder auf ein gemeinsames Treppenhaus mündet, ist doch ziemlich gleichgiltig. Ich wohne in Berlin mit acht Familien in demselben Hause, aber in völlig abgeschlossener Wohnung. Nur die unvermeidlichen Klavierstudien durchbrechen jede Schranke, aber gewiß nicht minder hier bei den leichten Mauern, als bei uns in den massiven Häusern. Der ganze Unterschied ist, daß die Castles bei den Engländern dicht nebeneinander, bei uns dicht übereinander liegen, die Folge davon aber, daß wir unsere Zimmer neben-, sie die ihrigen übereinander liegen haben. Man kann dreist behaupten, daß die bei weitem überwiegende Zahl aller Häuser in London zwei, höchstens drei Fenster Front haben. Man wohnt im mittleren, speiset im unteren, schläft im oberen Stock. Daher der gänzliche Mangel an Gesellschaftsräumen. Ladet Jemand den Hof zum Ball ein, so muß ein provisorischer Saal im Hofraum erbaut werden, um zu soupiren, ein anderer, wohin die Königin sich zurückzieht; die Erfrischungen werden unten verabreicht, wenn es gelingt, die enge Treppe hinab zu kommen. Ueberall Gedränge, Unmöglichkeit der Circulation, kurz, rout.

Manchmal glaubt man in London Palastfronten zu sehen von schlechtem Geschmack, aber ungeheurer Ausdehnung. Die ganze Seite eines Square oder einer Straße bildet ein einziges Gebäude, durchweg derselbe Stil, dieselben Farben. Dreißig, vierzig Balcons, auf derselben Säulenordnung ruhend, treten hervor, aber freilich sind auch ebenso viele Hausthüren da. Ein Bauunternehmer kalkulirt die wohlfeilste Form eines Palastes von zwei Fenstern Front und vier Etagen Höhe aus, welcher nothwendig seinen Portikus und Balcon haben muß. Nach dieser

Schablone baut er zunächst ein Dutzend; findet er Miether, so rüstet er noch ein Dutzend solcher Paläste an und fährt fort, bis die Straße alle wird. Trostlose Monotonie! Manchmal läuft auch im italienischen Stil ein fortgesetzter Balkon längs der ganzen Front einer solchen Straßenseile, was weder zum Klima, noch zu den klausnerischen Sitten des Landes paßt. Ein solcher Balkon ist dann alle fünfzehn Schritte durch ein Gitter versperrt, welches dem trespasser die angenehmsten Spitzen in Haken- und Fußangelform aufs Verbindlichste entgegenhält.

Vollends nun in den Stadttheilen, wo die Arbeiterbevölkerung wohnt. Da stehen Hunderte von Häusern in Reihen, als ob sie aus der Schachtel einer Nürnberger Spielstadt genommen wären. Da hat jedes Haus genau gleich viele Scheiben und Schornsteine, jedes sein Gärtchen, so groß wie eine halbe Stube und doch mit einer Mauer umgeben. Denn isolirt will man sein. Setzt man sich doch in der Taverne in Bretterverschläge, wie die Rastenstände unsrer Pferde, um die Nachbarn nicht zu sehen. Man könnte ja von ihnen angeredet werden, und trinkt daher seinen pot of ale lieber mit dem Brett vor dem Kopf.

In der ganzen city, in den Hauptadern des Verkehrs, Strand, Pallmall, Piccadilly, Oxford, St. James, Bondstreet ꝛc., ist die untere Etage prachtvoll. Es sind nur Läden, in denen der Luxus sich hinter Spiegelscheiben vom Gaslicht bescheinen läßt. Man kann sagen, daß ein großer Theil des Erdgeschosses von London aus Krystall erbaut ist. Darüber aber erblickt man durchweg nur die schmucklose, schwarz geräucherte Ziegelmauer mit Schiebefenster. Ein einstöckiger Palast wie Hotel Clugny in Paris mit einer aristokratischen Flucht großer Zimmer, gelegen zwischen court et jardin, würde freilich in London eine Million für Grund und Boden kosten.

Den 24. — Der heutige Tag ist immer ein schwerer für mich gewesen, vor achtzehn Jahren die Schlacht bei Nisib, heute ein Monstreball. Nicht weniger als 1800 Einladungen. Der ungeheure Saal ist dicht angefüllt. Wir befinden uns sehr im Vortheil auf einer Estrade hinter Ihrer Majestät, wo man nicht gedrängt wird. Alles übersieht, und wo es, dank einem tüchtigen Zugwind, sogar ganz kühl ist. Da ich nicht dinirt habe, so hatte ich dringendes Bedürfniß nach einer Tasse Thee, und da das Buffet nahe an der Ausgangsthür, so sitze ich nun hier in voller Uniform und schreibe an Dich. Es ist gleich Mitternacht, und wir haben wohl noch zwei Stunden Vergnügen auszustehen.

Der Saal ist wirklich prachtvoll. Ein helles Gaslicht strömt von außen durch die Fenster ein. Außerdem brennen immer nur Wachskerzen. Die Trauer ist heute abgelegt. Der Hof ist ganz weiß und ohne Brillanten. Die Gesellschaft aber in allen Farben.

Die größte Pracht war aber gestern auf dem Drawing room in St. Jamespalast entfaltet. Ich ging Mittags nach Piccadilly und traf dort schon eine lange Reihe Wagen. Die reichen Schleppen bauschten aus der Wagenthüre heraus, und die geputzten Herren und Damen hielten unbeweglich im heißen Sonnenschein, denn erst um ein Uhr wird der Palast geöffnet und um zwei erscheint die Königin. Viel Mühe, Zeit und Kosten, um Ihrer Majestät einen Knix zu machen und dann zu verschwinden. Abends besuchten wir eine ganze Galerie von Porträts der Königin Maria Stuart. Jemand hat den guten Gedanken gehabt, alle Besitzer von solchen Bildern aufzufordern, sie zu einer exhibition herzugeben, und da die Königin mit ihrem Beispiel voranging, so hat die Sache den besten Erfolg gehabt. Es sind Bilder aus allen Epochen der schönen, unglücklichen Fürstin; man sieht sie als jugendliche Braut des Dauphins von Frankreich, als die Gemahlin des schönen Darnley, als die Gefangene von Fotheringhay, als Büßerin und endlich ihre Todtenmaske. Der Rosenkranz und der Schleier, die sie bei der Hinrichtung trug, der von Elisabeth selbst unterschriebene warrant und viele Kleinodien, die ihr gehört haben, sind gleichfalls ausgestellt. — Nach dem Theater war noch rout bei Bernstorffs, und ich kam erst nach zwei Uhr nach Hause. Heute besuche ich das British Museum. Abends Ritt durch den Hydepark, und nun muß ich wieder nach oben, da gewiß gleich der feierliche Umzug der Königin zum Buffet stattfindet. Gute Nacht, liebes Herz.

Den 25. — Abends ritten wir nach dem neuen Park, Battersea Park. London, welches schon jetzt die Bevölkerung eines deutschen Königreiches umfaßt, dehnt sich immer weiter aus, und es ist eigentlich gar kein Ende davon abzusehen. Es ist daher sehr dankenswerth, daß man schon jetzt weite Räume aufbewahrt, auf welchen keine Häuser gebaut werden dürfen, und in denen künftige Generationen Luft schöpfen können, wenn diese Räume mitten im städtischen Gedränge liegen werden. Ich bekomme alle Tage ein anderes Pferd zu reiten, wie mir scheint, immer die, mit welchen die Anderen nicht gut fertig werden. Heute hatte ich die Lady Gough, ein wunderschönes Thier, welches aber nur rechts Galopp geht und dabei so vehement ist, daß man immer besorgen muß, die vorreitenden Prinzlichkeiten umzurennen. Im Getümmel der Straße, auf Steinpflaster und frisch beschütteter Chaussee ist das nicht angenehm. Ich sehne mich ordentlich danach, einmal wieder ein gerittenes Pferd zu reiten, was den Willen seines Reiters thut. Der Engländer überläßt sich ganz seinem Pferde, und da die Thiere vortrefflich, so können sie das, ohne alle Augenblicke den Hals zu brechen. Nichts angenehmer, als für sich so fort zu cantern. Soll man aber im Gefolge reiten, so bleibt man in einem Kämpfen. Ich bin nur neugierig, was sie mir morgen zu der großen militärischen Schaustellung für eine Bestie geben werden. Es ist nach Mitternacht, und ich schließe für heute.

Den 26. — Um zehn Uhr setzte sich der Zug der Königin in Bewegung. Ihre Majestät trug die rothe Generalsuniform mit Gold, die goldene Schärpe und das blaue Band des Garter über der Schulter, blaues Kleid, Hut mit rother und weißer Feder, ritt einen sehr ruhigen Rothschimmel und sah sehr gut aus. Rechts von ihr Prinz Friedrich Wilhelm, links der Royal Consort. Es folgten Lady Churchhill und Lady Codrington in schwarzen Reitanzügen, Beide sehr gute Reiterinnen, dann der Lord in waiting Alfred Paget, der Kriegs- und der Marineminister Lord Panmure (vor ein paar Jahren Kavallerieoffizier) und Sir Charles Wood (der nie ein Schiff gesehen hat), dann Prinz von Wales und Prinz Alfred, Beide in schottischer Tracht mit gewürfelter Hose und Adlerfedern, der Equerry in waiting und ich. Man hatte für den Prinzen und mich zwei Generalschabracken und Zäumung aus Berlin verschrieben. Diesmal hatte ich ein ganz ruhiges Pferd. Zahlreiche grooms und rothe Röcke schlossen. Das Aufsitzen geschieht in palace garden. Darauf setzte sich die Generalität und Adjutantur an die Spitze, so daß der Herzog von Cambridge zunächst vor der Königin ritt. Im Zuge befand sich unter Anderem ein Staatshandpferd, nicht um je bestiegen zu werden, sondern um die überaus reiche caparison zu zeigen. Der Gaul bockte abscheulich unter der schweren Golddecke.

Der Zug ging nun längs des Greenparks nach Hydepark. Von den 8000 policemen mochte wohl die Hälfte auf diesem Wege aufgestellt sein, aber ohne Waffen oder Stäbe. Ueberall herrschte die musterhafteste Ordnung in den ungeheuren Menschenmassen, welche die Königin mit Cheers begrüßten, und doch auch viel Interesse für den stattlichen Prinzen zeigten.

Im Hydepark war ein großes Viereck freigehalten. Auf der einen Seite standen die Truppen in Parade aufmarschirt, auf den Andern waren Tribünen mit 8000 Sitzen erbaut. Davor standen die Waisenknaben und die alten Krieger aus Chelsea, die Matrosen aus Greenwich und etwa sechzig Militärs aus Armee und Flotte, Offiziere, Gemeine und Zivilisten, welche wegen ganz besonderer Thaten im Krimfeldzuge mit einem von der Königin für diesen Zweck besonders gestifteten Bronzekreuz belohnt werden sollten. — Es waren vierzehn Schwadronen zu fünfzig Pferden und sechs Regimenter à fünfhundert Mann, zusammen nur etwa viertausend Mann mit achtzehn Geschützen. Das Material ist vortrefflich, schöne, große Leute, besonders bei der Kavallerie. Die beiden life guards Regimenter roth mit Helmen, Kürassiere weiße Hosen und hohe Stulpstiefel, die Ennis Killen (Irländer) und zwei Regimenter Husaren. Bei der Infanterie war ein Regiment Schotten ohne Hosen, den Dudelsack voraus

Ein gälisches Regiment riskiren führte den Ziegenbock mit sich. Der Vorbeimarsch im langsamen Schritt, sechsundsiebzig in der Minute, dauerte sehr lange. Das Gewehr noch nach unserer alten Art im linken Arm getragen. — Nachmittags fuhren wir mit Prinz Albert und den beiden ältesten Prinzessinnen die Themse hinauf bis Hammersmith, eine sehr hübsche Tour.

Den 27. Nachmittags fuhren wir mit der Königin zu Lande nach Richmond, wo die Gräfin von Neuilly eine allerliebste Villa gemiethet hat. Der Herzog von Montpensier und seine spanische Gemahlin waren angekommen, dann nach Twidenham zum Herzog Aumale. Seine Gemahlin liegt in Wochen, aber ihre Mutter, die Herzogin von Salern, geborene Erzherzogin von Oesterreich, erschien. Aumale ist von allen diesen Prinzen der angenehmste. Ganz reizend ist der Aufenthalt, den er sich gewählt hat, in einem köstlichen Park an der Themse mit prachtvollem Rasen, Zedern und anderen schönen Bäumen.

Sonntag, den 28., wohnte ich dem Gottesdienst in Westminster Abbey bei. Er dauerte zweieinviertel Stunden. Prächtige Orgel, recht schöner Gesang und eine Predigt, die ich vollständig verstehen konnte, weil ich nahe bei der Kanzel stand und der Mann deutlich sprach.

Am 3. kommt König Leopold von Belgien, am 6. giebt Graf Bernstorff der Königin einen Ball, und dann, hoffe ich, reisen wir bald ab. Der Prinz wird noch auf ein paar Tage zu seiner Schwester nach Baden gehen, was sehr angenehm sein wird; wenn aber die Kaiserin am 13. in Potsdam, so muß er jedenfalls zu dieser Zeit auch da sein, und wir sehen uns endlich wieder. Dann wollen wir weiter verabreden.

Abieu für heute, Du liebes Herz. Herzlichst der Deine
Helmuth.

*

London, Freitag, den 3. Juli 1857.

Liebe Marie! Wir haben den sehr interessanten Ausflug nach Manchester gemacht. Montag Nachmittag vier Uhr ging's mit dem gewöhnlichen Cortege nach dem Bahnhof der North Western Railway. Ein ziemlich langer Tunnel führt unter einem Theil der Stadt fort, dann gleich in eine überaus hübsche, grüne Gegend. Sobald man nur London ein paar miles hinter sich hat, wird die Luft auch leichter und durchsichtiger. Da hier fast gar kein Korn gebaut wird, so hat man auch überall die schönen, alten Bäume stehen lassen. Wälder sind selten, aber das ganze Land ist mit Bäumen bedeckt. In ihren Schatten drängen sich die Schafheerden zusammen, während die Kühe bis an den Bauch im hohen Grase stehen. Die Wohnungen sind sehr klein, aber überaus reinlich und zierlich. Dazwischen einzelne Villen, cottages und lodges, von Epheu und Rosenspalieren überrankt, Alles auf dem grünen Grasteppich. Hin und wieder erblickt man auch ein prachtvolles manor im Stil der Elisabeth mit schönen Terrassen, Treibhäusern und Blumenparterres, und besonders hübsch sind die Kirchen. Sie sind meist klein, im schönsten Spitzbogenstil mit großen, hellen Fenstern, die Thürme enden gewöhnlich mit Zinnen, ohne Spitzendach und erheben sich wenig über die mächtigen Eichen, die sie umstehen. Auf der Spitze eines Hügels sieht man zuweilen noch die keeps einer verfallenen Burg (so bei Stafford) oder einen Grabhügel, für dessen Alter die mächtigen Bäume sprechen, die darauf wurzeln.

In Tamworth wurde angehalten, um zu lunch, dann ging es nahe an Lichfield vorüber, dessen schöne Kathedrale ihre lofty spires über der Stadt erhebt; wahrscheinlich fuhren wir dicht an Colton*) vorüber. Doch war das Haus nicht sichtbar. Hier einen Grundbesitz zu haben, ist doch eine schöne Sache.

Gleich hinter Lichfield fängt freilich die leidige Industrie wieder an, die coalpits, cotton mills und rauchenden Schornsteine, welche die ganze Gegend verderben.

Das Wetter war schön und die ganze Tour hübsch. Ueberall stand die Bevölkerung längs der Bahn, to cheer the Queen. Es wurde elf Uhr Abends, bevor wir das Nachtquartier in der

---

*) Colton war damals noch im Besitz der Burschen Familie.

Dunkelheit in Worley Hall erreichten. Es existirt ein Roman dieses Namens, den Ihr, glaube ich, in Berlin gelesen habt, und welcher in der Zeit der vertriebenen Stuarts spielt. Es thut mir leid, sagen zu müssen, daß das prächtige Schloß erst vor wenigen Jahren erbaut ist, jedoch liegt nahebei ein altes Gebäude, in welchem sich die Begebenheiten zugetragen haben mögen. Der Wirth, dem die Königin diesen zahlreichen Besuch zugedacht hatte, war Francis Egerton, Earl of Ellesmere, Viscount Brackley of Brackley, Lord Lieutenant and Custos Rotulorum of the County, Palatine of Lancaster, Commander of the Duke of Lancaster's (Prince of Wales) Own Yeomanry Hussars, Rector of Kings College Aberdeen etc. Die übrigen Titel will ich fortlassen. Vermählt mit Lady Campbell, Tochter Lord Combens. Er ist ein junger, äußerst kränklicher Mann, der von all seiner Herrlichkeit wenig Freude zu haben scheint. Seine Schwester, Lady Alice, vermählt mit Mr. Byng, Lady Blanche Egerton, ein Bruder, Viscount Brackley, seine Schwägerin Lady Balfour, und viele andere Verwandte waren schon da; hinzu kamen, außer der Königin, Prinz Albert, Prinz Friedrich Wilhelm, Prinz Alfred, Prinzeß Royal, Prinzeß Alice, Sir George Gray, Minister des Home Departments, Earl of Breadalbane als Lord Chamberlain, General Gray, Colonel Philipps, Colonel Seymour, Captain Cowell ꝛc. und zahlreiche Dienerschaft, die sämmtlich in den weiten Räumen des Schlosses untergebracht wurden.

Dasselbe liegt am Abhang eines Hügels, hat eine prachtvolle Terrasse und weite Aussicht, nur daß man sie nicht sehen kann. Britannien ist eine stets verschleierte Schönheit. Fernsichten giebt es hier nicht. Das dreistöckige Gebäude mit gothischen Fenstern, Thüren und Vorsprüngen macht einen imposanten Eindruck. Das große königliche Banner wehte vom Hauptthurm.

Am Dienstag hielt die Königin ihren offiziellen Einzug in Manchester. Zehn oder zwölf Equipagen und sechzig bis achtzig Pferde waren per Extrazug hergeschafft. Die Königin, Prinz

Albert, Prinz Friedrich Wilhelm und Prinzeß Royal fuhren im letzten Wagen. Die Yeomanry ritt auf prächtigen Pferden voran. Es mochten wohl eine halbe Million Menschen zu beiden Seiten des anderthalb Meilen weiten Weges bis zur exhibition stehen. Aber sie standen, und eine stehende Menge ist in Ordnung zu halten. Die Hauptsache ist, daß man den Leuten nicht erlaubt, mit den Wagen zu laufen. Uebrigens hört man immer den Ruf: „Order, order!" Die Menge hält sich selbst im Zaum. Sie ist in der Kultur so weit fortgeschritten, daß sie begreift, daß die Ordnung ihr selbst nützt. Man sieht, das Volk ist seit Jahrhunderten gewöhnt, sich selbst zu regieren. Damit soll nicht gesagt sein, daß dies ohne Unterstützung der Polizei geschehe. Ich glaube, es waren wohl fünf- oder sechstausend policemen auf den Beinen, jeder mit der kurzen Keule in der Hand, mit welcher den transgressors ein sehr deutlicher Wink gegeben werden kann. Aber keine Polizei vermag solchen Massen zu steuern, wenn sie es nicht selbst thun. Je näher der Stadt, desto dichter stand Kopf an Kopf. Innerhalb waren große Tribünen errichtet für viele Tausende, der Stand für durchschnittlich one shilling. Leider fing es an zu regnen, aber es wurde gesagt, daß die Manchester men nicht zufrieden sind, wenn es nicht wenigstens etwas regnet; auch war es nicht so stark, daß nicht die Landauer niedergeschlagen bleiben konnten, damit das Volk die Insitzenden sähe. Flaggen und Fahnen waren zu Hunderttausenden vorhanden, nicht bloß jedes Haus, nein, jeder Baum hatte seine, dazu Triumphbogen und Inschriften. Ein ungeheures Fabrikgebäude hatte in jedem Fenster eine Fahne, die immer abwechselnd blau, roth und weiß waren, darüber eine kolossale Inschrift: „The twelvehundred working people of this factory welcome their Queen." Auch „Long life and health to the Princess Victoria and the prince of Prussia."

Es giebt in England einen ungemeinen Reichthum an Kunstschätzen, die aber an Hunderten von Orten, meist auf den großen Landsitzen, über das ganze Reich vertheilt sind. Um diese Schätze dem Beschauer zugänglich zu machen, hat man den Gedanken einer treasures of art exhibition gehabt und unter patronage des Prinzen Albert wirklich zu Stande gebracht. Obwohl die Ausstellung nur wenige Wochen dauert, so hat man für diesen Zweck nicht gescheut, ein gewaltig großes, massives Gebäude mit Krystalldach zu errichten. Für diesen Tag hatte nur eine sehr gewählte Gesellschaft, wahrscheinlich zu enormen Preisen, Zutritt, welche auf die mittlere Halle beschränkt blieb. Im Transept war eine Tribüne mit Sesseln für die königlichen Herrschaften errichtet, dahinter ein zahlreiches Orchester mit einer Riesenorgel. Als die Königin eintrat, wurde das God save the Queen (Clara Novello) aufgeführt. Damit Alles sehen konnte, blieben die Damen in der vordersten Reihe sitzen. Ungeheure Cheers von allen Seiten, als die Prozession nach den Sitzen sich vorbewegte. Dann trat der Mayor Mr. Whalls vor in Purpurmantel, Perücke, schwerer goldener Kette und las die Adresse der Stadt vor. Der Minister des Innern, Sir George, empfing diesen speech, auf Pergament mit vergoldeter und reich ausgemalter Frakturschrift, in Sammet gewickelt und in einer rothen Maroquinrolle aufbewahrt, und überreichte demnächst die Antwort, welche ihre Majestät sitzend ablas. Mit dem ersten besten Säbel eines anwesenden Offiziers schlug sie demnächst den knieenden Bürgermeister zum Ritter, worüber Lady Whales oder Walsh ihre große Freude gehabt haben wird. Hiernächst wurden die sämmtlichen angrenzenden Säle und die dort aufgestellten Kunstwerke besichtigt, aber ausschließlich von the Queen's part, der sich nur Lord und Lady Palmerston und Graf und Gräfin Bernstorff anschließen durften. Alles Uebrige blieb in der Mittelhalle während drei Stunden und durfte sich an dem Konzert unterhalten. Schließlich wurde ein luncheon eingenommen, und dann ging die Fahrt zurück. Es hatte furchtbar gegossen, aber die Menschenmenge did not mind it. Man fuhr von dem einen God save in das andere; die Glocken, die hier wie in Rom bestimmte Accorde anschlagen, erfüllen die Luft und übertönen kaum die Cheers, und Alles war in perfect good humor. Abends acht Uhr wurde dann in Worsley dinirt, und um elf Uhr konnte man sich zurückziehen.

Merkwürdig gute Betten hat man hier in England, sehr breit, nichts von den fatalen Sprungfedern, die sich immer schief liegen, aber drei bis vier Roßhaarmatratzen übereinander, darüber noch eine wollene Decke und dann erst die Leintücher.

Am Mittwoch wurde der Besuch „privatim" wiederholt. Der Unterschied bestand freilich nur darin, daß die Livree schwarz war und die Königin vorauf fuhr. Es regnete natürlich, aber der Grund, weshalb lange nicht so viele Menschen auf den Beinen waren, war hauptsächlich, daß der Ausfall von zwei Arbeitstagen für die Arbeiterklasse ein unerschwinglicher Luxus ist. Weshalb man überhaupt diese Ausstellung nach Manchester gerade verlegt hat, begreife ich nicht. Bekanntlich lassen sich alle Interessen dieser Stadt in dem einzigen Namen „Kalico" zusammenfassen.

Diesmal war das ganze Gebäude dem Publikum verschlossen, und man konnte nun auch ungestört die Mittelhalle besehen, wo gerade die historischen Porträts aufgestellt sind, welche mich am meisten interessiren. Da waren nun von den besten Meistern ihrer Zeit alle die englischen Könige und Staatsmänner, Feldherren, Schriftsteller und Frauen nach ihrer Zeitfolge geordnet. Lauter Bekannte aus der Geschichte. Da saß der schwache Richard II., der sich von Lancaster enthronen ließ, da stand der scheußliche Richard III. Da hat Hans Holbein den achten Heinrich verewigt, der aussieht, wie ein gemüthlicher, dicker Bierbrauer und einer der furchtbarsten Tyrannen war. Dicht daneben das Porträt der unglücklichen Johanna Grey, der Anna Boleyn, der Lady Seymour. Dann folgt die spanische Maria, seine älteste Tochter mit der Prinzeß von Arragon und ihr Gemahl Philipp II. (der erste Royal consort). Dann Elisabeth in vielen Abbildungen, als junges Mädchen, wo sie sehr hübsch ist, dann im fabelhaftesten fancy dress, als alte Frau sehr häßlich, daneben Robert Dudley,

Lord Leicester, und der unglückliche Essex, ihre beiden Liebhaber. Nach dem unköniglichen Sohn der Maria Stuart folgt der unglückliche Karl I. in einer ganzen Reihe von Bildern aus van Dycks Meisterhand zu Fuß und zu Pferde mit Henriette de France, der Schwester Heinrichs IV., und ihren Kindern. Nach Oliver Cromwell Karl II. Er ist umgeben von allen seinen Geliebten, von Nell Gwyn, der Schauspielerin, von welcher die Herzoge von St. Albans abstammen, der wunderschönen Mlle. de Querouailles, der Stammmutter der Herzoge von Portland, und allen den übrigen. Nach dem finstern James II. die dicke, gemüthliche Queen Anne und daneben der wunderschöne Churchill, Herzog von Marlborough, dann die zweite Maria; mit Wilhelm von Oranien im rothen, goldbetreßten Rock, gepuderter Perücke und Zwickelstrümpfen tritt hier eine neue Zeit auf. Doch genug! In den Seitenhallen finden sich ganz alte und ganz neue Gemälde der ersten Meister, außerdem geschnitzte Sachen in Gold, Elfenbein, Edelstein, Wasserfarbengemälde, Etliche, Lithographien, Photographien, Waffensammlungen, Kuriositäten, Farbendrucke, Handzeichnungen von Rafael, Guido Reni, Albrecht Dürer und so weiter. Man kann auf Alles nur einen flüchtigen Blick werfen.

Um zwei Uhr fuhren Prinz Albert und die beiden jungen Prinzen mit uns nach der Town Hall, wo Mayor und Aldermen unserm Prinzen eine Adresse überreichten. Es war ein Dais von rothem Sammet auf einer Estrade errichtet. Ein ornithologisches Ungeheuer stellte den preußischen Adler vor, eine Spezies, die in this country noch nicht gesehen worden ist. Die städtischen gros bonnets und ihre schöneren Hälften füllten den Saal. Nachdem wir unter den Thronhimmel von rothem Sammet (wenn es nicht Manchester war) getreten, brachte der nunmehr ehrenwerthe Maire seinen speech vor. Ich empfing the piece of eloquence auf Pergament, ganz of the same description wie die Adresse an die Königin, und überreichte dem Prinzen die von ihm selbst aufgesetzte Antwort, die er mit lauter und sicherer Stimme ablas, natürlich auf englisch (with a slight German accent, sagt die Times, die mich the count Mültke nennt). Die Rede wurde durch mehrfache „Hear, hear!" unterbrochen, und dann ging es zur Hauptsache, zu einem splendiden luncheon, bei welchem der dicke Knight als Wirth obenan saß. Die Bedienung war aber so unbegreiflich konfus geworden über die Ehre, die der Stadt zu Theil geworden, daß ich wirklich hungrig aufstand. So wurden zum Beispiel zum Dessert Jedem zwei neue Gläser hingestellt, und diese blieben sämmtlich leer, aus dem genügenden Grund, weil keinem Einzigen etwas eingeschenkt wurde. Bei mir wenigstens erschien nach dem fowl unmittelbar ein Gelée von Erdbeeren. Ich glaube, man hatte sich vergriffen und konnte nun nicht mehr zum Fisch und roastbeef zurückkehren.

Durch ein ungeheures Menschengedränge ging es nun zu einigen der bedeutendsten Fabriken, einer cotton-mill, einer Kautschukfabrik und einer Maschinenspinnerei. Jede beschäftigt bis gegen 2000 Menschen, meist Mädchen, die hier täglich 1½ bis 2 Sh. verdienen. Es ist denn aber auch ein elendes Loos, sein Leben lang in diesen engen Räumen vom Morgen bis zum späten Abend immer dieselbe geistlose Handleistung zu vollbringen. Schließlich ging es nach Worsley zum Diner, wohin die Königin gleich zurückgekehrt war.

Am Donnerstag acht Uhr früh ging's auf einer andern Eisenbahn zurück. Das Wetter war herrlich. Wir fuhren an dem schönen Palast des Lord Lichfield vorüber. Die Gegend ist überall reizend und von wirklich zahllosen Kanälen, Straßen und Eisenbahnen durchzogen. Um zwei Uhr fuhren wir in den feuchten, kalten Nebel von London hinein und waren um drei in Buckingham.

Obwohl wir fünfzig deutsche Meilen zurückgelegt, so ist das auf der Eisenbahn so wenig eine Anstrengung, daß ich das Bedürfniß hatte, noch spazieren zu gehen. Ich wählte dazu die Hungerfordbridge, ein Wunderwerk der Baukunst. Die Themse ist hier 600 Schritt breit. Dennoch tragen zwei Strompfeiler die ganze Brücke. Die Spannung zwischen diesen beiden Pfeilern beträgt im Lichten volle 600 Fuß! Jeder Pfeiler bildet einen mindestens 100 Fuß hohen Thurm, über welchen die Ketten gezogen sind, an welchen der Brückenpfad hängt. Die Dampfschiffe und die Segler ziehen unbehindert unter derselben weg, ohne, wie bei den übrigen steinernen Brücken, Schornsteine oder Mast niederzulegen. Für einen halben Penny hat man die Erlaubniß, hier so lange auf und ab zu gehen, wie man Lust hat. Es ist einzig, in dieser Schwindelhöhe, wie in der Luft schwebend, das Leben und Treiben auf dem Fluß unter sich zu beobachten. In einer Viertelstunde schießen gewiß zwanzig Dampfschiffe, jedes mit 100 bis 200 Passagieren, den Strom auf- oder abwärts. Dabei hat man einmal einen freien Raum um sich und ist nicht im Gedränge. Nach der einen Seite sieht man die schöne, aber ganz baufällige Westminsterbrücke und dahinter den über alle Begriffe prachtvollen Palast des Parlamentshauses und die alte Abbey gleichen Namens. Abwärts die schöne Waterloobrücke, Somersethouse, den schönsten Palast in London, und dahinter, hoch in der Luft oder dem Dunst, St. Pauls. Als ich endlich zurückwanderte, begegnete ich Alvensleben, der eben von mir kam. Er begleitet den Fürsten von Hohenzollern, welcher seine Tochter mit dem König von Portugal verlobt und daher jetzt die Koburgsche Dynastie besucht. — Heute traf denn auch König Leopold von Belgien ein mit dem Grafen von Flandern und der Prinzeß Charlotte. Wir empfingen sie auf dem Bahnhof.

Ich habe heute ein Panorama von Moskau besucht, welches ganz vortrefflich ist. Man sieht auf der Terrasse des Kreml und übersieht die ganze Stadt. Es ist, als ob man an Ort und Stelle wäre, und war mir eine Recapitulation des ganzen Aufenthalts dort.

Eben sind wir in Hydepark gewesen. Die Damen reiten fast alle in schwarzem Anzuge, niedrigen Hüten mit Strauß- oder Hahnenfedern, das Haar hinten ziemlich weit herabhängend, zuweilen in einem Netz. Am Sattel haben sie fast alle einen zweiten Bügel und sitzen dadurch ungemein zuversichtlich. Für mich ist diese Promenade eine wahre Reitschule. Mein Pferd heute hatte gewiß drei bis vier Tage im Stall gestanden, de Roß mußte sein Pferd wechseln, weil er es nicht halten konnte. Der Raglan (nicht Rodland), von dem ich Dir letzt schrieb, ist gestern durchgegangen, hat den groom gegen eine Mauer geworfen, so daß man zweifelt, ob er durchkommen wird.

Den 4. — Gestern Abend war großes Konzert bei der Königin, welches bis zwei Uhr dauerte. Der Fürst von Hohenzollern und Alvensleben waren auch da, dann der Prinz Holstein, Sohn des Prinzen Friedrich von Noer. Heute besuchten wir die Nationalgalerie. Ich muß Dir nun leider schreiben, liebe Marie, daß der Prinz seinen Aufenthalt hier bis zum 14. dieses Monats verlängert, wo die Stadt London ihm das Ehrenbürgerrecht zugedacht hat. Von hier geht er (wahrscheinlich über Paris, doch ohne Aufenthalt) nach Karlsruhe zu seiner Schwester und will den 20. in Breslau, also wohl den 19. erst in Berlin eintreffen.

Verliere die Geduld nicht. Adieu, liebes, gutes Herz. Herzlichst Dein Helmuth.

*

Baden-Baden, Französischer Hof, den 10. Juli 1857.

Liebe Marie, Deine beiden Briefe aus Altona erhielt ich gestern und ersehe daraus, daß Du heute Abend in Berlin eintreffen willst.

Leider muß ich Dir melden, daß der Aufenthalt hier nun doch wieder verlängert ist. Wie mir der Prinz gestern sagte, will er bis zum 23. hier bleiben, da er sonst zum Empfang des Kaisers von Rußland aus Breslau wieder hätte nach Berlin kommen müssen. Ich vermuthe, daß der Prinz von Preußen am 23. nach Berlin geht, was noch ein Geheimniß bleiben soll. Dann wird mein Prinz in Berlin und Potsdam bis Ende des Monats bleiben, wo die russischen Herrschaften sich in Stettin einschiffen.

Wie wir es dann machen, um eine Zeit lang beisammen zu bleiben, wollen wir mündlich verabreden. Heinz wird sich wohl nicht in Berlin ertappen lassen, es sei denn, daß er dort zum Besuche ist. Sonst muß ich den Prinzen nach Breslau zurückbringen. Dann aber wird er mich wohl bis zum Abrücken des Regimentes zu den Herbstübungen beurlauben, was wohl Ende August stattfinden wird. Da es nun unerfreulich sein würde, gerade diese heiße Zeit ohne Pferde in Berlin zu sitzen, so thun wir vielleicht am besten, wenn wir auf drei bis vier Wochen einen Ausflug ins Hochgebirge der Salzburger und steierischen Alpen machen. Die Tour über Wien und Venedig können wir im Spätherbst machen, wo der Prinz doch wieder nach Osborne geht.

Wenn doch einmal noch eine Verzögerung eintreten mußte, so ist mir der längere Aufenthalt hier doch lieber als irgendwo sonst. Es ist ganz prachtvoll hier in Baden. Am Abend unserer Ankunft (Donnerstag) brach ein furchtbares Gewitter los. Die Hitze war sehr groß und namentlich der Staub über alle Maßen beschwerlich. Hier ist es jetzt wunderschön abgekühlt, und ich mache weite Promenaden in die Berge und Wälder. Alles prangt im frischesten Grün, und ich wünsche so oft, daß Du mit mir wärest. Ich habe die alte Burg von Baden, die Eberstienburg und die höchsten Gipfel der Umgegend erstiegen, von wo man die prachtvollste Aussicht hat. Mein Zimmer liegt sehr schön, und dicht vor mir steigen Wald und Wiesen empor. Um fünf wird beim Prinzen von Preußen dinirt und Abends ist Thee. Sonst ist man frei.

Unsere Rückreise war, den Staub abgerechnet, sehr angenehm, auch lastet die englische, trübe Luft nicht mehr auf meiner Laune. Das Meer war spiegelklar und die laue Mondnacht sehr behaglich. In Königswinter blieben wir ein paar Stunden beim Prinzen von Wales.

Es thut mir so leid, daß Du heute Abend recht unangenehm durch mein Ausbleiben empfangen wirst, um so mehr, als dies Schreiben erst morgen ankommt. Laß Dir die Zeit nicht zu lang werden, gutes, liebes Herz. Auf frohes Wiedersehen! Herzlichst Dein

Helmuth.

Baden-Baden, den 22. Juli 1857.

Mein armes, kleines Weib. Wenn Du ganz und gar die Geduld verlierst, so ist es kein Wunder, über die fortwährenden kleinen Verzögerungen. Jetzt ist die Abreise wieder auf den 26. verschoben, und da die Prinzeß von Preußen uns, wie ich höre, auch noch zu einem Besuch in Weimar veranlassen will, so werden wir wohl nicht vor dem 27. spät eintreffen. Genau kann ich auch das noch nicht sagen. Noch weiterer Verzug ist freilich kaum möglich wegen des russischen Besuches. Wärest Du hier, so würde mir der längere Aufenthalt an diesem lieblichen Punkt der Erde ganz recht sein. Der Prinz fährt alle Morgen nach Karlsruhe zu seiner Schwester und kommt erst zum Diner um fünf Uhr Nachmittags zurück, so daß ich bis zu dieser Stunde ganz frei bin. Ich mache daher täglich sehr weite Spaziergänge in die Berge, von wo man prächtige Aussichten hat. Das Wetter ist wundervoll. Gestern früh sieben Uhr fuhr ich nach Offenburg, nahm ein Bad in der Rens und schlenderte dann hinaus nach der Ortenburg. Die wiederhergestellte Burg ist wirklich prachtvoll und mit Stolzenfels oder Rheinstein zu vergleichen. Sie blickt auf der einen Seite in das schöne Rensthal und den Schwarzwald, von der andern in die breite Rheinebene, auf welcher sich das Straßburger Münster hoch erhebt.

Wärest Du dabei, so wollten wir recht umherfahren. Ueberhaupt möchte ich wohl mit Dir einmal einen Sommeraufenthalt hier nehmen, denn es ist ganz wunderschön in diesem gesegneten Lande.

Vor ein paar Tagen habe ich mit der Prinzeß von Preußen und Gräfin Haacke bec à bec dinirt. Der junge Prinz ist außerordentlich freundlich mit mir. Adieu, liebes, gutes Herz, fasse Geduld und auf frohes Wiedersehen! Herzlichst Dein
Helmuth.

*

Potsdam, den 26. Juli 1857.

Liebe Marie. Heute früh halb sieben Uhr, also in neunzehn Stunden, sind wir von Karlsruhe aus hier in Potsdam eingetroffen. Das ist aber nun auch Alles, was ich mit Bestimmtheit sagen kann. Alles übrige schwebt in Ungewißheit, da der Kaiser heute eintrifft. Er ist um sechs Uhr von Magdeburg mit Extrazug fort. Soeben wird bestellt, daß der Empfang auf der Wildparkstation ohne Begleitung stattfindet, und der Prinz fährt daher allein. Dann aber ist um elf Uhr offizieller Empfang im Neuen Palais. Zugleich ist heute das jährliche Lehrbataillons-Schrippenfest, daher Diner im Neuen Palais. Es ist mir willkommen, dort gleich den König zu sehen, da ich dann einer besonderen Meldung in Sanssouci überhoben werde. Ich fürchte, wenn Du hieher kämest, würdest Du kaum ein Unterkommen finden und in den heute jedenfalls verdoppelten Sonntagstrubel kommen. Was nun heute Abend vorgenommen werden soll, weiß ich noch nicht; ich werde aber doch auf alle Fälle, wenn auch erst mit dem letzten Zuge, nach Berlin gehen können. Morgen früh ist wieder große Parade, wozu ich wieder hier sein muß. Abends reist der Kaiser ab.

Alles Andere mündlich, herzlichst Dein   Helmuth.

*

Breslau, Sonntag Vormittag, den 9. August.

Heute Morgen erhielt ich Deinen Brief von gestern, liebe Marie, mit guten Nachrichten.

Daß der Prinz in nächster Zeit nach Berlin gehen sollte, ist durchaus nicht wahrscheinlich, dagegen wohl möglich, daß er im September früher dorthin berufen wird, da der Kaiser von Rußland zu den Manövern kommt. Man spricht auch vom Kaiser von Oesterreich und Kaiser Napoleon. Letzteres ist aber nicht wahrscheinlich. Zum Geburtstag seiner Mutter will der Prinz nach Koblenz, dann aber seinen eigenen Geburtstag in Berlin abwarten und darauf erst, also in der letzten Hälfte des Oktober, nach Osborne. Da der Schluß des Oktober oft noch sehr schön, so können wir vielleicht noch das Hochgebirge der steirischen Alpen durchziehen und dann über Wien, Triest nach Venedig gehen, um einige Seebäder zu nehmen. Doch glaube ich, daß zu der Zeit Niemand in Italien mehr babel. — Eben war der Polizeipräsident bei mir, um anzuzeigen, daß zwei Cholerafälle (aſiatiſche) in den letzten Tagen vorgekommen ſind. Das iſt hier aber alle Jahre der Fall und zu hoffen, daß bis zum Ausmarſch der Truppen, freilich noch drei Wochen, die Krankheit ſporadiſch verbleibt und ſich nicht epidemiſch verbreite. Bis jetzt iſt der Geſundheitszuſtand ſogar ſehr gut.

Nimm Dich nur auch in Acht, es wird in Berlin ebenſo ſein.

Da wir nach der Kirche und Parade gleich nach Peterwitz zu Styrums fahren, ſo ſchließe ich meinen Brief. Mit herzlichem Gruß, Du liebes, gutes Weib, Dein Helmuth.

*

Breslau, den 13. Auguſt 1857.

Guten Morgen, liebe, gute Marie, und herzlichen Dank für Dein Schreiben vom geſtrigen Tage.

Vorgeſtern machten wir eine reizende Partie. Ich fuhr um fünf Uhr nach Schweidnitz, hielt dort dem Prinzen einen Vortrag. Dann fuhren wir per Extrapoſt nach Striegau und bei wunderſchönſtem, dort kühlem Wetter auf dem Schlachtfelde von Hohenfriedberg herum. Auf dem dortigen Schloß bei dem Grafen Seher-Troß Diner. Köſtlich war die Fahrt in der Abendkühle längs des Gebirgsfußes an Fürſtenſtein vorbei nach Freiburg. Im Eiſenbahnwagen war freilich eine abſcheuliche Hitze. Um zehn Uhr kamen wir nach Breslau und fuhren gleich zu einem Nachtſchießen der Jäger, waren aber bald nach elf zu Hauſe. Sonntag wird das Schlachtfeld an der Katzbach und das Kadettenkorps in Wahlſtatt beſichtigt.

Eigentlich thut es mir doch ſchrecklich leid, daß Du Schleſien gar nicht zu ſehen bekommſt; ich weiß nur gar nicht recht, wie es einzurichten wäre, und ob Du dazu Luſt haſt. Für heute adieu, gutes, liebes, treues Herz. Dein Helmuth.

Breslau, den 16. August 1857.

Liebe Marie. Deinen lieben Brief von gestern erhielt ich erst heute Abend, da wir schon um fünf Uhr früh von hier abreisten. Auf der Eisenbahn Vortrag über die Schlacht bei der Katzbach, dann Besichtigung des Schlachtfeldes, um elf Uhr Kadettenhaus Wahlstatt, dann nach Liegnitz, Präsentation, Ritterakademie, Waffensammlung, endlich Diner und Rückfahrt. Erst halb elf sind wir angekommen. Ich schreibe also nur diese paar Worte und Grüße, da es morgen früh schon wieder fort geht nach Koschentin zu Fürst Hohenlohe und von da übermorgen nach Karlsruhe zum Herzog von Württemberg. Mittwoch ganz früh Manöver, so daß ich nicht früher werde schreiben können. Heinz geht Ende des Monats schon nach Berlin, um die Hofmarschallsgeschäfte zu übernehmen. Wahrscheinlich wird Brandenstein persönlicher Adjutant; der Prinz hat mir darüber gesprochen, die Sache ist natürlich geheim.

Die Unglücksfälle auf dem Marsch fallen dem zur Last, welcher den Marsch zu lang angesetzt hat, dem Generalstabsoffizier der Division. Doch glaube ich, daß Barby-Magdeburg nur drei und eine halbe Meile ist. Jedenfalls ist der Bataillonskommandeur verantwortlich und mußte Halt machen, nöthigenfalls Quartiere nehmen.

Adieu, gutes, liebes Weibchen, Gott segne Dich. Herzlichst Dein Helmuth.

Den 17. früh. — Guten Morgen, liebes Herz. Es regnet und wird wohl ein paar Tage so anhalten, denn der ganze Himmel ist grau. Für die Tour von heute Morgen schadet es nichts; wir passiren lauter Sand- und Kienhaiden durch Oberschlesien bis nahe der polnischen Grenze. Wie gerne hätte ich Dich hier gesehen, aber ich bin ja fast immer abwesend. In Schwerin wirst Du Dich gewiß gut gefallen. Herzlichst Dein Helmuth.

Breslau, den 19. August 57.

Liebe, gute Marie. Vielen Dank für Dein Schreiben von gestern, welches ich heute erhielt.

Wir haben vorgestern und gestern eine Tour von fünfzig Meilen und darüber, meist per Extrapost, zurückgelegt. Dieser Theil von Schlesien ist sehr traurig. Endlose Ebenen mit Kieferwald. Es wird meist nur Buchweizen und Hirse gebaut. Der Boden ist sandig, und dicht unter der Ackerkrume liegt der Kalkfelsen. An einigen Stellen erheben sich Hochöfen und der Kohlenmeiler verbreitet seinen Geruch meilenweit. Die großen Herrschaften mit 12—80000 Morgen Wald machen, daß die Besitzer um so vereinsamter auf ihren nicht sehr prächtigen Schlössern sitzen. Alles spricht polnisch, die kleinen Hütten sind aus Balken erbaut. Koschentin ist eine häßliche Kaserne, und nur mit Mühe ist etwas Park um dasselbe hergestellt. Doch sieht man ganz fern am Horizont noch das Gebirge. An der Grenze des Kreises empfing uns in Gala der Landrath, Karl Hohenlohe, früherer Adjutant des Prinzen Karl von Preußen. Er soll ein sehr tüchtiger Landrath geworden sein. Wir plauderten viel von alten Zeiten. Sein Vater, die Mutter, eine Prinzeß von Hohenlohe-Langenburg, die jüngste Tochter und eine Gräfin Fries empfingen uns in Koschentin, wo um vier Uhr dinirt wurde. Dann spazierten wir durch den Park. Es hatte geregnet und war kühler. Nach dem Thee ging man früh zur Ruhe. Gestern um sechs Uhr fuhren wir ab nach Karlsruhe, wobei es einige Male tüchtig regnete. Der alte Herzog von Württemberg, in russischer Generalsuniform mit rothen Hosen und Ordensband, kam mit seinem Sohne, der in Breslau die elfte Kavalleriebrigade hat, entgegengefahren, und als eben alle Theile, die Mäntel zurücklassend, aus dem Wagen eilten, um sich zu begrüßen, stürzte es plötzlich vom Himmel. Es war mir sehr interessant, diesen alten Helden kennen zu lernen. Du weißt, daß ich wegen meiner Beschreibung des Feldzugs mit ihm korrespondirt habe. Seine Gemahlin ist die Schwester der Fürstin Hohenlohe. Die Frau des jungen Herzogs war leider nicht da, sie ist eine Schwester der Prinzeß von Holstein, geborenen Büdeburg. Die jüngste Tochter des Hauses ist ein hübsches Mädchen und verlobt mit dem Erbprinzen von Reuß-Gera vom ersten Garderegiment.

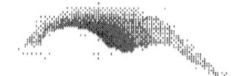

Nach dem Diner fuhr uns der Herzog nach Chlau, welches in
großer Aufregung war. Es fand ein feierlicher Empfang statt,
Blumenkränze, Ehrenpforten, weiße Mädchen, Schützenparade,
Landstände, Gouter auf dem Rathhause und so weiter wie immer.
Abends neun Uhr waren wir zu Hause.

Heute um fünf ritten wir schon wieder zum Felddienst, ich
bin Mittags zurückgekehrt, der Prinz aber ist noch draußen, er
läßt die Leute abkochen und kommt erst Abends herein. — Morgen
kommt das Schweidnitzer Bataillon, dem wir entgegenreiten, und
dann fängt das Regimentsexerziren an.

Die Hitze hat nachgelassen, aber ich bin etwas in low
spirits, ich glaube, es ist etwas Uebermüdung. Jetzt habe ich
aber Ruhe, und es wird bald wieder Alles in Ordnung sein.

Sollte der Prinz früher als am 20. künftigen Monats
zurückkehren, so schreibe ich Dir. Ich glaube nicht, es wäre auch
schade. Der Aufenthalt mit den Truppen in der schönen Gegend
von Reichenbach wird sehr hübsch sein. Der Prinz hat das Haus
des Landraths und nimmt seinen Koch mit, so daß er täglich
Offiziere sehen wird. Er bleibt drei Wochen dort.

Nach Sagan und Primkenau wird er wohl erst von Berlin
aus gehen. Es ist ebenso nahe von dort wie von hier, und
die Zeit drängt zu sehr. In den nächsten Tagen gehen wir
noch nach Leubus, das schlesische Gestüt zu sehen. Von Reichenbach, hoffe ich, machen wir noch einige Gebirgspartien.

Der König hat am 4. August wieder einen Schwindelanfall
gehabt.

Amüsire Dich gut in Holstein und Mecklenburg und laß
uns recht froh sein, wenn wir endlich in vier Wochen wieder
zusammen kommen. Brandenstein geht gewiß diesmal nach England und dem Haag mit. Wir sind dann frei. Adieu, Du
liebes, gutes Herz. Dein   Helmuth.

Breslau, Donnerstag, den 20. August 1857.

Liebe, gute Marie. Mein Schreiben von gestern wirst Du heute erhalten haben.

Ich bin heute wieder ganz wohl und habe mit Appetit im Gasthof gegessen, da der Prinz in der Kaserne dinirt. Um elf Uhr rückte heute das zweite Bataillon des elften Regiments ein. Wir ritten dans une pluie battante entgegen, die armen Leute waren bis auf die Haut naß. Heute über acht Tage rücken wir ab. Ich werde mit dem Prinzen und den Truppen marschiren, in drei Tagen bis Reichenbach, wo wir fast drei Wochen stehen bleiben. Laß Dich doch von den Zeitungen nicht irre machen. Wenn wider Erwarten der Prinz früher nach Berlin gehen sollte, als nach Ablauf der Uebung am 20., so erfährst Du es zuerst von mir. Ich hoffe, daß der medlenburgische Besuch Dir Freude machen wird, genieße ihn in aller Ruhe.

Was Du mir von unserem guten, alten Herrn sagst, geht mir doch sehr nahe.

So, nun will ich zum ersten Mal wieder ins Theater gehen und Doktor Wespe sehen. Adieu, liebes, gutes Weibchen, vor Allem mache, daß Du wieder gesund bist. Herzlichst Dein
Helmuth.

*

Breslau, den 22. August 57.

Liebe Marie. Es ist erst fünfeinhalb Uhr früh, und ich schreibe schon jetzt, da wir vor heute Nacht nicht zurückkommen. Gleich nach dem Exerziren geht es nach Leubus, und da Du Deine Abreise nun definitiv auf Montag angesetzt hast, so kann ich Dir erst später wieder schreiben, wenn Du mir Dein Eintreffen in Schwerin mitgetheilt hast. Gestern war es trotz wiederholtem Regen sehr schwül, heute früh ist es hingegen ordentlich frisch. Der Exerzirplatz ist so voll Tümpel, daß die armen Menschen oft bis weit über die Kniee ins Wasser kamen. Es wird daher heute nach einem über eine Meile entfernten Stoppelfeld marschirt in der Hoffnung, daß es da besser ist.

Unsere Korrespondenz ist fleißig gewesen, gestern aber sagte mir der Prinz, daß er mit der letzten Post vierzig Seiten von seiner Braut gehabt habe, es habe sich etwas angesammelt gehabt.

Adieu, liebes, gutes Herz, recht glückliche Reise. Herzlichst
Dein Helmuth.

Breslau, den 23. August 1857, abends.

Liebe Marie. Wir haben gestern eine sehr hübsche Tour nach Kloster Leubus, sieben Meilen von hier, gemacht. Wir fuhren Mittags mit Relaispferden bis Neumarkt und besuchten unterwegs noch das Denkmal auf dem Schlachtfeld von Leuthen. Ich gab dem Prinzen eine kurze Relation, er will aber vielleicht morgen Nachmittag noch einmal hinaus, um mit mehr Muße auch den übrigen Theil des Schlachtfeldes zu sehen.

In Neumarkt standen vier prächtige Rapphengste parat, und als wir die Oder auf einer Fähre passirt hatten, führte der Weg durch eine Gegend, die uns lebhaft an den Park von Windsor erinnerte. Auf dem köstlichen Wiesenteppich stehen tausendjährige, knorrige Eichen. Eine war vor Kurzem vom Blitz getroffen und innerlich ausgebrannt. Die großen Aeste lagen weit umher geschleudert. Mitten in diesem Wald erhebt sich das ungeheure Cistercienser-Kloster Leubus. Die Hauptfront hat achthundert Fuß Länge. Das Konvent, um einen viereckigen Hof gebaut, ist Provinzialirrenanstalt. Im Prälatenflügel befindet sich der sogenannte Prinzensaal, eine wahrhaft fürstliche Halle, welche sechzig Fuß hoch mit schöner Aussicht über die Gärten und den Wald. Auch das Refektorium, der Speisesaal der Mönche, und die Kirche sind sehr schön. Sie ist im Jahre 1012 durch Boleslaus gegründet. Dort liegt auch Heinrich der Fromme, der Sohn der heiligen Hedwig, Herzogin von Liegnitz, welcher bei Wahlstatt in der Tatarenschlacht fiel. Zwischen seiner Gruft und der Thür hat sich ein Ritter begraben lassen, der sein geschworener Feind war, um, da er ihm im Leben nicht mehr beikommen konnte, ihn bei der Auferstehung gewiß nicht zu verfehlen.

Gegenüber dem Palast der Bischöfe von Leubus liegt das bescheidene Gebäude des Landgestüts, der ehemalige Klosterstall. Fohlen werden hier bis jetzt nicht gezogen, sondern es sind hier nur 164 Hengste, welche bis Juni an verschiedenen Punkten der Provinz stationirt stehen, im Herbst aber alle hier versammelt werden. Nach eingenommenem Diner in der Abendkühle ging's mit der Cigarre in den Hof, wo sie sämmtlich vorgeführt wurden. Es sind meist sehr schwere, englische Hengste Clevelands, einige Trakehner (meist noch die selten gewordenen, kohlschwarzen, großen Rappen), viel Grabitzer, aber sehr wenig Araber, eigentlich wohl nur einer, ein Eisenschimmel. Dann wurden noch einige unterm Sattel produzirt.

Um halb acht Uhr fuhren wir zurück, durch die illuminirten Städtchen Neumarkt, Lissa und waren schon um elf Uhr zu Hause.

Gute Nacht, liebes, gutes Herz, es ist spät. Glückliche Reise und viele Grüße. Herzlichst Dein Helmuth.

*

Schwentnig am Zobten, den 28. August 1857.

Deinen letzten Brief, liebe Marie, habe ich noch in Breslau erhalten. Gestern sind wir bei schönstem Wetter mit dem Regiment ausgerückt. Der Stab kam nach Sägwitz, einem Gute des Grafen Harrach, Bruders der Fürstin Liegnitz, welcher zwar in Gastein abwesend ist, doch fanden wir für Alles gesorgt. Heute ist der Regimentsstab hier auf einer prächtigen Besitzung des Grafen Zedlitz-Trützschler am Fuße des Zobtenberges. Wir hatten seinem Gipfel einen Besuch zugedacht, aber er hat sich denselben verbeten und eine Mütze von Wolken um die Ohren gezogen. Auch fängt es schon an, zu regnen. Da aber alle Truppen schon im Quartier angelangt sind, so schadet das nicht. Das Schloß ist sehr ausgedehnt und von einem Herzog von Holstein-Glücksburg erbaut, an welchen die Besitzung, ursprünglich den Herzogen von Liegnitz gehörig, durch Heirath mit

1857. In Reichenbach.

einer Gräfin Prommnitz übergegangen ist. Die Gegend ist sehr hübsch, und ich hoffe, daß wir sie morgen noch bei schönem Wetter sehen werden. Morgen geht es über die Berge in die Kantonnements von Reichenbach.

Ich hoffe, daß Du glücklich bei der Gräfin Bassewitz angelangt bist, und bitte, mich bestens zu empfehlen.

Reichenbach, den 30. August.

Dein Brief aus Schwerin vom Donnerstag ist mir heute von Breslau nachgegangen, liebes Herz. Ich freue mich, daß es Dir so gut in Schwerin gefällt, und hoffe, daß Du einen etwas verlängerten Aufenthalt dort machst.

Reichenbach ist eine hübsche Stadt mit schönen alten Ringmauern, Thürmen und Gräben. Der Burgwall ist in eine Promenade umgeschaffen, von welcher aus man einen prächtigen Blick auf das nur eine Meile entfernte Gebirge hat. Die schlesischen Dörfer sind immer längs den Flüssen gebaut und ziehen sich durch die Ebene bis in die Gebirgsschluchten hinauf. Das Dorf Langen-Bielau zum Beispiel ist eine Meile lang, hat zwei Postexpeditionen, mehrere Kirchen und 13 000 Einwohner. Der kleine Gebirgsbach treibt die zahlreichen Fabriken und viele schöne, neue Gebäude übertreffen das alte, wüste Stammschloß des Grafen Sandreski. Die Truppen liegen sehr gut.

Ich wohne dem Prinzen gegenüber bei einer alten Wittwe. Mein Zimmer ist groß und hübsch, aber parterre und so von Bäumen umgeben, daß selbst die Hitze dieses Sommers es nicht hat durchwärmen können. Ich mache aber tüchtig Luftzug. Nachdem ich ein Halbdutzend Federkissen aus meinem Bett entfernte, ist es ziemlich spartanisch geworden. Den Kaffee erhalte ich von der prinzlichen Küche zugeschickt. Mittags esse ich drüben und trinke auch den Thee dort.

So, gutes, liebes Weibchen, nun will ich zu Bette, wir haben einen scharfen Ritt gemacht. Morgen früh fängt das Brigadeexerziren an. Mit herzlichen Grüßen Dein Helmuth.

Reichenbach, den 4. September 1857.

Liebe Marie. Dein Schreiben vom 31. v. Mts. habe ich erhalten und hoffe, daß mein Brief noch unmittelbar vor Deiner Abreise von Schwerin eingetroffen sein wird, sonst aber wird er Dir wohl sogleich nach Ratzeburg gefolgt sein. Schade, daß Du nicht etwas länger dort bleibst, die Gräfin hätte Dich gewiß gern behalten. Ich bin nun sehr begierig zu hören, wie Du es in Ratzeburg gefunden hast.

Uns geht es hier ganz gut, besonders da das Wetter prachtvoll ist. Die Gegend ist wirklich wundervoll. Vorigen Mittwoch war Ruhetag. Ich fuhr mit dem Prinzen mit dessen eigenen Pferden durch das große Stolbergsche Gut Thomaswaldau über die neue Gebirgsstraße, welche ganz dicht an der Hohen Eule vorbeiführt, nach Charlottenbrunn und Waldenburg. Da die Straße sich in vielen Zickzacks windet, so wanderten wir zu Fuß einen reizenden Weg, an einem Forellenteich vorüber und längs eines schäumenden Gießbaches, der trotz der langen Dürre noch sehr hübsche Wasserfälle bildet. Oben von der Paßhöhe hat man einen prächtigen Blick über das Gebirge und die weite schlesische Ebene bis Breslau hin. In Waldenburg besuchten wir die Porzellanfabriken, dann das Bad Salzbrunn. Das Diner wurde in Fürstenstein im Gasthof eingenommen, da der Fürst Pleß verreist ist. Wir besuchten aber das prachtvolle Schloß, die alte Burg und die tiefe Felsschlucht, welche Beide trennt. Abends wurde in Freiburg die große Kramstasche Fabrik besichtigt und dann ging es mit der Eisenbahn zurück. Morgen Nachmittag wird ein Ausflug nach Warmbrunn zu Graf Schaffgotsch gemacht, dort der Sonntag zugebracht und dann freilich die Nacht zu Hülfe genommen, um am Montag zum Exerziren wieder hier zu sein. Heute Mittag geben die Landstände des Reichenbacher Kreises ein Diner. In der nächsten Woche wird der Prinz die Manöver zu leiten haben, die von drei Bataillonen vier Eskadrons und acht Geschützen ausgeführt werden. Wir sind des Abends fleißig ausgeritten. Mein Zimmer fängt an, durch beständiges Fensteröffnen etwas lustiger und trocken zu werden. Doch sitze ich meist mit dem Paletot über, besonders wenn ich vom Exerziren komme. Manchmal essen wir mit den Offizieren im Gasthof. Auch des Abends setzen wir uns oft vor die Thüre und rauchen die Cigarre. Nächstens will der Prinz den Kavallerieoffizieren einen Kaffee im Freien auf einer Höhe bei Gnadenfrei geben, wo man eine prächtige Aussicht hat. Solange das Wetter sich nur hält, ist Alles wunderschön. Für heute schließe ich, denn ich bin halbtodt vor Hunger, aber wenn ich Suppe und ein Gericht gegessen, so bin ich auch schon satt. Ich sehne mich nach unserer einfachen Küche und meinem Moselwein; die ewigen Diners bekommen mir nicht, dann und wann eins ist sehr gut. — Eben kam der Prinz mit seiner Disposition herüber.

Adieu, liebes, gutes Weibchen, herzlichen Gruß an Mama und Ludwigs. Dein Helmuth.

*

Reichenbach, den 7. September 1857.

Deinen Brief aus Ratzeburg vom 2. d. Mts. fand ich heute früh vor und freue mich, daß Du noch in Schwerin, vor Deiner Abreise, Nachricht von mir erhalten hast.

Wir haben einen schönen Ausflug ins Gebirge gemacht. Sonnabend Mittag nach dem Frühstück fuhren wir mit der Eisenbahn nach Freiburg und dann mit Postpferden am schönen Fürstenstein und der Zislaburg vorüber nach Krepelhof, der Stolbergschen Besitzung dicht bei Landshut. Es ist ein schönes, altes Schloß, ursprünglich eine Vogtei der Herzoge von Schweidnitz, dann gehörte es den Promnitz, einem ausgestorbenen Geschlecht, das ungemein begütert gewesen sein muß; unter Anderem gehörte ihm die Herrschaft Pleß. Das Schloß liegt in einer wundervollen Wiese der Bober, von hohen Bäumen dicht umgeben. Der Besitzer ist Graf Eberhard Stolberg, und bei ihm wohnt die unverheirathete Schwester und die Wittwe des Ministers. Wir trafen da die beiden Reuß aus Paris, Brüder der Frau Großherzogin von Schwerin, und noch einen Prinzen Reuß von Neuhof. Nach einem sehr guten Diner, wobei es die köstlichsten Forellen gab, fuhren wir in der Abenddämmerung die schöne, aber furchtbar steile Straße über den Schmiedeberger Kamm. Leider war es schon dunkel, als wir oben ankamen, aber auch im Mondschein nahm sich das Gebirge, das nun dicht hinter Schmiedeberg steil aufsteigt, wunderschön aus. Die Koppe hatte eine weiße Nebelkappe angelegt, in welcher die St. Annakapelle völlig versteckt war. Das Städtchen hatte illuminirt. Um neun Uhr kamen wir in Erdmannsdorf an, wo im königlichen Schloß Nachtquartier genommen wurde. Spät noch machten wir einen Gang durch den reizenden Park. Ein Teich mit Schwänen, von hohen Bäumen umgeben, das Gebirg im Hintergrund nahm sich im Mondschein feenhaft aus. Nicht weniger überraschte mich ein sehr prächtiger Wasserfall der Lomnitz, welche trotz des dürren Sommers aus den Schneegruben hoch aus dem Gebirge ihr Wasser erhält. Der Blick aus meinen Fenstern war so schön, daß ich trotz der Ermüdung lange mein weiches Bett nicht suchen mochte.

Ueber alle Beschreibung reizend war die Aussicht bei Sonnenaufgang am Sonntag. Nicht ein Wölkchen war am Himmel. Ueber dem grünen Vordergrund von Wiesen, Waldkuppen und Dörfern mit zierlichen, weißen Häusern ragte die Schneekoppe und der scharfe Kamm des Riesengebirges. Man hätte glauben mögen, man müsse einen Menschen sehen können, der gerade auf dem obersten Grat ginge, aber es sind immer noch zwei Meilen bis dahin. Die Fenster der Kapelle glitzerten in der Sonne. Schon um halb sieben Uhr fuhren wir nach Fischbach, dem Schloß des alten Prinzen Wilhelm, dann nach Schildau, dem Besitz der Prinzeß Louise der Niederlande. Um zehn Uhr war Gottesdienst in der Kirche im Park von Erdmannsdorf, wo auch die Zillerthaler mit ihren spitzen grünen Hüten erschienen. Wir hörten eine sehr gute Predigt und fuhren dann zum Dejeuner nach Stonsdorf zur alten Fürstin Reuß. Von da ging es über Warmbrunn am Kynast vorüber und die neue, prachtvolle Straße längs des Zacken nach der Josephinenhütte. Der Zackenfluß hat sehr viel Aehnlichkeit mit der Ilse; er stürzt über riesenhafte Granitblöcke, und die Straße steigt wohl tausend Fuß ziemlich steil. Doch sind die Thalwände nicht so hoch und nicht so reich bewaldet wie die Ilse im Harz. Das dritte Dejeuner in der Josephinenhütte schlug ich für meinen Teil über. Wir sahen das schöne Glaslager und die Fabrikation des Glases an und fuhren dann nach Warmbrunn in das Schloß des Grafen Schaffgotsch. Er selbst und seine Frau sind verreist, aber Graf Ziethen, der tolle Gesichterschneider, der Schwager des Grafen, machte die Honneurs. Es wurde Abends sechs Uhr unter einer Veranda im Freien dinirt und tüchtig Champagner getrunken. Es war eine sehr lustige Gesellschaft. Erst gegen neun Uhr verließen wir dieselbe und fuhren nun auf einem andern Wege über Bolkenhain zurück. Dort nahm sich die Ruine der Bolkenburg und Schweinhaus im Mondschein prächtig aus. Es sind die alten Residenzen der Fürsten Bolko von Schweidnitz und der von Schweinichen. Es war eine milde Sommernacht. In Freiburg standen die Rappen des Prinzen, und so kamen wir heute um vier Uhr früh schon nach Reichenbach zurück und konnten noch zwei Stunden schlafen. Dann ging es zum Exerziren. Es hatte hier stark geregnet, und daher war gar kein Staub. Die ganze Division exerzirte im Feuer, was sich prachtvoll ausnahm. Ich kokettirte mit meinem Rappen bei den Husaren. Bei einer Schwarmattacke bergab in tiefem, von Ackerfurchen durchschnittenem Boden ging er so brillant, daß er das Herz aller Husaren gewann. Wir aßen heute mit den Offizieren des vierten Husarenregiments, die sich Alle nach dem Pferde erkundigten. Ein Mann stürzte, der Sattel rutschte dem Pferde unter den Bauch, welches nun wie rasend ausfeuerte, bis er aus dem Sattel herauskam. Dabei war es zur Schwadron gelaufen, die eben in Zügen abschwenkte. Ich dachte, es würde ein Dutzend Menschen lahm schlagen, es ging aber Alles glücklich ab. — Morgen früh reite ich den Braunen zum Rekognoszieren mit dem Prinzen.

Adieu, liebes, gutes Herz. Dein   Helmuth.

Reichenbach, den 12. September 1857, abends.

Gutes, liebes Herz. Du hast, fürchte ich, wohl schon lange nach einem Briefe ausgesehen, aber es ist fast unmöglich, zum Schreiben zu kommen.

Wir haben jetzt, vom wundervollsten Wetter begünstigt, die Detachementsübungen beendet, wo wir eben nur zu Mittag nach Hause ritten, dann aber wieder bis in die Nacht bei den bivaklirenden Truppen blieben. Gestern bei brütender Hitze fuhren wir Nachmittags nach Langen-Bielau zum Grafen Sandretzki zur Hühnerjagd. Das alterthümliche Schloß mit Graben und Zugbrücke sieht schauerlich öde aus, aber die Familie ist höchst liebenswürdig. Die Gräfin ist eine Schwester des Malers Graf Kalkreuth. Er hat bis zum zwanzigsten Jahre einen rothen Rock und Zopf tragen müssen. Die Kindererziehung ist nach der alten Art, aber hier sehr gut eingeschlagen. Die Comtesse Anna ist zweiundzwanzig Jahre alt und wird übermorgen ihren ersten Ball mitmachen. Der vierzehnjährige Sohn küßte Jedem von uns die Hand, er ist passionirter Soldat und soll brauner Husar werden. Aus Passion macht er auch die Jagd mit, obwohl ohne Gewehr. Abends ließ Voigts-Rhetz die Musik seines Regiments im Schloßhof spielen. In einer großen, gewölbten Halle war die Tafel gedeckt, und gegen diese war nichts einzuwenden. Forellen, Rebhühner und zum Schluß eine riesenhafte Wassermelone. Diese wurde durchgeschnitten, eine Flasche Champagner hineingegossen und bildete so eine Art Punschbowle. Eine Majoratsbestimmung legt dem Besitzer die Verpflichtung auf, jederzeit viertausend Flaschen Wein im Keller liegen zu haben. Wir tranken einen Ungarwein, den Maria Theresia Friedrich dem Großen geschenkt hatte, der mit dem Urgroßvater des Grafen sehr befreundet war. Ich machte das Bedenken geltend, ob in diesem Falle der Wein nicht vergiftet sei; es fand sich aber, daß er vortrefflich war. Die Sandretzki von Sandraschütz sind nicht etwa Polen, sondern Ungarn und stammen von Matthias Corvinus ab, daher sie die Raben im Wappen führen mit einem Ring im Schnabel, genau wie die Trolhas. Kaum waren wir in Reichenbach zurück, als ein furchtbares Gewitter ausbrach. Eine lange Weile zählte ich in jeder Sekunde mehrere Blitze.

Heute früh aber war wieder der schönste Sonnenschein. Die ganze Division stand in mehreren Treffen aufgestellt, Alles blitzblank zur Besichtigung durch den kommandirenden General. Kein Staubkörnchen entzog den Anblick der Manöver, die ein prächtiges Bild gewährten. Tausende von Zuschauern waren zu Fuß, zu Pferd und zu Wagen aus der ganzen Umgegend herbeigekommen, um den Donner der Geschütze, die Salven der Infanterie anzustaunen. In langen Linien und mit klingendem Spiel avancirten die Bataillone, die blitzenden Kürassiere machten den Boden erbeben, und die flüchtigen Husaren rasselten in gestreckter Karriere umher. Ein umgeworfenes Geschütz, einige herrenlose Pferde und am Boden liegende Reiter vollendeten das Schlachtgemälde, welches von dem in wundervoller Klarheit sich erhebenden Gebirge eingerahmt war, dessen Gipfel noch von schweren Wolken umzogen waren.

Heute Nachmittag fand das Husarenfest auf dem Afullschberge statt, wo man eine weite Rundsicht bis ins Oesterreichische hat. Es gab Kaffee, Klippe, Champagner.

Morgen Vormittag fahren wir nach Gnadenfrei zu den Herrnhutern in die Kirche. Nachmittags geht es nach Weistritz im Schlesier-Thal zu Graf Pückler. Montag ganz früh nach Breslau zum Empfang des Kaisers, den wir nach Liegnitz begleiten. Von da mit Postpferden nach Domanze zu Brandenburg. Abends nach Schönfeld zu Graf Silvius Pückler zu Ball. Dort sind alle die Breslauer Bekannten: Schweinitz, Burghaus, Saurma, Seherr, Zedlitz, Sandretzki und so weiter. Wir werden wohl nicht vor zwei oder drei Uhr Nachts nach Hause kommen.

Dienstag früh Divisionsmanöver und Nachmittags über Silberberg, Glatz, Rheinerz nach Gellenau zu Herrn von Mutius (zehn Meilen). Mittwoch übers Gebirge auf einer neuen, landschaftlich schönen Straße zurück.

Dann folgen die drei Feldmanöver. Der Prinz wird die beiden letzten Tage die eine Partei kommandiren. Da giebt's noch viel zu reiten, zunächst um das Terrain kennen zu lernen. Am 19. Mittags endet die Uebung. Wenn wir bis dahin nur gutes Wetter behalten. In der Nacht zum 19. biwakirt Alles, doch werde ich mir die Freiheit nehmen, meine Pferde irgendwo einzustellen. Wohl noch am Abend dieses Tages reisen wir nach Berlin und treffen dort Sonntag, den 20. früh ein. In Berlin ist übrigens ebenfalls am 19. Alles beendet, da die Manöver wegen Wassermangels um zwei Tage abgekürzt werden sollen. Der König ist schon nach Berlin zurück. Der Prinz von Preußen vertritt ihn beim vierten Armeekorps. Sein Befinden soll aber gut sein.

Gute Nacht, liebes Weibchen, auf recht frohes Wiedersehen und langes Beisammensein. Herzlichst Dein

Helmuth.

*

Sonntag früh. — Gestern Abend zehn Uhr, als ich eben diesen Brief einsiegeln wollte, kam eine telegraphische Depesche und Dein Schreiben vom Freitag aus Ratzeburg. Die erste enthielt die Abänderung in der Reise des Kaisers, wonach er nun schon morgen um sechs Uhr in Breslau eintrifft, weshalb wir heute Abend bereits dorthin müssen.

Dies machte eine Menge Expeditionen nöthig, die alle wohl erwogen sein wollen, und ich habe bis Mitternacht geschrieben, dann erst zur Belohnung Deinen Brief gelesen. Ihr habt also die Abreise verschoben, wohl wegen der vielen hübschen Feste. Du scheinst mir das ganze Herzogthum auf den Trab zu bringen.

Nun adieu, liebe Marie. Herzlichst Dein Helmuth.

*

Koblenz, den 28. September 1857.

Lieb' Weibchen! Wir haben eine sehr hübsche Reise gemacht; in Thüringen war es sonnig, aber kalt, indeß ist es das an diesem Tage wohl überall gewesen. Um drei Uhr trafen wir auf Belvedere ein, wo die Großfürstin-Großherzogin noch residirt. Der junge Hof ist in Wilhelmsthal, und der Großherzog kam von da zum Diner herüber. Ich machte eine Promenade in dem hübschen Park. Gegenüber steht eine hohe Wand von schwarzen Föhren. Da standen am dunkelsten Ort zwei weiße Hirsche, die wahrscheinlich gegen Abend zur Aesung herausgetreten waren. Sie blieben unbeweglich, obwohl ich sie durch Klatschen in Gang zu bringen hoffte; sie waren nämlich von Zink.

Wir konnten erst Sonntag Mittag zwei Uhr weiter, nachdem wir mit der guten freundlichen Großmama bejeunirt hatten.

Wie hübsch ist doch das Thüringer Land, solche Wiesen giebt es nirgends in der Welt. Im Scheine der Abendsonne sahen sie wie hellgrüner Sammet aus, und die Schatten der Bäume fielen fast schwarz darauf. Am Rande der schnellfließenden Bäche reinliche wohlhäbige Ortschaften, und dahinter steigen die Berge mit dichtem Laubwald empor, bis der Inselberg die Aussicht in blassen Neutralfarben gegen den Goldgrund des Abendhimmels abschneidet. In der Wartburg hat der Großherzog sich wirklich ein bleibendes Denkmal seines Kunstgeschmackes gesetzt. Die Tour von Eisenach nach Gerstungen in Hessen ist das Schönste, was man sehen kann. Dann wurde es bald dunkel, und erst um Mitternacht trafen wir in Frankfurt a. M. ein. Da dort Messe, so hatte ich nach Westend Hotel, einem Gasthof auf dem Bahnhofe selbst, telegraphirt und erhielt in Marburg Antwort, daß zwei Zimmer für mich bereit seien — sie kosteten diese Nacht nur zwölf Gulden.

In Weimar sahen wir das neue Denkmal in Bronzeguß, Goethe und Schiller, auf einem provisorischen, viel zu kleinen Postament. Die Gruppe in kolossaler Größe ist wirklich sehr schön, der Platz vor der Fassade des Theaters aber sehr klein und unschön.

Gestern ganz früh machte ich mich auf, und fand mittelst Fragen den großen, schönen, aber recht weit außerhalb der Stadt liegenden Begräbnißplatz. Der Kustode wurde aufgeklopft und aus den Büchern ergab sich bald die Stelle, wo mein armer, so unglücklicher Bruder Wilhelm seine letzte Ruhe gefunden hat. Ein hölzernes Kreuz mit Inschrift bezeichnet die Stelle. Der Grabhügel selbst ist ganz eingesunken und eben, er wurde durch keine sorgliche Hand gepflegt. Mir fiel immer das hübsche Lied, was Henry singt, ein: „Möchte wissen, wenn ich bald begraben werde sein." Wenn ich 1864 noch lebe, so möchte ich wohl die hundert Gulden daran wenden, um diese Stätte, die nach dreißig Jahren umgegraben wird, zu sichern. Um acht Uhr fuhren wir nach Kassel und dann mit dem Dampfschiff bis Koblenz. Es war eine köstliche Fahrt, das Wetter fast zu heiß. Um vier Uhr kamen wir hier an. Das Wasser ist sehr niedrig und bildet am Mäusethurm mehrere Kaskaden. Prinz von Preußen ist in Saarburg, um den die preußische Grenze passirenden Kaiser Napoleon zu komplimentiren. Um fünf Uhr wurden wir Hungrigen erst gespeist. Dann machte ich bei Mond- und Sternenschein eine Promenade. Es war die schönste, wärmste Sommernacht. Ich ging durch die Schloßstraße nach unserem ehemaligen Hause. Da es Sonntag war, so erschallte bei Hubert Hüsler natürlich die Tanzmusik, die wir so oft in unserem Saale hörten. Dort wohnen jetzt Engländer. Ich ging dann zum Löhrthor hinaus übers Glacis bis an den Rhein, der lautlos vorüberglitt und auf dessen Spiegel die Sterne funkelten. Von da ging ich noch auf die Brücke und dann zum Thee.

Die Nacht war so schön, daß ich noch bis Mitternacht meine Cigarre im Fenster rauchte. Der Mond hatte sich zu Bette gelegt, aber die Sterne leuchteten um so heller. Nach und nach erloschen die Lichter auf der Brücke, auf den Schiffen, auf dem Helsenstein und das meinige.

Heute Morgen bedeckte dichter Nebel Alles, aber jetzt, zehn Uhr, bescheint die heiterste Sonne die prächtige Aussicht vom Schloß; ich will mich nun anziehen, erst die nöthigen Besuche abmachen und dann in der lieben Koblenzer Gegend herumdämmern.

Den Geburtstag wird Frau Prinzeß wahrscheinlich in Bingen zubringen, wohin denn schon morgen abgereist wird, sonst hätte ich Dich am Ende doch noch hercitirt, aber die Zeit ist gar zu kurz und wir kehren jedenfalls bis zum zweiten früh nach Berlin zurück. Adieu, liebe Marie, Dein Helmuth.

*

Potsdam, den 0. Oktober 1857.

Liebe Marie! Die telegraphischen Nachrichten über das Befinden des Königs waren derart, daß der Prinz beschloß, noch diese Nacht zurückzukehren. Wir verließen deshalb Muskau gestern Abend zehn Uhr, fuhren mit Extrapost nach Sorau, wo der Eilzug schon wartete. In Frankfurt ging eine Depesche vom Prinzen von Preußen ein des Inhalts: Das Leben des Königs war in Gefahr, ein Aderlaß hat Besserung gebracht, hoffentlich dauernd. Beeile aber Deine Rückkehr. Um halb sechs waren wir auf dem Frankfurter Bahnhof, fuhren gleich nach dem Potsdamer, nahmen Extrazug und langten um 7 Uhr in Sanssouci an. Der Prinz ging zu seinem Vater, welcher die Nacht dort zugebracht. Ich traf General Gerlach, Treskow, Gröben und Doktor Weiß. Der König ist gestern Abend betäubt gewesen und ganz braun im Gesicht. Man fürchtete das Aeußerste und schritt zum Aderlaß. Einem Schlagfluß ist wahrscheinlich dadurch vorgebeugt worden. Der König hat geschlafen und ist heute bei Besinnung, aber der Zustand ist immer noch gefährlich. Die Königin ist gefaßt und ergeben. Die Prinzen hat der König nicht gesehen. Das heutige kurze Bulletin wird große Bestürzung erregen. Es sagt, daß gestern ein heftiger Blutandrang nach dem Gehirn stattgefunden, und daß das Uebel noch nicht beseitigt. Wenn die Aerzte (Schönlein, Weiß und noch ein dritter) das öffentlich aussprechen, so muß wohl große Gefahr noch vorhanden sein. Die Königin hat die Anwesenheit des Prinzen von Preußen gewünscht, und es war glücklich, daß er eben hier war. Prinz Friedrich Wilhelm ist in Sanssouci geblieben, und ich bin nach dem Kabinetsgebäude zurückgekehrt. Was die nächsten Stunden bringen, läßt sich nicht übersehen. Ich muß vorläufig abwarten. Gegen Mittag gehe ich noch einmal hinaus, um zu erfahren, wie es ist.

Zur Beerdigung von Reyher würde ich gerne morgen nach Berlin kommen, doch hängt Alles davon ab, wie es hier geht. Die Reise war sonst sehr hübsch. Herzog und Herzogin von Holstein empfehlen sich Dir. Ich traf dort eine Jugendbekannte von Dir, aus dem Bielkeschen Palais Julie Krogh, welche als Hofdame dort fungirt. Aus Sagan die schönsten Grüße an Dich von Radziwills. Die junge Frau Antosch ist allerliebst. Alle kommen nach Berlin zum — Königs Geburtstag!! Sagan ist sehr prachtvoll. In Muskau, wo wir nur binirten, war die verwittwete Königin der Niederlande, Schwester des Kaisers Nikolaus.

Gott helfe unserem armen König! Adieu, liebe Marie.
Dein
Helmuth.

Potsdam, Sonnabend Abend.

Liebe Marie! Ich muß Dir doch gleich schreiben, daß wirklich eine Wendung zum Bessern eingetreten zu sein scheint. Um zehn Uhr heute Vormittag ist der König wie aus einem Traum erwacht. Er rief die Königin mit „mein Liebchen", wie er sonst pflegt, sprach freundliche Worte mit ihr, wünschte, daß das Zimmer heller gemacht würde, und fragte, warum er die Binde um den Kopf trage. (Eisumschläge.) Die Besinnung scheint mehr und mehr wiederzukehren, und dieser gute Zustand hält bis jetzt noch an. Das Gebet in der Friedenskirche, welche sechs Uhr Abends zahlreich besucht war, glich einem Dankgebet. Königin, Prinz von Preußen und alle übrigen Glieder der Familie waren anwesend. Niemand darf sich indeß verhehlen, daß einmal die Gefahr noch groß ist, dann aber auch, daß nur eine wirkliche Genesung an Körper und Geist zu wünschen ist. Dazu möge Gott seinen Segen geben. Die Nachrichten von morgen früh werde ich noch abwarten, ehe ich diesen Brief abschicke.

1858. Ungewißheit über die nächste Zukunft. 353

Hier heißt es, daß Grimm aufgefunden ist und morgen eintreffen wird. Die englische Reise ist einstweilen abgeschrieben, da gar nicht zu übersehen ist, wie die nächste Zukunft sich gestaltet. Die Minister sind heute versammelt gewesen und haben einen Entschluß gefaßt, wie es denn nun mit Führung der Staatsgeschäfte gehalten werden soll. Das Nähere ist mir nicht bekannt, aber etwas muß geschehen. Namentlich kann das Militär nicht ohne höchste Entscheidung bleiben. Nicht einmal der zweite Adjutant des Prinzen kann ernannt werden. Sobald das geschieht, werde ich wohl abgelöset, bis dahin muß ich bleiben.

An Reyhers*) Stelle dürfte wohl vielleicht Reitzenstein aus Frankfurt ernannt werden, ich glaube, es wäre eine gute Wahl.

Sonntag Mittag. — Die Nacht ist sehr gut gewesen. Der König hat viel und ruhig geschlafen. Heute früh hat er zwei Tassen Thee und Zwieback genossen und mit der Königin freundlich und liebreich gesprochen. Er hat gefragt, ob es nicht wunderschönes Wetter sei. Die Eisumschläge sind seit Mitternacht eingestellt und werden nur vorsorglich heute noch erneuert werden. Man fängt allgemein an zu hoffen, aber der Weg zur Genesung, zur vollständigen, ist noch weit.

Wie man jetzt ein Interimistikum einrichten wird, weiß ich nicht. Die Geschäfte müssen doch vorwärts gehen.

Ich hoffe halb und halb, daß das schöne Wetter Dich heute nach Potsdam führt. Herzlichst Dein Helmuth.

*

London, Fentons Hotel den 25. Januar 1858.

Liebe Marie! Daß wir gestern glücklich und wohlbehalten hier eingetroffen sind, ist Euch nach Berlin schon telegraphirt. Der Prinz, Schweinitz, Jastrow, der Doktor und ich hatten das Coupé inne, es war sehr gemüthlich, und der einförmige Weg

―――――――
*) Derselbe war Chef des Generalstabs der Armee und Vorgänger Moltkes.

nach Magdeburg ist mir nie so kurz geworden. Dort trafen wir den Fürsten Radziwil, Prinz Holstein, die Herwarths, Bose und Witzleben. Gliczinski war nicht gekommen, weil nur die Generale befohlen waren. Bose ist unverändert und erkundigte sich angelegentlichst nach Dir. Die Nacht war recht kalt, und mich fror trotz des Pelzes, doch schlief ich fest bis Köln, wo der Kaffee auf dem Bahnhof recht erquickte. Als wir Abends um zehn Uhr nach Calais kamen, hieß es, der Dampfer Vivid habe nicht geheizt, weil die See noch sehr aufgeregt sei. Wir blieben also die Nacht in der finstern alten Stadt, statt in dem freundlichen Dover und fuhren Morgens sieben Uhr ab. Dicht vor den Molen lag das Wrack eines Schiffes, welches gestern verunglückt war. Man hatte zwei Dampfschiffe zur Rettung abzuschicken versucht, aber es war unmöglich, aus dem Hafen zu kommen. Angesichts der Menschenmenge fiel einer der beiden Matrosen nach dreizehnstündigem Aushalten von der Raaßange. Der zweite harrte fünfundzwanzig Stunden auf diesem Sitze aus und konnte dann gerettet werden. — Die See war sehr ruhig geworden, und selbst Karl gelang es, diesmal nicht seekrank zu werden. Wunderschön sahen die Kreidefelsen von Southforeland, röthlich gefärbt von der Morgensonne, aus, wie sie aus der blauen Fluth auftauchten. In Lord Wardens Hotel wurde das luncheon eingenommen, dann eine Adresse des Mayor und der Aldermen der Stadt genossen. Darauf ging es bei Sonnenschein durch die Shakespeareklippen über die schönen Hügel von Kent. Nirgends war Schnee zu sehen. Die Rinder und Schafe weideten auf grünen Wiesen zwischen Eichen- und Buchenwäldchen.

Zierliche gothische Kirchen und alte Burgen drücken der freundlichen Gegend den ehrwürdigen Charakter des Historischen auf. Der Riesenpalast zu Sydenham glänzte noch im goldenen Sonnenschein, aber sobald man sich in das Thal der Themse senkt, sagt man dem Gestirn des Tages Lebewohl. Es war für London schönes Wetter, aber man sah nur graue Silhouetten. Auf dem Bahnhof empfingen uns Prinz Albert, Prinz of Wales und Prinz Alfred. Diesmal ging es mit Cortege von vierzig Horseguards durch Whitehall nach Buckingham, wo der Prinz von Preußen und noch sechzehn Fürstlichkeiten den Bräutigam empfingen. Darauf gingen wir nach unserem Gasthof, nachdem wir noch zur Königin hinaufbefohlen waren. Abends war Galadiner, dann Oper und schließlich rout bei Graf Bernstorff.

Da ich dies Vergnügen kenne, so ging ich nach dem Diner ruhig zu Bette. Heute bei einer Visite sprach ich mit der Gräfin Bernstorff über ihren rout. Niemand hat eine Ahnung, wer da war und nicht. Alvensleben behauptet, daß er anderthalb Stunden nach seinem Mantel gesucht und dann zu Fuß hat nach Hause gehen müssen.

Heute Vormittag habe ich bis drei Uhr gearbeitet, wie wenn ich in Berlin wäre. Dann ging ich drei englische Meilen nach den Stadtvelvillen im südlichen London, wo ich bei dem Rev. Mr. Kemble Miß Elisabeth Wordsworth traf. Sie ist unverändert und von dem lebhaftesten Interesse für Dich. Ich habe ihr durchaus versprechen müssen, daß Du sie besuchen wirst. Die Mutter war nicht in London. Mr. Kemble ist ein wohlhabender Mann, und es interessirte mich, einmal das Haus eines englischen Partikuliers zu sehen. Rothe Damastgardinen, türkischer carpet, Marmorkamin, große Spiegelscheiben, Hothouses, Bad, Library, Parlours, Drawing room, Waiting chamber und so weiter. Aber mit den Kaminen kann ich mich nicht befreunden. Es ist mir unbegreiflich, wie man bei so vielem Komfort auf das Glück einer gleichmäßig warmen Temperatur verzichten kann. Die offenen Thüren und zugigen Fenster erinnern mich immer an Italien; aber obwohl es viel weniger kalt ist als auf dem Kontinent, so sitze ich hier den ganzen Tag mit dem Pelz. In den mit den kostbarsten Gemälden geschmückten Galerien der Königin war heute ein dichter Nebel von Kohlendunst aus den Kaminen, der Alles verderben muß.

Da ich bis acht Uhr Abends nur die Tasse Kaffee genossen, so brachte ich guten Appetit zum Diner mit. Nach

Tisch war Cercle. Ich wurde zur Königin gerufen und dann zur Prinzeß Royal. König Leopold und seine Söhne, Prinz Albrecht, Vater und Sohn, Prinz von Preußen, die Adjutanten und Hofdamen machten eine ganze deutsche Gesellschaft aus. Mit Prinz Friedrich Karl hatte ich eine lange Unterhaltung. Unter den Adjutanten sind hier: Buddenbrock, Massow, Richthofen und Osten vom 26. Regiment mit dem Fürsten Hohenzollern. Dann Rhebern, Boos, Waldeck, Pückler, kurz, es war wie in Berlin.

Die Geschenke an die Prinzeß waren ausgestellt. Eine Perlenschnur vom Bräutigam kostet 27 000 Thaler. Die Majestäten von Preußen schenkten eine prächtige Riviere von Brillanten, Prinz von Wales einen ungemein geschmackvollen Schmuck von Opalen in Brillanten gefaßt. König Leopold Spitzen und so weiter.

Morgen ist nun die Trauung, und wenn die Reporters von dreißig Zeitungen mir etwas übrig lassen, so schreibe ich Dir. Heute habe ich Dir nur sagen wollen, daß ich wohl bin und herzlich wünsche, das von Dir zu hören, da Du bei der Abreise gar nicht recht wohl warst. Es ist Mitternacht und ich schließe mit den herzlichsten Wünschen und Grüßen an Mama und Ernestine Dein Helmuth.

*

London, den 27. Januar 1858.

Liebe Marie! Die Vermählung ist denn gestern glücklich vollzogen und bildete eine sehr schöne und feierliche Handlung. Die Zeitungen werden ausführlich davon berichten, und ich will Dir daher nur das schreiben, was mir persönlich den meisten Eindruck machte. Ich übergehe die Details des festlichen Zuges prachtvoller Equipagen von Budingham nach St. James. Die schweren Glaskutschen, die Rappen mit roth eingeflochtenen Mähnen, die beiden Falben der Königin, welche außer sich selbst anderthalb Zentner Goldbleche tragen und außer der Majestät einen der gewichtigsten Kutscher und vier breitschulterige Lakaien mit Bam-

1858. Vermählung des Prinzen Friedrich Wilhelm.

busflöden in der Hand und mächtigen Blumenbouquets im Knopfloch zu ziehen haben, die Menschenmenge zu beiden Seiten des Weges, die improvisirten hustings, alles das habe ich Dir schon früher geschrieben. Diesmal waren freilich die Bäume für die Schaulust mit benutzt, und mehr als dreißig Menschen schwebten oft in den Aesten über den Häuptern der Spalier bildenden Horseguards. In der Nähe von St. James, wo der mob vom reinsten Wasser vorherrschte, waren die policemen so reichlich vorhanden, daß sie eine doppelte Plattirung bildeten. Die kurzen, mit Blei ausgestatteten Stäbe, die gewöhnlich hinter dem blauen Frack versteckt sind, waren hier alle sichtbar und nicht ganz ohne Wirksamkeit. Das Wetter war so schön, wie es in London nur sein kann, nämlich die Sonne schien außerhalb der Metropole und zeigte dieser den Anblick eines blankgescheuerten, kupfernen Kessels.

Der alte Ziegelbau von St. James sah von außen ganz unverändert aus, doch war das Innere einigermaßen fitted up. In the Queen's closet formirten sich drei Festzüge, zunächst der der Königin, dann der des Bräutigams, endlich der der Braut. Diese Züge bewegten sich durch die sehr schönen, großen Prachtzimmer, die aber wenig zahlreich sind, über enge Korridors und Treppen hinab zu der ganz neu ausgestalteten, aber sehr kleinen Kapelle, eigentlich nur einer königlichen Hauskapelle. Alle Gänge und Treppen waren dicht besetzt mit den vornehmsten Ladies und Gentlemen, denen die heiß begehrten tickets zum eigentlichen Heiligthum nicht hatten gewährt werden können. Alles in großer Toilette.

Den Zügen schrillten Pauken und Trompeten voran. Diesen folgten die Wappenkönige Clarenceux und Norroy, die zwar zuerst unter Edward III. fungirt, aber natürlich noch heute mitwirken, die Herolde und pursuivants of arms zogen hintendrein. Dann weiter rückwärts schreiten die Lords Steward, Lord Chamberlain, die Masters of the horses and of the grayhounds und andere große Hofchargen. Der Herzog von Wellington trug das Reichsschwert hier auf dem Parket ebenso sicher, wie sein eiserner Sire auf dem Schlachtfeld. Seltsam nahm sich poor Mr. Cranwoob aus, der Lord Chancelor, in der Flachsperücke, im schwarzen, goldverbrämten Talar, ein riesiges Portefeuille von rothem Sammet mit dem Reichswappen wie einen Arbeitsbeutel vor sich tragend. Er ging wie ein zum Tode geführter Gefangener zwischen zwei stattlichen Rothröcken, welche jeder eine goldene mace trugen, eine Waffe, die, kräftig geführt, allerdings einen furchtbareren Gegner als den gelehrten Lord niederschmettern könnte. Endlich erschien Her most gracious Majesty in violettem Moiré mit yard-breiten Spitzen, die Schleppe aus violettem Sammet, ein Diadem aus Erdbeerblättern und einen Diamanten auf der Brust, der nächst dem schlecht geschliffenen Kohinoor oder Lichtberg wohl einer der größten der Welt sein mag. Aber schöner als der Juwel nahmen sich ihre vier jüngeren Söhne aus, die im schottischen Kostüme zu beiden Seiten gingen. Die kleinen Burschen mit blanken Beinen, die Adlerfeder auf der Mütze, den mit Topasen besetzten Dolch im Strumpf, den Tartan in den Royal Stuart Farben, nahmen sich prächtig aus. Hintendrein schritt in angeborener und durch Korpulenz erhöhter Würde die Oberhofmeisterin, Herzogin von Southerland, das weiße, schwere Seidenkleid und Train mit Korallen und Perlen besetzt. Die Schleppe der Lady in waiting, der Maids of honour, die Uniformen der Minister, der Grooms of the stool, of the bedchamber and of any other thing muß ich übergehen.

In ähnlicher Weise formirte sich unser Zug, der Jüngste voran, dann General Schreckenstein und ich, die Gesandtschaft, der Prinz-Bräutigam, geführt durch seinen Vater und Prinz Friedrich Karl, dann die übrigen königlichen Prinzen (Frau Prinzeß von Preußen hatte sich eine halbe Stunde früher in die Kapelle begeben). Die Bande spielte dabei den Dessauer. Als wir uns in der Kapelle aufgestellt, erschien die Prozession der Braut. Man darf wirklich sagen, daß sie schön aussah. Sie trug ein weißes Spitzenkleid und Orangenblüthen und Maiblumen im Haar. Kleid und Schleppe waren ebenso mit Weiß und Grün dieser Blumen besetzt. Um den Hals eine sehr bescheidene Brillantschnur. Acht Brautjungfern, aus den schönsten und vornehmsten der Nobility, begleiteten sie, Alle in einfach weißen Musslkleidern, ohne jeglichen Schmuck, nur rothe Rosen im Haar.

Vor dem Altar stand der Erzbischof von Canterbury, der erste Pair des Reiches, rechts vor ihm die Braut und hinter ihr die Königin, Prinz Albert, die ganze englische Königsfamilie und ihre Verwandte, König Leopold, Herzog von Koburg 2c. Links der Bräutigam, seine erlauchten Eltern, die fremden königlichen Prinzen. Die Brautjungfern traten auf die untere Estrade des Altars, dicht hinter dem Brautpaar, und wir vom unmittelbaren Gefolge des Prinzen Friedrich Wilhelm dicht hinter den Brautjungfern. Alles Uebrige war seitwärts unten und auf der Emporkirche rangirt. Der mittlere Raum hinter uns blieb ganz frei.

Nach einer Kantate fing nun die Trauung nach dem nicht sehr langen, englischen Ritual an. Beide Brautleute mußten Jedes für sich die vom Erzbischof vorgelesene Formel nachsprechen. Sie gelobten sich, in Freude und Leid, in Glück und Unglück treu auszuharren, und daß nur der leibliche Tod sie scheide. Auf diese Bedingung hin nahm der Prinz seine künftige Gattin mit einem bewegt gesprochenen, aber festen und lauten: „I will!" Ich habe mich wahrhaft über ihn gefreut bei dieser Gelegenheit. Man las in seinem etwas blassen Gesicht, wie sehr ihn der Ernst der Handlung ergriff, und dabei bewahrte er die feste, männliche Haltung, die ihm vor diesem Publikum gebührt. Wer ihn so sehen konnte wie ich, mußte ihn lieb gewinnen. Es erfolgte dann der Wechsel der Ringe, beide aus schlesischem Golde (es mag gerade ausgereicht haben), ein kurzer Segen und Gesang. Dann brach Alles in umgekehrter Ordnung wieder auf. Man begab sich nach Buckingham, wo die königliche Familie für sich dinirte. Für die Gäste und den Hof war ein großes Galabankei. Das Ehepaar fuhr mittlerweile nach Windsor, wo die Eaton boys, bekanntlich die Söhne der vornehmsten Familien, ihm die Pferde ausspannten und es den Berg hinauf nach dem alten Sitz Wilhelms des Eroberers hineinzogen. — Zwei telegraphische Depeschen an mich von Graf Ziethen aus Breslau und vom 22. Regiment aus Neiße, daß soeben das Wohl der Neuvermählten mit donnerndem Zuruf dort getrunken worden, habe ich noch spedirt. Abends zehn Uhr war Galaconzert in Budingham, und gegen zwei Uhr Nachmitternacht kam man aus Schärpe und gestickter Uniform heraus

Der Prinz von Preußen hatte mich gestern vor der Feier beschoren und ertheilte mir die zweite Klasse des rothen Adlers. Schredenstein erhielt den Stern mit Brillanten, Graf Pückler als wirklicher Geheimerath die Excellenz. Prinz Friedrich Wilhelm schickte mir einen sehr schönen Degen und die Königin heute die silberne Trauungsmedaille.

Heute bin ich zwei Stunden lang herumgefahren, um sechs Brillantdosen zu 2500 und 1500 Thaler Werth anzubringen, fand aber Niemand zu Hause. Ich muß morgen um zehn Uhr früh die Leute im Bett aufklopfen. Lord Clarendon erhält das lebensgroße Porträt des Prinzen, der Erzbischof eine prachtvolle Bibel. Diesen traf ich in Lambeth Castle, was mich sehr interessirte. Es ist eine komplette Burg mit Mauern und Zinnen, die Kirche und Kapelle, Wohnung und weite Hofräume umschließen. Als die königliche Equipage durch das Thor mit Fallgitter rollte, empfing mich His Grace in der Vorhalle. Er trug und trägt also für gewöhnlich die gepuderte Perücke und einen schwarzseidenen Anzug, ungefähr wie die Abbati in Rom. Sein Wohnzimmer scheint das library zu sein, eine weite, gewölbte Halle mit einem großen gothischen Fenster und riesigem Kamin.

Die sechzehn Prinzen, welche Gäste hier waren, verlieren sich jetzt. Der König von Belgien mit den Herzögen von Flandern und Brabant sind heute Mittag schon fort; Prinz und Prinzeß von Preußen gehen heute Abend, die übrigen unserer

Prinzen machen einen Ausflug nach Oxford und Portsmouth und sammeln sich zum G. l. Mls. in Berlin.

Auf frohes Wiedersehen. Dein Helmuth.

London, den 2. Februar 1858.

Liebe Marie. In einer Stunde gehen wir von hier ab per Eisenbahn nach Gravesend, um uns sodann nach Antwerpen einzuschiffen.

Ich werde diese Zeilen morgen in Brüssel auf die Post geben.

Gestern erst erhielt ich Dein Schreiben vom 27. v. Mts.; es wird Dir seitdem mein Bericht über die Vermählungsfeier zugegangen sein. Ich wünschte wohl zu wissen, daß Du ganz wieder hergestellt bist. Ich entnehme indeß aus Deinem Schreiben, daß Du das Zimmer nicht hütest, sondern ausgehst. Sorge nur für warme Stuben. Mir ist die Wohnung*) so äußerst angenehm, daß ich recht wünsche, Du möchtest Dich mit derselben befreunden.

Es mag wohl kalt bei Euch sein, hier ist das Thermometer noch selten und wenig unter den Gefrierpunkt gefallen. Alle Felder sind grün und Schaf- und Viehheerden waiden darauf. In Windsor fanden wir Rosen und Myrthen im Freien blühen. Ich war in Windsor sehr behaglich in meinem alten Thürmchen einquartiert. Der Prinz wurde mit dem Garter bekleidet, was aber ohne sonderliche Zeremonie erfolgte. Seitdem sind wir in London, wo Galaoper, Konzerte, Bälle und Drawing room die Zeit ausfüllen. Viel schöne und prachtvolle Geschenke aus verschiedenen Fabrikstädten sind durch Deputationen überreicht. Der Prinz wurde in die Zunft der Fishmongers aufgenommen, welche zwölf Jahrhunderte alt ist. Auch der Royal consort und König Leopold sind Fischhändler. Hübsch war eine Deputation der City of London, die junge Prinzeß las ihren Antwortspeech in einer bewunderungswürdigen

---

*) Behrenstraße 66, das alte Generalstabsgebäude.

Weise, so einfach, herzlich, mit klarer, wohltönender Stimme, daß eine unwillkürliche Sensation durch die Versammlung lief und die allen Flachsperücken die Thränen in die Augen bekamen. Wer sie gehört, mußte sie lieb gewinnen. Ich bin überzeugt, daß sie bei uns sehr gefallen wird. Sie ist wirklich gar nicht auffallend klein mehr, macht sehr gute Toilette und ist voll Verstand, Heiterkeit und Wohlwollen. Ich hoffe, daß Du ihr nicht bloß en masse, sondern speziell vorgestellt wirst. Lady Churchill, die sie begleitet, ist eine der liebenswürdigsten Damen, die mir vorgekommen sind.

Ich war nach Southampton, wo mir das Ordonnance service Office gezeigt worden ist. Das kommt freilich anders als mit unseren Mitteln. Dort arbeitet man mit einem Personal von 1400 Angestellten. Ich habe Manches gesehen, was uns von Nutzen werden soll, und freue mich schon darauf, wieder in meine Wirksamkeit zu treten. Gestern bin ich shopping gegangen und bringe allerhand hübsche Sachen mit, die ich Dir auspacken werde. Jetzt schließe ich vorerst mit Old England ab. Das Wetter ist natürlich foggy, misty, cloudy, dark, raining, wet, chilly und unpleasant, aber ziemlich ruhig, so daß die Meerfahrt hoffentlich gut überstanden werden wird. Auf Wiedersehen also vom Kontinent aus.

*

Löwenberg, den 11. Juni 1853.

Liebe Marie. Da ich so kümmerlich heute abfuhr, so will ich Dir doch gleich schreiben, daß die Reise*) heute sehr gut vor sich gegangen ist. Schon auf der Droschke wurde mir wohler. Fast wäre ich zu spät gekommen, da die Stralauer Brücke reparirt wird und dadurch ein Umweg durch die Königstraße nöthig wurde. Die Hitze war durch starken Luftzug gemäßigt, und es machte mir ein großes Vergnügen, die schönen, wogenden Kornfelder zu

---

*) Zur Rekognoszirung des Manöverterrains für das 3. und 6. Armeekorps.

sehen. Mit jeder Station ging es besser. Um vier Uhr kam ich in Bunzlau an und fuhr mit der Troschke gleich drei Meilen weiter hieher, wo ich halb sieben Uhr ganz wohl anlangte. Ich habe ein sehr kühles Zimmer, in dem ich sehr behaglich bin. Der Weg hieher ist sehr hübsch, und das Gebirge zeigt sich prächtig. Die Koppe hat in den Schneegruben noch Schnee, der silberhell glänzte. Der Kutscher zeigte mir mit Stolz den Husarensprung, eine furchtbare, senkrechte Klippe, von welcher, um der Gefangenschaft zu entgehen, ein preußischer Trompeter in die Bober setzte. Löwenberg ist ein hübsches Gebirgsstädtchen, der Gasthof sehr gut. Das köstliche, eiskalte Gebirgswasser benutzte ich, um den Moselwein zu kühlen, der mir mit Spargel und vortrefflichem Schinken sehr gut schmeckte. Morgen sechs Uhr geht es nach Goldberg. Ich hoffe, daß die Reise mir sehr gut thun soll. Jetzt ist es acht Uhr, und Ihr sitzt wohl beim Thee. Der Porter ist mir sehr willkommen und soll morgen zum Frühstück dienen. Herzlichst gute Nacht. Helmuth.

Kantonnement Berghof, den 13. September 1858.

Liebe Marie. Also heute bist Du in Briz, Du wirst diese Zeilen in Berlin vorfinden.

Bis jetzt ist Alles glücklich gegangen. Vorgestern bei der Parade des sechsten Armeecorps hatte ich, da der Braune sehr lebhaft ging, mich beim Bereiten der Front sehr erhitzt, beim Vorbeimarsch lange haltend, erkältet und bekam einen starken Rheumatismus. Beim Aufathmen that es sehr weh, aber nicht in der Brust, sondern in der Schulter; ich glaubte, es würde eine Rippenfellentzündung, aber heute ist es mit Hülfe von etwas Einreibung schon ganz wieder gut. Die Pferde sind wohlauf (unberufen). Ich liege hier in Berghof bei den guten Schweiniz, alle Bekannte aus Breslau, ganz vortrefflich. Täglich muß ich zu Tisch nach Domanze zum Prinzen, gestern zweimal. Das große Diner war in dem mächtigen Zelt, 180 Couverts. Heute Korpsmanöver des sechsten Armeecorps, eine Meile von hier. Ich reite den Fuchs, Josef kommt mit dem Braunen um zwölf Uhr nach, faßt in einem nahen Dorf Fourage, füttert und marschirt dann noch drei Meilen bis Striegau, wo morgen die Feldmanöver der beiden Korps beginnen. Wir kehren heute Mittag zu Wagen hieher zurück und fahren morgen früh per Eisenbahn nach Striegau und bleiben dann in Liegnitz, von wo ein Extrazug uns täglich nach dem Manöverterrain fährt. In Liegnitz wohne ich in der Ritterakademie sehr gut. Ein alter Hausdiener putzt meine Sachen. Eine Extrapost steht zu meiner Disposition. Bis jetzt haben meine beiden Pferde Alles sehr gut ausgehalten, obwohl mit dem Prinzen von Preußen zu reiten keine Kleinigkeit ist. Das Wetter ist vortrefflich gewesen. Heute dichter Nebel, der aber fällt. Hoffentlich bleibt es schön. Die Truppen werden fünf Nächte biwakiren. Viele alte Bekannte sieht man bei so einem Manöver wieder. Leider sind wir immer abgesondert von den Truppen.

Adieu, liebes Herz, zum Schreiben ist wenig Zeit. Herzlichst Dein   Helmuth.

*

Liegnitz, den 21. September 1858.

Liebe Marie. Die Manöver sind nun glücklich beendet, für mich wenigstens, nicht für Alle, denn verschiedene Verwundungen, Beinbrüche und Stürze mit den Pferden haben stattgefunden, wie das nicht anders möglich ist bei solchem Getümmel. Oberst Alvensleben fiel beim Ausmarsch mit seinem Pferde in einen Graben und hat sich recht schlimm am Knie beschädigt. Er ist nach Berlin zurücktransportirt. Mich hat kein anderes Unheil betroffen, als daß gleich am zweiten Manövertage der Braune im Stall geschlagen worden ist. Er hat noch heute ein ganz dickes Sprunggelent und Piephacke, doch lahmt er im Schritt wenig, und ich hoffe, es soll sich verziehen. Der gute Fuchs hat Alles allein durchgemacht und viel Bewunderung gefunden. Das Wetter war prachtvoll, und in der herrlichen Umgegend gewährten die Manöver ein schönes Schauspiel. Der Gesundheitszustand der Truppen war vortreflich. Im Ganzen fiel das Manöver gut aus. Walbersee war der

Hauptsieger. Wir fuhren alle Tage mit Extrazug hin und wieder zurück. Abends sechs Uhr Tafel beim Prinzen auf dem Schloß.

Noch auf dem Schlachtfelde am Schluß des letzten Tages wurde Waldersee vom Prinzen im Namen des Königs zum General der Kavallerie, Lindheim zum Chef des zehnten, Erzherzog Leopold zum Chef des sechsten Infanterieregiments ernannt, und ich erhielt einen blauen Brief:

„Ich nehme die Gelegenheit des Schlusses der gemeinschaftlichen Uebungen des fünften und sechsten Armeekorps gern wahr, um Ihnen einen Beweis meiner Zufriedenheit mit Ihrer Geschäftsführung zu geben und Sie hierdurch zum Chef des Generalstabes der Armee zu ernennen.

Liegnitz, den 18. September 1858.

Im Allerhöchsten Auftrag Seiner Majestät des Königs.
gez. Prinz von Preußen."

Sonach werde ich nun wieder die Uniform des Generalstabes tragen.

Heute habe ich eine erste Konferenz mit meinen Offizieren gehabt. Morgen ist Ruhetag und dann fängt die Reise*) an. Hier ist ein ganz allerliebstes Theater, hell und freundlich, und ganz leidliche Schauspieler. Meinen Rheumatismus wurde ich ebenso schnell los, wie er gekommen war. Ich befinde mich sehr wohl, und in die Anstrengung habe ich mich nun während drei Wochen hinein trainirt. Sobald ich den Tag meiner Rückkehr nach Berlin übersehen kann, schreibe ich Dir.

Den Kometen habe ich auch entdeckt, da ich seit vierzehn Tagen keine Zeitung gelesen, so wußte ich gar nicht, daß einer sichtbar sei.

Nun abieu, gute Marie, amüsire Dich gut im schönen Holstein, und auf frohes Wiedersehen in vierzehn Tagen. Herzlichst
Dein
Helmuth.

---

*) Die große Generalstabsreise.

Königsberg, den 21. Mai 1860.

Liebe Marie. Deinen Brief vom Sonnabend fand ich hier vor. Ich dachte mir wohl, daß Deine Erkältung zum Ausbruch kommen würde, und hoffe nur, daß es Dir möglich geworden ist, gestern wirklich abzureisen.

Mir war elend genug zu Muthe, als ich Berlin verließ. Mein Hals wurde immer schlimmer, aber der allgemeine Gesundheitszustand besser. Das Wetter war wundervoll, und die öde̊ste Gegend hatte doch einen blühenden Birnbaum oder eine Tanne mit frischen, hellgrünen Spitzen. Abends trafen wir*) in Dirschau ein, wo ich unter einem dicken Federbett furchtbar transpirirte.

Der folgende Tag verging mit Besichtigung von Dirschau und Marienburg. Man weiß nicht, was man mehr anstaunen soll, den Riesenbau der Neuzeit oder den der sechshundertjährigen Vergangenheit. Eine zweitausend Fuß lange Brücke, die auf fünf Strompfeilern siebzig Fuß in der Luft zu schweben scheint, und jenseits der Nogat das Ordenshaus der deutschen Ritter.

Als das Christenthum schon seit zweihundert Jahren in Dänemark und Norwegen befestigt war, da steinigten die Heiden in Preußen den heiligen Waldemar, wo noch jetzt unweit Pillau ein steinernes Kreuz am öden Strande steht.

Damals war der deutsche Adel, freilich nicht unsere Herren von, mächtig genug, um seinen nachgeborenen Söhnen einen souveränen Staat zu erobern. Dieses jetzt so schöne und überaus fruchtbare Land mochte damals Hermann Salza und Johann Balk nicht sehr anziehend erscheinen. Endlose Wälder wurden nur von Morasten und Seen unterbrochen. Je nachdem sie vordrangen, gründeten sie ihre Burgen, die fast alle heute noch stehen. Unter ihrem Schutz siedelten sich dann Städte an. Solche Schlösser wie Heilsberg, Labiau und vor Allem die Marienburg waren freilich den blinden Heiden unbesiegbar. Was sollten sie auch gegen sechzehn Fuß dicke Mauern anfangen? Das einzige Thor

---

*) Die deutsche Küstenbefestigungskommission.

wurde geschlossen, und die Thurmeingänge lagen zwei oder drei Stockwerke hoch, um Ueberfälle unmöglich zu machen. Der Vertilgungskampf gegen die Preußen dauerte hundert Jahre. Der Orden war freilich so begründet, daß mit Erreichung seines Zweckes er selbst untergehen mußte, denn nur ein Leben des steten Kampfes und Sieges konnte den Gliedern desselben Ersatz für die Strenge der Ordensregel gewähren. Die Ritter hatten Ehelosigkeit, Armuth und Gehorsam gelobt, sie durften keine Münze bei sich führen, kein Eigenthum besitzen, sie schliefen in ihren Zellen bei offenen Thüren im weißen Mantel. Dafür genossen sie neben den höchsten weltlichen auch die geistlichen Ehren; sie hatten die priesterliche Weihe empfangen, durften die Beichte abnehmen, die Absolution ertheilen. Ihr Feldaltar wird noch gezeigt, es ist ein Buch von getriebenem Gold und Silber, welches aufgeschlagen ein Krucifix zeigt. Die meisten Ritter fielen in der Schlacht, aber ihr Reich dehnte sich mehr und mehr aus, und der Orden hatte seine Gesandten in Rom und Frankreich. Unter Winrich von Knipproda war er auf dem Gipfel seiner Macht und zugleich schon im Beginn des Verfalls, denn das ganze Land war erobert, und man bekam es nun mit den Königen von Polen, den Schwertrittern in Livland und den Markgrafen von Brandenburg zu thun. In der Schlacht von Tannenberg fielen fast alle Ritter, selbst Konrad Jungingen, der Großmeister. Die Großmeister hatten seit Siegfried von Feuchtwangen ihre Residenz von Mergentheim nach der Marienburg verlegt.

Die ursprüngliche Burg, das Hochschloß, jetzt Magazin, bildet ein Viereck; es war im Innern durch zwei Etagen Bogengänge umzogen, aus denen man in die Zellen der Ritter trat, ganz wie in den Klöstern. An der Ostseite erhebt sich die schöne Kirche, hinten am Chor steht das große Muttergottesbild, welches den Raum eines Fensters ausfüllt. Es ist fünfundzwanzig Fuß hoch, aus buntem Mosaik im halben Relief auf Goldgrund. Das Christuskind hat die Größe eines Grenadiers vom ersten Garderegiment, und Madonna schaut mit tellergroßen Augen gar nicht sehr lokell in die weite Ebene hinein. Die Heiden verstanden wohl nichts davon, als daß die Fremden eine Göttin herangeführt hätten, die noch einmal so groß als ihr Perkun.

Später erbaute man die Vorburg und in derselben den Prachtbau der Hochmeister nach der sicheren Nogatseite zu. Beides ist mit sehr großen Kosten völlig restaurirt. Dort liegen die beiden Remter, der große Versammlungssaal der Ritter, dessen Gewölbe von drei, und der Remter der Großmeister, dessen Gewölbe von einer einzigen Säule aus Granit getragen werden. Die Polen griffen von dieser Seite an, und eines Tages, als sie alle Ritter beim Großmeister versammelt wußten, schossen sie eine große Steinkugel gegen den Pfeiler ab, um mit einem Schlag den ganzen Orden zu vernichten. Der Stein sitzt noch heute oben im Gewölbe. Die Erdmörser schossen noch nicht mit der Präzision unserer gezogenen Kanonen.

Memel, den 23.

Den 20. kam ich nach Königsberg. Am 22. ging es übers kurische Haff hieher nach Memel. Heute fuhren wir mit einem uns zur Disposition gestellten Dampfer in See. Zu Hause giebt es viel zu schreiben und zu thun. In Danzig will ich etwas Ruhe eintreten lassen.

Gott erhalte Dich, liebes Herz. Dein   Helmuth.

*

Danzig, den 1. Juni 1860.

Gute, liebe Marie. Heute empfing ich Dein Schreiben aus Ratzeburg vom Montag den 28. v. Mts. Heute bist Du also wohl bei Mama angekommen. Ratzeburg, im grünen Schmuck der Buchenwaldungen, mag gewiß recht schön gewesen sein, so lange das Wetter freundlich.

Am Sonntag war die Hitze sehr groß, aber seitdem ist es bitterlich kalt geworden und gestern und heute wurden wir tüchtig naß, aber jetzt schadet mir das nichts mehr. — Wir gingen von Memel über das kurische Haff nach Pillau, wo es recht hübsch war; ich wohnte am Leuchtthurm und sah aus meinen Fenstern über das Meer, welches an den Molen heftig brandete. Mit einem Segelboot fuhren wir über das frische Haff, gewannen die Eisenbahn, fuhren noch einmal über die prächtige Brücke von Marienburg und Dirschau und trafen Sonnabend Abend in Danzig ein. Bei schönem Sonnenuntergang schlenderte ich noch umher und wünschte recht, daß Du hättest mit mir gehen können. Danzig ist wirklich eine schöne Stadt und trägt so recht den Stempel der naturwüchsigen Eigenthümlichkeit. Erst 1793 wurde die Stadt preußisch, bis dahin war sie, obwohl unter polnischer Hoheit, eine Republik. Die prachtvolle Marienkirche, die siebzig Fuß hohen Wälle, das schöne Rathhaus mit einem Thurm wie der von Antwerpen, zeugen von der Macht und dem Reichtum dieser alten Hansestadt. Alle Häuser stehen mit dem Giebel nach der Straße und haben in der Regel nur drei bis vier Fenster Front, aber fünf und sechs Etagen. Jedes Haus hat seinen „Beischlag", eine Terrasse, auf welcher man bei gutem Wetter (also selten genug) Luft schöpft. Große Linden stehen in den Straßen. Wenn man durch das dreifache „Hohe Thor" in die Langgasse tritt, die hohen, mit schönen Bildwerken geschmückten Giebel zu beiden Seiten, Rathhaus und Börse übersieht, am entgegengesetzten Ende das grüne Thor, wo die Könige von Polen Hof hielten, so wird man wirklich von Bewunderung ergriffen. Mitten durch die Stadt zieht die Motlau, mit Schiffen und hohen Masten bedeckt. Die steten Kämpfe, namentlich mit den Kreuzrittern des deutschen Ordens, nöthigten zu den gewaltigen Bollwerken, welche die Stadt noch heute schirmen. Die Berge, welche dicht vor dem Walle mehrere Hundert Fuß hoch aufsteigen, sind durch prachtvolle, burgartige Festen gekrönt, welche die preußischen Ingenieure erbauten. Die Weichsel abwärts erstrecken sich schön bewaldete Höhen, das Kloster Oliva und die Festung Weichselmünde.

Der Gasthof zum „Englischen Hof" muß ein uraltes Schloß sein, mit einem hohen Thurm. Ich wohne in dem Zimmer, welches Prinz Friedrich Wilhelm hatte, als ich vor fünf Jahren mit ihm hier war. Morgen Abend trifft der Prinzregent ein.

Die Stadt giebt ein Fest in der Artushalle, zu welchem ich eingeladen bin. Uebermorgen früh haben das vierte und fünfte Infanterieregiment, das vierte und fünfte kombinirte Regiment, das Garde-Landwehrbataillon, das Marinebataillon, die Artillerie und das erste Leibhusarenregiment Parade, und dann reise ich nach Kolberg weiter.

Vorgestern machten wir eine hübsche Fahrt mit einem mir zur Disposition gestellten Regierungsdampfschiff in den Putziger Wiek nach der Halbinsel Hela. Wir sahen auch Ratzau, das Below'sche Gut, wo der König die Sonnenfinsterniß beobachtete. Heute besuchte ich den Weichseldurchbruch bei Neufähr. Der unbändige Strom hat eine fünfundneunzig Fuß hohe, dreihundert Fuß breite Düne ins Meer geworfen, um sich Luft zu machen.

Auer, den ich mir habe kommen lassen, brachte mir Deinen Brief mit und auch einen von Manteuffel*), der endet: „Ich bin sehr, sehr elend und sehne mich nach Gastein, wenn ich es noch erreiche." Die besten Grüße an Guste und Adolfs. Wann und wo ich Dich abholen kann, ist noch nicht zu übersehen. Mecklenburg, Lübeck, Oldenburg, Hamburg haben gebeten, die Reise auf ihr Litorale auszudehnen. Es ist spät und ich schließe mit den herzlichsten Grüßen. Gott beschütze Dich und erhalte Euch alle wohl. Dein   Helmuth.

Swinemünde, den 10. Juni 1860.

Liebe Marie. Meinen Brief aus Danzig wirst Du erhalten haben.

Der Empfang des Regenten war sehr hübsch. Die schöne alte Stadt hatte sich mit Kränzen und Blumen geschmückt. Alle Schiffe wimpelten, Abends war illuminirt. Die königlichen Ehren, Glockengeläute, Geschützsalut und Ehrenpforten, waren verboten. In dem alten Artushof, einer großen gothischen Halle im Renaissancestil, war eine strahlende Gasbeleuchtung geleitet. Der Wein war trefflich, zahllose Diener tummelten sich um, die Speisen waren

---

*) Chef des Militärkabinets.

daher kalt. Es gab auch Forellen aus dortigen Bächen. Sonntag früh war Parade vor der Stadt und Gottesdienst (Liturgie) im Freien, glücklicherweise bei schönem Sonnenschein. Wir hatten Ordonnanzpferde von den Husaren und blieben zu Pferde; gleich darauf fuhr der Prinz nach Königsberg, ich mit meinen Offizieren in entgegengesetzter Richtung nach dem Rixhöfter Leuchtthurm. Abends kamen wir an einem prachtvollen Schloß und Park vorüber; man nannte uns den Besitzer als Herrn von Graß, den Schwiegervater des jungen Dieſt. Ich machte mir den Spaß, eine Karte abzugeben, da ich wußte, daß von Graß mit nach Königsberg war. In Großendorf, wo die Halbinsel Hela (Hölle) sich dem Kontinent anschließt, kam über eine Weile weit auf einem prächtigen Araberschimmel der junge Graß nachgesprengt; es half nichts, wir sollten die Nacht da bleiben. Ein Besuch in dieser äußersten Entlegenheit ist ein Ereigniß. Wir nahmen einen willkommenen Thee ein. Frau von Graß empfiehlt sich Dir angelegentlich. Sie hat Dich in Berlin bei Frau von Schwanenfeld wieder gesehen, war Deines Lobes voll und erinnerte sich, daß wir ihr in Rom den Schlüssel zu unserm Palco in der Oper geschickt. Bemerkenswerth war mir an diesem Tage eine Schaar wilder Schwäne. Erst gegen Morgen kamen wir ins Quartier durch Wald und auf unausstehlichen Wegen. Seltsam, daß eine Freundlichkeit in Rom so herzlich in Kassuben erwidert werden konnte. Dies Kassuben und überhaupt der östliche Theil von Hinterpommern ist übrigens ein wunderschönes Land mit prächtigen Landsitzen auf Gütern, die drei-, vier-, ja neuntausend Morgen groß sind. — Auch die folgenden zwei Nächte kamen wir erst nach Mitternacht ins Quartier, so daß wir Alle etwas übernommen sind. Dabei regnete es und war bitterlich kalt, so daß ich mich wieder erkältet habe und seit ein paar Tagen fiebere. Ich hatte in Kolberg ein zu kaltes Quartier. Hier in Swinemünde ist es nun wunderschönes Wetter, der Gasthof und seine Betten sind vortrefflich, und ich hoffe, Dir morgen schon schreiben zu können, daß es mir besser geht.

Die Insel Wollin ist überaus malerisch. Die bis 100 Fuß hohen Dünen sind mit den prachtvollsten Waldungen dicht bestanden. Freilich meist Föhren, aber mit schönem Laubwald. Von einer dieser Höhen sieht man rechts das Meer, links das weite, spiegelglatte Becken des Haffs, von zahllosen Segeln bedeckt. Die Sonne ging hinter einer schwarzen Gewitterwolke unter, es war ein prachtvolles Schauspiel. Gegen zehn Uhr langten wir hier an und fanden das Fortifikationsboot schon bereit zum Uebersetzen.

Aus meinen Fenstern in einem Thurmstübchen habe ich einen köstlichen Blick über die weiten Windungen der Swine bis zu dem 200 Fuß hohen Leuchtthurm, der schlank wie ein Minaret an der Wurzel der Molen steht, die sich 2000 Schritte, also fast eine Viertelmeile in See erstrecken. Fortwährend rauschen die großen Dampfer vorüber, und mächtige Schiffe liegen in fast unübersehbaren Reihen längs der Quais. Eine herrliche Laubwaldvegetation umgiebt den freundlichen Ort, und dahinter in endloser Ausdehnung die schwarzen Föhrenwaldungen. Heute Nachmittag machten wir eine reizende Fahrt nach dem Golm, einem 100 Fuß hohen Berg, der, mit den köstlichsten, großen Buchen bestanden, auf dem Gipfel eine überraschende Aussicht gewährt. Man übersieht 50 Quadratmeilen See und Land.

Unsere Gesellschaft ist vollkommen einmüthig, guter Dinge und angenehm, es wird viel gelacht, namentlich muß der dicke Seekapitän herhalten, was er mit guter Miene thut. Der Artillerist hat den Auftrag, sich für uns Alle zu ärgern; er muß Alles bezahlen und Postpferde bestellen. — Es ist wohl interessant, auf diese Weise das ganze Küstenland zu durchreisen. Ueberall das größte Entgegenkommen. Wo wir hinkommen, warten schon die Ordonnanzen, die Honneurposten werden aufgeführt, der Platzmajor holt die Parole, die Postillone fahren die Meile in fünfunddreißig Minuten. Ich wünschte nur, daß ich erst ganz wiederhergestellt wäre. Morgen Sonntag will ich mich aber recht schonen. Uebermorgen Nacht werden wir wohl in der Wohnung des Loosen auf Ruden zubringen, dem einzigen Haus auf dieser kleinen Insel.

Wir nehmen aber eine Provision Sherry mit. Dann geht es nach Pulbus auf Rügen.

Schade, daß Du nicht dabei bist. Für heute gute Nacht, liebe Marie, es ist neun Uhr, und ich versuche mich zurecht zu schlafen.

Sonntag. — Heute geht es mir etwas besser, aber ich fiebere noch etwas. Es war auch wieder recht anstrengende Arbeit, und dabei Gewitterluft und vorübergehend ein wahrer Sturm aus Süd. — Ich vergaß, Dir zu erzählen, daß wir unterwegs Prinz Friedrich Karl begegneten. Er sprang gleich aus dem Wagen und wir plauderten wohl eine Viertelstunde auf der Chaussee. Er wäre am liebsten gleich mit uns gekommen.

Adieu, liebe, gute Marie, tausend freundliche Grüße an die Verwandten. Herzlichst der Deine   Helmuth.

*

Wismar, den 19. Juni 1860, Abends.

Liebe Marie, nachdem ich in Stralsund keine Nachricht von Dir erhalten, wußte ich nicht recht mehr, wo ich Dich suchen sollte. Heute indeß ging mir durch Aner Dein Schreiben aus Ranzau zu, nach welchem Du morgen nach Cismar gehen willst. Nun habe ich Cismar früher als Du gesehen, nämlich heute von der See eine Kirchthurmspitze, die mir so bezeichnet wurde. Rechts davon erheben sich noch zwei Kuppen, die ich für die „rauhen Berge" von Augustenhof hielt. Nachmittags vier Uhr wird es in Cismar stark geregnet haben. Wie schade, daß ich Deine Nachricht nicht früher erhielt, um Dir schreiben zu können, daß ich morgen Abend in Ratzeburg eintreffen kann; ich vermuthe, daß Du diese Richtung nimmst, es wäre zu hübsch, wenn wir da zufällig zusammenträfen.

Von Swinemünde reisten wir durch tiefen Sand und bei kaltem Regenwetter längs des Strandes und schifften uns in Peenemünde ein. Ein scharfer Wind bei wenig See trieb in unglaublich kurzer Zeit das Lootsenboot nach Ruden hinüber.

Der Abend war schön, und die untergehende Sonne vergoldete die nahe Küste von Rügen. Während wir das Dampfschiff erwarteten, sammelten wir auf der oben, kleinen Insel Möweneier; ich fand drei Nester mit acht Eiern, die wir uns kochen ließen. Das Dampfschiff führte uns schnell nach dem reizenden Putbus. Wir besahen uns den schönen Schloßpark und nahmen dann ein vortreffliches Diner ein, zu welchem ich ein paar Flaschen Champagner springen ließ. Während der viertägigen Ruhe auf Rügen hatten wir köstliches Wetter und prachtvolle Aussichten von den hohen Ufern über das blaue Meer und die prächtigen Buchenwaldungen der Insel. Eine Nacht brachten wir auf Stubbenkammer zu, wo die Kreidefelsen 500 Fuß senkrecht abfallen. Sehr interessant war auch Stralsund, welches bis 1815 schwedisch gewesen ist. Die Marienkirche ist eine der schönsten in Norddeutschland. Auch Rostock mit alten Stadtmauern und hohen Wällen ist eine wunderschöne Stadt. Dort traf ich die medlenburgischen Kommissäre. Abends gingen wir in das Tivolitheater und sahen den „Artesischen Brunnen".. Der Großherzog hat den Befehl gegeben, für unser Fortkommen zu sorgen, und so fahre ich mit vier Pferden Extrapost durch den schönsten Theil von Medlenburg. (Gestern Nacht blieben wir in dem köstlichen Doberan.) Heute hat die Stadt einen Dampfer zu meiner Disposition gestellt, mit dem ich heute sechs bis sieben Meilen gemacht habe. Ich bin jetzt vollkommen wiederhergestellt, und Alles macht mir viel Vergnügen. In Medlenburg ist es, als ob ich in Preußen reiste. Der Kommandant in Schürpe bringt den Rapport der Garnison, ein Unteroffizier meldet sich als Ordonnanz, ein Offizier schickt seine Equipage ꝛc.

Morgen Mittag gehe ich nach Travemünde und Abends nach Lübeck und wahrscheinlich noch nach Ratzeburg. — Hannover will nun auch Kommissäre schicken, so daß meine Reise sich wohl bis in die ersten Tage des Juli verlängern wird.

Schreibe mir, bitte, zum 28. dieses Monats nach Varel im Großherzogthum Oldenburg, wo Du bist und wo ich Dich abholen soll. Am besten wäre es wohl, wenn Du Ende des Monats nach Ranzau gingest. Nun Adieu, liebes, gutes Weibchen. Herzlichst Dein Helmuth.

Hamburg, den 24. Juni 1860.

Liebe Marie. Ich hoffte Dir zu begegnen und schickte Georg am 20. in alle Wirthshäuser Lübecks, um zu erfahren, ob Du dort etwa abgestiegen seist. Du wirst aber über Neumünster gegangen sein.

Nachdem man uns in dem allerliebsten Travemünde ein vortreffliches Diner gegeben, liefen wir mit dem Dampfschiff die Trave hinauf bis Lübeck. Noch am Abend besahen wir uns das schöne Burgthor, die von Linné in eine reizende Landschaft umgewandelten, hohen Stadtwälle mit ihren alten Ulmen, das seltsame Holstenthor und bei Halbdunkel auch die Marienkirche. Am 21. habe ich meinen Offizieren nach fünf Wochen den ersten wirklichen Ruhetag gegeben und ging selbst mit dem Frühzug nach Ratzeburg. Am 22. Abends fuhr ich nach Hamburg, Hotel de l'Europe, wo gestern die hannoverschen Kommissäre eintrafen. Ich ging in einen Keller, wo ich ein Dutzend vortrefflicher Austern verzehrte. Gestern offizielle Besuche, Fahrt mit einem ganz kleinen Schraubendampfer auf der Alster nach Eppendorf, sehr gutes Diner im Gasthof. Abends Promenade nach dem Sinnsang. Thee bei Richthofen. Heute großes Diner in Blankenese bei Syndikus Merck. Um drei Uhr holt mich Richthofen ab, wir wollen unterwegs die Treibhäuser von Boothe besuchen.

Für morgen hat man mir ein Dampfschiff zur Disposition gestellt. Ich werde die Nacht in Cuxhaven bleiben, am 26. nach Bremerhaven, 27. und 28. nach Varel, 29. Emden. Ich kann aber noch nicht übersehen, ob ich auch nach Hannover muß.

Vor dem 1. Juli komme ich wohl nicht nach Hamburg zurück. Danach triff nur Deine Maßregeln. Adieu, liebe Marie, ich freue mich eigentlich recht auf Berlin. Der Thiergarten wird prächtig sein, und mit der Hitze hat es vorerst nichts auf sich. Auf frohes Wiedersehen, herzlichst der Deine Helmuth.

Jülich, den 24. September 1860.

Liebe Marie. Ich denke, ich werde vielleicht noch einen Tag nach Berlin kommen, bevor ich zur Uebungsreise abgehe. — Es regnet fast täglich, doch war es sehr hübsch in Trier, wo ich die ganzen Tage in den Bergen herumkletterte. Der Fürst*) und Prillwitz kamen am 20. Wir machten dann die Tour im Wagen, binirten beim Fürsten, und ich ging mit ihm nach Luxemburg, um das wunderbare Felsennest einmal recht genau zu sehen. Noch stehen die Thürme aus der karolingischen Zeit aufrecht. Neunzig Fuß hohe Mauern steigen von den ebenso hohen, senkrechten Felsen auf. Der Felsen selbst ist zu Kasematten ausgehöhlt wie in Gibraltar. Voigts-Rhetz, der Kommandant, gab ein Souper nebst Pfirsichbowle zum Besten. Gestern fuhren wir über Arlon, Namur, Lüttich, Aachen hierher. Ich habe eine sehr schöne Wohnung mit gutem Bette, Ordonnanz und Pferde zur Disposition. Hier ist nun Wallensteins Lager, Offiziere von allen Stationen und Bekannte die Fülle.

Heute Nachmittag drei Uhr traf der Regent ein. Alle Straßen waren mit Flaggen geschmückt, und großer Empfang. Obwohl ich schon zu Mittag gegessen, dinirte ich um vier Uhr noch einmal, da die Excellenzen befohlen waren. Abends großer Zapfenstreich. Im Gasthof gewaltiges Treiben. Alles voll Offiziere, unsere und fremde. Eben habe ich eine Partie Whist gespielt.

Morgen große Sprengungen und Brescheschießen. Dann Diner beim Regenten.

Alles Uebrige mündlich. Adieu, liebe Marie, herzlichst der Deinige Helmuth.

*

Düren, den 23. September 1861.

Liebe Marie. Mir ist es in der ganzen Zeit unmöglich, irgend etwas zu thun oder zu denken, als was auf die unmittel-

---

*) Fürst Radziwill, welcher Inspekteur der Festungen war.

bare Gegenwart*) Bezug hat. Seit Berlin und bis vor wenigen Tagen habe ich keine Zeitung in der Hand gehabt, und manchen Abend bin ich fiebernd zu Bett gegangen. Als ich am 7. nach Köln kam, fand ich nichts geregelt oder vielmehr Alles verschieden und ohne Uebereinstimmung angeordnet, weil drei oder vier Behörden von Berlin, Koblenz und Münster dekretirten. Bei nur drei Tagen Zeit blieb mir nur übrig, Post, Eisenbahn, Marstall und Regierungskommissarien zu versammeln und auf eigene Verantwortung Alles festzustellen, dann dem Könige nach Aachen entgegenzureisen und auf der Fahrt nach Köln die nachträgliche Genehmigung zu erlangen. Alles hat denn auch genau gestimmt; aber mit wahrer Angst habe ich manchmal, wenn der Eisenbahnzug anhielt, ausgeschaut, ob die Wagen da hielten, oder, wenn diese das Rendezvous der Reitpferde erreichten, ob nicht die Hoheiten, Durchlauchten und Excellenzen von siebzehn Nationen im Regen zu Fuß stehen bleiben würden. Es waren 170 Marstallpferde, dann Ordonnanzpferde für 200 Gäste und etwa sechzig Extrapostwagen aus verschiedenen Standquartieren für ein wechselndes Hoflager jeden Tag an zwei verschiedenen Anfangs- und Endpunkten genau zu dirigiren, eine Arbeit, die mir mehr Mühe und Sorge gemacht hat als das ganze eigentliche Manöver. Die körperlichen Anstrengungen waren nicht gering. Um sechs Uhr ging es fort, fünf bis sechs Meilen per Eisenbahn und Wagen. Dann neun Uhr zu Pferd neben dem König bis zwei Uhr Nachmittags und selbst später oft nach fünf Uhr zurück, um sechs Uhr Diner und in der Nacht halb zwei Uhr gingen erst die Dispositionen für den nächsten Tag ein. Was gute Pferde leisten können, habe ich kennen gelernt; die Stute wurde nur gebraucht, um das Pferd, welches ich reiten wollte, zur Stelle zu bringen. Sie frißt sehr schlecht und ist schon ganz mager geworden. Im Laufe des Tages habe ich nie Pferde gewechselt, sondern alle

---

*) Das Königsmanöver am Rhein zwischen dem siebenten und achten Armeekorps.

Tage nur ein Pferd geritten. Dem König zu folgen ist schon an und für sich nicht leicht, nun gilt es aber noch hier und da einzugreifen, Entscheidungen zu geben oder Aufträge zu überbringen auf sehr bedeutende Entfernungen, Alles in der schärfsten Karriere über den hügeligen, vom Regen aufgeweichten Boden, durch Rübenfelder, Saatllee und Gräben. Der große Braune hat sich trefflich bewährt, zitterte aber vor Aufregung; der Fuchs ging nach fünfstündiger Arbeit mit derselben Vehemenz, wie wenn er erst aus dem Stalle käme. Die Pferde sind auch nicht unbemerkt geblieben. „Mais, vous montez comme un jeune homme de dix-huit ans, vous avez servi dans la cavalerie?" sagten die Franzosen, die überhaupt erstaunt waren, was unsere Adjutanten für Pferde reiten und wie sie reiten. Prinz Carl wunderte sich, warum ich lauter wüthende Bestien ritte, und der Herzog von Koburg hat, wie mir gesagt wird, seinem Adjutanten befohlen, den Fuchs zu notiren, um zu erfahren, ob er vielleicht zum Winter verkäuflich sein wird. Ein Handel für Dich. Ueber die Manöver selbst, die hohen Gäste, den Hofhalt in Bensberg, Köln und Brühl wirst Du wohl in den Zeitungen gelesen haben. Solange ich konnte, hielt ich mich in Köln, wo wir unter uns ein munteres Feldlager bildeten. Ich war im Hotel Bellevue einquartiert, von wo ich oft nach dem prachtvollen Dom hinübersah, der denn auch in bengalischen Flammen strahlte, als der König von dem großen Fest im Gürzenich heimkehrte. Das rege Leben auf dem Fluß, die vielen Lichter, die er wiederspiegelt, gewähren auch wirklich einen einzigen Anblick. Eigenthümlich sind die mächtigen Flöße aus dem Schwarzwald. Eins trug ein Dorf von sieben Häusern und einer Kapelle. Ich zählte vierunddreißig Bewohner und eine Kuh. Die riesenhafte Gitterbrücke ist an sich bewundernswerth, drückt aber durch ihre kolossalen Dimensionen alle Umgebungen. Wagen und Lokomotiven sehen aus wie Mäuse in der Falle. Sehr hübsch ist auch der neue zoologische Garten vor dem Kunibertsthor. Die Thiere scheinen sich viel wohler zu befinden als die in Berlin. Dann gab es eine ganz vorzügliche

Gemäldeausstellung und vor Allem den Dom, den man nicht genug bewundern kann. Die letzte Zeit wohnte ich im Schloß zu Brühl. Am Schluß der Uebungen verlieh der König mir die erste Klasse des rothen Adlerordens, wie er sagte, trotz der bevorstehenden Krönung schon jetzt. Auch der Herzog von Koburg hat mir das Großkreuz des Ernestinischen Hausordens umgehangen. Zur Krönung bin ich übrigens auch befohlen, so daß ich nur wenige Tage in Berlin bleiben kann und bald nach Königsberg abgehen muß, wenn ich die Generalstabsreise beendigt habe, welche uns heute nach Düren geführt hat.

Ich liege hier bei einem reichen Fabrikbesitzer im Quartier, der mich mit zwei trefflichen Diners, seltenen Weinen und allen möglichen Bequemlichkeiten wieder etwas hinaufbringt. Morgen geht es ins Gebirg nach Eschweiler, dann über die öde, hohe Veen nach Monjoie und weiter in die Eifel. Es hat zwei Tage stark geregnet und das Barometer steht auf Erdbeben, so niedrig. Bei gutem Wetter wird es eine interessante Tour. Ich rücke morgen mit sechzig Pferden ab, und es ist nicht leicht, sie in den kleinen Gebirgsstädten alle unterzubringen. Manche alte Bekannte habe ich wiedergesehen, aber nur im Fluge. Henry erwischte ich ein paar Mal, er sah prächtig gesund und vergnügt aus, trotz der wirklich großen Strapazen und regnigen Biwaks. Die Bataillone aus Koblenz, Mainz und Rastatt sind per Dampfschiff zurückbefördert und brausten mit klingendem Spiel durch die Rheinbrücke. Ausdauer, guter Wille und Disziplin ließen nichts zu wünschen übrig; damit ist es jetzt anders als bei der Landwehr.

So, nun gute Nacht, liebe Marie. Von Herzen der Deinige
Helmuth.

Lübeck, den 22. April 1862, Abends.

Liebe Marie, ich eile, Dir noch heute Abend den Inliegenden Brief von Adolf zu übersenden. Setze ihn in Zirkulation bei den Geschwistern, aber füge die Bedingung hinzu, daß ich ihn wieder bekomme. Ihr werdet ihn in Ratzeburg mit Interesse lesen. Du wirst daraus ersehen, daß Adolfs*) einen so paradiesischen Aufenthalt in Orotova auf Teneriffa gefunden haben, daß sie sich entschlossen haben, noch vierzehn Tage daselbst zu verweilen. Da sie 1000 Fuß über dem Meere wohnen, auch ihre Wohnung danach eingerichtet ist, so werden sie von der Hitze nicht allzu sehr belästigt sein. Es muß köstlich dort sein.

Bitte, füge dem Brief nach Marseille hinzu, daß wir das Schreiben richtig erhalten haben, und daß ich Adolfs Plan für sehr gut und richtig halte. Einen solchen Aufenthalt mit Muße genießen, ist besser, als viele Orte in Spanien zu durchfliegen, und ich wünsche nur, daß der Dampfer in Gibraltar anlegen möge.

Am 24. dieses Monats, wenn Du noch in Ratzeburg, ich in Rostock sein werde, stechen sie in See, der Heimath zu. Bis dahin werden die Aequinoctialstürme ausgebrauset haben.

Ich hoffe, daß Ihr trocken nach Hause gekommen seid. Es waren recht vergnügte, gemüthliche Tage in Ratzeburg. Sage ihnen Allen von mir.

Dies Lübeck ist für mich ein reizender Ort. Veith empfing mich am Bahnhof und geleitete mich in eine hübsche Wohnung bei Düfile. Dann lief ich zum Mühlthor heraus, sah mir den schönen alten Dom von außen an, dann zum Hörter Thor und Burgthor, besah die alte Burg, das merkwürdige Hospital St. Jakobi, ließ mir die Katharinenkirche aufschließen, ging in die Häuser, um die merkwürdigen Treppenhallen anzusehen, besuchte den Senator Curtius, fiel dann in einen Austernkeller, wo ich ein Dutzend vortrefflicher Austern und eine Flasche Porter genoß, und will nun gleich zu Belle. Die Anderen sind Alle ins Theater zu „Kiefelack und seine Nichte von's Ballet". Morgen sieben Uhr dampfen wir**) ab. Der Barometer ist gefallen, einige schwarze Wolken stehen am Himmel, aber das Leiden kann nicht sehr lang sein.

Adieu und gute Nacht, Du gutes Herz. Dein

Helmuth.

---
*) Moltkes Bruder Adolf war seines Brustleidens wegen dorthin gegangen.
**) Küstenbefestigungs-Commission.

Mainz, den 17. Oktober 1863, Abends.

Liebe Marie. Gestern früh, nachdem ich aufgestanden, mußte ich mich in Halle wieder legen. Es war wohl eine ähnliche Krisis, wie ich sie schon einmal gehabt. Mittags machte ich mich denn doch heraus und fuhr in Gottes Namen weiter. Im Fahren wurde mir besser, der heiße Sonnenschein schlug Nachmittags in Regen um. Gegen sechs Uhr langten wir in Guntershausen an, trafen einen sehr guten Gasthof, und nachdem ich zwölf Stunden aus dem Futter gewesen, aß ich mit gutem Appetit ein Rebhuhn. Ich glaube, ich war in Halle zu früh auf den Thee schlafen gegangen; ich machte daher im Zimmer eine Promenade ab von genau gezählt 5000 Schritt = $^1/_4$ Meile. Da das Zimmer sehr klein und voll Möbel war, so bewegte ich mich (ich brauchte reichlich eine Stunde) wie die Hyäne im Käfig.

Dann schlief ich, freilich in einem ganz vortrefflichen Bette, ganz vortrefflich. Ich wachte völlig gestärkt und mit dem Gefühl der Genesung auf. Wir sollten schon um fünfeinviertel abfahren, und da niemand zum Wecken kam, stand ich auf; es war fünf Uhr. Ohne Kaffee stürzten wir fort; ich hatte Auer und Georg schnell geweckt. Um so angenehmer war dann der Kaffee im schönen Marburg, der Himmel heiterte sich auf, je nachdem wir uns dem Rhein näherten; in Mainz, wo wir um elf eintrafen, schien die Sonne, doch ist es wenigstens in den Zimmern etwas kühl, weshalb ich mich sehr warm anziehe. Ich besuchte den Gouverneur, den Feldmarschall Graf Paumgarten, und Oelrichs, welche den Besuch gleich erwiderten. Um ein Uhr habe ich ein vortreffliches Diner mit sehr gutem Appetit genossen, dann fuhr ich mit Auer nach Weißenau und sah mich in den Werken um. Heute Abend sollte ich Oelrichs in seiner Loge (Robert der Teufel) aufsuchen, aber ich will vorsichtig sein und habe Auer geschickt, um abzusagen. Uebrigens geht es mir heute Abend noch sehr gut. Ich trinke um sieben Uhr Thee und gehe um neun Uhr zu Bett.

Prächtig ist es doch hier am Rhein. Aus meinen Fenstern

sehe ich bis Bieberich und Hochheim, das Leben auf dem Rhein, die stets abgehenden und kommenden Dampfschiffe und die langen Eisenbahnzüge, die über die neue Brücke und dicht unter den Fenstern vorbeifahren. Die Brücke ist viel lustiger, durchsichtiger und eleganter als die Kölner. Der Dom wird ganz restaurirt mit Arabesken im Innern aus lebhaften Farben und Gold.

Wenn ich morgen ebenso gestärkt erwache wie heute, so wird es mit Gottes Hülfe noch weiter gehen. Morgen wollte ich noch mich hier umsehen und übermorgen nach Frankfurt gehen.

Jetzt, gutes Weibchen, herzlichst gute Nacht. Dein

Helmuth.

Mannheim, den 21. Oktober 1863.

Liebe Marie. Gleich nachdem Dein Schreiben vom 16. und 18. abgegangen und Du nach Potsdam gefahren warest, muß mein Brief aus Mainz eingegangen sein.

Die ersten Tage in Mainz waren schön. Oellrichs fuhr uns in der Festung herum. Leider haben wir nun seit drei Tagen dichten Nebel, die Sonne kommt nicht durch, und es ist kalt. Gestern habe ich mich erkältet, Abends bekam ich eine Anwandlung von Schüttelfrost, so daß ich mich mit Hose und Weste eilig ins Bett legte. Ich gerieth bald in starken Schweiß, und heute ist mir wieder ganz wohl. Ich hoffe, daß heute die Sonne durchbricht, und werde nur eine Spazierfahrt in der Nähe machen. Mein behagliches Zimmer im Dir bekannten Pfälzer Hof habe ich heizen lassen und werde heute hier bleiben, morgen denke ich nach Saarbrücken zu gehen und zum 23. mit Kamele in Trier zusammenzutreffen. Mit mir sind Auer, Petersen und Sandrart. In den letzten Tagen des Monats komme ich zurück.

Gestern Mittag waren wir in Worms. Die Luft wird heller, bei Sonnenschein ist die Reise ein wahres Vergnügen, aber der verwünschte Nebel hindert am Sehen. Vorgestern, während wir im Dunkeln tappten, ist in Heidelberg das schönste Wetter gewesen.

Husten und Schnupfen sind fort, Kreuzschmerzen fast ganz. Herzlichst Helmuth.

*

Trier, den 24. Oktober 1863.

Herzlichen Dank, liebe Marie, für Deine Briefe vom 20. und 21.

Aus Mannheim bin ich ziemlich unwohl abgereist. Das Wetter war kalt und trübe, der beständige Nebel sehr hinderlich. In St. Johann fanden wir eine treffliche Aufnahme und ein ganz vorzügliches Diner, französische Küche, welches mich förmlich kurirt. Es fehlt mir an Wärme und ein gutes Diner ist mir Medizin. Ich ließ mir eine Flasche vom besten Champagner geben. Abends genieße ich nur ein Glas Regus, gehe frühe zu Bett und lese „Lost and saved", welches ich Dir mitbringe. Auf dem Wege durch das schöne Saarthal brach endlich die Sonne durch, und ich befinde mich seit gestern wohl, aber ich werde mich vor allen großen Anstrengungen zu hüten haben. Von hier bin ich nun auf dem Rückweg und denke jedenfalls in den letzten Tagen des Monats schon wieder bei Dir zu sein, bis dahin halte Dich tapfer in Deiner Einsamkeit. Als wir gestern früh von Saarlouis abfuhren, wurde ein Schaffner vermißt; in Conz wurde telegraphirt, daß er als Leiche auf der Bahn gefunden. Er war beim Fahren zwischen die Wagen gefallen, Kopf und Arm ab. Frau und drei Kinder. Der Zug ging so ruhig weiter, als ob nichts passirt wäre.

Vom Großherzog von Medlenburg habe ich ein sehr freundliches Dankschreiben über die Manöver erhalten. Am 26. hoffe ich in Koblenz zu sein.

Ich hoffe, daß Du meine Traubensendung aus Dürkheim erhalten hast. Nun adieu, liebe gute Marie. Gott schütze Dich, herzlichst Dein Helmuth.

*

Frankfurt, Englischer Hof, den 24. November 1863.

Liebe Marie. Als wir Sonnabend in Magdeburg einfuhren, war eben der Zusammenstoß des Güterzuges erfolgt, von dem wohl die Zeitungen das Nähere berichtet. Die Locomotive und mehrere Wagen waren aus den Schienen, Trümmer und auch einige Blutspuren daneben. Ein Verunglückter wurde im Tragkorb davongeschafft, und wir hatten nur eben Platz, um vorbeizukommen. Dein Frühstück wurde in Wolfenbüttel eingenommen und schmeckte uns vortrefflich, aber das Glas war so unbillig klein, daß wir jeder sechs leerten. Erst Abends um fünf Uhr bekamen wir in Kassel etwas Warmes, und nach elf Uhr Abends verschmähten wir nicht, hier im vortrefflichen Gasthof einige Nahrungsmittel zu uns zu nehmen. Gestern war die erste Sitzung bei mir, eine Sitzung, aber schon drei Einladungen zum Diner.

Wie jetzt überall, so auch hier große Volksversammlung für Schleswig-Holstein, in der auch von meiner Anwesenheit Kenntniß genommen worden ist. Eine gewaltige Bewegung bleibt nicht aus.

Der Mangel an Doppelfenstern und Grundöfen zeigt, daß der Winter hier nie sehr streng sein kann. Mein Konferenzzimmer heizt sich leidlich gut. Wir essen erst um fünf Uhr und um neun Uhr gehe ich gewöhnlich zu Sydow oder Frau von Radowitz. Meine Anwesenheit hier kann sehr schnell beendet sein, aber auch noch lange sich hinziehen, es läßt sich gar nicht übersehen; jedenfalls schreibe ich Dir, wann ich komme. Es ist abscheulich von Jeanette, daß sie gerade kommt, wo ich weg bin. Grüße sie vielmals. Etwas Schnack kannst Du doch auch schreiben, was Ihr macht. Habt Ihr die Löwen gesehen, Partien gemacht und so weiter? Adieu, liebes Herz, ich muß gleich wieder zu einem großen Diner. Dein Helmuth.

*

Frankfurt, Freitag Abends.

Du wirst Dich gewundert haben, liebe Marie, über meine telegraphische Depesche von gestern fünf Uhr Nachmittags. Ich hoffe, daß sie noch vor Abend bei Dir eingegangen ist, und bin

1863. In Frankfurt. — Wiesbaden.

neugierig, ob ich bis morgen zehn Uhr Alles haben werde, sonst nutzt es freilich nichts. Es ist nämlich der Geburtstag des Königs von Bayern, und ich habe vom Offizierkorps die Einladung zu Messe, Parade und Diner, wo Alles in Gala erscheinen muß.

Heute war ich in Wiesbaden. Es sind viel Russen und Engländer :c., die dort den Winter zubringen. Das Wetter war klar und kalt, und es wird heute Nacht wohl frieren; aber Mittags saßen die Leute vor dem Kurhause im Freien und tranken ihren Kaffee. Der Ort liegt wie im Treibhaus, Front gegen Süden, den Taunus im Rücken, dazu ist von unten geheizt durch die warmen Quellen. Die Gegend ist überraschend schön, und ich dachte immer, wenn man mir in meiner Jugend einen solchen Aufenthalt geboten hätte!

Ich habe mich von den letzten Diners heute etwas erholt. Arbeit giebt's auch genug, und man ist hier im Mittelpunkte der Reibungen. Die persönlichen Verhältnisse sind gut.

Ein Zeitungsgerücht, daß die holsteinschen Truppen in Kopenhagen den Eid verweigert hätten, ist gewiß nicht wahr. — Was in meinen Kräften steht, daß das unglückliche Land nur eher besetzt wird, als die Freischaaren ankommen, thue ich. Das Gesindel regt sich schon wieder.

Gute Nacht, liebes Herz. Dein Helmuth.

Frankfurt, den 30. November, Abends.

Erst jetzt, gute Marie, komme ich dazu, Deine lieben Briefe zu beantworten. Vor Allem thut mir leid, daß Du nun ganz allein in Berlin bist. Wie schade, daß Jeanette schon wieder fort ist.

Schleswig-Holstein kann nicht durch Freiwillige, sondern nur durch eine starke, reguläre Armee befreit werden, und wenn deutsche Bundestruppen dort einrücken, so folgt vorerst daraus noch gar nicht die Formation von holsteinischen Bataillonen. Jedermann weiß, daß Preußen, durch den Londoner Traktat gebunden, wenigstens jetzt noch nicht zu solchen Mitteln greifen kann.

Ich habe jetzt Aussicht, daß meine hiesigen Geschäfte mit Ablauf dieser Woche enden, und daß ich in den ersten Tagen der nächsten zurück bin. Bis dahin halte Dich tapfer. Die gestickte Uniform ist nicht am Dienstag Morgen, sondern erst Abend abgegangen. So kam denn das Packet noch vor zehn Uhr hier an, wo Georg es liegen sah. Da es aber per Post geschickt, so mußte es nun erst auf die Post gebracht und tarirt werden. Die Messe war vorbei, aber ich kam gerade noch zur rechten Zeit zur Parade; von da fuhr man zum bayrischen Gesandten zur Cour, so daß ich alle Schuldigkeiten erfüllt habe. Das Diner dauerte vier Stunden, während ununterbrochener Hornmusik aus nächster Nähe.

Hier im Gasthof lebt man vorzüglich. Nur die Stuben mit den abscheulichen Manteloefen sind bald heiß, bald kalt. Ich vermisse daher sehr die gleichmäßige Wärme in unseren schönen Räumen.

Mein Freund, der dänische General Hegermann Lindencrone, ist in Berlin, vielleicht sucht er Dich auf. Und nun gute Nacht, Du liebes Herz. Herzlichst Dein Helmuth.

*

Flensburg, den 12. Februar 1864.

Liebe Marie! Zehn Grad Kälte heute Nacht ließen uns wenig schlafen, wie warm ich auch angezogen war. Truppenzüge vor und hinter uns. Kaffee auf dem Hamburger Bahnhof. Eierbier in Elmshorn, aber Niemand Bekanntes dort. Unausstehlich langsame Fahrt von Rendsburg. Zehnmal angehalten, Sturm und Schneetreiben, so daß man fürchtete, stecken zu bleiben. Hungrig, durchfroren und ohne Obdach irrte ich mit Wartensleben im schrecklichsten Schneegestöber über eine Stunde umher, dabei Thauwetter, mit allem Gepäck von Gasthof zu Gasthof. Alles besetzt. Ich schickte daher auf die Kommandantur und wurde bei Bäcker Cassen einquartiert, ein kleines nettes Stübchen und sehr freundliche Leute. Sogleich angekleidet und zum Feldmarschall,*) Prinz Albrecht, General Fallenstein und zweimal zum Kronprinzen. Dieser hatte eine Gesellschaft zum Diner eingeladen; telegraphirte aber: „Fest bei Ellingbed, bitte zu speisen." Seine Gäste längst nach Hause gegangen. Gut, daß wir mit dem vorankommenden Zuge noch angekommen sind. Abends neun Uhr schlecht dinirt bei Döll. Auster is nicht. Als ich eben nach Hause kam, sagte mir Georg, daß Henry gestern in diesem selben Zimmer gewohnt hat. Die Frau Wirthin, streng examinirt, sagt aus, daß der junge Herr kreuzfidel gewesen sei. Das Mittagessen und eine Flasche Wein habe ihm so wohl gemundet, daß man ihm heute früh seine Feldflasche damit gefüllt habe. Ob er von hier aus einen Brief geschrieben, wußte man nicht; indeß wird Mama sich hinsichtlich seines Befindens nun wohl beruhigen, und ich schließe, um endlich zur Ruhe zu kommen. Ich bin sehr zufrieden, ganz ohne Schüttelfrost zu sein, trotz der Anstrengung und Kälte. Ueber Dauer meines Aufenthaltes noch nichts entschieden. Buntes Treiben in den Straßen, ungeachtet des fürchtbaren Wetters. Gute Nacht, liebes Herz, herzlichst Dein

Helmuth.

An seinen Neffen Henry.

Flensburg, den 15. Februar 1864.

Mein lieber Henry! Aus dem anliegenden Schreiben wirst Du ersehen, daß Deine Mama in großer Sorge um Dich ist. Ich habe ihnen nun zwar immer gesagt, daß man im Biwak und im Kantonnement nicht viel Zeit zum Schreiben hat, aber da Du doch in Flensburg einen Ruhetag hattest und an der Eisenbahn standest, so konntest Du wohl mal von Dir hören lassen. Es genügt ja, wenn Du nur ein Briefcouvert schickst, und mit Bleistift darauf schreibst: „All is well". Vielleicht hast Du dieses auch am 11. gethan, und Dein Brief ist dann am Sonntag angekommen. Der Zufall wollte, daß ich Freitag

---

*) Feldmarschall Wrangel.

Abend in demselben Zimmer in Quartier kam, welches Du beim Ausmarsch am Morgen verlassen. Da ich erfuhr, daß Du auf dem schwarzen Sofa ganz gut geschlafen, und daß Dein Diner und eine Flasche Wein Dir ganz gut gemundet haben, so habe ich dies sofort nach Berlin mitgetheilt. Sie werden ja denn vorerst beruhigt sein.

Der König hatte mich mit einem Auftrag hierher geschickt, und ich werde noch ein paar Tage bei der Armee bleiben. Ich habe hier darauf aufmerksam gemacht, daß Du dänisch sprichst und schreibst, vielleicht braucht man noch Jemand zu besonderen Aufträgen.

Vorgestern war ich in Gravenstein.*) Dein Kantonnement liegt aber mehr nördlich der Straße hin, und wo Deine Kompagnie steht, ist mir nicht bekannt. Morgen gehe ich nach Apenrade, das heißt, ich fahre mit der Bahn, da ich meine Pferde nicht mit habe.

Tüchtige Anstrengungen habt Ihr gehabt, möchtest Du bald ein glückliches Gefecht bestehen. Herzlichst Dein Onkel

Helmuth.

An denselben.

Ohne Datum.

Mein lieber Henry! Deine Briefe bis zum 20. d. Mts. aus Banz sind alle richtig eingegangen, und haben die Deinigen sehr erfreut. Es hat mir sehr leid gethan, daß Du mich in Gravenstein verfehlt hast. Ich konnte Dich in Deinem Kantonnement nicht aufsuchen; auch wechselte dasselbe gerade.

Ich habe Dich dem Prinzen Friedrich Karl und dem Feldmarschall als einen Offizier bezeichnet, der dänisch spricht und schreibt. Letzterer hat Dich dem Herrn von Zedlitz in Flensburg als solchen namhaft gemacht, und es wäre möglich, daß die Kommissarien Dich heranzögen. Sollte in nächster Zukunft ein

---

*) Hauptquartier des Prinzen Friedrich Karl.

Stillstand in den Operationen eintreten, so würdest Du besser in Flensburg als in den Kantonnements stehen. Es ist schade, daß Dein Bataillon noch keine Gelegenheit zum Gefecht gehabt hat. In der allernächsten Zeit wird es kaum dazu kommen.

Ich habe Onkel Fritz gesagt, weshalb Du ihn nicht besucht hast, und er schien das auch zu würdigen. Er ist ruhig auf seinem Posten geblieben, wird täglich denunzirt, aber ohne Erfolg. Wrangel hat ihn unter den Arm genommen und ist mit ihm durch die Stadt spaziert, und mit Zedlitz habe ich ebenfalls über ihn gesprochen. Sie kennen seine dänische Gesinnung, aber auch, daß er ein ehrlicher Mann ist, der sich auf keine Umtriebe einlassen wird.

Nachdem ich meinen Auftrag ausgerichtet, blieb ich noch einige Tage im Hauptquartier, in der Hoffnung, in Jütland einzurücken. Die Diplomaten haben sich dazwischen gelegt, und so mußte ich zurück. Ich kam nach Flensburg, wo eben alarmirt wurde, fuhr sogleich nach Holnäs, traf aber nach Beendigung des Gefechtes ein. Beifolgend übersende ich Dir eine Karte vom Sundewitt, die Dir willkommen sein wird. Herzlichst Dein Onkel
Helmuth.

An seine Frau.

Flensburg, den 15. Februar 1864.

Liebe Marie! Ich habe Deinen Brief vom Sonnabend den 13. erhalten, und mein Schreiben vom Freitag Abend mit den Nachrichten von Henry wird Dir Sonntag früh zugegangen sein.

Vorgestern fuhr ich nach Gravenstein; weil von der Chaussee herunter kann man jetzt nicht, denn die Wege sind grundlos. Gestern war noch Schlittenbahn, heute der Schnee zur Hälfte schon fort. Der innere Hafen noch gefroren.

Gestern war ich über Glücksburg nach Holnäs gefahren. Mein Auftrag ist erledigt, und ich werde in fünf bis sechs Tagen nach Berlin zurückkehren. Von dem regen, militärischen Leben

hier mündlich. Die Truppen sind nach unerhörten Anstrengungen wohl auf und vom prächtigsten Geist beseelt. Das ganze Hauptquartier speist um fünf Uhr beim Feldmarschall, wo man denn alle alten Bekannten sieht. Morgen gehe ich mit dem Hauptquartier nach Apenrade. Adieu und herzliche Grüße. Dein
Helmuth.

*

Berlin, den 10. März 1864.

Mein lieber Henry! Herzliche Grüße, mein alter Junge. In Jütland geht es frisch vorwärts. Die preußischen Garden stehen vor Fridericia. Das erste Korps kann heute schon über Horsens hinaus sein. Eure schweren Geschütze treffen Mitte des Monats alle ein. Dann geht's bei Euch los. Halte Dich brav und Gott schütze Dich. Herzlichst Dein Onkel Helmuth.

*

Berlin, den 22. März 1864.

Mein lieber Henry! Gratulire herzlich zum Rothen Adlerorden vierter Klasse mit den Schwertern. General Manteuffel schreibt mir eben, daß Se. Majestät der König die Gnade gehabt haben, Dir diese Auszeichnung zu verleihen. Für einen so jungen Offizier wie Du ist das von doppeltem Werth. Was wird Deine Mama stolz und glücklich darüber sein! Sage Oberstlieutenant von der Goltz, daß ich ihm aufrichtig dankbar dafür bin, daß er sich Deiner so wohlwollend annimmt, und Dir Gelegenheit gewährt hat, Dich vortheilhaft hervorzuthun. Meine Empfehlung auch an die Generale von Göben und Wietzigerode, wenn Du sie siehst. Es ist immer von großem Vortheil, unter so tüchtigen Vorgesetzten zu stehen. Eine schwankende Führung kostet dieselben Opfer, und verfehlt das Resultat.

Der Dienst mag beschwerlich genug sein, aber jetzt ist die höchste Wachsamkeit nöthig, denn die ganze Sachlage fordert die Dänen in eben diesen Tagen zur Offensive auf. Ist erst die Parallele eröffnet, dann ist es damit vorbei, doch dauert das noch ein paar Tage. Noch haben nicht alle Batterien errichtet werden können, und ihre Wirkung muß erst abgewartet werden, ehe man zum Sturm schreitet. Düppel muß genommen werden, und es wird auf die eine oder andere Weise geschehen, lange wird es nicht mehr dauern.

Marie grüßt herzlich und dankt für die Blümchen, es ist doch ein Trost, daß die Sonne auch im Sundewitt schon zuweilen scheint. Des Nachts ist es auch hier noch unter dem Gefrierpunkt. Mit Karl Ballhorn geht es den Umständen nach gut — doch kann er noch nicht von Rinkenäs fortgeschafft werden, er kommt, sobald dies angänglich, ins Johanniter-Spital nach Flensburg. Sein Schwager ist zu ihm gereist. Nun Adieu, mein alter Junge, Gott sei mit Dir und schütze Dich ferner! Herzlichst Dein Onkel Helmuth.

Berlin, den 7. April 1864.

Herzlichen Gruß auch von mir, mein alter Junge, und Dank für Dein Schreiben. Ja, diesmal hat der Besuch auf Alsen noch nicht gelingen sollen, aber irgend wie soll Ihr schon hinkommen, und so Gott will, bald. Schreib mir, ob Du irgend etwas brauchst. Hier ist seit gestern Alles weiß von Schnee, und im Sundewitt wird's wohl nicht schöner und wärmer sein. Könnt Ihr denn aus Flensburg was bekommen, denn im Kantonnement wird für Geld nichts zu haben sein. Gott behüte Dich!
Dein Onkel Helmuth.

Berlin, den 20. April 1864.

Mein lieber Junge! Ich danke Dir für Deinen Brief vom 17. und hoffe, daß Du Deiner Mama sogleich einen vom 18. geschrieben hast. Marie hat zwar schon gestern noch Ratzeburg berichtet, daß Du glücklicherweise auf der bisher bekannt gewordenen Verlustliste nicht figurirst. Sie werden aber dort am liebsten von Dir selbst hören wollen. Es thut mir leid, daß Dein Regiment das kühne Unternehmen*) nicht hat ausführen können, welches ihm am Tage des Sturmes zugedacht war, und dessen Gelingen von der entscheidendsten Wichtigkeit gewesen wäre. Wäre es möglich gewesen, so würde General Göben damit zu Staube gekommen sein. Man wird wohl die Sache erst etwas mit Artillerie vorbereiten müssen, und dann sind die Fünfzehner gewiß dabei.

Du kannst Dir vorstellen, daß ich am 18. Vormittags in großer Spannung war. Der König war beim Exerziren auf dem Tempelhofer Felde. Es kam nichts, und Seine Majestät ritten nach Beendigung der Besichtigung nach Hause. Auf dem Rückwege mit dem Fürsten Radziwil zusammen erfuhr ich, daß der König noch einmal umgekehrt sei. Ich ließ also meinen Braunen laufen und begegnete Seiner Majestät im Wagen, der die Gnade hatte, halten zu lassen, und mir die Depesche mittheilte, welche die Wegnahme der ersten Linie meldete.

Heute bin ich auffallenderweise der einzigste hier, der eine detaillirte Berichterstattung durch Hauptmann von Bronsart erhielt; ich habe sie eben zum König geschickt, da ich erfahre, daß derselbe ohne nähere Nachricht ist. Es bleibt aber noch Vieles zu erfahren und aufzuklären. Die Verluste sind groß, aber die Waffenthat ist der Preußischen Armee würdig. Man sieht aber aus der Größe der Einbuße, wie viel mehr der Sturm, und ohne Sicherung des Erfolges gekostet haben würde, hätte man ihn nicht durch Geschütz und Spaten vorbereitet.

Eben erfahre ich, daß Dein Regiment doch tüchtig Feuer von den Alsener Batterien bekommen hat. Schreib mir Deine Erlebnisse, wenn Du Zeit und Muße hast. Die gröbste Arbeit ist nun wohl gethan. Wenn Du glücklich zurückkommst, wollen wir Deine Equipirung schon in Ordnung bringen und überhaupt weiter sehen. Es ist ein Glück für Dein ganzes Leben, daß

---

*) Man hatte sowohl im Anfang März als auch am 18. April bei Erstürmung der Düppler Schanzen Alles zu einem Uebergang nach Alsen vorbereitet.

Dein Truppentheil diesen Feldzug mitgemacht. Du wirst an Erfahrung, Tüchtigkeit und Gottvertrauen reich gewinnen. Marie grüßt Dich herzlichst. Dein Onkel Helmuth.

Berlin, den 27. April 1864.

Lieber Henry! Dein Telegramm aus Gravenstein und Deinen Brief vom 23. d. Mts. habe ich richtig erhalten und mit Dank gegen Gott ersehen, daß Du wohl bist und an dem für unsere Armee ruhmvollen Tage, soweit es Dir vergönnt war, mitgewirkt hast. Hätte an den errungenen Sieg eine dauernde Verfolgung sich anschließen können, so würde durch die Aufreibung des feindlichen Heeres der Krieg seinem Ende sich haben zuführen können. Aber die besondere Natur des Kriegsschauplatzes gewährte auch hier den Dänen, in einer geschützten, neuen Aufstellung sogleich sich wieder zu sammeln und erneuten Widerstand zu leisten.

In dieser Beziehung war und ist noch jetzt der Uebergang auf Alsen von gleicher Wichtigkeit. Man konnte an der Ausführlichkeit mit den vorhandenen Transportmitteln, nicht aber an der entscheidenden Bedeutung des Unternehmens zweifeln. Am 18. standen die Dänen gegen dasselbe vollständig gerüstet. Der an sich so hübsche kleine Coup*) Deiner beiden Regimentskameraden Tags zuvor hatte ihnen die drohende Gefahr nur noch augenscheinlicher gemacht. — Was jetzt noch gegen Alsen unternommen werden kann, nachdem die erste Erschütterung des geschlagenen Heeres vorübergegangen und ein Theil unserer Streitmacht aus dem Sundewitt fortgezogen ist, läßt sich nur an Ort und Stelle beurtheilen. Je größer die Schwierigkeiten dort geworden, um so entschiedener muß ein Schlag an anderer Stelle geführt werden, denn der dänische Trotz ist noch keineswegs gebrochen.

---

*) Zwei Offiziere des 15. Regiments waren an dem Tage angesichts des Feindes auf einem Boote nach Alsen übergesetzt und hatten in einer dortigen Batterie die Geschütze vernagelt.

Gewiß würde es mir sehr interessant sein, das Schlachtfeld mit Dir zu bereisen; aber ohne eine amtliche Wirksamkeit bei der Armee, als bloßer Zuschauer, habe ich nicht den Wunsch, dort zu sein, und bin der Sache nützlicher hier. Von Marie die besten Grüße — und nun Adieu, mein alter Junge. Gott schütze Dich ferner. Dein Onkel Helmuth.

An seine Frau. Veile, den 2. Mai 1864.

Liebe Marie! Für heute nur zwei Worte, daß ich um elf Uhr Vormittags glücklich angekommen bin; es war freilich abscheulich kalt, und vom Rothen Coup ging es im offenen Bauernwagen mit Vorspann vorwärts. Ich blieb indeß die Nacht ein paar Stunden in Christiansfeld, wo ich mich zu Bette legte und köstlich schlief. Am frühen Morgen war Alles hart gefroren. Die Gegend ist sehr hübsch und die Vegetation kaum mehr zurück als in Berlin. Die Buchen haben fast schon Blätter. Hier habe ich eine gute Wohnung und ein gutes Bett, es muß aber noch eingeheizt werden.

Vom Feldmarschall und Kronprinzen bin ich äußerst freundlich aufgenommen, dinirte bei letzterem, wo auch Graf Galen, der von seinen sieben Wunden schon wieder hergestellt ist. Morgen früh fahre ich mit dem Kronprinzen nach Fridericia. — Drei Zügen mit eroberten Geschützen begegneten wir. Ich begreife nicht, wie man sie vom Bahnhof nach dem Zeughaus in Berlin bringen will. Für heute Adieu, liebes Herz und gute Nacht. Dein Helmuth.

Veile, den 7. Mai 1864, Sonnabend.

Liebe Marie! Deine Briefe vom 4. und 5. d. Mts., habe ich erhalten. Ein Offizier geht heute Morgen nicht nach Berlin. Gestern traf Josef mit den Pferden wohlbehalten hier ein; ich will gleich einen Ritt machen. Gottlob, daß sie glücklich durchgekommen sind, die Wagen auf der schleswigschen Bahn sind erschrecklich niedrig. Vor ein paar Tagen fuhr ich mit dem

Kronprinzen nach Fridericia, eine höchst respektable Festung. Gut, daß wir sie nicht zu stürmen hatten. Unterwegs begegnete ich einem österreichischen Soldaten mit einem so bekannten Gesicht — wer war's? Der Kadett Brockdorff*), in grauem Mantel. Der Prinz ließ halten und unterhielt sich freundlich mit ihm. Ich bin fast alle Tage unterwegs gewesen, habe mich aber gestern und heute gut ausgeruht. Die Sonne scheint warm, aber der Wind ist eiskalt, wo er auch herkommt. Ich will jetzt einmal in das geschützte Waldthal nach der Griesmühle an einen Forellenbach reiten, nächstens auch einmal nach Tyrsbed. Heizen muß man noch immer.

Sehr gut schmeckt mir mein Diner um fünf Uhr, entweder beim Kronprinzen oder beim Feldmarschall. Austern in Fülle, selbst Forellen, Maitrank ꝛc. Nach Tisch wird eine gute Cigarre geraucht. Außerdem erhalte ich täglich oder zweitäglich eine Flasche Rothwein und ein Päckchen Cigarren geliefert. Da ich in Pobielski einen Oberquartiermeister besitze, so sind alle Details mir abgenommen, und zu schreiben habe ich wenig. Adieu für heute,
Dein Helmuth.

*

Veile, den 9. Mai 1864.

Liebe Marie! Gestern ritt ich den Fuchs auf wunderschönem Waldweg, mit Aussicht aufs Meer nach Tyrsbed, eine Meile von hier. Ein schönes altes Schloß mit einer Waldschlucht, jetzt nur von einer Kompagnie des 18. Regiments bewohnt, die sich's dort bequem gemacht hat und in den Teichen fischt. Ursprünglich gehörte es den Wedel-Jarlsberg. Heute will ich die Stute nach Jellinge reiten, wo die Hünengräber Gorms des Alten und der Thyra Danebod. Fortwährend Sonnenschein, aber schneidend kalter Wind. Ich bin jetzt völlig ausgeruht, aber ganz in Wolle gekleidet, die Zimmer geheizt. Adieu für heute, herzlichst Dein Helmuth.

*

*) Ein Neffe von Moltkes Schwager Brockdorff.

Horsens, den 15. Mai 1864.

Deinen Brief vom Mittwoch, liebe Marie, erhielt ich noch in dem schönen Veile. Gestern wurde das Hauptquartier hierher verlegt. Zwar ist Horsens die schönere und größere Stadt, aber die Gegend ist bei Weitem nicht so lieblich. Es fehlen in der nächsten Umgebung die köstlichen Buchenwälder. Indeß haben wir unser kleines Dampfschiff, „Orla Lehmann" hieß es bisher, heruntergeschickt und können damit weitere Ausflüge machen. Etwas vereinsamt und langweilig wird es wohl werden, wenn wir hier die Waffenruhe abwarten sollen.

Ich wohne beim Bürgermeister, Kammerherr von Jessen, der früher auch einmal Minister gewesen ist. Er ist sehr entgegenkommend und hat mich sehr freundlich aufgenommen. Ich ritt allein voraus und in scharfem Trab die Stute, welche vortrefflich ging.

Aus den höchst unvortheilhaften Bedingungen der Waffenruhe und daraus, daß in den höheren Kommandoverhältnissen bis jetzt keine Aenderungen eintreten, möchte ich schließen, daß man in Berlin einen baldigen Frieden in Aussicht nimmt. Wie es mit meinem Verbleiben gehalten werden wird, übersehe ich durchaus nicht. Du erfährst darüber leicht in Berlin mehr als ich hier. Ich glaube, daß vorerst Alles bleiben wird, wie es ist. Mir bekommt die Lebensweise sehr gut. Unsere Dinerstunde ist glücklicherweise von fünf auf drei verlegt, so daß man jetzt des Abends reiten wird. Mittags ist es schon sehr warm. Wir haben anhaltend das schönste Wetter. Jedenfalls ist es interessanter hier als die Frühjahrsparaden auf dem Tempelhofer Feld.

Es ist gut, daß die Truppen aus dem Sundewitt in weitläufige Kantonnements nach Angeln und dem Westen Schleswigs verlegt sind, denn auf Alsen ist der Flecken-Typhus ausgebrochen. Wo Henry hinkommt, weiß ich nicht, zwei Bataillone müssen in der Gegend von Gravenstein bleiben, viele Offiziere gehen auf Urlaub. Kronprinz und Prinzeß bleiben die Feiertage in Hamburg.

Hôtel de l'Europe. Prinz Friedrich Karl besuchte uns in Veile, ist nach Aalborg und kommt morgen zurück, um nach Berlin auf Urlaub zu gehen.

Ich freue mich, daß unsere Bekannten durch fleißige Einladungen Deine Einsamkeit etwas erheitern. Und nun muß ich zum Vortrag. Dein Helmuth.

Horsens, den 17. Mai 1864.

Gute, liebe Marie. Reise doch, je eher, je lieber, aus dem staubigen Berlin. Henrys*) Aufenthalt ist, wie Du weißt, nur kurz, und es wird Dir doch Freude machen, den Jungen zu sehen. Auch für Adolf wünsche ich Deinen Besuch. Ich fürchte, die Hartnäckigkeit des Kopenhagener Kabinets hat selbst die lockerste Personalunion der Herzogthümer mit der dänischen Krone zur Unmöglichkeit gemacht. Niemand würde damit zufrieden sein, und das Ministerium Bismarck dürfte eher zurücktreten, als darauf eingehen. Das ist dann schlimm für Adolf, der an dem Könige von Dänemark einen wohlwollenden Herrn gehabt haben würde. Im Amt kann er zwar doch bleiben, denn, wenn der König genöthigt wird, im Frieden die Herzogthümer abzutreten, so muß er auch alle Beamten ihres Eides gegen ihn entbinden. Uebrigens ist mir völlig unklar, wie die Diplomaten aus der Sache herauskommen wollen.

Deine Kiste mit Sachen ist noch immer nicht angekommen. Was ich eigentlich gern her hätte, ist der Rest von den schönen Cigarren, die John mir geschenkt hat; man raucht hier, der Gesellschaft wegen, viel, und ein gutes Blatt ist eine willkommene Aufmerksamkeit.

Heute besuchten wir den schönen Park Voller der Gräfin Fries, eine Meile von hier.

Nun, gute Nacht, liebes Herz. Dein Helmuth.

---
*) Derselbe war auf Urlaub bei seiner Mutter.

Louisenlund, den 14. Juni 1864.

Liebe Marie. Deinen Brief vom 11. erhielt ich gestern, und freue mich, daß Du wohlbehalten bei Jeanette angekommen bist. Es mag auch prächtig in den großen Buchenwäldern dort sein, jetzt, wo Alles im frischen Grün prangt. Auch hier ist es köstlich. Aus meinen Fenstern übersehe ich eine Pracht von Flieder, Goldregen, weißen und rothen Dornblüthen. Jasmin und Rosen kommen auch schon, das Korn wogt in Aehren, und man sieht dem Lande nicht an, daß unlängst der Krieg darüber hinzog. Unsere westfälischen Kürassiere fühlen sich wie in der Heimath bei Bauart der Häuser, Sprache und Lebensweise der Bewohner. Alles ist jetzt in die alten Quartiere zurückmarschirt und erwartet, was bis zum 26. d. Mts. in London fertig gemacht wird.

Auf der Rückfahrt von Kiel regnete es tüchtig, klärte aber bald auf. Mein Mantel hielt mich ganz trocken, und nach dreieinhalbstündiger Fahrt traf ich mit dem Schlag zehn Uhr zum Vortrag ein. Inzwischen war ein Artilleriekapitän von Moltke als Parlamentär hier gewesen.

Gestern Abend waren wir nach den Hüttener Bergen gefahren, von wo man Schleswig, Rendsburg und Eckernförde sieht. Dann kam ein starkes Gewitter, dem wir nur eben entgingen.

Stiehle ist in London, um das militärische Interesse wahrzunehmen, und auf meinen Antrag. Graf Kanitz brachte mir nur eine Kiste mit sechzig Ordensdekorationen für den 19. April. Es haben auch Lieutenants und Hauptleute den pour le mérite, was sehr zu loben ist.

Für mich ist der Aufenthalt hier eine wahre Brunnenkur. Die Geschäfte gehen bislang gut, und meine 70 000 Mann lassen sich regieren. Wir fahren zu Land und zu Wasser hübsche Touren, reiten weite Ritte, essen gut und spielen Abends unsere Partie.

Viele herzliche Grüße an Cai, Jeanette und die Kinder.
Dein   Helmuth.

Louisenlund, den 21. Juni 1864.

Vielen Dank, gute Marie, für Deinen Brief vom 17. d. Mts. Ich freue mich sehr, daß es Dir in Cismar so gut geht, und möchte Dich gern dort besuchen und Ausflüge in der schönen Nachbarschaft machen. Auch hier ist es prächtig frisch und grün. Daß der Prinz Friedrich Karl seit einigen Tagen wieder hier ist, weißt Du wohl schon, doch wird unsere Freiheit dadurch wenig beschränkt und er ist überhaupt sehr liebenswürdig. Durch Vorträge um zehn Uhr ist eine frühere Stunde des Aufstehens bewirkt, auch hat er sich zur Speisestunde um drei Uhr bekehrt; nur das lange Aufsitzen, oft bis Mitternacht, ist mir sehr lästig. Wir machen indeß unsere Partie unbehindert, Pobbielsky, Graberg, Mertens und ich. Frau von Mertens wohnt noch auf der Meierei. Sie empfiehlt sich angelegentlich und wünscht Dich oft herbei. Der Prinz hat die Aufmerksamkeit gehabt, Henry als Ordonnanzoffizier ins Hauptquartier zu kommandiren, er muß heute oder morgen eintreffen. Ich muß ihn nun aber auch beritten machen und werde ihm wohl den Rappen mittheilen. Das Pferd ist sehr gut geritten, lebhaft, aber ganz fromm.

Die Stelle in Lauenburg möchte ich Adolf wohl wünschen. Man legt ihm nahe, jetzt seinen Abschied zu nehmen. Die Bundeskommissare wollen ihn dann gleich wieder anstellen. Er glaubt aber, seinen Abschied nur vom König Christian fordern zu dürfen. Ein Memoire Adolfs über die Lage der Beamten, welche dem König von Dänemark den Huldigungseid geleistet, habe ich vor einigen Tagen dem Ministerpräsidenten Bismarck eingereicht.

Deine Reise am 27. nach Kiel per Dampfschiff halte ich kaum für ausführbar, bedenke, daß am 28., Abends zwölf Uhr, die Waffenruhe abläuft, und daß alle Wahrscheinlichkeit dafür spricht, daß die Feindseligkeiten wieder beginnen.

Heute sind schon alle Truppen in Marsch. Das Hauptquartier geht zum 26. nach Apenrade. Ich glaube zwar, daß die holsteinischen Schiffe nicht gekapert werden. Aber Du kannst da in allerlei Gefahr gerathen, und ziehst gewiß besser den Landweg vor.

Sollte wider Erwarten ein Waffenstillstand abgeschlossen werden, und sollen wir also hier bleiben, so suche ich Dich vielleicht in Kiel auf, und Du könntest dann über Schleswig nach Berlin gehen.

Wir machen weite Touren zu Wagen und zu Pferd in der hübschen Umgegend. Kürzlich war ich in Schleswig und besah die Wohnung, wo meine arme, alte Mutter gestorben ist. Sie ist so niedrig, daß ich die Hand an die Decke legen konnte, aber sonst doch sehr freundlich und nett. Das Grab auf dem neuen Kirchhof ist sehr gut gehalten, und da es ganz ohne Inschrift war, habe ich in der Eisengießerei eine Tafel bestellt, die an das Gitter angenietet wird.

Herzliche Grüße an Cai, Jeanette und die Kinder. Dein
Helmuth.

*

Hauptquartier Apenrade, Sonntag, den 3. Juli 1864.

Liebe Marie. Aus Deinem Schreiben vom 1. d. Mts. ersehe ich, daß Du wohlbehalten wieder in Deiner Häuslichkeit in Berlin eingetroffen bist. Aber mit den Begegnungen unterwegs hast Du Unglück gehabt. Die Kuchenfrau zu Elmshorn war Trägerin einer wichtigen Nachricht*) und wohl die Erste dort, welche eine zuverlässige Kunde von der Begebenheit hatte, denn die bis dahin abgesandten Telegramme waren wohl alle über Holstein hinausgeflogen. So wird indeß Adolf doch auf ungewöhnlichem Wege früh in Kenntniß gesetzt sein. Du selbst brachtest wohl überall eine frische Neuigkeit.

In Berlin ist gewiß Auer der Erste gewesen, der, wenn auch nur von der Hauptsache, unterrichtet war; denn der König, der Kriegsminister und der Feldmarschall, an welche wir telegraphirten,

---

*) Moltke hatte am 29. Juni seiner Frau nach Kiel telegraphirt: Alsen erobert, Henry und ich gesund, gieb Nachricht nach Rantzau. Gleich darauf war Frau von Moltke nach Berlin abgereist und hatte, da sie Niemand anders in Elmshorn auf der Durchreise traf, eine Kuchenfrau beauftragt, die Botschaft nach Rantzau zu bringen.

waren alle Drei außerhalb. Der Fürst*) hat mir darüber geschrieben (billigt), daß das Publikum nicht in Kenntniß gesetzt sei von dem, was sich zugetragen. Allerdings hat Berlin sich vorerst mit den hundertundein Kanonenschüssen begnügen müssen. Es ist aber denen, die die Geschichte machen, nicht leicht, Geschichte zu schreiben. Das Oberkommando, welches das am leichtesten thun könnte, war doch auch von zehn Uhr Abends bis vier Uhr Nachmittags, also achtzehn Stunden, auf den Beinen, ehe Einer die Feder wieder in die Hand nehmen konnte, und die Eisenbahnzüge gehen denn auch nicht gerade ab, wie man wünscht.

Der Prinz hatte bei Schanze X, um zu großes Gefolge zu vermeiden, nur den Generalstab bei sich, die Adjutanten und Ordonnanzoffiziere waren nach den verschiedenen Uebergangspunkten dirigirt, um zu beobachten und zu melden.

Henry auf meinem Rappen nach Satrup-Holz.

Nach beendeter Partie Whist um zehn Uhr folgte ich mit Podbielski in meinem Wagen von hier über Gravenstein nach Schanze X, von wo man den Alsensund wie einen breiten Fluß in der Morgendämmerung zu unseren Füßen glänzen sah. Dunkel lag noch die blutgetränkte Höhe von Düppel zur Linken, gekrönt von der Ruine der einst so stattlichen Mühle, rechts Sonderburg mit seinem finstern Schloß am Meer, wo Christian der Böse lange Jahre den Kampf gegen den schwedischen und dänischen Adel zu bekrauen hatte. Die ganz flache Spitze der Halbinsel Arnkiel war im Halbdunkel noch eben zu erkennen, und am äußersten Horizont die Halbinsel Kels. Der Meerbusen von Sandwig und die Augustenburger Föhrde, in welcher wir die feindlichen Schiffe und speziell die Anwesenheit Rolf Krakes wußten, waren unseren Blicken entzogen. Tiefe Stille lag auf Alsen, von unserer Seite hörte man aus der Ferne den eigenthümlichen Ton von Fuhrwerk mit eisernen Achsen. Es war die reitende Artillerie, die sich noch nach Radebüll bewegte, wo sie in Reserve verbleiben sollte; sonst nichts.

---

*) Fürst Radziwill.

Das Wetter war ungemein günstig, ausnahmsweise windstill, ein trüber, verschleierter Himmel, daher so dunkel, wie es um die Zeit der größten Tageslänge in dieser Breite überhaupt nur werden kann, und eine milde Temperatur.

Die Reitpferde waren in der Büffelkoppel aufgestellt, um später bei der Hand zu sein. Die Wagen blieben in Düppel, um jedes Geräusch zu vermeiden, und wir gingen zu Fuß in die zerstörte Schanze, welche das Aussehen eines Steinbruchs hatte, durch die riesenhaften Trümmer von Betonmauern der gesprengten Pulvermagazine. Ihre Dicke erklärt, daß kein Kaliber durchschlagen konnte.

Noch fehlten wenige Minuten an zwei Uhr, dem Augenblick, wo unsere Boote an vier Stellen zwischen dem südlichsten Rand von Satrup-Holz nach Schnabeckshage vom Ufer abstoßen mußten.

Das Herabbringen der Kähne und das Schurren der flachen Boote über das Geröll des Strandes scheint unbemerkt geblieben zu sein. Jenseits rührte sich nichts, friedliche Ruhe lag über der schönen Gegend, und nur die Lerche erhob sich singend aus den wogenden Kornfeldern, welche bald der Schauplatz blutigen Kampfes werden mußten.

Jetzt war es zwei Uhr und mit geschärftem Blick spähten wir nach den ersten schwarzen Punkten, die sich auf dem klaren Seespiegel zeigen würden, — da blitzte es auf, nur sichtbar, nicht hörbar waren ein paar Schuß gefallen und zwar, wie es scheint, irrthümlich von unserer Seite herüber. Alsbald sprühten die Funken am jenseitigen Ufer, bald an dieser, bald an jener Stelle, dann leuchtete es hoch auf und der dumpfe Knall verkündete, daß die bereit gehaltenen Geschütze der nächsten Strandbatterien ihre Kartätschladung gegen unsere verwegenen Argonauten ausschütteten. Wirklich sind sie zu hoch gegangen, und nur ein Kahn ist umgeschlagen, die Mannschaft aber, wenigstens zum großen Theil, von den nächsten Booten gerettet.

Die braven Pontonniere, selbst wehrlos und eben erst von der Oder und Elbe angelangt, ruderten unaufhaltsam weiter, die Infanterie aber nahm das Feuer auf, und wenn auch manche

Patrone ihr Ziel verfehlt haben mag, so rückte die Feuerlinie doch unaufhaltsam weiter.

Das war nicht anders zu erwarten, da Führer wie General Manstein und Röder in den vordersten Kähnen standen.

Das Ufer war erreicht, daran war nicht zu zweifeln, aber nun mußten die Fahrzeuge zurück, sie konnten auf dem Wege den endlich wach gewordenen feindlichen Schiffen begegnen. Die Gelandeten waren vorerst auf sich selbst angewiesen, was stand ihnen augenblicklich entgegen? Hell waren die Fanale aufgeflammt und leuchteten von Höhe zu Höhe bis Augustenburg und Norburg hin. Hatten die Dänen ein paar geschlossene Bataillone hinter der Fohlenkoppel schon versammelt? Das Blitzen des Gewehrfeuers im Walde zeigte, daß unsere Mäter dort schon kämpften, aber ob unser oder des Gegners Feuer vorwärts rückte oder zurückging, war nicht zu unterscheiden. Es war ein Moment athemloser Spannung. Inzwischen hatten alle dänischen Strandbatterien ihr Feuer eröffnet. Auf unserer Seite waren deren neun in der Nacht zuvor erbaut und in dieser armirt. Die Artilleristen standen seit ein Uhr schußfertig und blieben ihnen nichts schuldig. Der Donner der Geschütze, auf unserer Seite allein zweiundsechzig, ist in Kiel deutlich gehört worden. Nach rechts von uns feuerte die große Sonderburger Schloßbatterie aus acht Stück Vierundachtzigpfündern und zwei gezogenen Piecen gegen eine Vierundzwanzigpfünderbatterie auf dem Mühlenberge. Aber aller dieser Lärm entschied nichts, die ganze Aufmerksamkeit richtete sich auf die Halbinsel Arntiel.

Dort sprühten nun die kleinen Funken immer weiter nach Osten, der weiße Rauch zeigte sich bereits am südlichen Rand des Waldes Fohlenkoppel, und die schwarzen Punkte bewegten sich langsam wieder gegen die Halbinsel zu. Es war kein Zweifel mehr, man hatte festen Fuß gefaßt. Der Däne hatte sich abermals überraschen lassen. Daß wir nach Alsen wollten, daß schon am 27. einhundertundsechzig flache Boote von Rothekrug durch Apenrade passirt, war ihm von seinen zahlreichen Spionen unzweifelhaft gemeldet, aber, wie es scheint, nahm man an, daß dieser Sturm zu Wasser, wie der zu Lande, durch mehrtägige Beschießung werde vorbereitet werden müssen. Das Oberkommando hatte ja auch am 30. die Auswechslung von Gefangenen am Brüdenkopf von Sonderburg vorgeschlagen. Die erste Meldung, daß drei Brigaden übergeschifft seien, brachte der Lieutenant von Barl. Er hatte den Rappen unten an einen Busch gebunden, ritt sogleich zurück, setzte über, konnte aber das Pferd nicht mit bekommen und dann zu Fuß nicht mehr sein Regiment einholen, telegraphirte mir aber später noch über Rolf Krake.

Von Schnabedshage war die Ueberfahrt fast ungehindert und trotz des weiteren Weges am ersten bewirkt worden, obwohl durch die Schiffe in der Augustenburger Föhrde augenscheinlich gefährdet. Legten diese sich zwischen unsere gelandeten Truppen und unsere Batterien, so konnten letztere nicht schießen.

Ein ungeheures Gebrüll verrieth, daß Rolf Krake jetzt aus dem Schlummer erwacht sei. Der Ton seiner hundertpfündigen Armstrongs auf dem eisernen Resonanzboden ist unverkennbar. Vergeblich schleuderte er seine Riesengeschosse gegen unsere Tirailleurs. Er wurde von den vierundzwanzigpfündigen Gezogenen sofort begrüßt und zog sich wieder in die Bucht zurück.

Unterdeß hatte General Manstein sich längs des Strandes südlich vorbewegt, wo es selbst zu lebhaftem Handgemenge kam. Die feindlichen Batterien wurden in der Kehle eine nach der andern angegriffen und die Besatzungen gefangen genommen (darunter ein Offizier von der Leibgarde in rothem Rock). Ebenso setzten sich die Märker in Besitz von Groß-Moose und erst am Abschnitt von Kjär stieß man auf einen lebhaften Widerstand geschlossener Abtheilungen, die bis dahin versammelt waren. Es kam hier das Vordringen einen Moment zum Stehen in einem lebhaften Gefecht, welches wie von unserem Standpunkt nicht übersehen konnten. General Herwarth[*]) griff dort persönlich ein

---

[*]) Derselbe kommandirte das Armeekorps, welches die Wegnahme der Insel Alsen bewirkte.

und traf im Tirailleurfeuer des Feindes mit unvergleichlicher Ruhe seine Anordnungen. Jetzt waren auch die ersten Feldgeschütze über das Wasser geschafft. Der Rückzug der Dänen wurde allgemein, und der „tappre Landsoldat" beschleunigte dabei seine Schritte sehr merklich.

Schon wurden ganze Schaaren von Gefangenen von wenig Bewaffneten wie Herden an den Strand getrieben. Bewundernswerth war die Dreistigkeit unserer Westfalen von der Göben'schen Brigade, die gegen Sonderburg vordrangen und die Dänen hinter einem Knick im Rücken beschossen, während sie selbst in der augenscheinlichsten Gefahr schwebten, von Sonderburg aus selbst im Rücken gefaßt zu werden. Ganze Schwärme vom Feinde liefen durch die Kornfelder zurück. Eine Batterie nach der andern verstummte und ihre Besatzung flüchtete. Eine Haubitzbatterie rasselte auf unserem Ufer im scharfen Trabe herbei, aber es war schwer, zu unterscheiden, was drüben Feind, was Freund, so daß man nur auf die entferntesten Zielpunkte zu feuern wagte.

Inzwischen war es acht Uhr geworden und die Sonne beschien ein Gemälde, welches ein Schlachtenmaler nicht schöner wünschen kann. Noch schwebten fortwährend die kleinen runden Dampfwolken der genau in derselben Höhe platzenden feindlichen Granaten gerade über der uns zunächst links liegenden Batterie. Ich glaube, daß sie ziemlich viel verloren haben muß. Vor uns stand ein schönes Haus dicht an der Landbrücke in Sonderburg in hellen Flammen. Wir vermeinten, daß eine Granate aus der vierundzwanzigpfündigen Batterie zur Rechten unglücklicherweise dort gezündet habe, es stellte sich aber bald heraus, daß die Dänen bei Räumung des Ortes die eigene Stadt rücksichtslos dem Verderben Preis gegeben hatten. Dieselbe war völlig von den Einwohnern verlassen und der Brand hätte bei anderer Windrichtung bald Alles einäschern können. Dänische Gefangene wurden zum Löschen angestellt. Ebenso hatte der Feind seine großen Baradenlager bei Ullebüll und Wollerup in Brand gesteckt. Die mit Stroh gefüllten Bretterhütten flammten in heller Lohe empor und zwei schwarze Rauchstreifen zogen einen Trauerflor über die lang gestreckte Insel. Weiter rechts flimmerte in der Morgensonne das Meer, bedeckt mit zahllosen Segeln. Da lagen die mächtigen Kriegsschiffe umschwärmt von Fahrzeugen aller Größe. Diese ganze Gesellschaft hatte sich eilends aus Hörnphaff hinaus gemacht, da noch wenig Minuten unsere Batterien ihr die Ausfahrt vom Sübderholz versperren konnten. Dampfer mit Schleppschiffen bewegten sich an der Küste nach den in größerer Entfernung ankernden Kriegsschiffen. Die Räumung der Insel hatte bereits begonnen. Aber alle Blicke wurden noch einmal gegen Norden gewendet, als abermals Rolf Krake seine Stimme erhob. Es sah stolz aus, wie der gepanzerte Riese, tief im Wasser versenkt, mit Anspannung aller seiner Dampfkraft aus der Föhrde hervorschoß, rechts und links seinen Gruß sendend, an der Landspitze von Arnkiel vorbeisteuernd. Einen Augenblick fürchteten wir, ihn nun links drehen zu sehen, wo unsere Boote in ununterbrochener Folge noch Feldgeschütz, Munition und Ambulancen überführten. Er zog es aber doch vor, das Freie zu suchen, und dampfte nördlich hinaus in thunlichster Entfernung der unterhalb aufgestellten Batterie, deren zwölf- und vierundzwanzigpfündigen Geschosse laut klappernd gegen seine Rippen schlugen.

Aber so ein Monitor ist ein dickfelliger Bursche. Um zehn Uhr ist er noch einmal zurückgekehrt und hat zwei in der Sandwigs-Bucht liegende Kanonenboote herausgeholt, indem er sie mit seinem unverwundbaren Leibe deckte. Dort ist das Fahrwasser sehr breit und gestattet, dicht am Alsener Ufer zu bleiben. In die Augustenburger Föhrde wagte sich Rolf dagegen nicht wieder, und was da an Schiffen lag, war nun rettungslos verloren.

Zwischen sieben und acht Uhr erfolgte in dieser Richtung eine furchtbare Detonation, die mich augenblicklich und unwillkürlich an das Aufsliegen eines großen Munitionsparkes am Euphrat erinnerte. Eine riesenhafte, schneeweiße Dampfwolke erhob sich in die blaue Luft. Nach dem Berichte des Marineministeriums in Kopenhagen sind es zwei Kanonenboote gewesen, die, von der

Bemannung verlassen, um nicht in unsere Hände zu fallen, ihre Pulverkammern angesteckt hatten.

Um acht Uhr war Sonderburg von unseren Westfalen erreicht. Wir schifften sogleich hinüber und der Prinz telegraphirte auf dem dänischen Kabel nach Karlsbad, daß Alsen genommen.

Zwar hatten wir die Handpferde schon nach dem Brückenkopf herangezogen, aber es war nicht möglich, sie über den Sund zu bringen, und wir erstiegen durch die ganz verödete Stadt zunächst die große Batterie. Dort standen die ungeheuren Vierundachtzigpfünder vernagelt, mit Kreide hatte die dritte Kompagnie fünfundfünfzigsten Regiments sich an die Laffeten geschrieben and no mistake. Munition, Tornister, Mäntel, Brieftaschen lagen rings umher, und vor Allem hatte Hannemann sich seiner Holzschuhe entledigt, die allerdings einer behendigen Bewegung lästige Fesseln sind. Stiehle erinnerte daran, daß sich möglicherweise noch eine brennende Lunte in der Pulverkammer befinden könne, wir fanden zwar nur eine brennende Laterne in dem unheimlich dunklen Raum, die wir aber doch herausnahmen und vorsichtig auslöschten. Hinter der Batterie war das Erdreich aufgepflügt von unseren Vierundzwanzigpfündern. Die Batterie, vor und hinter welcher das Terrain gleich abfällt, war sehr schwer zu treffen und unversehrt geblieben, aber weiter rückwärts lagen Dänen, die von den Sprengstücken schrecklich verwundet waren; unsere Krankenwärter waren schon dabei, diesen meist Sterbenden zu helfen.

Für den Prinzen Friedrich Karl wurde ein Ordonnanzpferd gefunden. Prinz Albrecht, General Graberg, Oberst Mertens, Major Kleist und ich erwischten einen Leiterwagen und eilten nach Wollerup, wo nun die Brigade Röder Halt gemacht hatte, um Athem zu schöpfen, nachdem dort eine Menge Gefangene und Material erbeutet war. Wir fuhren dann weiter nach Hörup, wo wir General Wintzigerode fanden, von dessen Division einige Bataillone zur weiteren Verfolgung vorgeschoben waren.

General Herwarth hatte sich rechts gegen Höruphaff gewandt. Am dortigen Walde fiel noch der Lieutenant Bär, dagegen wurden daselbst allein ein Regimentskommandeur und vierhundert Mann gefangen genommen.

Von lange her hatten die Dänen die Halbinsel Kätenis als ihren letzten Zufluchtsort zubereitet. Die Landenge war durchstochen, palissadirt, von Batterien und Kanonenbooten beherrscht. Diese Stellung zu nehmen, war nur denkbar, wenn man mit ihnen zugleich davor ankam, was nicht gelungen ist. Der Rückzug der Massen dorthin war zeitig schon angeordnet und das Gefecht endete etwa zehn Uhr Vormittags. Nach den bisher eingegangenen Meldungen sind 210 preußische und 320 dänische Verwundete in unsere Lazarethe eingebracht. Ich hoffe, daß unser Verlust 300 Mann nicht weit übersteigen wird.

Die dänischen Bataillone waren sehr stark und sollen während der Waffenruhe durch Einstellung von Ersatz auf 1300 Mann gebracht worden sein. Der Feind hatte Alsen mit sechs Regimentern, also jedenfalls 12—15000, besetzt. Zur Zeit sind schon 2600 Gefangene eingebracht. Von den Verwundeten werden wohl manche mit zurückgenommen sein, andere liegen unentdeckt in den Kornfeldern. Jedenfalls ist der Verlust über 3000 Mann und die Zahl der Geschütze wird sich auf sechzig belaufen. Darunter zwei bespannte Feldgeschütze. Dabei haben jetzt die Dänen erkennen müssen, daß sie auch auf ihren Inseln nicht mehr sicher sind, und es bleibt abzuwarten, ob die in Kopenhagen herrschende Gesellschaft die unglückliche Armee einer an Zahl, Bewaffnung und Tüchtigkeit weit überlegenen ferner gegenüberstellen wird.

Mit frohen, dankerfüllten Herzen gegen Gott, der uns den Sieg verlieh, traten wir den Rückweg an und fanden im Wagen nach sechsunddreißigstündigem Wachen einen gesunden Schlaf. Meine Pferde hatten neun Meilen gemacht, der Rappe elf. Abends sechs Uhr dinirten wir bei Prinz Albrecht. Dann noch mußte die nöthige Schreiberei besorgt werden.

Ich habe Dir vorstehend eine Beschreibung der Wegnahme von Alsen gegeben, die keinen offiziellen Bericht, sondern die Anschauung eines Augenzeugen enthält, wobei die Darstellung immer

an Frische gewinnt. Wenn Du glaubst, daß sie auch Andere interessirt, so habe ich nichts dagegen, daß Abschriften genommen werden, in welchen einige Personalien weggelassen und ich nicht genannt werde. Auer wird Dir das besorgen. Jedenfalls kannst Du dem Fürsten das vorlesen.

Im Uebrigen geht es uns natürlich sehr gut, freilich ist das Klima abscheulich, und die gegen Norden gelegenen Zimmer sind so kalt, daß ich noch gestern geheizt habe.

Die Gegend ist hier unbeschreiblich schön. Nachmittags mache ich weite Spazierfahrten mit meinem vortrefflichen kleinen Wagen, der sich sehr leicht fährt und den Vortheil hat, daß man in dem schmalsten Weg darin umdrehen kann, hier, wo man sich alle Augenblicke festfährt.

Das waldige Meeresufer bietet oft überraschende schöne Partieen, so gestern an der prächtigen Gjenner Bucht.

Henry ist gestern mit unserm kleinen Dampfer nach Alsen und noch nicht zurück, ich hoffe, daß Rolf Krale ihm nicht auflauert.

Die Dänen, die in solchen Dingen groß sind, haben auch unterseeische Minen im Alsund angebracht. Ein Kahn flog gestern in die Luft, als eben die Mannschaft auf eine Pontonmaschine, die er schleppte, gestiegen war und dadurch unversehrt blieb, während der Kahn in Trümmern liegt. So haben sie auch zehn oder zwanzig Geschütze bis in die oberen Räume des Sonderburger Schlosses geschleppt, welches gewiß eingestürzt wäre, wenn sie an zu feuern fingen. Ueberall ziehen sie Laufgräben und buddeln an Schanzen, die sie dann nach geringem Widerstand verlassen. Unsere Leute haben das Gefühl, daß Hannemann ihnen nicht stand zu halten vermag; es gilt immer nur, an ihn heran zu kommen. Und nun adieu, herzlichst Helmuth.

Apenrade, den 8. Juli 1864.

Liebe Marie! Gestern erhielt ich Dein Schreiben vom 6. d. Mts. Welche Wirkung die Wegnahme von Alsen in Kopenhagen hervorbringen wird, und ob infolge dessen der König und die konservative Partei sich zum selbständigen Handeln entschließen, davon hängt die weitere Dauer des Krieges ab. Es wird allerdings immer schwieriger, den Dänen hinter dem Wasser beizukommen, und zu uns herüber wollen sie nicht. Das heißt, in größeren und entscheidenden Massen, denn von kleinen Ueberfällen und Landungen werden wir allernächstens hören, das ist nicht zu verhindern.

Gestern kamen unsere nunmehr ausgewechselten gefangenen Oesterreicher und Preußen hier durch. Die Dänen haben sich der Seltenheit wegen ungern von diesen wenigen Exemplaren desjenigen Artikels getrennt, an dem wir so großen Ueberfluß haben. Die armen Kerle waren sehr gelassen und werden sich nicht zum zweiten Male greifen lassen. Ein Husar bat, doch seiner Mutter nicht zu schreiben, daß er dabei sei. Viele haben sich brav gewehrt. Im Allgemeinen sind die Leute sehr gut behandelt gewesen. Sie wurden auf einem Dampfschiff nach Sonderburg geführt, und man behauptet, der Kronprinz von Dänemark sei an Bord gewesen.

Bald nach dem Uebergang fuhren Prittwitz*) und Henry auf unserem kleinen Dampfer nach Sonderburg. Nicht allein erhielten sie dabei Infanteriefeuer, sondern auch einen Kanonenschuß, da unsere Wachen ein preußisches Dampfschiff nicht für möglich hielten. Das Tollste aber ist, daß sie glücklich durch alle Seeminen hindurchgekommen sind. Beim Fischen danach habe ich später zwei in die Luft gehen sehen, der Prinz sieben. Muß eiligst schließen. Helmuth.

Apenrade, den 15. Juli 1864.

Liebe Marie! Deine Briefe aus Berlin vom 8. und 12. d. Mts. richtig erhalten. Kleidungsstücke brauche ich vorerst nicht, sondern trage das Mitgebrachte erst völlig auf. Luxus im Anzug wird hier nicht getrieben. Wir sehen zum Theil fabelhaft

---

*) Moltkes Adjutant während des Krieges.

aus, Hosen mit Leder auf Leder geflickt, Rose im Knopfloch, Spazierstock in der Hand.

Von meinen Pferden ist der große Braune oben in Jütland mit einem Trainsoldaten. Wir wollten Hegermann zu Leibe gehen, er hat sich aber durch Einschiffung dieses Besuches entzogen, und da sonach ein größeres Gefecht dort nicht mehr in Aussicht stand, so ging nur der Prinz mit ein paar Adjutanten auf einen Tag dort hin. Das Hauptquartier blieb hier. Jetzt marschirt Brauner zurück. Eines der Wagenpferde wurde auf einer starken Tour nach Alsen lahm. Statt seiner ein metallographischer Rothschimmel eingespannt (nämlich das dritte Pferd der Presse). Der kleine Wagen ist excellent und hat mir schon für mehr als 270 Thaler Vergnügen gemacht in der reizenden Gegend hier, die noch schöner als Louisenlund und selbst Weile. Kann den Dänen nicht verdenken, daß sie dies Land nicht hergeben wollen. Nichts wie wogende Weizenfelder, grüne Triften mit Vieh, die Knicke wuchern mit Rosen und Kaprifolien, alle Häuser mit Gärten voll Blumen. So auch Alsen, wo nur Sonderburg die Spuren des Krieges trägt. Unsere Leute liegen so, daß sie ganz verwöhnt werden. Die Füsiliere fahren Heu ein und tanzen mit den Kindern herum, der Kanonier fischt Forellen in der Lachsmühle, und der Husar ist von der zartesten Aufmerksamkeit beim Kuhmelken. Ein rother Doppelposten, abgesessen auf einem alten Hünengrab, überschaut die ganze Küste und die See bis Alsen, Fühnen und Arrör, die Pferde im Schutz einer Grube. Erst Abends Infanterieposten.

Gestern haben Prinz Albrecht und General Faldenstein preußische und österreichische Banner auf Kap Skagen, der nördlichsten Spitze Jütlands, gepflanzt. Ein paar Mann der Stabswache haben von Frederikshavn aus auf Ruderbooten ein dänisches Schiff genommen, welches eine halbe Meile entfernt in See lag. Sylt ist besetzt, Kapitän Hammer mit seiner Escadre bei Föhr eingeschlossen, und hoffentlich kriegen sie ihn heute bei der Hose.

Oberst Kauffmann (Brigadekommandeur, hat auf Alsen den

einzigen tüchtigen Widerstand geleistet) ist vorgestern Abend als Parlamentär eingetroffen und hat um Waffenruhe gebeten; er wurde einstweilen ohne Zusage zurückgeschickt. Entscheidung aus Karlsbad erbeten. Friedensunterhändler aus Kopenhagen sind dorthin abgegangen, wie man sagt Carl Molkte und Quade selbst. Ich sehe nicht ein, welche Friedensbasis sie bieten können. Große Besorgniß in Kopenhagen für Kopenhagen. Wegen der österreichisch-preußischen Flotte ist die dänische bei Anholt im Kattegat versammelt und die Blokade der preußischen Häfen so gut wie aufgegeben. Herzliche Grüße. Dein Helmuth.

*

Apenrade, den 27. Juni 1864.

Liebe Marie! Dein Schreiben vom 19. aus Cismar erhalten. Wenn der König von Dänemark die Herzogthümer ganz oder theilweise in einem Vertrag abtritt, so versteht sich von selbst, daß er alle Beamte ihres Eides entbindet. — Wie lange ich noch mobil bleibe, darüber mußt Du die europäischen Kabinette befragen. Montag über acht Tage läuft die Waffenruhe ab, und der Friede sollte fertig sein. Das Schlimme ist, daß man nicht weiß, ob man die Ratifikation von dem armen König oder vom Reichsrath oder von der skandinavischen Union zu erwarten hat. Schreib mir mal wieder. Dein Helmuth.

*

Apenrade, den 30. Juli 1864.

Liebe Marie! Ich erhielt Deinen Brief, als ich im Begriff war, mit dem Prinzen nach Jütland zu fahren. Es goß bei der Abfahrt und noch in Hadersleben, aber Abends, als wir auf die Höhe von Skamlingsbanke kamen, hatten wir einen Sonnenblick. Obwohl die Fernsicht in dunkle Wolken gehüllt, war der Blick von dieser 360 Fuß hohen Kuppe wirklich von überraschender Schönheit, und ich verzeihe den Dänen, daß sie ihn mit dem von Neapel vergleichen. Fühnen, Alsen und alle die kleinen Inseln des Belts, das bewaldete Vorgebirge von Wedelsborg jenseits, und die dunklen Buchen des diesseitigen Ufers geben ein prachtvolles Gemälde. Aber auch nach der Landseite ist es köstlich; Alles grün, wogende Weizenfelder, reiche Bauernhöfe und einzelne Kirchthürme, die aus den Waldgruppen aufsteigen. Das Amt Habersleben ist werth, darum zu habern. Es ist wohl der Fetzen, der für Dänemark in Wien noch abgerissen wird, als Aequivalent für Lauenburg und Kriegskosten.

Bis morgen Abend zwölf Uhr sollte das entschieden sein. Eine wichtige chiffrirte Depesche aus Wien nach Kopenhagen ist verloren gegangen, bis Berlin war sie gekommen, hierher nicht. Statt über Middelfahrt ist sie nun über Tornea telegraphirt. Ich sehe kommen, daß wir noch drei Tage zugeben. Ueber die Friedensbasis und ob eine solche vorhanden, wissen wir nichts. Ich wünsche, daß es der Fall sein möge. Poor little Denmark möchte ich nicht vernichtet sehen, nur seine demokratische Regierung. Was noch zu thun bleibt, ist mehr Sache der Flotte. Wir haben eine Insel genommen und werden auch die zweite bekommen, aber es wird viel kosten, und behalten können wir sie doch nicht gut. Mit großer Spannung erwarten wir die ersten Telegramme aus Wien, wohin Stiehle abgegangen.

Wir haben die Bundestruppen aus Rendsburg nicht herausgedrängt, sie sind auf Befehl des Bundes gegangen. Wollen sie wiederkommen, so haben wir nichts dawider, nur werden wir an diesem Punkt stets so stark sein, daß unsere militärischen Interessen dort vollständig gesichert sind. Der arme General Hake, der viel lieber mit uns gegen die Dänen zöge, als da Beustsche Politik machte, ist in einer schlimmen Lage. Nicht bloß Goeben, auch Berger waren dabei, beide Hannoveraner. Ich kann sagen, daß Rendsburg mir mehr Sorge gemacht hat als Alsen. Niemand konnte dafür stehen, daß es nicht zu den ernstesten Verwicklungen kam, aber die Sache war unvermeidlich.

Mit unseren Operationen müßt Ihr doch zufrieden sein; in vier Wochen haben wir erst Alsen, dann Nordjütland und dann die Westinseln nebst Hammer gewonnen. Henry war kürzlich in Flensburg. Der arme Fritz ist ganz grau geworden. Geht mir übrigens ebenso. Warum soll ich einen Nachfolger haben? Wegjagen werden sie mich doch nicht. Es war wohl nur gemeint, wer mich vertreten sollte, wenn im Fall einer damals möglichen allgemeinen Mobilmachung ich hier nicht abkömmlich war. Herzliche Grüße an Alle, und schreibe recht bald mal wieder an Deinen Helmuth.

*

Apenrade, den 6. August 1864.

Danke für Deinen Brief vom 3. d. Mts. liebe Marie. Mir thun die Seebäder sehr wohl, aber machen auch sehr müde, obgleich ich eigentlich nur hineinspringe und nicht mehr als zwei Minuten im Wasser bleibe. Quallen und Seekrebse vorhanden.

Als der Krieg gegen Dänemark anfing, konnte Niemand trotz der materiellen Ueberlegenheit das erreichte, durchaus befriedigende Resultat vorhersehen, und wir dürfen Gott dafür danken und seine gnädige Führung anerkennen. Wir erwarten heute den ersten Kurier aus Gastein, und ebenso ist heute der dänische Reichsrath versammelt, um das Schicksal von poor little Denmark zu vernehmen. Die Stimmung scheint indeß eine resignirte zu sein, und wenn nicht eine Explosion der Unzufriedenheit in Kopenhagen stattfindet, so wird wohl, denke ich, eine Entlassung der Reserven, Zurückziehung eines Theils der Truppen und Aufstellung eines Observationskorps, etwa unter Faldenstein, stattfinden. In dem Fall würde auch meine Anwesenheit hier aufhören. Entweder wir haben in sechs Wochen, wo der Waffenstillstand kündbar, den definitiven Frieden, oder das Ende ist noch gar nicht abzusehen. Ich glaube aber, daß ich in vierzehn Tagen hier vielleicht schon abgehen kann. Indeß sind die nächsten Tage abzuwarten, ehe sich darüber etwas entscheidet. Ich möchte wohl, daß Du mich hier besuchtest. Es ist ein wahres Vergnügen, in dieser schönen Gegend herumzufahren. Ich glaube wohl, daß Adolf meinen allerliebsten bequemen Wagen und die Pferde gut brauchen könnte, aber ich behalte sie auch gerne selbst. Wenn wir im Herbst noch verreisen sollten, so könnte die Equipage einstweilen in Ranzan verbleiben. Freilich ist ja Adolfs Stellung dort noch ganz unsicher. Ich denke, Gastein wird mir dieses Jahr nicht nöthig sein, das Leben in der freien Luft ist mir Babelur genug gewesen. Lieber möchte ich einmal den Winter, oder noch besser das scheußliche Frühjahr im warmen Süden zubringen. Doch lassen sich Pläne noch gar nicht machen. Vorerst werden wir die Auseinandersetzung mit dem Bund haben, was noch sehr curios werden kann.

An Musik haben wir Ueberfluß. Hier in Apenrade das Musikkorps des dritten Jäger-Bataillons, sehr schlecht; dagegen das des Regiments Coronini, welches mit der zur Stabswache kommandirten Kompagnie dieses Regiments hier ist, vortrefflich; dann eine Gesellschaft Zigeuner aus allen ungarischen Regimentern, die unsere Hofkapelle bilden, alle Abend bis zwölf Uhr spielen, daß die Nerven reißen. Endlich ist jetzt auch noch die Musik des Leibregiments beordert. Henry theilt mit allen Offizieren die Ungewißheit wegen Besuchs der Kriegsakademie, da das Vorexamen nicht hat gemacht werden können. Andererseits kann die Akademie nicht unbesucht bleiben. Vielleicht gelingt es noch; ich wünschte wohl, daß wir ihn diesen Winter dort hätten, da es wohl der letzte ist, den ich in Berlin zubringe.

Nun muß ich Dir noch einen gut gelungenen Witz erzählen. Wir haben hier zwei Hünengräber (Hühnergräber, wie der Feldmarschall sagt) öffnen lassen. Fünfzig Mann unter Leitung des Majors von Bernuth*) arbeiteten daran. Das eine enthielt gar nichts, in dem andern fanden wir, aber schon ganz oben, einen Topf mit Knochenresten. Es wurde zwar behauptet, es sei der gewöhnliche schwarze jütische Topf, in welchem eine Gesellschaft ein Koleteil gekocht, aber der Fund ist unzweifelhaft echt, und die Arbeit sollte folgenden Tages fortgesetzt werden. Unmittelbar vor dem Wegreiten schickte ich Henry nach dem Schiffszimmer-

---

*) Der persönliche Adjutant des Prinzen Friedrich Karl.

Platz und ließ ein recht altes, halb verfaultes Stück Holz holen, zwischen dessen Moosflecken ich mit Tinte und nach einem hier vorhandenen Runenalphabet ᛏ ᛇ ᚱ ᛚ ᚾ ᛆ ᛏ schrieb, nämlich den Namen Bernuth. Als ich hinauskam, war man mit der Arbeit auf eine große hölzerne Mulde, Schiff oder Sarg*) gestoßen. Da die Spitze aber noch tief in der Erde steckte, so mußte die steilstehende Wand des Hügels erst noch abgestoßen und die Mulde vorerst wieder mit Erde überschüttet werden. Ehe das geschah, praktizirte ich mein Brett unter die Kufe. Der Ungar verstand sogleich den ganzen Witz, lachte übers ganze Gesicht und schob das Brett schweigend unter. Inzwischen kam der Prinz und Bernuth mit den übrigen Offizieren. Vor ihren Augen fand nun die Erdarbeit und Bloßlegung der Mulde statt, und mit dem lebhaftesten Antheil wurde diese ganz und unbeschädigt herausgehoben, nachdem sonst nur einige Haare und ein Stück sehr groben Gewebes gefunden war. Was aber war das gegen den Fund einer ganz deutlichen, wohlerhaltenen Runenschrift, die unmittelbar unter dem Sarg und zwischen den Steinen bulag! Die Art der Auffindung ließ keinen Verdacht über die Echtheit zu, und besonders Oberst Mertens erging sich in Vermuthungen über die Bedeutung, das Alter ꝛc. Die Eingeweihten hatten die größte Mühe, ernsthaft zu bleiben. (Den Prinzen hatte ich klüglich ins Geheimniß gezogen.) Alles brannte darauf, die Inschrift mit dem Alphabet zu Hause zu vergleichen. Doch bestimmte der Prinz, daß dies erst nach Tisch geschehen könne. Du kannst Dir nun das Lachen denken, als nach und nach Be, Ver, Vernuth zum Vorschein kam. Dieser zog sich gut aus der Affaire, und eigentlich blieb Mertens mit seinen antiquarischen Bemerkungen am meisten kompromittirt. — Heute ist Alles nach dem Sundewitt, um in einem dortigen Moor Ausgrabungen anzustellen; ich aber habe hier den Kurier abwarten wollen. Adieu, liebe Marie, schreibe bald wieder. Herzlichst Dein Helmuth.

*) Dieses Stück befindet sich jetzt in der Nordischen Abtheilung des Museums in Berlin.

Apenrade, Sonnabend den 13. August 1864.

Liebe Marie! Wann und von wem das Land zuerst geräumt wird, ist noch nicht entschieden. Wahrscheinlich bleibt die schlesische einundzwanzigste Brigade und ein Theil der westfälischen dreizehnten Division zurück. Die Wehrmänner aller Truppentheile werden schon jetzt entlassen.

Der König hat die Gnade gehabt, zu erinnern, daß ich jährlich Gastein gebrauche, und daß es bald dafür zu spät sein würde. Er ließ also durch Manteuffel an mich schreiben und mich auffordern, mich deshalb und wegen meiner Stellvertretung zu äußern. Ich habe gebeten, mich zu belassen bis zum definitiven Frieden, der doch in wenig Wochen zu Stande kommen muß, die Kommandoverhältnisse geregelt und ich von selbst ablömmlich werde. Ich bat, daß der König mir eventuell im Winter, wenn Alles ruhig bleibt, einen Urlaub nach dem Süden bewilligt. Ich kann damit noch thun, was ich will. Etwas mehr als vierzehn Tage kann es aber wohl dauern, ehe ich hier ablömmlich werde, und dann stehen die Manöver des Gardekorps bei Brandenburg-Genthin bevor.

Die Schleswiger aus der dänischen Armee kommen in hellen Schaaren zurück, die Uniform ist ihnen abgenommen. Wenn diese Leute ihr Verhältniß begriffen, so würden sie recht still und bescheiden in die Heimath ziehen. Sie kommen aber mit allerlei Straußfedern auf den Hüten, Schleswig-Holstein singend, wie die Freischaaren jubelnd, hier an. Dicht hinter Colding hat man solchen Zug im Hohlweg mit einem Steinhagel begrüßt, der schwere Verwundungen nach sich gezogen hat. Da sind sie still geworden.

Ich wirke dahin, daß den dänisch redenden Schleswigern kein Unbill geschieht und aller Schutz angedeihe. Sie würden bessere Preußen als die deutsch redenden werden. Die Nothwendigkeit, die Herzogthümer unter eine Verwaltung zu bringen, liegt auf der Hand, schon um das Land militärisch organisiren zu können. Wer diese Verwaltung führen soll, darüber werden

unsere unpraktischen Landsleute sich gewaltig streiten, doch wird
es wohl nicht leicht sein, die zum Lande hinaus zu bundes-
beschließen, die es mit den Waffen erobert und in Händen behalten haben. Adieu für heute, liebe Marie. Herzlichst Dein
Helmuth.

Apenrade, den 19. August 1864.

Liebe Marie! Du hast nicht kommen wollen und hast den
Besuch bei Mama vorgezogen. Ich freue mich, daß Du sie wohl
gefunden hast. Ich werde dem Prinzen vorschlagen, bei der Demobilmachung auf Retablirungsgelder für die Offiziere anzu-
tragen. Die Armee hat ein schönes Land erobert, für wen?
wissen wir nicht. Aber Niemand wird ihnen außer Schön
Dank! etwas schenken.

Gestern, am Geburtstag des Kaisers, wohnten wir der Messe
im Freien bei. Diner für die Spitzen aller Behörden. Nachmittags Fest für die Mannschaften der österreichischen Stabswache und der Detorirten der nächsten preußischen Bataillone im
Walde. Sehr hübsch. Verschiedene mächtige Tonnen mit Ungarwein, große Kessel mit Punsch und zwei Musikkorps außer
Zigeunermusik. Die Ungarn tanzten einen Czardas nach dem
andern. Unter Eljen wurden der Prinz, die Generale und nach
und nach alle Offiziere in die Luft gehoben. Bei Eintritt der
Dunkelheit Feuerwerk und bengalische Flammen.

Vorgestern bei starkem Nordwestwind segelten wir mit dem
Prinzen nach der Insel Barsöe auf einer chinesischen Barke des
Herrn Bruns. Das Fahrzeug ist zum Schnellsegeln erbaut, sehr
scharf, mit vier großen dreieckigen Segeln. Wir erreichten die
zweieinhalb Meilen entfernte Insel in wenig mehr als fünfviertel
Stunden, landeten, stärkten uns durch Bischof zur Rückfahrt,
welche auch bis in die Apenrader Bucht sehr gut und bei stets
zunehmendem Winde sehr rasch ging. Nun mußte aber gekreuzt
werden und an der Südseite der Bucht stand so hohe See, daß
trotz der Leitung des österreichischen Seeoffiziers die Sache be-

denklich wurde. Wir machten noch einen Schlag, aber das kleine Fahrzeug folgte in den hohen Wellen dem Steuer beim Wenden über Steg nicht mehr. Wir konnten Alle schwimmen, aber angenehm wäre das doch nicht gewesen, und es wurde beschlossen, an der Nordseite, wo wenig Brandung, zu landen. Wir liefen also so nahe wie möglich an den Strand. Die Ordonnanzoffiziere Rochow und Hohe hatten im Nu die Kleider herunter und holten einen Fischerkahn herbei, auf dem wir nach und nach das Ufer erreichten. Wir hatten nun aber, da man längs des Strandes nicht fort kann, einen Umweg von zwei Meilen bis Apenrade, trafen aber auf Wagen schon elf Uhr ein. Man war nicht ohne Besorgniß dort gewesen, da der Wind sich bis Mitternacht fast zum Sturm steigerte.

Den 21. — Der Prinz ist nach Eckzhaven, um die Flotte zu besichtigen, und ich regiere einstweilen allein. Drei Wochen sind jetzt verflossen, ohne daß das Friedenswerk in Wien gefördert ist. Nur nach dem wirklichen Abschluß werden auch hier die Kommandoverhältnisse definitiv geregelt werden. Wir liegen jetzt zwei Monate in Apenrade, und so hübsch es hier ist, so wird die Sache jetzt, wo die Spannung und Aufregung wegfällt, doch langweilig. Ein paar Wochen können wohl noch vergehen, ehe ich abkomme.

Viele freundliche Grüße an Alle. Dein   H e l m u t h.

Apenrade, den 25. August 1864.

Liebe Marie! Am 22. trafen fast gleichzeitig aus Berlin und Wien die Flügeladjutanten Prinz Hohenlohe und Fürst Metternich mit den Orden für Alsen ein. Ich erhielt daher an einem Tag den Kronenorden I. Klasse mit Schwertern und das Großkreuz des Leopoldordens, Kriegsdekoration, also zwei Cordons. Was mir aber mehr Freude macht, ist ein eigenhändiges Schreiben des Königs aus Gastein, den 14. August 1864:

„Als ich Sie zur Armee entsendete, konnte ich nicht mit Bestimmtheit voraussehen, daß Ihre Stellung bei derselben eine

dauernde werden würde, und daß Sie damit Gelegenheit finden
würden, Ihre Talente zur Kriegführung auf eine so eklatante
Art zu dokumentiren. Von dem Moment an, wo Ihnen Ihre
jetzige Stellung dauernd zufiel, haben Sie meinem Vertrauen
und meinen Erwartungen in einer Art entsprochen, die meinen
vollen Dank und meine volle Anerkennung erheischt, welches Beides
ich Ihnen hierdurch mit Freuden ausspreche. Alsen und ganz
Jütland sind, während Sie die Operationen leiteten, in unsere
Hände gefallen, und der 29. Juni reihet sich glorreich dem
18. April an. Die Armee hat sich überall ruhmvoll und ehrenvoll gezeigt und ein Resultat erreicht, das die Diplomatie dieses
Mal nicht verdorben hat, sondern zu einem fast überraschenden
Resultat machte.

Als ein Zeichen meiner Anerkennung Ihrer Verdienste in
diesem Kriege verleihe ich Ihnen den Kronenorden I. Klasse mit
den Schwertern, den Ihnen der Prinz Friedrich Karl übergeben
wird, der eine hohe Auszeichnung für Sie erbat, weshalb ich
ihm die Freude gönne, Ihnen dieselbe selbst zu überreichen.

Ihr treu ergebener

gez. Wilhelm."

Aus Deinem Briefe, liebes Herz, sehe ich, daß Du um mich
besorgt bist. Aber gottlob, alle die vortrefflichen Mittel, die Du
vorschlägst, sind nicht mehr nöthig; der Husten ist fort und das
Kreuz in Ordnung, obwohl ich heute bis auf die Haut naß
wurde bei einem etwas ausgedehnten Ritt. Das ist ja auch
kein Wunder, wenn man bei diesem scheußlichen Sommer etwas
an Katarrh und Rheumatismus leidet. Durch den Feldzug bin
ich über mein alljährliches Frühjahrsunwohlsein fortgekommen und
glaube, daß es mit dem Herbstleiden ebenso gut gehen wird.
Gestern hatten wir einen kompletten Sturm aus Nord-Nordwest,
der das Meer so in die Apenrader Bucht trieb, daß der ganze
Hafendamm unter Wasser stand. Alle Schiffbauer mußten die
Arbeit verlassen, und viele Bauhölzer sind fortgespült. Gegen
Abend wurde es schön, und ich bin noch eine hübsche Tour

gefahren. Ich glaube, daß der Friede in Wien nun bald zu Stande kommt, denn mein Stück Selfe wird alle.

Du weißt, daß ich gerade nur so viel Arbeit habe, wie ich mir selbst mache, und daß, wenn ich Lust habe, ich gar nichts zu thun brauche. Diesen Winter will ich es wenigstens an mich kommen lassen, die Durchsicht der Uebungsreisen fällt ohnehin ganz aus.

Im militärischen Publikum trägt man sich mit der Kombination: Prinz Württemberg Gouverneur von Mainz, General Herwarth Gardekorps, siebentes Armeekorps — ich. Aber ich bin zu lange aus der Truppe und habe zu wenig Auge für Detail, daß ich ein Korpskommando annehmen dürfte. Ich kann keinen besseren Abschluß finden als jetzt, nach einem glücklichen Krieg und mit der vollen Zufriedenheit meines Königs. Vorerst haben wir aber noch die Auseinandersetzung mit unseren Bundesfreunden. Gebe Gott, daß die beiden Monarchen sich in diesen Tagen verständigt haben. Es ist mein altes Lied: Mit Oesterreich, dann hat es keine Noth. Die Nessel ist das vernünftigste Blatt, was in diesem Lande herauskommt. Was für ein Gewäsch, daß der König Christian die Beamten nicht ihres Eides entbinden will. Wenn er das Land abtritt, so ist das einfache Selbstfolge. Jetzt muß ich schließen und beim Prinzen meine Partie Whist machen, während die Zigeuner im Nebenzimmer Musik machen. Sobald ich was erfahre, wann die Operationsarmee aufgelöset wird, theile ich es Dir mit.

Adieu, liebes, gutes Herz, auf frohes Wiedersehen. Dein
Helmuth.

*

Apenrade, den 31. August 1864.

Liebe Marie. Gestern dampfte die Grille in unsern Hafen hinein; es ist ein wunderschönes Schiff, und da es heute Morgen einmal ausnahmsweise ein wirklich klarer Sommertag zu werden verspricht, so wird der Prinz mit seinem ganzen Stabe um ein Uhr die Insel Alsen umfahren und erst Abends zurückkehren. Es ist einmal eine Unterbrechung des nachgerade sehr fühlbaren Einerlei hier. Vier Wochen sind zwischen den Präliminarien und der ersten Eröffnung der Friedensverhandlungen in Wien verstrichen, und wer weiß, wie lange die Herren Diplomaten dort noch sitzen. Man sollte zwar glauben, die Dänen müßten die Sache satt bekommen. Jütland ist mit 50 000 Mann besetzt und jeder Tag kostet dem unglücklichen Lande 25 000 Thlr. Aus der Reise des Königs nach Hohenschwangau möchte man schließen, daß wir auch mit den Würzburgern zu einer Verständigung gekommen sind. Ich glaube, daß wir Mitte September hier abgelöst sein werden, und habe mit Mertens auf den 15. um eine Flasche Sect darauf gewettet; dann muß ich aber noch nach Brandenburg, ehe die Winterquartiere in Berlin bezogen werden.

Auf die Paradegerüchte, weißt Du wohl, ist nicht viel zu geben. Es ist wahrscheinlich, daß Herwarth das Garde-, Falckenstein das siebente Armeekorps bekommt und letzterer einstweilen das Kommando über die in Schleswig-Holstein verbleibenden Truppen übernimmt. Ich kann überhaupt kein Korpskommando annehmen und werde sicherlich am besten mit diesem Feldzug abschließen. — Ich würde ganz gerne Willisens Nachfolger in Rom.

Ich muß für heute schließen. Herzlichst Dein

Helmuth.

Flensburg, den 10. September 1864.

Liebe Marie. Seit gestern ist das Stabsquartier des Oberkommandos hierher verlegt. Ich wohne bei Fritz und Betty, wo ich natürlich sehr gut aufgehoben bin. Da wir von beiden Seiten vermeiden, über Politik zu sprechen, so geht Alles gut. Die prinzliche Küche ist übrigens für den Stab hier geblieben. Nach zweieinhalbmonatlichem Aufenthalt in Apenrade ist diese Veränderung doch ganz angenehm. Der Prinz hat vier Wochen Urlaub, und bis zum Ablauf derselben wird doch endlich wohl der Friede abgeschlossen werden, obgleich dies Geschäft so langsam verläuft, daß man an dem Erfolg irre werden könnte. Heute ist schon der Waffenstillstand kündbar. Es scheint, daß man in Kopenhagen immer noch auf größere europäische Verwickelungen hofft. Ich wirke, wo ich kann, daß nun auch den dänisch redenden Schleswigern ihr Recht wird, und daß wir nicht in dasselbe Unrecht verfallen, um dessentwillen der Krieg geführt worden ist. Henry wird Euch von der interessanten Fahrt mit der Flotte erzählt haben. Wir erlebten einen wirklichen Sturm, und zwar Nummer zehn. Die Marine hat nämlich zwölf Nummern dafür, je nach der immer abnehmenden Zahl der Segel, die das Schiff noch führen kann. Wir hatten nur noch das viermal geraffte Marssegel auf. Das Geheul in dem Tauwerk war so, daß man kaum noch das Kommando und die Bootspfeife durchhörte. Die ganze Besatzung von vierhundert Mann war in Arbeit, um das Schiff, die Arcona, zu manövriren. Nicht nur die Topraaen, sondern selbst die Stangen wurden auf's Deck gebracht, und es sah halsbrechend aus, wie die Leute oben arbeiten mußten, um sie herabzubringen. Wenn man solche Scenen mit Agrément ansehen will, so muß es gerade so kommen wie am 6. d. Mts., denn da wir dicht unter Land hinfuhren, so hatten wir trotz des heftigen Windes fast gar keine See. Es gelang auch Niemand, seekrank zu werden, außer auf der sehr ranken Grille einige unangenehme Momente. Wäre der Wind östlich gestanden, so hätten wir eine furchtbare See gehabt, und da hätte die Sache anders ausgesehen.

Einen sehr verschiedenen Anblick bot die Vineta am 13., wo das Quarterdeck derselben zu einem achtzig Fuß langen und fünfzig Fuß breiten Ballsaal für ein Fest hergerichtet war, welches die Flotte der Stadt Flensburg gab. Dach und Wände dieses Salons waren aus Segeln erbaut, welche im Innern mit den Flaggen aller Nationen und mit Laubgewinden und Topfgewächsen prachtvoll dekorirt waren. Die bedeckte Batterie unter dem Fußboden dieses Tanzsaales war zum Buffet, Spiel- und Rauchzimmer eingerichtet. Höchst eigenthümlich war das Ameublement des Festlokales, und kein anderer Festgeber könnte etwas Aehnliches herstellen. Abgesehen von verschiedenen Vierundzwanzigpfündern waren die

Kronleuchter aus Geschützrädern konstruirt, die an Zündnadelgewehren hingen und mit Entermessern und Aexten verziert waren. Ueberall waren Waffen als Schmuck angebracht. In der Mitte plätscherte unter Blumen und Felsblöcken eine Fontaine.

Die wenigsten der fröhlichen Gäste ahnten wohl, auf welchem Vulkan sie tanzten; daß die Pulverkammer mit etlichen Zentnern Kriegsmunition unter ihren Füßen lag, hatte wenig zu bedeuten, aber längs des ganzen Bollwerks um das Deck standen Lichter in der Höhe von fünf Fuß herum. Ein ungeschicktes Zurücklehnen konnte die Spitzen, Bänder und Flitter vom Kopfputz einer Dame in Berührung mit den Lichtflammen bringen, die dann in diesem Palast von lauter Zündstoffen eine heillose Verwirrung gebracht hätte, zumal nur ein Ausgang, eine mit Segeln überdeckte Schiffstreppe, vorhanden war. Man hatte denn auch die Spritzen der ganzen Flotte auf der Vineta versammelt, um bei einiger Besonnenheit der Gäste ein großes Unglück zu vermeiden.

Adieu für heute, gute Marie. Herzlichst Dein

Helmuth.

*

Flensburg, den 1. October 1864.

Liebe Marie. Ich hoffe, daß Du bei dem schönen Wetter eine angenehme Reise gehabt hast und Dich jetzt in Deiner Häuslichkeit befindest. Wir werden in der ersten Hälfte dieses Monats wohl nach Kiel übersiedeln. Ich habe Prittwitz abgeschickt, um dort Quartier zu besehen. Die Mehrzahl des Oberkommandos wird ins Schloß ziehen. Wie lange die Occupation der Gesamtstärke der Armee noch dauern wird, läßt sich auch jetzt noch nicht übersehen. Die Daumschrauben, welche Jütland angesetzt wurden, dürften indeß wohl etwas wirken.

Den 4. — Aus Deinem Schreiben, liebe Marie, vom 1. d. Mts. ersehe ich Deine glückliche Ankunft in Berlin.

Der Prinz wird am 15. d. Mts. zurückkehren, und wenn dies, wie ich annehme, nicht bloß ein kurzer Besuch, sondern ein dauernder Aufenthalt sein wird, so daß eine Stellvertretung durch mich nicht in Aussicht steht, so bin ich hier völlig ablömmlich und rechne eigentlich darauf, abberufen zu werden. — Das Oberkommando wird zum 15. oder ein paar Tage zuvor nach Kiel verlegt.

Den 10. — Ich hoffe noch immer auf eine Entscheidung, wenn am 12. d. Mts. der König nach Berlin zurückkehrt und am 16. der Prinz zur Armee geht. — Wenn Wrangel weiß, daß das Hauptquartier nicht nach Kiel kommt, so schließe ich daraus, daß man die Sache in Wien dem Abschluß nahe hält.

Wir haben hier eine ganz leidliche Oper. Letzt wurde das „Nachtlager von Granada" ganz gut gegeben, heute „Maurer und Schlosser". Adieu, liebes Herz. Dein

Helmuth.

Flensburg, den 13. Oktober 1864.

Liebe Marie. Sehr erfreut bin ich, daß Du in Deiner Einsamkeit von Henry Besuch erhalten hast. Du wirst ihn wohl recht verziehen und mit seiner weißen Binde Staat machen.

Die Aussichten der Hamburger Bahn sind ja auch sehr günstig. Es war eine glückliche Anlage meiner ersten Ersparnisse.

Die beiden Wagenpferde sind jetzt gut im Stand und wirklich ein hübsches Gespann. Wenn wir zum Frühjahr nach Koblenz zögen, würden wir das kleine Gefährt doch sehr gern benutzen, und für 360 Thlr. kann ich niemals wieder zwei solche junge, preußische Pferde wiederbekommen. Die fünfzig Jahre Dienstzeit abzuwarten, habe ich keine Veranlassung; auf Deine Pension hat es keinen Einfluß, und solange ich lebe, haben wir Einnahme genug.

Podbielski war drei Wochen auf Urlaub und ist jetzt wieder hier, so daß ich jetzt nichts zu thun habe. Der Prinz wird wahrscheinlich die Taufe am 18. noch in Berlin abwarten. — Der sanfte Druck auf Jütland scheint doch in Kopenhagen zu ziehen, und ich glaube an den baldigen Abschluß in Wien. Wir mögen Gott danken, daß wir aus dem Handel mit einem Insel-

Staat, den wir nicht recht erreichen können, mit solchem Glück herausgekommen sind. Das erlangte Resultat sollte nicht wegen untergeordneter Dinge nochmals aufs Spiel gesetzt werden. —

Es ist recht, daß Du täglich zweimal ausgehst. Was wird die Welt sagen, daß Du Dich mit einem interessanten Lieutenant herumtreibst. Grüße Henry bestens. Herzlichst Dein

Helmuth.

*

Flensburg, den 17. Oktober 1864.

Liebe, gute Marie. Leider kann ich Dir nichts mittheilen, was hier aus uns wird. Du erfährst wohl auch eher in Berlin etwas. Uebermorgen soll der Prinz eintreffen. Ich hoffe noch immer, daß sie jetzt schon in Wien mit dem Frieden fertig sind, und dann könnte man sich doch auch entscheiden, wer ferner in den Herzogthümern stehen bleiben soll, und die übrigen abberufen.

Hast Du im Kladderadatsch das wunderhübsche Gedicht auf Bismarck in Biarritz gelesen? Adieu, gutes, liebes Herz. Dein

Helmuth.

*

Flensburg, Montag, den 24. Oktober 1864.

Eben, liebe Marie, geht Dein Schreiben von gestern ein.

Da man mich nicht abberufen, als der Prinz kam, so werde ich nun selbstverständlich bis zur endlichen Auflösung der alliirten Armee hier zu bleiben haben. Die Konferenzen in Wien werden aller Vermuthung nach doch in den allernächsten Tagen geschlossen werden. Dann sind für die Ratifikation drei Wochen stipulirt, so daß der Abmarsch der Truppen voraussichtlich Mitte November beginnt, und dieser wird dann spätestens am 10. Dezember beendet sein. Das Oberkommando dürfte wohl schon bei Beginn des Abmarsches aufgelöst werden. Bis dahin sind aber immer noch drei bis vier Wochen und eine lange Zeit für Dich, allein in Berlin zu sitzen. Ich möchte Dir daher rathen, noch wieder nach Holstein zu gehen.

Während sich für mich in Berlin Arbeit häuft, bin ich hier

so überflüssig wie das fünfte Rad am Wagen. Dabei ist es schrecklich einförmig, alle Mittag um fünf Uhr zu essen und dann Whist zu spielen, stets mit denselben Personen.

Als der Prinz hierher kam, hat er Henry auf dem Bahnhof in Elmshorn ertappt, wie er zärtlichen Abschied von einer jungen Dame nahm. Er rief ihn ins Coupé. Henry behauptete zwar, es sei seine Schwester gewesen, aber das kann Jeder sagen, wurde ihm erwidert.

Die arme Betty muß sich wahrscheinlich im Theater erkältet haben. Sie hustet sehr, besonders Nachts stundenlang. Es ist schade, sie war so munter, und da sie gar nicht gehen kann, so that ihr die freie Luft beim Fahren so gut. Jetzt ist auch die letzte der ihnen befreundeten Familien nach Kopenhagen gezogen. Die beiden alten Leute werden den Winter hindurch Whist en deux spielen. Gott erhalte sie, Einen dem Andern.

Adieu, liebes, gutes Weibchen, behalte mich lieb. Dein
Helmuth.

*

Flensburg, den 28. October 1864.

Liebe, gute Marie. Ich habe die Trauerbotschaft mitzutheilen, daß Betty gestern Abend gestorben ist. Du hast selbst gesehen, wie wohl, heiter und gesund sie gerade diesen Herbst war. Die täglichen Spazierfahrten in freier Luft thaten ihr so wohl, auch machte sie sich über die Zukunft nicht mehr Sorge. Bei irgend einer Gelegenheit, etwa im Theater, mag sie sich erkältet haben, oder kam das Uebel so wie so zum Ausbruch, am 25. legte sie sich zu Bette und litt an heftigem Husten und Beklemmungen. Mangel an Luft hinderte sie am Schlafen. Sie hatte nicht mehr die Kraft, sich auszuhusten. Am Abend dieses Tages trafen Adolfs hier ein. Bettys Zustand erregte noch keine Besorgniß — und sie hegte nur die Befürchtung, ob auch in der Haushaltung zum Empfang ihrer Gäste Alles in Ordnung sei. Gestern Vormittag war die Sache bedenklich geworden. Indeß trat Besserung ein, und ich fuhr mit Adolfs nach Glücksburg. Nachmittags sollten

sie abreisen, und sie sagten Betty Adieu, die bei ruhigem Bewußtsein mit ihnen sprach. Wir hofften nun, daß Ruhe und Schlaf
sie stärken würden. Sie schlief denn auch in Fritz' Armen ein.
Aus Furcht, sie zu wecken, mag er mehrere Stunden so gesessen
haben, gegen acht kam er zu mir und sagte: „Ich weiß nicht
mehr, ob Betty schläft oder todt ist!" Der im Hause wohnende
Arzt wurde gerufen und erklärte, daß alles Leben längst gewichen
sei. So ohne alle Schmerzen und ohne jeglichen Todeskampf endigte
sie. Die Züge der Leiche sind still, friedlich, man glaubt, sie könne
jeden Augenblick aus dem Schlaf wieder erwachen. — Was Fritz
an ihr verliert, wissen wir, ist unersetzlich. Er ist äußerst ruhig,
gefaßt und ergeben. Ich habe gleich gestern an Mama geschrieben,
daß sie mit Ernestine herkommt. Niemand wie sie kann Trost
bringen und Fritz über die erste schwere Zeit forthelfen. Fritz
würde wünschen, daß sie ganz mit ihm zusammenzöge, gewiß das
Vernünftigste und Beste, das geschehen könnte.*)

Der Friede wird spätestens bis zum 31. d. Mts. gezeichnet
sein, da jetzt volle Uebereinstimmung in der Konferenz zu Wien
erlangt ist. Ob die Ratifikationsfrist drei oder vier Wochen dauern
soll, hängt noch von den Dänen ab. Indeß dürfte der Rückmarsch
partiell schon früher beginnen, und das Oberkommando in vierzehn Tagen aufgelöst sein.

Für mich ist die Stellung hier nachgerade peinlich geworden,
da ich gar nichts zu thun habe.

Da der König mich vielleicht gnädig empfängt, kann ich nicht
jetzt gleich um den Abschied einkommen, aber zum Frühjahr,
wenn nicht neue Verwickelungen eintreten, will ich es thun.

Adieu, liebes, gutes Herz. Ich hoffe recht, daß Mama
morgen ankommt. Dein Helmuth.

Flensburg, den 31. Oktober 1864.

Liebe Marie. Dein Schreiben vom 29. habe ich Fritz übergeben, Deine theilnehmenden Worte ihm ausgesprochen. Es geht

---

*) Was auch geschah.

so gut, wie die traurigen Umstände irgend erwarten lassen. Schon am Abend nach Bettys Tode, und auf die beunruhigende Nachricht hin, welche Adolfs mitbrachten, war Ernestine abgereiset. Da sie kein Licht mehr in der Wohnung erblickte, war sie die Nacht im Hotel eingekehrt. Gestern Mittag traf denn Mama ein. Fritz hat in seiner Lebensweise nichts geändert und versieht seinen Dienst nach wie vor. Nachmittags fahren wir spazieren, und Abends spielen wir unsere Partie, wozu auch zum Kummer noch die Langeweile hinzufügen? Die Leiche steht in einem zinnernen Sarg noch immer in der Schlafstube — heute schon den vierten Tag. Sie soll eben in den hölzernen und morgen in die Todtenkapelle gebracht werden. Fritz hat einen sehr schönen Platz auf dem Kirchhof, unmittelbar hinter der Kapelle gekauft. Er ist äußerst gefaßt und anscheinend fast heiter. Wer ihn kennt, weiß aber, wie sehr er leidet. Henry wird zur Beerdigung kommen, es läßt sich aber noch nicht übersehen, wie lange die Leiche noch in der Kapelle stehen soll. Es ist ein verlängertes Leiden.

Nachdem gestern ein Uhr der Friede geschlossen, wird nun am 20. November der Rückmarsch beginnen, theilweise schon früher.

Abieu für heute, liebes, gutes Herz. Dein

Helmuth.

*

Flensburg, den 6. November 1864.

Liebe Marie. Nachdem gestern die Leiche acht Tage offen im Hause gestanden hatte und sich doch deutliche Spuren der Auflösung zeigten, ist sie gestern Abend acht Uhr in die Leichenkapelle auf dem Kirchhof gebracht worden. Nur Fritz, Henry und ich gingen mit dem Leichenwagen, welcher den Umweg über den Südermarkt machen mußte. Heute früh sieben Uhr hielt der Pastor Ewaldsen in der schönen erleuchteten Kapelle die Ansprache. Guste, Ernestine und Fräulein Wedelind*) waren auf der Galerie. Unten hatte sich eine Anzahl der angesehensten Bürger eingefunden, welche sich freiwillig

---

*) Eine treue Freundin der Verstorbenen.

gemeldet hatten, den Sarg in die Gruft zu tragen. Diese war
von der treuen Wedelind mit Tannenreisern und Blumen völlig
bekleidet. Nach dem Segensspruch war die Feierlichkeit beendet.
Fritz ist völlig gefaßt — und hat seine gewöhnlichen Dienstver-
richtungen auch heute wieder aufgenommen. Das Hauswesen
nimmt unter Gustes und Ernestines Händen seinen Fortgang,
und so hoffe ich, daß nun etwas Ruhe eintreten wird. Für Dein
fleißiges Schreiben, liebes Herz, bin ich Dir recht dankbar. Ich
kann nicht sagen, wie sehr ich mich sehne, hier abzukommen, da
ich so vollkommen nutzlos bin. Herzlichst Dein Helmuth.

*

Flensburg, den 6. November 1864.

Liebe Marie. Dein Schreiben vom Freitag ist mir richtig
zugegangen.

Der Friedenstraktat erhält ein ausdrückliches Protokoll, nach
welchem der König von Dänemark am Tage der Ratifikation,
also am 19. November, eine Proklamation an die Herzogthümer
erläßt, welche die Abtretung ankündigt und die Beamten ihrer
bisherigen Pflichten entlöset.

Ich ginge sehr gerne nach Hamburg, aber das Kriegsministerium müßte mich ermächtigen, die Fahr- und Marschtableaux
definitiv festzustellen und die weiteren Verhandlungen mit der
Eisenbahn sogleich von dort aus zu übernehmen. Ich fürchte in
der That, daß, wenn die Sache erst nach Berlin zurück muß,
und wenn der Friede früher ratifizirt wird als am 19. (ou
plutôt s'il se peut faire), so werden wir mit den Vorbereitungen
zum Abmarsch nicht mehr fertig.

Den 10. — Der dänische Reichsrath hat den Traktat angenommen, wir könnten also den 13. oder 14. schon räumen.
Morgen Mittag trifft Major Hartmann vom Kriegsministerium
ein, der die Allerhöchsten Entschließungen erst mitbringen soll. Ich
hoffe aber doch, daß in diesem Monat noch der größte Theil der
Armee in seinen heimathlichen Standquartieren eingetroffen sein soll.

Den 14. — Das Oberkommando geht am 17. d. Mts. nach Hamburg, wenn es nicht zuvor schon aufgelöst wird. Ich nehme heute Urlaub, um die Geschwister aufzusuchen, und schließe mich in Hamburg wieder an.

Ich öffne diesen Brief nochmal, liebe Marie, um Dir eine neue Trauerbotschaft mitzutheilen. Soeben geht aus Kopenhagen ein Telegramm ein: John Burt est mort aujourd'hui à huit heures et demi Kopenhague le 14. Noch vor vier oder fünf Tagen hat Mama einen Brief von ihm gehabt, in welchem er ganz heiter schreibt. Ueber seine Gesundheit klagte er nicht im mindesten, er muß vom Schlage gerührt sein. Nähere Nachrichten fehlen natürlich bis jetzt, werden aber gewiß mit nächster Post kommen.

Seltsam, daß Du in einem Deiner letzten Briefe eine Art Vorgefühl von diesem Todesfall gehabt hast.

Es ist bedauerlich, daß keiner der Verwandten zur Stelle ist. Ich kann unmöglich jetzt nach Kopenhagen gehen, Henry ist auf dem Marsch, Mama hat sogleich Cai die Nachricht mitgetheilt; ob er reisen kann, weiß ich nicht. Der einzige Trost, den man bis jetzt schöpfen kann, ist, daß der arme John ein einsames Krankenlager nicht gehabt hat.

*

Hamburg, den 17. November 1864.

Liebe Marie. Ich kann mir denken, wie schmerzlich Dich der Tod des armen John berührt. Ja wohl, wir wollen dem harmlosen, gemüthlichen Menschen ein freundliches Andenken bewahren. Ich habe ihm manches harte und lieblose Urtheil abzubitten. Wenn man so am Grab eines Menschen steht, so thut Einem das leid und es ist zu spät. Ich bedaure, daß wir ihn nicht noch bei uns gesehen haben. Wie schmerzlos und leicht sein Ende gewesen ist, wirst Du aus dem beifolgenden Brief ersehen. Gott hat ihn nach mancher bittern Sorge dieses kurzen Kampfes gewürdigt. Er wolle ihm ein milder Richter sein!

Der Prinz geht heute Abend nach Berlin, das Oberkommando

ist aber noch nicht aufgelöset, und ein paar Tage bleiben wir möglicherweise noch hier, wo es sich allerdings auch am besten aushalten läßt. Adieu für heute, liebe Marie, Du erfährst in Berlin vielleicht früher als ich, wann ich komme.

Herzlichst Dein   Helmuth.

*

Hamburg, den 27. November 1864.

Liebe Marie. Ich weiß nicht, ob ich Dir rathen soll, nach Eismar zu gehen oder nicht. In den nächsten Tagen müssen sich die hiesigen Verhältnisse mehr entwickeln. Bis zum 3. Dezember haben wir 20 000 Mann in Holstein beisammen, eine mobile Division steht bei Minden und eine andere sammelt sich, während der ersten Hälfte des Monats bei Berlin. Vielleicht kommt man in Hannover und Dresden zur Besinnung und treibt die Dinge nicht auf die äußerste Spitze. Beklagenswerth wäre es, wenn es hier zu wirklichen Konflikten kommen sollte. Der Erfolg ist mir nicht zweifelhaft, aber die weiteren Folgen sind unabsehbar. — Das Regiment Augusta ist bereits in Altona und bis übermorgen ist die ganze Gardedivision dort und in der Umgegend versammelt. Wir, das Oberkommando, übersiedeln morgen nach Altona.

In meiner Paletottasche fand ich zwei superbe Aepfel. Hat mir mein klein Weibchen eingesteckt. Adieu für heute, liebe Marie, herzlich der Deine.

*

Altona, den 28. November 1864.

Liebe Marie. Heute Morgen brachte mir Graf Nostitz Deine Zeilen vom gestrigen Tage.

Der Fürstbischof Sedlnitzki ist ein sehr liebenswürdiger Herr, sehr gut preußisch gesonnen, solange er im Amte war. Aber daß ein katholischer Kirchenfürst Protestant wird, ist doch ganz außerordentlich.

Heute Nachmittag sind wir nach Altona umquartiert. Außer

den Stäben der Generale von Hake und Gebser und einem hannoverschen Bataillon liegen hier jetzt vier Garde-Bataillone von uns, und sechs andere, sowie das Garde-Husaren-Regiment stehen dicht um Altona herum. Ich liege beim Etatsrath Donner, der die Freundlichkeit gehabt hat, ausdrücklich darum zu bitten. Außer mir noch Prittwitz und der Generalarzt Löffler, und Mittwoch kommt General von Schack auf drei Tage zum Besuch. Aber das Haus ist groß. Das ist ein besseres Quartier als in Apenrade. Die hell erleuchteten Räume sind durch a cheerful shining fire angenehm erwärmt. Die Möbel sind mit hellgelbem Seidendamast bezogen, so daß ich kaum weiß, wo ich einen Mantel hinhängen, eine Mütze hinlegen soll. Ein weiches Bett verspricht angenehme Nachtruhe und besonders lächelt mir ein bald einzunehmendes Diner (sechs Uhr), da ich bis jetzt nur meinen Kaffee eingenommen habe. Frau Etatsräthin hat mir die Ehre ihres Besuches erwiesen, um sicher zu sein, daß es mir nicht gar zu schlecht gehe. Wenn es nur nach außen auch so rosenfarben aussähe. Die Dinge befinden sich in seltsamer Spannung, doch ist zu hoffen, daß die gesunde Vernunft siegen wird.

Den 30. — Hier im Hause ist der Geburtstag des Herrn Donner und großes Diner, zu welchem ich die Musik des dritten Garde-Regiments bestellt habe.

Heute ist die Aufforderung an Sachsen und Hannover ergangen, das Land zu räumen. Ersteres wird antworten, daß es dazu des Befehls des Bundes bedarf; was letzteres thun wird, weiß man noch nicht.

Für heute adieu, gutes, liebes Herz, Dein Helmuth.

*

Altona, den 8. Dezember 1864.

Liebe Marie. Jetzt darf man die Sachen hier als beendet ansehen, soweit sie das Militärische betreffen. Am 18. werden die sämmtlichen mobilen Truppen in die Heimath expedirt sein und muß darum nothwendig das Oberkommando aufgelöst werden.

Die Hannoveraner fangen morgen an, abzurücken. Die

Sachsen sind im Marsch hierher; sie fahren auf dem Umweg von fünfzig Meilen über Eisenach, Hof und kommen durch die Hinterthür nach Haus, weil Herr von Beust uns das gute Wort nicht geben will, um Magdeburg und Erfurt zu passiren, macht circa 50 000 Thaler Mehrkosten. Dazu ungefähr ebenso viel für die völlig unschädliche, aber auch nutzlose Einberufung von 12 000 Reserven. Alles für die Eitelkeit des großen Staatsmannes an der Elbe und die Genugthuung, sich gründlich blamirt zu haben. Die Herren Bundeskommissäre haben die Akten ihrer Verwaltung an Herrn von Zedlitz übergeben, der gestern bei mir war, und die große Spannung der letzten Tage ist vorüber. Die Regierungen zu Kiel und Lauenburg haben das Proklam veröffentlicht, nach welchem die preußisch-österreichischen Kommissäre nun die Verwaltung aller drei Herzogthümer gleichmäßig führen werden.

Den 9. — Am 17. d. Mts. ist der Einzug der Garde, am 18. Gottesdienst, zu welcher Zeit alle Truppen aus dem Lande heraus sind. Dann muß doch nothwendig das Oberkommando aufgelöst werden.

Ich schlage vor, daß Du nächsten Montag oder Dienstag hieher kommst, wir können dann zusammen nach Berlin fahren. Schreibst Du mir den Tag, so bin ich auf dem Bahnhofe. Herzliche Grüße, Dein Helmuth.

Wien, Hofburg, den 16. Januar 1865.

Liebe Marie. Alles wohlbehalten angekommen. Das Wetter war schön, nicht kalt, so daß man schlafen konnte, zuweilen sonnig, und die Gegend von Oberberg an sehr anmuthig. Wir hatten einen Wagen für uns mit drei Coupés erster Klasse, so daß die Leute ebenfalls warm saßen, von der Grenze an einen Salonwagen. In Prerau kam uns Gröben entgegen. Da wir unmittelbar vom Kaiser empfangen werden sollten, mußte im Wagen große Toilette gemacht werden. Auf dem Bahnhof ent-

pfing den Prinzen*) Erzherzog Leopold, derselbe höchst liebenswürdige Herr, der den Manövern bei Buckau beiwohnte, die
zum Prinzen kommandirten General Graf Wrbna und Oberst
Blasicz. Eine Kompagnie Parma paradirte. Paletots und
Mäntel zurückgelassen und die Parade abgenommen, dann in
kaiserlichen Equipagen und in einem famosen Pace durch die
Zell und das rothe Thor am Stephan vorüber nach dem Schweizerhof in die Burg. Einen unglücklichen Fiaker übergesegelt. Ich
holte den Prinzen eben ein, als auch schon Seine Majestät der
Kaiser ihn begrüßte. Als die hohen Herren aus dem Zimmer
des Prinzen wieder heraustraten, wurden wir vorgestellt. Seine
Majestät erinnerten, mich in Gastein gesehen zu haben, und
sprachen sich gnädig über den Feldzug aus. Sogleich ging es
zu Ihrer Majestät der Kaiserin durch eine unendliche Reihe von
Zimmern, alle ziemlich gleich große Vierecke, sehr hoch, gewaltig
dicke Mauern, und recht einfach eingerichtet.

Beide Majestäten wohnen nach dem Hof hinaus. Bei der
Kaiserin blieb der Prinz wohl eine halbe Stunde, im Vorzimmer
die Oberhofmeisterin Gräfin Königsed, Graf Rueffstein, Land-
graf von Fürstenberg, Graf Crenneville, unsere Gesandschaft,
von Werther, von Ladenberg, Graf Galen und wir. Als die
Kaiserin mit dem Prinzen heraustrat, wurden wir vorgestellt.
Das Gerücht hat nicht zu viel gesagt, die Kaiserin ist entzückend,
noch anziehender als schön, eigenthümlich und schwer zu beschreiben.
Wegen der Trauer in Schwarz, reicher, gestreifter Stoff mit
Spitzen, zwei Ellen Schleppe, ohne Parure. Sie scheint etwas
schüchtern, spricht leise und ist nicht immer leicht zu verstehen,
aber man fühlt, daß das, was sie sagt, etwas Verbindliches ist.
— Der Kaiser geleitete den Prinzen in seine Gemächer, jetzt erst
kam ich auch in mein Zimmer, in dem wohl sechzig Lichter
brannten. Mir brannte mein Telegramm auf der Seele, damit

---

*) Prinz Friedrich Karl reiste, begleitet von Moltke, nach Wien, um
sich nach Auflösung der von ihm kommandirten Armee beim Kaiser zu melden.

Prinzeß Karl nicht in der Nacht geweckt werde, um zu erfahren, was sich eigentlich von selbst verstand, obwohl wir zu dreizehn gefahren und seltsamerweise auch zu dreizehn dinirten, nämlich Abends zehn Uhr in den Gemächern des Prinzen. Die zur Aufwartung kommandirten Herren und die Offiziere seines Husaren-Regimentes, Oberstlieutenant Ollinger, Graf Pückler und Graf Wallis, waren geladen.

Heute früh acht Uhr Kaffee auf dem Zimmer, ganz vorzüglich, und das vortreffliche Wiener Backwerk, für mich Vorrath auf eine Woche. Um zehn Uhr schon erschien ein Teller mit Konfitüren und Obst, besonders schöne Weintrauben. Um halb elf Uhr empfing der Prinz die gesammte Generalität, unmöglich, sie gleich Alle zu behalten, mir bekannt Fürst Karl Schwarzenberg, der Kriegsminister Ritter Francke, Graf-Roßlitz, Gondrecourt, Beide aus Schleswig bekannt, Generallieutenant Ritter, der das Gestütwesen hat, Generallieutenant Henikstein, der Chef des Generalstabs. Auch Herr von Lederer war da. Der heutige Tag ist fast ganz den Besuchen gewidmet. Von elf Uhr ab, zunächst durch endlose Zimmerchen, Gänge und Korridors zu den Erzherzogen Franz Karl und Albrecht in der Burg, dann zu allen übrigen in der Stadt. Außerdem zu den Feldmarschällen Heß und Wratislaw, dem Kriegsminister (der einzigste, der annahm), Duc de Gramont, päpstlichem Runtius.

Um halb zwei Uhr Dejeuner, das heißt komplettes Diner mit Suppe und Champagner, für die Umgebungen der Herrschaften in meinem Vorzimmer. Dann kam Graf Mensdorf, der eine halbe Stunde bei mir blieb. Hierauf wieder Besuch bei der Kaiserin-Mutter, der Erzherzogin Sophie und dem Großherzog von Modena.

Der Marschallstafel präsidirte der Oberkammerherr Fürst Auersperg, auch nahmen die Damen der Kaiserin daran Theil. Die Oberhofmeisterin Gräfin Königsegg, Fürstin Taxis und Gräfin Hunyady. Ich saß zwischen den beiden ersteren und habe mich sehr gut unterhalten. Diese vornehmen österreichischen Damen

sind so einfach und schlicht in ihrem Wesen, gehen mit so gutem
Willen auf ein Gespräch ein, daß es ein Vergnügen ist. Nach
Tisch über einen Korridor ins Burgtheater. Graf Crenneville
hatte mir eine Loge angeboten, wo man ungestört und näher am
Theater ist als in der Hofloge. Erzherzog Franz Karl, Albrecht
und der Prinz in der kaiserlichen Loge gleich rechts vom Theater.
„Bürgerlich und Romantisch", ganz vortrefflich gegeben, besonders Fräulein Wolters, die hier gefeierte Schauspielerin. —
Thee auf meinem Zimmer bestellt. Es erschien unendliches Ge-
bäck, Kapaun und Schinken, Wein, Konfitüren, woran sich
zehn Personen satt essen konnten. So verlief der erste Tag in
Wien sehr erfreulich. Wenn ich nur alle Menschen wieder-
erkenne, denen ich vorgestellt bin.

Dienstag, den 17. — Um halb zwölf Uhr ging ich in die spanische
Schule. Es werden nämlich die kaiserlichen Bereiter in der höhern
Reitkunst auf Pferden spanischer Abkunft geübt, Figuren, wie man
sie auf allen Bildern von Rübingerschen Stichen sieht. Hoch
aufgesetzt, etwas Ramskopf, breite Brust, lange, volle Schweife
und Mähnen. Bei einem Schimmel schweifte die Mähne buch-
stäblich an der Erde. Die Reiter in Scharlach und Gold auf
deutschem Sattel ohne Bügel. Die Pferde alle Hengste. Die
Bahn liegt bekanntlich an der Burg, und man gelangt, wie zum
Theater, gleich in die kaiserliche Loge, ohne ins Freie zu müssen.
Die Bahn ist prachtvoll, sehr geräumig und reich durch zwei
Etagen. Alles im Renaissancestil weiß und daher durch Gas
taghell zu erleuchten. Unter den Zuschauern befand sich auch
Graf Szandor, der berühmte Reiter. Es wurden natürlich nur
kabenzirte Gangarten geritten, aber die schwersten mit höchster
Präzision. Immer nur vier Pferde zur Zeit, Piaffe, Ruboy,
Courbette und so weiter. Die Pferde sollen sich besonders durch
guten Magen auszeichnen (ich beneide sie hier doppelt). Nach
den größten Anstrengungen verjagen ihre Abkömmlinge das
Futter nicht. Ganz besonders schön sind Kreuzungen mit ara-
bischem Blut, der schöne Kopf, leichtere Wuchs und die stolze

Gangari zeichnen sie aus. Ein Schimmelhengst aus dieser Kreuzung ist das Ideal eines Pferdes, das schönste, was ich noch gesehen habe. Er ging die kadenzirten Gänge und dabei den sausendsten Trab. Die Ställe dieser Pferde sind das Zweckmäßigste, was man sehen kann.

Um ein Uhr hatte ich mir meine Hofequipage bestellt und fuhr nach dem Generalstab, Feldmarschalllieutenant Henigstein, Graf Huyn und General Fligely. Man zeigte mir sehr zuvorkommend die Photographien, Kupfer- und Steinstichbureaur, die Originalmappirungen, die Zeichnungen und so weiter, ein eigens dazu erbautes großes Dienstgebäude. Von da fuhr ich zu Graf Leo Thun, nicht zu Hause, Fürst Auersperg noch weniger, Alt-Gräfin Salm, welcher ich ausführlich über die Radziwilsche Familie berichtete. Die Gräfin war gestern im Theater in der Loge neben mir gesessen, ohne daß ich mein Glück ahnte.

Nachdem ich um vier nach Hause gekommen, warf ich mich in Zivil und schlüpfte zu Fuß zur Burg heraus, um ungestört vor den Läden stehen bleiben, den Stephan und seinen neuen Thurm angaffen zu können. Dann besah ich mir die neuen Bauten auf der Esplanade, die schöne Statue des Erzherzogs Karl, und jetzt muß ich schleunig Toilette machen zur Galatafel. Da ich das Frühstück nicht angerührt, so wird es mir gut schmecken.

Ich kam nur eben noch zurecht, um vor Erscheinen des kaiserlichen Paares mich im Versammlungssaal den Damen vorstellen zu lassen. Da waren die Fürstin Auersperg, geborene Colloredo, die Gräfin Mensdorf, die letzte Erbin der Deinhardstein, die Gräfin Quefstein, geborene Fürstin Paar, die Gräfin Königsed, geborene Bellegarde, die Fürstin Taris, die Gräfin Hunhady. Der Prinz führte die Kaiserin, ihr Anzug weißes, einfaches Kleid, aber von einer Weite und Länge der Schleppe, daß die größte Behutsamkeit nöthig war, sie zu führen. Schmale schwarze Bänder hingen aus dem Kopfputz bis zum Boden hinter ihr. Ein prachtvoller Diamantschmuck kontrastirte mit dieser Einfachheit. Der Kaiser folgte. Bei Tafel fiel mir zuerst auf der mehr als bescheidene Salon, Stuckwände in der Ordnung, aber Spiegel! und noch dazu recht kleine. Wahrhaft blendend im buchstäblichen Sinne dagegen war die Tafel selbst. Aufsätze, Teller und Bestecke, Alles von Anfang bis zu Ende Gold. Es ist noch lange nicht alles Gold gemünzt in Wien, noch etwas ist gerettet worden vor den Fingern der Finanzkommission. All dies Gold, von dreihundert Kerzen beleuchtet (Du weißt, ich zähle immer), gewährt allerdings das Bild kaiserlicher Pracht. Reich und geschmackvoll zugleich ist die Livree der Lakaien, schwarz mit breiten Goldborten, die Jäger grün mit Silber. Weniger gut sah eine Schar in Roth aus, die, wie ich glaube, vorzugsweise den Wein besorgte. So etwas von Einschenken habe ich noch nirgends gesehen, immer waren alle Gläser voll, man mochte nach so wenig nippen. Das Diner war nach einem großen Plan bemessen, ich bringe den Schlachtplan mit. Bemerkenswerth erschien mir die Rangordnung bei Tisch. Die sämmtlichen Herren Minister waren zugegen, sie saßen aber unterhalb, die Fürsten, Grafen und Herren zunächst den Herrschaften. Bei uns entscheidet der im Staatsdienst erworbene Rang, hier der angeborene. Aber auch was für Namen! Uns Fremde hatte man als Gäste natürlich ausnahmsweise placirt. Neben der Kaiserin saß Herr von Werther, dann folgte die Oberhofmeisterin, dann ich, so daß ich die schöne Kaiserin in der Nähe bewundern konnte. Zwei Musikkorps in den angrenzenden Gemächern füllten die Lücken der Konversation aus, wenn deren waren. Mir schien die Unterhaltung allgemein und zwanglos.

Nach Tafel machten die Herrschaften Cercle, und der Kaiserin fällt das, wie mir scheint, nicht schwer. Wenn man fertig sein soll, macht sie eine graziöse und ziemlich tiefe Verneigung, und man weiß, daß man entlassen ist. Von den Erzherzogen war keiner zugegen.

Im Burgtheater fielen wir mitten ins Stück. „Der Ring",

ein älteres und etwas veraltetes Schauspiel, ich glaube von Schröder. Der Liebling des Publikums, Herr Fichtner, spielte gut, applaudirt scheint in diesem Theater aber nicht zu werden, und das ist sehr angenehm.

Der Prinz ist mit Seiner Majestät von eins bis vier auf Jagd bei Schönbrunn gewesen, ein Morden von eingestelltem Schwarzwild. Loö hat, glaub' ich, zehn Säue geschossen.

Mittwoch. — Um drei Viertel zehn nach dem Zeughaus, einer ungeheuren Anlage; eine Stadt für sich, ist es eine Festung, in welcher Arsenal, Werkstätten, Hochöfen, Gießereien, Bohrmaschinen konzentrirt sind und Tausende von Menschen arbeiten, Alles unter Direktion des Generals Stein. Ich erlasse Dir alle Dampf- und Handsägen, Kugelpressen, Schmieden und Hämmer. Das Merkwürdigste war mir, daß man dabei ist, das österreichische gezogene in ein Hinterladungsgewehr umzuwandeln und zwar, wie ich verstand, nach dem Modell eines Stadtraths Friedrich aus Magdeburg. In dem Waffensaal lagen 160 000 der ersteren, das heißt ungeändert, vorräthig. Prachtvoll ist in der Mitte der Hauptfront eine Halle im sarazenischen Stil, in welcher die Standbilder österreichischer Feldherren aufgestellt werden. In einer andern Halle standen schöne und kostbare Rüstungen, meist von historischem Werth. Im Hofe defilirten zwei Schwadronen Sachsen- und Braunschweig-Kürassiere und zwei Batterien bei dichtem Schneegestöber.

Vom Arsenal ging's in die Equitation, was bei uns die Reitschule in Schwedt. Ich fuhr mit dem Grafen Crenneville und daher dem Kaiser und dem Prinzen vor. Die Reitschule zählt nur einige vierzig Offiziere, die einen elfmonatlichen Kursus durchmachen unter Leitung des Fürsten Taxis, eines ausgezeichneten Reiters, der im italienischen Feldzug ein Auge verlor. Erst wurden Schulpferde produzirt, welche der Anstalt gehörten, dann Campagnepferde, die von den Regimentern mitkommen. Mit den ersteren wurde eine sehr hübsche Uebung ausgeführt, wo ein Offizier sich gegen zwei so zu tummeln hat, daß keiner ihm die linke Seite abgewinnt. Mit kurzen Rechtsvollen entgeht er leicht dem ihm zur Linken, folglich auf weiterem Bogen Reitenden, dem andern kann er oft nur durch Pirouetten entgehen. Sowie er auf der linken Seite berührt wird, ist er geschlagen. Noch schöner war auf Campagnepferden ein Contrafechten, natürlich mit stumpfer Waffe, Säbel gegen Pallasch, Pallasch gegen Lanze. Ein Offizier der freiwilligen Ulanen, der ganz vorzüglich ritt, aber auch derb zustieß, wehrte sich gegen zwei Husaren. Zum Schluß wurden dreißig vierjährige, undressirte Hengste geritten. Sodann war sogenannte Stallparade, das heißt bei dem schlechten Wetter waren alle kaiserlichen Wagen- und Reitpferde im großen Marstall aufgeschirrt respektive gesattelt in ihren Ständen aufgestellt, die Stalleute in Gala daneben. Da standen acht zehnzöllige Rappen mit Purpur und Gold und mit ungeheuren Straußbüschen, gegenüber ein eben solcher Trauerzug. Schimmel mit schwarzem Geschirr, dann kamen die Staatspostzüge, die Stangenreiter schwarz mit goldener Borte und goldenen Bändern, endlich der Reitstall mit wunderschönen Pferden, namentlich zwei nationalenglischen Füchsen der Kaiserin; alle Pferde in boxes, auch die Maulthiere, Ponies und zwei kleine Esel des Kronprinzen. Eine Stiege höher die Wagen, die modernsten wie die ältesten, alte Krönungswagen, von Rubens bemalt, riesige Maschinen in Laternenform mit zwei Langbäumen, dann die Geschirr- und Sattelkammer und so weiter. Von da ging es in die Reitbahn, die dritte prachtvolle, die wir hier gesehen, dort ritten die Bereiter und sprangen Barrière. Alle diese Besichtigungen dauerten bis vier Uhr. Besuche bei den erst jetzt angekommenen Erzherzogen Karl Ferdinand und Josef. Diner bei Seiner Majestät dem Kaiser. Es war ein Herrendiner und wegen der Hochzeit des Prinzen Ted mit einer Erzherzogin schon um fünf Uhr. Ich saß zwischen dem Fürsten Karl Liechtenstein, dem Generalinspekteur der Kavallerie, und Graf Festetics, dem Besitzer des Pullusees, aus welchem ein ungeheuer großer und köstlicher Fisch servirt wurde, außer dem See aber auch etlicher Quadratmeilen Land, ebenfalls Kavalleriegeneral.

Nach Tisch fuhr ich mit meinem Begleiter Sterneck ins Karlstheater, wo eine echte Wiener Posse gegeben werden sollte. Diese fiel aus, weil den Direktor des Theaters soeben der Schlag gerührt hatte. Statt dessen ein schrecklich dummes Zauberspiel, dann aber der „Juristentag", welcher vortrefflich gegeben wurde. Doch mußten wir schon um neun Uhr fort, weil wir zur Kaiserin zum Thee befohlen waren, das heißt wir bekamen dabei die Kaiserin nicht zu sehen, sondern der Hof war für sich. Sehr angenehm war mir, dort dem Feldmarschall Heß zu begegnen, der sich merkwürdig konservirt hat und sich meiner noch aus der Türkei erinnerte. Noch vor zehn Uhr war Alles aus. Der Kaiser geht in der Regel vor zehn Uhr schon zur Ruh', ist dafür aber um fünf Uhr schon wieder auf.

Der Kaiser war auch heute sehr gnädig und hat sich mehrmals mit mir unterhalten. Ganz besonders wohlwollend war Erzherzog Leopold und wirklich herzlich Erzherzog Albrecht. Ueberhaupt können wir unsere Aufnahme nicht genug rühmen, man weiß jetzt, daß wir keine andere Mission haben, als daß der Prinz dem Kaiser seine Ehrfurcht bezeugen soll und alle Politik aus dem Spiel bleibt.

Donnerstag. — Die Herrschaften fuhren zur Fasanenjagd nach Aspern; nach dem Dejeuner ließ ich mir die Schatzkammer zeigen, ein paar Gewölbe in der Burg, in welchen eine Menge werthvoller Sachen, Kuriositäten und die Kronjuwelen, die Krönungsornate, Kronen, Scepter, Schwerter gesammelt sind. Von dort in die kaiserlichen Keller bei Fadelschein. Drei Etagen untereinander, ich glaube 40000 Eimer Vorrath, aber nur österreichische Weine. Aus den berühmtesten Fässern wurde gekostet, die Krone von Allem ein dreiundsechziger Gumpoldskirchener, der wie St. Perez schmeckt.

Dann mit Sterneck zum Belvedere, wo Professor Bergmann mir die Amraser Sammlung zeigte. Höchst interessante Porträts und besonders Rüstungen, unter diesen der Harnisch Eitel Friedrichs von Brandenburg, dann die merkwürdige Rüstung eines Radziwil, Herzogs von Cleco oder eines ähnlichen Namens. Sie war mit rothen, schwarzen und weißen arabeskenartigen Linien reich verziert. Ferner die Rüstung eines Heinrich Ranzau mit der Inschrift: „Gott beschütze nichts mehr als Leben, Leib und Ehr'." Die Rüstung Alba's, auf welcher er selbst knieend vor dem Kreuz abgebildet ist, und unzählige andere von größtem historischen Interesse. In einem alten Turnierbuch findet sich mehrmals Albrecht von Brandenburg. Auch im obern Belvedere besuchten wir die Bildergalerie, durch welche der Direktor selbst uns führte.

Programm für heute: Abschiedsbesuche, um sechs Uhr Tafel beim Kaiser, um acht Uhr Cigarre bei Graf Crennevile, Burgtheater. Morgen sieben Uhr Abreise nach Berlin.

Also auf baldiges frohes Wiedersehen! Dein

Helmuth.

An seinen Neffen.

Berlin, den 7. Juni 1865.

Mein lieber Henry. Dein Schreiben vom 4. habe ich erhalten und theile Dir zunächst mit, daß Du im Examen zur Kriegsakademie bestanden bist und zum Herbst nach Berlin kommen wirst. Dein gegenwärtiges Kommando erfordert etwas Distretion. Eure spezielle Instruktion kenne ich nicht, aber ich glaube, es wird gut sein, wenig zu sprechen, viel zu hören und die Augen offen zu haben. Deinen Bericht wirst Du nach Kiel zu erstatten haben und dabei vorsichtig zu Werke gehen. Daß die österreichischen Kameraden eben jetzt nicht sehr zuvorkommend sind, begreift sich wohl. Ich hoffe indeß, daß die Sache sich bessern wird. In Schleswig-Holstein kann die Frage zwischen beiden Regierungen nicht ausgetragen werden, sondern zwischen Berlin und Wien. Konflikte dort, wenn auch nur zwischen Individuen, wären sehr zu bedauern. Etwas in den Weg legen kann man Dir bei Deinen Arbeiten nicht und, bei taktvollem und freundlichem Auftreten, auch persönlich nichts anhaben. Deine Aufnahme mache, so gut Du kannst, schöne Zeichnungen*) wird

---

*) Es waren Offiziere nach Schleswig-Holstein kommandirt, welche Aufnahmen machen und sich zugleich über die Stimmung im Lande orientiren sollten.

man von Dir nicht fordern. Ich weiß nicht, mit welchen Mitteln Ihr ausgerüstet seid, ganz aus freier Hand und ohne alle Instrumente kann man nicht viel leisten. Ich schicke Dir daher morgen meinen kleinen Meßtisch, mit welchem ich Konstantinopel und Rom aufgenommen habe. Er ist sehr tragbar und man arbeitet außerordentlich schnell damit. Nun Adieu, mein alter Junge, mache Deine Sache gut. Herzlichst Dein Onkel Helmuth

An seine Frau.

Hauptquartier Gitschin in Böhmen, den 2. Juli 1866.

Unser erstes Nachtquartier war in Reichenberg auf dem Schloß des Grafen Clam, Kommandeurs des ersten Korps. Die Gegend ist wunderschön und der Jeschkenberg gerade vor uns schloß den Prospekt durch einen weiten Park mit frischestem Grün. Schlechter stand es mit der Verpflegung, doch fanden wir einen preußischen Gastwirth, der uns ein leidliches Mittagessen und eine leidliche Flasche Hochheimer verschaffte. Viel Einwohner waren geflohen, die übrigen unterthänigst verdrießlich. Es herrschte einige Besorgniß wegen feindlichen Ueberfalles bei Nacht, und außer der Stabswache bivakirte ein Bataillon auf dem grünen Rasen. Im Bahnhof steckten mehr Gefangene als die ganze Garnison. Die Italiener werden in ihre Heimath befördert werden; die Gefangenen meinten, es käme unbillig viel Blei von uns im Gefecht. Spät Abends sah ich Tümpling, der ins Bein geschossen, aber sehr froh über sein glückliches Gefecht am 29. bei Gitschin war. Mein Wagen und die Pferde trafen erst am folgenden Morgen ein und gingen nach kurzem Futtern und Tränken gleich weiter nach Schloß Sichrow, einer prachtvollen Besitzung des Fürsten Camill Rohan. Der König telegraphirte ihm: „Statt in Gastein heute in Sichrow, quel changement!" Diner beim König war sehr willkommen. Gleich nach Tisch fuhr ich noch vier Meilen voraus hierher. Podbielski und Wartensleben nahm ich mit. Der Weg führte über das Schlachtfeld vom 29. Es lagen wohl noch dreißig Pferde herum, die menschlichen Leichen waren beerdigt, an einer Stelle sechshundert Oesterreicher, an einer andern Stelle auch zweiundneunzig Unteroffiziere und Mannschaft von uns mit einem hölzernen Kreuz. Die Dörfer waren zur Hälfte in Flammen aufgegangen und rauchten noch. Auf einer Wiese lagen an tausend gefangene Oesterreicher und Sachsen. Lange Züge von Wagen fuhren Verwundete in der einen Richtung, in der andern Helme und Tornister, welche unsere Leute abgelegt hatten, als sie zum Angriff vorrückten. Hauptmann Graf Schlippenbach ist Kommandant von Gilschin, dessen Bewohner sehr feindlich gesinnt sein sollen. Die Leute in den Dorfschaften kehren allmälig aus den Wäldern zurück, haben aber alles Vieh und alle Lebensmittel in die Berge geschafft. Es ist für Geld nichts zu haben, und ich bedaure, daß ich nicht Kaffee und Thee und so weiter mitgenommen habe. Gestern spät kam noch Stülpnagel herein, er ist sehr wohlauf, hat aber auch gar viel um die Ohren. Auer war mit den Achtzehnern im Gefecht, ist aber schon von hier abgerückt. Wichmann hat einen Hieb durch den Helm in den Kopf. Sein Regiment hat eine Standarte am 28. erobert. Adieu, ich muß augenblicklich schließen, mit meinem Befinden geht es viel besser, seit ich im Freien in Thätigkeit bin. Nächstens mehr, liebe Marie. Dein Helmuth.

*

Hauptquartier Horsitz, den 4. Juli 1866.

Am 2. dieses Monats waren eben die Dispositionen für einen Angriff auf die österreichische Hauptmacht abgegangen, als ich mit der Nachricht geweckt wurde, daß dieselben uns zuvorzukommen gedächten. Wir vermutheten sie hinter der Elbe mit einer Festung auf jedem Flügel, Josefstadt und Königgrätz. Nichts war mir daher erwünschter als dies freundliche Entgegenkommen ihrerseits und ihr Vorgehen aus dem starken Abschnitt. Noch um zwölf Uhr in der Nacht gingen die Befehle ab, welche alle unsere Korps konzentriren sollten. Die Erste Armee, Prinz Friedrich Karl, stand in Horsitz der feindlichen Versammlung an der Bistritz gegen-

über, die Zweite Armee, Kronprinz, hinter der oberen Elbe jenseits
Königinhofen, die Elb-Armee, Herwarth, südlich bei Smidar. Letztere
hatten daher zwei und drei Meilen zu marschiren, ehe sie in das Gefecht
eingreifen konnten. Sie waren gegen beide Flanken des Gegners
dirigirt. Die Absicht war, die feindliche Armee gegen die Elbe zu
werfen, sie von beiden befestigten Uebergängen abzuschneiden und,
wenn möglich, ganz zu vernichten. Bald nach Mitternacht, den
3. Juli, ritten die Adjutanten mit dem Befehl in die entfernten
Stabsquartiere der Nebenarmeen, um vier gingen unsere Pferde
von Gitschin nach Horsitz, um fünf Uhr folgte der König und das
Hauptquartier zu Wagen. Ich nahm Pobbielski und Wartensleben
auf meinem Jagdwagen mit. Um siebeneinhalb Uhr stiegen wir
in Horsitz zu Pferde und um gegen acht Uhr fielen die ersten
Schüsse der Avantgarde. Der Feind hatte eine überaus starke
Stellung auf den Höhen jenseits Sadowa hinter der Bistritz und
antwortete aus zahlreichen Batterien. Es lag nicht in unserem
Plan, hier eine Entscheidung mit großen Opfern an dieser Stelle
schnell herbeizuführen. Das Hügel- und Wiesenterrain dieser
Gegend ist durch Waldkuppen unterbrochen, ein kalter Nebelregen
erschwerte die Uebersicht in der ganz unbekannten Gegend. Während
das Gefecht in der Front langsam fortbrannte, wurde mit Spannung
ausgeschaut, ob die Flügelarmeen erscheinen würden. Schon
um zehn Uhr hatten die schneeweißen Rauchballen der feindlichen
Batterien eine Ausdehnung von wohl zwei Meilen. Aber es war
schwer zu sagen, ob ihr Feuer sich nur auf uns oder zum Teil
schon auf andere Gegner richte. Die österreichische Artillerie schoß
sehr gut. Kaum ließ sich eine Kolonne Infanterie oder Kavallerie
irgendwo in einer Thalschlucht sehen, so schlug eine Granate in
unerfreulicher Nähe ein, und das Feuer unserer Batterien ertrug
sie mit größter Standhaftigkeit. Bald waren fast alle unsere
gezogenen Batterien in Thätigkeit und nur noch die glatten in
Reserve. Nun blitzte es aber auch von dem hochgelegenen Dorfe
Chlum her aus solcher Entfernung, daß das Feuer nicht mehr
gegen uns gerichtet sein konnte, und wir schlossen, daß der Kron-

Prinz links im Anmarsch sein müsse. Bald gingen auch Meldungen darüber ein und die Rauchwolken in der Richtung von Nechanitz konnten nur von der Herwarth'schen Artillerie herrühren. Er erhielt sogleich den Befehl, dort den Uebergang zu erzwingen und gegen die feindliche linke Flanke vorzugehen.

Im Zentrum links war General Fransedi gegen Benatek vorgegangen und hatte im dortigen Gehölz zahlreiche Gefangene gemacht. Ein furchtbares Artilleriefeuer hinderte ihn, aus demselben zu debouchiren. Noch schwieriger war es, über Sadowa vorzubringen. Zwar war die Hälfte des dahinter liegenden Wäldchens durch das einundsiebzigste Regiment genommen, aber der Aufenthalt dort sehr unangenehm. Fortwährend standen die kugelrunden, weißen Wölkchen über dem Gebüsch und streuten ihre Schrapnells hinein. Eine Batterie von zwölf Zwölfpfündern stand 1000 Schritte vor der Waldlisière, sie mit Kartätschen überschüttend.

Es lag nicht in unserem Interesse, hier um jeden Preis durchzubrechen, und ich verhinderte den schon erlassenen Befehl an General Manstein, die Batterie zu erstürmen. Das Vorrücken der beiden Flügel mußte von selbst die Räumung erzwingen. So geschah es auch, und nun folgten wir der Kavallerie, welche reichlich eine Meile in schärfster Gangart vorging, um die beiden Flügel einzuholen. Hinter den zwölf Geschützen lag die gesammte Bespannung an Pferden todt. Man hatte sie bis zum letzten Augenblicke bedient, ihre Rettung aufgebend. Nirgend waren geschlossene Massen mehr sichtbar. Der Rückzug muß unter dem Schutz der Artillerie schon seit Stunden begonnen haben. Es erfolgten mehrere Kavallerieattaken, die nicht alle gelangen. Das Thüringische Husarenregiment war in ein Dorf geritten, und wohl dreißig Pferde kamen herrenlos wieder heraus. Aus dem Sausen der Spitzkugeln erkannte man bald, daß die Dörfer noch besetzt waren, und die Garde-Bataillone drangen tambour battant in dieselben ein. Fast alle Kavallerie-Regimenter attackirten die feindlichen abziehenden Regimenter und brachten zahlreiche Gefangene ein.

Nun waren wir dicht vor Königgrätz angekommen, und noch einmal erhob sich am jenseitigen Ufer der Elbe eine heftige Kanonade die bis gegen neun Uhr dauerte. Die Granaten schlugen rechts und links ein, aber sehr bald standen wohl sechzig Geschütze auf unserer Seite dagegen. Die Entfernung war groß, man zielte nur nach dem Pulverdampf und mehrere Geschosse platzten jedesmal dicht davor. Endlich erlosch auch das Feuer.

Wir glauben, die gesammte österreichische und sächsische Armee gegen uns gehabt zu haben. Die Schlacht dauerte über zwölf Stunden, und die Truppen haben bis sechs Meilen marschirt. Heute berechnen wir gegen 20 000 Gefangene und 116 Geschütze, drei Fahnen habe ich gesehen, es sollen aber mehr sein. Unser Verlust ist groß, namentlich an Offizieren. Näheres noch nicht bekannt. Das siebenundzwanzigste Regiment hat sehr gelitten.

Heute traf Feldmarschalllieutenant Gablenz hier ein, seine Bitte um Waffenstillstand mußte abgelehnt werden.

Im scharfen Galopp vorgehend, hatte ich wenig auf das Schlachtfeld geachtet, beim Zurückreiten traten die Schrecknisse hervor. An manchen Stellen war das Feld förmlich bedeckt mit Leichen von Menschen und Pferden. Gewehre, Tornister, Mäntel ꝛc. lagen überall herum. Es gab schreckliche Verwundungen, Niemand konnte helfen. Ein Offizier flehte uns an, ihn todtzuschießen. Die Krankenträger arbeiteten ohne Unterlaß, aber die Zahl der Verstümmelten war zu groß. Ich habe die Rappstute geritten, Reinhold den großen Braunen, sie gingen vortrefflich, namentlich erstere über die vielen Gräben und Sumpfstrecken. Da die Reitpferde neun und eine halbe Meile gemacht, ohne das Hin- und Herreiten während des Gefechts zu rechnen, so ließ ich sie in Horsitz, wo mein Wagen zurückgeblieben war, und mußte dann noch bis Gitschin fahren, wo ich ein Uhr Nachts ankam. Während des ganzen Tages habe ich zwei Schokoladenplätzchen und ein kleines Stückchen Brot gegessen. In Gitschin war nichts mehr zu haben. Hungrig und von Frost geschüttelt, warf ich mich mit Mantel auf ein schlechtes Bett und schlief vortrefflich ein paar Stunden.

dann ging es wieder hierher und befinde ich mich sehr wohl. — Theile unseren Freunden den Inhalt dieser eiligen Zeilen mit, die ich noch mit dem Courier fortzubekommen hoffe.

Herzlichst Dein   Helmuth.
    Abends zwölf Uhr.

                                *

                            Pardubitz, den 7. Juli 1866.

Gestern auf der Tour hierher fuhren wir über das Schlachtfeld, noch Tags zuvor waren Verwundete aufgelesen worden. Die todten Oesterreicher und Sachsen lagen mehrerentheils noch unbeerdigt. Man war beschäftigt, große Gruben zu graben, und hatte Massen Leichen dahin geschleppt. Die Brandstätten von sieben Dörfern rauchten noch, und in den stehen gebliebenen Häusern lag Alles voll Verwundeter. Lange Wagenzüge führten die Leichtblessirten zurück. Weiterhin wurden die Leichen seltener, aber die Zeichen einer wilden Flucht mehrten sich. Tausende von Tornistern, Käppis, Bandelieren und Säbeln bedeckten das Feld. Wir fuhren ganz dicht an die kleine Festung Königgrätz heran, welche vorgestern beinahe auf die beiläufige Aufforderung eines Husarenoffiziers kapitulirt hatte. Der Kommandant hatte vierundzwanzig Stunden Bedenkzeit gefordert, und man hatte eine kleine Kanonade am Nachmittag eröffnet. Es scheint denn doch zur Besinnung gekommen zu sein. Aber man thut keinen Schuß auf uns, wohl aus Besorgniß, das Bombardement herauszufordern. Dort nun standen viele hundert Wagen aller Art. Munitionskarren voller Granaten und Patronen, Ambulanzen mit Charpie, Verbandzeug und Medizinflaschen, Krankenwagen, Offizieregepäckwagen ꝛc. theils umgestürzt, theils in einen Sumpf hineingedrängt, vierundzwanzig Geschütze waren schon abgeführt. Die Gewehre lagen zu Hunderten im Straßenkoth. Es muß ein furchtbares Gedränge gewesen sein, obwohl nur unser Artilleriefeuer die Fliehenden zu erreichen vermocht hatte. Es haben am 3. über 1000 Geschütze einander gegenüber gestanden, und der Munitionsverbrauch ist enorm gewesen. Bei der Rückfahrt in der Nacht begegneten wir anderthalb Meilen Munitionswagen, welche neue heranführten. Auf der Tour nach Pardubitz kamen wir denn auch zwischen den Proviant- und Munitionskolonnen schön ins Gedränge, welche meilenweit in zwei, hin und wieder drei Reihen auf der Chaussee fuhren. Mein Wagen wurde beim plötzlichen Halten von hinten aufgefahren, der Kasten zerbrochen, die Deichsel gebrochen. Er ist beim Stellmacher. Das Sattelpferd lahmte, es scheinen Steingallen zu sein, aber nach neuem Beschlag, meint Dominique, wird es wieder gehen. Ich kam zu Fuß eine Stunde früher zur Stadt; die Elbbrücke war abgebrannt und rauchte noch, aber schon lagen zwei Pontonbrücken daneben über dem Fluß, vom Feinde nichts mehr zu sehen, wahrscheinlich nach Olmütz zurück.

Die Stadt ist sehr eigenthümlich und eine Art Festung. Daneben ein mächtiges Schloß mit Wall, Graben und vier gemauerten Rundellen an den Ecken, jetzt Lazareth. Auf dem hübschen, alterthümlichen Marktplatz, der mit Stroh bedeckt war, biwakirte das erste Bataillon ersten Garde-Regiments. Durch die engen Thore ein unbeschreibliches Treiben von Tausenden von Wagen, von Truppenabtheilungen im Marsch, von Versprengten, Gefangenen, Marodeuren und Marketendern. Dazu die fremde czechische Sprache der wenigen Einwohner, die nicht geflohen. Noch am Nachmittag des 4. war eine Siegesnachricht hier angelangt. Niemand hatte eine Ahnung von den schon zuvor verlorenen Gefechten und am 4. waren auf einem Male die Preußen da. Ich habe hier eine sehr gute Wohnung mit allen meinen Offizieren und bin aufs Freundlichste aufgenommen. Die Frau Baronin, meine Wirthin, kocht selbst für uns, und als wir endlich nach neun Uhr Abends zum Essen kamen, fanden wir eine vortreffliche Mahlzeit und einen ganz vorzüglichen Landwein. Heute Abend oder morgen, hoffe ich, erhalten wir die Nachricht, daß Prag besetzt ist. Große Schwierigkeit macht mir die Verpflegung in dieser ausgezehrten Gegend. Der regelmäßige Nachschub vermag dem schnellen Vorrücken der Operation nicht mehr zu folgen, die

Eisenbahnen sind bei Theresienstadt und Josefstadt gesperrt, und wir müssen fortan von Requisitionen leben. Deshalb ist mir der Besitz von Prag so wichtig, wo große Magazine zusammengebracht werden können. Schon hier haben wir große Vorräthe von Zwieback, Tabak und Hafer gefunden, die äußerst willkommen waren.

Heute erhielt ich durch den Feldjäger Deinen Brief vom 4. dieses Monats. Du schreibst nicht, ob Du nur meine erste Anzeige oder den zweiten ziemlich ausführlichen Bericht erhalten hast. Ja, wohl wird noch manche Trauerbotschaft nachkommen.

Das siebenundzwanzigste Regiment hat sechsundzwanzig Offiziere verwundet, vier tot, Summa dreißig Offiziere verloren. Hauptmann Krachl und Witzleben gefallen, Major Schöning verwundet. Langenbeck ist hier.

Fürst Alfred Windischgrätz liegt verwundet in Horsitz. Der König hat ihn auf Ehrenwort entlassen. Er wünscht seinen Adjutanten mit frei zu bekommen. Ich stelle die Bedingung, daß dafür Graf Moltke ausgeliefert würde. Jetzt ist das kaum noch nöthig.

Gott erhalte Dich, Dein   Helmuth.

*

Pardubitz, den 8. Juli 1866.

... Nichts Neues, als daß General Gablenz heute zum zweiten Male hier abgewiesen ist. Er hat den König gar nicht gesehen, sondern ich habe ihn abgefertigt. Morgen geht es weiter.

Henry hat ein Gefecht gehabt gegen die Reichsarmee, Näheres hier nicht bekannt. Herzlichst Dein   Helmuth.

*

Zwittau an der Eisenbahn nach Brünn, den 12. Juli.

Liebe Marie. Die Oesterreicher haben ihre flüchtige Infanterie nach Olmütz gerettet, die Kavallerie auf Wien dirigirt, wo sie hinter den Werken von Florisdorf ihre drei Armeekorps aus Italien gegen uns aufstellen werden. Ich glaube nicht, daß sie es wagen, uns im freien Felde entgegenzutreten, und vermuthe, daß morgen die Avantgarde der ersten Armee ohne größeres Gefecht in Brünn, der Hauptstadt Mährens, einrücken wird. Uebermorgen verlegen wir dann das Hauptquartier dorthin und stehen fünf Märsche von Wien entfernt. Dann wird sich wohl leider die Diplomatie ins Mittel schlagen.

Bitte, schicke mir doch durch einen der Feldjäger ein paar hundert österreichische Papiergulden. Wir geben hier unser schönes Silbergeld noch mit Coursverlust aus. Hast Du Morosowicz nicht meinen ausführlichen Brief vom 4. mitgetheilt? Er könnte daraus Interessanteres über die Schlacht an die Zeitungen abgeben, als das trockene Zeug, welches wir bisher gelesen haben.

... In Prag haben wir dreißig Locomotiven und etwa tausend Waggons gefunden. Heute schicke ich Wartensleben mit einer Locomotive nach vorwärts rekognosziren. Es ist ein nicht zu berechnender Vortheil für die Verpflegung der Truppen. Morgen werden alle Unterbrechungen der Bahn bis Brünn wiederhergestellt sein. Jetzt, wo die Verbindung durch die Grafschaft Glatz hergestellt ist, werdet Ihr auch schneller Nachricht haben, aber über große Ereignisse zunächst kaum.

Auch der weitere Rückzug der Oesterreicher ist in völlige Flucht ausgeartet, ich glaube nicht, daß sie unter vierzehn Tagen widerstandsfähig sind. — Ich komme wenig zum Reiten, befinde mich aber sehr gut und bekümmere mich nicht mehr um den Schwindel, den ich freilich nicht los werde. Hier sind die Einwohner nicht mehr geflohen, und wir sind ganz gut aufgenommen.

Herzlichst Dein Helmuth.

Schloß Czernahora, den 12. Juli, meines seligen Vaters Geburtstag.
Brünn den 13. und heute den 15. noch hier.

Ohne irgend welchen Widerstand zu finden, war die Avantgarde der ersten Armee schon Abends zuvor in der Landeshauptstadt von Mähren eingerückt. Hier hat der aus dem Reichstage bekannte Dr. Giskra, Bürgermeister der Stadt, die verständigsten

Anordnungen für 45 000 Mann Einquartierung mit Verpflegung beim Wirth getroffen, ebenso im Interesse der Stadt wie im unsern. Niemand ist entflohen, und die größte Ordnung herrscht mitten in der lebhaftesten Bewegung. Alles wimmelt von Soldaten, die seit vielen Tagen zum ersten Male ein Dach über sich haben. Alles macht vergnügte Gesichter. Jeden Augenblick begegnet man einem Bekannten, von dem man nicht wußte, ob er noch lebt. Es liegen in der Stadt die ganze fünfte, sechste und siebente Division, heute ist Alles fort. Von vier Uhr früh bis sieben Uhr defilirten die Regimenter mit klingendem Spiel über den großen Markt, wo ich wohne, in größter Ordnung folgten die Wagen- und Packpferde, dann rasselte eine Batterie über das glatte Steinpflaster, da stürzt ein Offizier vom zweiten Dragonerregiment, sieht nur besorglich nach seinem Pferd und sprengt im nächsten Augenblick an den Truppen vorüber. Endlich folgen die Munitionskolonnen, die das Verderben in sich tragen, zuletzt die Marketenderwagen.

Alle Läden waren geöffnet, und die Besitzer lassen sich gut bezahlen. — Abends war großer Zapfenstreich. Der König kam herunter und wurde mit Jubel begrüßt, allerdings nur von Soldaten, das heißt aber für den Augenblick die Hälfte der Einwohner dieser Stadt. Die Uebrigen schwiegen, sind aber freundlich und mögen wohl den Unterschied empfinden mit dem, was sie zuletzt vom kaiserlichen Heer gesehen haben.

Die Erste Armee ist seit der Schlacht in elf Tagen über dreißig Meilen marschirt, und wie schritten die Burschen heute hinter ihren wirbelnden Trommeln geschlossen einher!

Ich bewohne die Prachtzimmer im Palast Mitrowitz, wo der ganze Generalstab untergebracht ist, so daß ich Alles zur Hand habe. Die Zeit vergeht in Geschäften und Emotionen. Heute Nacht zwei Uhr wurde ich durch Hauptmann Mischke mit einem Schreiben des Kronprinzen geweckt. Ich expedirte bis acht Uhr Morgens, machte dann dem König Meldung, ging um zehn Uhr früh zu Bette, wurde dann zum Vortrag gerufen. Diner bei

Seiner Majestät, hoffe Abends einmal wieder aufs Pferd zu kommen, wenn es sich einigermaßen abkühlt.

Soeben reiset Benedetti von hier über Wien nach Paris. Auch Graf Barral war gestern hier. Nichts von Waffenruhe! Erst politische Vorschläge, und die sind noch nicht gemacht.

Wir haben über hundertundfünfzig Offiziere verloren, und die Regimenter haben fast alle ihre Avantageure schon vorgeschlagen.

Gott möge doch Henry bewahren, von dort haben wir so gut wie gar keine Nachrichten, denn wir sind augenblicklich ohne Telegraph und ohne Eisenbahnverbindung mit der Heimath. Indeß wird mit aller Anstrengung daran gearbeitet, sie herzustellen.

Grüße alle Bekannte — den Brief der Gräfin Wrangel habe ich dem Kronprinzen geschickt. Der Feldmarschall ist beim Regiment, und es wird nicht möglich sein, ihn zur Heimkehr zu bewegen.

Alle Welt will jetzt Zündnadelgewehre haben, aber das dauert Jahre, ehe man eine Million Gewehre schafft, und dann sollen auch noch die Leute ausgebildet werden für den Gebrauch. Zum nächsten Krieg haben wir wieder etwas Neues vorauf.

Es kommt mir manchmal unfaßlich vor, daß ich erst seit vierzehn Tagen aus Berlin bin. Was ist Alles seitdem vorgefallen und wie hat die Weltlage sich umgestaltet! Gott der Herr möge ferner gnädig sein, Er hat unsere Sache sichtlich in Schutz genommen, und ich glaube, daß es Sein Wille ist, daß Deutschland unter Preußen zur Einheit gelangt.

Adieu, liebes, gutes Herz, Du solltest doch nach Holstein gehen, wenn die Cholera in Berlin so bedenklich auftritt. Hier nur vereinzelte Fälle bei den Pommern. Das stete Fortschreiten verhindert die Ansteckung.

… Mir geht es gut, der glückliche Erfolg hebt über Alles hinweg, und ich habe die Freude mancher Anerkennung — aber freilich sind wir noch nicht am Ende angekommen. Dein

Helmuth.

Hauptquartier Schloß Nikolsburg, neun Meilen von Wien,
den 19. Juli 1866.

Gestern Abend, liebe Marie, trafen wir hier von Brünn aus ein. Du wirst seit Deinem letzten Briefe die Nachricht von Fallensteins Sieg bei Frankfurt gelesen haben. Er hat 1400 Oesterreicher, 600 Bayern gefangen, und die Reichsarmee scheint zersprengt. Wieder ist die Brigade Wrangel vor Allem thätig gewesen. Gott möge Henry gnädig beschützt haben. Ihr wißt dort gewiß mehr wie wir über dies neue siegreiche Gefecht. Der Herr ist sichtbar mit Preußens Fahnen, möge Er aufs Neue uns auch hier gnädig sein, wo wir vor großen Entscheidungen stehen, wenn nicht die Diplomatie vorher einschreitet. Benedetti ist gestern Abend von Wien aus hier wieder eingetroffen. Ich habe aber noch nicht erfahren, wie die Sachen jetzt liegen.

Ihr werdet wohl auch große Hitze haben, hier waren die letzten Tage schrecklich heiß; die armen Leute mit dem schweren Gepäck bei starken Märschen! Gestern Gewitter und Regen etwas abgekühlt.

Dies ist das wunderbarste alte Schloß, was man sehen kann. Es war fast dunkel, als ich ankam. Wir fuhren durch drei oder vier finstere Thore zwischen Wartthurm und Felsenwände steil aufwärts in die engen Schloßhöfe. Es ist eine Dietrichsteinische Burg, gehört dem Grafen Mensdorf, der die eine der beiden Erbtöchter geheirathet hat. Das Geschlecht ist ausgestorben, alle Wände sind bedeckt mit Kardinälen, Generalen und Deutschherren des berühmten Namens. — Jetzt muß ich zum König, wenn der Feldjäger fortgeht, schließe ich ab.

*

Nikolsburg, den 23. Juli 1866.

Liebe Marie. Heute nur ein paar Zeilen. Ueber Henry weiß ich nichts und hoffe daher, daß er unverjehrt ist. Fünftägiger Waffenstillstand, da unsere Truppen auf zwei Meilen vor Wien stehen und sich den Stephan ansehen. Gestern trafen Feldmarschalllieutenant Degenfeldt, Graf Karoly und Brenner ein, um von österreichischer Seite zu verhandeln. Heute eine erste Konferenz. Ich hoffe, wir werden gute Erfolge erzielen und alle Erwartungen übertreffen. Empfiehl mich dem Fürsten, ich habe sein Schreiben erhalten und danke für die Mittheilungen wegen der Donau, bin aber sehr dafür, die erreichten Erfolge nicht wieder aufs Spiel zu setzen, wenn das irgend vermieden werden kann. Und das hoffe ich, wenn man nicht Rache üben, sondern den eigenen Vortheil ins Auge fassen will.

... Ich bin sehr müde. Jetzt muß ich auch noch in Diplomatie machen, was von gewisser Seite recht schwer gemacht wird.

Herzlichst Dein Helmuth.

*

Nikolsburg, den 26. Juli 1866.

Soeben sind die Friedenspräliminarien zwischen Bismarck und Karoly, die Waffenstillstandskonventionen von mir und Degenfeldt gezeichnet. Die Ratifikation muß bis übermorgen erfolgen, dann Verhandlungen des definitiven Friedens unter Bedingungen, welche hoffentlich befriedigen werden. Danken wir Gott aus vollem Herzen. Auch am Main Waffenstillstand. Dort sind noch ein paar glückliche Avantgardengefechte gewesen. Von früh bis fünf Uhr Abends in diplomatischen Verhandlungen und ganz Halali. Helmuth.

*

Nikolsburg, den 29. Juli 1866.

Liebe Marie. Am 5. oder 6. künftigen Monats, wenn nichts Besonderes dazwischen kommt, kehre ich mit Seiner Majestät nach Berlin zurück. Dort werden die weiteren Friedensverhandlungen gepflogen werden. Auch gegen die Reichsarmee tritt am 2. künftigen Monats Waffenstillstand ein. Gestern bei Ratifikation der Präliminarien hat der König Roon und mir den Schwarzen Adlerorden verliehen, und was mir noch mehr Freude macht, ist, daß man ihn mir in der Armee allseitig zu gönnen scheint.

Man sieht das den Gesichtern an, wohin ich komme. Der Kronprinz schickte mir heute seinen Stern, obwohl ich ihn anzulegen keine Veranlassung habe, da wir stets nur den Ueberrock tragen. Gestern hat der König sich mit seiner Umgebung in der Schlacht zu Pferde photographiren lassen, der Rappe kommt also auch auf das Bild; er stand exemplarisch ruhig.

Allerdings haben wir die Cholera in der Armee, aber doch nicht eigentlich epidemisch. Am 1. künftigen Monats setzt sich die Armee nach Böhmen in Marsch und bezieht ausgedehnte Quartiere, so daß hoffentlich der Gesundheitszustand sich bessern wird.

Der König wird die Kammern selbst eröffnen. Für heute Lebewohl, auf frohes Wiedersehen. Dein Helmuth.

*

An seinen Vetter Eduard Ballhorn.

Berlin, den 8. August 1866.

Lieber Eduard. Ich danke Dir herzlich für Dein freundliches Willkommen in der Heimath. Wenn ich auch meinen Antheil an der Sache nicht so hoch anschlage, wie Du es in Deinem Wohlwollen für mich thust, so habe ich doch das beruhigende Bewußtsein, meine Schuldigkeit gethan zu haben. Gottes Gnade ist sichtbar mit uns gewesen, und wir können uns Alle Glück wünschen zum Erfolge, denn wahrlich, es handelte sich um die Existenz. Jetzt haben wir Front zu machen gegen die Neider, die uns nicht gönnen werden, was wir erreicht; aber das Schwerste ist, glaube ich, gethan. Ich hoffe, daß Du gute Nachrichten von den Deinigen hast. Wie viele Familien sind in Trauer versetzt! Henry ist glücklich durchgekommen, obwohl die Brigade Wrangel fast immer vorgeschoben gewesen ist. Ein Schwestersohn meiner Frau, Ludwig Brockdorff, der auch im fünfzehnten Regiment steht, ist wegen guten Verhaltens in drei Gefechten zum Offizier vorgeschlagen. Ein Sohn meines Bruders Adolf ist im achten Dragonerregiment eingetreten, kam aber leider mit dem ersten Ersatz schon zu spät. Ein so schnell beendeter Feldzug ist unerhört, gerade nach fünf Wochen sind wir nach Berlin zurückgekehrt. Der Berliner ist wie umgewandelt, der König aufs Beste empfangen. Die Thronrede hat einen guten Eindruck gemacht, und ich hoffe, daß wir auch im Innern zur Verständigung gelangen werden. Wie geht es Deinen Kindern? Sophie ist jetzt von ihrer italienischen Reise zurück, und Marie muß wirklich eine Befriedigung in ihren künstlerischen Leistungen finden, die sich weit über das Gewöhnliche erheben. Sobald ich kann, komme ich nach Potsdam, um Dich aufzusuchen. Mit herzlicher Freundschaft Dein treu ergebener Vetter Helmuth.

An seinen Bruder Fritz.

Glion bei Montreux, den 3. November 1866.

Lieber Fritz.*) Dein Schreiben vom 18. vorigen Monats hatte ich richtig erhalten und hätte es schon längst beantwortet, aber man hat nie weniger Zeit, als wenn man nichts zu thun hat, wie sich zu amüsiren. Wir haben einen ganz wundervollen Herbst genossen; in jetzt siebenunddreißig Tagen haben wir einmal vom Regenschirm Gebrauch gemacht. So konnte ich zuerst noch sechzehn Bäder in Ragaz nehmen, die mir sehr gut gethan haben. Wir fanden dort die Frau Großfürstin Helene und ihr höchst angenehmes Gefolge, so daß es an Umgang nicht fehlte, was bei den schon langen Abenden unschätzbar ist. Dann gingen wir über Zürich und Freiburg (mit der unglaublichen Drahtbrücke, 800 Fuß über ein breites Thal) nach dem Genfer See. Das Herabfahren auf der Eisenbahn, wohl 2000 Fuß herunter durch Wald und Weingärten, ist wunderbar schön. Nach einigem Aufenthalt in Ouchy bei Lausanne sind wir nun bald vierzehn Tage in Glion, einer Pension, die den Namen des waadtländischen Rigi mit Recht führt. Sie liegt 1600 Fuß über dem See, der selbst 1200 Fuß über dem Meer liegt und daher eine zauberhafte Aussicht auf

---
*) Derselbe hatte als Postmeister seinen Abschied genommen und zog mit seiner Schwester Burt nach Lübeck. Ihre Tochter Ernestine hatte sich verheirathet.

den blauen Spiegel, die ununterbrochene Reihe von Ortschaften und Villen an seinen Ufern und die savoyischen Berge gewährt. Die Luft ist so belebend, daß wir täglich Höhen besteigen, die bis an die Schneegrenze reichen und immer neue, überraschende Aussichten bieten. Dabei brauche ich eine gemäßigte Traubenkur. In den nächsten Tagen muß ich freilich den Rückweg antreten, um zum 12. dieses Monats wieder in Berlin zu sein.

Der Kriegsminister Roon mit Familie, eine Anzahl Landsleute und umgänglicher Menschen versammeln sich mit uns Abends im Salon, und wir machen ruhig unsere Partie Whist. Gestern sind wir über den Wolken im hellsten Sonnenschein spazirt. Unter uns schien ein weißes Schneefeld zu liegen, aus welchem nur der Rücken des Jura und die schneebedeckten Zacken der Hochalpen hervorleuchteten.

Du hast also jetzt Deine mühevolle Stelle aufgegeben, und ich glaube, Du hast recht daran gethan. Nur wünschte ich, daß Du erst aus Flensburg heraus wärest, wo die fehlende gewohnte Beschäftigung Dir lästig sein wird. Ich habe auch eine große Vorliebe für Lübeck und ich hoffe, wir besuchen Euch dort im nächsten Jahr. Wie gern würde ich mich zu der Zeit auch zurückziehen, doch kommt es darauf an, ob die Verhältnisse mir gestatten werden, meinen Abschied zu erbitten. Den nächsten Herbst müssen wir dann zusammen hier in Glion zubringen.

Adieu, lieber Fritz, mit herzlichen Grüßen an Guste
Helmuth.

Auf dieser Seite sollte Maries Antwort an Guste stehen, sie kommt aber nicht zum Schreiben. Den ganzen Tag streifen wir umher, und dann ist sie zu müde. Sie grüßt daher herzlich und verschiebt ihre Antwort auf Berlin. Adieu, liebe Guste, morgen treten wir in kleinen Etappen den Rückweg an.

*

Paris, den 4. Juni 1867. Viereinhalb Uhr Nachmittags.

Abreise von Berlin im Nassauischen Salonwagen. Seine Majestät, Graf Bismarck, ich, General Treskow, Graf Goltz, Prinz Radziwil; schönes, temperirtes Wetter. In Areiensen Souper. Der schöne Weg von Desenberg nach Paderborn leider bei Dunkelheit. Wenig, aber gut geschlafen, Kaffee in Köln. Vor der Brücke angehalten, die prachtvoll gelungene Reiterstatue Friedrich Wilhelms IV. zu sehen. Der König sehr heiter und lebhafte Konversation. In Verviers Dejeuner, in Lüttich der König der Belgier, Graf und Gräfin von Flandern fuhren bis Charleroi mit. Schönes Thal der Maas, voll Betriebsamkeit, Citadelle von Huy, Namur und Charleroi. Von Verviers kaiserlicher Salonwagen, sehr geräumig, durch Brücken verbunden. In Erquelines süperbes kaiserliches Dejeuner servirt. General de Failly, Stallmeister Graf Bourg, Kammerherr Baron Zorn de Bulach, Oberst Baron Stoffel, Botschafter Graf Goltz. Auf dem Bahnhof von St. Quentin Kugelspritze, kleine Dampfmaschine auf vier Rädern, um die Rotationsscheibe in Bewegung zu setzen, trombionartiges Rohr darüber. Viel Geschützkugeln lose liegend. In Compiègne Kronprinz, Kronprinzeß, Graf Pourtalès und Tochter, Graf Hohenthal, Kamete, Eulenburg, Norrmann. Furchtbar bestäubt; Wäsche und Umkleiden in Gala. Zwei Diener zurückgeblieben. Der Kaiser auf dem Bahnhof, wo Tausende von Menschen. Große Ehrenwache. Spalier durch die Boulevards. Galawagen, Cent-gardes vorauf. Ruhige Haltung des Volkes, welches still stehen bleibt, große polizeiliche Ordnung. In den Tuilerien im Marschallsaal Empfang der Kaiserin, schön wie vor elf Jahren. Der Kaiser begleitete den König in seine Gemächer, Pavillon Marsan. Mein Zimmer fünfundachtzig Stufen hoch, aber Aussicht über die Champs-Elysées bis Arc de triomphe und Dome des Invalides. Besuch bei Prinzeß Mathilde und Kaiser von Rußland im Elysée. Fürst Dolgorudi, Prinz Melscherski, Bruder von Frau von Oubril. Gegenbesuch des Kaisers, Prinz Friedrich von Hessen, Prinz von Weimar.

1867. In Paris.

Um siebeneinhalb Diner in der Galerie de Diane, circa hundert Gedecke. Führte Madame de Rouher, neben welcher Marschall Vaillant, vis-à-vis der Kaiserin, König, Kronprinzeß, Prinz Murat. — Nach der Tafel deutsche Konversation mit dem Kaiser unterbrochen. Längeres Gespräch mit Marschall Niel, dann Marschall Canrobert. Die Kaiserin sehr liebenswürdig. General Fleury, Gräfin Haßfeld. Um elf Alles aus.

Den 6. — Morgens neun Uhr mit Kamele in die Ausstellung. Zwei Uhr Parade auf dem Platze für Pferderennen im Bois de Boulogne.

Garde = 2 Divisionen, 1 Kavallerie-Division 1 Art.-Regiment.
I. Korps = 3 „ 1 „ 1 „

Die Infanterie-Regimenter hatten nur zwei Bataillone zur Stelle und hatten nicht über 450 Gemeine. Im Ganzen circa 38000 bis 40000 Mann. Material sehr schön, gute Pferde.

Auf dem Rückweg auf den Wagen geschossen, in welchem beide Kaiser und beide Großfürsten saßen. Diner bei Graf Goltz. Ball beim russischen Botschafter Budberg bis zwei Uhr Nachts.

Den 7. — Mit Kalthof zur Ausstellung, jardin privé, Aquarium ꝛc. Dem König angeschlossen. Messe in der russischen Kapelle. Empfang des Corps diplomatique im Botschaftshotel. Spaziergang allein durch die Stadt. Notre dame, Auxerroi und Notre dame de Paris, Boulevards. Regen. Vergnügtes Diner mit Bismarck, Pückler, Treskow, Keudell, Bismarck, Baron Zorn de Bulach. Abends mit Graf Pückler Champs-Elysées, Café chantant, früh zu Bett und ausgeschlafen.

Den 8. — Per Dampfer nach der Ausstellung, Dejeuner mit dem König und Kronprinzen um zwei Uhr. Spaziergang mit Kamele nach Meudon, St. Cloud. Diner mit dem König um sieben Uhr. Um neun Uhr Théâtre-Français — L'école des femmes und Mlle. Belisle. Zehn Uhr Fest im Hôtel de ville, 9800 Einladungen, um zwei Uhr zurück.

Den 9., Sonntag. — König und Kronprinz im deutschen

Gottesdienst in der protestantischen Kirche. Um ein Uhr per Eisenbahn nach Versailles. Gespräch auf dem Bahnhof mit dem Kaiser von Rußland, der zu Frieden und Mäßigung mahnt. Die Prachtsäle, die Kirche und das Theater im Schloß, historische Galerie, Salle des maréchaux de la France. Die Gärten und die großartigen Wasserkünste. Spazierfahrt durch den Park und nach Le grand Trianon. Großes Dejeuner dort, zu Fuß nach Petit Trianon und in dem schönen Garten. Rückfahrt in den Chars à banc und Postes impériales durch St. Cloud. Prachtvoller Wald mit Goldfasanen und Rehwild. In St. Cloud der kaiserliche Prinz. Diner und Opéra comique: Le voyage en Chine.

Den 10. — Mit Ramelé in die Ausstellung. Geschütze, Panzerplatten, Schrauben, Taucher ꝛc. Zwei Uhr Dejeuner. Spazierfahrt bei großer Hitze nach Butte de Chaumont, Parc de Monçay, Bois de Boulogne, Cascades, Longchamp. Diner überschlagen, ebenso Opéra. Fest in den Tuileries zehneinhalb Uhr, prachtvolle Erleuchtung des Gartens.

Den 11. — Um zwölf per Eisenbahn nach Fontainebleau. Besichtigung des Schlosses. Dejeuner. Platz gegenüber den beiden Kaisern. Am Schloßteich mit General Rollin und dem Begleiter des Prinzen Leuchtenberg. Fahrt in Chars à banc durch den Wald aus polizeilichen Rücksichten unterblieben. Rückfahrt zwischen Fort Charenton und Vitry, Verbindungsbahn hinter der Ligne contigue nach der Gare de Strasbourg. Abfahrt der russischen Herrschaften in zwei Zügen. Diner. Theater: La duchesse de Gerolstein. Nicht anzusehen. Thee.

Den 12. — Palais royal. Nach der Ausstellung — Hitze und Durst. Zwei Uhr Dejeuner und Fahrt des Königs mit M. Haußmann.

Den 13. — General Failly überbringt den Großcordon. Mit Ramelé nach La ville de Paris. Einkäufe gemacht. Gerastet und geschlafen. Besuche beim Herzog von Sagan und Graf Pourtalès. Audienz beim Kaiser Napoleon im Pavillon de l'horloge am „Kaminfeuer. Siebeneinhalb Diner. Vorstellung von Schauspielern des Théâtre-Français im Salon. Um zwölf Uhr nach Haus.

Den 14. — Abreise.

*

Berlin, den 5. Juli 1867.

Liebe Marie! Siehst Du wohl, daß Lübeck ein hübscher Ort ist? Du bist aber sehr kurz in Deinen Mittheilungen, und da die Zeit sehr drängt, ich auch seit fünf Uhr früh am Schreibtisch sitze, so werde ich mir ein Beispiel daran nehmen. Ich habe tüchtig was vor mir gebracht, reite aber des Morgens und fahre des Abends. Die Nacht vor der Fahnenweihe (73 Feldzeichen repräsentiren 60 000 Mann) mußte ich in Potsdam bleiben und erlebte das stärkste Gewitter, dessen ich mich entsinne. Am folgenden Tag zur Feier Sonnenschein, Schrippenfest und Diner.

Der König von Italien hat mir seinen Militärorden durch den Prinzen Umberto geschickt. Beim Diner im neuen Palais, wo die Offiziere der neuen Regimenter, schöner Toast auf die Armee; die beiden Prinzen, Roon und mich sehr anerkennend genannt. Zeitung bringt so was nicht, Telegramme am dritten*), Regiment Kolberg, Parchimer Schützengilde und Henry.

Herzlichst Dein   Helmuth.

*

Landeck, den 14. Juli 1867.

Liebe Marie! Ich benutze eine freie Stunde, um Dir zu schreiben, daß es mir sehr gut geht. Am 7. blieb ich in Jauer. Am 9. fuhr ich mit der Eisenbahn nach Frankenstein weiter, fand dort Horst mit dem Wagen am Bahnhof, fuhr gleich über Kamenz (wo gerade Prinz Albrecht) nach Reiße und holte dort meine Offiziere ein.

Es ist nicht zu beschreiben, wie dankbar man hier in Schlesien ist, und mit welcher Freundlichkeit wir überall aufgenommen werden. Die Reise ist bisher eine fortgesetzte Ovation gewesen,

---

*) Erinnerungstag der Schlacht bei Königgrätz.

alle Kirchthürme flaggen, wo wir hinkommen, die Schlagbäume sind mit Blumen und Tannenreisern umwickelt. In Patschkau war die Stadt illuminirt, die alten Thürme mit bengalischer Flamme beleuchtet. An einer Stelle mein Porträt in Lebensgröße, Transparent; an einer andern Inschrift:

> Der den Feldzugsplan erdacht,
> Der ihn zu Ende gebracht,
> Moltke hat es gut gemacht.

Ueberall stellen Bürgermeister und Stadtverordnete sich vor, hier in Landeck waren sie uns vor die Stadt entgegengezogen und hielten eine Anrede, dann paradirte der Kriegerverein und Abends war großer Ball im Kurhause. Heute haben die Stände der Grafschaft uns zum Diner in Glatz eingeladen, schon telegraphisch in Neiße, ehe sie wußten, ob wir kämen, und Fürst Pleß hat sämmtliche zwanzig Offiziere und fünfundvierzig Pferde nach Fürstenstein eingeladen.

Bis jetzt ist die Witterung im Ganzen sehr günstig gewesen, kühl und angenehm. Nur einen vollen Regentag hatten wir gestern in Ottmachau, wo ich bei den guten Humboldts in dem hohen Schloß wohnte. Einen wundervollen Marsch hatten wir gestern über das Gebirge bei heiterem Himmel im Schatten des dichtesten, schwarzen Tannenwaldes. Landeck liegt überaus freundlich. Ich mußte bei Prinzeß Louise diniren.

In einer Stunde fahre ich nach Glatz und nehme Wright und Verdy mit. Wir wollen unterwegs den schönen Park von Kunzendorf besuchen. Es ist ein köstliches Land, dies Schlesien, sobald man sich dem Gebirge nähert. Adieu, liebes Herz, die besten Grüße. Dein   Helmuth.

*

Liebenstein ohne Datum 1869.

Liebe, gute Marie! Ich hoffe, daß Du gut und ohne zu große Ermüdung in Berlin angekommen bist.*) Unsere

---

*) Moltke hatte mit seiner Frau einen längeren Aufenthalt auf seinem neu angekauften Gut Kreisau in Schlesien genommen.

Reife*) fängt sehr glücklich an. Der Prinz Albrecht trägt die Koften für Alles, ein Poftbeamter reift voraus, um überall die Pferde parat zu halten und Quartier zu beftellen.

Am 1. Auguft befahen wir das Schlachtfeld von Langenfalza, das 6. Ulanenregiment war dort zum Regimentsexerziren verfammelt. Geftern fuhren wir hierher. In dem wirklich unbefchreiblich fchönen Reinhardsbrunnen machten wir acht Uhr früh Vifite bei Frau Kronprinzeß und wurden natürlich nicht angenommen. Dort fahen wir die beiden Prinzen mit Hinzpeter, die blau angelaufen aus dem Wellenbad kamen. Dann fuhren wir durch den prachtvollften Tannenwald auf die Kammhöhe und an den mit Laubwald beftandenen Südhang des Gebirges und längs der fchönften Wiefengründe hinab. Bei Trufen hat man einen Bach künftlich, aber mit großem Gefchick fo geleitet, daß er in voller Mächtigkeit über eine Felswand wohl zweihundert Fuß herabftürzt. Diefer Wafferfall ift fo fchön wie mancher in der Schweiz. Nach einem Forellenbejeuner dinirten wir in Toilette mit Cordon beim Herzog, fuhren dann mit feinen Pferden nach dem reizenden Altenftein und faßen bis elf Uhr unter einer mächtigen Linde beim Vollmondfchein, tranken Thee, rauchten und plauderten mit den Herrfchaften fehr vergnügt. Heute wird ein Ruhetag eingefchaltet, um eine Hirfchjagd in den Bergen zu machen. Morgen geht es nach Meiningen. Die Zweiunddreißiger fpielen unter meinem Fenfter und es wird wieder ein köftlicher Morgen. Und nun herzlich lebe wohl. Dein Helmuth.

Homburg, den 12. Auguft 1868.

Liebe, gute Marie! Nachdem wir bei furchtbarer Hitze alle Gefechtsfelder bereift haben, ift hier ein dreitägiger Halt gemacht, um uns auszuruhen. Nach Kiffingen bin ich nicht mit gewefen;

---

*) Zur Befichtigung der Schlachtfelder der Mainarmee mit dem Prinzen Albrecht Vater von Preußen.

der König wünschte mit Rücksicht für die Kaiserin, daß der Prinz dort mit minderem Gefolge erscheinen möge. Ich ging mit Stranz und Radede nach dem wahrhaft reizenden Koburg und traf dann in Hammelburg wieder mit dem Prinzen zusammen.

Wir reisen mit allem erdenklichen Komfort und Luxus, aber auf die Dauer hält meine Konstitution das beständige Essen und Trinken nicht aus. Bei der schrecklichen Hitze trinkt man Wein, Sellers, Bier, Champagner, Alles durcheinander. Sehr vermisse ich das kühle Schlafzimmer von Creisau. Man weiß sich in den Gasthöfen kaum zu retten vor Hitze des Nachts. Bei Tag in der schönen Gegend und frischem Luftzuge geht es schön. Wir haben reizende Waldgebirge durchzogen, Liebenstein, Koburg, Miltenberg und Homburg sind wunderschön. Der Prinz ist wirklich sehr liebenswürdig und genirt uns nicht im geringsten. Mit Stranz, Radede und Reclam fuhr ich heute in den Taunus nach Königstein, eine prachtvolle Exkursion; morgen wollen wir nach Nauheim. Um fünf Uhr wird ein Diner à part bei Chevet eingenommen, dann Ball, Konzert und fortwährend Spiel an der Bank. An Bekannten traf ich hier jetzt Baron Stoffel, Lieutenant Usedom, Graf Barral, Herzog von Cambridge ꝛc. Das Schloß, wohin Sonnabend der König kommt, das Kurhaus und Gartenanlagen, sowie die ganze Gegend sind prachtvoll. Die meisten Leute aber sitzen stundenlang am Roulette- und trente et quarante-Tisch. Es ist auch vorgekommen, daß in diesen vergoldeten Sälen Einer sich todtschießt. Die Blutspuren werden sogleich entfernt und das Spiel fortgesetzt. Ich hoffe, daß de Claer*) einen Brief von Dir mitbringt und gute Nachricht von den Verwandten. Herzliche Grüße an Alle. Dein

Helmuth.

*

Lengsfeld im Rhöngebirge, den 19. August 1868.

Mein gutes liebes Weibchen, wie geht es Dir? Ich fuhr

---

*) Moltkes Adjutant. Auf die Reise des Prinzen Albrecht folgte sogleich die Uebungsreise des großen Generalstabes.

mit Stranz nach Hanau und auf der noch im Bau begriffenen Bahn über Fulda per Dressine. Das ist eine höchst angenehme Fahrt, ohne den Lärm und Rauch der Lokomotive mit völlig freier Umsicht. Vier Mann setzen das kleine Fahrzeug aufwärts in rasche Bewegung, abwärts aber läuft es von selbst und mit solcher sausenden Schnelligkeit, daß noch gebremst werden muß. Die Gegend ist wunderschön. Die Nacht blieben wir im Rautenkranz in Eisenach, wo Fritz Reuter, der plattdeutsche Dichter, sich eine reizende Villa gebaut hat.

Am 16. fuhren wir über den Thüringer Wald (durch die enge Felsschlucht des Annenthals zu Fuß). In Salzungen waren die Offiziere versammelt. Es ist ein kleiner Badeort; das Kurhaus, in welchem wir fast Alle untergebracht waren, liegt an einem großen, durch einen Erdsturz entstandenen See mit steilen, bewaldeten Felsufern, wunderhübsch. Da man mich schon am Abend vorher erwartet, war ein großes Feuerwerk auf diesem See abgebrannt, welches mit einem M. in Brillantfeuer endete.

Ich liege hier in einem alten Schloß beim Baron Boineburg, wo ich vortrefflich aufgenommen bin. Ich machte von Salzungen mit Derby und Claer eine schöne Spazierfahrt nach Altenstein und Liebenstein.

Meiningen, den 26.

So ist nun dieser Brief über Kalten-Nordheim in der Rhön mit mir nach dem Thüringer Wald zurückgewandert. Heute soll er aber auch fort. Wir sind schon vier Tage hier in einem vortrefflichen Gasthof und in freundlichster Umgebung. Sonntag hörte ich eine der trefflichsten Predigten von dem Hofkaplan Schaubach. Morgen geht es tiefer in den Wald nach Suhl. Der König ist heute ziemlich nahe in Arnstadt. Ich denke, die Reise wird in den ersten Tagen des nächsten Monats schließen, schreibe Dir aber noch vorher den Tag meiner Ankunft. Auf frohes Wiedersehen, liebes, gutes Weib. Herzlichst der Deine

Helmuth.

Ilmenau, den 30. August 1868.

Liebe Marie! Mehrere Offiziere müssen den Divisions-
übungen beiwohnen. Die Reise endet daher hier früher, als ich
gedacht, und der Extrazug mit den Pferden wird schon am
1. k. Mts. in Berlin eintreffen. Du brauchst aber Deine Abreise
deshalb nicht zu überstürzen. Ich kann mir ein paar Tage in
Berlin allein helfen und, wenn keine Köchin da ist, im Gasthof
essen. Herzlich freue ich mich auf das Wiedersehen. Dein
Helmuth.

Anhang.

Briefe Moltkes an andere Verwandte
und
Briefe seiner Schwester Auguste und der Frau v. Burt.

1868—1890.

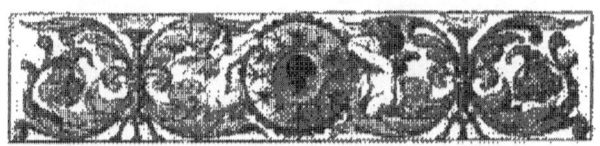

An seine Schwester Auguste.

Wildbad, den 4. October 1868.

Liebe Guste! Es ist wohl Zeit, daß wir einmal etwas von uns hören lassen, nachdem ungefähr die halbe Kur hier beendet ist. Die diesjährige Badereise fiel etwas spät und alle Welt ist schon auf der Abreise. Die Gesellschaft ist sehr klein, meist Gelähmte und ernstlich Kranke. Es regnet fast alle Tage hier in den Bergen, oft aber bricht doch auch die Sonne durch, und dann ist es sehr schön in dem engen Waldthal der Enz. Wie den ganzen Schwarzwald, so bedecken auch hier dichte Tannenwälder alle Höhen, während die Thalsohlen mit frischgrünenden Wiesen bedeckt sind. Schön geebnete Fußpfade führen auf bedeutende Höhen hinauf.

Das Bad selbst ist einzig schön. Den Boden der Porzellanwannen bildet der gewachsene Granitfels, welcher zur Bequemlichkeit mit einer Schicht feinen Sandes bedeckt ist. Aus dem Fels quillt unmittelbar die Quelle, siebenundzwanzigeinhalb Grad warm, so daß im Bade fortwährend Zufluß und gleiche Temperatur erhalten bleibt. Das Wasser ist dasselbe wie in Gastein und Ragaz, die chemische Analyse hat keine anderen Bestandtheile als die des destillirten Wassers entdecken können, und die Wirkung scheint auf der natürlichen Erdenwärme, auf magnetischer oder elektrischer Kraft zu beruhen, Agentien, welche unserer Kenntniß noch lange nicht klar gelegt sind. Mir verursachen die Bäder große Ermattung und das Intermittiren des Herzschlags, woran ich vor dreißig Jahren gelitten. Jetzt aber bekommen sie mir gut. Die Aerzte sagen, daß die Bäder alle alten Uebel aufregen, aber auch heilen. Aufrichtig gesagt, glaube ich, daß sechs Wochen in Creisau mir besser sind als alle Badekuren.

Marie hat auch schon zehn Bäder genommen und befindet sich vortrefflich dabei.

Die Küche hier ist ausgezeichnet, überhaupt ist für allen Komfort aufs Beste gesorgt.

Mitte des Monats gedenke ich nach der bayerischen Pfalz zu reisen, dann ein paar Tage in Berlin, Geschäfte halber, zu bleiben und dann bis zum 3. November nach Holstein zu gehen. Wir können wohl die Reise nach Segeberg zusammen machen.

Es ist doch hübsch, daß infolge des Norddeutschen Postvereins man hier aus dem Schwarzwald nach Lübeck für einen Silbergroschen schreiben kann, auf hundertundfünfzig Meilen Entfernung.

Marie ist von ihrem Buch über Pferdezucht nicht fortzubringen, und so schicke ich für heute nur ihre Grüße an Dich und Fritz. Herzlichst Helmuth.

*

An dieselbe. Berlin, den 10. Dezember 1868.

Liebe Guste! Marie ist recht ernstlich erkrankt; es scheint eine rheumatische Gelenkentzündung zu sein. Es fing an mit sehr heftigen Schmerzen im rechten Fuß, ging dann auch in den linken über und hat jetzt die ganze linke Seite erfaßt, so daß sie nur noch den rechten Arm bewegen kann. Die überaus großen Schmerzen haben nachgelassen, aber sie ist ohne Hülfe nicht im stande, sich irgend zu rühren.

Die Sache ist nicht unbedenklich, und Pesch stellt ein sechswöchentliches Krankenlager in Aussicht. Gebe Gott, daß nur die nächsten schlimmen Tage vorübergehen. Schlaf hat Marie mit Hülfe von Morphiumpulvern.

1808. Die Krankheit der Frau von Moltke.

Die Besuche zu Weihnacht habe ich abgeschrieben, eine Wärterin angenommen und es wird Alles geschehen, was zur Erleichterung der armen Marie dienen kann.

Es wäre ein großer Trost, Dich hier zu sehen, liebe Guste, aber ich kann es Dir kaum anmuthen.

Sobald eine Aenderung zum Guten oder Schlimmeren eintritt, schreibe ich wieder. Helmuth.

Nachschrift. Mir kommt Marie heute Mittag besser vor. Ein Senfpflaster scheint Erleichterung zu geben. Appetit ist vorhanden, das Fieber nicht stark. Drei Uhr Nachmittags.

*

An seinen Bruder Fritz.

Berlin, den 22. Dezember, Dienstag, zehn Uhr Vormittag.

Lieber Fritz! Gottlob kann ich jetzt beruhigende Nachrichten über Marie geben.*) In der Nacht zum Sonntag hatte sie noch große Unruhe, eine Stunde Schlaf, aber mit furchtbar schnellen Athemzügen. Dann erwachte sie mit Phantasiren und krampfhaften Zuckungen, der Puls hundertundacht in der Minute. Ich ließ sogleich unsern Arzt Doktor Pesch holen, welcher mir vorschlug, einen zweiten zu Rathe zu ziehen. Geheimerath Frerichs erschien am Sonntag um zehn Uhr. Er machte kein Hehl daraus, daß die Krankheit das Herz ergriffen, und daß der Zustand sehr ernst sei. Es war ein schrecklicher Vormittag. Krampfhaftes Hin- undherbewegen der Unterkiefer. Heftiges Zittern mit den Händen. Mit ihren großen schwarzen Augen sah sie uns unverwandt an. Dabei volles Bewußtsein und kein Laut der Klage. Sie richtete sich im Bette auf und betete — auch für den König, reichte uns die Hand zum Abschied und sprach wenige rührende Worte. Schon vorher hatte sie mir das Versprechen abgenommen, wenn

---

*) Bei einem Spazierritt waren Moltke und seine Frau von einem Regen überrascht worden. Ohne sich gründlich umzuziehen, ging dann Frau von Moltke in einen Bazar im Niederländischen Palais. Infolge dessen erkrankte sie an einem akuten Gelenkrheumatismus.

Gefahr einträte, sollte ich Prediger Elahn bitten, ihr das Abendmahl zu reichen. Ich gestehe, daß ich völlig hoffnungslos war, aber ich fürchtete zu sehr alle Aufregung und dachte, Gott würde den Willen für die That nehmen. Wie durch ein Wunder besserte sich der Zustand im Laufe des Nachmittags, und Abends sechs Uhr fanden die Aerzte sie sehr viel besser. Es folgte freilich eine rastlose Nacht, und Opium wagte man nicht mehr zu geben. Ein abscheulicher Husten störte allen Schlaf. Die Zunge ganz wund, man fürchtete Diphtheritis. Auch der gestrige Tag, Montag, führte zum Besseren, etwas Appetit vorhanden, eine Tasse Thee und Bouillon wurde erlaubt. Gestern war die Herzaffektion noch nicht ganz verschwunden, aber sehr gering, der Puls auf zweiundsiebenzig, der Athem vollkommen ruhig. Nach Berathung der Aerzte wurde eine Dosis Opium verschrieben, um, aber nur im Nothfall, verabreicht zu werden, da Schlaf nach dreizehn Nächten durchaus nötig. Bis zwölf Uhr diese Nacht zum Dienstag hielten Schlaflosigkeit und Unruhe an, dann aber fiel sie ohne Opium in ruhigen Schlaf. Sie ist darauf um drei Uhr erwacht, hat mit Heißhunger eine Tasse Thee mit Zwieback genossen und dann wieder bis acht Uhr geschlafen. Persch kam, wollte sie aber nicht stören. Mit Guste hat sie völlig klar gesprochen, sie erkannte, daß sie in dem Saal hinter meiner blauen Stube liege, wohin wir sie des Straßenlärms nach vorne wegen gebettet haben. Mir hat sie allerdings von Dingen gesprochen, die sie nur lebhaft geträumt haben kann, die an sich ganz vernünftig, aber nicht passirt sind. Doch war sie noch im halben Schlaf und schlief auch bald wieder ein. Die Gicht hat sich wieder auf den Ellenbogen und Hand, also doch nach außen geworfen.

Du kannst Dir denken, wie wir Alle aufathmen und Gott danken. Guste kann sich sagen, daß ihre Pflege ihre Tochter Miezchen zweimal vom Tode errettet hat. Sie ist mit ihrer geräuschlosen Hülfe und Geduld Tag und Nacht um die Kranke und hält wunderbar aus; sie kommt aber nicht aus den Kleidern, und ich suche sie beim Spazierenfahren trotz des abscheulichen

Weiters dann und wann an die Luft zu bringen. Die Krankenwärterin ist vortrefflich, aber beinahe erschöpft. Die Hausleute benehmen sich auch sehr gut. Nachfrage ist unendlich. Marie hat wohl schwerlich einen Feind in der ganzen Welt. Der König schickte gestern seinen Leibarzt, Prinzeß Karl fuhr persönlich vor, und aus allen Ständen wird die größte Theilnahme gezeigt. Um zwölf Uhr kommen die beiden Aerzte zusammen, und ich lasse diese Zeilen liegen, um noch hinzuzufügen, was sie sagen werden. Ich hoffe, daß die schlimmen Nachrichten durch mein gestriges Telegramm an Dich und Jeanette bald eingeholt worden sind.

Zwölfeinhalb Uhr. — Die Aerzte sind ganz zufrieden. Die Herzaffektion ist im steten Abnehmen, der Geist jetzt ganz gesammelt — allgemeines Besserbefinden.

Fünf Uhr. — Welche schreckliche Krankheit ist doch das! Guste und ich waren voller Trost und Hoffnung ausgefahren, um Weihnacht für die Leute zu kaufen. Die Sonne schien hell und schön. Im Moment, wo wir nach einer Stunde zurückkehrten, hatte Marie einen Anfall von Intermittiren des Herzens und eine Ohnmacht gehabt. Ich fuhr sogleich nach Freerichs, welcher die Sache nicht so ernst nahm. Auch Pesch, der sofort geholt wurde, hoffte, daß der Anfall nicht wiederkehren werde, aber der Pulsschlag ist beschleunigt, das Geräusch im Herzen etwas vernehmbarer, es wurde ein Senfpflaster und Eis auf den Kopf gelegt, auch das Athmen ist beschleunigt. So wechseln fortwährend Angst und Hoffnung, Freude und Niedergeschlagenheit. Beide Aerzte wollen jetzt sich hier treffen.

Abends fünfeinviertel. — Die Aerzte finden, daß der Herzschlag heute Abend besser ist als früh. Eine Entzündung der Herzmuskeln sei immer noch möglich, aber für jetzt liegen keine Anzeichen vor. Nervöse Zufälle, wie sie gewesen, seien sehr erklärlich. Man hofft, daß anhaltender Schlaf eintritt. So müssen wir denn das Weitere Gott anheimgeben. Morgen schicken wir telegraphische Nachricht, die ich an Brockdorffs mitzutheilen bitte.

Den 23. Mittags. — Schlechte Nacht, phantasirt, das Gehirn

ist in Mitleidenschaft, doch sehen die Aerzte dies für den Augenblick nicht als etwas Bedenkliches an, die Lage ist ernst, aber nicht ohne Hoffnung. Jeanette kommt, Guste könnte es auch auf die Dauer nicht mehr aushalten. Heute Abend sechs Uhr treffen sich die Aerzte wieder.

Abends sieben Uhr. — Wir athmen wieder auf. Das Phantasiren ist fast verschwunden, ruhiger Schlaf eingetreten. Dies das beste Weihnachtsgeschenk für uns Alle.*)

*

Von seiner Schwester Auguste an seinen Bruder Fritz.

Berlin, ohne Datum.

Lieber Fritz! Seit vierzehn Nächten und Tagen war kein Schlaf in Maries Augen gekommen. Gestern Abend endlich gaben die Aerzte mir eine Dosis Opium, um sie ihr bis elf Uhr einzugeben, wenn es Noth wäre. Die Noth war groß. Marie war in den heftigsten Phantasien mit immer weit offenen Augen, so daß wir stets fürchteten, sie nicht im Bette halten zu können. Dennoch widerstanden die Wärterin und ich dem äußersten Mittel. Da gegen Mitternacht wurde es stiller und stiller. O Gott, welche Wohlthat, und der Schlaf kam erst von zwölf bis drei Uhr. Beim Erwachen erkannte sie mich, erkannte auch das Zimmer, wo sie liege, fragte nach Helmuth und dann ist sie wieder eingeschlafen bis acht.

Helmuth hatte diese Nacht geschlafen. Als er zu ihr trat, war die Besinnung leider wieder fort. — Um zwölf kommen beide Aerzte, dann schreibe ich wieder. Der eine war heute früh schon hier, unendlich froh, daß der Schlaf kein erzwungener war, und daß Besinnung da gewesen. Er scheint das Gegentheil gefürchtet zu haben.

---

*) Am Weihnachtsabend um drei Uhr Nachmittags entschlief sie

Herzlichen Dank für Eure Briefe. Der Besuch ist Dir gewiß recht lästig, lieber Fritz. Mir wird es schwer, überhaupt etwas der Art zu durchdenken. Die Eindrücke sind noch zu frisch, die uns erfaßt und erschüttert haben. Ich lasse heute ein Zimmer für Jeanette einrichten in der Ueberzeugung, daß sie zu uns kommen wird. Alles Andere findet sich dann. Adieu, meine Lieben, so herzlichen Dank Dir, lieber Fritz, für alle Güte und Freundlichkeit gegen meine Kinder.

*

Brief der Frau von Burt an ihre Schwägerin Auguste von Moltke.

Berlin, den 7. Januar 1869.

Meine liebe Auguste! Als ich am 16. v. Mts. zu Marien gerufen wurde, fand ich sie zwar gelähmt, aber ziemlich schmerzlos, in ihrem Bette, und sie sagte fast scherzend: „Mama, die Arme kann ich Dir nicht entgegenstrecken." Bald folgten gefährlichere Symptome, ein furchtbares Fieber, große Beängstigungen, grenzenlose Unruhe in den armen, kaum zu bewegenden Gliedern. Das Uebel warf sich bald hier- bald dorthin, einmal auf den Unterleib, dann auf das Herz, auch das wurde befreit und gab der seligsten Hoffnung Raum; aber schon am andern Morgen begann ein heftiges Fieber und Phantasieen und ein unausgesetztes Sprechen derselben Sätze, welches sich oft bis zum Geschrei erhob und alle umliegenden Räume erfüllte. Am Morgen des Weihnachtsabends wurde sie ganz stille, wir saßen Alle an ihrem Bette, auch Jeanette, welche eben angekommen, aber nicht mehr von ihr erkannt wurde. Mir machte sie ein Zeichen, — sprechen konnte sie nicht mehr —, welches Gott mir eingab, richtig zu verstehen, ich solle aus ihrem Schreibtisch einen Ring holen. Dann steckte sie mit zitternden Händen, und nachdem sie vorher mit fliegender Hast den Kopf und die Schultern ihres Mannes betastet, zur Prüfung, ob er es sei, an den vierten Finger seiner Hand, dann wurde sie ganz ruhig und nach einigen schweren Athemzügen war ihre Seele entflohen. — Helmuth drückte die lieben braunen Augen zu und sank dann auf seine Kniee und beugte das graue Haupt tief auf seine Hände und dankte Gott, daß er den Kampf beendet und das geliebteste Leben zu sich genommen. Das war die Höhe seiner Liebe, daß er das konnte. O, er hätte sie so gerne behalten; wie hat er gelitten, wie hat er gepflegt und sie erquickt mit Wort und That, wie hat er gehofft und gefürchtet, gebetet und gerungen! Auch Marie hat von Anfang an auf ihr Ende gesehen, sie betete viel, laut und leise, besonders das Vaterunser, erkannte sich als eine große Sünderin, gelobte, Vieles anders zu machen, wenn Gott ihr das Leben schenke, segnete immer und immer wieder ihren geliebten Mann, und sah endlich mit festem, ruhigem Sinn der Stunde ihres Abscheidens entgegen. Ein wunderschönes Marmorbild lag sie da; einen Palmzweig im Arm, glich sie einem der Engel aus der Weihnachtsnacht, uns verkündend: Ehre sei Gott in der Höhe, Friede auf Erden und den Menschen ein Wohlgefallen. — Und welch ein Wohlgefallen hatte sie unter den Menschen, wie viel Thränen sind ihr nachgeflossen von Hoch und Niedrig, wie hat man sie erkannt, welch eine reine, harmlose, lautere, wahrhafte Seele aus diesem schönen, blühenden Leibe abgerufen, der schon am zweiten Tage zerfiel wie des Grases Blume.

Meine liebe Auguste! Es ist mir schwer geworden, aus dem Heiligthum dieser Erinnerungen heraus mit Worten zu reden, aber ich fühle, es Deiner und meines lieben Bruders Theilnahme schuldig zu sein. — Wie dieser Verlust nun weiter in unsere Lebensverhältnisse eingreifen soll, wird Fritz ausführlicher schreiben. Wir ziehen zu Helmuth. Henry wurde am Tage der Beerdigung vom Könige zu Helmuths Adjutanten ernannt, eine unbeschreiblich zarte Aufmerksamkeit des Königs, Helmuth sehr wohlthätig, mir natürlich nicht minder bei vielem Schweren, was diese Bestimmung von meinen in jeder Hinsicht schwachen Kräften erfordert. Aber das Alles sind Gottes mächtige Führungen, und sein Wille mit uns, dem zu folgen unsere Wohlfahrt sein wird.

— Ich grüße Euch mit treuer Liebe, — ach, wie ruft Maries Vorbild uns zu: „Liebet Euch untereinander" — und bitte Euch um Eure Fürbitte für Alles bei Gott. Eure treue Schwester
Auguste Burt.

Brief Moltkes an seine Schwester Auguste.

Berlin, den 4. Januar 1869, siebeneinhalb Uhr.

Liebe Guste! Ich bin recht ärgerlich auf meinen zweiten Adjutanten, daß er mich nicht geweckt hat. Ich war schon früh auf, sah aber, als ich Licht angesteckt hatte, daß es erst halb vier Uhr sei, und legte mich halb angezogen wieder hin; erst als der Wagen durch den Thorweg fuhr, wachte ich auf. Ich hätte Dir doch so gerne noch gesagt, wie dankbar ich Dir für Deine aufopfernde Hingebung und bewundernswerthe Stärke in der Pflege der armen Marie bin, und welchen Trost Deine Anwesenheit mir gewährt hat, während der ersten schweren Tage nach ihrem Hinscheiden. So etwas läßt sich nicht vergelten, sondern nur durch Dankbarkeit und Liebe lohnen, aber das Unglück muß erst die harte Rinde der Menschenherzen ablösen, um sie zusammenzuführen. Welche freundliche Theilnahme habe ich auch bei den übrigen Verwandten gefunden, Gott lohne es Euch Allen.

Daß Henry zu mir kommt, ist mir ein großer Trost, nichts konnte mir willkommener sein, und ich will dem guten König noch heute meinen Dank für diese zartfühlende Aufmerksamkeit aussprechen. Die liebe Jeanette möchte ich nicht länger als noch einige Tage hier zurückhalten. Sie wird in Segeberg doch sehr entbehrt werden, und mit Henry helfe ich mir schon weiter.

Gern halte ich an der Hoffnung fest, daß wir Alle einen Sommer ruhig miteinander wohnen, wo wir ja unsere theure Hingeschiedene noch zur letzten Ruhestätte zu führen haben. Ich hoffe, heute die Bauzeichnung für die Kapelle zu erhalten, und werde dann sogleich die Ausführung anordnen.

Mit besten Grüßen und herzlichster Dankbarkeit Dein Bruder
Helmuth.

*

An seine Schwägerin Jeanette.

Berlin, den 30. Januar 1869.

Gute Jeanette! Daß Du in Segeberg angekommen, haben wir erfahren, aber auch, daß Du recht angegriffen bist von der traurigen Zeit, die Du hier in Berlin durchlebt hast. Niemand fühlt wohl den schweren Verlust tiefer als Du; Dein und Mariens Verhältniß war ja ein so inniges, wenn sie auch das Leben so viel leichter auffaßte als Du, so trug sie Dich so recht in ihrem warmen, liebevollen Herzen, und ich glaube immer, daß sie uns auch jetzt noch nahe ist.

Aber Dein Aufenthalt hier ist doch ein Segen gewesen, er hat mir leichter über die erste schwere Zeit hinweggeholfen. Mit ordnender Hand hast Du die Verhältnisse wieder geregelt und in geräuschlosem Walten die Wirthschaft in Gang gebracht. Wie dankbar ich Dir dafür bin, kann ich nicht genug aussprechen. Gott lohne es Dir, und auch Cai, der mit Selbstverleugnung Dich so lange hier gelassen hat. Auch die arme Mama hat die Folge ihrer Hingebung in schwerer Zeit tragen sollen. Glücklicherweise lauten die letzten Nachrichten günstig. Eine Gefahr scheint nicht zu besorgen, und daß wir von Fritz seit den letzten drei Tagen keinen Brief weiter erhalten haben, darf ich als ein gutes Zeichen auslegen.

Es ist auch in der That nicht nöthig, daß Mama*) sich

---

*) Ihre Majestät die Königin Augusta befahl Moltkes Schwester Auguste zur Audienz und legte ihr ans Herz, Moltke müsse dem Könige und Vaterlande erhalten bleiben. Es läge aber nach dem Tode seiner Frau, wenn er einsam bliebe, die Gefahr vor, daß bei seinem Charakter er sich ganz in sich

1869. Der Schwägerin Jeanette Bürken. — Die Grabkapelle. 481

übereilt. Henry,*) der sehr aufmerksam und zuverlässig ist, besorgt alles Nöthige, und das Leben geht den stillen, einförmigen Gang fort, den Du kennst.

Nun nochmals herzlichen Dank, liebe Jeanette, für alle Güte und Theilnahme. Möchtest Du in Deiner reichen Häuslichkeit Ersatz für das Verlorene finden. Mit den besten Grüßen an Deinen Mann und Deine Kinder. Dein Helmuth.

*

An dieselbe.
          Berlin, den 17. April 1869.

Vielen herzlichen Dank, liebe Jeanette, für das kleine Bild. Es erinnert mich lebhaft daran, wo ich Marie zum ersten Mal in Eurer damaligen Wohnung in Friedrichsberg sah. Sie kam aus der Schule in den Saal hinein gesprungen und schüttelte die Locken um ihren Kopf. Jetzt liegt sie friedlich in ihrer kleinen Kirche in Creisau und hat das wechselvolle Leben hinter sich. An ihrem Geburtstag war ich an ihrem Sarge. Der Gärtner hatte ihn ganz mit blühenden Kamelien umstellt. Die kleine Grabkapelle war in vollem Bau und wird, glaube ich, recht hübsch. Sie liegt auf einem kleinen bewaldeten Hügel, nahe am Hof mit weiter Aussicht auf die lachende Ebene und das sie zu beiden Seiten umfassende Gebirge. Ein Kunstgärtner aus Berlin macht die Anlagen um den Platz. Ich wollte so, daß Du bei der Beisetzung im Sommer zugegen wärest. Es wird ein reizendes Plätzchen, zu welchem man gern und oft wallfahrten wird.

---

selbst und infolge dessen bald vom Dienste zurückziehen würde. Es wäre deshalb ihre Pflicht, zu ihm zu ziehen, ihm über den Verlust seiner Frau hinwegzuhalten und ihm eine behagliche Häuslichkeit zu schaffen. Infolge dessen entschlossen sich sie und ihr Bruder Fritz, von Lübeck zu ihm zu ziehen.

 *) Derselbe wurde auf Vorschlag des Fürsten Radziwil und des General Manteuffel durch Allerhöchste Kabinetsordre zum persönlichen Adjutanten Moltkes ernannt.

Sobald Reichstag und Zollparlament geschlossen, gehen wir Alle nach Creisau, wo dann der Bau im Schloß auch beendet sein wird.

Herzlichen Gruß an Cal und Deine Kinder von uns Allen. Dein dankbarer und treu ergebener Helmuth.

*

An dieselbe.

Berlin, den 17. Dezember 1869.

Liebe Jeanette. Mit Deinen Gedanken bist Du gewiß in dieser traurigen Zeit oftmals hier. Es ist so natürlich, daß man die ganze Leidenszeit noch einmal durchmacht, und die Telegramme und Briefe, die Du an Mama geschickt hast, vergegenwärtigen so recht den Wechsel von Hoffnung und Furcht bis zum Schluß. Und doch möchte ich die Erinnerung nicht einbüßen. Es ist so ein schlechter Trost, Jemand zu vergessen; mir ist es stets eine Freude, über Marie mit Jemand zu sprechen, der sie gekannt — und, was dasselbe ist, sie lieb gehabt hat.

Die Bleistiftzeilen an Dich sind die letzten, die sie überhaupt geschrieben hat. Sie kennzeichnen recht ihre muthige Ergebung. Ich höre noch, wenn die Aerzte fragten: „Haben Sie Schmerzen, Excellenz?" und sie wie verwundert sagte: „Nein!!" Vielleicht steht sie jetzt hier neben mir und sagt in ihrer lieben Weise: „Ach! was für Aufhebens, ich hab' es hinter mir und Ihr werdet's auch bald haben." Sie war eine tapfere Seele. Es ist ja auch eigentlich Unrecht, immer nur an das kurze Schmerzenslager, nicht an die Vergangenheit eines doch im Ganzen sehr glücklichen Lebens zu denken und an die Zukunft, von welcher die Schrift verheißt: „Selig sind, die reinen Herzens sind, denn sie werden Gott schauen." Und sie war ein selten reines Herz.

Ich hatte die Absicht, zu Weihnacht in Creisau zu sein, es ist mir aber, als ob sie mir hier näher wäre, gerade an diesem Tage, der für mich stets ein wehmüthiges Fest bleiben wird.

Wie viel Gutes Marie gewirkt hat, erfahre ich an der Erbschaft von Beiträgen zu Spitälern, Frauenverein, Asylen, Suppenanstalten, Kleinkinderbewahranstalten, Mission und so weiter. Auch die alte Mine Brockdorff, der ich ihre Einnahme geschickt habe, schreibt mir, daß sie nicht gedacht habe, daß Marie noch über ihr Grab hinaus für sie gesorgt habe, und hofft, daß sie die Erste sein werde, sie wieder zu sehen. Das ist denn auch meine, nichts weniger als betrübende Hoffnung.

Diese Wochen erinnern mich aber auch an die hingebende Opferfreudigkeit, mit welcher ihre Mama sie gepflegt und nach ihrem Verlust Du mir über die schwerste Zeit hinweg geholfen hast. Ich bedaure nur immer, daß Marie, die so unbeschreiblich von Dir hielt, nicht noch bei klarem Bewußtsein die Freude gehabt, Dich zu sehen. Als Du kamst, waren ihre Sinne schon umnebelt. Ich glaube, daß der Mensch schon, ehe er stirbt, mit diesem Leben abschließt, und daß alles Irdische, auch das Liebste, nach einem Blick vielleicht in das Jenseit, auch nur noch für das Jenseit eine Bedeutung erhält.

Recht herzlichen Antheil nehmen wir daran, daß Cai wieder leidend ist. Ich freue mich, daß Du Deine Kinder, bis auf die reizende kleine Frau von Polenz, zu Weihnacht um Dich versammelt haben wirst, und hoffe zuversichtlich, daß Du und Dein Mann zum Sommer uns in Creisau besuchen werdet. Wir wissen ja Alle, daß, was dort in der kleinen Waldkapelle ruht, nicht viel mehr ist als ein abgelegtes Kleid, aber es ist doch wohlthuend, Alles, was hier zurückgeblieben ist, in heiterer und freundlicher Umgebung gebettet zu wissen. Möchten frohe und dankbare Nachfolger die freundliche Stätte gern besuchen.

Herzlichst Dein dankbarer Schwager   Helmuth.

*

An seine Schwester Auguste.

Meaux, den 16. September 1870.

Liebe Guste. Einen Gruß und meinen herzlichen Glückwunsch zum heutigen Tage wollte ich Dir doch senden; zum eigentlichen

Briefschreiben fehlt Zeit und Sammlung. Alle Gedanken sind immer nur auf das eine Ziel gerichtet, und trotz aller bisherigen Erfolge lasten die Sorgen von einem Tag auf den andern schwer auf dem Gemüth. Die Verantwortung ist zu groß und die fortwährende Spannung eine aufreibende.

Einen wohlthätigen Eindruck machen von Zeit zu Zeit Deine und Fritz' Briefe aus der stillen Heimath, aber auch Ihr seid doch zu nahe betheiligt, um Ruhe zu genießen. Gott hat bis jetzt alle die Unsern gnädig beschützt bei so furchtbaren Verlusten und so vielen Trauerfällen. Allerdings fühle ich mich ziemlich erschöpft, aber ich habe das Glück eines festen, gesunden Schlafs, der mich immer wieder erfrischt.

Wir haben jetzt endlich schönes helles Wetter, aber nur neun bis zehn Grad Wärme, und ohne Kaminfeuer ist es in den hohen, nach Norden liegenden Räumen des bischöflichen Palastes von Meaux*) nicht auszuhalten. Bei Euch wird es wohl nicht wärmer sein. Wenn wir nur erst hier fertig wären! Ich hoffe doch auf einen baldigen Frieden ohne neues, großes Blutvergießen. Die Prahlereien der Pariser Machthaber zeugen nur von ihrer Ohnmacht. Bald muß sich Vieles entscheiden.

Mit den herzlichsten Grüßen   Helmuth.

*

An dieselbe.

Versailles, den 20. Dezember 1870.

Liebe Guste. In dieser Zeit, wo ich die Leidensperiode unserer geliebten Marie wieder durchlebe, habe ich so oft auch mit wahrhaft dankerfülltem Herzen Deiner und der aufopfernden Pflege gedacht, welche Du ihr gewidmet hast. Gerade heute, glaub' ich, war es, wo Du nach durchwachter Nacht mich mit der Freudenbotschaft wecktest, daß Marie ruhig geschlafen hatte. Unsere stets wieder sich belebenden Hoffnungen sollten nicht in Erfüllung gehen,

---

*) In demselben hatte einst Bossuet gewohnt, und die von Moltke benutzten Räume hatten sowohl Ludwig XVI. nach seiner Flucht, als auch später Napoleon I. inne gehabt.

Gott hatte es anders beschlossen, und so wird es am besten sein. Er hat sie in der Fülle des Lebens, in Kraft und Schönheit zu sich genommen und sie aller Bitterkeiten des Alters überhoben. Es ist mir tröstlich, daß auch in den lieben Briefen, die Du mir zugeschickt und für welche ich herzlich danke, doch stets Zufriedenheit mit ihrem Loos sich ausspricht. Wie manches Unrecht habe ich ihr dennoch abzubitten, aber ich habe die Ueberzeugung, daß sie mir Alles verzeiht, und wie sie mich 1866 nach dem Feldzug auf dem Bahnhof freudig empfing, so hoffe ich, daß sie mich jenseits empfangen wird, wenn die Qual dieses Erdenlebens endlich abgelaufen sein wird, und danach kann ich mich oftmals herzlich sehnen.

Gern würde ich zuvor das große Werk glücklich zu Ende geführt sehen, bei welchem ich mitzuwirken berufen bin. Wir haben aber noch schwere Kämpfe zu bestehen, und Schwierigkeiten häufen sich von allen Seiten, die überwunden werden müssen. Aber der Herr, der so weit geholfen, wird auch weiter helfen.

Zum Weihnachtsfest, welches für uns freilich eine ernste Bedeutung für den kurzen Lebensrest gewonnen hat, wünsche ich alles Gute. Der Herr hat Marie am Tage zu sich genommen, wo er das Heil der Welt verkündigt.

Ich danke Fritz für das vortreffliche Geschenk eines Fußsacks, der ein ganzes Biwak ist. Von hier weiß ich nichts Besseres zu schicken als eine Sendung Champagner, mit der Bitte jedoch, ihn auch auszutrinken. Helmuth.

*

An seinen Vetter Ballhorn.

Versailles, den 26. Oktober 1870.

Vielen Dank, lieber Eduard, für die freundlichen Glückwünsche an alle Unterzeichner. Es ist so erfreulich, in dieser bewegten Zeit Nachricht aus der friedlichen Heimath zu erhalten, die auch in diesem Feldzug durch Gottes Gnade vor allen Schrecknissen der feindlichen Invasion bewahrt geblieben ist. Was das sagen will, sehen wir hier so recht vor Augen. Dem unvertilglichen Hochmuth der Franzosen wird es unmöglich, anzuerkennen, daß sie besiegt zu Boden liegen. Sie setzen den hoffnungslosen Kampf fort, der dabei einen immer mehr erbitterten Charakter annimmt. Bei dem letzten Gefecht hat in Chateaudun jedes einzelne Haus erstürmt werden müssen, die ganze Stadt ist in Flammen aufgegangen. Dies unvermeidliche Schreckensbeispiel hat indeß zur Folge gehabt, daß Chartres sich freiwillig unterwarf, und wird in weiteren Kreisen nachwirken. In Metz scheint die Katastrophe nahe zu sein, freilich nach zehnwöchentlichem Harren; vielleicht bringt dies die französischen Machthaber zur Besinnung.

Es ist eine besondere Gnade Gottes, daß die nächsten Verwandten, die in den Reihen der Armee stehen, bisher ganz verschont geblieben sind. Denn wie viel Trauer ist schon in den Familien verbreitet!

Augenblicklich sind hier die Vertreter der süddeutschen Fürsten versammelt, und man wird sehen, ob die große Zeit vermag, die kleinen Interessen zu überwiegen.

Nochmals herzlichen Dank, möge Gott uns frohes Wiedersehen schenken. Helmuth.

*

An seinen Bruder Fritz.

Versailles, den 12. Dezember 1870.

Hier haben wir bis zu zehn Grad Kälte gehabt, heute ist plötzlich Thauwetter eingetreten. Ein so früher Winter ist hier unerhört, und man glaubt, daß es eine neue „chicane de Monsieur Bismarck" ist.

Ueber Paris erfahren wir mehr von Berlin aus englischen und belgischen Zeitungen als hier dicht vor der Stadt, wo nur der Valérien (oder Vallerian wie ihn unsere Leute nennen) mit uns spricht. Die Thore der Stadt sind gesperrt und selbst die Truppen, die zwischen dem Wall und den Forts liegen, wissen nichts von dem, was im Innern vorgeht. Wir erwarten einen neuen, verzweifelten, aber vielleicht letzten Ausfall.

Die neu aufgestellten Heere Frankreichs im freien Felde sind nun nach und nach alle geschlagen, aber wir können nicht überall sein, kleine Ueberfälle sind nicht zu verhindern und nur durch unerbittliche Strenge zu ahnden. Eine Handvoll Bummler mit Gewehren und Fahnen bringt, die Marseillaise singend, in die Häuser, schießt aus den Fenstern und läuft aus der Hinterthür davon, und dann muß die Stadt dafür büßen. Glücklich preisen sich die Orte, die eine ständige feindliche Garnison haben.

Den Unsrigen geht es, gottlob, gut. Henry ist frisch und munter. Daß er das Kreuz bekommen hat, wird Guste Freude gemacht haben. Heute Abend soll er beim Kronprinzen singen, der ihn gerne hört. Herr von Keudell begleitet ihn auf dem Klavier.

Von Wilhelm hatte ich unlängst eine Korrespondenzkarte. Er verfolgt in diesem Augenblick die Loirearmee, friert und hungert, sonst ginge es ihm gut. Er hat schon einhundertundzwanzig Thaler Zulage bei mir zu fordern, aber Geld hilft nichts, wo für Geld nichts zu haben ist. Ich hoffe, er soll jetzt bald eine längere Ruhe in der schönen und reichen Touraine haben. Leider hat er das schöne Pferd von mir in Rambouillet krank zurücklassen müssen. Henry war hin, um es hierher zu holen, es war aber lobt gestochen.

Helmuth ist gestern wieder auf Vorposten gezogen. Der brave Junge geht immer freudig auf seinen Dienst. Fast alle Nacht feuern die Werke ganze Lagen schwersten Kalibers auf gut Glück ab. Von Hunderten von Granaten trifft zufällig mal eine. Bei Tage avertiren die Posten den Schuß, und die Mannschaft hat Zeit, sich an die Erde zu legen, wo dann von den Sprengstücken nicht viel zu fürchten ist; aber eine Annehmlichkeit ist es doch nicht. Die Franzosen legen, wie es scheint, alle Tage ein Pfund Pulver der Ladung zu, sie sollen schon bis in die Nähe von Versailles reichen. Mit dieser Munitionsverschwendung erreichen sie freilich nichts, und die Armeen von außen, auf die sie noch immer hoffen, hören sie nicht. Eben bin ich mit Henry hinaus gewesen und habe Helmuth eine große Blechbüchse mit Magdeburger Sauerkraut, eine zweite mit dem zugehörigen Pökel-

Fleisch, einen Sack mit Erbsen und zwei Flaschen Champagner gebracht. Die armen Kerle werden einen fröhlichen Abend haben.

Von den Brodtorffs haben wir kürzlich nichts gehört. Fritz wird es gut gehen; das Gardekorps hat neuerlich keine Gefechte gehabt. Ludwig ist an der Loire. Von dem gefangenen Grafen Brodtorff keine Nachricht und keine Möglichkeit, ihn zu befreien. Wir haben durch den amerikanischen Gesandten in Paris sofortige Auswechslung aller Gefangenen angeboten, wir haben ja deren auf dem Lager mehr wie gut, aber die Franzosen haben von uns so wenige, daß sie sie schon um der Nachfrage willen konserviren müssen. Das Anerbieten ist ohne Erwiderung geblieben. So Gott will, ist aber der Tag nicht mehr fern, wo alle Gefangenen frei werden. Die Franzosen haben jetzt ihre Regierung an drei Orten, in Bordeaux, in Paris und vor Paris, denn Trochu hat sich von der Stadt förmlich abgesperrt.

Meine Empfehlung an General Hanenfeldt,*) Scheller und Gliscymsli und wer sich sonst meiner erinnert. Es ist schon spät, und ich muß schließen. Herzliche Grüße und frohe Weihnacht.

Helmuth.

*

An seine Schwägerin Jeanette.

Versailles, den 24. Dezember 1870, vier Uhr Nachmittags.

In dieser Stunde war es, liebe Jeanette, wo unsere süße Marie sanft entschlummerte. Du verlorst in ihr die inniggeliebte Schwester, voriges Jahr Deinen Mann und nun jetzt das neue Unglück durch Verwundung Deines braven Jungen.**) Aber der Herr hat Erbarmen, soeben erhalte ich ein Telegramm: "Lieutenant Brodtorff gute Nacht verbracht. Beklemmungen und Hustenreiz geringer. Demzufolge subjektives Wohlbefinden besser. Feldlazareth des Gardekorps. Stabsarzt Tahl." Freilich ist damit die Gefahr

---

*) Stellvertretender Chef des Generalstabs der Armee in Berlin.
**) Er erhielt bei einem Ausfall der Franzosen eine Kugel in die Brust, welche an den Rippen entlang und im Rücken herausging.

noch nicht verschwunden, aber man darf doch hoffen. Fritz ist jung und gesund, und da überwindet der Mensch Vieles.

Henry und Ludwig kamen gestern Abend zurück. Ihr Erscheinen hatte Fritz große Freude gemacht, aber völlige Ruhe ist dem Patienten nöthig. Das Lazareth ist mit allem Denkbaren reichlich ausgestattet, ein vortreflicher Arzt besorgt die Kur und die vorzüglichen Schwestern die Pflege. Ich würde nicht rathen, daß Du Dich selbst auf die Reise hierher begiebst, Fritz war ohne Fieber und sprach mit Interesse über die verschiedensten Gegenstände. Kommt er mit Gottes Hülfe glücklich durch, so ist die Verwundung so gut wie ein neuer Orden. Die Kameraden nehmen den lebhaftesten Antheil an ihm. Ludwig, der sich seit ein paar Tagen hier erholt, sieht eigentlich wohler aus, als man nach den Strapazen vermuthen konnte. Henry ist immer frisch und nutzt, wo er kann. Wilhelm und Helmuth sind wohlauf, Gott schütze sie Alle.

Da ich nicht weiß, ob das obige Telegramm Dir aus Gonesse direkt zugegangen sein wird, so telegraphire ich es auf alle Fälle von hier aus, möchte es Dir doch heute, am Festabend, noch zugehen und Dir ein Trost werden. Herzlichst Helmuth.

An seinen Bruder Fritz.

Versailles, den 1. Januar 1871.

Herzlichen Glückwunsch zum neuen Jahr! Möge es den Frieden bringen, Frieden dem ganzen Lande und den Frieden Gottes, der höher ist als alle Vernunft, jedem Einzelnen.

Von Fritz Brockdorff gute Nachrichten, ein erstes beruhigendes Telegramm schickte ich Nachmittags am 24. an Jeanette. Es traf schon Abends neun Uhr bei ihr an, so daß der heilige Abend doch etwas weniger traurig gewesen sein wird. Ein sehr beruhigendes ging heute ab: „Brockdorff ist fieberfrei, hat wenig Athmungsbeschwerden und ruhigen Schlaf." Mit Gottes Hülfe ist also zu erwarten, daß er genesen wird. Ludwig Brockdorff ist noch hier, sein Kommandeur will ihn nicht gern entbehren, weil er ein sehr schneidiger Offizier sei. Ich hoffe aber doch, daß er zur

Ersatzescadron nach Kassel kommen wird.*) Von Wilhelm Moltke erhielt ich nach den Gefechten an der Loire Nachricht, und jetzt hat er Zeit, sich in oder bei Chartres auszuruhen. Helmuth hat sich wieder etwas herausgefuttert und ist wohlauf, er ist aber heute zum Schanzen und zur Straucharbeit abgerückt, demnächst kommt er wieder auf Vorposten. Er befindet sich also im Bereich des Valérien, welcher täglich seine Gaben rings herum vertheilt.

Mir ist die Kälte sehr unangenehm, aber mit Deinem vortrefflichen Fußsack — ein ganzes Biwak — unternehme ich doch Spazierfahrten.

*

An denselben.

Berlin, den 13. Juni 1871.

Lieber Fritz. Gestern erhielt ich Deinen Brief aus Kreuth, wo es Euch ja gut geht; wenn wir nur endlich Sommerwetter bekämen. Hier haben wir strömenden Regen und acht Grad.

Ich selbst werde mich wohl zu einer kurzen Kur in Gastein bequemen müssen und hoffe, nach dem Einzug und der Beendigung der Geschäfte in der letzten Dekade dieses Monats abkommen zu können. Vielleicht läßt es sich dann so einrichten, daß Henry und ich Euch in Kreuth abholen und wir eine hübsche Tour durch die Salzburger Alpen zusammen machen.

Wenn Eure Kur**) ein paar Tage früher endet, als ich fort kann, so macht Ihr vielleicht den Abstecher über den Achensee nach Innsbruck, und wir träfen uns dann in Salzburg selbst. Das Nähere läßt sich freilich erst verabreden, wenn ich den Tag meiner Abreise bestimmen kann.

Zunächst habe ich heute die Wormser Deputation***) zum Diner, am Freitag ist die Einzugsfeierlichkeit, welche fünf Stunden

---

*) Er blieb bei seinem Regiment.
**) Moltkes Geschwister Fritz und Auguste waren zur Kur nach Kreuth gegangen.
***) Die Deputation, welche Moltke den Ehrenbürgerbrief der Stadt Worms überbrachte.

dauert; wenn wir solch Wetter dabei haben, so wäre es schlimm; es ist doch schade, daß Ihr den Einzug nicht seht. Kolossale Tribünen sind erbaut von der Lennéstraße bis zum Brandenburger Thor für wohl 100 000 Menschen. Am Halleschen und Leipziger Thor stehen die Riesenstatuen der Germania und Alsatia, die in dem beständigen Regen wohl wieder zusammenklappen, wenn man ihnen nicht ein Riesenparapluie in die Hand giebt. Der ganze Belle-Alliance-Platz ist von zwei großen Tribünen bedeckt, die bis zum zweiten Stockwerk der Häuser hinaufreichen, ebenso Opernplatz, Universität und Lustgarten. Zahllose Maßbäume für Flaggen und Wimpeln fassen die ganze Via triumphalis ein, und unter den Linden stehen vom Thor bis zum Palais eine Allee von Kanonen und Mitrailleusen, Achse an Achse, über 1000 Stück, aber kaum der vierte Teil der eingenommenen.

Mit der Ausmöblirung des Hauses*) geht es langsam vorwärts. Der Balkon ist fertig und sehr schön, mit dem Blick in den Thiergarten, der grün ist wie niemals zuvor. Helmuth Moltke mit der Deputation des Königs-Grenadier-Regiments muß heute eintreffen, und habe ich versprochen, ihn bei mir unterzubringen. Wilhelm wird morgen den feierlichen Einzug in Schwerin mitmachen. Nähere Nachrichten habe ich zwar von keinem von Beiden. Henry sieht wie gewöhnlich sehr angegriffen aus, leidet an einem krankhaften Hunger zu Mittag, krankhaftem Gähnen des Abends, völliger Appetitlosigkeit nach Tisch und liegt ganze Stunden besinnungslos des Nachts. Mit herzlichen Grüßen an Guste Dein Helmuth.

*

An denselben.

Berlin, den 21. Juni 1871.

Lieber Fritz. Seit gestern strömt der Regen wieder vom Himmel, und ich fürchte, daß Ihr an das Zimmer gebannt seid.

---

*) Das neue Generalstabsgebäude am Königsplatz.

Es ist, als ob die Sonne expreß nur für die Einzugstage bestellt gewesen ist, an welchen sie dann freilich ganz furchtbar heizte. Schade, wenn Ihr die schöne Umgegend nicht ausnutzen könntet. Wie ich verstehe, willst Du den Achensee, der auf der Tour nach Salzburg liegt, zuerst und auf dem Rückweg einen achttägigen Aufenthalt in München machen; ich empfehle aber doch, die Excursion in die Salzburger Alpen fortzusetzen, da Ihr so nahe seid. Da der Kaiser erst am 30. dieses Monats nach Ems geht, so werde ich auch kaum früher von hier fort können. Helmuth war mit dem Bataillon Königs-Grenadiere bei dem Einzug, er hat bei mir gewohnt. Wilhelm ist in seine Garnison zurückgekehrt. Ich hoffe, daß Gustes Erkältung gewichen, und daß die guten Wirkungen des höllischen Getränkes sich bewähren, oder, worauf die Badeärzte immer vertrösten, nachkommen werden. Noch immer ist die Möblirung der Zimmer hier nicht beendet, und das Gerüst vor dem Haupteingang, der wirklich prachtvollen Marmortreppe, nicht beseitigt. Sehr angenehm ist aber der große Balkon, zu jeder Zeit kann ich durch die stets offenen Thüren ins Freie treten und so jeden schönen Moment benutzen. Wir grüßen herzlichst

Helmuth.

*

An seine Schwägerin Jeanette.

Berlin, den 28. Juni 1871.

Liebe Jeanette. Es ist so lange her, daß ich nichts von Dir gehört habe, daß ich Dich doch gerne einmal fragen möchte, wie es Dir geht.

Daß Deine Mama mit meinem Bruder Fritz in Kreuth ist, wird Dir bekannt sein. Sie schreiben sehr heiter und befriedigt, seufzen zwar über das Wetter, machen aber weite Promenaden, auf denen sie Wasserfälle entdecken, und Touren nach den Gebirgsseen. Zum 1. nächsten Monats gehen sie nach München, und machen dann noch einen Ausflug ins Gebirge. Ich reise übermorgen nach Gastein, wohin ich Henry mitnehme, der die Alpen noch nicht gesehen hat. Vielleicht begegnen wir den Anderen

in München. So werde ich wohl nicht vor Anfang August nach
Creisau kommen, aber Deine Mama ist schon Mitte Juli dort,
wo dann auch mein Bruder Ludwig mit seinen Töchtern eintrifft.
Es wäre wunderhübsch, wenn Du auch kämest. Wie gern möchte
ich Dir Maries liebliche Ruhestätte zeigen! Vor einiger Zeit fand
ich in einer alten Mappe die Briefe, welche sie mir aus Neapel
geschrieben, während ich mit der Leiche des Prinzen Heinrich nach
Berlin war. Du mußt sie lesen, ihre Beschreibungen der Touren,
welche sie mit Lottchen Brockdorff gemacht, die übersprudelnde
Laune neben der Tiefe ihres Gemüthes. Hätte sie doch diesen
Einzug erlebt, wie würde sich ihr patriotisches Herz erfreut haben
— aber so ist es besser. Sie weiß gewiß auch jetzt, was die
bewegt, welche ihr am nächsten waren. Nur für uns Uebrig-
gebliebene wird das Leben immer ärmer.

Henry und ich grüßen Beide aufs Herzlichste Dich und die
Deinigen.

Dein treu ergebener Schwager   Helmuth.

*

An seinen Bruder Fritz.

Petersburg, den 11. Dezember 1871.

Lieber Fritz! Es ist nicht leicht, hier einen Augenblick zum
Briefschreiben zu finden. Ich will heute auch nur ein Lebenszeichen von uns geben, da wir*) ja schon acht Tage aus Berlin
fort sind. Es giebt so viel zu erzählen, daß ich das Meiste für
mündliche Mittheilung vorbehalten muß. Nur so viel sei gesagt,
daß wir trotz aller Dejeuners, Diners, Soirées noch wohl und
munter sind, und daß man uns nicht nur mit der größten Aufmerksamkeit, sondern mit wirklicher Herzlichkeit aufgenommen hat.
Der Kaiser persönlich findet eine Freude darin, uns bei jeder
Gelegenheit auszuzeichnen und seiner Gesinnung gegen unsere
Armee Ausdruck zu geben. Mir hat er seinen höchsten, den
Andreasorden, verliehen. Ich bewohne eine ganze Seite von

---

*) Molle war in der Begleitung des Prinzen Friedrich Karl zum
Georgsfest nach Petersburg gegangen.

Zimmern im Winterpalast, ein Oberst vom Generalstab ist zu meiner Begleitung kommandirt, täglich zwei Mittagessen mit Champagner unter den Namen Dejeuner und Diner, Abends Loge in fünf Theatern, dann noch Soirèen, Hofequipage und Bedienung, Kutsche und Schlitten stets eingespannt. Ueber das große Georgenfest werden die Zeitungen wohl berichten. Es waren über tausend Menschen und mehr als hundert Fahnen in den ungeheuren Räumen dieses Palastes aufgestellt, in welchem wir wohl ein paar Werst zurücklegten, indem der Kaiser alle Säle durchschritt. Dann Messe und schließlich Diner für siebenhundert Georgenkreuzersoldaten unten, und eine Galatafel für den Hof von fünfhundert Gedecken in einem großen Saal. Auch die Parade haben wir gestern glücklich hinter uns. Es waren auf dem Platz vor dem Schloß längs der Admiralität, der Isaakskirche und bis zur Statue Peters des Großen vierzig Bataillone, vierunddreißig Eskadrons und Artillerie aufgestellt. Es war nicht sehr kalt, höchstens sechs Grad, und die Sonne kam durch, was in dieser Zeit sehr selten ist. Ich hatte ein vortreffliches Pferd, und so ging Alles aufs Beste. Es giebt hier aber so viel zu sehen, daß alle Zeit in Anspruch genommen ist, welche nach Visiten und Paraden übrig bleibt. Sehr angenehm ist, daß das Palais der Kaiserin Katharina, die Eremitage, in Verbindung mit dem Winterpalais steht. Es sind dort die größten Schätze der Kunst aufgehäuft. Dann ist es ein Vergnügen, im Schlitten durch die belebten Straßen, die Perspektive, die Morskoj ꝛc. zu fahren. Petersburg hat 60 000 Schlitten. Nun kannst Du Dir das Gewimmel vorstellen. Alles fährt in laufendem Trab haarscharf aneinander vorüber, ohne sich zu berühren. Wahrscheinlich gehen wir noch nach Moskau, und unter acht Tagen komme ich nicht zurück. Es thut mir recht leid, daß Henry nicht mitkommen konnte. Bei der Großfürstin Helene wird viel musizirt. Heute Abend hat Ihre Kaiserliche Hoheit, wie sie sagt, für mich ein Quartett arrangirt. Zuvor sollen wir aber noch beim Kaiser diniren, welcher mir heute die Ehre seines Besuches erzeigt hat.

Es giebt nichts, was man nicht thut, um uns auf alle Weise auszuzeichnen; selbst für die Dienerschaft ist aufs Beste gesorgt. August geht heute ins Ballet. Gestern sahen wir die Lucca als Zerline im Don Juan. Die Wagen bleiben bei aller Kälte und Schneegestöber stets vor den Palais und Theatern halten, so daß man jeden Augenblick fort kann. Ich benutze das, um womöglich vor Mitternacht im Bett zu sein, im Allgemeinen lebt man tief in die Nacht hinein, und da drei Uhr Nachmittags schon Licht angesteckt werden muß, so ist der Tag sehr kurz. Mit herzlichen Grüßen. Helmuth.

Aus einem Brief an seine Schwester Guste.

Gastein, den 25. Juli 1872.

Liebe Guste! Heute Vormittag erhielt ich Dein freundliches Schreiben vom 21. d. Mts. Die guten Cousinen holten mich auf dem Bahnhof in München*) ab. Für den folgenden Tag ergab ich mich auf Diskretion allen ihren Projekten unter der Bedingung, daß keine Museen und Galerien besichtigt würden. Ganz früh mußte ich denn mit Käte zum Bildhauer Zumbusch, der ein Medaillon von mir wünschte; nach dem Kaffee wurde zu Fuß in den Straßen flanirt, in die Läden geschaut, wo Sophie sich nicht nehmen ließ, mir eine elegante badine mit schönem Knopf von Elfenbein zu verehren. Mittags ein kleines Diner im Garten, zu welchem General v. d. Tann geladen. Dann Ausfahrt im Englischen Garten und zu den Wasserfällen. Am Sonntag brachten sie mich nach dem Bahnhof, die Schnapsflasche mit Ungarwein gefüllt. Ich fuhr ohne Aufenthalt in Salzburg nach Hallein, und von dort mit dem Eilwagen Abends gleich weiter. Aber das ist eine elende Beförderung; gleich hinter Golling kam die Sache ins Stocken. Die Postillone waren zu Bier

---

*) Moltke reiste zur Kur nach Gastein, wo er mit seinem Bruder Ludwig zusammentraf. Dieser hatte mit zwei seiner Töchter den Winter an der Riviera zugebracht.

gewesen, ein Pferd schlug über die Stränge, die Aufhalter rissen, die Deichsel schleifte an der Erde, ertheilte dem Wagen furchtbare Stöße und brach endlich. Paſſirte uns das bei dem steilen Herabfahren in der Klamm, so hätten wir den Hals gebrochen. Mit Noth wurde ein Beiwagen herangeholt, alle Poststücke hineingeworfen, und die Passagiere zu vieren in den andern Wagen zusammengepfercht. So kamen wir denn, statt um acht Uhr früh, um Mittag nach Gastein, wo ich jedoch gleich ein erquickliches Bad nehmen konnte.

Das Wetter ist wundervoll, zwar sehr warm, aber köstlich. Ich bin alle Nachmittag nach Böckstein gefahren und zu Fuß zurückgegangen. Ludwig hat mit bisher gutem Erfolg seine Bäder genommen, er wird es freilich nur auf vierzehn bringen.

Den 4. August. — Hier hat es diese Nacht geschneit, und die Berge sind bis zur halben Höhe oben voll Schnee, die Tannen ragen schwarz aus dem weißen Grund hervor. Aber die Sonne bricht durch. Morgen Abend erwarten wir den Kaiser, am neunten reisen wir von hier ab. Zum elften haben wir uns in München angemeldet, am dreizehnten Abends reise ich dann nach Mülhausen. Ludwig wird hingegen nach Creisau gehen, um dort einige Zeit mit den jüngeren Töchtern zu verweilen. Mein Rheumatismus, der übrigens nur hinderlich, keineswegs schmerzhaft war, ist, unter Anwendung der Douche im Bade, so gut wie beseitigt. Mit dem Wunsch, daß es Euch Allen recht gut in Creisau ergehen möge, und den besten Grüßen Dein

Helmuth.

*

Aus einem Brief an seinen Bruder Fritz.

Mülhausen, den 17. August 1872.

In München hatten wir Abends eine sehr schöne Vorstellung der Hugenotten, schenkten uns aber den letzten Akt, da ich den anderen Morgen schon um sechs fort mußte. In Kempen fand ich die ganze Stadt auf dem Bahnhof, der Kronprinz war eben

aus Hohenschwangau eingetroffen. Er machte mich mit einem
kleinen Herrn in Zivil bekannt, der Niemand Anderes war als —
der König von Neapel, ein vertriebener Monarch, vertrieben in-
direkt durch die Siege deutscher Waffen über Oesterreich und
Frankreich, der nun die Ovationen ansehen mußte, die einem
deutschen Feldherrn gebracht wurden, was er mit guter Manier
that. Auch für mich fielen einige Hurrahs ab. In Lindau ungeheurer Jubel, weiße Mädchen, Blumensträuße ꝛc. Dort empfing
den Kronprinzen der Großherzog von Baden, welcher darauf
bestand, daß ich mit nach der Mainau kommen müsse. Die Fahrt
bei schönsten Wetter nach der zauberhaften Insel im Bodensee
war reizend und der Aufenthalt durch das Familienleben der
prächtigen Großherzogin und ihrer Kinder höchst wohlthuend.
Ihre Majestät die Kaiserin war dort und besonders gnädig. Am
folgenden Morgen nach gemeinschaftlichem Frühstück ließ der
Großherzog mich nach Konstanz fahren, dann ging's durch die
liebliche Gegend per Eisenbahn dicht am Schaffhausener Rhein-
fall vorüber und über Basel nach Mülhausen, wo ich Wagen
und Pferde antraf. Heute waren wir nach Jsuri geritten,
das Wetter ist warm, aber sehr schön

Kolmar, den 24.

Wir sind bisher auf der ganzen Reise durch das wunder-
schönste Wetter begünstigt gewesen. Gestern machte ich mit meinen
Pferden eine Tour von sieben Meilen im Wagen und besuchte
die alte Reichsablei Morbach, tief in einer Waldschlucht der Vo-
gesen.

*

An seine Schwester Guste.

Bremerhaven, den 10. September 1873.

Liebe Guste! Im Begriff, uns nach Wilhelmshaven einzuschiffen, erreichte Dein Brief vom dritten mit interessanten Nachrichten aus Creisau mich noch eben zur rechten Zeit. Eure
Sedanfeier ist ja sehr hübsch gewesen. Der Brillantorden, den
der König mir verliehen, war gleich am ersten Tage bei der

Parade verloren, aber durch einen Tambour im Sande wiedergefunden, bevor die Kavallerie darüber weggeritten war. Die Juweliere hallen es nicht für nöthig, solider zu arbeiten, ich habe aber doch an betreffender Stelle eine Anzeige gemacht.

In der Nacht zum vierten ging ich nach Bremen und Mittags nach Bremerhaven zur Einweihung des Schiffes „Graf Moltke", welches zwei Tage später nach Westindien die erste Fahrt macht. Es ist ein prachtvoller Bau, ganz von Eisen, dreihundertundfünfzig Fuß lang, also ebenso lang wie der „König Wilhelm". Diner von vierstündiger Dauer, dann Abends nach Bremen zurück, wo ich die vortrefflichste Aufnahme bei einem Kaufmann Melchers fand. Abends Theater: Zauberflöte. Andern Tages bei prachtvollem Sonnenschein anderthalb Meilen nach St. Magnus, dem reichsten Landsitz, den ich noch gesehen habe, dann nach Wilhelmshaven, wo die Loreley uns gestern nach hier brachte. Sie ist ein besonders rasch laufender Raddampfer und Avisoschiff und wird auch später in der Elbe zu meiner Verfügung stehen. Heute stürmt und regnet es abwechselnd mit Sonnenschein.

An Wellenschlag wird es in Helgoland nicht fehlen; ich hoffe, daß Du gute Nachricht von dort hast, und freue mich, daß Ihr so gutes Wetter in Creisau gehabt habt. Mir ist auch Helgoland in so lebhafter Erinnerung, ich möchte nicht wieder hin. Nun nur noch die freundlichsten Grüße an alle Deine Hausgenossen, und vor Allem im voraus herzliche Glückwünsche zum 16. zu Deinem Geburtstag; wo ich dann sein werde, weiß ich nicht, aber ich werde an Euch denken, wie alle Genossen Deines so wohl geordneten Hausstandes bei Dir vereinigt sein werden. Herzlich lebe wohl. Helmuth.

*

Aus einem Brief an seine Schwester Gusta.

Bremervörde, den 17. September 1873.

Daß Alle vergnügt sind, freut mich sehr; ich danke Gott dafür, daß ich so vielen Verwandten, wenn auch nur vorübergehend, einen zufriedenen Aufenthalt in Creisau gewähren kann.

Wir haben fast täglich Regenschauer, aber doch auch oft schöne Herbstsonne. Heute bin ich bei köstlichem Wetter drei-dreiviertel Meilen auf meinem Dunkelbraunen geritten, Carl auf dem braven Schimmel hinterdrein. Bis jetzt geht — unberufen — Alles gut. Einen der nächsten Tage gehen wir wieder mit der Loreley in See, hoffentlich stürmt es dann nicht wie gestern, wo der Wind Bäume auf die Chaussee geworfen hatte.

Sobald die Geschäfte abgemacht, geht es zu einer Partie, daher für heute viel freundliche Grüße an Alle.

*

An seinen Bruder Fritz.

Ragaz, den 24. Juni 1874.

Lieber Fritz! Ich bin den 21. nach Freiberg in Sachsen, am 23. nach Augsburg und gestern hierher gegangen und habe schon heute mein erstes Bad nehmen können. Es ist allerdings schöner und angenehmer hier als in Gastein. Die Gegend ist herrlich und ein mächtiges, hohes Hotel ist an das alte angebaut, in welchem ich zuletzt im Jahre 1865 mit Marie wohnte. Dazu die schönsten Gartenanlagen mit seltenen Bäumen, blühendem Wein, der die Luft mit Resedageruch erfüllt, und einer Unmasse von Rosen. Ich mußte zweiundsiebzig Stufen hoch ziehen, aber die Aussicht ist so prachtvoll aus meinen Fenstern, daß ich mich nicht entschließen kann, herunter umzuquartieren. Eine prachtvolle Laubwaldlehne umfaßt die saubere Ortschaft auf der einen, jenseits des Rheins der schroffe, kahle Fallniß sie auf der andern Seite. Dort darf ich mich freilich nicht betreten lassen, denn ich laufe Gefahr, als Kriegsgefangener nach Vaduz geführt zu werden. Man hat nämlich versäumt, in Nikolsburg auch mit Liechtenstein Frieden zu schließen, so daß völkerrechtlich die Vaduz'sche Armee in Deutschland einfallen kann, da der Kriegszustand, wie ich meine, mit diesem Fürstenthum noch heute fortbesteht. Ueber dasselbe hinweg ragen die noch mit Schneeflächen prangenden Höhen der Vorarlberge, diesseits des hier übrigens ganz unschönen Rheines tauchen alle Burgruinen, wie Friedenstein, Werdenberg und Sargans aus den Waldkuppen hervor. Bei letzterem noch bewohnten alten Schloß zieht sich eine Ebene zwischen Rhein und Wallensee. Ein vielleicht nur zehn Fuß tiefer Graben oder eine sehr hohe Fluth des großen Stromes würden seine Wasser in den See leiten. Mit dem Schaffhausener Fall wäre es dann vorbei, aber wir würden auch bei Köln einen trüben, schmutzigen Strom haben, wie hier der aus dem Schiefergebirge kommende Rhein aussieht. Erst im Bodensee wäscht er sich ab und tritt bei Konstanz krystallhell grünlich wieder hervor. Glücklicherweise ist dieses tausend Fuß hoch liegende Bassin auch tausend Fuß tief und kann so all den Schlamm aufnehmen und das Gerölle, mit welchem der Strom sein oberes Thal verwüstet und aus welchem er schon ein meilenlanges Delta an der Einmündung aufgebaut hat. Seine vielen stagnirenden Wasser machen die Luft hier jedenfalls minder gesund, als sie in Gastein ist. Es ist auch bedeutend theurer hier als dort. Das Bad kostet zwanzig Silbergroschen, aber es ist auch prächtig, das blaue Wasser in den Porzellanwannen zu sehen. Die Verpflegung ist ausgesucht, und man kann von hier mit Leichtigkeit auf der Eisenbahn die schönsten Ausflüge machen.

Ich vermuthe, daß Henry mit Guste und Jeanette am 26. oder 27. hier eintreffen wird. Guste kann Dir dann mündlich von diesem schönen Fleck der Erde berichten. Vor Allem muß sie die Tour nach Bad Pfäffers machen, eine Stunde Weges durch eine Felsschlucht, die man der Via Mala an die Seite setzen kann. Ich hoffe, daß Guste durch Ernestine Nachricht von Dir hat, und wünsche von ganzem Herzen, daß sie leidlich lauten möge.

Für heute schließe ich meinen Bericht, bis ich Dir über unsere Reisenden Nachricht geben kann. Mit besten Grüßen, lieber Fritz, auch an Ernestine.   Dein Bruder Helmuth.

*

An seinen Neffen. Creisau, den 17. Mai 1875.

Lieber Henry! In Nachstehendem Deiner Mama und Dir einige Nachricht von mir. In Sommerfeld erwartete mich General Fallenstein mit seinem Wagen. Dolzig ist ein unregelmäßiges, altes, nicht schönes Schloß, früher eine Burg. Die Lage ist eigenthümlich, ohne sehr hoch gelegen zu sein, hat man eine sehr weite Aussicht über ein ausgedehntes Waldgelände, im Vordergrund schöne Eichen und kleine Wasserspiegel. Der Blick durch eine sehr große Spiegelscheibe ist wirklich schön. Die Zimmer sind niedrig, doch ist ein höherer Saal vorhanden, in welchem der General Glasmalereien, alle Rüstungen, Danebrogs-Fahnen, Wappenschilder, Hirschgeweihe und allerlei Seltsamkeiten hübsch zusammengestellt hat. Dort nahmen wir ein treffliches Diner ein und fuhren dann durch tiefen Sand und Moor in ziemlich schlechtem Forst herum, sahen viel Rehe und Hasen; Hirsche und Sauen, die da sein sollen, freilich nicht. Die Jagd ist wohl das Beste bei diesem Besitz, das begreift sich, wenn man weiß, daß Dolzig an die Graf Brühlsche Herrschaft Pförten grenzt, welche 60 000 Morgen Forst umfaßt.

Abends fuhr ich nur bis Sagan, wo ich den prachtvollen Park in der Dämmerung noch durchstreifte, unablässig verfolgt von einem Schweif von Straßenjungen.

Per Bummelzug langte ich erst gegen Mittag in Breslau an und ging sogleich zu Herrn von Tieres, der aber verreist war. Zu Mittag hielten mich Tümplings fest und waren wirklich sehr herzlich in alter Erinnerung aus Koblenz. Der Sohn war eben aus Wien angekommen. Gestern Abend fuhr ich dann hierher.

Mit bestem Gruß. Dein Onkel Helmuth.

*

An seine Schwester Auguste. Innsbruck, den 16. Oktober 1875.

Recht befriedigt sage ich mit Paul Groterjahn: „Jetzt sind wir hier", das heißt in einem leidlichen Gasthof in geheiztem Zimmer. Von Berlin bis hierher hat es unaufhörlich geregnet, und dabei war es so kalt, daß ich während der Nacht nicht schlafen konnte. Dann trat noch der Umstand ein, daß gerade um Mitternacht der Winterfahrplan der Eisenbahn den Kurierzug nach München in einen Bummelzug verwandelte, und wir so statt um sechs Uhr früh um elf Uhr dies erste Reiseziel erreichten. Ich besuchte zunächst Professor Lenbach, welcher drei unvollendete Porträts von mir stehen hat, das, welches am besten gelingt, will er zur Ausstellung nach Berlin bringen. Von ihm ging ich zu den Verwandten. Ein vortreffliches Diner nahm ich im Hotel „Vier Jahreszeiten" ein. Abends ging ich mit de Claer ins Theater. Wir sahen „Die Fledermaus", ein skandalöses französisches Stück, von deutschen Schauspielern plump aufgeführt.

Heute um neun Uhr setzten wir unsere Reise, der Regen sein Geschäft fort. Auf dem Bahnhof trafen wir vom Gefolge des Kaisers Steinäcker, Winterfeldt und Lindequist, mit denen wir uns in ein Coupé setzten. Außerdem waren der Staatssekretär von Bülow und Graf Bismarck an Bord. Der Fürst Bismarck kommt nicht. Von der prachtvollen Gegend war wenig zu sehen, nur zuweilen theilten sich die Wolken und enthüllten die mit frischem Schnee überpuderten Berge.

Ein besonders reizender Punkt ist Kufstein, die österreichische Grenzfestung gegen Bayern. Zwei Bergforts mit mächtigen Thürmen und zahlreichen Geschützscharten sperren hier das enge Thal der Inn. Zur Zeit dienen sie hauptsächlich zur Aufbewahrung von Staatsgefangenen, welche hier die schöne Gegend genießen. Bei dem schlechten Wetter haben wir uns darauf beschränkt, die Hofkirche hier zu besuchen. Mitten im Schiff steht das Grabmal Kaiser Maximilians I., des letzten Ritters, längs beiden Seiten aber achtundzwanzig gewaltige Erzstatuen, meist Ahnherren und Ahnfrauen des Kaisers. Von Peter Vischer ist gewiß König Arthur. Es ist ein Leben in dieser Figur, daß man sich denken möchte, er könne Nachts zwischen seinen eisernen Nachbarn umherspazieren.

Die meisten meiner Reisegefährten sind ins Theater, was mich aber nicht in Versuchung geführt hat.

Mailand, den 20.

Am 17. traf der Kaiser in Innsbruck ein, er wurde mit allen Ehrenbezeugungen empfangen, aber das zahlreich versammelte Publikum beobachtete ein tiefes Schweigen, und so blieb es durch das ganze deutsche Tirol. Das Wetter hellte sich auf, je weiter wir uns dem Süden näherten. Die Tour über den Brenner ist landschaftlich wunderschön. Bei durchgehender Steigung von 40 : 1 macht die Bahn so zahlreiche und scharfe Kurven, daß man wie im Wagen auf einer Chaussee die Gegend von allen Seiten sieht. Meist hat man einen tiefen Abgrund zur Seite. Auf der Paßhöhe erinnerte ich mich des Wirthshauses mit breitem Dach, dessen eine Rinne in das schwarze, die andere in das adriatische Meer abfließt. Die Straße steigt nun an einer Bergwand mit solchem Umweg hinab, daß einige der Herren die nächste Station eher zu Fuß erreichten, als der Zug dort ankam. Die Vegetation nimmt nun bald einen südlicheren Charakter an. Zuerst der Nußbaum und der Weinstock, in Bozen der Feigenbaum und die Cypresse.

In Trient wurde Abends sieben Uhr dinirt, im Mondschein sahen wir noch die schöngebauten Straßen und den festungsartigen Bischofssitz, wo vor dreihundert Jahren das Tridentinum abgehalten wurde, dessen Festsetzungen der infallible Papst nicht mehr anerkennen will. Der Gasthof, in welchem ich wohnte, muß ein alter Palast gewesen sein. Der hohe weite Saal, in welchem der Ofen zwar roch, aber nicht wärmte, mag damals einem hohen Kirchenfürsten zum Aufenthalt gedient haben.

Bei schönem Sonnenschein wurde die Reise am 18. fortgesetzt. Nachdem wir die merkwürdige Klause von Verona passirt, trat man in die lombardische Ebene ein. Von Verona war die gesamte Garnison zum Empfang ausgerückt und in Parade aufgestellt, die Forts salutirten. War man im Norden schweigsam gewesen, so war der Empfang schon in Südtirol und vollends in Italien um so lauter und herzlicher.

Wir hatten einen schönen Blick auf den von schneebedeckten

Bergen umsäumten Gardasee, dann folgen die etwas eintönigen, mit Maulbeerbäumen und Weinrebenfestons überdeckten, von schnellfließenden Kanälen durchzogenen fruchtbaren Felder.

Wir waren schon seit Morgens en grande tenue mit Orden und Band. In Bergamo wurde ein vortreffliches Dejeuner eingenommen, und in Mailand empfing der König unsern Kaiser auf dem Bahnhof. In langem Zug von mehr als zwanzig offenen Wagen ging es langsamen Schrittes durch die schönen Straßen unter endlosem Jubel der dichtgedrängten Menge. Nach den ersten Präsentationen Galabiner, dann Illumination der Kathedrale durch weiße, dann rothe und grüne bengalische Flammen. Der Palazzo reale liegt am Domplatz, auf welchem vielleicht 200 000 Menschen Kopf an Kopf standen. Dabei durchweg die größte Ordnung und Ruhe. Keine Polizei könnte das je bei uns erreichen. Dabei ist die Bevölkerung von Mailand eine sehr unabhängige, welche sich die Begeisterung nicht vorschreiben läßt, aber unauslöschlich war der Jubel, als zu wiederhollen Malen der Kaiser mit dem Könige dankend auf den Balkon heraustrat. — Der bekanntlich ganz aus weißem Marmor erbaute und mit mehr als tausend Statuen gezierte Dom mit seinen zahllosen Spitzen und Zacken machte, namentlich in der rothen Beleuchtung, einen feenhaften Eindruck. — Spät ging ich noch mit de Claer und dem zu meiner Begleitung kommandirten Gr. Taverna (aber inkognito in Zivil) durch die prachtvolle Galerie, welche von Tausenden von Gasflammen erleuchtet war. Auf den freien Plätzen spielten Musikchöre, und die unermeßliche Menschenmenge zirkulirte ruhig in größter Ordnung, ohne daß die stattlichen Karabinieri einzuschreiten gehabt hätten. — Es gehört dazu eine alte Kultur, wie sie vielleicht nur dem Norditaliener beiwohnt.

Am 19. war dann die unvermeidliche Parade. Die Bataillone waren in zwei Gliedern, nur 250 Mann stark, sahen sehr gut aus, zeigten Ruhe und Disziplin. Seltsamerweise wurde mit Augen links defilirt, um den Prinzessinnen und Damen den Anblick von einer Loggia frei zu lassen. Das Ganze machte auf

dem gewaltigen Platze an der alten Citadelle einen sehr guten
Eindruck.

Ich hatte mich auf der Tour nach München tüchtig erkältet,
war fieberig und legte mich zu Bett. Steinäcker schickte mir homöopathische Tropfen. Ich stand nur auf, um Abends sieben Uhr
beim Galadiner zu figuriren. Schon bei dem gestrigen hatte ich
nichts angerührt, und nachdem ich zehn Minuten in der Scala
gewesen, fuhr ich nach Haus und legte mich nieder. Das enorm
große Haus, aufs Prachtvollste erleuchtet, machte einen imposanten
Eindruck. Die Logen sind bis zu 800 Francs verkauft, und bis
in die sechste Reihe sah man nur Gesellschaftsanzug und weiße
Kravatte. Selbstverständlich war der Empfang des Kaisers ein
überaus herzlicher und enthusiastischer.

Durch Hungern und Schlafen habe ich mich ziemlich wieder
restaurirt. Aber leider ist der Sirocco eingetreten, und es regnet
fortwährend. Wir waren nach Monza gefahren, wo man zwar
stark dejeunirte, aber aus der Jagd wurde nichts, sie soll, wenn
möglich, morgen stattfinden. Selbst den wunderschönen Park
haben wir nur vom Schlosse aus gesehen. Dagegen fuhr ich nach
der merkwürdigen alten Kathedrale, wo man uns die Schätze,
vor Allem die eiserne Krone, zeigte, mit welcher fünfundvierzig
Kaiser gekrönt worden sind. Zuletzt Kaiser Franz. Im Innern
unter Gold und Juwelen zieht sich ein eiserner Reifen aus den
Nägeln, mit welchen Christus an das Kreuz geheftet war. —
Heute Abend noch Diner und Theater.

Den 21. — Wenn man um acht Uhr seinen Kaffee getrunken
hat, so ist es schwer, um zehn Uhr ein Frühstück einzunehmen,
welches ein komplettes Diner ist. Nachdem indeß dies überstanden,
und die Majestäten zur Jagd nach Monza abgereist waren, blieb
uns Zeit, die Stadt Mailand anzusehen, zuerst den nahe gegenüber belegenen Dom. Im Innern herrscht ein Halbdunkel, und
durch dasselbe leuchtet im Hintergrunde nur ein mächtiges goldenes
Kreuz hervor. Der Dom erscheint nicht so groß wie von außen,
erst wenn man dem Hochaltar zuschreitet, unter welchem der

heilige Karl Borromeo ruht, bemerkt man die starke Entfernung. Das zweihundert Fuß hohe Gewölbe erscheint durch geschickte Malerei als durchbrochene Arbeit. Auf endlosen Stufen ersteigt man das ebenfalls aus Marmorplatten bestehende Dach und übersieht nun den ganzen Wald von mächtigen, reich geschnitzten Bogen und Thürmchen. Auf jedem der letzteren befindet sich ein Dutzend Heiliger, es sollen 7000 Figuren sein, gezählt habe ich sie freilich nicht, aber jede derselben ist ein Kunstwerk. Nun aber geht es noch ein paar hundert Stufen auf den zierlichen Thurm, von wo man in der Höhe von vierhundert Fuß ganz Mailand übersieht; leider verbargen trotz Sonnenschein die Nebel die sonst sichtbare Alpenkette.

Nachdem wir glücklich wieder zur Erde gelangt, fuhren wir zunächst nach St. Ambrogio, der ältesten Kirche der Stadt, unverändert in rein romanischem Stil erhalten seit dem vierten Jahrhundert. Der Graf Taverna zeigte uns das wohlerhaltene Freskobild seines Ahnherrn mit Inschrift seines Namens. Hier befindet sich auch die Schlange aus dem Paradies (aber in Erz), die an allem Unheil schuld ist. Man zeigte uns Meßbücher aus dem dritten Jahrhundert, die Krypta, welche die Zuflucht der ersten Christen gewesen, und zahlreiche Gegenstände kunstvoller Arbeit mit Edelsteinen. Die vergoldeten Mosaiken der Apsis erinnern an die der Markuskirche in Venedig.

Einen eigenthümlichen Eindruck macht es, mitten in der volksbelebten Straße zwischen Kaufläden und Trattorien an einer langen Reihe von Säulen vorbeizufahren, welche der Ueberrest eines Minervatempels sind. In der Brera hielten wir uns nur bei den vorzüglichsten Meisterwerken auf, besonders die sposalizio von Rafael. Interessant waren mir unter den neueren Sachen die Porträts von Manzoni und von Cavour.

Das Wetter war herrlich und wir fuhren noch auf den Korso, der aber in dieser Jahreszeit wenig belebt ist.

Nachmittags hatte ich interessante Besuche von General Cialdini und Ministerpräsident Minghetti. Um sechs Uhr Diner, zu welchem ich die Herzogin von Genua führte, und jetzt zehn Uhr die Aussicht auf einen Ball, zu welchem viertausend Personen geladen sind, von denen ich keine vierzig kenne.

Hier in meinem Zimmer hat der Konsul Napoleon I. gewohnt. Das vergoldete Bett ist noch mit den französischen Adlern verziert, in der Kammer nebenan, wo Heinrich schläft, mag wohl damals der Leib-Mameluk gehaust haben.

Den 22. — Gestern Abend war Monstreball; der von ein paar tausend Kerzen erleuchtete, enorm große Saal war dicht angefüllt, als der Hof mit dem Cortége eintrat. Für sämmtliche Damen waren Stühle in dem weiten Umkreis gesetzt, hinter welchen die Herren standen, um so den Raum für die Tanzenden frei zu lassen. Der ganze Fußboden war mit einem leinenen Tuch überdeckt, da man hier kein Parket hat. Dies und die Schleppen der Damen muß das Tanzen sehr erschweren; die preußischen Herren waren die besten Tänzer. Zirkuliren konnte man gar nicht, und um Mitternacht konnte ich verschwinden.

Heute früh schickte König Viktor Emanuel seinen Kabinetschef mit dem Auftrag, mir eine Marmorbüste übernatürlicher Größe Seiner Majestät in tartarischem Marmor zu überreichen. Er nahm darauf gleich meinen Besuch ohne Umstände in Zivilüberrod an. Nach längerer und sehr freundlicher Unterhaltung sagte er: „Embrassez-moi!" und küßte mich mit seinem langen Schnurrbart auf beide Backen.

Heute sollten wir eine Tour auf dem Comosee machen, aber es regnet unaufhörlich. Die Rückreise ist auf morgen festgesetzt, und wenn, was nicht danach aussieht, das Wetter günstig wird, so soll die Tour über den See nach Lecco genommen werden. In Bozen ein Nachtquartier, dann aber ohne Unterbrechung nach Berlin, wo wir Montag den 25. Nachmittags eintreffen. Da ich doch sehr erkältet bin, so freue ich mich nicht sehr auf die Nachtreise. Wenige Tage später finde ich Euch schon in Berlin und behalte alles Uebrige mündlicher Mittheilung vor.

Dein Bruder Helmuth.

An dieselbe.

Rom,*) den 6. April 1870.

Liebe Guste. Während Henry heute Morgen die Kuppel von St. Peter ersteigt, kann ich an seiner Statt Dir Einiges über unsern Aufenthalt hier berichten. Es ist unmöglich, freundlicher und liebenswürdiger aufgenommen zu sein. Wir bewohnen eine Reihe von Zimmern im Palast Casarelli, ausgestattet mit Allem, was Luxus und Komfort gewährt. Auf dem Schreibtisch vor mir steht Maries Photographie zwischen frischen Rosen und Azaleen. Links durch die offenen Balkonthüren, in welche die Sonne köstlich warm hineinscheint, blickt man hinab in einen Garten mit Lorbeer, Pinien, Palmen und Blumen, darüber hinaus auf den Palatin mit den riesigen Trümmern des Augustus-Palastes, so groß wie das ganze ursprüngliche Rom. Dahinter erhebt sich das Albaner Gebirge, welches an seinen bewaldeten Abhängen die Paläste und Villen von Frascati und Grotta Ferrata trägt.

Der Palast Casarelli liegt bekanntlich auf dem kapitolinischen Berge, da, wo früher die Arx oder Citadelle stand, deren Erstürmung einst das Geschrei der Gänse verhinderte. Aus den Fenstern der nördlichen Front übersieht man das ganze moderne Rom mit allen seinen zahllosen Kirchen und Kuppeln, Palästen und Thürmen bis zum gewaltigen Bau des Vatikans, der Engelsburg und St. Peter. Die südliche Front hingegen beherrscht das Forum Romanum, das Kolosseum, die Triumphbögen des Konstantin, Trajan und Titus, die Bäder des Nero und Caracalla, die Campagna mit den meilenweiten Bögen der Wasserleitungen, kurz, die ganze Vergangenheit der ewigen Stadt. Ihre Zukunft scheint sich jetzt vom Grabe des Apostelfürsten dem quirinalischen Palast zuzuwenden. Dort lebt in freiwilliger Gefangenschaft das alternde Papstthum sein zähes Leben aus, hier entsteht aus dem geeinigten

---

*) Motte wollte, seines asthmatischen Leidens willen, einige Wochen in Italien zubringen und hatte eine Einladung des deutschen Botschafters Herrn von Keudell in Rom, dessen Frau, eine geborne von Patow, seine Pathin war, für sich und seinen Neffen angenommen.

1876. In Rom.

Italien der Herrschersitz eines reich begabten Volkes, und eine neue Stadt mit geraden Straßen, riesigen Ministerialgebäuden und Kasernen, diesen modernen Klöstern mit strenger Ordensregel, Ordenstracht, Cölibat und Gelübde, aber Alles nur auf Zeit und ohne Klausur. Und alle diese Gegensätze, wie sie aus der Weltherrschaft der Imperatoren, der Standhaftigkeit der Märtyrer, dem Sieg und der Verweltlichung der Päpste und endlich der sittlichen Idee des Staates hervorgewachsen sind, umfaßt noch heute die anderthalbtausend Jahre alte aurelianische Mauer. In anderen Städten hat die Gegenwart die Vergangenheit verwischt, hier sind Beide nebeneinander stehen geblieben.

König Viktor Emanuel befindet sich zur Zeit auf einer Villa unweit Florenz, dagegen will der Kronprinz mich heute im Cuirinal empfangen. Der Prinzeß begegneten wir gleich am Nachmittag unserer Ankunft auf einer Spazierfahrt nach der Milvischen Brücke, sie ging zu Fuß und hatte uns richtig erkannt, so daß ein weiteres Inkognito nicht möglich war; auch hat der neue Kriegsminister mir meinen früheren Begleiter in Mailand, den Grafen Taverna, wieder beigegeben.

Wir hoffen, daß Herr von Keudell nächsten Sonntag von Berlin hierher zurückkehrt. Inzwischen sorgt seine Frau für alles Nöthige und Angenehme. Vormittags sind wir ganz unabhängig und flaniren für uns nach Gefallen und nehmen die interessantesten Punkte in Augenschein. Nach einem zweiten Frühstück, welches eigentlich ein Diner ist, wird in bequemem Wagen eine Ausfahrt in die Campagna gemacht, wobei eine der entfernteren Kirchen oder Villen in Augenschein genommen wird. Abends halb sieben Uhr wird dinirt, dann mit Eifer Patience gelegt und nach einer Tasse Thee um zehn Uhr zieht man sich zurück.

Unsre liebenswürdige Wirthin ist noch nicht ganz fieberfrei und muß von Zeit zu Zeit Chinin nehmen. Sie ist voll Güte und Freundlichkeit gegen uns. Mir geht es besser, aber noch nicht gut. Es ist auch nicht zu erwarten, daß das schöne Klima so plötzlich wirken könnte. Wenn ich mich ganz ruhig verhalte, spüre ich nichts. Man muß abwarten, was die Zeit vermag. Mit dem Wunsche, daß Dir Marienbad wieder so wohl thun möge wie voriges Jahr, Dein Bruder Helmuth.

*

An dieselbe.

Rom, den 19. April 1876.

Liebe Guste. Dein Brief vom 12. war uns eine sehr erfreuliche Nachricht aus der Heimath und ich sage besten Dank dafür.

Es ist ja, als ob der Winter dieses Jahr gar nicht enden will. Vorgestern hat es in Marseille und Mailand geschneit, und auch hier ist es seit mehreren Tagen ziemlich schlechtes Wetter. Es ist nicht über zwölf Grad warm, regnet ab und zu und der Wind wiegt hier auf dem Kapitol selbst die schweren schwarzen Cypressen hin und her. Ich denke nun Freitag oder spätestens Sonnabend nach Neapel (Hotel Nobile) abzureisen, wo es wärmer sein wird. Wir möchten auch nicht die große Freundlichkeit der guten Keudells allzusehr mißbrauchen. Man kann nicht besser aufgenommen sein, als wir nun schon seit fünfzehn Tagen sind. Heute Abend sollen wir beim Herzog von Altenburg diniren (leider sieben Uhr) und morgen haben wir zugesagt, bei einem Fest der deutschen Künstler zu erscheinen. Dann ist der Moment, den Aufenthalt hier abzubrechen. Auch haben wir wirklich die zahllosen Merkwürdigkeiten von Rom gesehen.

Mein Befinden kann ich nicht allzusehr loben. Wenn ich die achtzig Stufen bis zu unsrer Wohnung hinaufgestiegen, bin ich ganz außer Athem. Daß das Uebel aus dem Magen kommt, ist mir unzweifelhaft. Bei nüchternem Zustand spüre ich nichts davon, aber daß ich es noch ganz los werde, bezweifle ich sehr. Gegen Ende Mai wird es doch wohl auch bei uns milder werden, und es wird doch hübsch sein, die Baumblüthe in Creisau zu erleben, für Heuty und mich ein zweites Frühjahr.

Wir wollen dann von Verwandten versammeln, wer nur

kommen will, es ist ja Raum für Alle, besonders Ernestine mit den Kindern, denen es so gut bekommt.

Zum Herbst, wenn ich zum Manöver muß, kannst Du dann ja nach Dürkheim in der Rheinpfalz gehen, um die — übrigens nicht sehr angenehme — Traubenkur zu versuchen.

Bulwers „Last days of Pompeii" wird mich sehr interessiren, wenn wir jetzt bald die neuen Ausgrabungen an Ort und Stelle gesehen haben werden und den Uebelthäter Vesuv. Das große Museum, die Mutter Erde, hat in ihrem Schoß eine ganze Stadt, wie sie vor achtzehn Jahrhunderten mitten aus dem regen Leben an einem Tage lebendig begraben wurde, sorglich aufbewahrt. Die Vergangenheit ist hier in flagranti ertappt und wieder ans Licht gezogen.

Von mailändischen Bekannten habe ich hier Menabrea, Clasdini und Bertole Viale wieder gesehen, auch die Bekanntschaft der neuen Minister Depretis und Mezzacapo gemacht, welche Alle zum Dejeuner bei Keudells eingeladen wurden.

Da scheint die liebe Sonne schön und warm in die Fenster, das frischeste Grün bedeckt in weiter Aussicht die Campagna, aus der die Trümmer einer vergangenen Welt hervorstarren, die hohen Bogen der endlosen Aquädukte, die zahllosen Grabmonumente, die dem Mittelalter als Kastelle dienten, und in die jetzt das kleinliche Leben der Gegenwart sich seine Stätten hineingenistet hat, kleine Hütten, die wie Schwalbennester an den gewaltigen Trümmern kleben. Unter unserm Balkon blüht ein ganzer Wald von Azaleen, um den Springbrunnen „die Myrthe still und hoch der Lorbeer steht"; auch eine Palme, von Friedrich Wilhelm IV. gepflanzt, schwenkt ihre Zweige etwas verdrießlich im Winde, und die weiße und gelbe Rose bedeckt Alles, was sie erklettert hat, mit Tausenden von Blüthen. Es treibt Einen ins Freie, und ich schließe mit herzlichem Gruß. Helmuth.

*

An dieselbe.

Neapel, den 2. Mai 1876.

Liebe Guste. Ich will versuchen, ob ich mit einer dieser abscheulichen Stahlfedern Dir vor unsrer auf morgen festgesetzten Abreise noch ein paar Worte schreiben kann. Henry ist nach dem Kloster St. Martino hinaufgeklettert, was ich mir wegen meiner Engbrüstigkeit versagen muß. Am behaglichsten für mich sind die Fahrten zu Dampfschiff auf dem schönen Golf gewesen. Nach Capri war leicht bewegte See, so daß mehrere Damen dem Neptun ihr Opfer brachten und unter der senkrecht abfallenden Felsküste das tiefblaue Meer eine schneeweiße Brandung emporwarf. Das Schiff legte bei, und eine Anzahl ganz kleiner Nachen schaukelte um uns her, um uns in die Azurgrotte zu bringen. Mir schien das ganz unmöglich, denn man sah deutlich, daß jede größere Woge bis an den obersten Rand des nur etwa drei bis vier Fuß über ruhig Wasser hohen Einganges reichte. Der Versuch war jedoch zu machen. Man legte sich flach auf dem Boden der Nußschale nieder, und die darauf geübten Führer paßten genau den Moment zwischen einer aus der Höhle zurückfließenden und einer von außen heranstürmenden Woge ab. „Corragio per voi, e Macaroni per noi!" riefen sie, und — wups waren wir unter der niedrigen Wölbung fort, jedoch nicht, ohne daß mein Hut sich in chapeau claque verwandelte.

Der so sehr enge Eingang bringt wenig Licht in die hohe, geräumige Halle, welche wohl hundert Schritt tief ist; die Beleuchtung der Felswölbung ist ein Reflex der Sonnenstrahlen aus der krystallklaren blauen Meeresfluth und von zauberhaftem Effekt. Aber man konnte sich des Anblicks doch nicht recht mit Ruhe erfreuen in dem Gedanken, daß man doch auch wieder heraus sollte. Die Wellen schäumten, den ganzen Eingang ausfüllend, beständig herein, und es ist vorgekommen, daß Reisende hier zwei Tage auf ruhige See haben warten müssen. Bei der Gewandtheit der Bootsleute, den rechten Augenblick abzupassen, befanden wir uns denn auch bald wieder draußen und konnten das Wasser von den Kleidern schütteln. Die wenigsten von den Passagieren hatten den Versuch gemacht.

Es ist für mich sehr unbequem, wenn ich nach der schönen Promenade der Villa reale am Meeresufer herabgestiegen bin, einhundertundsechzig Stufen bis zu meiner Wohnung erklettern zu müssen. Aber dafür ist denn auch der Blick herunter ganz wundervoll. Jedes Fenster hat seinen Marmorballon. Zur Linken droht auf der Höhe das Kastell St. Elmo mit seinen starren Mauern und Zinnen; gerade vor uns haben wir den Vesuv, der sich hoch über die zahllosen, flachen Dächer und Kuppeln der Stadt erhebt, aber nur eine weiße Dampfwolke, sonst nichts Außergewöhnliches zum Besten giebt, und rechts schweift das Auge über den Golf bis Kastell a Mare und Sorrent, wo man trotz der Entfernung von drei Meilen bei klarer Luft die einzelnen Häuser unterscheidet.

Der Vesuv verhält sich so passiv, als ob er nie ganze Städte und Länderstrecken verwüstet hätte; wir haben ihn deshalb auch keines Besuches gewürdigt, sondern nur von unten seinen schwarzen Aschenkegel von allen Seiten angesehen.

Das Schönste ist für mich der Weg, welcher von Kastell a Mare an hohen Felsabhängen nach dem zauberhaften Sorrent hinführt; tiefe Schluchten, welche senkrecht in den weißen Tuff eingeschnitten sind, werden auf hohen Viadukten überschritten, tief unten das blaue Meer, umsäumt von den Silberstreifen der Brandung, welche gegen die wunderbarsten Felsblöcke anschäumt. Die Berge sind bis hoch hinauf mit Olivenbäumen bewachsen, aus denen Klöster und Villen hervorleuchten, während die Wohnungen an der Straße unter Orangenbäumen begraben liegen, die, in voller Blüthe stehend, noch eine unglaubliche Menge ihrer goldenen Früchte tragen. Aus ihrem Schatten tritt man plötzlich auf den Perron eines der vielen guten Gasthöfe heraus und hat einen über hundert Fuß hohen, senkrechten Absturz zum leuchtenden Meer vor sich, zu dem man dann auf unterirdischen Gängen gelangt.

Ich denke, auf der Rückreise werden wir jedenfalls Luzern berühren und daselbst ein paar Tage ausruhen.

Dort möchten wir poste restante Nachrichten von Euch erwarten, hoffentlich nur gute. Berichte uns auch über das Wetter und die Vegetation. Es wäre schade, die Baumblüthe in Creisau zu versäumen, sie tritt dort auch noch acht Tage später auf als in Berlin.

Henry ist von seiner heißen Promenade zurück, wir haben unser Diner um drei Uhr bestellt und wollen dann durch die Pausilippogrotte nach Puzzuoli und längs der prachtvollen Mergellina zurückfahren. Freundliche Grüße auch an meinen treuen de Claer. Helmuth.

*

An dieselbe.

Luzern, den 13. Mai 1876.

Liebe Guste. Deinen nach Neapel adressirten Brief und einen späteren vom 5. dieses Monats habe ich hier erhalten. Ich denke, daß ich mit Henry etwa an dem 20. d. Mts. in Creisau eintreffe, und meine, Du solltest selbst auch nicht viel früher die Berliner warme Wohnung verlassen.

Was mein Befinden betrifft, so ist es soweit ganz gut, nur auf mein asthmatisches Uebel hat die Reise gar keinen Einfluß gehabt. Bei leerem Magen spüre ich nichts. Nachdem ich gefrühstückt oder gegessen, genügt zuweilen die Bewegung im Zimmer, um eine Art rheumatischen Schmerz erst in Gaumen und Zunge, dann in der Vorderseite der Brust und im linken Arm hervorzubringen. Muß ich dann stark gehen oder Treppen steigen, so komme ich völlig außer Athem, der sich aber nach einer Minute wieder einstellt, wenn ich still stehe. Gieb dies Räthsel Dr. Fuhrmann zu rathen auf.

Alles Uebrige kann ich für mündliche Mittheilungen aufsparen und schließe mit herzlichen Grüßen an alle Verwandten und Freunde.

Helmuth.

*

An seinen Neffen. Creisau, den 2. Oktober 1876.

Lieber Henry. Nach dem unaufhörlichen Regen von gestern und die ganze Nacht haben wir heute ganz klaren Himmel, zwar Wind, aber Sonnenschein, was mich sehr freut wegen der Parchimer.*) Da es kalt geworden ist (fünf Grad), so ist auf bessere Witterung zu hoffen.

In Liegnitz haben wir im Rautenkranz ein ganz vortreffliches Diner mit Kaviar, Spargel und Josefshöfer eingenommen. Mittagsschlaf bis sechs Uhr und Fortsetzung bis Schweidnitz. Noch habe ich mich nicht umsehen können. Mein Zimmer ist behaglich warm.

Bald Näheres und besten Gruß. Helmuth.

*

An denselben. Straßburg, den 2. Mai 1877.

Den 3. — Der Empfang des Kaisers hat alle Erwartungen übertroffen. Die Stadt war festlich geschmückt mit Flaggen, Fahnen und Laubwerk, die Straßen dicht gedrängt von Menschen, die den Kaiser mit jubelndem Zuruf empfingen. Nur wenige Häuser gab es, aus denen die Frondeurs durch geschlossene Jalousien dem Festzug zuschauten. Vor Allem erfreulich war es heute, die Landbevölkerung zu sehen, die Bauern, wohl zweihundert zu Pferde in Nationaltracht, die Weiber auf Leiterwagen, mit Laub geschmückt, die viele Meilen weit hergekommen waren. Bei allen Forts standen sie Kopf an Kopf. Die jungen Leute, welche gedient hatten, trugen alle mit Stolz die Militärmütze. Sämmtliche Schulen paradirten, auch die geistlichen, mit Lehrern und Geistlichen an der Spitze. Täglich besuche ich den Münster. Gestern führte Bischof Räß mit wohl fünfzig Geistlichen den Kaiser umher, und heute Abend waren die architektonischen Linien des Riesengebäudes durch zahllose Lampen, dann das Ganze durch bengalische Flammen erleuchtet. Ganz liebenswürdig benimmt

---

*) Das von dem Bildhauer Brunnow angefertigte Standbild Moltkes sollte in Parchim enthüllt werden.

sich das Publikum. Nirgends Geschrei oder Roheit in der dicht gedrängten Menge. Fügsam und gutmüthig, ein wahrer Kontrast mit den Berlinern.

In der Aula der Universität hielten Professor Rumbt und der Subrektor Baumgarten treffliche Anreden. Auch zu einem Kommers in Tivoli hatten die Studenten uns geladen, wo der Kronprinz sich prächtig benahm.

Der arme General Fransecky ist schwer leidend und kann nichts mitmachen. Er hat mich zur Parade mit einem sehr guten Pferde versehen. Alles ging gut, nur ein Oberst überschlug sich in schrecklicher Weise und mußte fortgetragen werden. — Morgen kommt Ihre Majestät die Kaiserin.

Mit vielen Grüßen Dein Onkel.   Helmuth.

*

In denselben.*)

Berlin, den 17. September 1873.

Deinen Brief vom 13., lieber Henry, erhielt ich gestern. Das war ja dann eine von allen Umständen begünstigte Hinreise, aber ich freue mich, daß Deine Mama die recht anstrengende Tour hat machen können. Habt Ihr von Bozen die wunderbar meergrün gefärbten Dolomitgebirge in nördlicher Richtung bemerkt? Wie kommt man aber von Bozen nach Meran? Geht da eine Post? oder mußtet Ihr einen Wagen nehmen? Sind die Trauben reif? Hoffentlich habt Ihr schon einige Ausflüge in die prachtvollen Kastanien- und Nußbaumwälder gemacht. Es ist ja sehr angenehm, daß Du dort Professor Kiel getroffen hast. Habt Ihr ein Instrument in der Pension?

Was Eure Rückreise betrifft, so studire doch die Route von Meran aufwärts über die Malser Heide nach Finstermünz, dann in kleinen Gebirgswagen in das obere Engadinthal. Tarasp, St. Moritz sind köstliche Punkte, man kann zu Wagen bis an

---

*) Der Neffe begleitete seine Mutter nach Meran, wo sie eine Traubenkur gebrauchen sollte.

1878. Das Sozialistengesetz. Nach dem Attentat.

den Fuß der Gletscher fahren, dann in völliger Ebene längs des Sees zum Malojapaß, von wo man in endlosem Zickzack wie auf einer Treppe in das warme Italien nach Chiavenna herabsteigt. Von dort der Comersee, der schönste unter den italienischen, entweder über Lugano nach dem Lago Maggiore oder direkt von Como nach Verona.

Ich sitze den ganzen Tag im Reichstag, Abends in Fraktionssitzung. Das Sozialistengesetz ist nach heftigen Debatten heute in eine Kommission verwiesen, welche wohl vierzehn Tage daran zu berathen hat. Zur Schlußabstimmung muß ich selber wohl hier sein, und kommt darüber der October heran.

Dem Kronprinzen habe ich 1739000 Mark*) überreicht. Minister Eulenburg ist ganz einverstanden damit, daß das Geld zu einer Altersversorgungsanstalt für invalide Arbeiter verwendet wird, und hat den Organisationsplan dafür schon ausarbeiten lassen.

Es scheint, daß der Kaiser bei den Truppen erscheinen will, er ist bereits ausgeritten.

Es ist spät geworden, und ich schließe mein eiliges Schreiben mit herzlichen Grüßen und Wünschen. Dein Onkel

Helmuth.

Nachschrift. Heute sind die Pferde mit der Ordonnanz nach Wabern fort, ich folge morgen Abend oder übermorgen früh.

An seine Schwester.

Cassel, den 6. October 1878.

Liebe Guste. Ich richte diese Zeilen lieber gleich nach Wien, damit sie sicher in Deine Hände gelangen und Ihr über mich ganz beruhigt seid. Meine Krankheit war eine Gesichtsrose, eine völlig schmerzlose, aber langwierige und langweilige. Der sehr

---

*) Nach dem Attentat auf den Kaiser wurde eine Geldsammlung im ganzen Deutschen Reiche von einem Komitee angeordnet, an dessen Spitze Moltke stand. Die sich dabei ergebende Summe wurde unter dem Namen Wilhelmsspende zu Altersversorgungszwecken für Arbeiter verwandt.

verständige Arzt, Medizinalrath Wild, empfahl die größte Vorsicht, und so habe ich nun vierzehn Tage das Bett nicht verlassen dürfen. Endlich ist denn nun diese Rose, die letzte, aber nicht die schönste des Sommers, abgeblüht, und nur noch eine geringe Spur vorhanden, so daß ich morgen das Bett verlassen und hoffentlich Mittwoch nach Berlin reisen und noch zur Abstimmung über das Sozialistengesetz da sein werde. Ich reise Mittags ein Uhr ab und treffe Abends neun Uhr ein. Ich habe hier von meinen freundlichen Wirthsleuten alle Pflege, die ich nur wünschen kann.

Du wirst doch wohl ein paar Tage in Wien bleiben, und ich glaube, es ist doch wohl das Richtigste, wenn wir uns gleich auf Berlin einrichten, wo wir dann hoffentlich gesund und zufrieden wieder zusammentreffen. Mit herzlichen Grüßen an Henry und dem Wunsch, daß Euch der Schluß Eurer schönen Reise glücklich verlaufen möge. Helmuth.

An dieselbe.

Stettin,*) den 12. September 1879.

Liebe Guste. Eben kommen wir von der großen Parade des zweiten Armeekorps zurück. Alles ist aufs Beste abgelaufen. Das Wetter, welches gestern kalt und regnerisch war, hat sich in den schönsten Sonnenschein verkehrt, gar kein Staub und angenehme Kühle.

Ich war recht in Noth mit meinem großen Braunen, der so verritten ist, daß ich ihn in solchem Getümmel nicht reiten kann. Ich hatte mir daher Henrys Fuchs geborgt, der seine Kunststücke vortrefflich machte. Es kommt nämlich darauf an,**) unter all den Trommeln, Musik und flatternden Fahnen im ruhigen Schritt an Seiner Majestät vorüber, dann aber in einem flotten Rechtsgalopp ihm zur Seite zu reiten, was auf einem darauf nicht abgerichteten Pferde nicht so leicht ist, als es aussieht.

---

*) Kaisermanöver des zweiten Armeekorps.

**) Moltke führte sein Regiment, das Kolbergische Grenadierregiment Nr. 9, Seiner Majestät auf der Parade vor.

Die Truppen sahen prächtig aus, und der Kaiser war sehr zufrieden. — Einquartiert sind wir, wie in Königsberg und Danzig, so auch hier aufs Allerbeste; schöne, große Zimmer in einem alten Patrizierhause am Roßmarkt, treffliche Betten, und zu essen und zu trinken mehr, als gut ist. Jedes Diner, für mich täglich beim König, ist eine Probe der Enthaltsamkeit, denn ein Diner kann man wohl vertragen, aber einundzwanzig hintereinander, da muß man sich in Acht nehmen, besonders mit den vielen Weinsorten.

Anstrengender als die Manöver sind die Festlichkeiten, die sich eine der anderen folgen. Darüber werdet Ihr Ausführliches in den Zeitungen lesen. Am hübschesten war der Besuch auf der Flotte bei schönem, ruhigem Wetter.

Herzliche Grüße an Ernestine und die Kinder, mögen sie sich Alle des ruhigen Aufenthaltes recht erfreuen. Dein Bruder
Helmuth.

An dieselbe.

Schlettstadt, den 3. Oktober 1879.

Liebe Guste. Die letzte Nachricht von Dir erhielt ich in Stettin, seitdem sind in Straßburg die Manöver und die ganze Kaiserreise beendet. Zu Anfang habe ich sehr gezweifelt, ob ich Alles bis zu Ende mit durchmachen würde. Es ist ja gottlob gegangen, aber nur mit äußerster Anstrengung, und es ist das letzte Mal. Jetzt kann ich mich mehr schonen, aber ich wünsche sehnlichst, die kurze Zeit, die ich noch vor mir habe, in Ruhe zubringen zu können und mich in ein bescheidenes Dunkel zurückziehen zu dürfen. Die Zukunft, vielleicht eine sehr nahe, kann Verhältnisse herbeiführen, denen ich mich nicht mehr gewachsen fühle.

Es ist doch sehr eigenthümlich, daß während der ganzen Kaiserreise von Anfang bis zu Ende ununterbrochen das schönste Wetter gewesen ist, und daß von dem Tage, wo sie aufhörte, wir fortwährend Kälte, Nebel und Regen haben, so daß man nur wenig von dem schönen Lande sieht, in welchem wir reisen. Nichts unangenehmer und, ich glaube auch, ungesunder als kalte Zimmer; in Kolmar, wo wir fünf Tage gehaust, giebt es nur Kamine, hier finde ich glücklicherweise einen Ofen und kann eine behagliche Temperatur herstellen. — Henry wird Dir wohl von unseren Ausflügen in das Vogesengebirge berichtet haben. Wir hatten einen kalten, aber gegen Abend klaren Tag, so daß man von der obersten Waldhöhe die Thäler mit ihren Ortschaften und die vielen alten Burgen auf den Berggipfeln überschauen konnte. Die Straßen sind mit vielen Windungen an den Berglehnen so kunstgerecht geführt, daß man, ohne zu hemmen, im scharfen Trabe hinabfährt. Wenn die Sonne uns lächeln sollte, so werden wir noch mehr solcher schönen Touren machen, die sich mit den Dienstgeschäften vereinen.

Henry sorgt aufs Beste für mich, und der neue Diener bewährt sich vorzüglich auf der ganzen, jetzt schon vierwöchentlichen Reise. Grüße Alle vielmal. Dein Bruder   Helmuth.

*

An dieselbe.

Baden-Baden,*) den 14. October 1879.

Liebe Guste. Du bist gewiß in recht unangenehmer Ungewißheit gewesen, ob Du nach Berlin gehen oder in Creisau bleiben sollst. Jenny**) hat telegraphisch bei mir angefragt anstatt einfach an Dich, ob sie nach Creisau kommen darf; sie weiß ja, daß sie dort willkommen ist, und vermuthe ich sie jetzt dort.

Die wunderschöne Gegend hier, köstlich sonnige Tage und die große Freundlichkeit der kaiserlichen und großherzoglichen Herrschaften haben uns hier länger festgehalten, als beabsichtigt war. Morgen aber habe ich alle weiteren Einladungen abgelehnt, und wir reisen nach Würzburg. Donnerstag gehe ich dann nach

---

*) Als Moltke auf der Generalstabsreise in Freiburg angelangt war, erhielt er durch einen Feldjäger ein Schreiben vom Fürsten Bismarck, in welchem er ihn aufforderte, Seiner Majestät dem Kaiser seine (Moltkes) Ansichten über eine Allianz Deutschlands mit Oesterreich vorzutragen. Moltke reiste deshalb sofort nach Baden-Baden, wo sich der Kaiser aufhielt.

**) Die dritte Tochter seiner Schwägerin Jeanette, verheirathet mit dem Kammerherrn von Rumohr auf Rundhof.

1880. Fuchsjagd in Creisau. 521

Dresden, um dem Könige von Sachsen einen lange zugedachten Besuch
abzustatten. Wenn derselbe anwesend ist, werde ich Freitag dort
bleiben und komme Sonnabend Abend nach Schweidnitz. Bekommen
wir dort noch schöne Herbsttage, so möchte ich gerne noch eine
Treibjagd veranstalten, um meine Nachbarn zu sehen. Alles
Nähere mündlich und, so Gott will, auf fröhliches Wiedersehen.

           Helmuth.

An seinen Neffen.   *

          Creisau, Montag Abend 1880.

 Lieber Henry. Es war heute Morgen ziemlich kalt, aber
dann ein schöner, warmer Tag. Der Garten ist in schöner Ordnung und sieht ganz anders aus wie früher. Die Ananas sind
mächtig gewachsen, aber nur wenige werden dies Jahr tragen.
Die Kapelle war mit Blumen schön geschmückt. Ihr werdet die
Umgebung etwas kahl finden, es sind die schlechten Eichenbüsche
weggehauen und wohl tausend junge Fichten gepflanzt. Erst
in einigen Jahren wird sich die Kapelle auf dunklem Hintergrund schön ausnehmen. Von dort spazierte ich den neuen Weg
durch den langen Busch. Man muß ihn eigentlich erst sehen,
wenn die prächtigen alten Eichen grün sind. — Bei der Schwester
Selma*) war reges Leben, es waren ein paar Fuhren Sand
auf die Straße angefahren, und die ganze Gesellschaft war beschäftigt, denselben in kleinen Spielkarren zu einem Berg auf
den Spielplatz zu schaffen. Um zwei ging ich auf die Fuchsjagd.
Im Hinterbusch fanden wir die Burg Maleparius. Die beiden Dachs-
hunde waren kaum zu halten. Einer wurde losgelassen und gab Laut;
wir durften also vermuthen, daß Meister Reineke zu Hause sei, er
schien aber nicht anzunehmen und hatte in aller Eile den Bau
zugesetzt. Nun wurde versuchsweise von oben eingegraben, der

---

*) Moltke hatte eine Kleinkinderschule auf Creisau gebaut. Er selbst
hatte eine sehr traurige Kindheit gehabt. Seine ungemein große Güte gegen
die Kinder in seiner Verwandtschaft, sowie sein reges Interesse für die Cberlin-
sche Sache geben zu erkennen, wie sehr er bemüht war, soweit es in seiner Macht
lag, Kinder vor den traurigen Eindrücken zu bewahren, die einen Schatten
auf sein ganzes Leben geworfen hatten.

Ausgang aber mit dem Spaten gesperrt. Die Belagerten hielten sich ruhig bis zum letzten Augenblick, wo die feindlichen Pioniere fast schon das Gewölbe ihres Salons erreichten. Da plötzlich erschien ein kleiner Kopf neben dem Spaten; die Hunde fuhren drauf zu, und nun zeigte sich, daß der Fuchs ein Iltis war. Dieser setzte sich nun herzhaft zur Wehre, beide Hunde bluteten und zeigten eine unglaubliche Zähigkeit. Aber wohl zehn Minuten dauerte es, bis sie des Thieres Meister wurden. Was so ein Raubthier für Schaden thut, kann man sich gar nicht vorstellen. In einem Fuchsbau fand man vor einigen Tagen nur einen jungen Fuchs, aber in der Speisekammer von Madame Reinete die Köpfe und Bälge von vierundzwanzig jungen Hasen, zwei Wieseln, einem Hamster und zahllosen Feldmäusen. Ich würde es nicht glauben, wenn ich nicht den ganzen Korb voll selbst gesehen hätte.

Abends habe ich anderthalb Stunden lang den Rasen besprengt. Der Druck ist trotz der geringen Höhe des Bassins so groß, daß durch den über 100 Fuß langen Schlauch fast der ganze Rasenplatz erreicht werden kann. — Trefflich schmeckten mir dann gutes Brot, Butter, Radieschen, Rührei und Thee.

(Ohne Unterschrift.)

*

An denselben.

Creisau, den 21. Juli 1880.

Lieber Henry. Oberst Hassel wird Dich gewiß gleich directe von Deiner Beförderung benachrichtigt haben. Ein paar Majorsepauletten sind bestellt, und kannst Du selbige bei Deiner Rückkehr in Berlin gleich in Empfang nehmen. Hoffentlich folgt das Gehalt auch bald nach.

Wir haben hier täglich oder vielmehr nächtlich heftige Gewitter bei schwüler Hitze und denken uns den Aufenthalt auf dem Felsen*) im Meer äußerst erfrischend. Hoffentlich ist Euch

---

*) Ein Neffe war nach Helgoland gegangen, um dort Seebäder zu nehmen. Derselbe hatte seinen Neffen Willy mitgenommen.

das erste Bad gut bekommen. An Wellenschlag wird es nicht
fehlen, und ich bedaure, daß ich mich nicht auch hineinstürzen
kann. Hier ist Alles wohlauf, der Raps ist glücklich eingebracht,
ebenso eine überreichliche Heu- und Kleeernte. Jetzt wird der
Roggen geschnitten, aber bei dem steten Wechsel von Hitze und
Regen gehört viel Glück dazu, ihn einzuheimsen.

Mit besten Grüßen von Allen Dein Onkel   Helmuth.

*

An denselben.
Creisau, den 2. August 1880.

Lieber Henry. Wenn Du bis spätestens Sonntag, den 8.,
hier sein kannst, so kannst Du einen sehr schönen Ausflug mitmachen, nach Ungarn in die hohe Tatra. Länger als äußersten-
falls bis Montag den 9. kann ich nicht warten. Sehr erwünscht
wäre mir, schon am Montag reisen zu können. Dein Onkel
Helmuth.

*

An seine Schwester.
Gastein, den 15. August 1880.

Liebe Guste. Die vielen Unglücksposten in den Zeitungen
von Ueberschwemmung und Zerstörungen haben Euch vielleicht
besorgt gemacht, auch sind wir nicht ohne einige Erschwernisse,
aber doch wohlbehalten diesen Mittag hier eingetroffen. Gut,
daß wir nicht ins Tatragebirge gereiset sind, denn gerade in
dieser Richtung ist das Unheil am größten gewesen.

Der erste Tag unserer Reise verlief bei leidlichem Wetter
ohne sonderliche Störung, nur daß unsere Koffer in Wien nach
einem andern Bahnhof gingen als wir. Auf Empfehlung stiegen
wir in Hotel Wunsch ab, und da traf es sich seltsam, daß ich
nicht nur in demselben Gasthof, sondern auch in demselben Zimmer
wohnte, wo ich vierzig Jahre früher bei Rückkehr aus der Türkei
sechs Wochen am Donaufieber krank gelegen hatte.

Am folgenden Tage sind wir den ganzen Tag in Wien
herumflaniert und haben Unglaubliches geleistet. Leider war

das große Opernhaus nicht geöffnet, auch unser Botschafter noch nicht zurück. Das Wetter war trübe, oft regnerisch. Bei strömendem Regen fuhren wir am Donnerstag durch die prachtvollste Gegend nach dem köstlichen Traunsee. In der Hoffnung, die zauberhaft schöne Fahrt über den See am folgenden Tage vielleicht bei gutem Wetter machen zu können, wurde in Gmund in einem neuen, eleganten Hotel Austria (Wiener Preise) genächtigt; aber auch der nächste Morgen brachte Regen und der hohe Traunstein war in Wolken eingehüllt. Dennoch war die Fahrt sehr schön. In Ebensee gelandet, empfing uns aber die unwillkommene Nachricht, daß die Traun alle weitere Kommunikation unterbrochen; die Eisenbahn sei zerstört, die Chaussee fußhoch überschwemmt. Für reichliches Geld wurde jedoch ein Wagen aufgetrieben, der es unternehmen wollte, zu fahren. Der Bürgermeister des Ortes setzte sich auf den Bock und — Gott weiß, was für ein Interesse er daran hatte — watete an der schlimmsten Stelle bis an die Hüften im Wasser vor uns her. Ein armer Bursche wurde mitgenommen und mußte, wo die Straße bedenklich erschien, vor den Pferden einhergehen. So kamen wir nach Ischl, aber auch von dort ging kein Eisenbahnzug ab, und wir mußten die Nacht da bleiben. Die ganze Promenade stand unter Wasser, und der Strom gewährte einen interessanten Anblick. Trümmer von Brücken schwammen mit reißender Schnelligkeit vorüber. Abends Konzert im Kasino und die tröstliche Nachricht, daß am folgenden Mittag der Eilzug versuchen werde, abzugehen. Glücklicherweise geschah das. Höchlich erfreut waren wir, Vormittags die Sonne einmal wieder zu sehen, wenn es auch ab und zu regnete. Wir machten eine herrliche Promenade in der schönen Umgegend. Mittags ging's ab. Wir hatten einen Salonwagen, der ganz offen und der letzte im Zuge war, so daß man die ganze Gegend überblickt. Es war die schönste Eisenbahntour, die man machen kann, am Hallstädter See vorüber, dann längs der schäumenden Traun zwischen himmelhohen Bergen aufwärts, endlich steil herab in das Ennsthal, dort wieder Ueberschwemmung und Regen, dann über

1000 Fuß herab in das Salzachthal. Nachtquartier in Lend, ebenso schlecht wie theuer.

Heute früh gingen wir zu Fuß durch die Klamm und warteten die Schnellpost ab, welche uns um halb zwei Uhr wohlbehalten hier ablieferte; aber nur aus alter Bekanntschaft habe ich in Straubingers Hotel ein kleines Stübchen erhalten. Uebermorgen bekomme ich eine gute Wohnung parterre. Wir haben uns schon überall umgesehen, Thee getrunken, drei Patiencen gelegt auf gut Wetter, die alle aufgingen, nichtsdestoweniger regnet es auch jetzt noch.

Mit besten Grüßen an Alle Dein Bruder   Helmuth.

∗

An seinen Neffen.
                      Gastein, den 20. August 1880.

Lieber Henry. Seit ich meinen Brief abgeschickt, haben wir eigentlich sehr schönes Wetter, das heißt es regnet zuweilen etwas, da wir oft in den Wolken selbst stecken, aber wir haben auch köstlichen Sonnenschein, und dann ist es prachtvoll. Eine große Wohlthat ist die Kaiserpromenade. Man geht fast ganz horizontal unter der „schwarzen Liese" fort bis in das Kötschachthal, die prachtvollen Wasserfälle der Kötschach tief unter sich. Von dort haben wir einen neuen Weg heute entdeckt, der dann am andern Ufer ebenfalls ganz horizontal durch den schönsten Tannenwald fortzieht. Noch sitze ich in einer provisorischen Wohnung im zweiten Stocke, gerade dem Badeschloß gegenüber. Sonntag soll ich ein großes Zimmer unten erhalten. Das fünfte Bad genommen, bis jetzt mit bestem Erfolg.

Am 18. haben wir Kaisers Geburtstag gefeiert mit einer schönen Messe in der nun fertig gewordenen Kirche vor dem Gruberschen Hause. Es wurde eine köstliche Musik aufgeführt, eine prachtvolle Sopranstimme ließ sich hören. Abends ein dürftiges Feuerwerk.

Auffallend ist die völlige Windstille hier in den hohen Bergen, kein Blättchen regt sich, während es in Creisau beständig weht.

Ich denke aber, daß Ihr jetzt doch auch schönes Wetter habt, und daß die Peile sich wieder in ihr Bette gelegt hat.

Mit besten Grüßen an Alle. Dein Onkel Helmuth.

*

An denselben.

Gastein, den 28. August 1880.

Ich kann so viel rascher mit Bleistift schreiben; zunächst theile ich mit, daß mein Hexenschuß beinahe gänzlich verschwunden ist. Heute habe ich das dreizehnte Bad genommen und glaube, daß ich mir von der diesjährigen Kur eine sehr gute Wirkung versprechen darf. Donnerstag, den 2. September, denke ich abzureisen, nachdem ich siebzehn Bäder genommen. — Ich habe jetzt ein hübsches, boisirtes Zimmer bei Straubinger, parterre, nach hinten hinaus, wo man das ganze Thal überblickt, das heißt parterre vom Platz her, nach hinten aber im vierten Stock. Mein nächster Nachbar zur Linken ist der Wasserfall, dessen Brausen, besonders in nächtlicher Stille, gewaltig ist, meinen Schlaf aber nicht stört. Ich gehe täglich die eine Stunde lange Kaiserpromenade. Heute bin ich dann von dort an dem andern Ufer noch eine halbe Stunde weiter auf einem zwar nicht so künstlich geebneten, aber fast ganz horizontalen Wege durch herrlichen Tannenwald fortspaziert. Man kommt schließlich zu einer Brücke, wo drei ganz beträchtliche Bäche von verschiedenen Seiten sich in einen Wasserfall vereinen und dann gemeinsam in eine Schlucht mit senkrechten Felswänden fortstürzen. Dabei hat man den köstlichsten Rückblick auf das Wildbad, den Radhausberg und den Erzherzog Johann-Gletscher. Es ist meines Erachtens der schönste Punkt, von dem aber noch keine Photographie aufgenommen ist, weil Niemand dahin kommt. Nach Böckstein bin ich nur einmal gewesen.

Die Zeitungen bringen in Ermangelung anderer Sensation viel erfundene Sachen; Bismarck denkt nicht daran, nach Gastein zu kommen, so wenig wie ich, in Ischl zu bleiben. Am dritten kommt Manteuffel mit Tochter und zwei Söhnen; ich hoffe ihm in Salzburg zu begegnen.

Um sechs Uhr Abends ist recht hübsche Musik, und nach dem Thee lege ich — mit geringem Erfolg — Patience. Ich lese hier Wiener Fremdenblatt, Freie Presse und mit Interesse The mystery of Edwin Drood von Dickens.

Es ist heute ein erster ganz schöner Tag, und ich wandere jetzt ganz langsamen Schrittes nach Bellevue zum Kaffee, vielleicht noch ins Bockfleinthal. Adieu, lieber Henry, mit herzlichem Gruß.

Dein Onkel Helmuth.

An denselben.
Gastein, den 1. September 1880.

Lieber Henry! Es ist heute früh beschlossen worden, daß wir Sonntag noch nach Oberammergau zu den Passionsspielen gehen. Ich werde dann nicht vor dem 8. in Berlin eintreffen. Beste Grüße. Helmuth.

An denselben.
Creisau, den 14. Juli 1881.

Lieber Henry!*) Heute Mittag ging das anliegende Telegramm ein, welches doch eine höfliche Ablehnung des Empfanges in Sofiero ist. Ich werde daher wohl die Reise nach Stockholm antreten müssen. Irre ich nicht, so wolltet Ihr**) am Sonnabend, den 6. August, die Rückreise antreten, wo der dreiwöchentliche Aufenthalt beendet ist. Ich schreibe nun gleich an Baron Bildt, daß ich am 10. l. Mts. die Befehle seiner Majestät des Königs von Schweden in Stockholm, Grand Hôtel, erwarten werde.

Schönes Wetter. Grüße, Adieu. Helmuth.

---

*) Der König von Schweden hatte Moltke zu einem Besuch aufgefordert, und es war noch nicht bestimmt, ob er denselben in Sofiero oder in Stockholm abstatten sollte.

**) Ein Neffe war mit seiner Mutter, Schwester und deren Kindern nach Helgoland gegangen.

An seine Schwester.

Kreisau, den 24. Juli 1881.

Liebe Guste! Ich hoffe, daß Du die Seekrankheit völlig überwunden hast. Ihr hattet denn auch gerade den schlimmsten Tag, denselben, wo hier eine förmliche Windsbraut wüthete und in Amerika ganz Minosola verheert wurde. Es dauerte nur eine Viertelstunde, aber zwischen drei und vier Uhr, wo Ihr wohl die Insel noch nicht erreicht hattet. Bei der Rückfahrt ist es besser, denn je näher dem Kontinent, um so weniger Seegang, und auf der Elbe kann man sich dann erholen.

Wenn kleine Marie wieder auf ist, so werdet Ihr gewiß einen zufriedenen Aufenthalt haben. Den Kindern allen wird das Bad die besten Dienste thun.

Da ich Sonnabend, den 6. August, schon um zwei Uhr vierzig in Hamburg eintreffe, werde ich Euch in Streits Hotel erwarten.

Voraussichtlich werden wir am 10. gleich nach Dronningholm geholt werden. Ich habe Helmuth Mollte einen zehntägigen Urlaub erwirkt. Er trifft morgen früh hier ein, und wir reisen dann gleich nach Ungarn ins Tatragebirge. Die ganze Reise wird nur sieben Tage dauern, und ich kann dann noch vier Tage hier bleiben. Wenn wir nur leidliches Wetter haben, es wechselt immer zwei, drei Tage vierundzwanzig Grad im Schatten, dann Gewitter und Landregen, Beides gleich unbrauchbar für Touristen. Selbst in St. Moritz, viertausend Fuß hoch, klagt man über unerträgliche Hitze. — Die liebe Jugend hat sich das Vergnügen gemacht, von den Mauern an der Schloßbrücke sämmtliche Decksteine abzurauchten. Große Inquisition, wer es gethan hat. Herzliche Grüße an Euch Alle. Helmuth.

An dieselbe.

Kreisau, Sonnabend den 30. Juli 1881.

Liebe Guste. Gestern bei meiner Rückkehr habe ich keine Nachrichten von Euch vorgefunden. Ich hoffe indeß, daß es

1881. Im Tatragebirge. — Nach Kopenhagen.

Euch in Helgoland Allen wohl geht. Das Tatragebirge ist sehr interessant, aber es fehlt an jeglichem Komfort der Wohnungen und der Verpflegung. Wir mußten uns mit einem einzigen Kämmerchen begnügen und froh sein, daß wir überhaupt unterkamen. Der kleine Prinz Leopold, welcher mit Oberst Geißler und seinem Arzt eintraf, wurde auch in ein paar Dachkämmerchen untergebracht. Ich bin natürlich nicht auf die hohen Bergspitzen geklettert, sondern habe mich mit einigen schönen Partien in den Thälern begnügt. Sehr schön war die Eisenbahnfahrt durch die herrliche Gegend. Hier ist Alles in guter Ordnung. Heute in acht Tagen hoffe ich Euch in Hamburg zu treffen. Helmuth.

An seinen Neffen.

Kreisau, den 1. August 1881.

Lieber Henry. Eben erhielt ich ein Schreiben von Baron Bildt. Er bittet, daß ich von Malmö aus die Stunde telegraphire, wann wir am 10. in Stockholm eintreffen, damit er uns auf dem Bahnhof empfangen könne. In Malmö würden wir ein Separatcoupé finden. Wir müssen nun die Tour von Hamburg nach Stockholm in zwei Tagen machen. Unterwegs ist nirgends Halt zu machen, außer in Kopenhagen. Sonach Sonntag den 7. von Hamburg nach Kopenhagen, 8. dort, 9. nach Stockholm, 10. früh dort. Deinem Rath gemäß fahre ich Sonnabend vom Lehrter Bahnhof und treffe halb sechs in Hamburg ein. Vielleicht finde ich Dich schon auf dem Bahnhof, wo wir die Sache weiter besprechen können. Alles Nähere mündlich, denn der Brief muß fort. Helmuth.

An denselben.

Ragaz, den 27. April 1882.

Lieber Henry. Schon vorgestern Abend sind wir hier eingetroffen und erfuhren dann gleich, daß unter vierzehn Tagen ober brei Wochen keine Bäder verabfolgt werden können. So lange kann ich überhaupt nicht in der Schweiz bleiben, und die Dienstbriefe, welche ich vorfand, veranlassen mich, doch noch erst nach Berlin zu gehen, bevor ich nach Creisau übersiedle.

Der sonnige Tag, an welchem wir von Euch*) abreisten, machte die Reise höchst angenehm, und das Eintreffen in Luzern war zauberhaft. Der spiegelglatte See und der ganze Kranz hellleuchtender Schneehäupter von Pilatus bis Uri-Rothstock ist unbeschreiblich. Die Rigibahn fährt noch nicht; nachdem Helmuth schnell noch den Löwen und den Gletschergarten gesehen, nahmen wir ein vortreffliches Diner im Schweizerhof ein und dampften dann nach Flüelen zu, eine köstliche Fahrt. Die niederen Berge im ersten, frischen Grün, die mit Blüthen bedeckten Obstbäume, darüber die Schneeberge. Erst bei der Landspitze bei der Tells-kapelle fanden wir das Wasser lebhaft bewegt. Es war der Föhn, welcher für den nächsten Tag Regen prophezeite. Wir fanden ein gutes Unterkommen im Adler und gingen Abends noch auf der Axenstraße spazieren. Diese Tour müßt Ihr noth-wendig auch machen. Am folgenden Morgen hatten wir noch schönes Wetter. Wir bekamen die beiden Bankelplätze, von welchen man die freie Umsicht über den Wagen hinweg nach allen Seiten genießt. Je nachdem die Straße von Altdorf steigt, wurde es immer frischer, aber bis Göschenen war die Fahrt sehr interessant. Die durch den Tunnel ist nicht anders, als wenn man drei Viertelstunden bei Nacht fährt. Jenseits hoffte ich nun den tiefblauen italienischen Himmel zu erblicken, derselbe sah aber aus wie graues Löschpapier. Ein feiner Regen begleitete uns hinab bis Bellinzona. Auch bei gutem Wetter ist diese Strecke weit weniger interessant als der Aufstieg im Reußthal. Nur der prachtvolle Fall des Tessin unterhalb Airolo, der Dazio Grande, ist von wunderbarer Schönheit. Auf der ganzen Fahrt

---

*) Moltke hatte sich mit seiner Schwester Guste und ihrem Sohne ein Rendezvous in Zürich gegeben.

dieses Tages konnten wir die unglaubliche Kühnheit bewundern, mit welcher die Eisenbahn sowohl zum Tunnel hinauf wie von dort hinab in Windungen und Schleifen und über schwindelnde Abgründe geführt ist. Hier führt sie unter, dort hoch über denselben Gießbach fort. Schrecklich durchsichtige Gitterbrücken ruhen auf thurmhohen Pfeilern oder schweben scheinbar in der Luft. Wenn zum Juni Alles fertig sein wird, muß die Fahrt zum Haupttunnel schauerlich interessant sein.

Unter beständigem Regen ging es Tags darauf durch gewaltige Tunnel weiter. Von Lugano bleibt die Bahn ziemlich weit ab, noch war der See in Wolken gehüllt. So langten wir in Como an, sahen den aus Marmor erbauten Dom und einen öffentlichen Garten mit seltenen blühenden Sträuchern und Bäumen, aber Alles im Regen. Dann legte ich mich in aller Form zu Bette und nach gesundem Schlaf und kräftigem Diner ging's um drei Uhr per Dampfschiff weiter unter beständigem Regen. Dieser hinderte indeß nicht, die zauberhaften Gärten und Schlösser, die riesigen Hotels und eng gedrängten Ortschaften zu bewundern, die freilich bei Sonnenschein noch ganz anders aussehen. Das Schiff steuert immer von einem Ufer zum andern und berührt alle die herrlichen Punkte, Villa d'Este, Villa Carlotta, Pallanza und das köstliche Bellagio und so weiter. Bei voller Dunkelheit langten wir in Colico an, wo wir die Kabrioletplätze zum Weiterreisen belegten. Hatte es bisher geregnet, so goß es nun bei der Abfahrt. Allmälig aber wurde es heller, dann brach der Mond durch die Wolken hervor und beleuchtete hell die reizende Landschaft am Ostufer des Sees. Endlich blinkten auch einige Sterne über die immer näher aneinander tretenden Schneeberge und gewährten Hoffnung, auf deutschem Boden die Sonne wiederzufinden, die uns auf italienischem keinen Augenblick geleuchtet hatte. Um Mitternacht langten wir in Chiavenna an, wo wir in der Post vom deutschen Wirth trefflich aufgenommen wurden, aber gleich ins Bett fielen.

Die einzige Post über den Splügen geht Nachts zwei Uhr ab, und dafür dankte ich doch diesmal und zog vor, mit Extrapost weiterzufahren. Richtig am folgenden Morgen hatten wir schönen blauen Himmel. In leichtem, offenem Wagen ging's thalaufwärts in bedeutender Steigung und endlich in zahllosen Zickzacks. Die Kirchen und Dörfer, die wir in schwindelnden Höhen über uns erblickten, lagen allmälig tief unter uns, es wurde immer kälter und der Südwind thürmte immer mehr Wolken um die Gipfel auf. Es ging durch schauerliche Schutzgalerien, von deren Gewölbe lange Eiszapfen herabhingen, dichte Nebel hüllten uns ein, und bald blieb der Wagen im Schnee stecken. Aber hier hielt auch schon der Schlitten. Nur ein Pferd wurde angespannt, dem andern wurde anheimgestellt, nach eigenem Gefallen hinterdrein zu laufen.

Während des Umspannens wurde ein flüchtiges Frühstück freihändig verzehrt, verschiedene Brote, Hühner, Zunge und eine Flasche Velltliner mit dem Postillon getheilt.

Wie wir schließlich die Paßhöhe bei Nebel, Wind und Schneegestöber erreicht, weiß ich kaum, wohl aber, wie wir herunter gekommen. Anfangs fiel mir auf, daß wir nicht auf der Straße, sondern neben derselben fuhren, der Grund leuchtete aber ein, als wir in gerader Richtung, über alle Zickzacks fort, herunter sausten. Das Pferd sank oft bis zum Bauch ein, aber in wenig Minuten waren wir so weit unten, daß die Straße und bald darauf der bereitstehende Wagen wieder benutzt werden konnte. Die ganze Expedition war ungleich weniger beschwerlich und halsbrechend als die Tour, welche wir vor vier Jahren zusammen über den Gotthard gemacht haben.

Bei recht schönem, aber kaltem Wetter ging es nun in einem unausgesetzten Trabe abwärts nach Amsteeg und dann durch die Via Mala am Rand senkrechter Felswände entlang. Auf einer nicht viel Vertrauen erweckenden alten Brücke überspannt die Straße den hunderte von Fuß tiefer brausenden Rhein, welcher sich in eine Felsspalte einzwängt, wenige Fuß breit, ein Riß in dem Felsen wie gesprungenes Glas.

An den auf schroffer Höhe liegenden, angeblich etrustischen Trümmern von Rätzun gelangt man endlich nach Thusis, von wo der Rhein sich nun für den angethanen Zwang in einem wohl tausend Fuß breiten Bette bequem macht. Ueber Reichenau gelangten wir endlich nach zwölfstündiger Fahrt nach Chur, wo ein ebenso opulentes wie theures Mittagessen eingenommen wurde. Während dessen Bereitung gingen wir, um uns zu erwärmen, ein kurzes Stück die Plessura aufwärts und über den Domhof mit dem Römerthurm zurück. Abends halb zehn fanden wir auf dem Bahnhof von Ragaz Herrn Kinberger, welcher uns mit dem Omnibus abholte und zwei behagliche Zimmer mit trefflichen Betten im Hof Ragaz anwies. Für Heizung und Wärmflasche war gesorgt, was mir nach vierzehnstündiger Reise, etwas von Frost geschüttelt, sehr wohl that, so daß ich nach festem Schlaf am andern Morgen ganz frisch und gestärkt erwachte, nur daß wir Beide ziegelroth sind. Die scharfe Luft und die blendende Sonne auf dem Schnee haben mir förmlich Blasen im Gesicht gezogen, die ganze äußere Haut wird herunter müssen.

Gestern früh sind wir, bei schönem Wetter natürlich, zuerst die Taminaschlucht nach Bad Pfäffers hinauf geschlendert. Um zwölf Uhr haben wir zu Mittag gespeist, selbstverständlich ausgezeichnet, und dann besuchte ich meinen Freund Josef, den Gärtner, der erfreut war, mich wiederzusehen. Er wehklagte über den Schaden, den der Nachtfrost in der Baumblüthe angerichtet hat.

Nach einem tiefen Nachmittagsschlaf ging ich Abends nach der Ruine Freudenberg, wo jetzt ein bequemer Weg hinaufführt. Wir hatten einen recht schönen Blick auf den oben noch mit Schnee bedeckten Fallnich, die Kuhfirsten und Sargans. Heute nun wollte ich nach Dorf Pfäffers und der Hochfläche des Galanda, aber Westwind, Regen und keine Hoffnung, daß es den Tag über besser wird. So habe ich denn volle Muße, diesen langen Brief zu schreiben und nachher die verschiedenen Bettelbriefe zu beantworten, die mich bis in die Alpen verfolgen. So!

mein Papier und Eure Geduld gehen zu Ende. Nur noch die
herzlichsten Grüße an Mama von uns Beiden und Dank für die
freundliche Aufnahme, so Gott will, sehen wir uns im Herbste
wieder. Helmuth.

An denselben.

Creisau, den 12. Juni 1882.

Ich kann mir nicht recht vorstellen, daß in meinen Briefen
etwas sonderlich Interessantes sein sollte, und muß mich wohl
bequemen, sie selbst einmal einzusehen. Deine Arbeit*) aber
wird keine vergebliche sein, wenn ich auch wünsche, daß sie erst
nach meinem Tode veröffentlicht wird. Der Aufschub kann ja
nach dem natürlichen Verlauf der Dinge kein langer sein. Mit
den herzlichsten Grüßen an Mama von uns Allen Dein Onkel
Helmuth.

An seine Nichte.

Creisau, den 30. August 1882.

Liebe Ernestine. Vorgestern Abend bin ich aus Gastein
zurückgekehrt. Während der vier Wochen daselbst und auf der
Reise habe ich nur zwei Tage erlebt, an welchen es nicht geregnet
hat. Aus einem Schreiben von Mama ersehe ich, daß sie nach
Dresden und mit Jeanette nach Schwerin gegangen ist und daß
sie beabsichtigt, im September zu Dir nach Potsdam zu kommen.
Ich denke, daß der Aufenthalt in Deiner kleinen, wohlgeordneten
Häuslichkeit ihr recht gut thun wird. Sie wird große Freude
haben an den beiden fröhlichen Mädchen und an Willy, dem
prächtigen Jungen. Dein elastisches Gemüth richtet sich bei Allem,
was Dich drückt, doch immer wieder auf, und neben allen Sorgen freust Du Dich doch dessen, was die Gegenwart bietet. Jeder
trägt so seine Sorgen stille mit sich herum, die vielleicht sonst

---

*) Diese Arbeit bestand aus einem Auszuge, den sein Neffe aus Moltkes
Briefen gemacht hatte.

1883. In Genua.

Niemand kennt, denn die Brust auch des uns am nächsten
Stehenden ist ein tiefes Geheimniß, bis endlich der Tod eine
hoffentlich milde Erlösung von allem Leid bringt.
    Die herzlichsten Grüße. Dein Onkel   Helmuth.

An seinen Neffen.
                Genova la superba, den 11. Mai 1883.
    Lieber Henry, freundlichen Gruß aus Dir bekannter Gegend.
Ich hoffe, daß Du Dich in fortschreitender Besserung befindest.
Nachrichten von Euch Allen finde ich zuerst in St. Remo, wohin
ich morgen reise. Da Wilhelm der einzige von Euch ist, der
noch nicht mit mir reiste, so habe ich ihn diesmal mitgenommen.
    Ich war nach der berühmten Vergiftung von unser vier-
zehn Personen, über welche drei Aerzte und zwei Chemiker sich
den Kopf zerbrachen, doch sehr heruntergekommen und fühlte das
Bedürfniß, den kalten Mai im warmen Süden zuzubringen, bis
das durchfrorene Haus in Creisau aufgethaut sein wird. Einen
merklichen Unterschied der Temperatur bekundete die Vegetation
schon am ersten Reisetag in Frankfurt am Main. Alles, was
bei uns nur eben knospte, stand dort in Blüthe und grünem
Laub. Der zweite Tag führte nach Basel (Drei Könige), der
dritte nach meinem lieben Luzern mit dem gemüthlichen Schweizerhof, wo man so gut aufgehoben ist. Von dort aus Ausflug
auf den Rigi, wo aber noch viel Schnee lag. Ganz herrlich
war beim schönsten Sonnenschein die Auffahrt nach dem Gott-
hardtunnel, ein wahrer Riesenbau. Um die Höhe bis zum Eingang zu gewinnen, macht im Innern der Felsmasse die Bahn
zwei vollständige Schleifen, um dann auf schauerlicher Höhe
schwindelige Abgründe auf Gitterbrücken zu überschreiten, die in
der Luft zu schweben scheinen. Volle fünfundzwanzig Minuten
fährt man sodann Tausende von Metern unter Andermatt und
Gotthardhospiz fort, wo wir vor fünf Jahren die heillose Fahrt
hinunter machten. Aber gerade wie voriges Jahr begrüßte uns in
Airolo der erhoffte italienische Himmel grau und finster bis Como.

Bei Regen und Kälte fuhren wir dann auch nach Belaggio, indeß sah man doch die herrlichen Ufer und konnte die köstliche Vegetation in Villa Serbelloni bewundern. Zedern, Cypressen, Palmen und Rosen. Folgenden Tages bei Sturm und Regen bis Mailand, wo wir noch die berühmte Galerie Vittorio Emanuele und den Dom nur von außen besahen. Wilhelm bestieg noch am folgenden Morgen das Dach, dann fuhren wir hierher, und haben heute den ersten sonnigen Tag seit Deutschland. Die Luft ist mild und schön draußen, aber es ist die Saison der kalten Zimmer, da man aufgehört hat zu heizen. Heute haben wir eine vierstündige Promenade gemacht nach dem Molo, nach der Carignano — Aquasole und der köstlichen Villa Negro.

Trotz der etwas forcirten Reise habe ich mich doch im Ganzen schon recht erholt, ich habe einen für mich ganz ungeheuren Appetit und gesunden Schlaf, der mir in Berlin ganz abhanden gekommen war. Ich denke nun in St. Remo einige Tage auszuruhen, noch bis Monaco oder Nizza zu gehen. Welchen Rückweg ich dann nehme, weiß ich noch nicht, vielleicht über den Mont-Cenis.

St. Remo, den 13. Mai.

Soeben erhalte ich Dein Schreiben vom 2. dieses Monats, lieber Henry, und freue mich sehr, daß Du entschieden in der Besserung bist. Hätte Deine Mama es doch noch erlebt, sie war auch so davon durchdrungen, daß der Aufenthalt in Kreischa Dir wohl thun werde. Jetzt ruht sie friedlich neben ihrer geliebten Marie. Ich kann mir nicht denken, daß wir nach dem Tode von dieser Welt so ganz abgeschieden sein sollen, wo wir Alles zurücklassen, was wir geliebt und wofür wir gelebt haben.*)

St. Remo ist in der That ein Paradies. Auf drei Seiten

---

*) Moltkes Schwester Guste war am 28. März bei ihrer Tochter Ernestine eines sanften Todes ohne Kampf entschlafen. Auf besondern Wunsch ihres Bruders wurde sie neben ihrer Tochter Marie in der Creisauer Kapelle beigesetzt. Ihr Leben war die Bethätigung ihres Lieblingsspruches: „Seid fröhlich in Hoffnung, geduldig in Trübsal, haltet an am Gebet."

1893. In San Remo.

von hohen Bergen mit Olivenwäldern umschlossen, breitet sich eine Reihe von Hotels am Meeresstrand aus, wahre Paläste, eins schöner als das andere. Ich habe zwei Parterrestuben und blicke durch die Palmen auf das tiefblaue Meer, welches sich wie eine hohe Mauer am Horizont aufbaut. Eine breite Marmorterrasse zieht sich laufend Schritte längs des Strandes hin. Die Luft ist völlig angefüllt von Wohlgerüchen, die Heliotrop wuchert in die Fenster hinein. Zitronen, Zedern und Cypressen wurzeln in der Erde und der Eukalyptos bildet dicke Stämme. Die Vegetation ist so reich, daß ich viele Bäume noch nie gesehen habe. Nichts behaglicher, als auf der Terrasse spazieren zu sitzen und der Brandung zu horchen, die sich an dem felsigen Ufer bricht. Und doch habe ich eigentlich noch nicht gefunden, was ich hauptsächlich suche, nämlich Wärme. Es ist auch hier dies Jahr ungewöhnlich kühl. In der Sonne freilich ist es köstlich, aber der Wind ist noch immer laß. Heute ist es ein köstlicher, völlig wolkenloser Tag, und ich will gleich hinaus.

Wilhelm, der freundlichst grüßen läßt, klettert in den Bergen herum, ich will mich aber einige Tage hier ausruhen und beschränke mich auf die schöne nächste Umgebung. Dein Onkel
Helmuth.

An denselben.

Berlin, den 11. März 1888.

Lieber Henry. Habe Dank für Dein freundliches Schreiben. Es ist eine traurige Zeit, die Gegenwart, und eine dunkle Zukunft. In welchem Zustand werden wir unsern neuen Kaiser sehen, welcher heute Abend aus dem sonnigen Süden nach unserem kalten Regenhimmel zurückkehrt; werden wir ihn überhaupt sehen? Aus den ärztlichen Berichten kann Niemand sich vernehmen. Gegen Mackenzie herrscht große Erbitterung, mit Recht oder mit Unrecht.

Die arme, kranke, fast achtzigjährige Kaiserin-Wittwe trägt ihr Leid mit tiefem Schmerz in Geduld. Die Leiche des Kaisers gewährt einen wahrhaft wohlthuenden Anblick, so freundlich und gut sieht sie aus. Er wird heute Nacht zwölf Uhr nach dem Dom gebracht und drei Tage lang ausgestellt bleiben. Der Andrang des Publikums wird gewaltig sein. Noch heute stehen Tausende von Menschen vor dem Palais.

Im Fahnensaal hielt heute Kögel eine ergreifende Rede über den Text: „Seid fröhlich in Hoffnung, geduldig in Trübsal." Die ganze Familie von nah und fern war um die Kaiserin versammelt, nur der Sohn nicht.

Der Trauerzug soll, wahrscheinlich Donnerstag, vom Dom bis zur Siegesallee gehen. Die Beisetzung im Gewölbe des Charlottenburger Mausoleums. Der König von Sachsen kommt gewiß auch her.

Herzliche Grüße von Allen, und mit dem Wunsch guter Besserung Dein Onkel Helmuth.

*

An denselben. Berlin, den 23. April 1888.

Lieber Henry. Bei der Ungewißheit aller Zustände hier bleibt es noch zweifelhaft, ob und wann ich nach Creisau kommen kann, doch hoffe ich sehr darauf. Vielleicht mache ich vorher schon einen Ausflug von zwei oder drei Tagen, um Dich und Deine hübsche Villa zu besuchen. Ich schreibe oder telegraphire dann vorher den Tag, an welchem ich bitte, mich vom Bahnhof abzuholen.

Die Vegetation dort ist der unsrigen wohl um acht Tage voraus, von Knospen der Obstbäume ist hier noch nichts zu sehen, nur die Büsche, der Faulbaum und Roßkastanien regen sich. Die Elbe war wohl auch in Deinem Garten gestiegen? Unterlasse nicht, nach Aussaat des Grassamens das Land festzuwalzen oder doch mit breitem Spaten platt zu klopfen.

Meine miserable Peile hatte die ganze Parkanlage meterhoch überspült, die Wege verdorben, Kies und Sand auf die Wiesen geschwemmt, eben war Alles wieder ausgebessert, da kam die

zweite Ueberschwemmung, und da das Gebirge noch hoch mit
Schnee bedeckt ist, so steht vielleicht noch eine dritte in Aussicht.
An eine Frühjahrsbestellung ist noch nicht zu denken. Traurige
Ernteaussichten, aber was ist das im Vergleich mit dem Elend
an Weichsel und Elbe! Auch meine Wähler in Lithauen sitzen
unter Wasser und rufen um Hülfe und Beistand.

Mit unserem Kaiser zögert sich die Entscheidung hin. Bald
schlechter, bald leidlicher, aber immer schlimm. Jetzt liegt er im
Bett und wird es schwerlich wieder verlassen. Es ist ein wahrhaft tragisches Schicksal, mit einem Fuß auf dem Thron, mit
dem andern im Grabe. Mit wahrem Heldenmuthe trägt der
Herr sein furchtbares Schicksal. Das Hinscheiden des einund-
neunzigjährigen Kaisers erweckte allgemeine Theilnahme, aber das
des jetzigen muß Jeden mit schneidendem Schmerz erfüllen.

Hier im Hause ist Alles wohl auf. Helmuth läßt grüßen
und kommt vielleicht mit.

Mit Deinem Kehlkopfleiden nimm Dich recht in Acht, das
Singen mußt Du vielleicht ganz aufgeben. Adieu. Dein Onkel
Helmuth.

*

An seinen Neffen.

Berlin, den 12. November 1890.

Lieber Henry. Ich danke Dir sehr für die treffliche Schrift
von Mr. Drummond.*) Ich habe sie mit um so größerem Interesse gelesen, als ich selbst schon etwas Aehnliches gedacht und
— aber nur für mich — zu Papier gebracht habe, was ich Dir
in Creisau vorlesen kann.

Bei den Dogmatikern wird Drummond schwerlich Gnade
finden. Ihm gilt die Lehre von der Dreieinigkeit, von der un-
befleckten Geburt, von Heiligen und Wundern und Alles, was
„in des Menschen Hirn nicht paßt", sehr wenig, wenn er das
positive christliche Credo auch nur mit sehr schonender Hand be-

---

*) „Das Beste in der Welt".

rührt. Nach seiner Theorie kann der Moslem und der Heide ebenso gut selig werden wie der Christ, und das glaube ich auch.

Nach Luther kann nur der Glaube selig machen. Ihm war die Epistel Jakobi eine „strohene", weil dieser fragt: „Kann auch der Glaube (ohne die Werke) selig machen?" Aber Luther schrieb vor Allem gegen die rein äußerlichen Werke des Katholizismus, Messe und so weiter.

Drummond legt nur Werl auf die Werke der Liebe. Er geht dabei sehr weit, indem er ein Ideal aufstellt, welches im praktischen Leben nie erreicht werden wird. Nach ihm sollen wir selbst auf unser Recht verzichten zu Gunsten unserer Mitmenschen.

Das ist der Kommunismus, mit dem der Begriff des Eigenthums und damit die ganze bisherige sittliche Weltordnung aufhört.

Drummond statuirt nur die Liebe zu Gott, zu einem uns völlig unbekannten und unfaßbaren Wesen, der uns Gutes, aber auch ebenso viel Schlimmes zuweiset. Jedoch giebt er zu, daß sich diese Liebe in der Liebe zu unseren Mitmenschen bethätigt. Und die Liebe zu denen, die vor uns hinschieden, wie zu denen, die wir hier hinterlassen, ist wohl sicher das Bleibende.

Aber er nimmt in die künftige Existenz nur das Gemüt des Menschen hinüber, nicht den Intellekt. Die Fähigkeit, Gottes Werke zu begreifen, die Millionen von Welten, die sich nach festen Regeln umkreisen, zu schauen, ja diese Welten selbst sind ihm nichts. Wonach die größten und besten Menschen ihr Leben lang gerungen, Erkenntniß und Wahrheit, Wissenschaft und Kunst, das Alles ist vorbei, der göttliche Funke Vernunft erlischt mit dem Tode, darin kann ich ihm nicht folgen. Der Aufsatz ist so reich an Gedanken, daß man ein Buch darüber schreiben könnte.

Darum genug.

Die Kurmethode des Doktor Koch wird in wenig Tagen bekannt gemacht und Gemeingut werden. Jeder Arzt kann die Einspritzung unter der Haut vornehmen, und das Mittel selbst wird in allen Apotheken zu haben sein. Bewährt sich das Verfahren, so kann auch die arme, kleine Marie Lund dieses Segens theilhaftig werden.*)

Helmuth ist auf vierzehn Tage nach Schlesien zu den Jagden, und ich sitze hier in endloser Schreiberei. Es sind aus Anlaß meines Geburtstages ich weiß nicht wie viel hundert Briefe und dreitausend Telegramme eingegangen. Heute kommt schon einer und will wissen, ob ich sein Telegramm erhalten habe. Die 2999 werden wohl auch noch kommen. Herzlichen Gruß. Dein Onkel   Helmuth.

Dies der letzte an seinen Neffen Henry gerichtete Brief. Es ist wohl angebracht, an dieser Stelle zwei Gedichte wiederzugeben, welche Moltkes Frau zur zwanzigsten respektive fünfundzwanzigsten Wiederkehr ihres Hochzeitstages für ihn gedichtet hatte. Sie machen keinen Anspruch auf Kunstvollendung, charakterisiren aber wohl besser wie alles Andere eine Liebe, die „wohl sicher das Bleibende ist":

    Schon zwanzig Jahre sind es heut,
    Seitdem uns Gott vereint,
    Zu stehn zusammen in Freud und Leid,
    Es hat er es gemeint.

    Jung war ich noch, als ich dir gab
    Mein Herz in Kindersinn.
    Ich brauchte einen festen Stab,
    Zu werden, was ich bin.

    Du führtest sicher mich die Bahn,
    Und wo ich mit dir ging,
    Hielt ich an deiner Hand mich an,
    Dein Schutz mich stets umfing.

---

*) Moltke war von seinem Neffen Henry gebeten, die Kochsche Kurmethode bei der brustkranken Enkelin seiner Schwester Helene in Anwendung bringen zu lassen. Er sorgte denn auch für ihre Aufnahme in dem Elisabeth-Krankenhaus.

Mein Herz ward dein —
Mit Seele, Leib und Leben
Hab' ich, seit du mein Gatte bist,
Dir ganz mich hingegeben.

So leben wir nun zwanzig Jahr'
In inn'ger Lieb' und Treue;
Der Herr, der immer mit uns war,
Er traut uns heut aufs Neue.

So nimm denn heute meinen Dank
Für so viel treue Liebe,
Und Gott, dich bitt' ich, daß es lang,
O lange noch so bliebe.

Ja, Herr, so sprech' ich oft zu dir,
Den Gatten nur behalte,
O segn' und schütz ihn, Vater, mir
In deiner ew'gen Gnade.

Es war bestimmt in Gottes Rath,
Daß du ein preuß'scher Soldat
Geworden.

Und Preußen sich zu Ehr' und Ruhm
Einst deines Geistes Heldenthum
Erworben.

Dir leiht der König seine Huld,
Er fühlt, mit Fleiß und mit Geduld
Du strebtest.

Für seines Hauses Macht und Ehr'
Zum Siege für das tapf're Heer
Du lebtest.

Ob dir geschenkt manch Kreuz und Stern
Man sieht dich still oft gar zu fern
Und nie in erster Reihe.

Doch Jeder, der von fern dich sah,
Denkt auch des Wortes Sadowa.
Das ist Genüge.

www.ingramcontent.com/pod-product-compliance
Lightning Source LLC
Chambersburg PA
CBHW031940290426
44108CB00011B/620